浙江大學地方歷史文書編纂與研究中心資料叢刊

龍泉司法檔案選編

第一輯　晚清時期

上

浙江大學地方歷史文書編纂與研究中心
浙江省龍泉市檔案局
編

主　編　包偉民
本輯主編　吴錚强　杜正貞

中華書局

圖書在版編目（CIP）數據

龍泉司法檔案選編·第一輯·晚清時期/包偉民主編；吴錚强、杜正貞本輯主編.—北京:中華書局,2012.8
ISBN 978-7-101-08826-7
Ⅰ.①龍… Ⅱ.①包… ②吴… ③杜… Ⅲ.①司法檔案-彙編-龍泉市-清後期 Ⅳ.①D929.52
中國版本圖書館CIP數據核字(2012)第167791號

書　　名	龍泉司法檔案選編·第一輯·晚清時期
主　　編	包偉民
本輯主編	吴錚强　杜正貞
封面題簽	劉　濤
責任編輯	李　静
出版發行	中華書局 (北京市豐臺區太平橋西里38號　100073) http://www.zhbc.com.cn E-mail:zhbc@zhbc.com.cn
印　　刷	北京瑞古冠中印刷廠
版　　次	2012年8月第1版 2012年8月北京第1次印刷
規　　格	開本/787×1092毫米 1/8 印張 103
印　　數	1-1000
國際書號	ISBN 978-7-101-08826-7
定　　價	2200.00元（全二册）

本書承國家出版基金資助出版

本項目爲浙江大學「985工程」三期項目

本項目承浙江大學中央高校科研基本業務費資助

本項目承浙江省社會科學界聯合會專項經費資助

《龍泉司法檔案選編》編纂委員會

主　任　張　曦

副主任　陳　榮　鞠建林　羅衛東

委　員　邵　清　韓李敏　蔡曉春　季柏林　陳鴻斌　葉新亞
羅詩蘭　朱志偉　謝利根　沈　堅　陳紅民　夏立安
方新德　梁敬明　鄔必鋒

主　編　包偉民

執行主編　吴錚强　杜正貞

第一輯　晚清時期

本輯主編　吴錚强　杜正貞

本輯編纂　肖如平　張　凱　趙曉紅　傅　俊　陳明華　張志偉

《龍泉司法檔案選編》總序

包偉民

一　龍泉司法檔案的「發現」

龍泉司法檔案的「發現之旅」，是由多種因素促成的。

二零零七年十一月二十日，我與浙江大學歷史系年輕教師徐立望博士一起來到地處浙江省西南山區的龍泉市檔案局（館），搜尋地方歷史資料，受到檔案局朱志偉局長等人的熱情接待。在龍泉檔案館的庫房裏，見到了這批收藏在密集型書架上、佔據大半個庫房的珍貴資料——龍泉晚清民國地方法院司法檔案。後來，有朋友説我們「發現」了這批文書，這當然是過譽了。這批司法檔案由龍泉市檔案館收藏管理，經過編目，公開供讀者閱覽，爲研究者上門查閱提供了必要的條件。這不像王道士無意之中打開藏經洞，發現敦煌文書，也不像學者從事田野調查，在斷垣殘壁之中找到半塊鐫刻有珍貴文字的舊碑，得來多少出於意外。不過龍泉司法檔案的「發現」，在某種程度上的確反映着現代中國學術制度的推動與近年來學界關於「歷史資料」認識的演進。

重視利用地方文獻，深入展開區域研究，是近年來史學發展的一個重要趨勢，試圖通過研究各具鮮明特色的區域地方歷史，深入觀察基層民衆的日常生活，來充實以政治史爲主體的傳統歷史畫面。不過，由於對各地的實際情況瞭解不足，人們一直以爲，除了如徽州這樣的例外，在經過近代連綿戰火的焚毁與「土改」、「文革」等時期現代革命鐵帚的掃蕩，各地存世的歷史文獻已經極爲稀少，難以滿足學術研究的需要了。近年來不少地方陸續發現了一些相當有價值的新資料，令人在驚歎我國傳統地方文獻生命力頑强之餘，也使我們對原先的估計產生了懷疑，因此才有了那次搜訪之行。

如果講得更學理化一點，龍泉司法檔案的被「發現」，無疑還反映着新史學發展以來史學觀念的演進。從某種角度講，近代史學的發展，就是人們不斷擴大觀察歷史範圍的過程。梁任公曾批評我國舊史自「《漢書》以下，則以帝室爲史的中樞，自是而史乃變爲帝王家譜矣」。[一] 近大半個世紀以來，在新史學思潮的影響之下，史學研究從「帝王家譜」即王朝政治史，擴大到了軍事、經濟、社會、思想、文化等等各個不同層面。

中國傳統史學在它的後期，已有學者敏鋭地意識到了歷史資料存在的廣泛性，提出了「六經皆史」的説法。但他們更多地是從經與史、文與史關係的角度來討論這

（一）梁啓超：《中國歷史研究法》，北京：東方出版社，一九九六年，第二〇頁。

個問題，且基本局限於正式的書籍文獻資料。二十世紀在新史學潮流影響之下史學的每一次演進，都會伴隨着一股擴大搜尋歷史信息渠道的努力。年鑒學派的興起使得原先不被人們關注、卻蘊含着歷史上人們社會經濟生活重要信息的一些資料，受到史學家們的深度關注，如自然地理信息、民間文書、日常生活用品、檔案文獻等等。近二三十年來新文化史的流行，使得史學家所關注的史料更爲多樣化，口傳史料比以往更受重視，一些反映歷史心態的史料更前所未有地受到關注，如人們的生活習俗、傳説故事、文學作品等等。隨着諸如飲食、服飾、身體、性別、表象、記憶等等内容進入史家研究的領域，一些原本看似毫無意義的史料開始浮出水面。

正如英國史家卡爾（Edward H.Carr）所論，歷史事實與過去的事實有區別，「並不是所有關於過去的事實都是歷史事實，或者過去的事實也並没有全部被歷史學家當作歷史事實來處理」。[一]過去的事實只有受到歷史學家的關注，被他們用作歷史研究的資料時，才變成「歷史事實」。

民國年間縣級地方司法機構審理的訴訟案件，都屬於民間細故，在傳統理念影響下，最終結果也是調解多於裁決，許多細故訴訟往往不了了之，銷於無形。何況小民日常生活，全國各地時時刻刻都在發生，這樣的事情實在太過平常，既不關乎時代大潮，更無涉於國家命運、明君賢相的事跡，在傳統史學看來，一向只屬於「過去的事實」，而非「歷史事實」。當我們越來越將觀察的視角從歷史的「大事件」轉向基層民衆的日常生活之時，這些詳細記録民間細故的歷史資料，就開始凸顯出它們不可替代的價值，理所當然地變成了「歷史事實」了。

所以，龍泉司法檔案的「發現」，勿寧説反映了當代歷史學人一段心路歷程，更爲合適。

二　龍泉的司法機構與民國司法檔案

龍泉司法檔案（浙江省龍泉市檔案館藏M003號全宗）之所以引起關注，是因爲它是繼巴縣檔案、南部縣檔案、黄岩檔案、臺灣淡新檔案、寶坻檔案之後，歷史時期司法檔案的又一次重大收獲。這批檔案是中華人民共和國建國後，龍泉地方政府從原龍泉縣法院完整接收而來的，現保存於浙江省龍泉市檔案館，卷宗編號至17411號，檔案編號八十八萬餘頁，是目前所知民國時期保存最完整、數量最大的地方司法檔案。案卷時間起自民國元年（一九一二），止於民國三十八年（一九四九）。由於司法案件的延續性，例如訴訟持續、舊案新訴、新案引證舊案文檔等多種原因，它也包含了相當數量的晚清案卷，因此檔案文書所屬的實際年代，則自咸豐元年（一八五一）始，至一九四九年止。

浙江省龍泉市（縣級）位於浙江西南部，浙閩邊境，東鄰雲和、景甯縣，南連慶元縣，西界福建浦城縣，北接遂昌、松陽縣。轄區東西寬七十・二五公里，南北長七十・八公里，面積三零五九平方公里，人口二七・八四萬（二零零五年底）。龍泉縣的歷史沿革，可以追溯至東晉太寧三年（三二五）置龍淵鄉，屬永嘉郡松陽縣。唐武德三年（六二零），因避高祖李淵諱，改龍淵鄉爲龍泉鄉。唐乾元二年（七五九），置龍泉縣，縣治地黄鶴鎮（今龍淵鎮）。宋徽宗宣和三年（一一二一），詔天下縣鎮凡有龍字者皆避，因改名爲劍川縣。宋紹興元年（一一三一）復名龍泉縣。宋慶元三年（一一九七），析龍泉之松源鄉及延慶鄉部分地置慶元縣。明洪武三年（一三七零），廢慶元縣，併入龍泉，洪武十三年（一三八零）十一月慶元縣復析出。一九五八年十一月，慶元縣又併入，一九七三年七月復建慶元縣。自此龍泉縣轄境大體穩定。一九九零年撤縣改市。龍泉轄區内行政區劃歷史上屢經變易，至一九九零年分十個區（鎮），四十三個鄉（鎮）。一九九二年經撤區擴鎮併鄉工作後，轄

[一] 卡爾(Edward H.Carr)：《歷史是什麽》(*What is History*)，陳恒譯，北京：商務印書館，二零零七年，第九一頁。

九鎮八鄉，即龍淵鎮、八都鎮、上垟鎮、小梅鎮、查田鎮、屏南鎮、安仁鎮、錦溪鎮、住龍鎮，蘭巨鄉、逵石鄉、寶溪鄉、龍南鄉、道太鄉、岩樟鄉、城北鄉、竹垟畲族鄉。龍泉的地貌，東南、西北部山脈綿亙，龍泉溪從西南向東北貫穿中部，屬於甌江上游。全境低、中山帶佔總面積百分之六九・一七，丘陵佔百分之二七・九二，河谷平原僅佔百分之二・九一，有「九山半水半分田」之稱。由於多山，龍泉縣林業資源豐富，林業用地三九九・二四萬畝，佔總面積百分之八七・五六，森林覆蓋率百分之七一，是中國南方重點林業縣和世界香菇發源地之一。此外，龍泉還以出產寶劍、青瓷而聞名。

中國古代一直延續着行政與司法合一的制度，清末和民國的改革即以司法獨立爲目標。一九一二年民國成立之初，浙江省軍政府設立提法司，專管全省司法行政事務，軍政府不再兼理審判。當年五月，龍泉縣公署設執法科，執法長由知事兼，開始了司法獨立的演變過程。其間幾經周折，至一九二七年南京國民政府成立，縣公署改稱縣政府，龍泉仍設司法科。一九二九年十月二十五日，省高等法院命令龍泉等十縣成立法院，十一月一日龍泉法院正式成立，自此廢止行政長官兼理司法的制度。

龍泉法院設置分爲法院、檢察兩部分，稱審部、檢部，下設看守所、監獄。審部專司民、刑事訴訟案件的審判，並依法律規定管轄非訴訟案件。檢部主要實施偵查，提起公訴，協助自訴，以及其他法律規定職責之執行。一九三二年十月，民國政府公佈法院組織法，改四級三審爲三級審判，龍泉法院辦理縣境内第一審刑事案件和刑事非訴案件。一九三五年龍泉法院改爲龍泉地方法院。

龍泉僻處深山，民國時期的數次戰亂並未太多波及，抗日戰爭期間，龍泉也没有淪陷於日軍之手，因此，民國檔案得以較爲完整地保存下來。中華人民共和國建國後，民國時期的檔案由縣人民政府接管，司法檔案也在其中。這批司法檔案，就是從一九一二年龍泉縣公署設執法科以來，地方司法機構所審理的民、刑訴訟案件的案卷。

一九五六年龍泉縣設立縣檔案室。當年建立縣檔案館，一九八六年改設檔案局，下設縣檔案館。現存龍泉司法檔案是一九六九年六月由龍泉縣革委會清檔組整理的。當時這批司法檔案一直被保存在龍泉縣人民法院。一九八四年，縣法院檔案室整理民國時庫藏檔案，據記載計一七四一一卷。[一]一九八六年以後，縣檔案局對各單位文書進行全面清理、立卷、歸檔，協助並監督指導縣機關和區、鎮、鄉政府及部分企事業單位建立檔案室，並按規定接收檔案進館。這批司法檔案就是此時從縣法院移交給了縣檔案館。一九八八年縣檔案館有館藏檔案四四二六九卷，其中建國前二十七個全宗二四一六八卷，這批司法檔案就是其中數量最鉅的一個全宗。[二]

民國時期民、刑訴訟案件的卷宗，構成了這批檔案的主體。在訴訟檔案中，包括了各個時代行政或司法部門頒印的正式狀紙，比如晚清的「呈式」、民國元年（一九一二）、二年所使用的浙江提法司頒定的狀紙，民國三年以後司法部頒行的各式訴訟狀等等。這些狀紙中填寫有原、被兩造的姓名、年齡、職業、居住地等信息；由當事人或訟師、律師撰寫的訴狀、辯訴狀的原件及抄本或副狀；知縣、承審員或法院推事的歷次判詞、調解筆録、言詞辯論記録、庭審口供、傳票、保狀、結狀、領狀，以及各級法院、檢察院、監獄等司法機構之間的來往公函。有的還附有作爲證據的契約、分家書、婚書、系譜簡圖、法警的調查記録、田産山林的查勘圖，等等。通過這些檔案，我們可以追蹤到糾紛和案件發生、調解、提起訴訟，以至最後判決、上訴和執行的完整的法律過程；也可以從中瞭解到民國時代人們的日常生活，社會關係和經濟活動的細節，以及民衆的社會、法律觀念、態度的演變。龍泉司法檔案除保存民國年間歷年訴訟檔案之外，據初步整理，還包括清咸豐、光緒、宣統年間訴訟檔案或驗屍報告、證據檔案數百件。除訴訟檔案之外，又雜有法院和政府、學校等機構的工作檔案或其他檔案，如《龍泉縣監獄雜帳册》、《監獄各犯花名册》、《監獄生活補助費清册》、《法院職員辦案月報表》、《龍泉縣商業登記簿》、《行政院善後救濟總署浙閩分署龍泉縣配發救濟款報銷表》等。

〔一〕此據浙江省龍泉市人民法院（編）《龍泉法院志：1911－1993》「大事記」，上海：漢語大詞典出版社，一九九六年，第二二頁。原文中檔案數量爲「計1741卷」，當是「17411卷」之誤。

〔二〕參見《龍泉縣志》，上海：漢語大詞典出版社，一九九四年，第六一九頁。

龍泉司法檔案的歸檔保存情況很不理想。可能由於民國時期司法機構變動頻繁，各個時代的檔案保存制度不一，又經多次轉手等原因，造成了歸檔情況的極度混亂。比如，館藏M003號全宗一萬七千餘個卷宗先後没有順序可言，既不按年代時間排序，也未作任何分類，卷宗號只是一個流水號。卷宗袋上的年代、兩造姓名和案由等信息只是涉及卷宗中的任意一個案件（一般是第一個），而没有顧及一個卷宗中可能涉及的多個案件。同時每一個卷宗袋中的檔案也完全没有經過整理，一個案件分散於數個甚至十數個卷宗，而一個卷宗中的檔案涉及數個甚至十數個案件的情況，都不鮮見。一些與法院工作毫無關係的文書資料也經常出現在這批檔案中。

龍泉司法檔案文書的保存情況也不理想。無論是檔案原來的保存情況，還是一九六九年清檔時開展的整理、裱糊工作，都存在比較嚴重的問題。尤其是晚清文書紙張脆化、蟲蛀、人爲破壞等原因造成的破殘缺損情況非常普遍，有些文書已經變成一堆紙屑無法展開。一九六九年清檔時，對檔案進行的整理和裱糊工作非常粗糙和隨意：有些只是在文書下墊了一張紙；有些則在裱糊時未將文書展平，從而導致褶皺的固定化；有些將同一文書的前後部分分别裱糊在同一紙張的正反面，破壞了文書原有的形制；還有些將超出裱糊紙張或者卷宗袋的文書隨意剪切，雖然剪切一般不涉及有文字的部分，但同樣嚴重破壞了文書原有的形制；而且裱糊所用的紙張基本上是當時日常使用的各種廢紙，毫無規範可言。（具體情況詳見文後圖版一至圖版八）

三　龍泉司法檔案的歷史價值

從類型來説，龍泉司法檔案中的訴訟案件包括各類刑事案件，民事中的物權、債權、親屬、繼承等所有門類，涉及所有權、債務、繼承、婚姻、社會風俗、官民關係等各個方面的矛盾和糾紛。這批訴訟檔案有以下主要特點：

（一）有關山林所有權的糾紛，佔物權、債權糾紛中的相當比例。在中國帝制後期，地產糾紛一向是各地訴訟的主體。多山地形是龍泉的地理特點，相較於平原更易產生地界不清現象，致使地產訴訟多體現在山林所有權的糾紛上。龍泉縣可供耕作的田地是稀有資源，以致本地產糧向來不敷居民食用。根據民國二十八年（一九三九）的調查結果：龍泉縣水田十七萬畝，畝產二·五石（一石等於一零八市斤），計產穀四十二萬五千石，折米二十一萬二千石；人口十六萬五千，[一]每人每年平均消耗米二·五石，共需要四十一萬二千五百石。缺少二十萬五百石。雜糧抵補四萬一千六百零七石，尚缺十五萬八千八百九十三石，全年本地糧食自給率僅六成有餘。因此，很多民衆的生計仰賴林業的收入。竹、木、冬菇、乾筍等山貨，是龍泉的主要出產。鄉民伐木放筏，或上山種菇販賣，賺取工資以養家餬口者，不在少數。[二]由於林業在地方經濟中佔有重要的地位，山產糾紛也相應成爲物權、債權糾紛的主體。因山界不清而引發的糾葛，以及在合夥拚山伐木過程中產生的糾紛都比較常見，這也反映出浙南山地開發過程中，當地居民之間以及當地居民與木材商人之間的種種矛盾。

（二）在田土糾紛中，與宗族祭田有關的糾紛佔大多數。祭田、書燈田等宗族公産，在龍泉大都採用族人輪值的方式經營管理。隨着宗族人口的增長、房派分支的增加，輪值順序混亂，極易引發族内的矛盾。清代和民國初年的地方習俗和法律都認定，財産繼承要以繼嗣爲前提，所以當宗族中某些房支出現絶嗣的狀況時，圍繞着立

〔一〕民國二十六年（一九三七）十二月二十四日，浙江省會杭州淪陷，三十一年（一九四二）四月浙東事變，全衢失守，龍泉成爲浙江的大後方。在此期間，省内外許多公私機構，包括省財政廳、建設廳、電報局、交通處、國立浙江大學，原設立於杭州的各國立銀行，上海、金華等地的工商企業等，都曾遷至龍泉，一度使得龍泉的居住人口大增。

〔二〕浙江省龍泉市檔案館（編）：《民國龍泉檔案輯要》，北京：中國檔案出版社，二零一零年，第一四〇頁。

嗣和祭田輪值權利，常常發生激烈的爭奪。與此相關，在祭田的耕種、租佃、收割、買賣，族譜、祭簿的重修和保管，甚至清明辦祭宴請、喪葬儀式的各個環節，都會發生糾紛和訴訟。民國十八年（一九二九）以後，新民法修改了繼承法並將祭田性質認定爲公同共有物，但祭田案件有增無減。據新編《龍泉法院志》的初步統計，在整個民國年間僅因祭田輪值而引發的訴訟，就佔民事案件總數的百分之十八。〔一〕

（三）有關婚姻家庭的訴訟檔案，反映出近代家庭婚姻觀念和女性身份的變化。在「妨害婚姻家庭」類的訴訟或調解曰請口，包含了買賣婚姻、不履行婚姻義務、撫養糾紛、家庭暴力、僞造婚書、誘拐、遺棄等多種類型的案件。進入民國以後，女性作爲原、被告或訴訟關係人的案件檔案，並不罕見。一九二九年頒定的新民法親屬編中規定：「婚約應由男女當事人自行訂定」，「男未滿十七歲，女未滿十五歲，不得訂立婚約」，在此條法律的鼓勵下，子女要求解除未成年之前由父母包辦之婚約、爭取婚姻自由的訴訟，在一九三零年代之後明顯增加。

（四）有關兵役執行、稅收、貪污瀆職等方面的刑事訴訟檔案，在民國後期大量增加。北洋政府時期，此類案件的檔案數量較少。隨着南京政府成立後黨化政治的推行以及對地方統治的加强，政府機構和工作人員與民衆的糾紛開始大量出現。例如，在與稅收有關的案件中，既包括龍泉直接稅局起訴商家欠繳、拒繳營業稅、所得稅的刑事訴訟，也包括商家和個人起訴公務人員在執行收稅過程中的違法行爲。一九四零年代以後，隨着戰爭局勢的推進，兵役徵派頻繁，强拉壯丁和抗徵事件都屢有發生，以「妨害兵役罪」起訴的刑事案件數量激增。這些檔案爲我們研究民國各時期地方政府的施政，官、民、法之間的關係都提供了翔實的材料。

（五）這批檔案中還有大量有關毒品、賭博、風化等等的案件記録。「開設花會、聚衆賭博」的案件，在整個民國時期層出不窮。但開設煙館、販賣吸食鴉片之類的刑事訴訟，則主要集中在一九三零年代。這些檔案是對社會現象的忠實記録，讓我們能够從不同的側面，瞭解民國時期一個浙西偏遠小縣的民生百態。

上述特點表明，龍泉司法檔案具有地方歷史文書的一些共性。例如，相比於官方正史，包含更多基層社會的信息，更具地域性；相比於一般的存世文獻，它未經人爲修飾與改寫，純屬第一手資料，因此具有原始性，等等。同時，它更在完整性與基層性兩方面具有獨特的歷史價值，值得關注。

龍泉司法檔案清晰記録了中國法律制度和司法實踐從傳統到近代變革的完整過程，彌足珍貴。中國古代一直延續的行政與司法合一的制度表現在地方司法上，就是縣衙審判，典史和知縣（幕友）判案。這套制度，到了清末民初開始改革。目前學界對清末民初司法改革的研究，主要利用的是最高審判機構大理院的檔案，以及一些地方官員編撰的案牘。各地方檔案館的零星收藏，也大都是一九三零年代甚至一九四零年代的司法檔案。反映清末民初司法轉軌關鍵時期的地方審判資料卻不多見，因此地方司法層面的研究遲遲難以深入開展。這批龍泉地方法院的檔案，爲我們提供了從晚清到一九四九年，整個民國時期地方司法變遷的完整資料。在一些細節上，也能看到民國司法的鉅大變化。比如，原、被兩造所提交的訴狀、辯訴狀等的結尾，民衆所使用的語句在整個民國時期的演變，就比較説明問題。在清末和民初，狀紙中「號泣青天大老爺明鑒」之類用語還相當普遍，逐漸地這種舊式狀紙上的習語被「伏乞知事暨承審官俯賜」或「請求縣政府恩准/賜准」這樣的用語所取代，到了民國後期，狀紙的結尾則較爲統一地使用「請求察核」、「謹呈/訴龍泉地方法院公鑒」這樣的語句。這個變化不僅説明民國司法從政法合一的縣知事判案向司法獨立的轉變，同時也從某種程度上反映出民衆對於訴訟、執法機關的觀念的變化。其他許多細節，甚至包括案卷文書格式的歷次演變等等，都可以在這批檔案中得到清晰的展現。因此，這批文獻不僅具有相當高的學術價值，更具有無可替代的社會價值，可以爲當前社會司法制度的改革，提供直接的參考資料。

〔一〕浙江省龍泉市人民法院（編）：《龍泉法院志：1911－1993》，上海：漢語大詞典出版社，一九九六年。

所謂基層性，主要指比較於其他地方文書，作爲基層司法檔案的這批資料具有自己的一些特點。晚清民國司法檔案在全國各地保存至今的並非只此一例，但作爲基層地方法院的檔案，存世者卻很少。此前學界關注較多的，大都是高級甚或最高法院的存檔資料，這當然是因爲層級越高越有可能被保存下來。例如臺灣學者黄源盛在第二歷史檔案館（南京）發現並整理的大理院判例即是。黄源盛及另外幾位學者利用那些判例的資料，已經出版了不少研究成果。〔一〕但屬於最低層級的地方法院案卷，不僅未曾有過如此大量的公佈，相關的研究更少。這些基本屬於民間細故的司法案例頗具特色，是最直接反映民間社會生活與司法生活的第一手資料。它爲我們研究晚清至民國年間我國東南地區民間的日常生活，提供了最直接、最可靠的資料，可以彌補其他地方文獻存在的一些不足。

這批檔案記録了近代地方社會結構、經濟形態、家庭婚姻、民衆觀念等方面的變遷，實際涉及民衆生活的幾乎所有内容。檔案中卷帙浩繁的訴狀、辯訴狀、口供和作爲證物保存下來的契約、文書等等，記録了大量的社會生活信息，而且它們還直接反映出法律更革與社會變遷之間的互動機制和過程，這是其他類型的文獻資料所缺少的。

更重要的是，這批檔案中記録了許多其他文獻不能記録或不願記録的内容。小民百姓出於申訴權利的需要，使得他們那些本來不會、或者不便示衆的生活細節，都不得不「抛頭露面」，呈堂示衆了——例如關於民間種種有違禮法的婚姻形式，若非訴訟，就不太可能形諸筆墨。以致有一位龍泉的縣官在他的批語中感嘆：「鄉間婚姻不正，幾於不可窮詰。」討論社會生活史所必不可少的種種基層民衆生活細節，就這樣通過訴訟案例的形式，向研究者全盤托出了。所以説，龍泉司法檔案爲我們描述了一幅生動的清末民國年間東南地區基層民衆日常生活的圖景。

以上關於龍泉司法檔案歷史價值的思考，是我們選編工作的立足點。

四　龍泉司法檔案的整理與選編

如前文所述，龍泉司法檔案數量浩繁，保存中存在一些問題，如何整理與選編，頗費思量。

首先，作爲所有工作的基礎，必須重新編製檔案的目録。

龍泉市檔案館現存關於M003號全宗的編目，僅録入一九六九年清檔時在卷宗袋上標出的兩造姓名和案由，既未注明年代和類型，也不能反映一個卷宗涉及多個案件的情況，而且相當數量卷宗袋上標出的兩造姓名和案由，與卷宗袋内實際收藏的檔案内容張冠李戴。這樣的檔案保存狀況決定了有關這批檔案的編纂與學術研究工作，都需要有一個重新編訂的詳細、準確的索引目録。我們從二零零九年底檔案數據化初步完成時起即着手組織對它們的重新編目工作，編目工作要求整理每一個卷宗中涉及的所有案件的起始時間、兩造詳細信息、案由、訴訟類型和訴訟結果等内容，除了力求準確、詳細地反映案卷的内容，以使研究者可以借助編目大致瞭解每一卷宗基本内容外，還特别關注案卷交錯混亂的情況。由於案卷内容雜，頭緒多，工作相當不易。經過編目，我們終於理清了龍泉司法檔案的一些基本數據。這一批檔案卷宗編號至17411號，其中存在一些空號，實際有檔案的文書共一萬七千三百三十三件卷宗。又由於存在一卷多案的情形，因此記録的訴訟案件則超過兩萬個。編目工作最終形

〔一〕參見黄源盛：《民初法律變遷與裁判（1912－1928）》，臺北政治大學法學叢書編輯委員會，二零零零年；李啓成：《晚清各級審判廳研究》，北京：北京大學出版社，二零零四年；盧静儀：《民初立嗣問題的法律與裁判：以大理院民事判决爲中心（1912－1927）》，北京：北京大學出版社，二零零五年。

成的龍泉司法檔案目録，共計約一百萬字。爲了方便學者利用這批檔案資料，我們擬將這一目録作爲《選編》的最後兩册刊印出版，以饗讀者。

選編工作依據新編的索引目録，將散佈於不同卷宗中同一案件的文書集中起來，按時間順序重新編排，然後從中選取典型案例，編集出版。由於檔案數量浩繁，所選的案例不到原案卷的十分之一，因此我們對選編工作設定了一些基本的原則：

首先，選編以案件類型的典型性、審判程式的完整性、時代的特殊性和案情的複雜性爲首要考慮因素。由於案例衆多，不少案情類似，這就使我們有可能從中選取相對具有典型性的案例，並同時考慮審判程式的完整性，案例的發生處於近代歷史一些關鍵性年份，或司法體制更革的關節點，以及案情複雜、容易展示社會及司法制度的細節等等因素，綜合考慮，力圖達到窺斑見豹，使《選編》具有最大的典型性，讀者利用《選編》就可以充分展開研究的目的。

其次，由於每一案例都可能反映社會歷史多方面的內容，很難將它們分門別類，納入某一特定的主題，因此我們僅按案例發生的時間先後，分輯編排。這樣做的結果，實際是完全撇開了原館藏卷宗號的次序。至於案情拖沓，紛爭多年者，則以同一案件中最早文書時間爲序排列。同時，選編工作尤其注意搜集同一案件分散在不同卷宗中所有的檔案，將它們彙編起來。這一工作在很大程度上是借助了重新編目的成果。同一案件分散在不同卷宗中的情形，當數晚清時期爲甚。如「光緒二十九年殷韓氏控廖永年等蓄謀罩佔案」的檔案，就分散於八個不同的卷宗之中。類似的情形在各年份都不同程度地存在，這大概是選編工作中最爲費力的部分。

復次，龍泉司法檔案所保存者爲民國年間龍泉地方司法機構審理的訴訟案卷，卷宗所涉及這一時期的年份雖相當完整，但仍明顯存在前期案例較少、後期相對爲多的情形。同時，檔案中還保存有一定數量的晚清時期訴訟文書。考慮到案例年代早者其資料價值相對爲高，選編工作基本按年代早者多選、晚者少選的原則來落實。具體做法是將晚清時期的文書從不同案卷中輯出，除少數特殊情況之外全部選入，並根據不同訴訟案件重新拼合編排起來，立爲一輯；民國時期參照目前學術界的一般分期法，分爲北京政府時期、南京國民政府時期、抗日戰爭時期、國共內戰時期等四個部分。每一時期的起迄，則考慮民國司法體系演變的階段性與龍泉地方歷史的特點，略作微調。例如在一九三七年抗日戰爭全面爆發的一年後，戰火才波及龍泉地區，因此龍泉遲至一九三八年才進入戰爭時期。這樣加上晚清時期，全書共分五輯。由於留存的民國前期案例相對爲少，按年選編的原則實際上也就造成了前期案例入選比例相對爲高的結果，所以在總體上體現了年代早者多選、晚者少選的原則。

最後，考慮到不同類型的檔案文書反映了不同的歷史信息，各有其重要性，同時爲幫助讀者全面認識這批檔案，我們也選編了一些非訴訟性的檔案文書，例如案卷中所保存的晚清驗屍報告、證據檔案，民國時期各級法院、檢察院、監獄等司法機構之間的來往公函、工作檔案或其他的一些行政性檔案文書。

爲真實再現檔案文書的原始面貌，《選編》影印檔案原卷，第一輯彩色印刷出版。爲便於讀者使用，我們對每一案例都撰寫了提要，提要之後爲檔案索引，索引之後爲圖録。每一册的圖録部分，限於排版條件，删除了少量無書寫內容的空白頁，或者內容重複的一些公文頁面，如由司法部頒佈的「注意事項」等。選編的一些體例説明，請參見各輯《凡例》。

龍泉司法檔案數量鉅大，歸檔情況較爲混亂，不僅編目工作需要多次核對修訂才能逐漸完善，目前提供給各界的這個案例選編存在疏漏與不足之處，也在所難免，我們敬祈大家批評指正。

龍泉司法檔案作爲一份記録近代中國基層社會生活的珍貴資料，它在文化乃至其他許多方面的價值無需贅言。案卷中所反映的法與理、法與權的複雜關係，以及近代以來國人應對這些關係的策略，豈無可使今人深思者？

面對卷帙如此浩繁的檔案文獻，數年來的整理工作，甘苦自知。在此我對所有給予了這一文化「工程」以無私支持的人們表示衷心的感謝，這些支持者的人數之多，涉及領域之廣，使我無法在此將他們一一列出。我尤其要感謝參加了龍泉司法檔案整理與研究的工作團隊，感謝這一群優秀年輕學者全身心的付出，我豔羡他（她）們今後在學術領域必將取得的、超越前人的成就。

最後，我對中華書局毅然承擔起出版這一鉅編的艱鉅任務，深表欽佩。

二零一二年七月，於杭州小和山

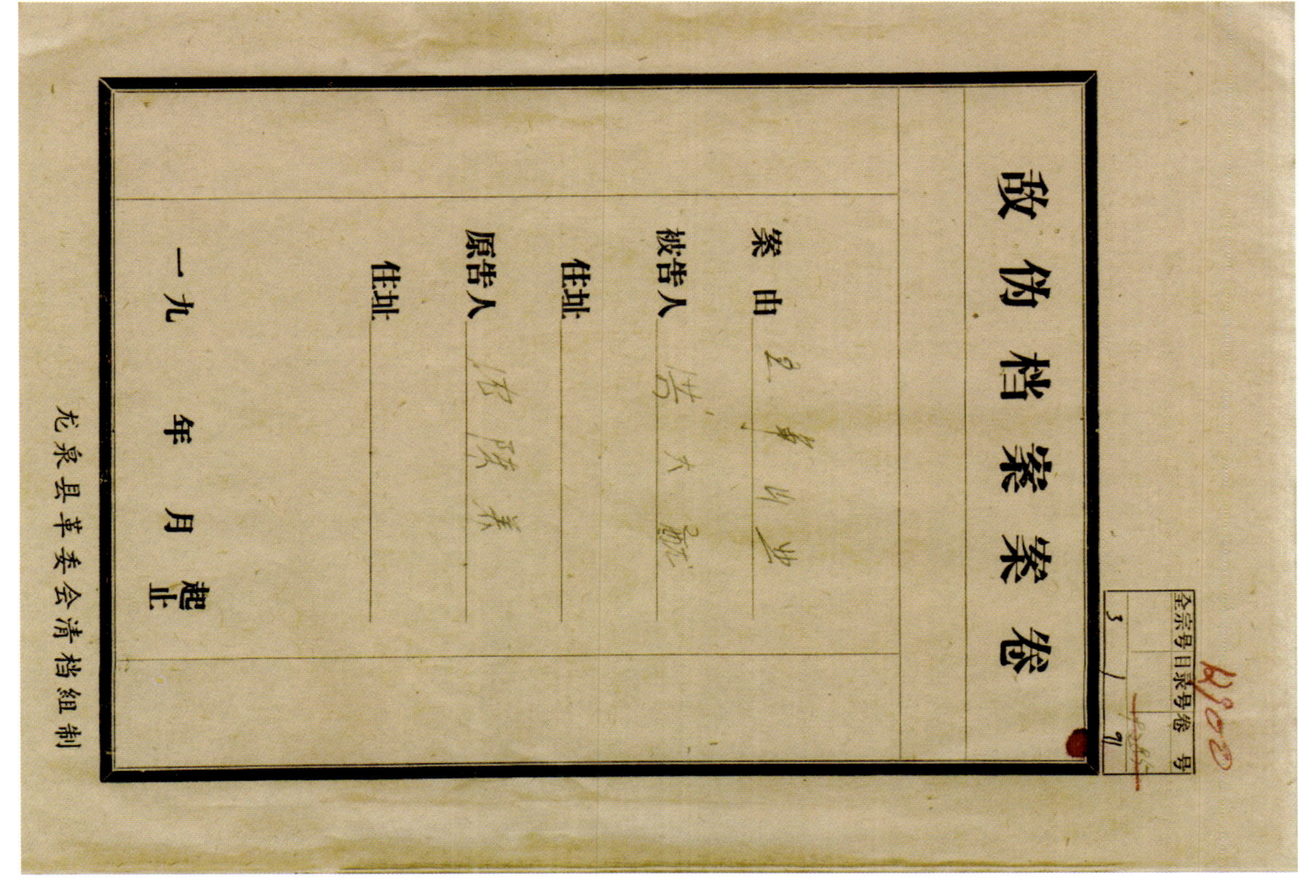

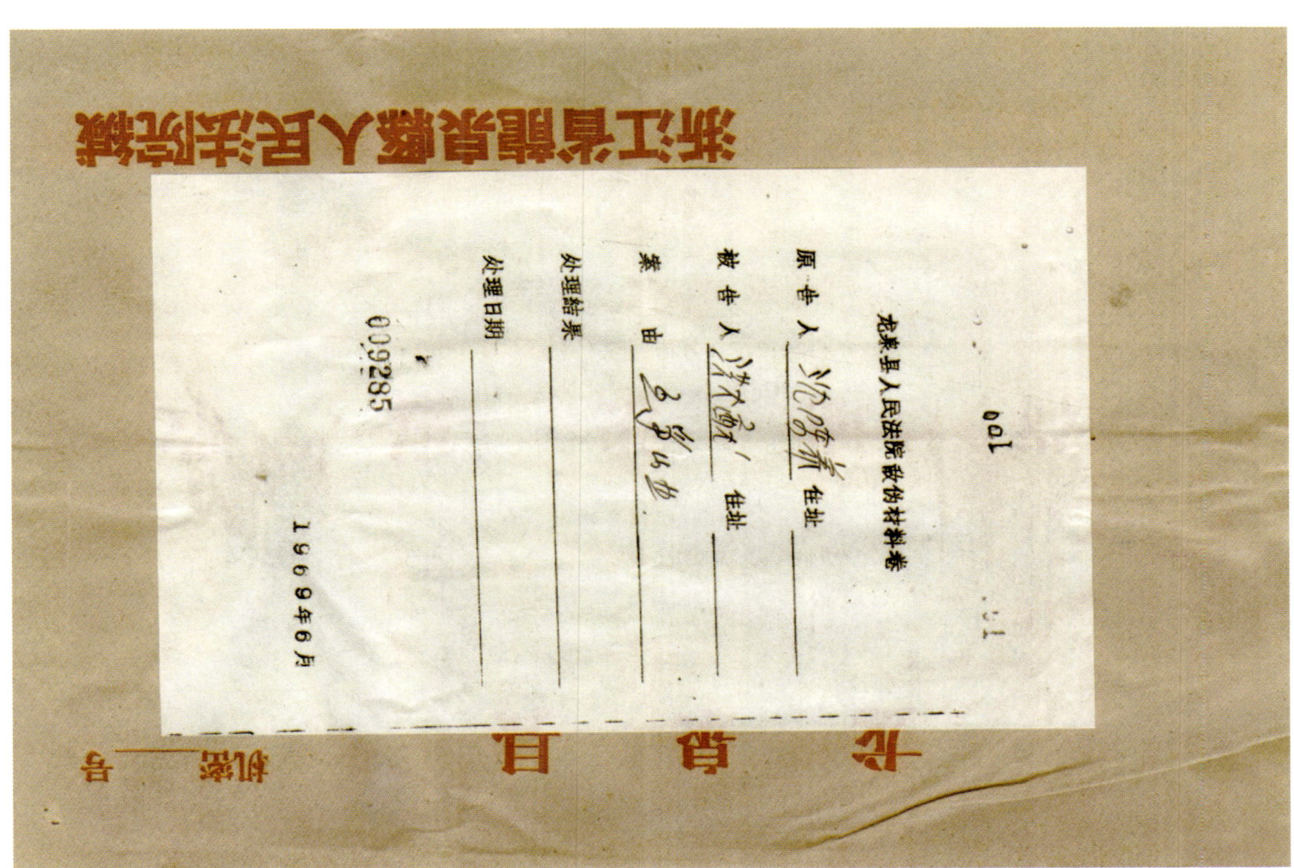

圖版一　一九六九年六月龍泉縣革委會清檔組整理時所加「敵偽檔案案卷」封面

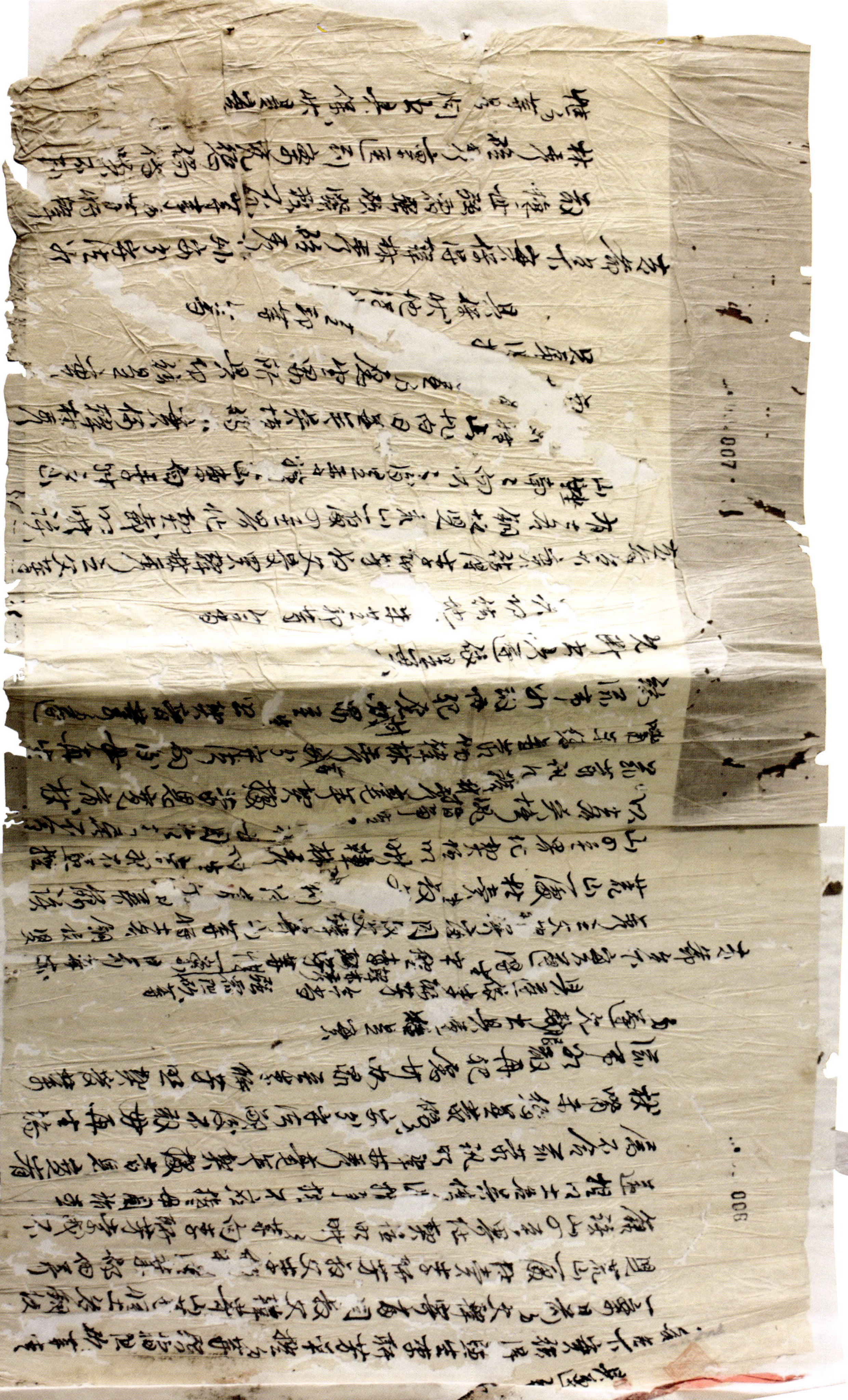

圖版二　裱糊情况一：大小不一的裱糊用紙和被固定的褶皺

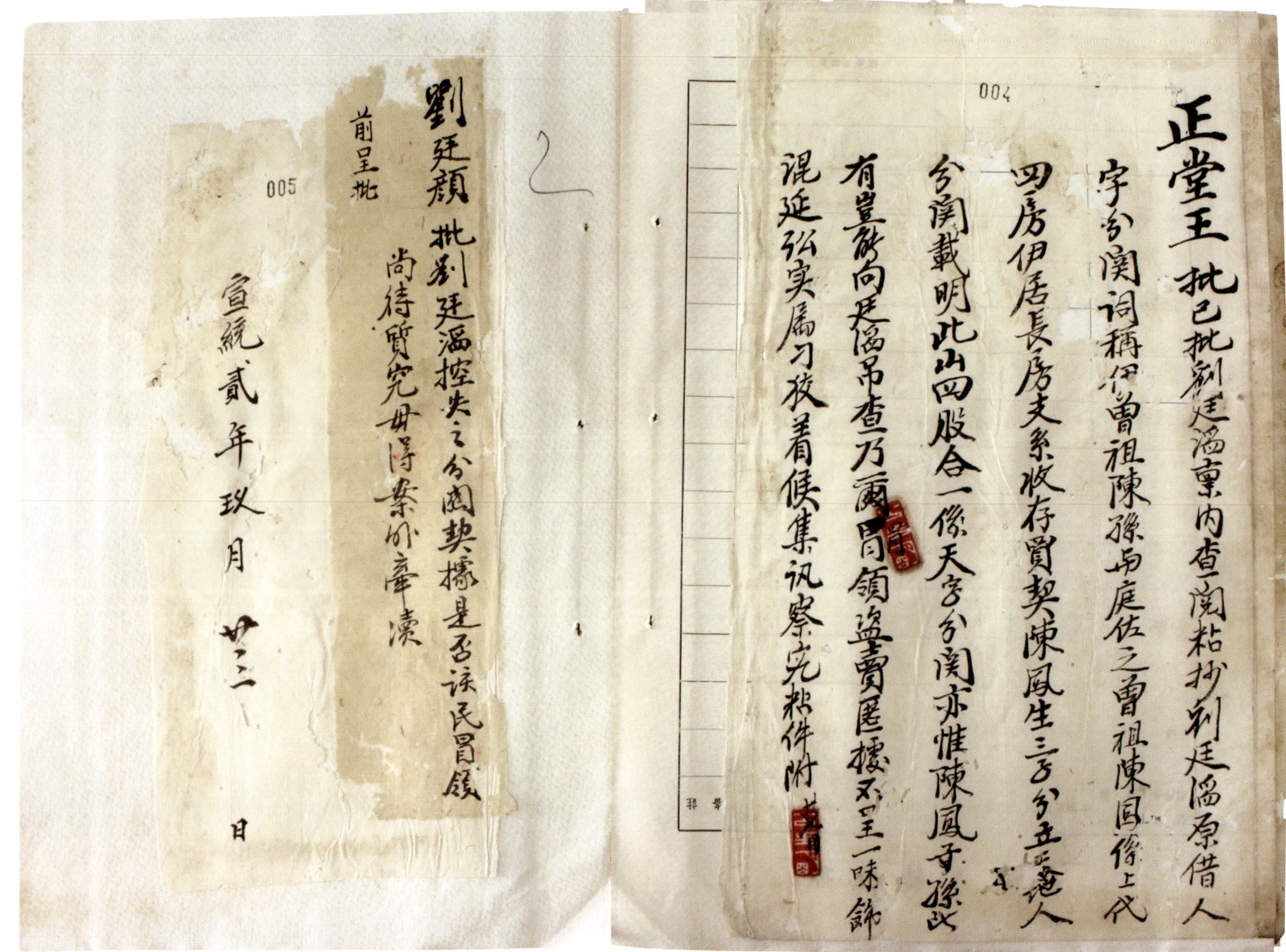

正堂王 批：已批劉廷滔稟內查閱粘抄劉廷滔原借人
字分闗，詞稱伊曾祖陳孫與庭佐之曾祖陳国修上代
四房，伊居長房，支系收存買契，陳鳳生三子分立遺人
分闗載明此山四股合一，係天字分闗，亦惟陳鳳子孫出
有，豈能向廷滔吊查，乃兩（?）冒領盜賣，匿據不呈，一味飾
混，延弘實屬刁狡，著候集訊察究。粘件附。

劉廷顏 前呈批
批：劉廷滔控失之分闗契據是否誣民冒饑（?），
尚待質究，毋得妄行牽瀆。
宣統貳年玖月廿二日

圖版三　裱糊情況二：不規範的裱糊用紙與被裁剪過的文書

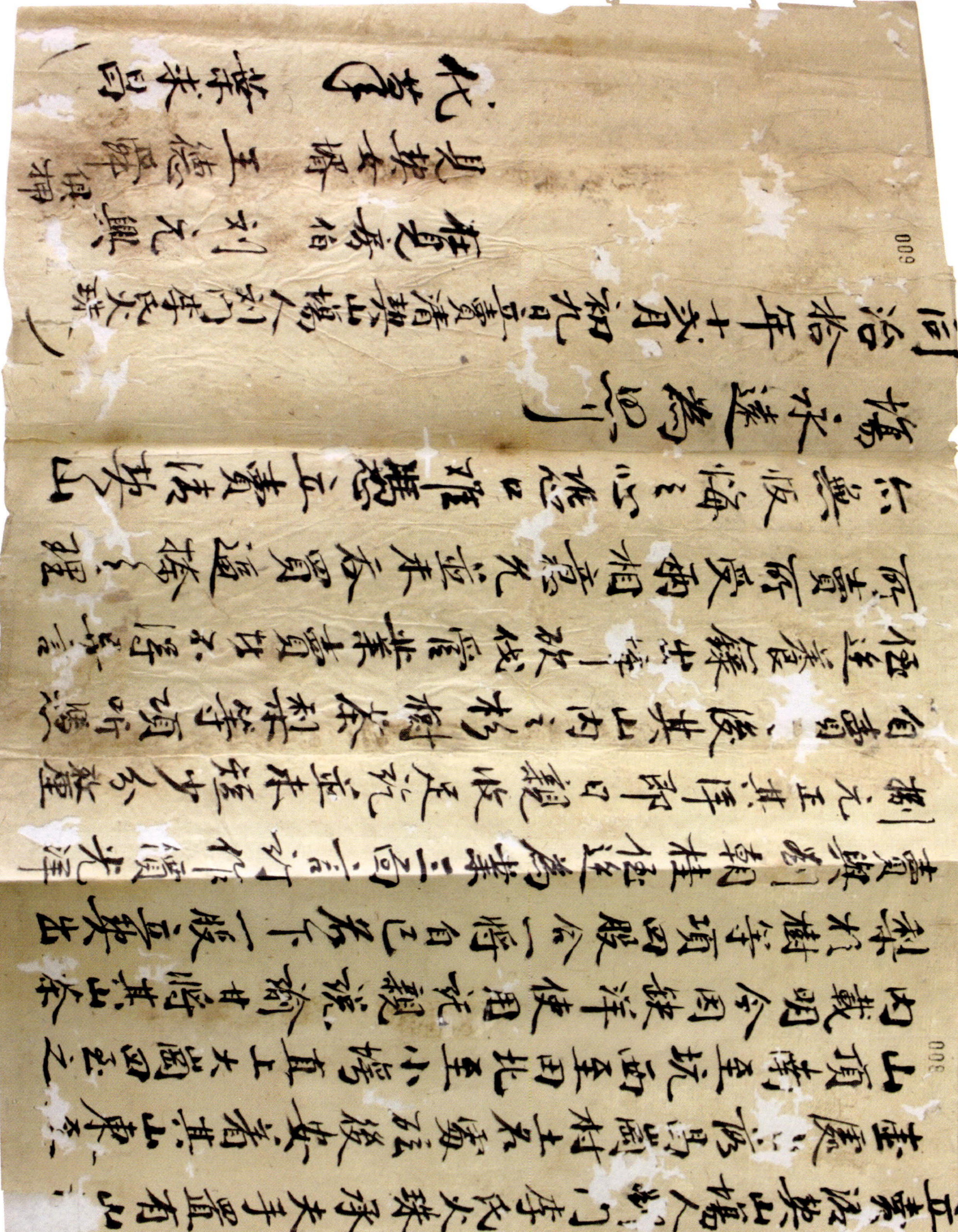

圖版四　裱糊情況三：頂部被裁剪的文書

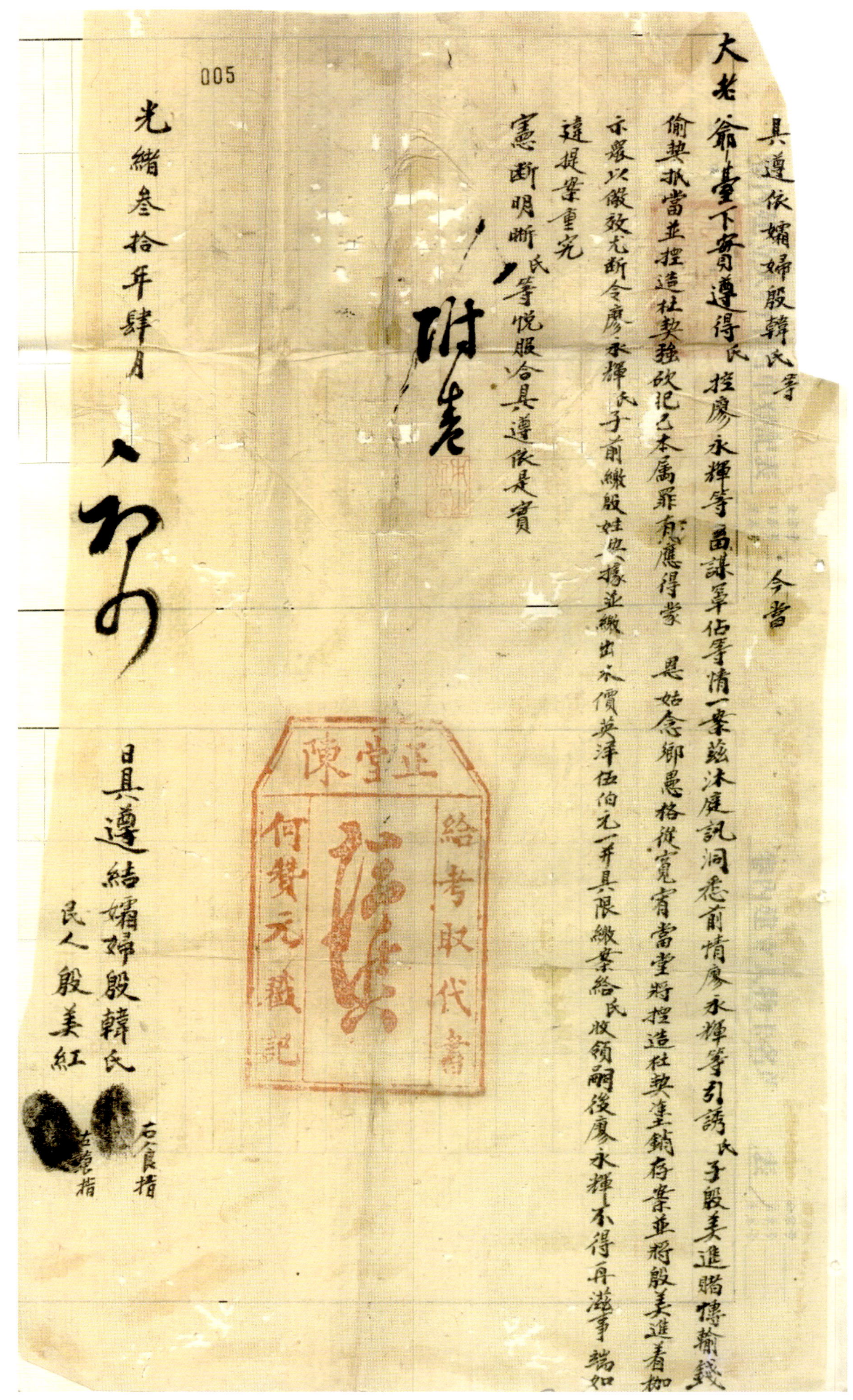

005

具遵依孀婦殷韓氏今

大老爺臺下爲遵得民控廖永輝等啚謀罩佔等情一案兹沐庭訊洞悉前情廖永輝等引誘民子殷美進賭博輸錢

偷契抓當並捏造杜契強砍祀山本屬罪有應得蒙　是姑念鄉愚格從寬宥當堂將捏造杜契塗銷存案並將殷美進着枷

示衆以儆效尤斷令廖永輝氏子前繳殷姓典據並繳出不價英洋伍佰元一并具限繳案給民收領嗣後廖永輝不得再滋事端如

違提案重究

憲斷明晰民等悦服合具遵依是實

附卷

正堂陳

給考取代書何贊元戳記

光緒叁拾年肆月　日具遵結孀婦殷韓氏

民人殷美紅

右食指　左食指

圖版五　裱糊情況四：右上角被裁剪的文書

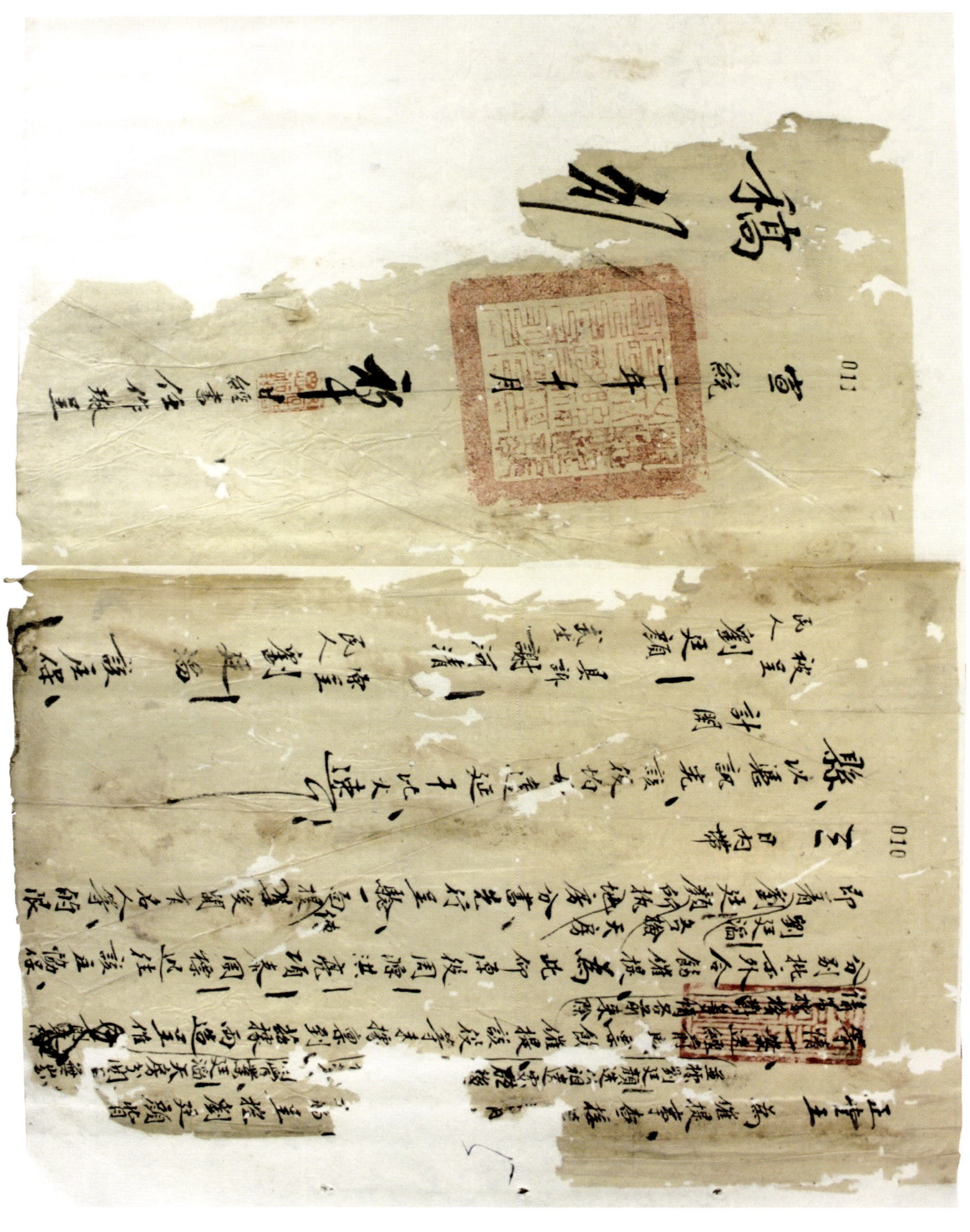

圖版六　裱糊情況五：破殘的文書裁剪後被裱糊在一起

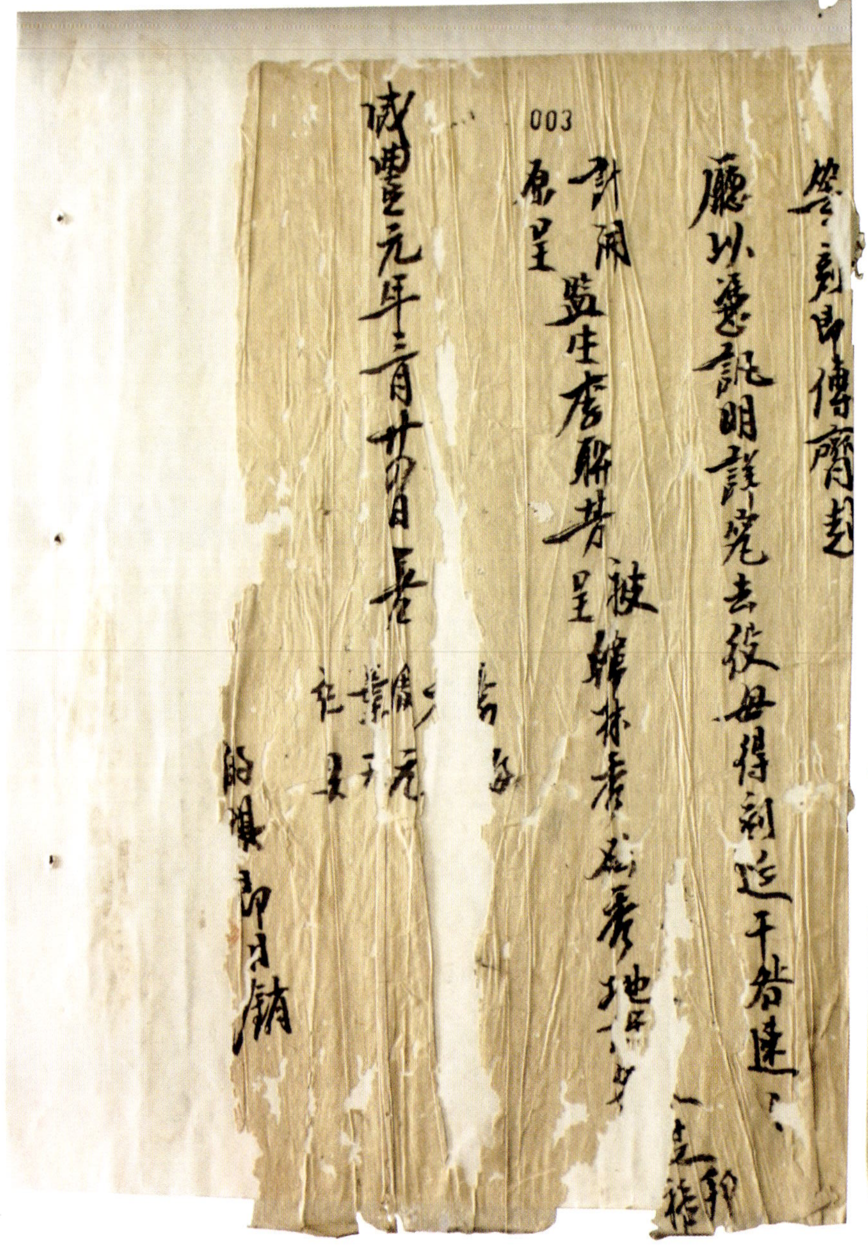

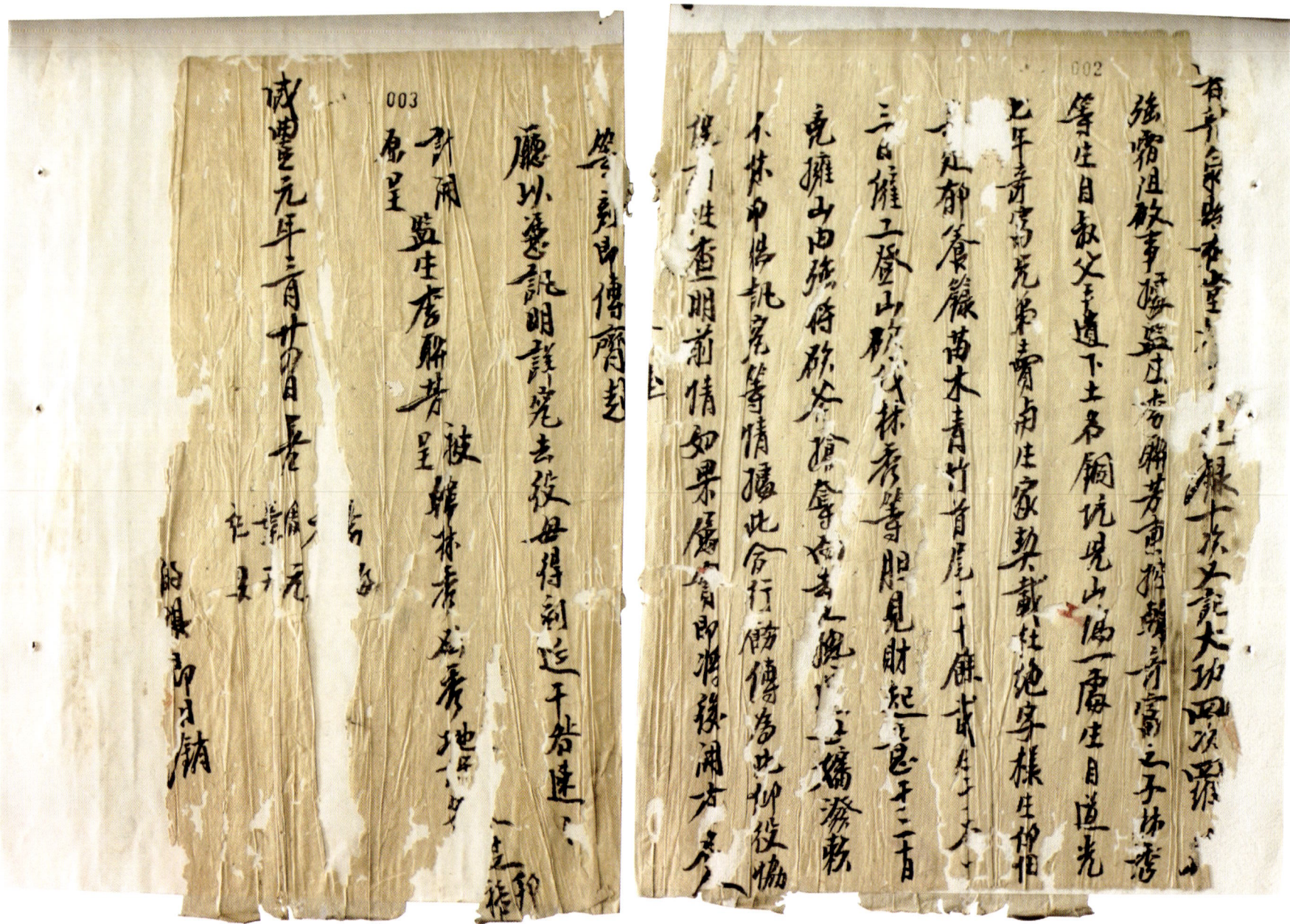

圖版七　裱糊情況六：同一件文書被剪切裱糊在同一紙張的正反面

圖版八　裱糊情況七：因裱糊無法展平的文書

目録

龍泉司法檔案晚清文書的類型與格式

吴铮强

龍泉司法檔案中的晚清時期檔案文書有其獨特性，因此單列成輯。爲了便於讀者利用，兹簡要介紹其類型與格式。

本輯收録的晚清司法檔案，是起迄時間在咸豐元年（一八五一）至宣統三年（一九一一）期間的二十八個案件，其中部分案件訴訟延續至民國初年。爲了儘可能完整地展現案件全貌，也收録了這些案件民國初年的檔案。這些案件除一例驗屍報告之外，其餘二十七例均屬於訴訟檔案，共涉及九十八個卷宗，六百二十八件文書（不計附件）。

清代訴訟制度，一般由原告首先向被告居住的州縣提出告狀。告狀的呈詞需由官代書在格式狀紙上填寫，由原告本人在告期（清代龍泉縣的告期是每月的三、八日）親自攜帶告狀遞交到官府。生員、監生、婦女、老人、幼兒及殘疾人則由他人代投告狀，即所謂的抱告制度。有時原告將呈詞書寫於無格式的白紙或紅紙上，或者用公文中的稟文格式呈狀，雖然違反狀式條例，但也有可能獲得官府的准理。原告也有可能向官府直接喊呈，但事後仍須以書狀正式起訴。原告呈狀之後，州縣官决定是否准理。原告如遭到批駁，可能會再而三地以新的理由告狀。如果告狀獲得准理，便進入了票差傳訊或者調查的階段。被告得知原告呈詞獲得准理，一般會以同樣的呈狀形式提出辯訴，與原告的呈狀稱爲「告詞」相對應，被告的呈狀稱爲「訴詞」。如果差役不能按時將相關人等傳訊到案，造成訴訟延宕，兩造就會反復呈狀，有時也會越訴至州府。

與告狀一起投遞到官府的，有這樣幾種附件文書。一種是切結狀，即由呈狀者出具的保證告狀内容屬實、如虚甘坐的保證文書。一種是與告狀内容有關的證據或者説明性文書。證據包括契據、賬簿、譜牒等，檔案中所見多爲抄件，原件一般在訴訟結束後由當事人領回，只有少數由於特殊原因仍保留在檔案中；説明性文書如涉案財産的清單等。第三種則是公文抄件，一般是以往呈狀、憲批、堂諭的抄件。以上是呈狀過程中産生的訴訟文書。

呈狀獲得批准後，即進入飭差調查案情、傳訊相關人等的審前程序。這個過程主要會産生兩種訴訟文書，即官府簽發的飭差信票（差票）和差役的回稟。據滋賀秀三的研究，訴訟過程中産生的差票可以分爲「調查票」、「取證票」、「督責票」、「調解票」、「遏暴票」、「查封票」、「傳訊票」、「逮捕票」八種，〔一〕除了「調解票」與「逮捕票」外，其他六種性質的信票在龍泉司法檔案中均有出現。由於信票正本是由承票差役所持的證明性文書，無論是否完成票差，都應在一定期限内繳回官府銷票，即使不銷票也應保留在差役手中，因此檔案中保存的一般不是信票的正本，而是信票的定稿。但龍泉司法檔案中出現了兩件信票的正本，這應該是特殊情況

〔一〕滋賀秀三：《清代州縣衙門訴訟的若干研究心得》，劉俊文主編：《日本學者研究中國史論著選譯》第八卷《法律制度》，北京：中華書局，一九九二年，第五二八—五三三頁。

下存留在檔案中的。承票差役應在一定期限内向官府報告執行票差的情況，這就是差役的回稟，官府據此决定進一步處理訴訟的辦法。此外，差役對訴訟標的執行「查封」時，查封的財物一般交由當地地保收管，這時地保需要出具「收管狀」，這是票差過程中産生的另一種文書。

如果差役順利提到相關人等，下一步訴訟程序便是懸牌示審，即通知相關人等參加堂審。堂審過程中會産生三種訴訟文書：第一種是點名單，用於清點應到受審人員。第二種是供詞及堂諭，龍泉司法檔案所見供詞、堂諭一般書寫於同一紙張上，供詞是書吏根據堂審中相關人等的口供内容總結而成，堂諭則由官員在供詞上朱筆撰寫而成，字跡較爲潦草。第三種文書是結狀，如果堂審的結果是某種裁决，那麽兩造及相關人都須出具結狀表達對裁决的服從。

以上所述呈狀、呈狀附件、信票、回稟、點名單、供詞（堂諭）、結狀七種文書，構成了清代縣衙自理訴訟過程中産生的主要文書類型。此外，根據案情的不同，也會産生其他文書類型，如縣官有時委託捕衙、當地士紳或者相關機構對案情進行調查或調解，由此形成札文或諭文；又如有些案件經上級官府的介入，便會産生官府之間的往來公文，等等。

以下對本輯選編所涉及晚清訴訟的主要文書類型作進一步説明。

一 呈狀

本輯所録晚清時期各類呈狀，除一件咸豐年間殘件以外，其他的呈狀時間爲光緒十八年（一八九二）五月初一日至宣統三年（一九一一）九月十三日。這批狀紙的狀式可以分爲三大類：（一）光緒十八年五月至宣統二年（一九一〇）四月狀紙爲清代傳統訴狀格式（指清末司法改革以前的狀紙格式），其中光緒三十四年（一九〇八）四月初三日之前的狀紙與十一月初八日之後的狀紙形制稍有不同；（二）宣統二年五月至宣統二年九月的官紙局訴狀，則由浙江省官紙局統一印製，標明狀紙定價，並取消官代書；（三）宣統二年十一月至宣統三年九月的新式訴訟狀紙，分爲刑事訴訟狀、民事訴訟狀、辯訴狀三種，其依據是《浙江諮議局議决訟費暫行規則法律案》。此外又有無格式的狀紙，多爲紳衿或孀婦以「具呈」或「具禀」的形式投遞，所用紙張有紅色、白色兩種。

（一）清代傳統訴狀格式

清代傳統狀紙的印製，各地、各年代並無統一的規格與格式。龍泉檔案所見光緒年間的傳統狀式分爲兩種，自光緒十八年五月二十八日至光緒三十四年四月初三日爲同一格式（「光緒甲」，圖版一、圖版二），高約二十七厘米、寬約一百一十八厘米。光緒三十四年十一月八日至宣統二年四月二十八日的狀紙（「光緒乙」，圖版三、圖版四），高約二十七厘米、寬約一百二十厘米。「光緒甲」的狀頭，「呈式」以下填寫欄目包括做狀、左右鄰、保戳、歇家、新糧、舊糧、經承、原差等。「光緒乙」狀頭欄目有兩處調整，一是左右鄰、保戳、歇家改爲歇家、左右鄰、保戳，二是新糧、舊糧改爲錢糧。

兩種狀式的狀頭與呈詞之間，印有光緒年月日、代書，填寫具呈時間，並加蓋官代書戳記。「光緒甲」狀紙此處蓋「内號」戳記，光緒三十二年（一九〇六）五月十四日以後的訴狀又加蓋「收發處掛號訖」戳記；自宣統元年（一九〇九）閏二月初八日起狀紙不再加蓋「内號」戳記，僅加蓋「收發處掛號訖」戳記。

呈詞部分，首行印有具呈、年歲、住鄉莊、離城里、抱告，填寫具呈人信息。後面爲填寫狀詞正文的綫格，横二十五格，豎十六格，可書寫四百字，這是目前所見書寫字數最多的一種狀式。狀詞正文的天頭部分一般有説明該狀詞性質的加批，如「新詞」、「有案」、「續詞」、「息呈」、「喊呈」等。縣官全銜戳記一般緊隨呈詞綫格之後，如「賞戴花翎即補同知直隸州特授龍泉縣正堂戴批」。署銜後面的留白則供縣官書寫批詞。最後是狀式條例，「光緒甲」與「光緒乙」的狀式條例内容有所不同。

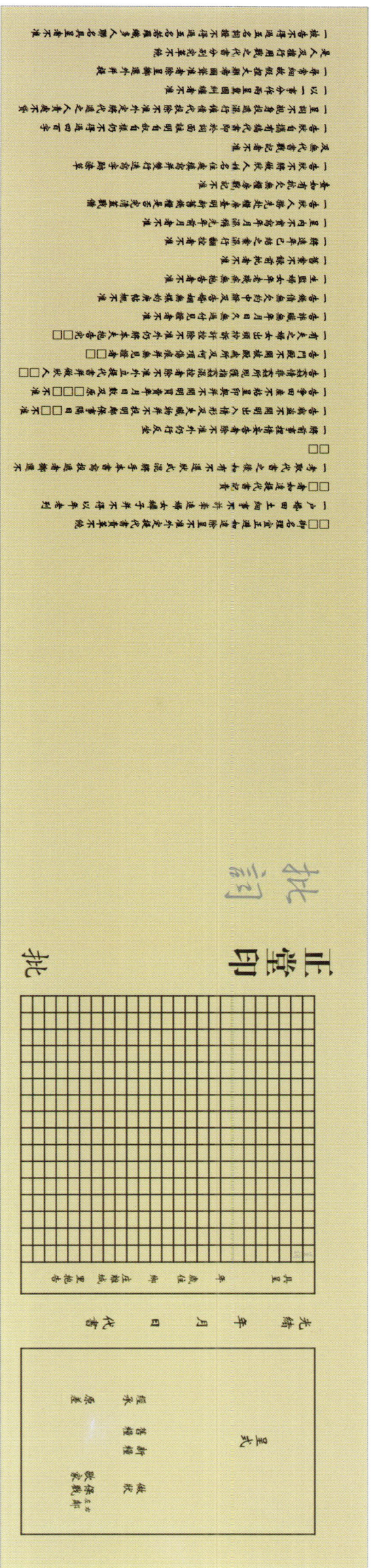

圖版一　光緒甲狀式示意圖

圖版二　光緒甲狀式實例（光緒二十九年八月廿三日李馬生爲控夏光仁等捏情飾訴敲詐顯然事呈狀，M003-01-02862卷宗，第5-7頁）

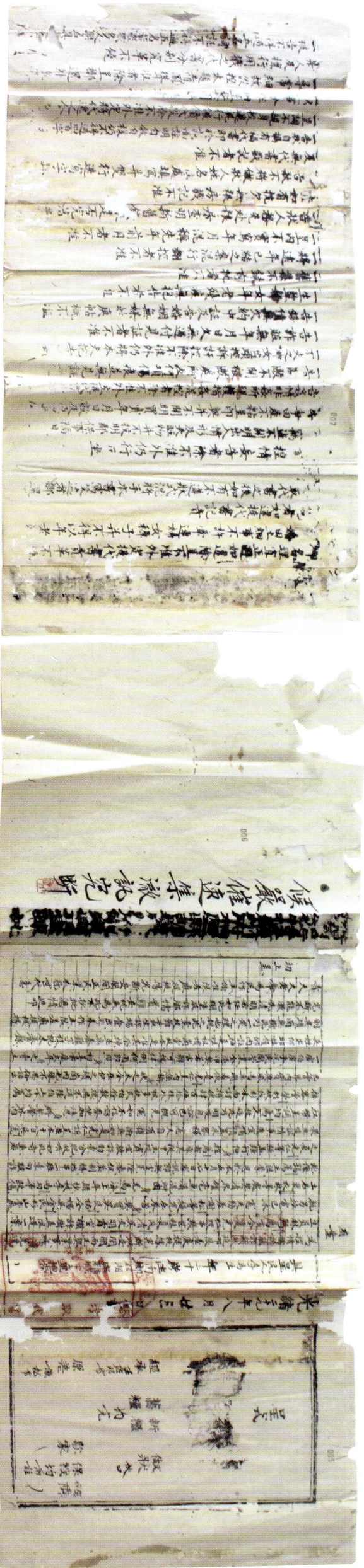

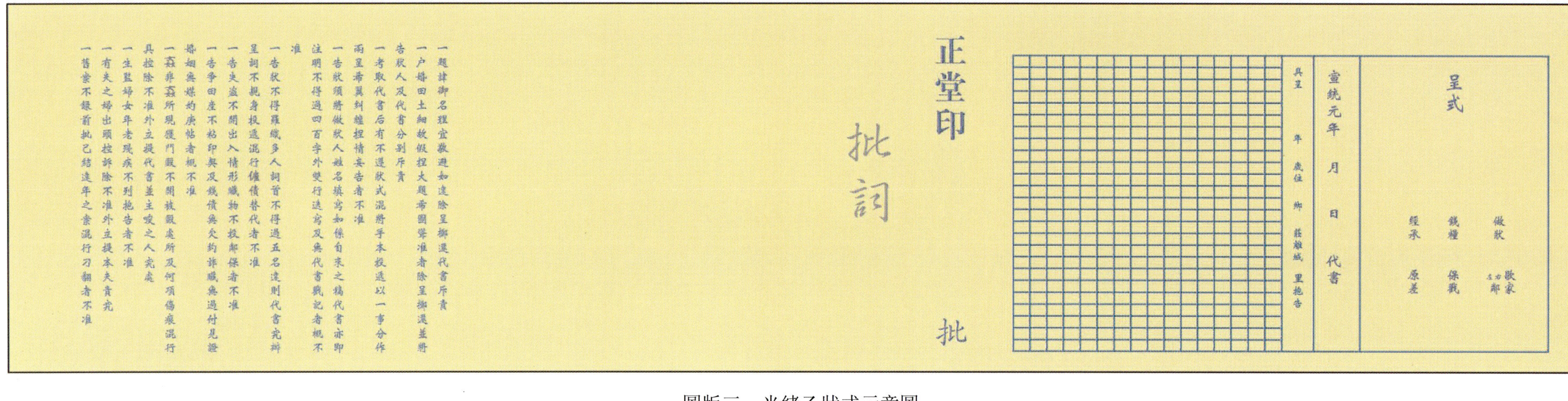

呈式

做狀　　歇家　名加鄰

錢糧　　保戳

經承　　原差

宣統元年　月　日　代書

具呈　　年　歲住　鄉　莊離城　里抱告

正堂印

批詞

批

一題諱御名程宜敬避如違除呈擲還代書斥責
一户婚田土細故假捏大題希圖聳准者除呈擲還並將告狀人及代書分别斥責
一考取代書后有不遵狀式混將手本投遞以一事分作兩呈希冀糾纏捏情妄告者不准
一告狀須將做狀人姓名填寫如係自來之稿代書亦即注明不得過四百字外雙行迭寫及無代書戳記者概不准
一告狀不得羅織多人詞首不得過五名違則代書究辦呈詞不親身投遞混行僱倩替代者不准
一告失盜不開出入情形贓物不投鄰保者不准
一告爭田產不粘印契及錢債無欠約詐贓無過付見證婚姻無媒妁庚帖者概不准
一姦非姦所現獲鬥毆不開被毆處所及何項傷痕混行具控除不准外立提代書並主唆之人究處
一生監婦女年老殘疾不列抱告者不准
一有夫之婦出頭控訴除不准外立提本夫責究
一舊案不錄前批已結遠年之案混行刁翻者不准

圖版三　光緒乙狀式示意圖

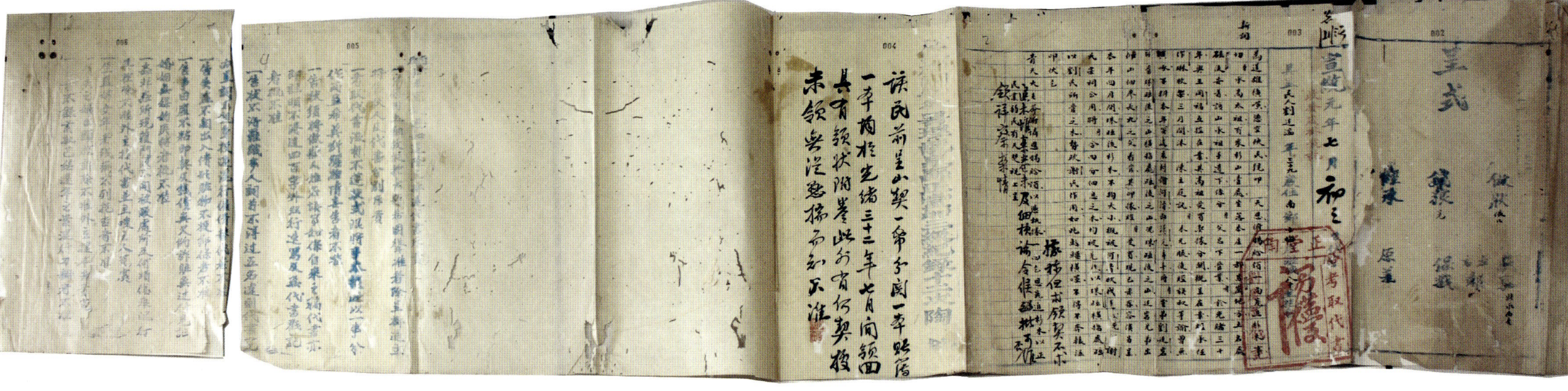

圖版四　光緒乙狀式實例（宣統元年七月初三日劉廷滔爲控謝河清等逞雄横噬憑空殃民事呈狀，M003-01-4630卷宗，第2-6頁）

（二）官紙局訴狀格式

宣統二年五月初三日至宣統二年九月十一日的狀紙，是浙江省依照光緒三十三年（一九零七）十月二十六日《法部等會奏京師各級審判廳由部試辦訴訟狀紙摺》的精神，由浙江官紙局統一印製的一種狀式。官紙局訴狀取消官代書，狀紙費明碼標價。龍泉檔案所見宣統二年五月初三日至六月二十八日官紙局狀紙，標價爲「浙江官紙局造每套價洋叁角半」（圖版五）。該狀紙由於定價過高而引起紛爭，浙江省諮議局爲此提案重新定價，在原來印刷的狀紙上加蓋「奉飭減收銅元拾枚」紅戳（圖版六、圖版七）。又有四件狀紙，狀頭上印有關於狀紙定價的説明（圖版八）。

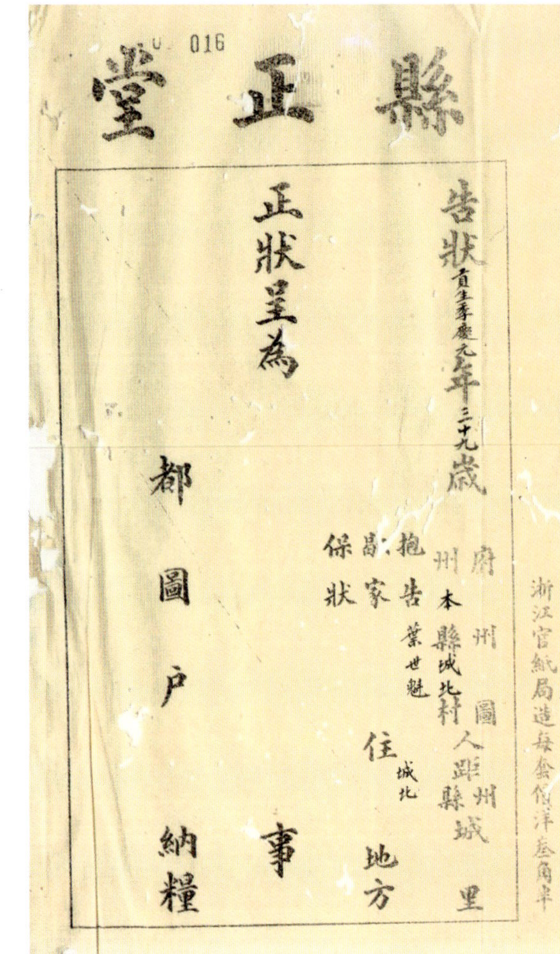

圖版五　官狀紙狀頭一：加印「浙江官紙局造每套價洋叁角半」（宣統二年五月初三日季慶元爲控吴榮昌等奉批邀理罩佔愈雄事呈狀狀頭，M003-01-1042卷宗，第16頁）

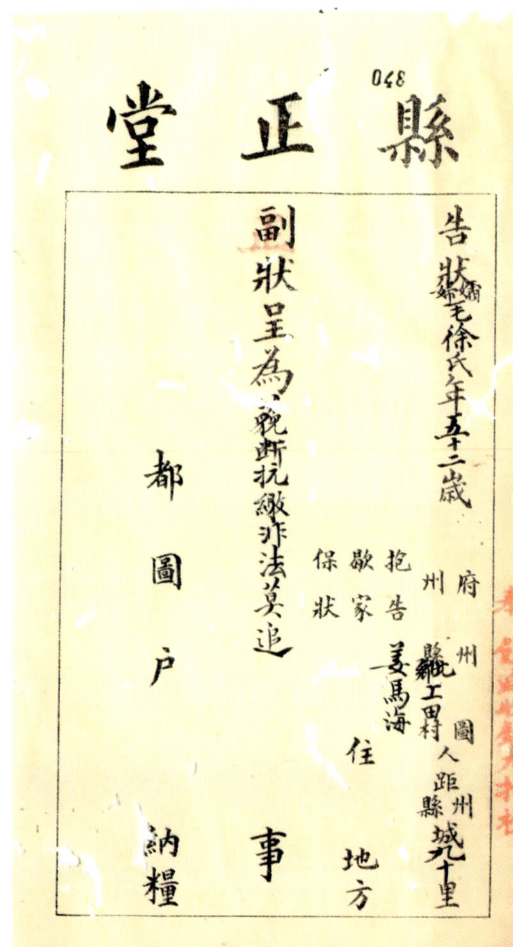

圖版六　官狀紙狀頭二：副狀加蓋「正」字紅戳、並加蓋「奉飭減收銅元拾枚」紅戳（宣統二年七月十三日毛徐氏爲控姜永祥等藐斷抗繳非法莫追事呈狀狀頭，M003-01-13527卷宗，第48頁）

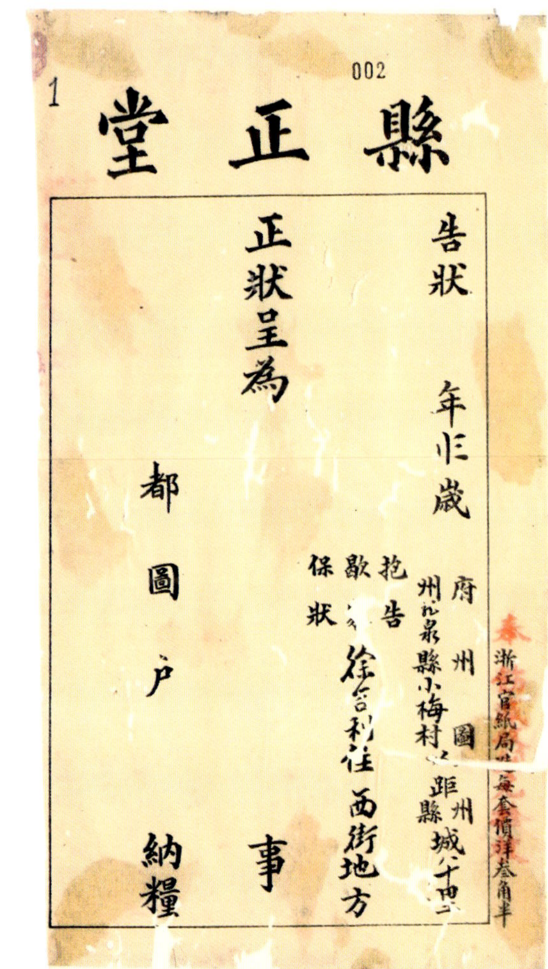

圖版七　官狀紙狀頭三：正狀加蓋「奉飭減收銅元拾枚」紅戳（宣統二年八月廿八日劉焕新爲控劉嘉旺情虧避延案懸莫結事呈狀狀頭，M003-01-9854卷宗，第2頁）

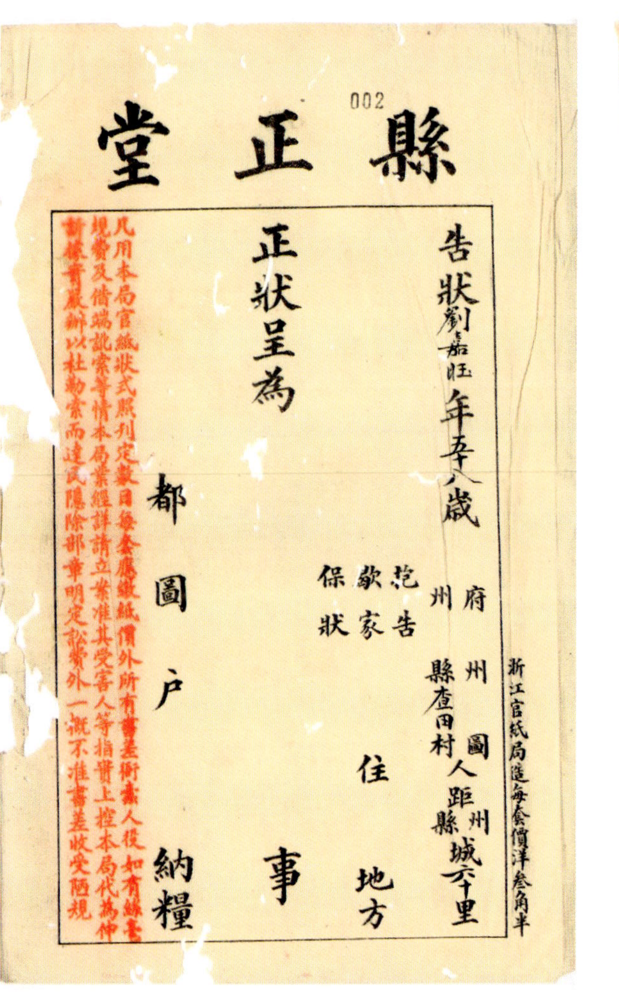

圖版八　官狀紙狀頭四：套印「凡用本局官紙狀式」説明（宣統二年九月初八日劉嘉旺爲控劉焕新妄捏混飾串陷殃民事呈狀狀頭，M003-01-8554卷宗，第2頁）

宣統二年浙江官紙局狀紙可分爲兩種（「官紙甲」、「官紙乙」）。「官紙甲」是正、副狀成套印製，正狀高約二十六厘米，寬約一百六十厘米，狀頭上方横寫「縣正堂」三個大字，之下黑綫大框。右下角黑框之外標明狀紙定價「浙江官紙局造每套價洋叁角半」。黑框之内豎寫三項欄目，第一項告狀人信息，内容包括告狀、年歲；府（州）、州（縣）、圖（村）人，距州（縣）城里；抱告（歇家、保狀）住地方。第二項填寫案由，格式爲正狀呈爲某事。第三項爲納糧情況，格式爲都圖户納糧。呈詞部分，開首印有告狀、爲，填寫告狀人姓名及案由。其餘空白，無綫格。呈詞之後，有填寫繼承、原差、被告、干證等人信息的欄目，這是「官紙甲」正狀特有的内容。此後一般加蓋正堂印戳記，正堂印戳記之後留白，供知縣書寫批詞，末尾有時間欄，格式爲宣統年月日呈。最後是狀尾，即收呈條款部分。「官紙甲」的副狀，高約二十六厘米，寬約八十厘米，狀頭的案由格式爲副狀呈爲某事。此外副狀與正狀格式的區别在於，狀頭部分綫框右下角無「浙江官紙局造每套價洋叁角半」字樣；呈詞之後並無繼承、原差、被告、干證等人信息的欄目，亦無收呈條款（圖版九、圖版十）。

龍泉檔案所見「官紙乙」狀式時間在宣統二年五、六月間，高約二十六厘米，寬約一百六十厘米，格式較「官紙甲」略簡。狀頭上方横寫「狀式」兩個大字，之下黑綫大框。右下角黑框之外豎寫「浙江官紙局造每套價洋叁角半」。黑框之内豎寫三項欄目，第一項告狀人信息，内容包括具呈人、年歲；府（州）、州（縣）、住地方；抱告；保狀。第二項爲案由，格式爲正呈爲某事。第三項爲時間，格式爲宣統年月日呈。呈詞部分開首印有具呈、呈爲，填寫告狀人姓名及案由。其餘空白，無綫格。呈詞之後加蓋正堂印戳記，之後留白書寫批詞，但無經承、原差、被告、干證等信息欄，末尾亦無時間欄。狀尾同樣是「收呈條款」，但内容與「官紙甲」正狀區别較大（圖版十一）。

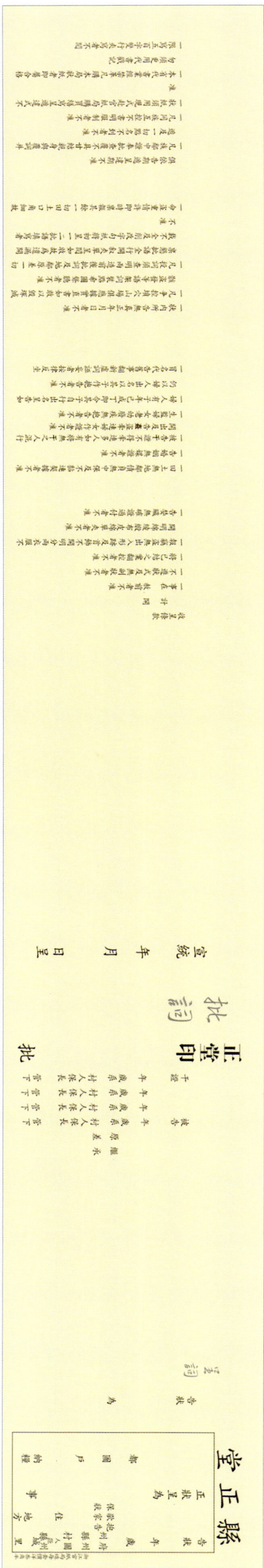

圖版九　官紙甲正狀示意圖

圖版十　官紙甲副狀示意圖

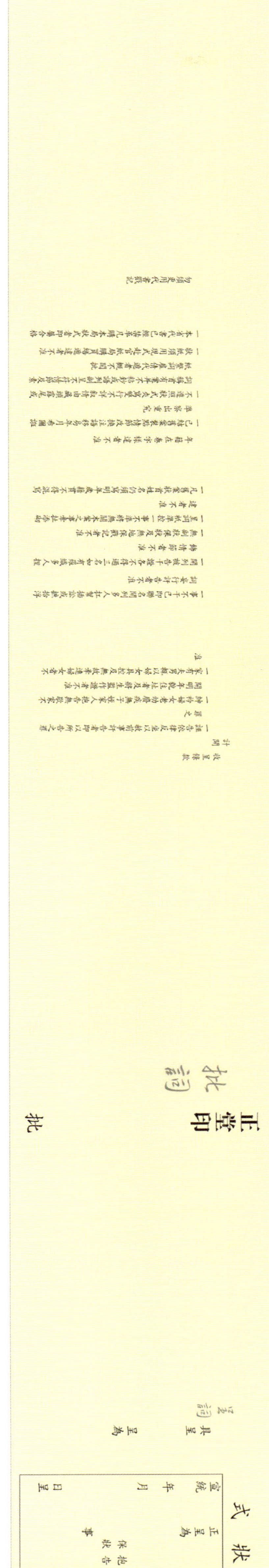

圖版十一　官紙乙示意圖

此外，宣統二年九、十月間，龍泉司法檔案中出現了六件仿官狀紙，均按「官紙甲」狀式手寫狀頭。有些狀紙仿寫得非常精細，狀頭除没有「浙江官紙局造每套價洋叁角半」等字以外，其他内容完全一樣（圖版十二），也有一些仿寫得相當簡略。這種情況或許是官紙局裁撤糾紛後出現狀紙短缺現象引起的。

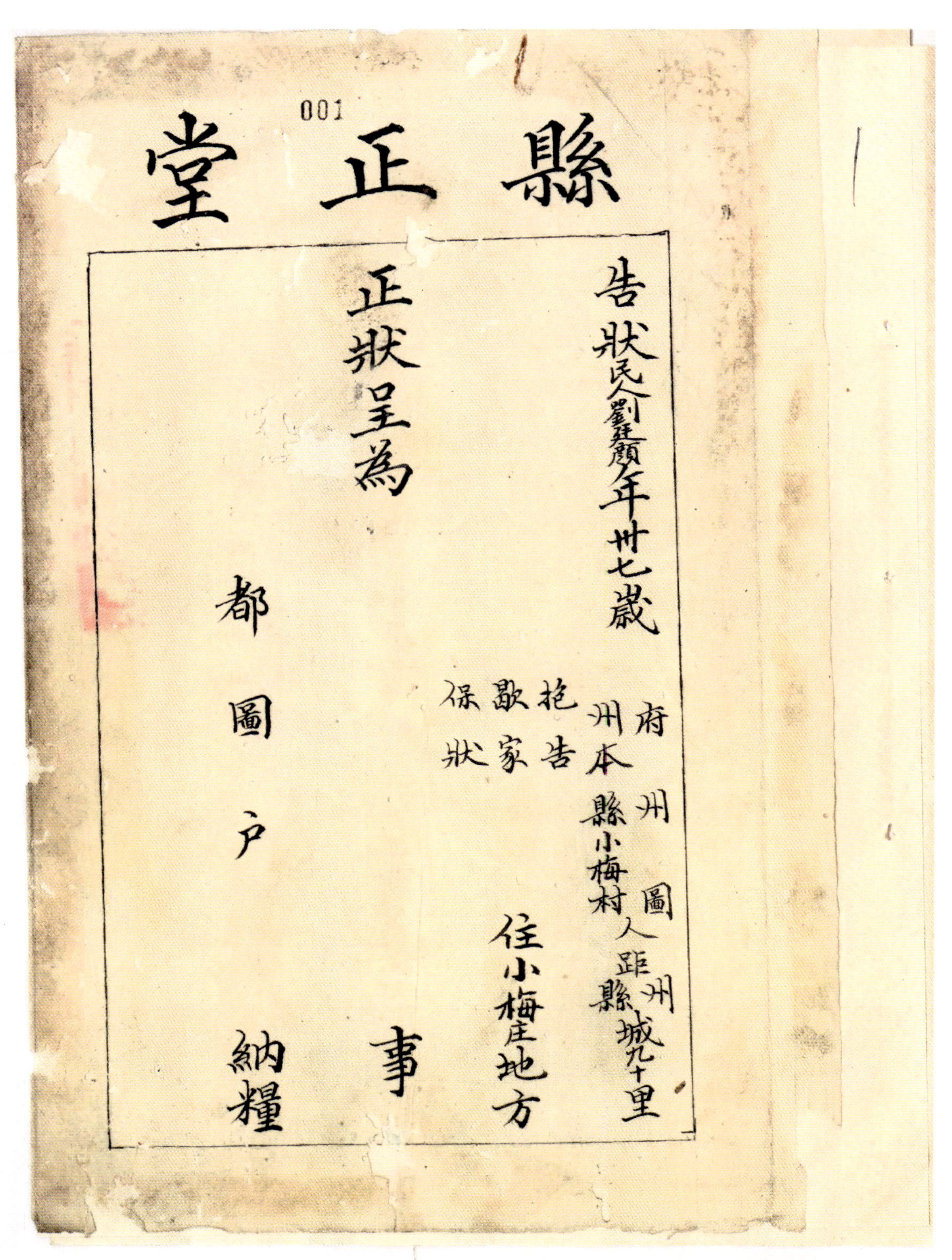

001

縣正堂

告狀民人劉廷顏年卅七歲

府州本縣小梅村人　州圖　距州縣城九十里

抱告　歇家　保狀

住小梅庄地方

正狀呈為　事

都　圖　户　納糧

圖版十二　仿「官紙甲」狀頭（宣統二年九月廿三日劉廷顏爲控劉廷滔沉匿分關婪執領契事呈狀，M003-01-16365卷宗，第1頁）

（三）新式訴訟狀格式

宣統二年十一月二十八日出現了第一件新式訴訟狀紙「民事訴訟狀」，此後又大量出現有「刑事訴訟狀」與「辯訴狀」，這三種狀紙屬於同一狀式，這種狀式是依據《浙江諮議局議决訟費暫行規則法律案》而制定的，該法案第六章《訴訟狀紙》規定：

第十九條，訴訟狀紙由官立印刷局印刷，分發各州縣及各問刑衙門於本署大堂附設發賣印紙處。

第二十條，訴訟紙價值應依《訴訟紙簡明章程》第四條，不得多取，並不得另取收呈及副狀、保結等費用。

第二十一條，訴訟紙之種類價額如左：

1 刑事訴訟狀，凡刑事原告在各署起訴者用之（刑事雖不取訟費，但訴訟狀紙當一律用正式，故不能不規定）。

2 民事訴訟狀，凡民事原告於各署起訴者用之。

3 辯訴狀，凡民事被告、刑事被告對於本案辯訴者用之。

4 本條照依部定《訴訟狀紙簡章》第三條規定，但現未立審判廳以前，無一定審級，且上訴辦法差異，准可就以上各種分別通用，故上訴狀及委任狀可省（狀紙式另訂）。

5 訴訟狀紙無論何種，每紙銅元定價當拾銅元拾枚，作爲紙張印刷發行等費。（一）

新式訴訟狀式分爲刑事訴訟狀、民事訴訟狀、辯訴狀三種，狀式相似。其中刑事訴訟狀與民事訴訟狀除「民」、「刑」一字之差以外，幾乎完全一樣。狀紙高約二十七厘米，寬約九十七厘米。訴訟狀狀頭部分爲填寫原、被告信息的表格，表頭標以「民（刑）事訴訟狀」；下分爲原告、被告兩欄；分别填寫原、被告的姓名、籍貫、住所、年齡、職業。與清代傳統狀式的狀頭相比，新式訴訟狀紙不再填寫代書、歇家、保戳、抱告、錢糧、經承、原差等内容。表格右下角印有狀紙的價格每紙當拾銅元拾枚。表格右上角加蓋有紅色戳記，中間爲「訴訟狀紙戳記」、兩邊爲「無此戳者，作爲無效」。狀頭以下爲填寫呈詞的條格，共五面，每面八行。第一行印有「爲呈訴事」，填寫訴訟事由。呈詞起首一般加蓋「收發處掛號訖」戳記。最後三列有填寫證人、證物及公鑒的欄目。呈詞書寫於空白條格内，正堂印及批示在呈詞以後的條格空白處。條格之後填寫時間、具狀人，及狀紙發行單位，格式爲宣統年月日、具狀人；經手發行處。所見狀紙「經手發行處」處一般加蓋「新政科」紅色戳記。新式訴訟狀紙無狀式條例（圖版十三、圖版十四、圖版十五）。

辯訴狀的格式與訴訟狀大同小異。狀頭部分爲表格，表頭標以「事辯訴狀」，首格空白供填寫「民」或「刑」字，第二行爲辯訴人欄，下填寫辯訴人姓名、籍貫、住所、年齡、職業。由於只需填寫辯訴人一方信息，辯訴狀狀頭表格比訴訟狀少一欄，第一面除狀頭外，呈詞條格緊隨其後。條格第一行印有「爲一案被控辯訴事」格式，供填寫辯訴事由。除狀頭部分有所不同之外，辯訴狀的其餘部分與訴訟狀相同（圖版十六）。

（一）《浙江諮議局議决訟費暫行規則法律案》，《浙江續通志稿》卷四二《地方自治》，浙江省圖書館藏抄本。

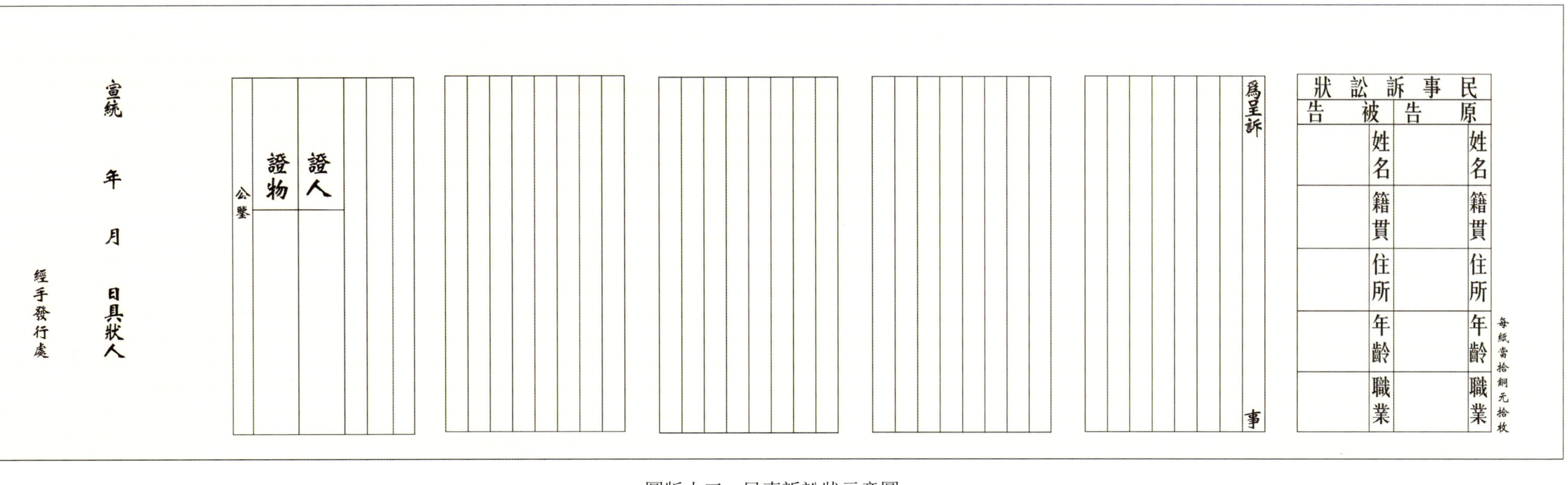

民事訴訟狀

原告		被告	
姓名		姓名	
籍貫		籍貫	
住所		住所	
年齡		年齡	
職業		職業	

每紙當拾銅元拾枚

爲呈訴　事

證人

證物

公鑒

宣統　年　月　日具狀人

經手發行處

圖版十三　民事訴訟狀示意圖

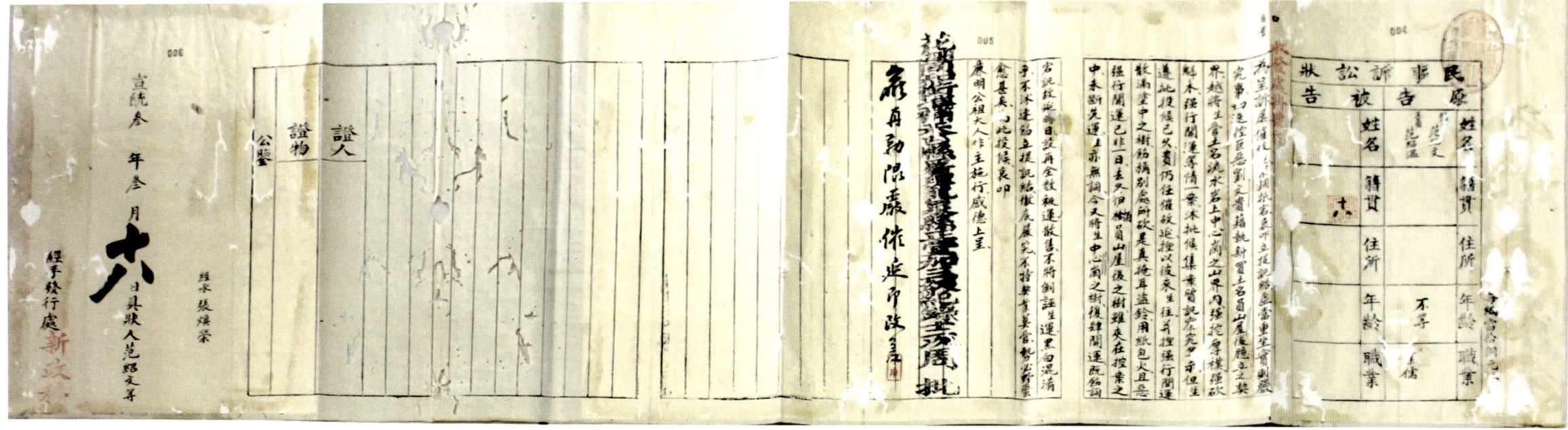

圖版十四　民事訴訟狀實例（宣統三年三月十八日范紹文等爲控劉文貴屢催故阻圖詞抵宕事民事訴訟狀，M003-01-10203卷宗，第4-6頁）

刑事訴訟狀

原告	被告
姓名	姓名
籍貫	籍貫
住所	住所
年齡	年齡
職業	職業

每紙當拾銅元拾枚

為呈訴　事

證人

證物

公鑒

宣統　年　月　日具狀人

經手發行處

圖版十五　刑事訴訟狀示意圖

辯訴狀

辯訴人
姓名
籍貫
住所
年齡
職業

每紙當拾銅元拾枚

為　一案被控辯訴事

證人

證物

公鑒

宣統　年　月　日具狀人

經手發行處

圖版十六　辯訴狀示意圖

（四）無格式狀紙

無格式狀紙分紅、白紙兩種，告狀人或稱「具呈」、或稱「具稟」，有些稟狀又用黑底暗花封套。〔一〕一般高約二十九厘米，寬度則依内容多寡而定。光緒年間的無格式狀紙具呈人身份均爲孀婦或生監，宣統二年和三年的無格式狀紙具呈人多爲民人，目前所見均被受理。宣統三年的無格式狀紙，具呈人均爲紳衿（尊長、貢生、武生），但呈狀被知縣周琛以「違式」爲由駁回（圖版十七）。

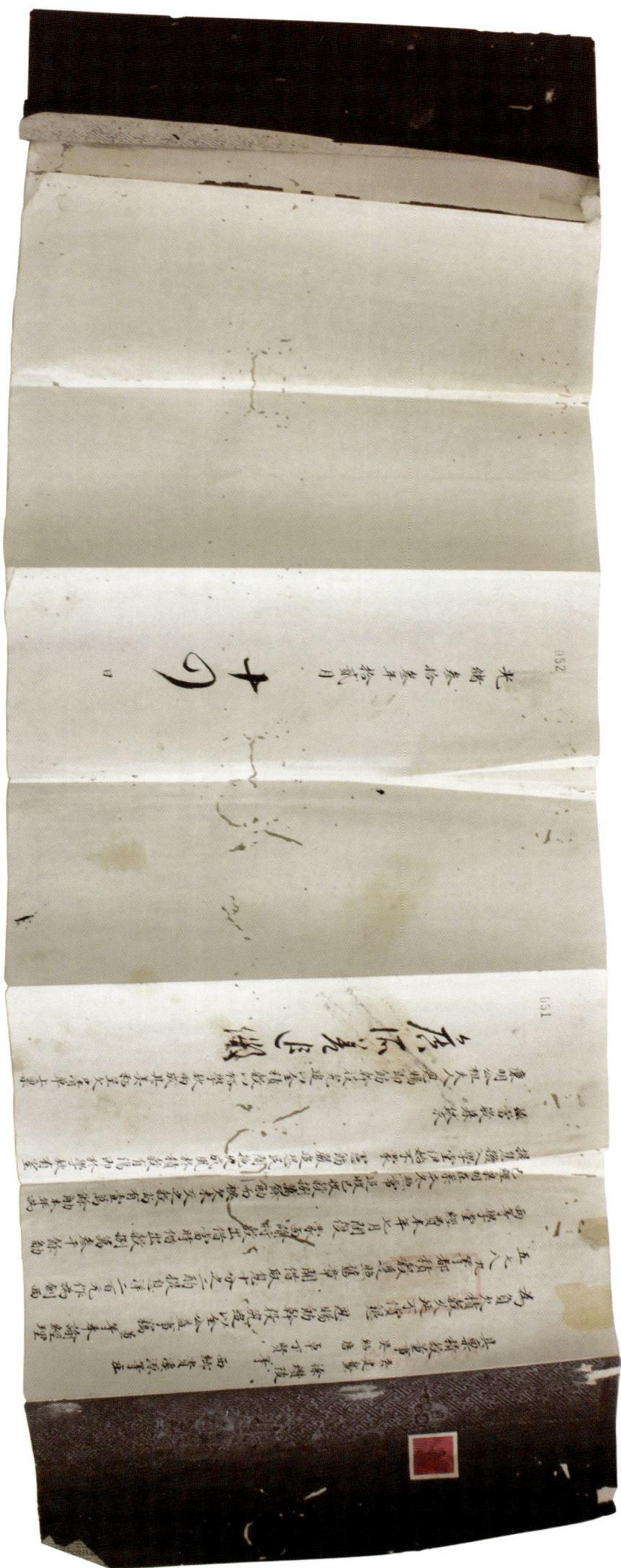

圖版十七　白稟實例（光緒三十三年十二月十四日吳建鰲等爲負欠積穀久延不償事稟狀，M003-01-16288卷宗，第51-52頁）

〔一〕清代官員「上稟有紅白稟之制。白稟詳報事件，紅稟只書官銜及事由，交上後上憲可於紅稟上直接批示，發回」（中國第一歷史檔案館編：《清代文書檔案圖鑒》，香港三聯書店，二零零四年，第一七九頁），這種紅白稟的形制見該書圖版四・一・八與四・一・九，龍泉檔案所見有封套的稟狀即用這種紅白稟制式，但似乎並未區分紅、白稟之間的功能。

二　票差文書

官府在批准訴訟呈狀之後，即飭差進行調查、查封、傳訊等理訟活動，這個過程中一般會產生差票和回稟兩種訴訟文書，其中差票又分按制度存留的稿本和理應銷票的正本。

（一）差　票

信票是清代官衙常用的下行公文書之一種，多用於對直屬或非直屬的下級，也可用於基層組織和民間百姓。一是用於發佈命令、指示和通知等事項；二是用於催稽公事及拘捉人犯、調取案卷官物等。根據行文對象的不同，又可以分爲兵票、火票、差票諸名目。在清代縣官理訟的過程中，縣官批准呈狀後，便會簽發信票給差役，派其持票執事，此即差票。

龍泉司法檔案中保存有清代信票正本二件，分別爲「宣統元年郭王輝等控葉大炎等誣謀湊錦案」之「宣統三年二月十四日知縣周琛爲勒限嚴催葉大炎等事信票」，以及「宣統二年季慶元控吳榮昌等藉買混争案」之「宣統三年六月廿七日知縣周琛爲飭催吳榮昌等事信票」（圖版十八）。清代文書中，「牌」與「票」都是下行的憑證性公文，「票」的運用比「牌」更爲簡便，而形制格式基本相同。據研究者描述「牌」的格式：「紙用單幅（稱爲狀式），上面預先印有藍色的版框，版框由上部梯形與下部方形構成。整個版框均爲雙邊，內填以飛虎火焰花紋，火焰意在速捷，飛虎則表示威嚴。上部梯形內刻印有『信牌』或『憲牌』兩個大字。下部方形框內空白，則備作書寫文件的內容。書寫牌文時，須先將框分爲左右對稱的兩部分。方框右半部用於書寫公文的前銜、事由、正文和結束語。無論文字內容多寡，都必須在中心綫右側寫完……」[一]這些描述同樣適用於龍泉檔案中的信票正本，只是梯形板框內刻印的大字改爲「信票」，方框左半側信牌書寫受文者，龍泉司法檔案所見差票則書寫發文時間、畫「行」以及定限日期，其中「定限（若干）日銷」一欄統一印製於信票的左下角。差票的撰寫，正本中署銜用全稱；事由則點明票差的任務，如傳訊則書「爲飭傳事」，反復催傳則用催提、催傳、限催、嚴傳、勒限嚴提等語。正文先概述案情與批示的內容，然後用「除批示外，合行……爲此仰原役……」過渡到飭差內容，書明票差的內容與期限，然後以「該役敢再玩延，定提血比不貸，速行」等警告語作結。如果是傳票，最後開列被傳訊者的名單，以上內容均書寫於信票的右半側。

差票的稿本寫在普通的稿紙上，這種稿紙高約二十九厘米，寬度不一（圖版十九）。信票的稿本是由書吏起草後，經幕友批改、長官畫「行」用印後的定稿，書吏再據此謄抄於正式信票上。票（稿）與正本的區別，除了形制上的不同外，首先票（稿）中標明官員身份的署銜可以省略，僅稱「正堂某」，或者「正堂某全銜」，信票中則必須加印全銜。其次，票（稿）可以用墨筆塗改，正本則是依據定稿謄寫，長官只用朱筆批注畫「行」。標朱有特定的位置和方式，如「爲」字上點一紅，讓閱文者一目了然；需强調處則標朱，如差役與傳訊人員名稱，以及傳訊的期限，又如「宣統三年六月廿七日知縣周琛爲飭催吳榮昌等事票」中特意將「添差范能」以朱筆標明；正文及信票左下角的「定限（若干）日銷」中的限期以朱筆填寫；簽發日期及畫「行」均用朱筆。此外，兩者的加印也不同，正本僅在日期上加蓋官府的印章，而票（稿）的加印至少有四處，一是正文起始處有「內號」或「收發處掛號訖」的戳記，二是呈稿日期上的官府加印，三是呈稿書吏之印，四是畫「行」處加印。

（一）雷榮廣、姚樂野：《清代文書綱要》，成都：四川大學出版社，一九九零年，第一一〇頁。

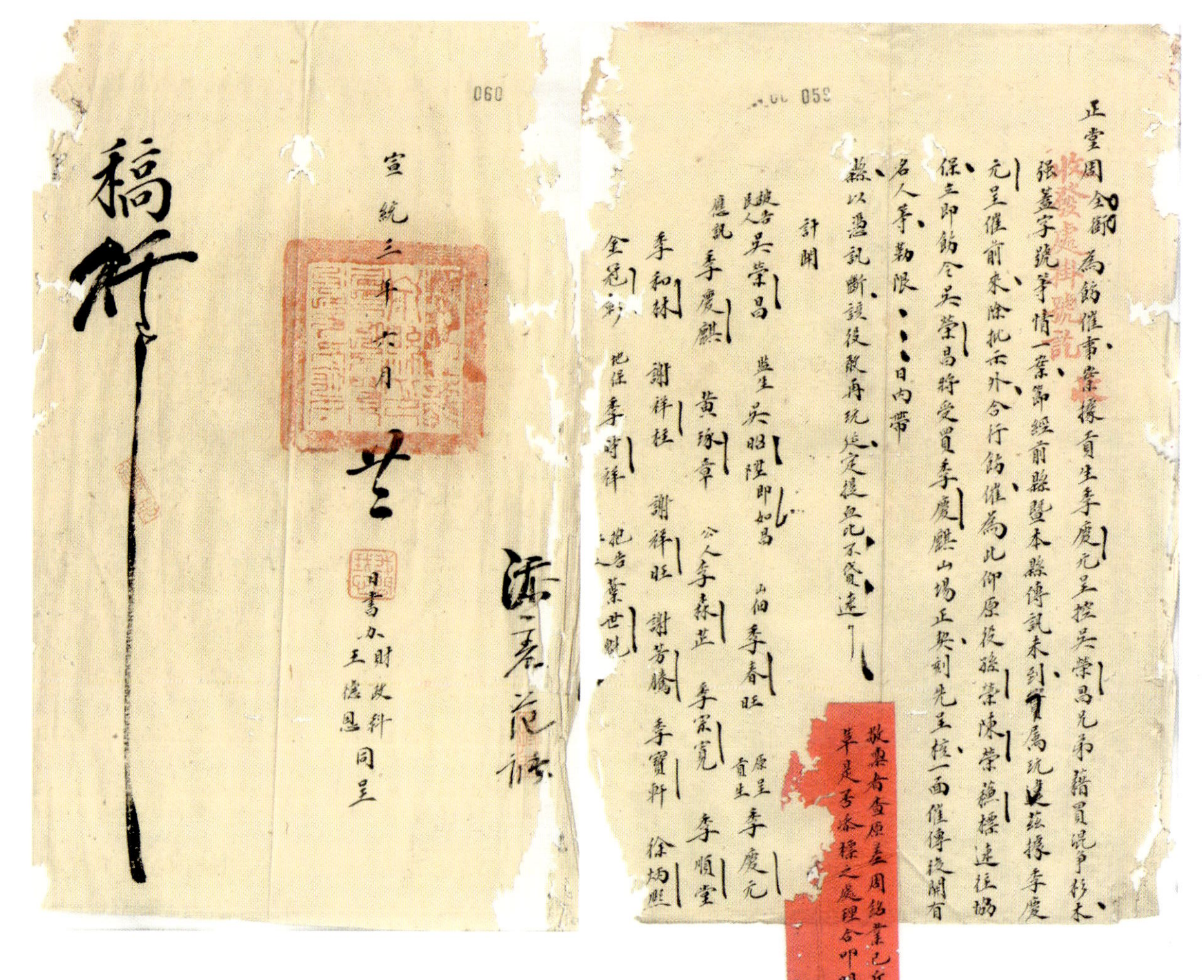

圖版十九　票（稿）實例（宣統三年六月廿二日知縣周琛爲飭催吴滎昌等事票，M003-01-1042卷宗，第59-60頁）

圖版十八　信票正本實例（宣統三年六月廿七日知縣周琛爲飭催吴滎昌等事信票，M003-01-1042卷宗，第31頁）

（二）差役回稟

州縣簽發差票正本時要將票（稿）存檔，差役承差後，應該在期限内將信票回繳注銷，並呈交匯報差票執行情況的回稟。稟覆時間超出票差期限的現象非常普遍，三日時限往往延宕十數日，雖然縣官偶爾會對「玩延」票差的差役採取斥革等懲罰手段，但並不能扭轉差役「玩延」的現象。差役回稟的内容，如完成票差，便請縣官銷票確認，如未能完成，則説明原因並請求進一步的指示，有時差役也會提出進一步處理的意見。

差役回稟所用紙張有特定的形制，高約二十八厘米，寬約六十厘米，封頁黑框内書「稟」字。正文書寫於十四行格内，行格以左空白處供縣官書寫批詞與時間。回稟的格式，前銜爲「具稟原差（某某）」，「事由」之後「正文」分爲三個部分，一是票差内容，二是執行票差情況，三是請示。如果所奉差票爲傳票且傳到相關人等，請示部分一般的套語爲「兩造人證均已在轅候訊，是否懸牌示審之處，出自鴻裁，役等未經稟明，不敢擅專。爲此伏乞恩主大老爺批示施行」，最後以「夾票上稟」作結（圖版二十）。

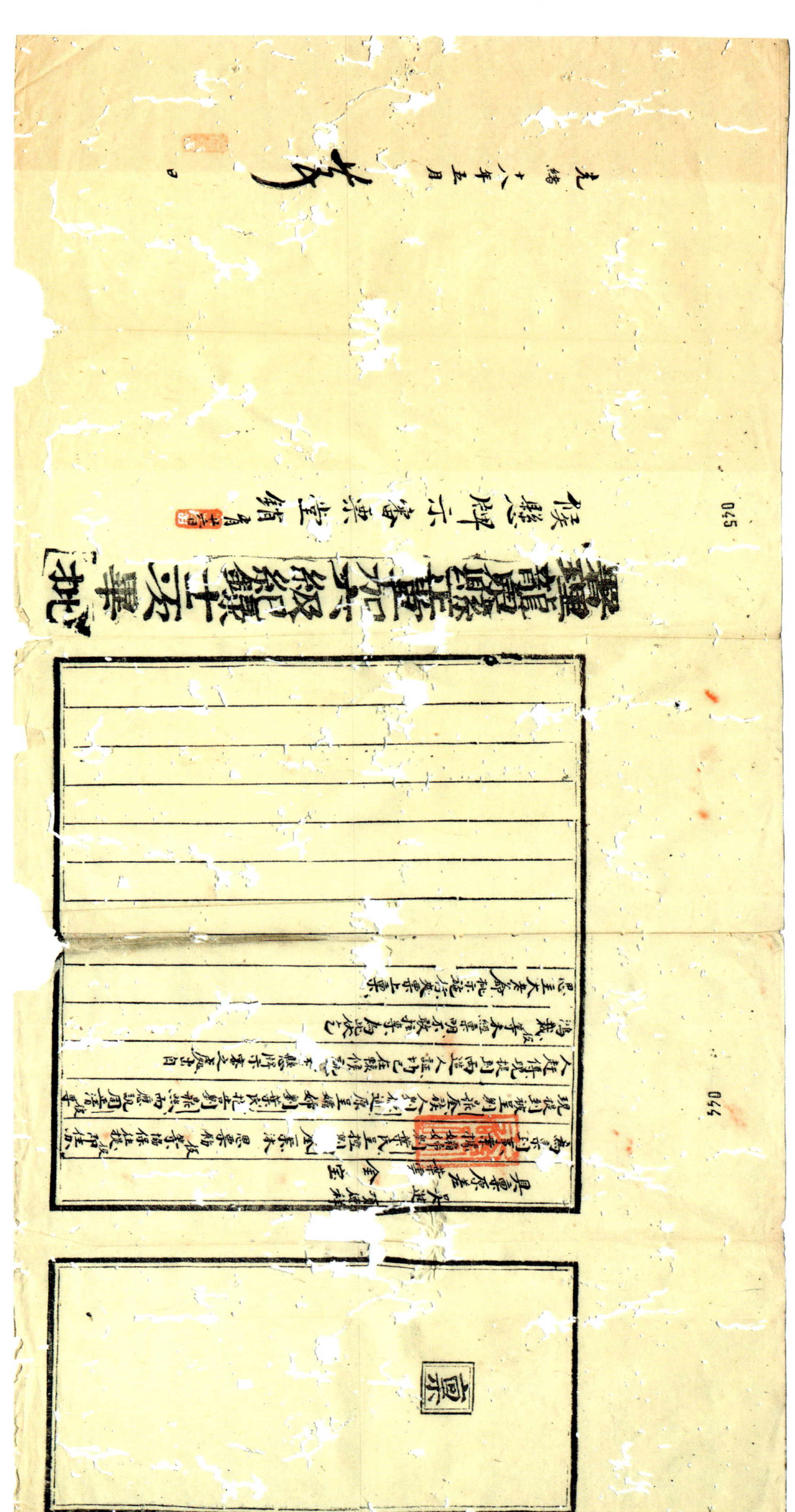

圖版二十　差役回禀實例（光緒十八年五月廿五日原差吳進等爲禀提到劉鼎奎等事禀，M003-01-14932卷宗，第44-45頁）

三　堂審文書

堂審文書一般包括點名單、供詞（堂諭）、各類結狀三種。點名單與供詞（堂諭）用摺式紙張，高約二十九厘米，寬度依内容多寡而定。各類結狀所用紙張則爲單幅，一般高約四十二厘米，寬約二十九厘米。

（一）點名單

點名單格式，起始處首書「點名單」三字，第二行書「計開」，以下爲應到堂受審人員名單，如果應訊者由差役提訊而來，一般在受審名單下開列差役名單，最後書「某月日單」，以上均爲墨書。堂審時經點名，以朱筆勾點名單，在未到人員下方書「未到」或「不到」，最後在日期欄以朱筆填寫具體日期（圖版二十一）。

（二）供詞、堂諭

供詞的格式，一般不見標題，直接開列受訊者的供詞，每條供詞以「據某某供」起始，以下爲書吏總結受訊者供詞内容而成。供詞結束處提行書「堂諭」兩字，以下空白留縣官批諭，末尾處書「某月日供」，以上均以墨筆書寫。縣官則以朱筆在每條供詞的始末處勾點，並劃出其中提及的人名，然後在「堂諭」左側以批示的形式對該案作出分析、判斷和處理意見，最後以朱筆填寫具體日期（圖版二十二）。

（三）結狀

作爲堂審文書的結狀，是指兩造向縣官出具的表示服從縣官裁決或者通過其他途徑達成調解而終止訴訟的保證性文書。具體形式分爲：遵依狀、甘結狀、遵結狀、切結狀、息結狀和限狀等。其中勝訴者出具遵依狀；敗訴者出具甘結狀；如果是平訴，兩造出具遵結狀；相關人出具切結狀；未經堂諭而自行調解終止訴訟則出具息結狀；一般由敗訴一方出具的保證在一定期限内執行縣官裁決的結狀稱爲限狀，此外還有在堂諭後兩造爲領回訴訟過程中呈案的證據而出具的領狀。

各類結狀（包括領狀）的格式相似，起首書結狀類型及作者姓名，如「具甘結民人劉鼎奎」或「具遵依孀婦劉葉氏」，正文起始一般用套語「今當大老爺臺下實結（遵）得」，其中「大老爺」平擡三格書寫。以下爲正文，一般格式爲「某某一案茲沐庭訊」，然後叙述堂諭内容，最後表示遵從裁決等，如劉鼎奎甘結狀稱「以後改過，不敢稍違，如有再犯，願甘重究」，結束語爲「出具甘結是實」，最後是日期與落款，落款下有畫押。結狀一般都有官代書戳記，是由官代書書寫（圖版二十三）。此外在票差過程中産生的因地保收管查封財物而出具的「收管狀」，其形制、格式與結狀類似，收管狀應該是由差役代呈至縣衙，文書中不見官代書的戳記，或爲地保親自書寫。

前文只是簡略介紹本輯收録龍泉司法檔案中晚清時期案卷所呈現的主要文書類型與格式。討論所及的文書類型與格式，有些反映了晚清州縣訴訟制度的一般狀况，也有相當部分則體現了浙江省乃至龍泉的地方特徵。對這些問題的深入分析，除進一步梳理本輯所收録檔案文獻外，更有待於與不同地區的資料作對比研究。前文拋磚引玉，望識者指正。

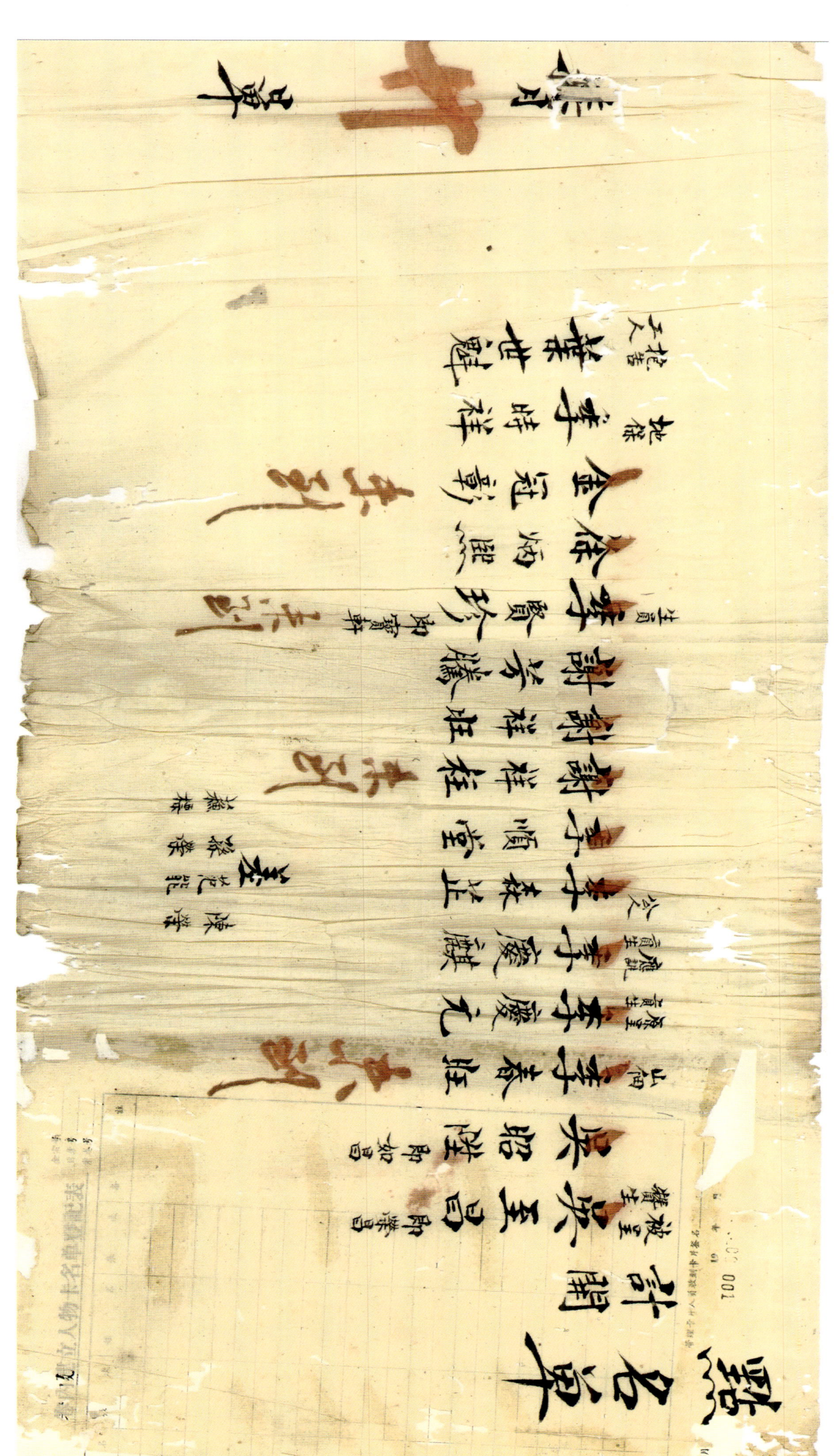

圖版二十一　點名單實例（李慶元案宣統三年四月廿日點名單，M003-01-15239卷宗，第1頁）

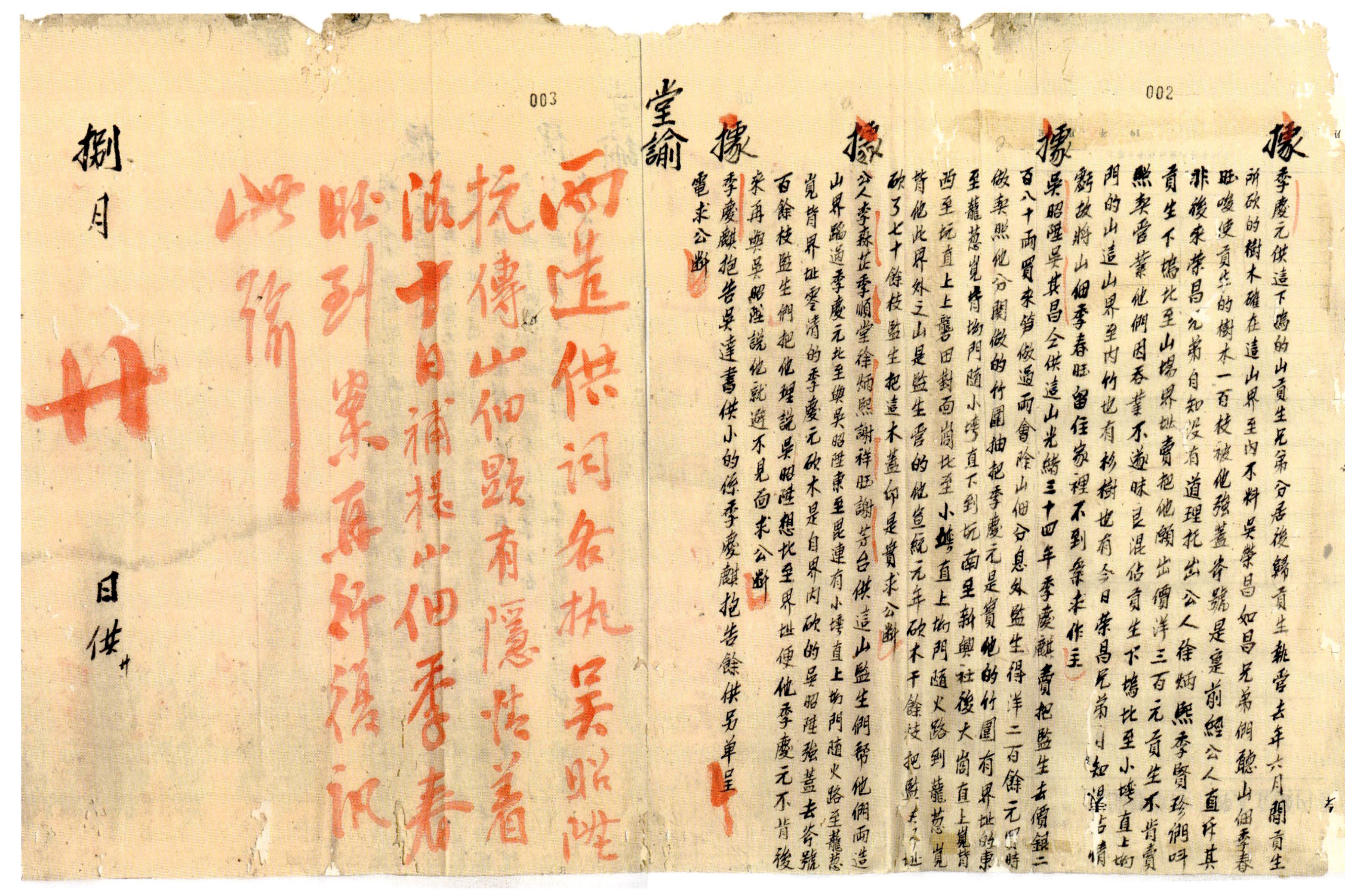

002

據季慶元供這下塢的山貢生兄弟分居後歸貢生執管去年六月間貢生所砍的樹木確在這山界至內不料吳榮昌如昌兄弟們聽山佃季春旺唆使貢生的樹木一百枝被他強蓋斧號是實前經公人直評其非後來榮昌兄弟自知沒有道理託出公人徐炳照季賢珍們叫貢生下塢北至山場界址賣把他願出價洋三百元貢生不肯賣照契管業他們因吞並不遂昧良混佔貢生下塢北至小塆直上御門的山這山界至內竹也有杉樹也有今日榮昌兄弟[illegible]知混占情虛故將山佃季春旺留住家裡不到案來作主

據吳昭陞吳其昌仝供這山光緒三十四年季慶獻賣把監生去價錢二百八十兩買來管做過兩會除山佃分息外監生得洋二百餘元那時做契照他分關做的竹園抽把季慶元是實他的竹園有界址的東至龍葱崀背御門隨小塆直下到坑南至新興社後大崗直上崀背西至坑直上上磐田對面崗北至小塆直上御門隨火路到龍葱崀背他北界外之山是監生管的他宣統元年砍木千餘枝把[illegible]址砍了七十餘枝監生把這木蓋印是實求公斷

據公人季森芷季順堂徐炳照謝祥旺謝芳台供這山監生們兩造山界臨近季慶元北至與吳昭陞東至毘連有小塆直上御門隨火路至龍葱崀背界址釐清的季慶元砍木是自界內砍的吳昭陞強蓋去斧號百餘枝監生們把他理說吳昭陞想北至界址便他季慶元不肯後來再與吳昭陞說他就避不見面求公斷

據季慶獻抱告吳達書供小的係季慶獻抱告餘供另單呈電求公斷

003

堂諭

兩造供詞各執吳昭陞抗傳山佃顯有隱情着派十日補提山佃季春旺到案再行複訊此諭

捌月廿日供

圖版二十二　供詞堂諭實例（季慶元案宣統三年八月廿日供詞、堂諭，M003-01-15239卷宗，第2-3頁）

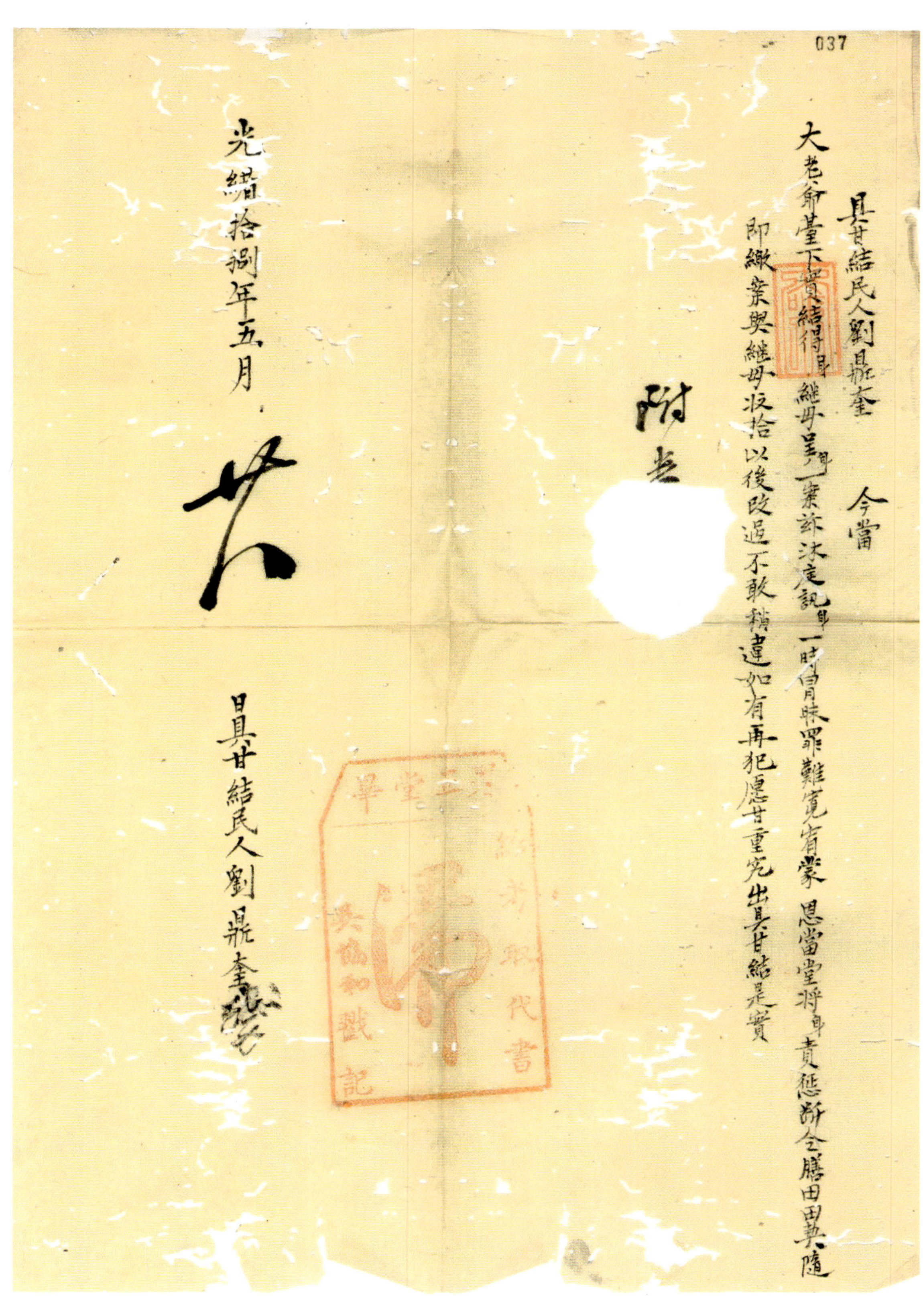

037

具甘結民人劉鼎奎 今當

大老爺臺下實結得身繼母吳氏稟訴沐定訊身一時自昧罪難寬宥蒙恩當堂將身責懲斷令膳田田契隨

即繳案與繼母收拾以後改過不敢稍違如有再犯愿甘重究出具甘結是實

附

光緒拾捌年五月 廿 日

具甘結民人劉鼎奎

圖版二十三　結狀實例（光緒十八年五月廿八日劉鼎奎甘結狀，M003-01-14932卷宗，第37頁）

附：狀式（收呈）條例

一「光緒甲」狀式條例：

1 □□御名理宜正避，如違，除呈不准外，定提代書，責革不饒。

2 户婚田土細事，不許牽連婦女、稺子，並不得以年老列□□者，如違，提代書記責。

3 考取代書之後，如有不遵狀式，混將手本書寫投遞者，擲還不□□。

4 將前事揑情妄告者，除不准外，仍行反坐。

5 告竊盜，不開明出入情形及失贜物，並不投明鄰保，事隔日□□，不准。

6 告争田産，不粘呈印契，並不開明買賣年月日數及原□□□，不准。

7 告姦情，非姦所現獲，指姦混控者，除不准外，立提代書並做狀人□□

8 告鬥毆，不開被毆處所及何項傷痕，並無見證者，□□。

9 有夫之婦女出頭控訴訐控，除不准外，仍將本夫、抱告究□□。

10 告詐贜，無年月日久，無過付見證者，不准。

11 告錢債無欠約、中證，及告婚姻無媒妁庚帖，概不准。

12 生監、婦女、年老、殘疾，無抱告者不准。

13 舊案不録前批者，不准。

14 將遠年已結之案混行翻控者，不准。

15 呈内不實寫年月，混稱先年前月者，不准。

16 告狀人務先赴糧房查明新舊錢糧是否完清，蓋戳備查，如有抗欠無糧房戳記，不准。

17 告狀不將做狀人姓名住處填寫，並雙行迭寫、字跡潦草，及無代書戳記者，不准。

18 告狀自攜有稿，代書即於詞面註明「自叙」、「自樣」，仍不得過四百字。

19 呈詞不親身投遞，混行僱債代投，除不准外，定將代遞之人責處不貸。

20 以一事分作兩呈，冀圖糾纏者，不准。

21 尋常細故，假揑大題，希圖聳准者，除呈擲還外，並提是人，及擅行用戳之代書分别究革不饒。

22 被告不得過五名，詞證不得過五名，若羅織多人聯名具呈者，不准。

二　「光緒乙」狀式條例：

1 題諱御名理宜敬避，如違，除呈擲還，代書斥責。

2 户婚、田土細故，假捏大題，希圖聳准者，除呈擲還，並將告狀人及代書分别斥責。

3 考取代書後，有不遵狀式，混將手本投遞，以一事分作兩呈，希冀糾纏、揑情妄告者，不准。

4 告狀須將做狀人姓名填寫，如係自來之稿，代書亦即注明，不得過四百字外，雙行迭寫及無代書戳記者，概不准。

5 告狀不得羅織多人，詞首不得過五名，違則代書究辦，呈詞不親身投遞，混行僱債替代者，不准。

6 告失盗不開出入情形、贓物，不投鄰保者，不准。

7 告争田産不粘印契，及錢債無欠約，詐贓無過付見證，婚姻無媒妁庚帖者，概不准。

8 姦非姦所現獲，鬥毆不開被毆處所及何項傷痕，混行具控，除不准外，立提代書並主唆之人究處。

9 生監、婦女、年老、殘疾，不列抱告者不准。

10 有夫之婦出頭控訴，除不准外，立提本夫責究。

11 舊案不録前批，已結遠年之案混行刁翻者，不准。

三　「官紙甲」收呈條例：

收呈條款

計開：

1 事在　赦前者，不准。

2 不遵狀式，及無副狀者，不准。

3 將已結之案翻控者，不准。

4 報竊盗，無出入形跡，及首飾不開明分兩，衣服不開明綿綾緞布、皮綿單夾者，不准。

5 告婪贓，無確證過付者，不准。

6 田土無地鄰、債負無中保及不黏連契據者，不准。

7 告婚姻無媒證者，不准。

8 被告干證不得牽連多人，如有將無干之人混行開出，及告姦盗牽連婦女作證者，不准。

9 生監、婦女、老幼、廢疾，無抱告者，不准。

10 婦人有子年已成丁，即令其子自行出名呈告，如仍以婦人出名，以其子作抱告者，不准。

11 冒名代告，舊事翻新，虚詞誣妄者，按律反坐。

12 狀内所告無真正年月日者，不准。

13 凡爭控墳穴山場，俱應據實直書，如敢以毁塚滅骸盜發等語架詞裝點，希圖聳聽者，不准。

14 凡投詞，須查明兩造前後批詞，及地鄰、原差、一切稟懇批語，全行開叙夾單呈閲，如敢故爲遺漏，開載不全，及削改字句，只將初呈一二批語填寫者，不准。

15 命盜重情，許即時稟報，其餘一切田土口角細故，俱依告期遞呈，違期不准。

16 凡族鄰中證，奉批查覆不具甘結，親身與覆詞並遞，及一切點名不到者，不准。

17 凡同族互控，不書明服制者，不准。

18 狀紙須用現式，赴官紙局購買，繕寫呈遞，違式不准。

19 本省代書業經禁革，凡購本局狀紙者即屬合格，勿須更用代書戳記。

20 限寫五百字，雙行夾寫者不閲。

四 「官紙乙」收呈條例：

收呈條款

計開：

1 誣告，依律反坐；以赦前事訐告者，即以所告之罪罪之。

2 紳衿、婦女、老幼、廢疾，無子姪、家人抱告，無歇家，不開明年貌住址者，及將生監作證者，不准。

3 家有夫男，輒以婦女具控、及無故牽連婦女者不准。

4 事不干己，即聯名開列多人，扛幫插訟，或摭拾浮詞，妄行訐告者，不准。

5 開列被告干證各不得過三名，如有羅織多人，捏飾情節者，不准。

6 無副狀、保狀，及無地保戳記者，不准。

7 呈詞只准控一事，不準將無關本案之事牽扯添砌，違者不准。

8 凡舊案，狀首姓名仍須寫明年歲籍貫，不得混寫年籍在卷字樣，違者不准。

9 已結舊案，裝點情節，改换注語，移易年月，希圖誑准，察出重究。

10 不遵照狀式，夾寫雙行，不詳叙情由，藏頭露尾，或詞稱首有案，並不粘鈔，或語列副呈，不符情節，及素紙繁詞，雇倩代遞者，概不閲批。

11 狀紙須用現式，赴官紙局購買繕遞，違者不准。

12 本省代書已經禁革，凡購本局狀式者，即屬合格，勿須更用代書戳記。

龍泉司法檔案晚清部分内容概説

杜正貞

本輯所録檔案文書共涉及二十八個案件。除一件驗屍報告外，其他二十七例均爲獨立的訴訟，涉及山産木業糾紛、祭産糾紛、家庭財産糾紛、田土買賣與租佃糾紛，另有侵吞社倉積穀案一例。以下從山産木業、田業、祭産、訴訟中的婦女與契約等幾方面，對本輯所選案件的案情及相關問題作簡單介紹。

一　山産木業糾紛

龍泉縣屬多山地形，向有「九山半水半分田」之謂，木業在地方經濟中佔有重要的地位，本輯所録有關山産木業糾紛的案件佔一半以上，涉及山業繼承、買賣、租佃、出拚、運銷等各個環節。

龍泉山地的經營，一般是由山主本人或出佃給山佃扡插苗木、養籙管理。樹木成材後，再出拚給山客。木行直接與山主或山客聯繫，甚至先期放貸給山客作爲砍運之資，並議定以木材出賣以後的價值作爲償還，以此保證木材必須在該木行貿易。木材砍伐之後，山主、山客或木商會在砍伐下來的木段上，蓋上自己的印記。放排至木行發售時，依木段上的印記爲憑證。最後木材紮排沿龍泉溪入甌江，至温州銷售。與田土經營相比，山木的生産周期更長，山地的開發和養籙，耗費工本甚鉅，竹木栽培少則三五年，多則二十至三十年才能成材收益，而一次性收益往往數額鉅大，有些訴訟中涉及的木材價值甚至上千元。鉅大的利益，引起各方的覬覦。成材樹木出拚、砍木之際，容易産生糾紛，比如越界强砍、在已伐木段上搶蓋斧印，或者搶運藏匿、低價散賣等等。原因多爲山業産權不明，山界不清，契據不實。

晚清龍泉山産的所有權形式比較複雜。與田土析分爲「田骨」「田皮」一樣，山産也分爲「山骨」和「山皮」。「山骨」和「山皮」的所有者可以是個人或家族，也可以由數人以合同的方式合股共佔。「山皮」的所有者同樣可以自己管理種植山林，或者再次轉賣、轉佃給他人。也就是説，「山骨」和「山皮」皆可以買賣、租佃。

「宣統二年葉以通控鍾瑞芝越界强佔案」典型地反映了晚清龍泉山産産權和經營形態的複雜性。這次糾紛的直接起因是山界不清、越界强砍，深層原因則是山皮數次買賣後山業産權的混亂。據該案「宣統二年九月卅日（批）原差葉旺等爲稟覆查封杉木等事稟」，原、被兩造所爭這處山産，僅「山皮」就曾數次易手：

村鄰耆老人等皆言：葉以通契管墩頭坳、蔴香塢山場貳處，乃是山皮，遞年要完納陳姓山主骨租銀的。這山皮從前是鍾瑞芝的祖名喚德全管的，續後鍾德全立字退與曹姓，曹姓再賣

與葉姓。本年鍾瑞芝拚把客人陳天華砍伐魁大杉木壹百零伍株，葉以通的山界內，被他砍有捌拾株光景，每株抵洋叁元左右。〔一〕

而根據當事人鍾漾鰲的訴狀，這處山産山皮的買賣和所有權情況更加複雜。他説他的祖父鍾德全出退給曹姓的是被分爲四股的一處山産中的兩股：

> 民祖出退者是一處之山，作四大股，續將該山退二股與曹國忠，其未退二股之山，民祖手分作小股五份。民故父兄弟五份合一，其一份中，民故父兄弟三人再將一份分爲三小份。民父又向堂□□□受買一份，湊二小份，契仰完租收字，界址鑿鑿。〔二〕

以合股的形式共同擁有山業是常見的現象。合股既可以通過合股人簽訂合同的方式完成，也可以祖産分割的方式完成。該案中的股份，就涉及異姓股份和同姓兄弟之間的股份兩種。山業股份的買賣、拆分、繼承等，造成産權的細碎化和複雜化。如該案中僅這處山産的山皮在鍾德全一人手上，就有合股、股份買賣、繼承等諸多管業經歷。

「宣統元年葉天茂控廖立漢一業兩賣案」既涉及山骨所有人之間的合股關係，也涉及佃户和山骨所有人之間的關係。葉天茂原來是這處山産的佃户，後來又買下了山骨的一股股份。但廖立漢等將木拚出後，並未將十六分之一的木價銀三十四元五角付給葉天茂，葉天茂因此提起訴訟。被告廖立漢的訴詞，卻揭示出在山骨股份的買賣中，另一重複雜的交易方式，我們在田土買賣中通常稱之爲「明賣實押」或者「活賣」。據廖立漢的訴詞，雖然他的父親確曾將山骨的股份賣與龔姓，但這是一次活賣，賣契中注明日後還清賣價的本息，就可以贖回這股山骨股份，買主龔姓不得執留。而且廖立漢父子在四年中已陸續歸還部分本息。所以葉天茂從龔姓手上購買這股山骨，是違背了民間活賣慣例的「增價奪買」行爲。在這個案子中，關鍵的人物，即真正違背了活賣契中「取贖不得執留」的規則將股份轉賣給葉天茂的龔姓，一直回避不出，這是造成該案遲遲不能結案的原因之一。但奇怪的是，他也並沒有被原、被兩造列爲被告。

在山産木業糾紛中，雖然也有個别無賴山客串同强砍、强運的呈控，但是在這些檔案所涉及的案件中，山客和木行大都是被動的受害者。「宣統二年季慶元控吴榮昌等藉買混争案」，由季慶元起訴，稱他將自己山界内的杉木，出拚給黄姓客商，但被被告吴榮昌兄弟强行蓋上「永發」斧號印。經過協商，「吴榮昌、如昌兄弟故口許被蓋百餘株之樹，願還生客黄某發運，而退號字樣，抗不肯寫，無奈商規已蓋斧號，如無退號字跡，到行萬難出售」。〔三〕在「光緒三十四年劉紹芳控劉朝高等搶匿契票等案」中，東甌寶森行因爲先期墊付了砍木費用，木材卻在訴訟中被扣押，而遭遇錢貨兩空的風險。該案中木行與商務分會的禀狀、領狀等檔案，是反映木材交易過程和慣例的一手材料。〔四〕

山林産權中多層次的權利關係，交易過程中多層次的買賣關係，以及在繼承、出拚過程中形成的産權流轉，都使山林産權變得非常複雜，其中的各個環節都可能出現糾紛。在這些糾紛中，證據的缺乏和混亂是突出的問題。與田産一樣，山産的管業全憑契據，同樣也有很多圍繞契據真僞、存廢的争議。由於絶大部分山林不像田土

〔一〕「宣統二年九月卅日(批)原差葉旺等爲禀覆查封杉木等事禀」，「宣統二年葉以通控鍾瑞芝越界强佔案」，M003-01-14532號卷宗，第3頁。
〔二〕「(民國元年)十一月四日(批)鍾漾鰲爲控葉以通倚勢罩佔恃横串詐事民事狀」，「宣統二年葉以通控鍾瑞芝越界强佔案」，M003-01-01002號卷宗，第4頁。
〔三〕「宣統二年四月十三日季慶元爲控吴榮昌等界不遵理影圖罩佔事呈狀」，「宣統二年季慶元控吴榮昌等藉買混争案」，M003-01-01042號卷宗，第21頁。
〔四〕「宣統三年三月(十九日)東甌寶森行爲請准具領事禀知縣禀」，「光緒三十四年劉紹芳控劉朝高等搶匿契票等案」，M003-01-02235號卷宗，第58頁。

那樣需要向國家交納田賦，山林的産權變動和管業經歷都更少在官府登記，也不像田土至少有每年的完糧串票證明管業的歸屬，這些都使得山林糾紛比田土糾紛更缺少可資判斷的證據，增加了裁判的難度，也更易發生紛争。

山産木業訴訟中還涉及很多對山界的認定。山界一般以溝壑、溪流、大石來劃分，但在一些缺乏有效契據憑證的山産糾紛中，是否在山上有自己祖先的墳塋，常常是作爲重要依據而被强調，甚至有毁壞、塗改墓碑的控訴，如「光緒三十二年洪大猷與沈陳養互争山業案」中，兩造均以山産内有自家墳塋作爲擁有産權的依據。因此在山産木業糾紛中，實地踏勘山界，對照契據和山場是否相符，以確定是否有越界砍伐，或者重新確定山界，就成爲必要的步驟。踏勘可以由鄉紳、族尊、耆老等充任的公人進行，也可以由知縣派差或親自前往。例如在「宣統二年葉以通控鍾瑞芝越界强佔案」中，知縣除了派差役前往調查以外，還委託典史前往實地踏勘山界，踏勘結果保存在「宣統三年七月廿六日署典史李隆焴爲申復查勘事申」中，但該申文中原附繪圖和抄契兩件，均未發現。

二　田業糾紛及社倉積穀案

也許與龍泉多山少田的自然環境有關，檔案中關於田土的糾紛和訴訟在數量上遠遠少於山産糾紛，本輯收録涉及田土糾紛的案件三宗（不包括祭田），分别爲「光緒三十一年季廣晁控張方恒膽肆搶割案」、「宣統元年毛樟和控毛景隆昧良賴債案」、「宣統二年葉佐邦控周繼明聽唆棚詐案」。

三件訴訟均以「搶割」的情節開始，但是背後的深層原因卻各有不同。「光緒三十一年季廣晁控張方恒膽肆搶割案」是一起因「加租」、「加找」所導致的搶割糾紛案件。該案中涉及的魚塘壟、苦竹山二標土地，本是蔣姓自張姓手中買得的，張姓作爲佃户繼續耕種該地。後來蔣姓又將土地賣給季廣晁。據張方恒稱，光緒三十年，季廣晁買得土地後，立即向張姓佃户加租，被拒絶後，搶割稻穀。但據季廣晁的訴狀，二標土地均爲絶賣，其中魚塘壟的租户張方長上年欠租，季廣晁願以欠租爲抵，並加找十五元，將田收回自種。張方恒試圖效仿張方長向季廣晁加找，遭到季廣晁拒絶，張方恒因此搶割。但張方恒則指出，季廣晁出具的加找杜賣契是捏造無效的。

「宣統元年毛樟和控毛景隆昧良賴債等案」是一件多方互控的複雜案件。宣統元年八月初三日，原告毛樟和首先以毛景隆欠款不還、抵押之田土又立契他賣而起訴。在知縣將此案駁回後，承買毛景隆田土的卓文浩即起訴毛樟和唆使周高立等人無理搶割，知縣于是受理了此案。此後毛景隆也以毛樟和等偷取田契、盗割租穀，起訴毛樟和。從毛景隆的訴詞來看，他確曾將田土賣給卓文浩，但是上手契據卻不曾移交，並且不慎遺失了包括這塊田土契據在内的多份契約，從而給毛樟和等人「執契混争」提供了憑據。

「宣統二年葉佐邦控周繼明聽唆棚詐案」中，葉佐邦曾向周繼明的叔父買有一塊園地。雖然據葉佐邦呈交的光緒五年（一八七九）賣契和光緒十一年杜清契，他所買園地土名字號清楚。但據周繼明之訴狀，此地原爲周繼明父親和叔父共有，其叔父僅有該園地一半的産權，且父親和叔父生前並未分家，他控訴葉佐邦全憑欺詐的手段買得叔父園地，兩份契約也是僞造。此案是一起産業糾紛，但暴力行爲貫穿始終，原被兩造利用兇毆、毁物、綁架、搶割、强砍等催促審判，也使糾紛層層激化。

「光緒三十三年吴紹唐等侵吞積穀案」則可以歸爲公務案件。據民國二年（一九一三）朱光奎判决，光緒五年（一八七九）龍泉縣西遠鄉五、六、七、八等都捐穀設義倉，當時的龍泉知縣劉調元擇吴紹唐經管。後來葉維正、李鏡蓉、楊魁梧等控吴紹唐侵吞穀息，訴訟焦點包括穀息虧空、帳簿不全、浮支冒報、匿報息穀、擅拆穀倉等事，由於檔案的缺失，具體訴訟過程難以復原。民國二年朱光奎雖駁回了對吴紹唐的多數指控，但仍認定吴紹唐有匿報息穀情節，判其賠償匿報穀息、處罰金並承擔訴訟費用。

祭産糾紛是一類較爲特殊的産業糾紛。在傳統觀念中，財産並不屬於個人，是家庭或家族所有，債務也以家庭的名義共同承擔。在清代，財産繼承以宗祧爲原則，異姓養子、招贅婿等不能繼承宗祧，只能酌分財産。宗祧繼承的原則在涉及族田祭産的分家和繼承活動中尤其受到重視，圍繞着嗣子身份的争奪和認定，産生了很多糾紛。

三　祭産糾紛

祭産是族田義産的一種，爲延綿祖先祭祀而設立。祭産的管理有分管、專管、輪管（值）等多種形式。龍泉的宗族祭産多採用輪值方式管理。在輪值制度下，祭産一般按照房支的次序，依次在族人中間輪流值管、收益，值年的房支或子孫也相應地主持該年祭祀活動並擔負經費。祭産在設立之初，幾乎都規定祭田由後代所有子孫共有，但在實踐中，由於繼承制度和輪值管理的複雜性，族人圍繞着子嗣身份的認定、輪值的份額、輪值順序等問題，會産生很多糾紛。龍泉司法檔案中有大量涉及祭産的案件，其中本輯涉及的晚清案件有「光緒三十四年瞿自旺控瞿長青等恃强搶貼案」、「宣統三年王蔡氏控王必富等争種奪貼案」和「宣統三年瞿澤廣控瞿紹文聽唆妄争案」。

「光緒三十四年瞿自旺控瞿長青等恃强搶貼案」和「宣統三年瞿澤廣控瞿紹文聽唆妄争案」兩案均爲南鄉大賽瞿氏祭田輪值糾紛。在光緒三十四年的案件中，原被兩造互訴對方不具有輪值祭田的權利。原告瞿自旺稱，被告兩兄弟喪父後，隨母出嫁鄭姓，併入鄭姓之譜，所以並無權利輪祭。被告瞿長青、瞿長榮則辯訴，本族仁義禮智四房中，義智二房乏嗣，早由仁（長青所在房支）、禮（長榮所在房支）二房承嗣，立有嗣書爲證，向來輪祭無異。瞿自旺乃同姓不宗之人，賄賂房族瞿林炎等人，扛幫争祭，纏訟不休。族長瞿澤廣也呈狀證明，瞿自旺原名廷旺，篡改名字，雖然排行相合，但並非同支共脈，且歷年三節同族宴請，也並未見自旺參加，屬冒認宗祖，以圖争祭。宣統元年四月二十九日，知縣陶霦訊斷：「瞿自旺是否和房子孫，因其祖父外出多年，無從查考，嗣後僅准赴席，不得輪祭。」瞿自旺、瞿長青、瞿長榮各立具結。

「宣統三年瞿澤廣控瞿紹文聽唆妄争案」，起因是瞿紹文在家中翻出早年契據，發現瞿澤廣、瞿自華祖上因疊欠錢糧，無力完納，將冬至會八年一輪的祭田抵給瞿紹文祖上，並有瞿紹文祖上歷年完糧串據爲證。瞿紹文祖父、父親去世以後，瞿自華、瞿澤廣等人即圖搶祭。瞿澤廣等人辯稱，瞿紹文的契據是「年遠廢據」，而之所以糧串上寫有瞿紹文之祖的姓名，是因爲自己「居鄉路遠，托紹文之祖代完」錢糧。該案最後以瞿紹文勝訴結案。

祭田輪值權利的獲得，要以繼嗣爲先決條件。在有親子的家庭中，親子們自然地成爲後嗣，並在分家和遺産分割中遵循一定的原則（往往是平均分配的原則）來繼承財産，包括祭田輪值的權利。但家庭無子乏嗣的情況很常見，在財産繼承以宗祧繼承爲前提的條件下，「立嗣」成爲解決無親子家庭繼承問題的主要途徑。立嗣要經過一定的程式，例如在族衆的見證下拜見嗣父母或祭告祖先。有的還要以書面的形式記録下來，作爲憑證。這就是「立嗣書」。在「光緒三十四年瞿自旺控瞿長青等恃强搶貼案」中附有這樣一份「立嗣書」，其中就説明了立嗣的原因是「大宗絶嗣，不可虚懸」，而擇立的原則，首先是昭穆相當，並且需要同族衆人的認可，「邀集族議」是必要的程式，立嗣之後，嗣子繼承了所承嗣房支原來的祭田份額，同時也承擔了相應的祭祀義務。

在「宣統三年王蔡氏控王必富等争種奪貼案」中還有一份兄弟分家時候所立的《道光三十年王氏忠恕兩房分關序》，因爲涉及到兄弟二人分別繼嗣不同房支的問題，所以這次分家比一般的分家更爲複雜：

竊思宗廟以昭穆爲重，分居以均平爲先。有如汝父名曰德培，承接仁房瞻英伯祖宗祧，固已久矣。育汝兄弟，長名祚長，次名福長，於道光二十七年，汝長伯祖母葉氏挽余經親族僉議：汝弟福長仍續父祧，以繼仁房，所有仁房產業，概歸汝弟永管。汝兄祚長，則繼德蔭伯父陳氏伯母之嗣，所有智房產業，亦概歸汝兄永管。如此則以長繼長，以次繼次，所以序昭穆也。但智房產業稍遜於仁房，是以前議遺囑序内已經注明，將汝祖父勇房遺產品搭均分字樣。今余妯娌，年逾七秩，髦荒倦勤，難以總理，爰邀汝長伯祖母以及親族聚處同議，即將勇房遺下本父產業抽貼拾四担，又補即娶之資六担半，與汝兄永管。其餘汝父勇房田山屋宇，逐一拈鬮均分，至日前上代醮田，按序輪流，則汝兄弟二人，俱照分鬮執管。此不爲多，彼不爲寡，所以示均平也。此不特均以致和，抑且平以釋鳴。實有感於宜兄宜弟之詠矣。

茲汝兄弟二人，分作忠恕兩房，各執以管業，傳之子孫詠繩繩焉。然遐想當日，外肆憑淩，内生覬覦，汝伯祖母葉氏並汝伯母陳氏，志凛松筠，節堅金石，故能撫遺孤而延宗祀，振先緒而裕後昆者，不知幾費艱辛，而始得汝兄弟之成人矣。獨是木無本不生，人無宗不立，汝兄弟本自德培也，日後必須各撥一子回歸本父支下，各撥己業與己子爲回宗之資，爲父務宜均平拍產，庶免啓釁。至各醮祭仍照智仁勇三房輪值。但回本支之子，必須年長十六歲爲期。其先回支者，凡輪值勇房各醮祭准收其半，其一半當與未回支預收，始無偏□陂。然數難逆料，事難先知，倘日後忠恕兩房僅得一子回支，亦即准其一子承接汝父嗣續。凡各醮祭輪值勇房者，概歸是子全收，其無回支者，不得復收一半。自是智仁勇三房依序輪流，其智房產業、醮祭永爲祚管；仁房產業醮祭永爲福管，汝兄弟子孫不得垂涎爭執、毀卻前盟。誠如是也，始不忘本。庶幾奕業鼎昌，而三善備焉。他日者詠螽斯之蟄蟄，慶瓜瓞之綿綿，豈不甚慰余二老之苦志哉。因叙其略以弁諸譜端。〔一〕

這次分鬮非常嚴謹、詳細地交待了智、仁、勇三房之間的關係和繼嗣、分家的安排，甚至對未來後代如何歸宗勇房也做了具體安排。但這並不能保證後代不會再因嗣續而發生爭奪祭產的糾紛。該案中被呈王建功應該就是王必富，他是原呈王蔡氏之夫王福長的姪孫，是祚長的後代。福長、祚長的父親原屬勇房，出繼仁房後生有祚長、福長兄弟，分爲忠恕兩房。後因智房無後，祚長又出繼智房。福長絶嗣，王建功試圖繼嗣，繼承福長的財產。當時王蔡氏已立族人王必興爲嗣，王建功等的要求侵犯到王蔡氏母子的利益，糾紛由此而起。其中宣統三年四月十三日王炎秀等民事訴訟狀是族中公呈，族人認爲王必興與王福長遠隔六代，支脈各別，且當年忠恕兩房分鬮中本有回支之説，故支持王必富（建功）。現存檔案中未見有該案的結案文書，但據民國年間相關案件的呈狀可知，此案在晚清曾經訊結，結果有利於王蔡氏。

四　晚清訴訟中的婦女

在本輯晚清二十八個案件中，八例有女性的參與。它們分別是「光緒十八年劉葉氏控劉鼎奎捐納膳租案」、「光緒二十八年葉廣輪與楊張生互控山業案」、「光緒二十九年夏光仁控李馬生藉佔拚砍案」、「光緒二十九年殷韓氏控廖永年等畜謀罩佔案」、「光緒三十四年劉紹芳控劉朝高等搶匿契票等案」、「宣統元年毛樟和控毛景隆昧良賴債案」、「宣統二年項火仁控項周氏糾黨綑縛案」和「宣統三年王蔡氏控王必富等爭種奪貼案」。這些女性的身份均爲孀婦。

清代法律對訴訟人的身份有很多規定，其中婦女尤其受到限制。《大清律例》規定：「其年八十以上，十歲以下，及篤疾者，若婦人，除謀反、叛逆，子孫不孝，或己身及同居之内爲人盜、詐、侵奪財產及殺傷之類聽告，餘並不得告。官司受而爲理者，笞五十。」〔二〕但是這一規定在晚清時期開始發生變化。光緒三十三年頒行的

〔一〕「宣統三年四月十三日王炎秀等爲奉批理處據實禀明事民事訴訟狀」所附分鬮抄件「道光三十年王氏忠恕兩房分鬮序抄件粘呈」，「宣統三年王蔡氏控王必富等爭種奪貼案」，M003-01-5340號卷宗，第5-6頁。

〔二〕薛允升著述、黄静嘉編校：《讀例存疑》，臺北：成文出版社，一九七零年，第一〇一八頁。

《各級審判廳試辦章程》中對婦女的抱告已不做强制性的規定，該章程第三章《訴訟》對民事、刑事訴狀應填内容的規定中都不包括「抱告」，第五十二條稱「職官、婦女、老幼、廢疾爲原告時，得委任他人代訴。但審判時有必須本人到庭者，仍可傳令到庭」。[一]但由於審判廳試辦進程的滯後，在龍泉檔案宣統二年以後的兩種浙江官紙局狀紙的狀式中，都仍然列有「抱告」一欄，[二]在「收呈條例」中對婦女抱告還有更明確的規定。官紙甲「收呈條例」中規定，「婦人有子年已成丁，即令其子自行出名呈告，如仍以婦人出名，以其子作抱告者，不准」；官紙乙「收呈條例」則强調，「家有夫男，輒以婦女具控、及無故牽連婦女者不准」，都重申了限制婦女參與訴訟、出入公堂的原則。本輯檔案所反映的情況表明，訴訟實踐中大量充斥着對這些限制的突破。

在八個案件中，「光緒十八年劉葉氏控劉鼎奎揹納膳租案」、「光緒二十八年葉廣輪與楊張生互控山業案」、「光緒二十九年殷韓氏控廖永年等蓄謀罩佔案」三案的抱告都是當事人的兒子，而且這些兒子均已成年。「光緒二十九年夏光仁控李馬生藉佔拚砍案」中吴金氏年七十歲，沒有抱告，訴狀被知縣駁回。知縣憲批中説：「察核呈詞，其中情節支離，顯有不實不盡。該氏慎勿聽人愚弄，恃婦呈刁，自取訟累。所呈不准。」[三]從吴金氏呈狀的内容，以及吴金氏與該案關係牽强來看，知縣的這一判斷不無道理。「光緒三十四年劉紹芳控劉朝高等搶匿契票等案」由於延續時間較長，情況較爲複雜，劉林氏在宣統元年的三份呈狀中均有抱告，前兩件狀紙的抱告葉呈郁，是其丈夫前妻的兄弟；第三件宣統元年十月的狀紙的抱告是吴三古，與劉林氏的關係不詳。從宣統二年八月初三日開始的一段時間，劉林氏呈狀時沒有抱告，但宣統三年七月十三日的呈狀抱告爲葉長林，民國元年三月呈狀抱告爲李長林，民國元年四月卅日呈狀抱告名爲李必成，他們與劉林氏的關係均不詳。在劉林氏的諸多抱告中，只有葉呈郁曾經出現在被傳訊的名單之中，而且是以「應訊」的身份，而不是「抱告」的身份被傳訊的。「宣統元年毛樟和控毛景隆昧良賴債案」[四]中的毛徐氏是毛景隆的妻子，毛景隆無子，在毛景隆病故後，由毛徐氏代爲繼續訴訟。該案現存毛徐氏各類狀紙三件，分别作於宣統元年十二月初三日、宣統二年六月初三日、七月十三日，抱告都是姜馬海，他與毛徐氏的關係在狀紙上也沒有體現。「宣統二年項火仁控項周氏糾黨綑縛案」，孀婦項周氏亦沒有抱告。「宣統三年王蔡氏控王必富等爭種奪貼案」，王蔡氏的抱告爲嗣孫王必興，但王必興繼嗣的資格受到族人的懷疑。大量沒有填寫抱告信息的呈狀被知縣受理，婦女與抱告人之間的關係不詳，而且抱告一般不被列爲傳訊對象，或許正説明晚清龍泉司法實踐中，填寫「抱告」只是一項紙面上的程式，抱告並未在訴訟過程中承擔實質性的作用。

這些由孀婦提出告訴的案件，可以分爲兩類。一類是孀婦作爲一個家庭的家長，代表家庭與外人之間發生訴訟。例如「光緒二十八年葉廣輪與楊張生互控山業案」、「光緒二十九年殷韓氏控廖永年等蓄謀罩佔案」、「宣統元年毛樟和控毛景隆昧良賴債案」等。在這種情況下，一般孀婦都有成年的子孫，讓孀婦出面訴訟可能更容易博取同情心。另一類糾紛直接涉及孀婦本人的利益，尤其是財産、祭産的繼承，往往發生在孀婦與同族之間。在財産爲家族共有的觀念和制度下，以孀婦的身份維持原有家庭財産的支配和收益權利，面臨着很多困難。例如「宣統二年項火仁控項周氏糾黨綑縛案」，項周氏的訴狀中控告伯父項火仁欺己夫亡子幼，「百般噬詐，預存一網打盡，甚藉修族譜，賄囑舞弊，斬祀絶祭」。後即有村鄰聯名公叩，以項周氏有姦情在先，爲項火仁辯訴。但是這份辯訴狀被知縣所駁斥：「曖昧姦情，空言斷難取信。且項火仁分居尊長，既不以理訓止，又不投族理斥，轉與鄰里揚播宣告，其爲立心誣訟可知。」當涉及與立嗣有關的財産糾紛時，孀婦與夫家宗族之間常就

〔一〕懷效鋒主編：《清末法制變革史料》，北京：中國政法大學出版社，二零零九年，上卷，第四六〇頁。

〔二〕在宣統二年底開始使用的「民事訴訟狀」和「刑事訴訟狀」中，「抱告」一欄被删除。但這種情況在民國元年又有反復，「宣統三年王蔡氏控王必富等爭種奪貼案」中保留下來的民國元年的狀式，更多地又回到了宣統二年以前的形式，列有「抱告」一欄。

〔三〕「光緒二十九年八月十八日吴金氏爲控李馬生串捏情虧攔途阻擄事呈狀」，「光緒二十九年夏光仁控李馬生藉佔拚砍案」，M003-01-2862號卷宗，第3頁。

〔四〕該案毛樟和年七十，是被人利用來進行誣告的老年人。

擇賢、擇愛等問題發生矛盾，並進而上升爲訴訟。上文所述「宣統三年王蔡氏控王必富等爭種奪貼案」即爲此類典型案例，王蔡氏擇立遠隔六代、一百四十餘載以遠的同族王必興爲嗣，遭到姪孫王必富和宗族的反對，雙方釀成搶割祭田和兇毆的糾紛。「光緒十八年劉葉氏控劉鼎奎措納膳租案」也涉及立嗣問題。孀婦劉葉氏，年六十八歲，與夫劉德新沒有親子，故議立嫡姪劉鼎奎爲繼子。後劉德新續娶周氏生有一子劉鼎照。光緒十三年劉德新去世後，劉鼎奎要求分家。光緒十五年（一八八九），劉葉氏等將所遺田產、山產等均分爲二份，立有抽字，約定二子每年送繳租穀二十石，作爲兩位母親的口糧。光緒十八年，劉葉氏控告因繼子劉鼎奎拖欠膳租、指弟爲盜，原、被兩造並族人等都被提訊堂審。知縣依據《大清律例》中「繼子不得所後之親，准其告官別立」條，判決劉鼎奎將膳田田契繳回劉葉氏收管、耕種。各方均立結狀結案。這些以女性（孀婦）爲主角的訴訟，表現傳統家庭與宗族之間密切的聯繫之外，同樣透露出傳統家庭內部的複雜關係。

五　訴訟中的契約

本輯二十八個案件，十四個案件的現存檔案中附有作爲證據呈交的契約。這些契約類型包括：賣契、找契、領契、退契、仰字、領字、立嗣書、分關書等。立契時間最早的是在「宣統元年郭王輝等控葉大炎等誕謀湊錦案」中所附的「弘治三年（一四九零）閏九月十四日吴懷真立團書（抄件）」，[一] 最晚爲「光緒三十四年劉紹芳控劉朝高等搶匿契票等案」中所附的「宣統三年四月初五日東甌寶森行與劉林氏立收字」。[二] 這些契約中僅有二件爲契約原件，其他均爲抄件。[三]

在訴訟檔案卷宗中少見契約原件有兩方面的原因。一方面，雖然有大量契約原件作爲證據呈交、查驗，但這些契約在結案之後，均由當事人寫立領狀領回，所以沒有保留在檔案中。另一方面，爲了避免契約在訴訟過程中遺失或被篡改，當事人也更傾向於先提交契約的抄件，原件則只在知縣或差役要求呈驗的場合才會出具。人們對訴訟過程中呈交、出驗契約原件的謹慎，不是沒有道理的。有不少例證說明，官府對於作爲證據呈交的契約的管理非常混亂。「宣統元年劉廷滔控謝河清等冒領契據案」涉及一處祖遺山產，該山產經過分關，與山產有關的各種契據由長房長子劉廷滔保存。在光緒三十年劉廷滔和王同福的訴訟中，劉廷滔曾經呈交分關書、田產買賣契約等作爲證據。結案後，這些證據卻被一名叫謝河清的人領走。謝河清與劉廷滔的族弟劉廷顏關係密切，他以劉廷顏的名字立有領據。在宣統元年，謝河清利用這些契約與劉廷滔爭砍該處山產上的木材，因此發生新的訴訟。呈交契約以爲證據的環節，甚至還會成爲當事人與差役勾結，銷毀或篡改、捏造契約的機會。「宣統二年朱光榮控吴正蘭挾嫌搶蓋案」中，吴正蘭在請將各據驗明發還的呈狀中，就表達了這樣的憂慮：「刻此紙印契並各源流老契、領字粘連共拾紙，捕主着生呈驗，後求其隨堂發還，未允。但思契據民間要件，萬一朱文善生出巧計，或賄串捕書，私行抽換、添改，抑數目有失，弄出意外之虞，是時生將何以爲情。」[四]

〔一〕「（時間不詳）契約等抄件粘呈」，「宣統元年郭王輝等控葉大炎等誕謀湊錦案」，M003-01-10026號卷宗，第3頁。

〔二〕「光緒三十四年劉紹芳控劉朝高等搶匿契票等案」自光緒三十四年十二月開始，延至民國初年，現存最晚的一份檔案是民國八年的一份領狀，所以其中包含有訴訟期間發生的契約。

〔三〕在訴訟檔案中保留下來的契約大都是契約抄件，所以我們很難判斷這些契約是繳納過契稅並在官府登記的官契，還是私契。但是從訴訟檔案的記載來看，知縣幾乎都不追究契約是否是官契這個問題，只是在斷案以後，偶爾會要求還未上稅的契約繳稅登記。

〔四〕「宣統二年六月初八日吴正蘭爲堂呈源流印契叩恩驗明發還事呈狀」，「宣統二年朱光榮控吴正蘭挾嫌搶蓋案」，M003-01-01367號卷宗，第37頁。

龍泉司法檔案晚清部分大量與契約有關的糾紛和訴訟，產生於契約的使用環節，其中尤以「上手契」與「僞契」的問題爲多。

（一）上手契問題

在傳統社會中，不論是房產、田土還是山林的管業證明，都是由歷次買賣契約共同構建起來的，單獨一張契約只能證明這個漫長複雜的交易鏈中的一個環節，而無法證明這塊土地或房產的來歷以及現時的權利歸屬。因此，契約的訂立、保存、移交、銷毀等程式非常重要。大量財產糾紛，多是因爲兩造都無法提供完整的契約鏈，各執有利於自己的契約，而紛擾不斷。

契約鏈的斷裂有很多原因。因爲年代久遠或保存不當而造成遺失，是很常見的情況。人們無疑都非常重視契約的保存，一些家庭會有專門的契約盒或者契約箱收儲契約，但這並不能保證契約的安全和完整。「光緒三十四年劉紹芳控劉朝高等搶匿契票等案」，劉紹芳在新詞中説，他的父親在生前立有分關書，但並未即時分割財產。兄弟們在父親臨死前，就已經開始搶奪儲存各契票的箱子，並且瓜分契據。〔一〕當然，被告的訴詞中也辯訴説，是原告自己藏匿了契據，是「自匿誣匿」。〔二〕類似的互控，常常因爲缺乏證據而難以辨明真相。

「宣統元年郭王輝等控葉大炎等涎謀湊錦案」，是一起兩村郭姓族人之間的山林族產糾紛。兩造都呈交有契約抄件，作爲己方的證據。與這些山產有關的契約，從弘治三年起至清道光年間，其中涉及山產的轉讓、買賣、租佃等各種經濟行爲。但是這些契約都是片段的，只記載了某幾次的交易，無法依據這些片段的契約，追蹤所爭山產自明代以來至清末四百多年的管業、買賣過程，也無法確定它在清末的權利歸屬。而且從明代至民國，契據遺失、篡改、造假等代代有之。該案曾上訴至浙江省第十一地方法院，民國二年二月二十八日，該法院判決文中直指「雙方所呈契據均無何等價值，難以即憑契斷案」。〔三〕

更常見的情況是，交易過程本身的複雜性所導致的契約鏈的不完整。尤其是在買賣過程中的「上手契」問題。依慣例，證明土地來歷的歷次契約，即所謂的「上手契」，都應該在交易中轉交給買方。但是，如果是活賣，或者契約中有「別業相連」等情況（即只出賣原契中所涉土地的一部分），無法將上手契約交給買主；或者賣主藉口遺失而故意藏匿不交；這些都導致了有關同一塊土地的不同時代、不同性質的契約藏於不同的人手中，他們都可以將自己手中的契約作爲依據，要求與這塊土地有關的權益。在「光緒三十一年季廣晁控張方恒膽肆搶割案」中，季廣晁在向蔣姓買到土地時，雖然訂立了契約，但季廣晁並沒有得到上手契：「今生契買蔣姓土名魚塘礱苦竹山下，共租十一石，本是活業。其上手各契，別業相連，未曾交繳……」。〔四〕

另一種常常導致「上手契」不能在交易中完整移交的原因，涉及到財產的繼承和分家的環節。當一份祖遺產業在經歷了一次甚至數次分家之後，雖然分關書一式數份，由各人保存，但是與產業有關的各類契據，卻只能保存在一位繼承人的手中。這些已經析分的產業，日後面臨出賣的情況時，上手契或者無法轉交給買主；或者轉交給買主後，會給其他繼承人的管業帶來潛在的風險。前述「宣統二年劉廷滔控謝河清等冒領契據案」已經涉及這類問題。「宣統二年季慶元控吴榮昌等藉買混争案」中也出現了同樣的情況，季姓兄弟共有的一處山業，雖然已經分關，但有關山業的契據都保存在兄長季慶麒處，當季慶麒出賣自己的山業時，買主拿走了這些契據。雖然季慶元隨後發現這裏存在的隱患，要求在買賣契約中注明其中有一塊山地不在出賣之列，但是此後的糾紛説明，這其中仍有漏洞。

〔一〕「（光緒三十四年十二月）劉紹芳爲控劉朝高等兇毆烹漏非法莫何事（新詞）呈狀」，「光緒三十四年劉紹芳控劉朝高等搶匿契票等案」，M003-01-02235號卷宗，第7頁。

〔二〕「宣統元年七月十八日劉朝高等爲控劉紹芳自匿誣匿串痞朋詐事呈狀」，同上卷宗，第34頁。

〔三〕「民國二年二月二十六日郭夢璧等爲控葉大炎等抄册宗譜經院核明事民事狀」所附「浙江第十一地方法院判决抄件粘呈」，M003-01-05739號卷宗，第19—20頁。

〔四〕「光緒三十一年十二月初三日季廣晁爲控張方恒等砌詞誣架非訊不明事呈狀」，「光緒三十一年季廣晁控張方恒膽肆搶割案」，M003-01-10628號卷宗，第31頁。

總之，「上手契」問題導致契約鏈的不完整，管業來歷因此難以追溯，以上手契混爭管業的情況時有發生，當糾紛進入訴訟環節時，地方官吏也同樣無法通過追蹤完整的契約鏈，確認産業當前真實的管業情況。

（二）僞契問題

從這些晚清訴訟檔案來看，除了前述胥吏等作弊僞造契約之外，訴訟當事人爲了爭奪財産，贏取官司，僞造、塗改契約的情況，也是屢見不鮮的。

「宣統二年廖增員控王朝信藉廢强砍案」是一件因契約而起的山産糾紛。廖增員控告被告捏造契據，强争山産，王朝信則反控廖增員「不憑墨據」「恃强欺佔」。訴訟雙方都提供了自己擁有山産山木所有權的契約憑證。根據原告「宣統二年十月初八日廖增員爲控王朝信藉廢强砍藐法糾搬事呈狀」所附契約，廖增員對自己管業來歷的聲稱，由八件契約構成。這些契約的時間大約從清初到咸豐年間，包括了前後數任山主之間的買賣、加找契約，以及山主與山佃之間的領、仰契約。被告王朝信所提供的契約證明，則是雍正九年（一七三一）的一件遺書和嘉慶年間的一件賣契。在後續的呈狀中，雙方都辯稱對方所提供的契約是僞契或廢契。廖增員將攻擊的目標放在了契約内容本身，他根據王朝信家的族譜，發現在遺書和賣契中出現的人名以及他們與王朝信之間的關係皆不可考證。且契約的紙張墨跡亦有作僞的痕跡：

> 伏查，嘉慶年間印信，衙内老册盡多，乞憲對核印信，一目瞭然。身雖鄉愚，常聽平地老人有説，官印總是油朱，斷無浮水印之理。詎信（王朝信）詭計百出，衹圖覬覦該山杉木，不顧捏造罪科，故將遺書用茶水潑染，遺書後面，塵水指印，纍纍足驗。並且信僞造契内四人花押，具出一手，如非捏造，嘉慶間，有此紙墨新鮮，信恐露出印色墨跡，契之後面加糊一紙，以免辯悟。如非此情，契又未碎，好好一契，何用蓋糊兩紙？

「僞契」在經濟活動和訴訟中層出不窮，並不是因爲僞契本身難以被辨認，上述廖增員、王朝信的呈狀顯示，他們擁有豐富的鑒别僞契的經驗和知識。人們之所以願意不斷地製造「僞契」，是因爲在當時的社會經濟糾紛和訴訟中，「僞契」即便被證明是假的，但它還是在某種程度上「有用」。前述「宣統二年朱光榮控吴正蘭挾嫌搶蓋案」，雖然被告當加等契是圖詐捏造，但吴正蘭和他的家人卻寧願出洋一百三十元，購買僞契並上手老契等。按照吴正蘭的叙述，這種息事寧人的態度，鼓勵了被告再次僞造契約敲詐。我們不能僅憑吴正蘭的一面之詞就相信他的叙述。但是其他證據也證明，利用僞契或違反契約規則的敲詐行爲，不僅多見，而且被害一方常常採取退步求安的策略。「咸豐元年四月李聯芳爲控韓林秀等强霸阻砍攙邁圖詐事呈狀」中説：「秀父奇富前經登山盗砍，捉獲求免，有據，且契雖杜絶，而林秀兄弟又經疊向給借有字，前此生總畏其詐賴，買静求安，忍不與計。」這種買静求安的態度，不能僅僅理解成個别當事人的性格懦弱，而在某種程度上是他們在衡量過各種解决途徑之後的無奈選擇。涉及僞造、濫用契約的訴訟中，知縣除了銷毁僞契之外，對契約造假者從無定罪，也没有懲罰，製造僞契幾乎没有風險。相對而言，訴訟成本或者辨僞的成本卻很高。這些都爲僞契混爭提供了可乘之機。

六　晚清變局中的地方訴訟

龍泉司法檔案中的晚清部分訴訟檔案，集中於光緒末年至宣統三年間，部分案件延續至民國初年。時值清末新政、辛亥革命之際，中國傳統的政治制度與法律體系發生鉅變，社會動蕩，政局多變。這些時代的特徵在龍泉司法檔案中也有諸多反映，除前述狀紙格式的多次變革，婦女抱告制度的變化之外，訴訟過程也深受這個特殊時代的影響。首先清末數年龍泉知縣調任過於頻繁，造成一些案件久拖不决，例如「宣統二年劉煥新控劉嘉旺恃强混佔案」，「未料時事紛更，陳主忽換王主，王主又換周主，加以本夏告糴維殷，秋間民軍起義，因而延擱之久」。其次，一些訴訟當事人似乎將改朝換代看成是扭轉敗局的機遇。有不少民國初年的狀紙上，當事人都説自己在前清所受的判决並不公平，現在既然已經換了新朝，要求重新審判。中華民國元年五月二十一日的一張狀紙上寫道：「今大漢光復有道，貴知事莅任，秉公從事，至正至……（殘）於强而薄於弱。非員（原告）復起異議，奈因前清縣主有專制國民之毒，黑白無分，勒押違例混斷。」但這位原告顯然高估了政權變化對司法帶來的即時的、直接的影響，新任縣知事在這張狀紙後批語：「案已了結年久，毋須再翻。著該員將現行刑律户役章第四節附例第四條查閲自明。」由於這批訴訟檔案的時間正處於清末的特殊時期，它們顯然不代表傳統訴訟和社會的一般狀况。但也正因爲如此，它們可能最清晰地暴露出傳統訴訟制度的缺陷，以及基層司法和社會在新舊交替之際的真實狀態。

在清末司法改革中，西方訴訟制度區别民事與刑事的觀念和制度也開始被引進。宣統二年十一月的龍泉訴訟檔案中第一次出現民、刑區分的訴狀、辯訴狀，此後，這類狀紙就通行使用。但直至清朝滅亡，龍泉縣一直延續着傳統的訴訟制度，這種新式的狀紙對龍泉縣的訴訟實踐没有産生實質性的影響。以宣統年間開始的「光緒三十四年劉紹芳控劉朝高等搶匿契票等案」爲例，該案在宣統三年以前，所用狀紙並不區分民/刑，自宣統三年二月十三日的「劉林氏爲呈訴强砍强運奪膳分烹事」開始使用了刑事訴訟狀，此後原、被兩造分别使用過刑事訴訟狀、民事訴訟狀、民事辯訴狀等多種狀式，但是並没有證據能够證明他們在使用這些狀紙時，是有意識地區分並使用了民/刑、訴訟/辯訴等概念。例如，劉林氏在宣統三年二月二十六日「爲糾奪强運恃横逞兇事」中使用的是民事辯訴狀，第二天同爲原告一方的劉紹芳「爲逞兇强運巨禍臨眉事」所使用的則爲民事訴訟狀。兩份狀紙所訴事件内容均無甚分别。縣知事也並未就狀紙的使用對當事人進行批駁或引導。所以這種混亂的狀况一直持續，在宣統三年八月二十日，劉紹芳「爲糾兇搶毀刀槍尋殺事」所用爲民事訴訟狀，而八月二十四日，劉林氏「爲攔路毆殺事」所用則爲刑事訴訟狀，兩狀所訴其實爲同一事件。

就像晚清法制改革當中區分民事/刑事的種種理論和實踐的努力一樣，二十世紀初年的種種改革，雖然在中央和省城得到了一定程度的貫徹，例如龍泉狀紙的改變也是浙江省統一印製狀紙的結果，但在縣級司法實踐中，由於司法者、司法程式都没有根本的改變，所以並没有實質性的影響。而深入到社會及民衆觀念的層面，時代劇變所帶來的變化則更是相對滯後。後續出版的龍泉司法檔案的民國部分，將爲我們揭示這個法律與社會演化的完整過程。

本輯凡例

一　《龍泉司法檔案選編》（以下簡稱《選編》）是民國時期龍泉地方法院檔案（浙江省龍泉市檔案館藏M003號全宗）文書的選編。遴選的基本原則兼顧案件類型及訴訟過程的典型性、文書保存的完整性和案情的史料價值。

二　《選編》按年代分輯，本輯所收案件上起咸豐元年（一八五一），下至宣統三年（一九一一），故稱「晚清時期」。

三　《選編》以案件爲單位，收録同一案件相關卷宗的所有檔案文書。案件以最早文書時間爲序排列。同一案件内，以每件文書時間爲序編排。每個案件包含内容提要、檔案索引和文書圖版三個部分。

四　案件名稱，一般包含年代、兩造、案由三方面信息。其中年代、兩造一般以檔案中時間最早文書爲准，案由一般摘選文書原文有概括性的四個字。如：咸豐元年李聯芳控韓林秀强霸阻砍案。

五　内容提要簡要説明收録文書的概况，包括所屬卷宗、文書類别和數量以及保存狀况，並撮要説明案情内容與訴訟過程。

六　檔案索引的内容包括文書的時間、作者、内容、類型、卷宗號與原卷宗頁碼等信息。

（一）時間：以文書的落款時間爲准；落款時間缺失時，據批示時間、簽收時間爲斷；上述時間均無，則據該件文書或相關文書的内容等予以推斷，推斷時間均加圓括號，并酌情加注説明。時間無從推斷則標爲「時間不詳」，除加注説明原因外，一般據原卷宗頁碼排序，或列於本案件文書的最後。

（二）作者：作者是當事人或相關人，直書其名；作者是相關司法人員，則根據文書原文在姓名前加職務，如「知縣」某某、「原差」某某、「縣知事」某某等；作者是多人，僅書一人姓名並加「等」字。

（三）内容：一般文書以事由（「爲某某事」）爲格式，事由内容摘取原文書若干字。呈狀一般在「爲」後加書訴訟對象姓名。非縣衙内文書，一般在「事」後加書受文者：兩造越訴呈狀加書「呈處州府」等。無事由欄的文書，一般只書文書的具體類型，如「點名單」、「供詞、堂諭」、「遵依狀」等。

（四）類型：指文書的性質，如「呈狀」、「稟」、「票」等。

（五）卷宗號與原卷宗頁碼：此件文書在檔案館現藏卷宗號及加蓋頁碼。

（六）附件：與主要文書有關的附屬文書。一般在所附文書下另列附件編號，注明文書内容、類型、卷宗號與原卷宗頁碼等信息，不另書時間與作者。

七　文書圖版影印自浙江省龍泉市檔案館所藏檔案原件，彩色印製。原件散裂爲多件者加以拼接綴合。無書寫内容的封皮、狀面或内容固定的狀式條例等酌情裁切，空白頁裁切處以斷開表示。凡圖版有裁切均予注明。凡限於版面，一件分爲多件者，均在原編號後加分號-1、-2、-3……表示。

八　圖版名稱由索引中時間、作者、内容、類型等内容構成。圖版名稱後標注本件文書的卷宗號、頁碼，原件尺寸（高×寬cm），以及對圖版裁切的説明。例如：

光緒十八年五月廿八日劉鼎奎爲控劉鼎照聳母捏控計圖逼逐事呈狀（14932:41-42）29.0 × 66.0cm；（14932:43）29.7 × 24.6cm　圖版裁空白頁、狀式條例

九　全書一般採用規範繁體字。文書中專用名詞使用的俗字、異體字酌情保留原字。

一　咸豐元年李聯芳控韓林秀强霸阻砍案

一、内容提要

「咸豐元年（一八五一）李聯芳控韓林秀强霸阻砍案」是目前所見時間最早的案件，相關檔案保存於1501號卷宗，其中僅存咸豐元年四月殘缺的呈狀一件，其餘信票、堂供、結狀等均爲抄件。「咸豐元年四月李聯芳爲控韓林秀等强霸阻砍攙邁圖詐事呈狀」缺狀頭、批詞與狀式條例，僅呈詞部分完整保留。

呈詞稱，李聯芳叔父於道光七年（一八二七）向韓奇富兄弟等杜買土名銅坑兒山場一處，然後將山場出佃給吴定郁栽插苗木青竹，前後二十餘年。咸豐元年春，李聯芳雇工砍伐出售，被韓奇富之子韓林秀、韓砬秀兄弟强行阻攔，李聯芳曾投報莊保朱芝裕、朱芝邦等人，請他們出面「理論」未果，于是呈控至縣衙。咸豐元年四月的呈狀是新詞，應該是該案中出現時間最早的文書，信票、供詞、堂諭、結狀等文書事由均爲「爲强霸阻砍事」，即圍繞咸豐元年四月的呈狀展開，但現存的信票抄件時間爲咸豐元年三月廿四日，信票時間早於呈狀的原因不得而知。

二、檔案索引

編號	時間	作者	内容	類型	卷宗號	原卷宗頁碼
1	咸豐元年四月	李聯芳	爲控韓林秀等强霸阻砍攙邁圖詐事(新詞)	呈狀	1501	4—5
2	咸豐元年三月廿四日	知縣羅	爲傳訊李聯芳等事票抄件	粘呈	1501	2—3
3	時間不詳		結狀等抄件	粘呈	1501	6—7
4	時間不詳		供詞、堂諭抄件	粘呈	1501	8—9

咸豐元年四月

監生李聯芳　廿七　西鄉八都　六十一

強霸阻砍、攙邁圖詐、亟賜戳拘、究強杜詐事。緣生叔父手於道光
七年價買韓林秀、磁秀故父奇富兄弟等土名銅坑見山塆一處，坐
落西鄉七都安着，契載杜絕字樣。買後該山原屬荒蕪廢業，當經
生家先後迭費工本，仰佃吳定郁栽插苗木青竹，逓歲開剗養籙，約
今二十餘載。茲值成林，生於本春僱工登山砍伐爲貨，詎地惡韓林秀、
磁秀不思業經父手杜賣，專恃強橫，莫敢蕙有年邁母孀可禀胆
擁山內，逞強兇霸，搶奪砍斧，一面攙出母孀霸踞在山，無容砍伐。維
時砍工見棍勇勢兇，加以年老邁婦恐遂詐計，旋即回家報明。生知，隨
投庄保朱芝裕、朱芝邦往向理諭，莫何。並禀究捕，主在案。殊不思
土名銅坑見山塆當生家未向買時，原係荒蕪廢業，迫生家買後費盡
二十餘載之資力，始得成林茂盛可砍。況秀父奇富前經登山盜砍，
捉獲，求免有據。且契雖杜絕，而林秀兄弟又經迭向給借有字，前
此生總畏其詐賴，買靜求安，忍不與計。豈期虎腹難填，茲乘砍伐，反
肆兇霸攙賴，寔屬無法無天。非沐恩賜戳拘嚴究林秀兄弟存心
不良，設起毒計，藉邁詐賴，貽累奚了。爲此抄粘各據，伏乞　正據訊呈
廉明父師，迅賜戳拘訊究，以儆兇霸，以杜攙賴，契業有天。頂德上呈。

1.咸豐元年四月李聯芳爲控韓林秀等强霸阻砍攙邁圖詐事(新詞)呈狀　(1501：4–5)27.6×33.5cm

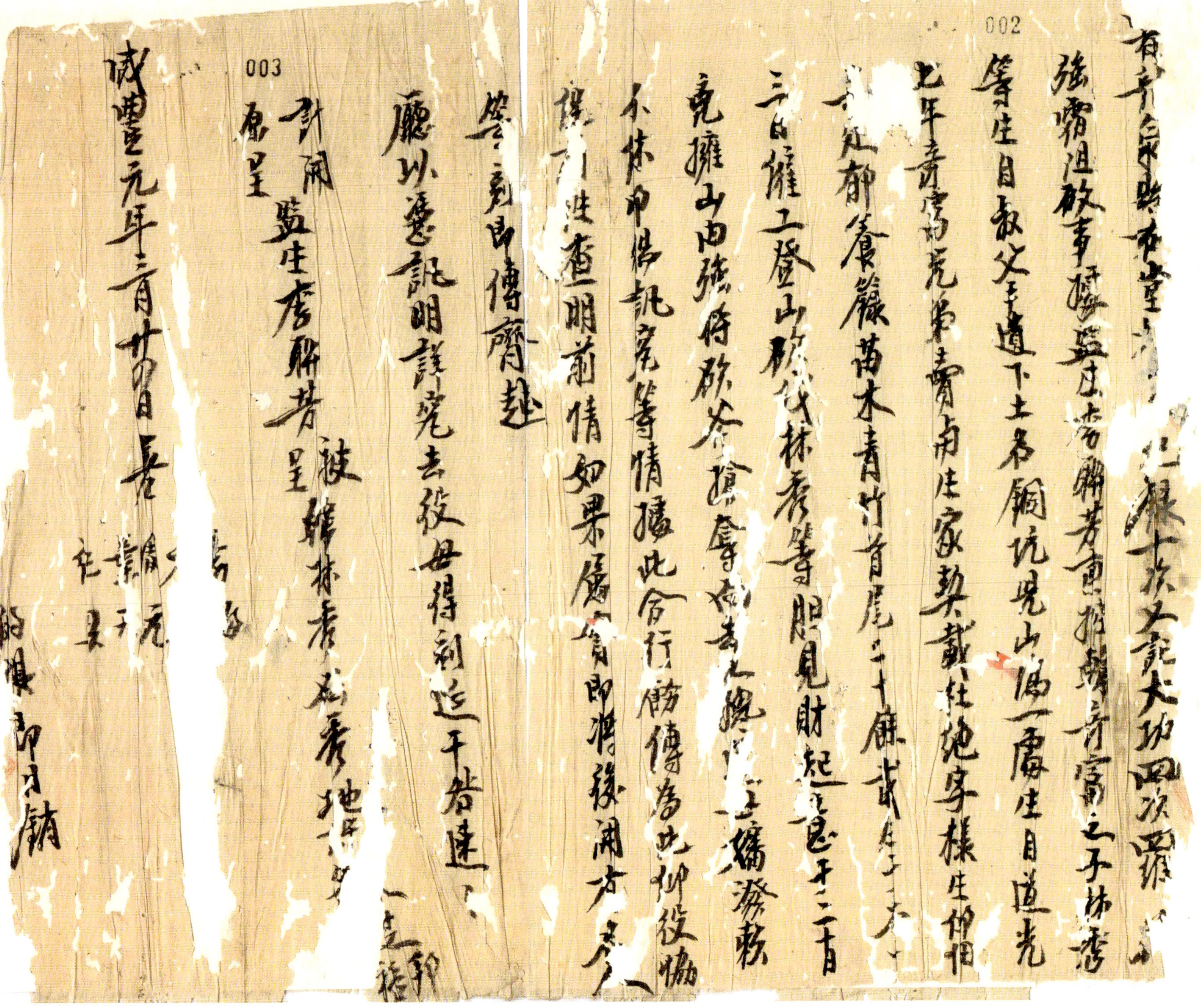

[illegible]

強霸阻砍事。據監生李聯芳稟稱[illegible]子林秀

等生自敘父遺下土名銅坑見山一處，生自道光

七年[illegible]

[illegible]蒼縣苗木青竹首尾二十餘載[illegible]

三日雇工登山砍伐，林秀等膽見財起意，於十二月

竟擁山内強將砍木搶奪[illegible]

不休，申得訊究等情。據此，合行飭傳。爲此，仰役協

保[illegible]查明前情，如果屬實，即將後開有名人

等，剋即傳齊赴

廳，以憑訊明詳究。去役毋得刻延干咎，速速。

計開

監生李聯芳　呈　被　韓林秀　林秀[illegible]

原呈

咸豐元年三月廿四日　[illegible]

2.咸豐元年三月廿四日知縣羅爲傳訊李聯芳等事票抄件粘呈　(1501：2-3) 26.2×32.8cm

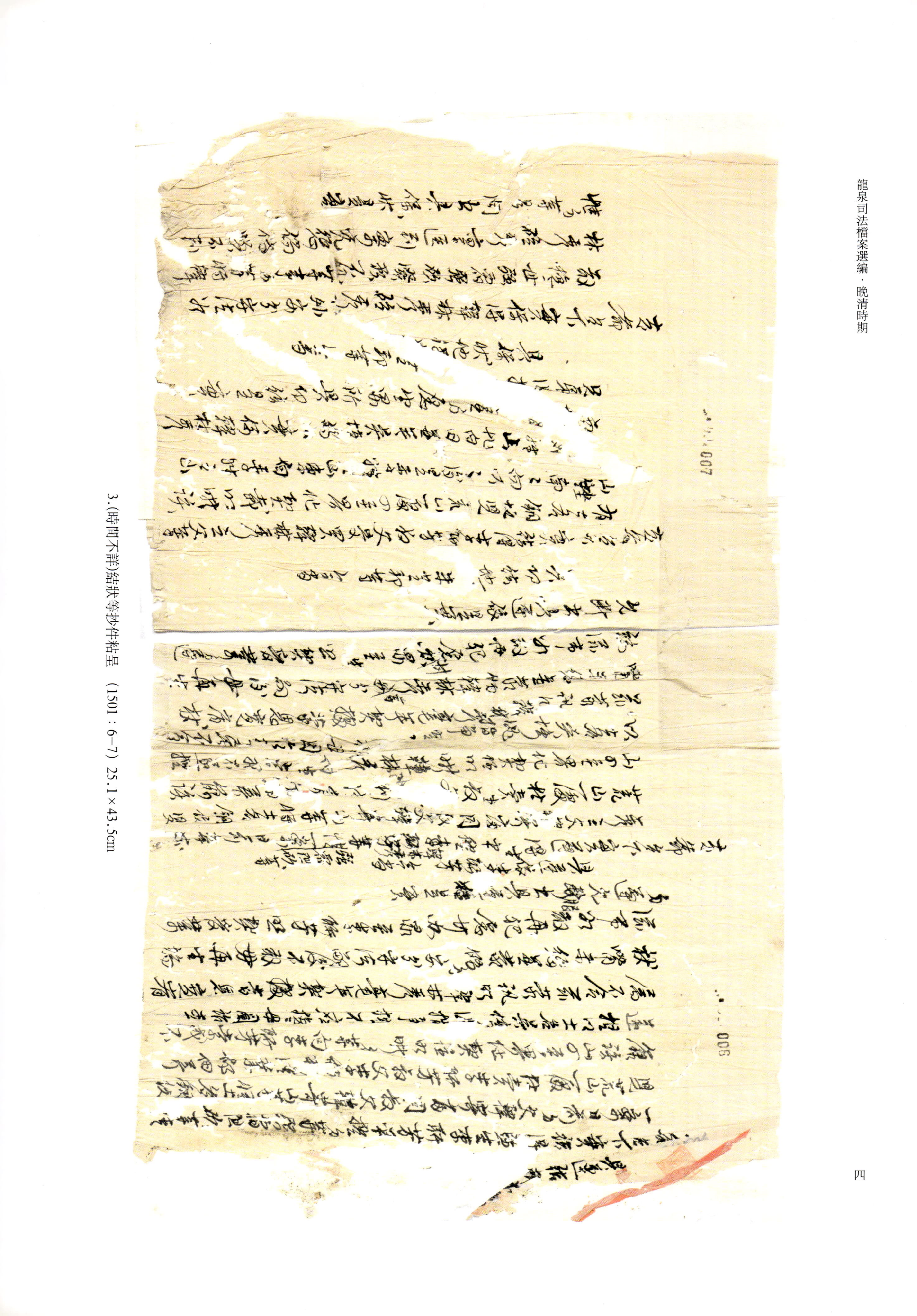

3.(時間不詳)結狀等抄件粘呈　(1501：6–7)　25.1×43.5cm

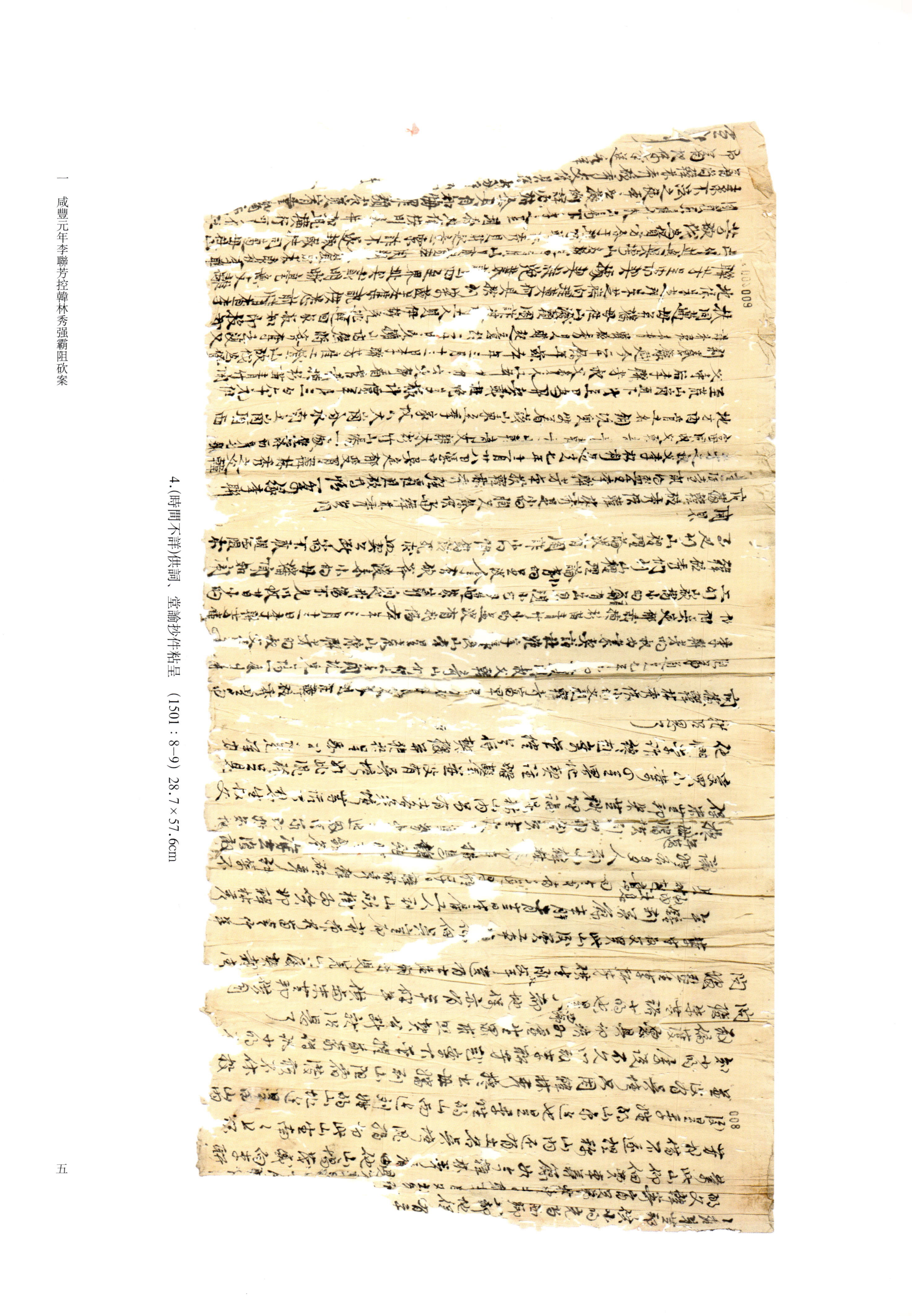

4.(時間不詳)供詞、堂諭抄件粘呈　(1501：8–9) 28.7×57.6cm

二　光緒十八年劉葉氏控劉鼎奎掯納膳租案

一、内容提要

「光緒十八年（一八九二）劉葉氏控劉鼎奎掯納膳租案」相關檔案保存於14932號卷宗，其中包括光緒十八年五月初一日至五月廿八日期間的呈狀二件、票(稿)一件、稟一件、點名單一件，結狀四件，以及粘呈的契約抄件一件。

該案原呈劉葉氏於光緒十八年五月初一日投遞無格式呈狀。呈詞稱，劉葉氏是劉德新原配，未生有子，曾議立嫡姪劉鼎奎爲嗣。劉德新另有續娶周氏所生子劉鼎照。劉德新去世後，劉鼎奎提出要求分得劉德新所遺田租六十餘石以及山場等財産的一半，另自居住。劉葉氏接受了劉鼎奎的要求，并商定劉鼎照與劉鼎奎每年各抽租穀二十石給劉葉氏與周氏作爲生活費用，但後來劉鼎奎拒絶如數交納租穀，劉葉氏因此提出呈控。該案於五月廿八日訊斷，判決劉葉氏收回膳田契據。

二、檔案索引

編號	時　間	作　者	内　容	類　型	卷宗號	原卷宗頁碼
1	光緒十八年五月初一日	劉葉氏	爲控劉鼎奎掯納膳租串黨疊詐事(新詞)	呈狀	14932	34
			附1　光緒十五年三月初六日劉鼎奎等立抽字抄件	粘呈	14932	35—36
2	光緒十八年五月初六日	知縣畢詒策[一]	爲立提劉鼎奎等事	票(稿)	14932	32—33
3	光緒十八年五月廿五日	原差吴進等	爲稟提到劉鼎奎等事	稟	14932	44—45
4	時間不詳[二]		點名單	點名單	14932	31
5	光緒十八年五月廿八日	劉鼎奎	爲控劉鼎照聳母揑控計圖逼逐事	呈狀	14932	41—43
6	光緒十八年五月廿八日	劉鼎奎	甘結狀	結狀	14932	37
7	光緒十八年五月廿八日	劉葉氏	遵依狀	結狀	14932	38
8	光緒十八年五月廿八日	周正清	切結狀	結狀	14932	39
9	光緒十八年五月廿八日	劉德通	切結狀	結狀	14932	40

〔一〕本書所見知縣或縣民事長、知事全名均據《龍泉縣志》「宋至清代縣主官録(明清知縣)」及「辛亥革命至民國十六年縣民事長、知事名録」二表，漢語大詞典出版社，一九九四年，第四五七—四六零頁。

〔二〕點名單爲堂訊所用，光緒十八年五月廿八日劉鼎奎呈狀的批示「訊有堂諭」及同日的結狀均説明此前曾有堂訊，故將點名單列於光緒十八年五月廿八日之前。

1.光緒十八年五月初一日劉葉氏爲控劉鼎奎揹納膳租串黨疊詐事(新詞)呈狀　(14932：34)　24.5×56.5cm

立抽字刘鼎奎仝弟鼎照日前父手遺下有水田數標坐落東鄉
岩頭地方土名馬車頭坤頭田併上召大丘田弍標共計實租六石
（又土名馬車頭中心田一標共計實租六石正）
正又土名安福梅橋頭田一標共計實租叁石三斗正又土名清明
塢山飄田一分柏租弍石五斗正又土名嶺坤外頭學租田一段共
田五標長房閏內撥出又土名馬車頭中心田一標計租六石正又土
名梨樹壜田一段計租四石正又土名梅花礱田一段計租五石弍
正又土名清明塢山飄田一段計租弍石五斗正又土名炭坤內頭田
李租田一段共田五標久房閏內撥出之田共二房撥出十標口食
之田等處安着今因兄弟兩房自心愿托中親友劝諭母親子
各自己分閏內撥出有粮水田數標立抽字與母以為口食三面言
斷逓年兩房完納光谷四十石正紐桶不論天年不順照抽字完納
逓年冬成早〻送到母房掤交量清楚不敢少其日粮亩兩
房自己完納不涉母邊之事如有子邊租谷不清照衣抽字
內之田任憑母令功房族追租另佃子邊不得執恋其田日后
百歲之日兩房各執分閏管業恐口無憑故立抽字存照
一批土名峯坪田一坵長久兩房輪流逓年完納母光谷一石正抽字
一批逓年兩房抽黃豆三斗正
一批逓年各房抽茶葉斤
一批逓年各房抽柏子斗五升正
一批逓年各房抽茶油斤
一批逓年各房抽烟四包

光緒十五年三月初六日立抽字　劉鼎奎
　　　　　　　　　　　　　　　　鼎照
　　　　　　　　　　　　　房叔　鼎生
表兄　王刘生
見中　項炳炎
代筆表弟　周明久　均押

1附1.光緒十五年三月初六日劉鼎奎等立抽字抄件粘呈　（14932：35–36）28.0×43.7cm

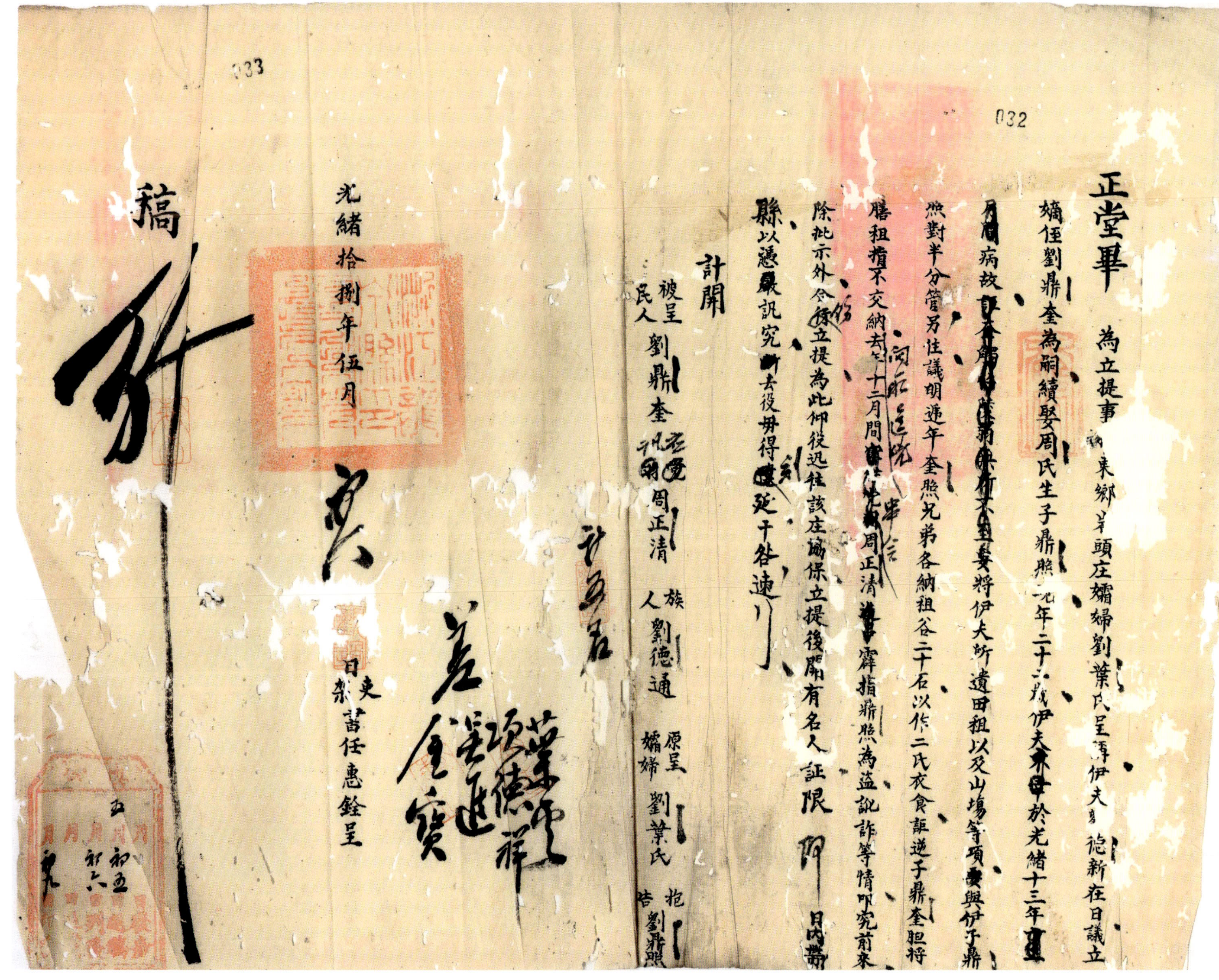

2.光緒十八年五月初六日知縣畢詒策爲立提劉鼎奎等事票(稿)（14932：32–33）29.2×37.5cm

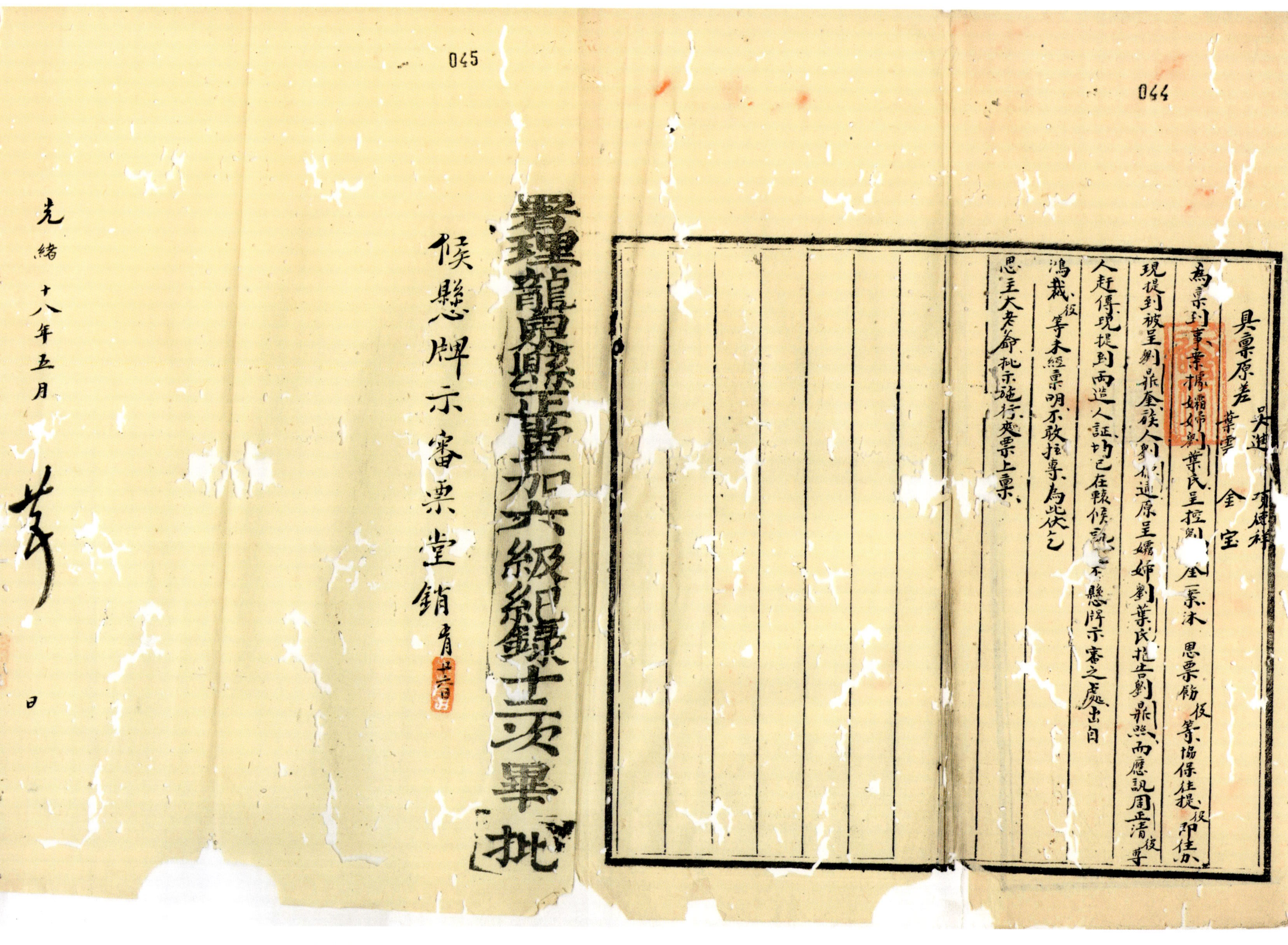

具稟原差吳進、葉亨、全宝稟

爲稟到事。稟據孀婦劉葉氏呈控劉鼎奎、葉沐 恩票飭役等協保往提。役即往办，

現提到被呈劉鼎奎，族人劉作道，原呈孀婦劉葉氏，抱告劉鼎照，而應訊周正清，役等

人赶傳。現提到兩造人證，均已在轅候訊。不懸牌示審之處，出自

鴻裁。役等未經稟明，不敢擅專，爲此伏乞

恩主大老爺批示施行。爲此稟上稟。

署理龍泉縣正堂加六級紀錄十二次畢 批

候懸牌示審。票堂銷。

光緒十八年五月　日

3.光緒十八年五月廿五日原差吳進等爲稟提到劉鼎奎等事稟 （14932：44–45）28.1×63.6cm

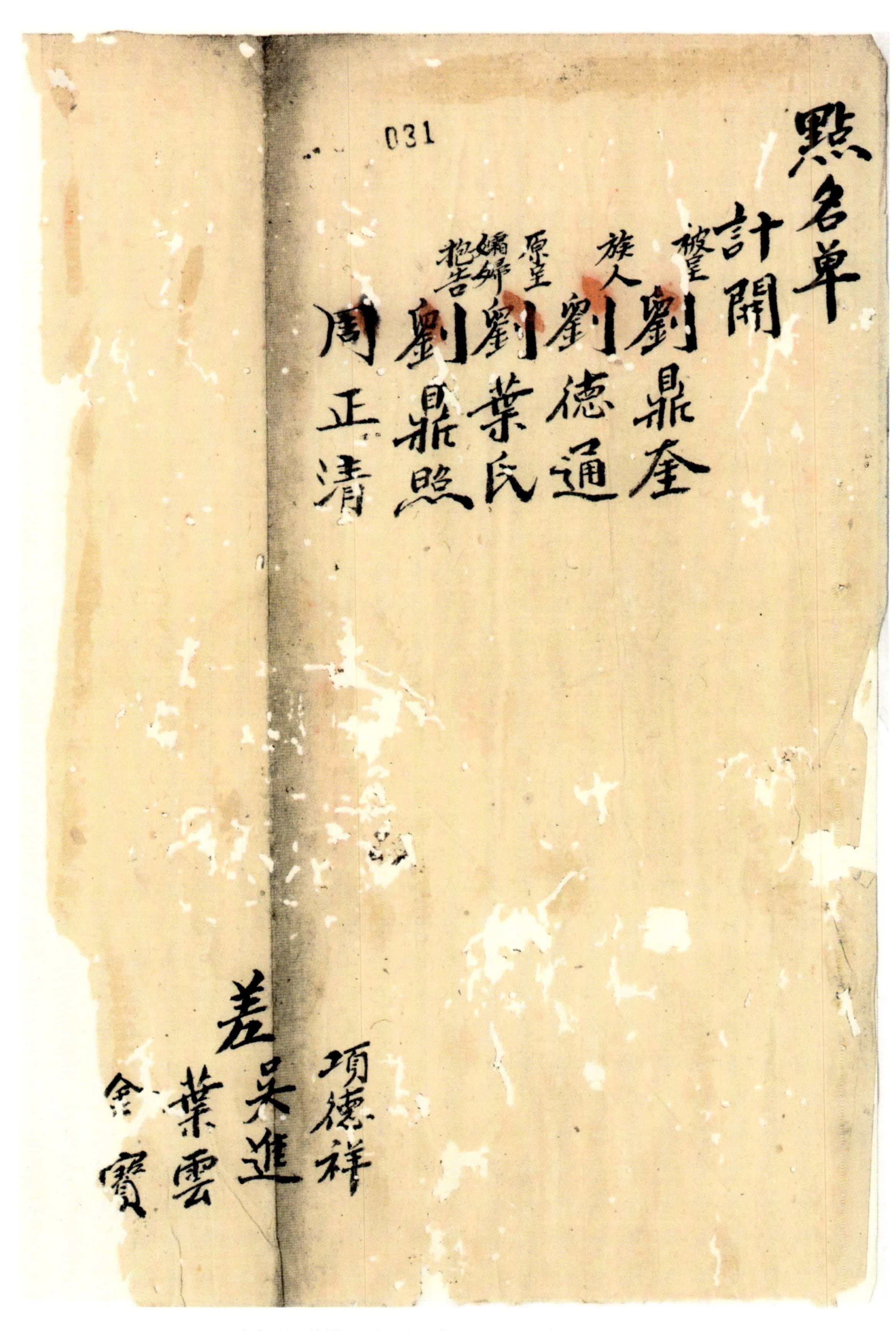

031

點名單

計開

被呈　劉鼎奎

族人　劉德通

原呈孀婦　劉葉氏

抱告　劉鼎照

周正清

差　項德祥

吳進

葉雲

金寶

4.(時間不詳)點名單　（14932：31）25.3×16.5cm

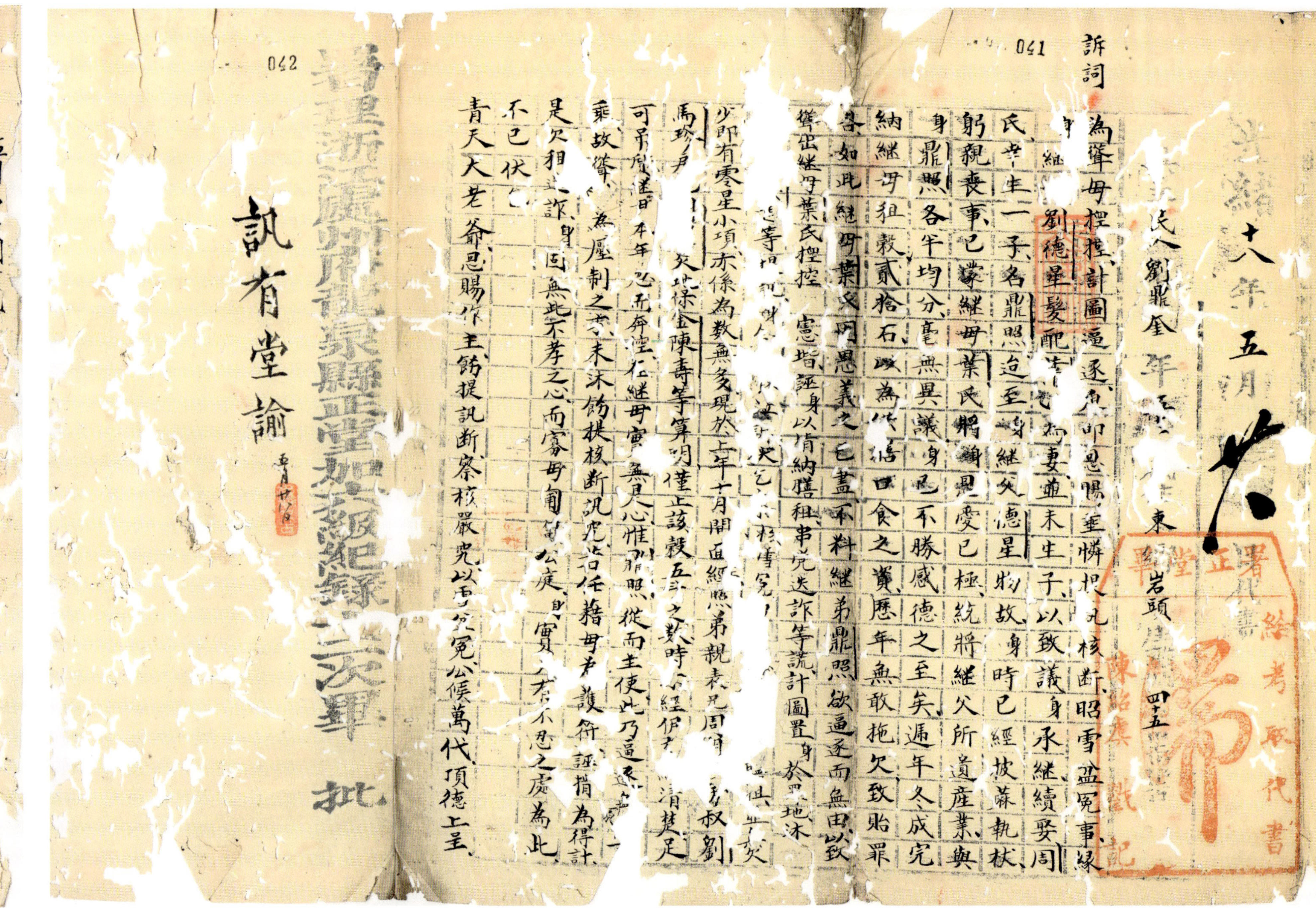

5.光緒十八年五月廿八日劉鼎奎爲控劉鼎照聳母捏控計圖逼逐事呈狀　（14932：41—42）29.0×66.0cm；（14932：43）29.7×24.6cm　圖版裁空白頁、狀式條例

具遵依孀婦劉葉氏　今當
大老爺臺下實遵得氏呈子劉鼎奎一案今承訊明劉鼎奎日前領去氏之養膳田揹不交租蒙　恩當堂將劉鼎奎責
懲管押飭令將膳田與媳交氏另種嗣後劉鼎奎改過遵氏教訓不敢忤逆　憲斷明晰心情允服出具遵依是實
附卷
光緒拾捌年五月廿八
具遵依孀婦劉葉氏　子鼎照

7.光緒十八年五月廿八日劉葉氏遵依狀　（14932：38）42.8×29.2cm

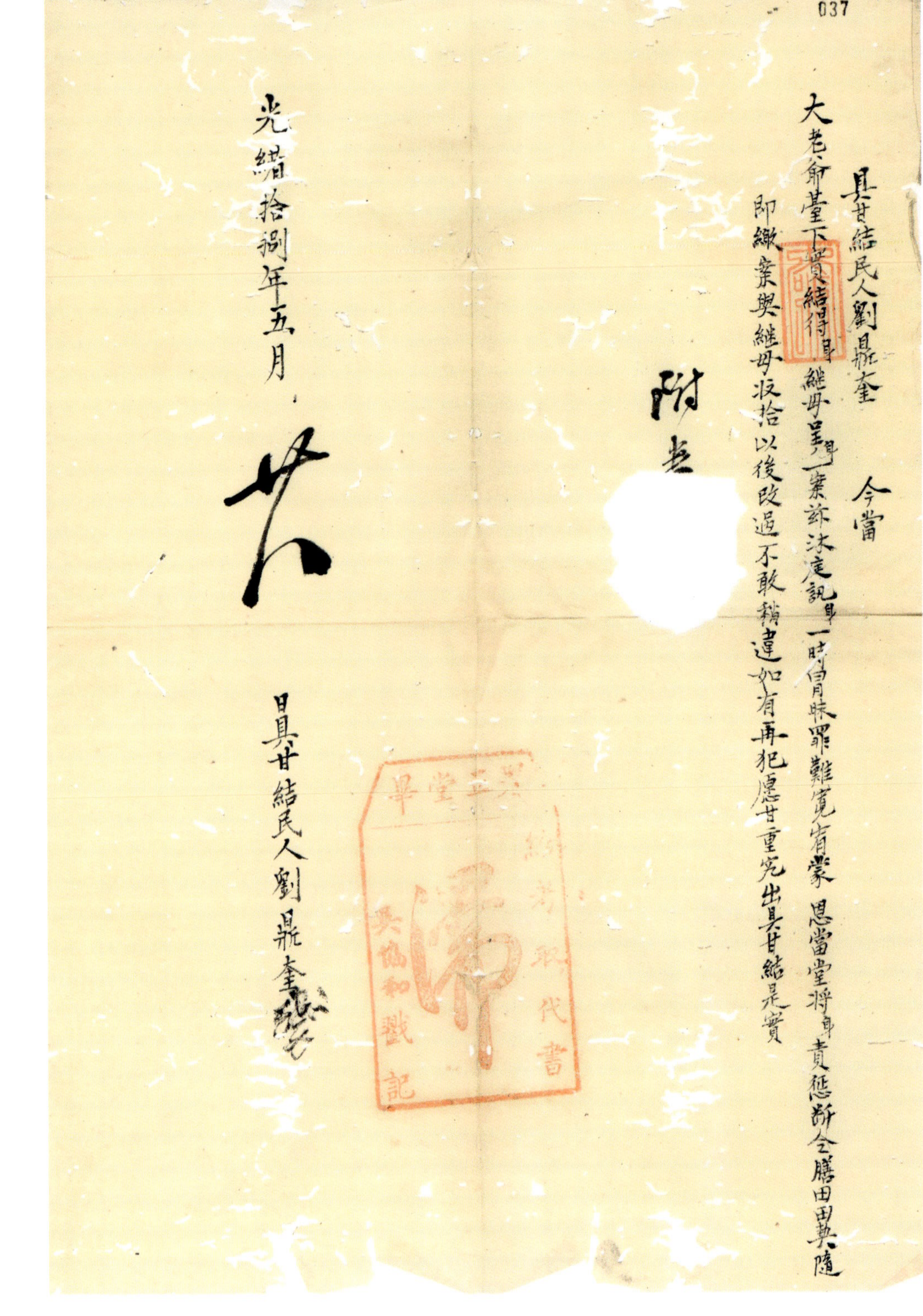
具甘結民人劉鼎奎　今當
大老爺臺下實結得身繼母呈身一案今承訊沐定訊身一時自昧罪難寬宥蒙　恩當堂將身責懲飭令膳田與隨
即繳案與繼母收拾以後改過不敢稍違如有再犯愿甘重究出具甘結是實
附卷
光緒拾捌年五月廿八
具甘結民人劉鼎奎

6.光緒十八年五月廿八日劉鼎奎甘結狀　（14932：37）42.2×29.0cm

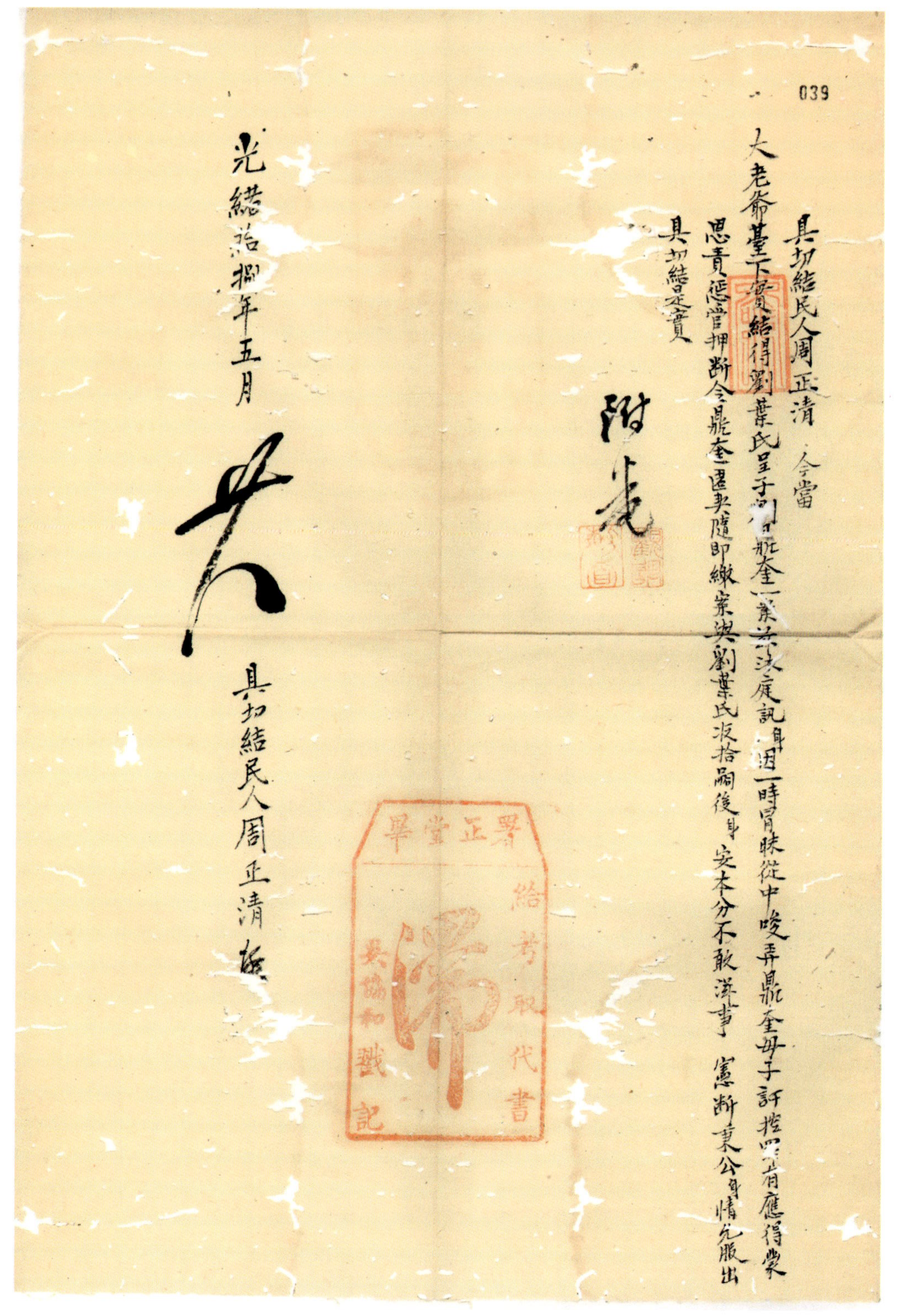
039

具切結民人周正清，今當

大老爺臺下，實結得劉葉氏呈子劉鼎奎一案，並沐庭訊，身因一時冒昧，從中唆弄鼎奎母子訐控，罪有應得，蒙

恩責懲，嘗押斷令鼎奎還與隨即繳案，與劉葉氏承拾嗣後，身安本分，不敢滋事。憲斷秉公，身情允服，出

具切結是實。

附卷

光緒拾捌年五月

廿八

具切結民人周正清

8.光緒十八年五月廿八日周正清切結狀　（14932：39）42.2×28.9cm

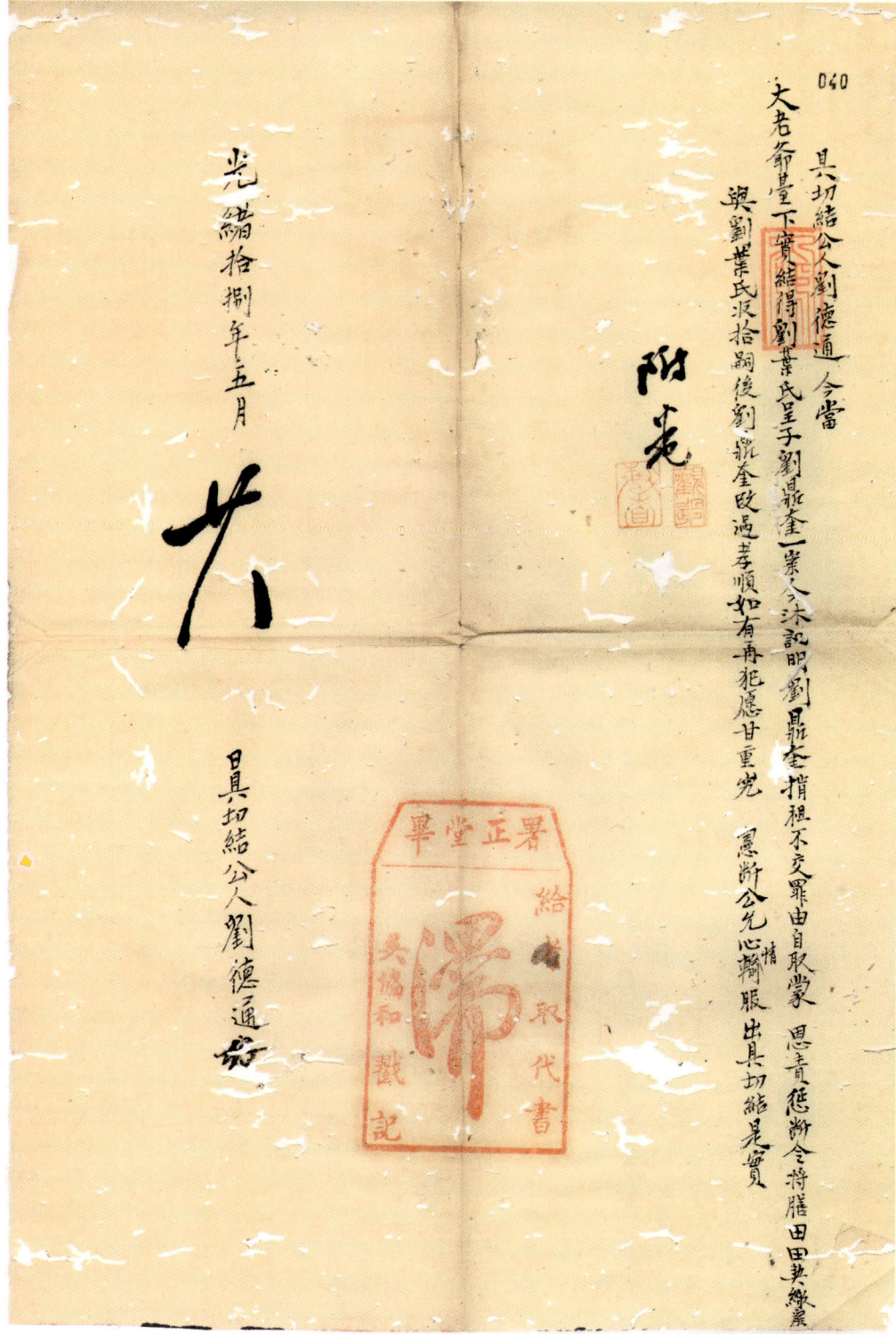

9.光緒十八年五月廿八日劉德通切結狀　（14932：40）43.0×29.2cm

三　光緒二十六年李學韓控周關榮等盜砍杉木案

一、内容提要

「光緒二十六年（一九零零）李學韓控周關榮等盜砍杉木案」相關檔案保存於17159號卷宗。其中包括領狀一件，呈狀一件，票（稿）二件。從現存檔案可知，光緒二十六年八月初三日之前，原呈李學韓可能兩次呈控，一次是呈控周關榮主使周强高盜砍他執管的土名突頭寮、大獨尖等處山場，後經訊斷，將周强高責押，分别賠繳完案，這次賠繳中李學韓的領狀保存在檔案中。另一次則是呈控周關榮盜砍大獨尖青山界内合股樹木，後經知縣戴洪禧訊斷「着樹板按股份運等諭」。八月初三日的呈詞，李學韓呈控周關榮糾領子姪將板運自家藏匿，并擅掘水道。知縣戴洪禧受理此狀，并於光緒二十六年八月十八日與光緒二十七年（一九零一）二月初六日「爲飭追諭禁」兩次簽發信票。

二、檔案索引

編號	時　間	作　者	内　容	類　型	卷宗號	原卷宗頁碼
1	光緒二十六年二月廿一日	李學韓	領狀	結狀	17159	7
2	光緒二十六年(八月)初三日〔一〕	李學韓	爲控周關榮糾衆强搬擅掘水道事	呈狀	17159	2—6
3	光緒二十六年八月十八日	知縣戴洪禧	爲飭追事	票(稿)	17159	10—11
4	光緒二十七年二月初六日	知縣戴洪禧	爲飭催事	票(稿)	17159	8—9

〔一〕月份缺失，呈詞中稱「延至前月廿九日忽地糾衆子姪……」，而光緒二十六年八月十八日票(稿)中稱「忽於前月二十九日糾領子姪……」，據此斷定該呈狀時間爲光緒二十六年八月初三日。

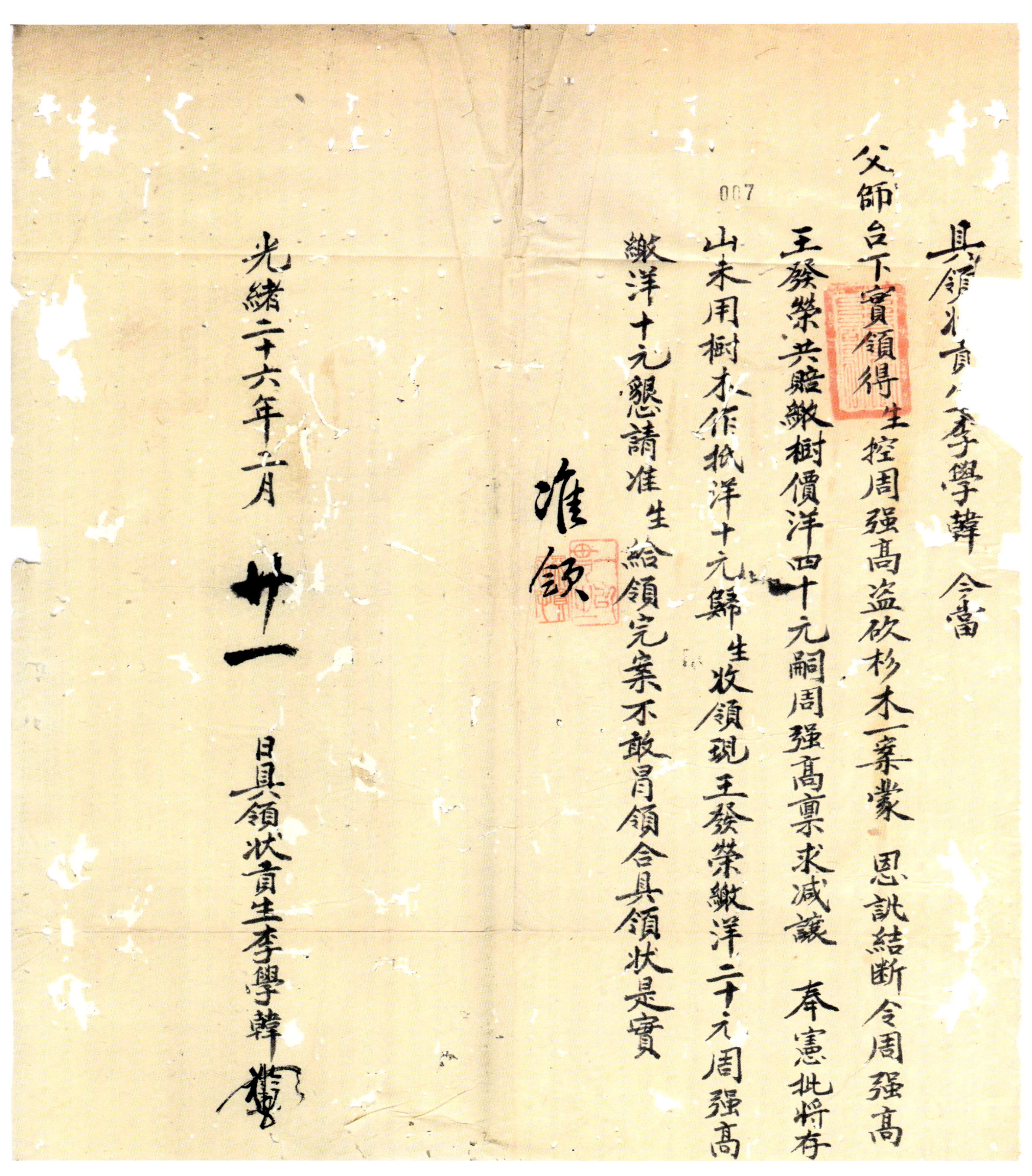
具領狀貢生李學韓　今當
父師台下實領得生控周强高盜砍杉木一案，蒙　恩訊結斷令周强高
王發榮共賠繳樹價洋四十元，嗣周强高稟求減讓，奉　憲批將存
山未用樹木作抵洋十元，歸生收領，現王發榮繳洋二十元，周强高
繳洋十元，懇請准生給領完案，不敢冒領，合具領狀是實
光緒二十六年二月　廿一　日具領狀貢生李學韓
准領

1.光緒二十六年二月廿一日李學韓領狀　（17159：7）33.4×28.0cm

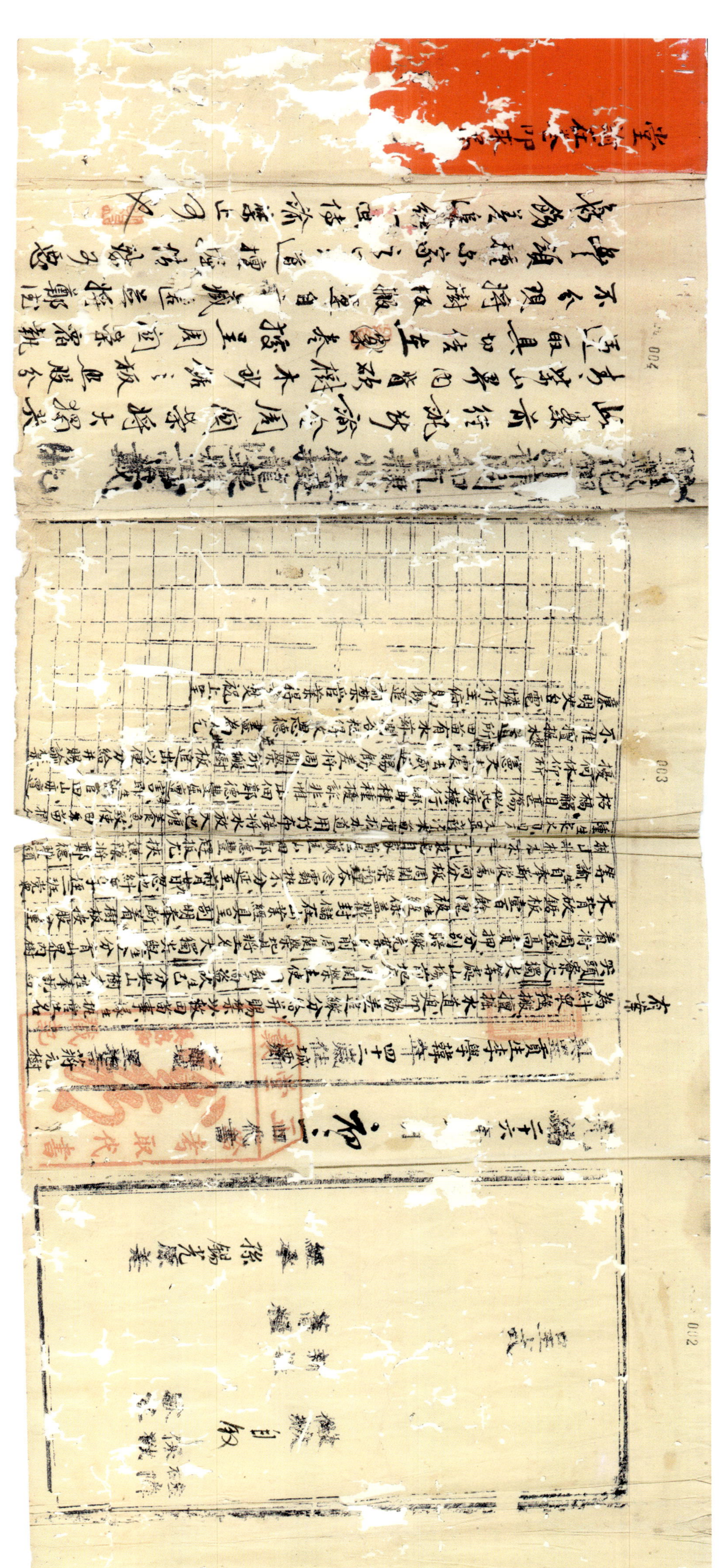

2.光緒二十六年(八月)初三日李學韓爲控周關榮糾衆强搬擅掘水道事呈狀　(17159：2–6) 28.0×117.5cm　圖版裁狀式條例

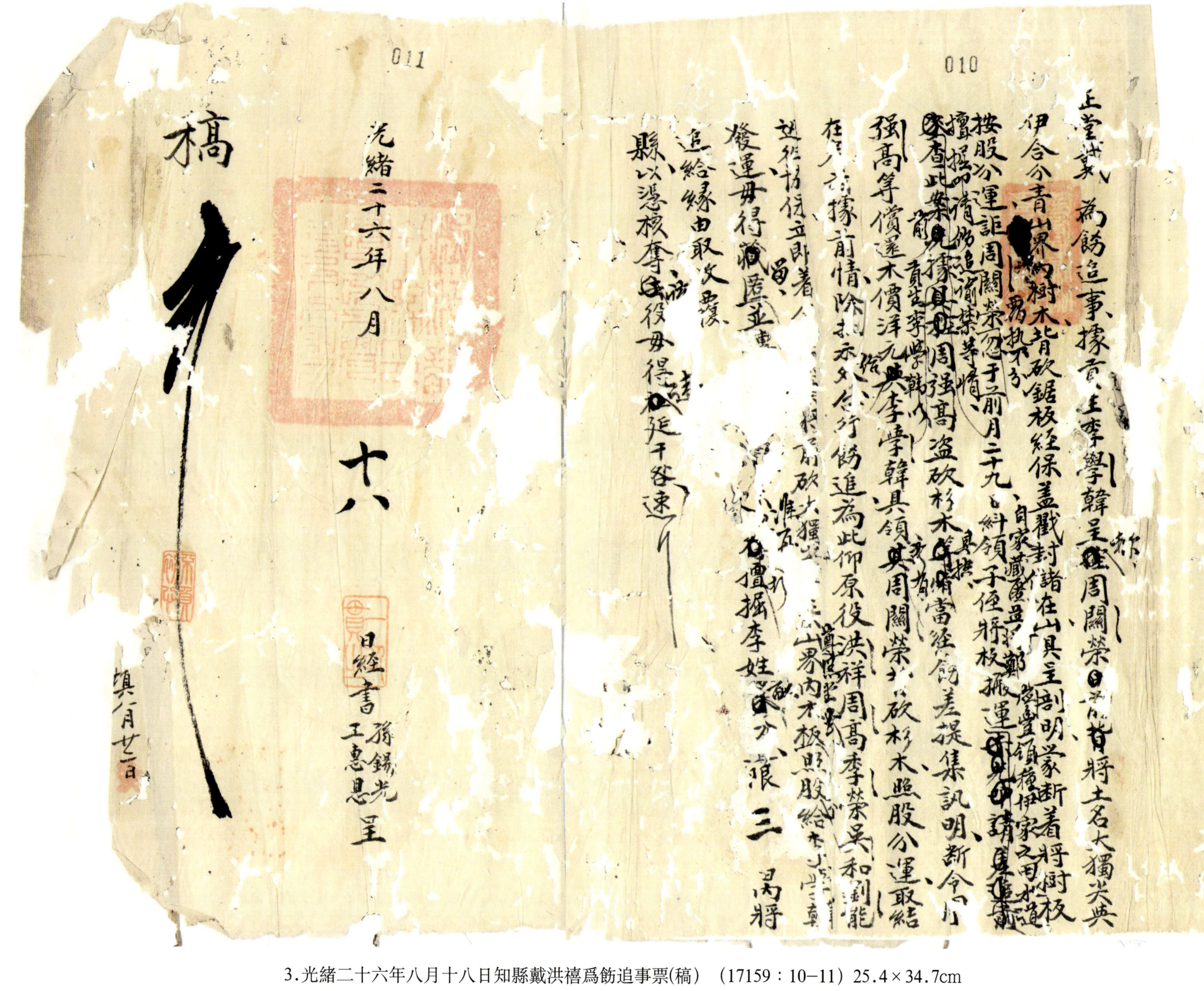

正堂戴　爲飭追事。據貢生李學韓呈控周關榮[illegible]將土名大獨尖典

伊合分青山界內樹木[illegible]砍鋸板，經保蓋戳封儲在山，具呈剖明，蒙斷着將樹板

按股分運，詎周關榮忽于前月二十九日糾領子侄將板搬運[illegible]

擅掘[illegible]飭追[illegible]等情。

[illegible]查此案前據具呈周強高盜砍杉木，當經飭差提集訊明，斷令周

強高等償還木價洋[illegible]李學韓具領，其周關榮砍杉木照股分運，取結

在[illegible]據前情，除批示外，合行飭追。爲此仰原役洪祥、周高、李榮、吳和、劉能

[illegible]山界內木板照股給[illegible]

迅往協保，立即着[illegible]

發運，毋得延擱，並[illegible]

追給，緣由取具[illegible]

縣，以憑核奪。該役毋得[illegible]延干咎，速。

擅掘李姓[illegible]　限三日

光緒二十六年八月　十八　日經書　孫錫光　工惠　呈

稿

填八月廿一日

3.光緒二十六年八月十八日知縣戴洪禧爲飭追事票(稿)（17159：10–11）25.4×34.7cm

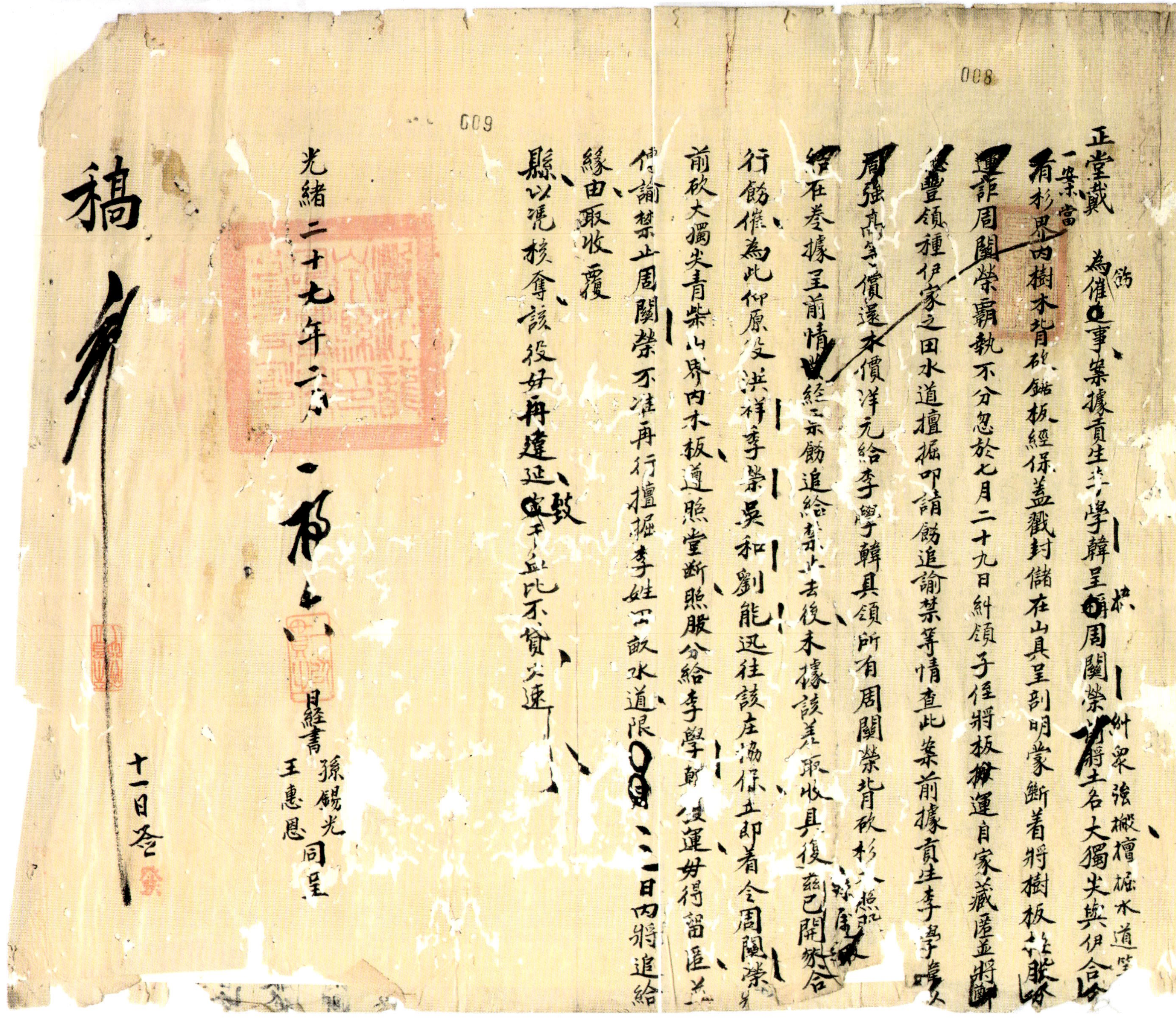

稿

正堂戴　為飭催事。案據貢生李學韓呈控周關榮糾衆強搬擅掘水道等
一案。當　看杉界內樹木背砍、鋸板，經保蓋戳封儲在山，具呈剖明，蒙斷着將樹板[illegible]歸伊合
理。詎周關榮霸執不分，忽於七月二十九日糾領子侄將板搬運自家藏匿，並將
李豐領種伊家之田水道擅掘，叩請飭追諭禁等情。查此案前據貢生李學韓
周強[illegible]償還木價洋元給李學韓具領，所有周關榮背砍杉木[illegible]
經在卷，據呈前情，經票飭追給，去役未據該差取收具覆，茲已[illegible]
行飭催。為此仰原役洪祥、李榮、吳和、劉能迅往該庄協保，立即着令周關榮
前砍大獨尖青柴山界內木板，遵照堂斷照股分給李學韓[illegible]復運，毋得留匿。並
傳諭禁止周關榮不准再行擅掘李姓田畝水道，限二日內將追給
緣由取收覆
縣，以憑核奪。該役毋再違延，致干並比。不貸。火速。

光緒二十七年二月　日

一件

經書　孫錫光　王惠恩　同呈

十一日[illegible]

4.光緒二十七年二月初六日知縣戴洪禧爲飭催事票(稿)　(17159：8–9) 28.9×35.9cm

四　光緒二十八年葉廣輪與楊張生互控山業案

一、内容提要

「光緒二十八年（一九零二）葉廣輪與楊張生互控山業案」相關檔案保存於5341、15661號卷宗，其中包括一件楊張生的領狀，一件知縣陳海梅呈温處道、處州府的申（稿），以及五任知縣之間的五件移交文書。

據「光緒三十年（一九零四）三月廿八日知縣陳海梅爲遵批録案詳銷事申温處道、處州府申（稿）」，葉廣輪稱毛姓所有坪溪兒山場兩股股份，其中一股屬葉姓所有。後楊姓買得毛姓山股，并試圖吞滅葉姓股份，雙方因此興訟。前任知縣戴洪禧判楊張生給洋八元與葉廣輪，獲得所有山股。葉廣輪不服此判，因而上訴。楊張生則聲稱自己祖上買山在先，契内并未載有葉姓股份。知縣陳海梅據光緒二十八年堂供，發現葉廣輪所稱股份，乃因毛姓曾向其借款二十四千文，并以一股山業作抵而來。因此諭令楊張生備洋三十元交與葉廣輪母子，葉廣輪呈案之分約塗銷，所争之山全歸楊邊管業。當時楊張生已遵斷將款如數繳案。但葉廣輪未將款領出，該款項在宣統年間歷任知縣手上多次移交，因此檔案中有五件移交文書。

二、檔案索引

編號	時間	作者	内容	類型	卷宗號	原卷宗頁碼
1	光緒二十八年七月	楊張生	領狀	結狀	5341	30
2	光緒三十年三月廿八日	知縣陳海梅	爲遵批録案詳銷事申温處道、處州府	申(稿)	15661	10—11
3	宣統元年正月十二日	知縣陳海梅	爲移交事移新任知縣陶霦	移(稿)	15661	8—9
4	宣統二年二月廿九日	知縣陶霦	爲移交事移新任知縣陳啓謙	移(稿)	15661	5—6
5	宣統二年八月	知縣陳啓謙	爲移交事移新任知縣王	移(稿)	15661	1—2
6	宣統二年八月廿一日	知縣陳啓謙	爲移交事移新任知縣王	移	15661	7
7	宣統二年十二月初七日	知縣王	爲移交事移新任知縣周琛	移(稿)	15661	3—4

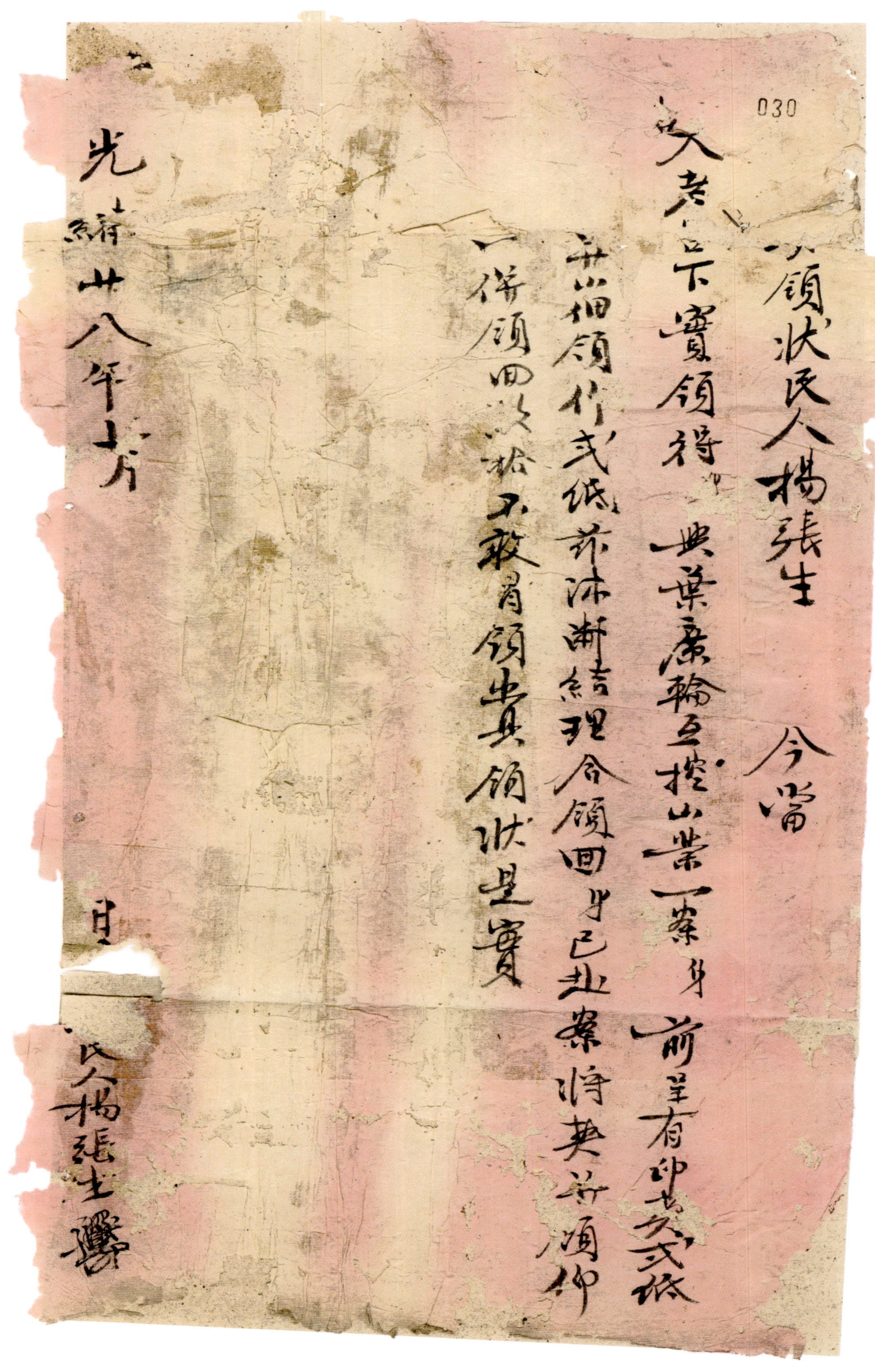

030

具領狀民人楊張生　今當

大老爺台下實領得　與葉廣輪互控山業一案，身前呈有印契弍紙，

并山佃領付弍紙，訴沐斷結，理合領回。身已赴案，將契并領仰

一併領回收訖，不敢冒領，出具領狀是實。

光緒廿八年七月　日　民人楊張生（押）

1.光緒二十八年七月楊張生領狀　（5341：30）33.4×21.0cm

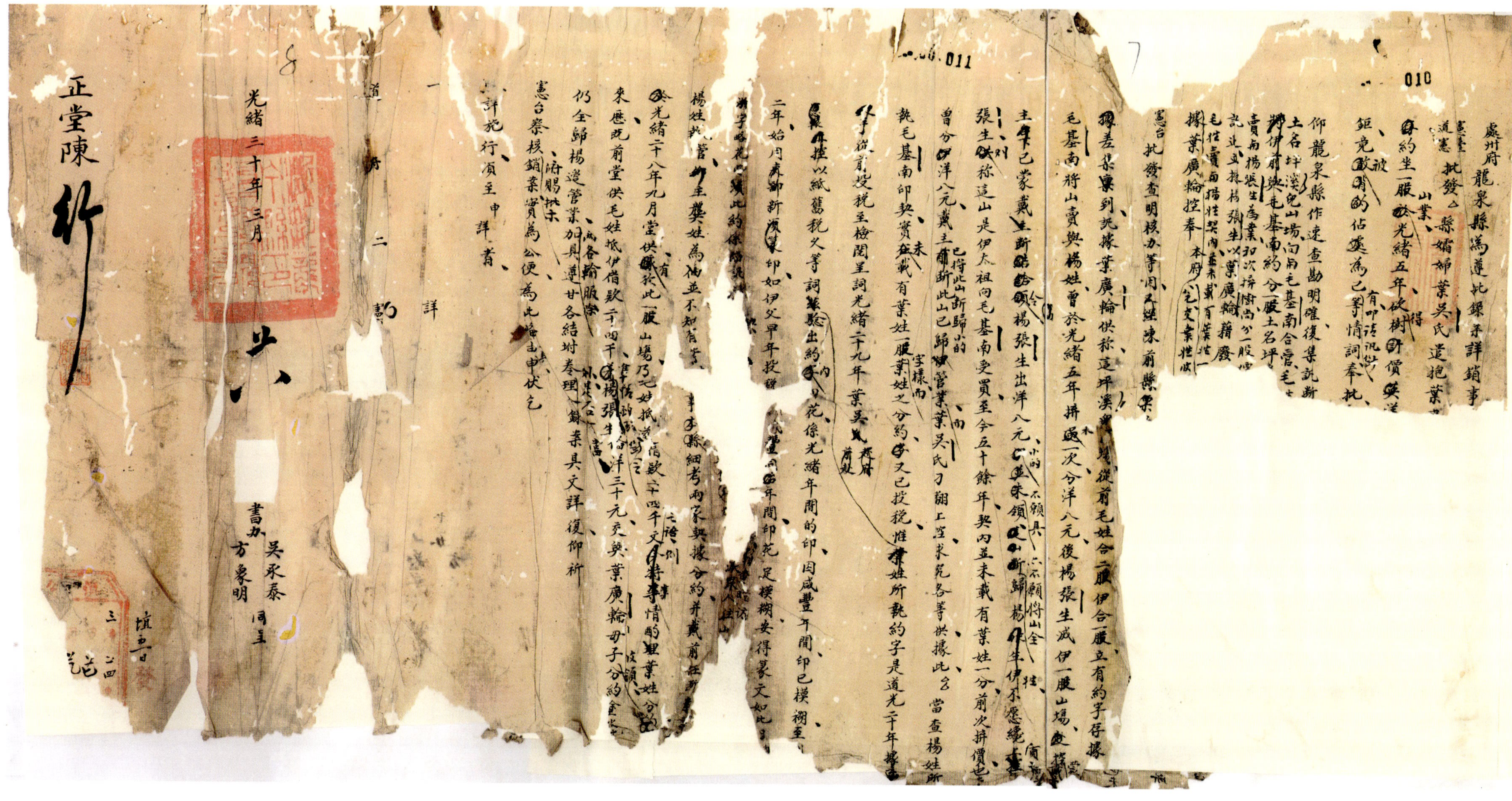

2.光緒三十年三月廿八日知縣陳海梅爲遵批録案詳銷事申溫處道、處州府申(稿)（15661：10–11）28.6×55.9cm

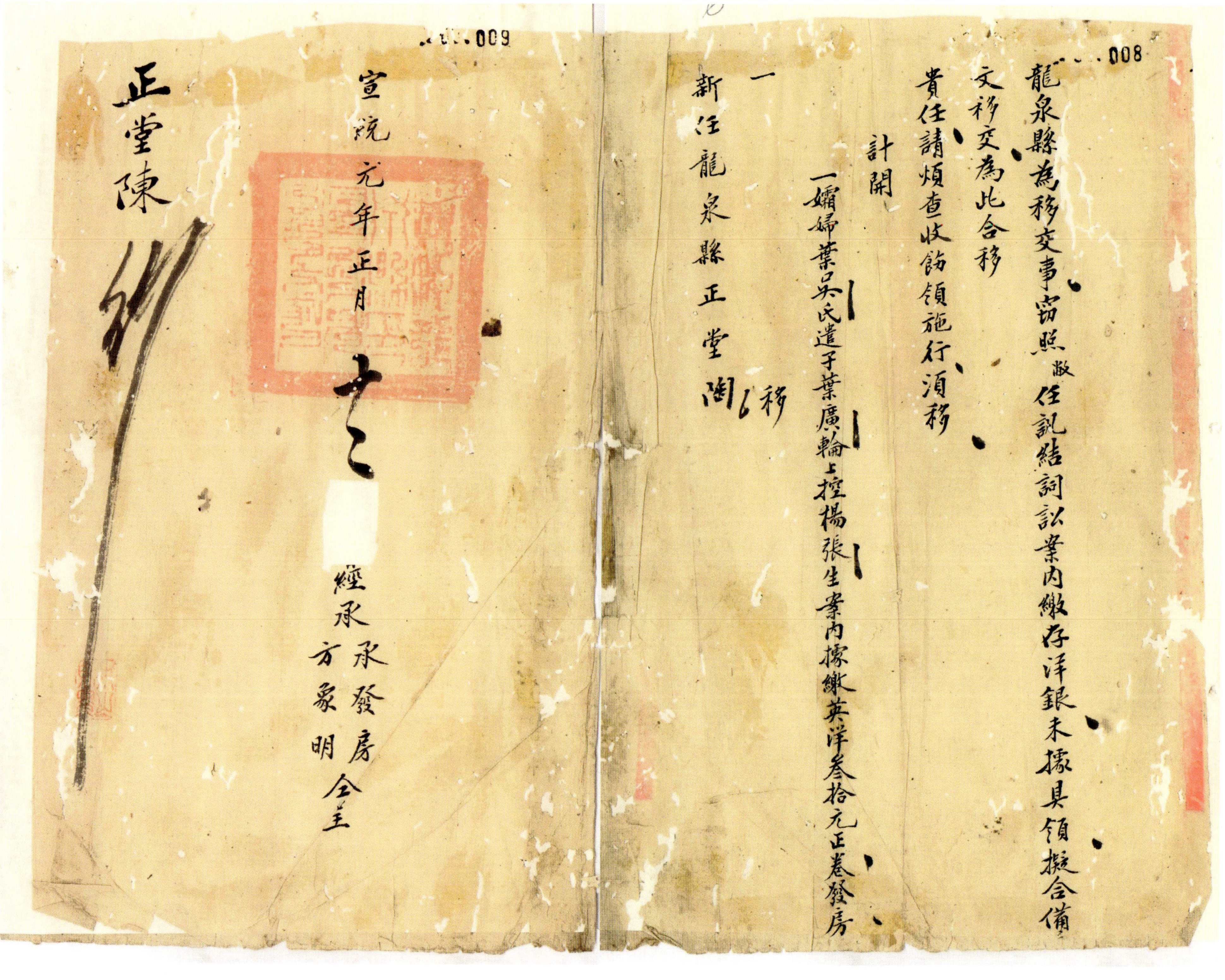

龍泉縣爲移交事。照得敝任訊結詞訟案内繳存洋銀，未據具領，擬合備
文移交。爲此合移
貴任，請煩查收，飭領施行。須移。

計開

一 孀婦葉吳氏遣子葉廣輪上控楊張生案内，據繳英洋叁拾元正，卷發房。

一 新任龍泉縣正堂陶 移

宣統元年正月十二日

正堂陳

經承 承發房
方象明 仝呈

3. 宣統元年正月十二日知縣陳海梅爲移交事移新任知縣陶霦移(稿)（15661：8–9）25.9×33.7cm

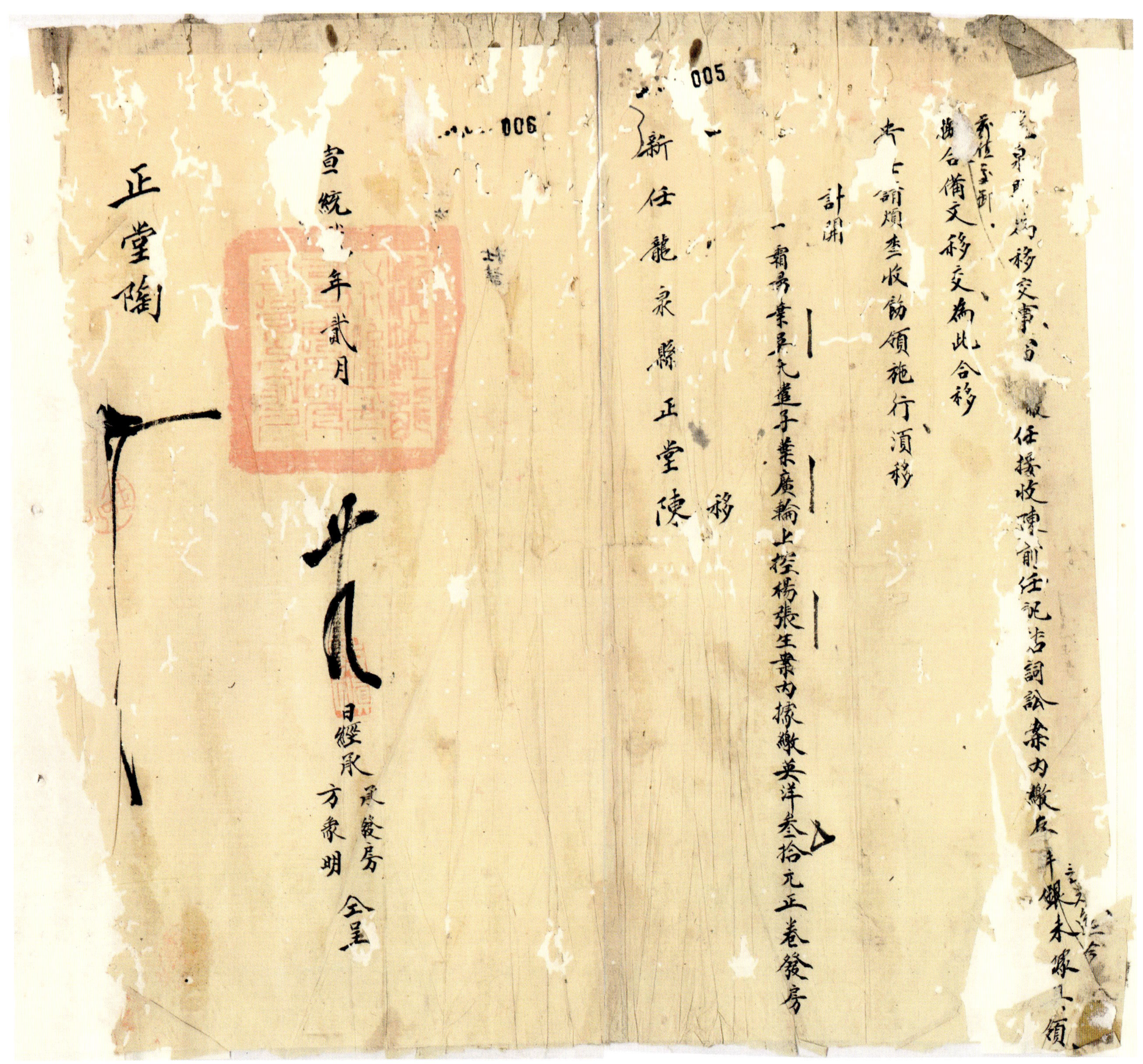

4.宣統二年二月廿九日知縣陶霦爲移交事移新任知縣陳啓謙移(稿)（15661：5–6）27.9×29.0cm

5.宣統二年八月知縣陳啓謙爲移交事移新任知縣王移(稿)（15661：1−2）26.5×29.8cm

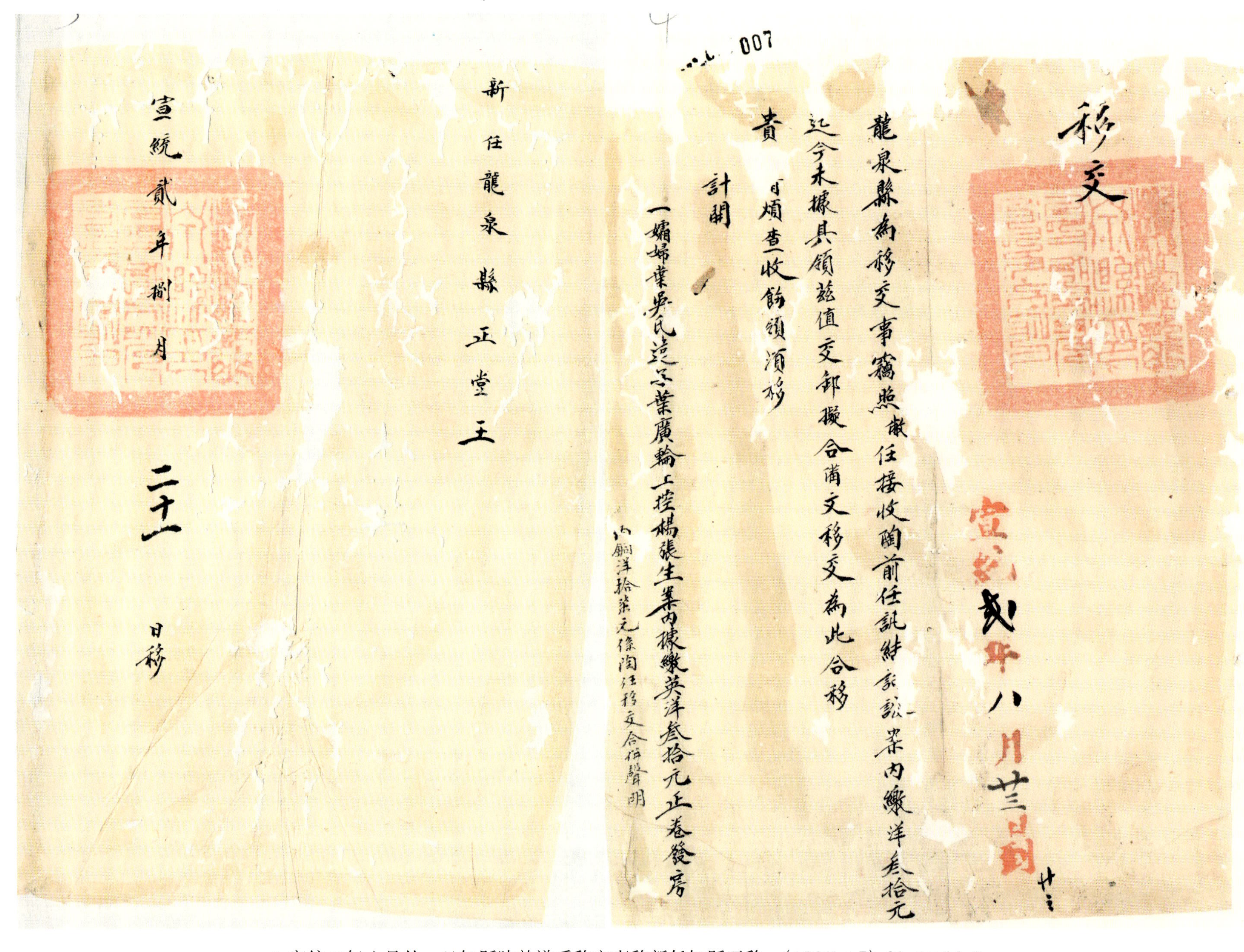
移交

龍泉縣爲移交事竊照敝任接收前任訊結[illegible]案内繳洋叁拾元
迄今未據具領茲值交卸擬合備文移交爲此合移
貴[illegible]煩查收飭領須移
計開
一孀婦葉吳氏控葉廣輪[illegible]楊張生案内據繳英洋叁拾元正卷發房
内[illegible]洋拾[illegible]元係陶任移交合併聲明

新任龍泉縣正堂王

宣統貳年捌月二十一日移

宣統貳年八月廿三日到

6.宣統二年八月廿一日知縣陳啓謙爲移交事移新任知縣王移 （15661：7）23.6×35.0cm

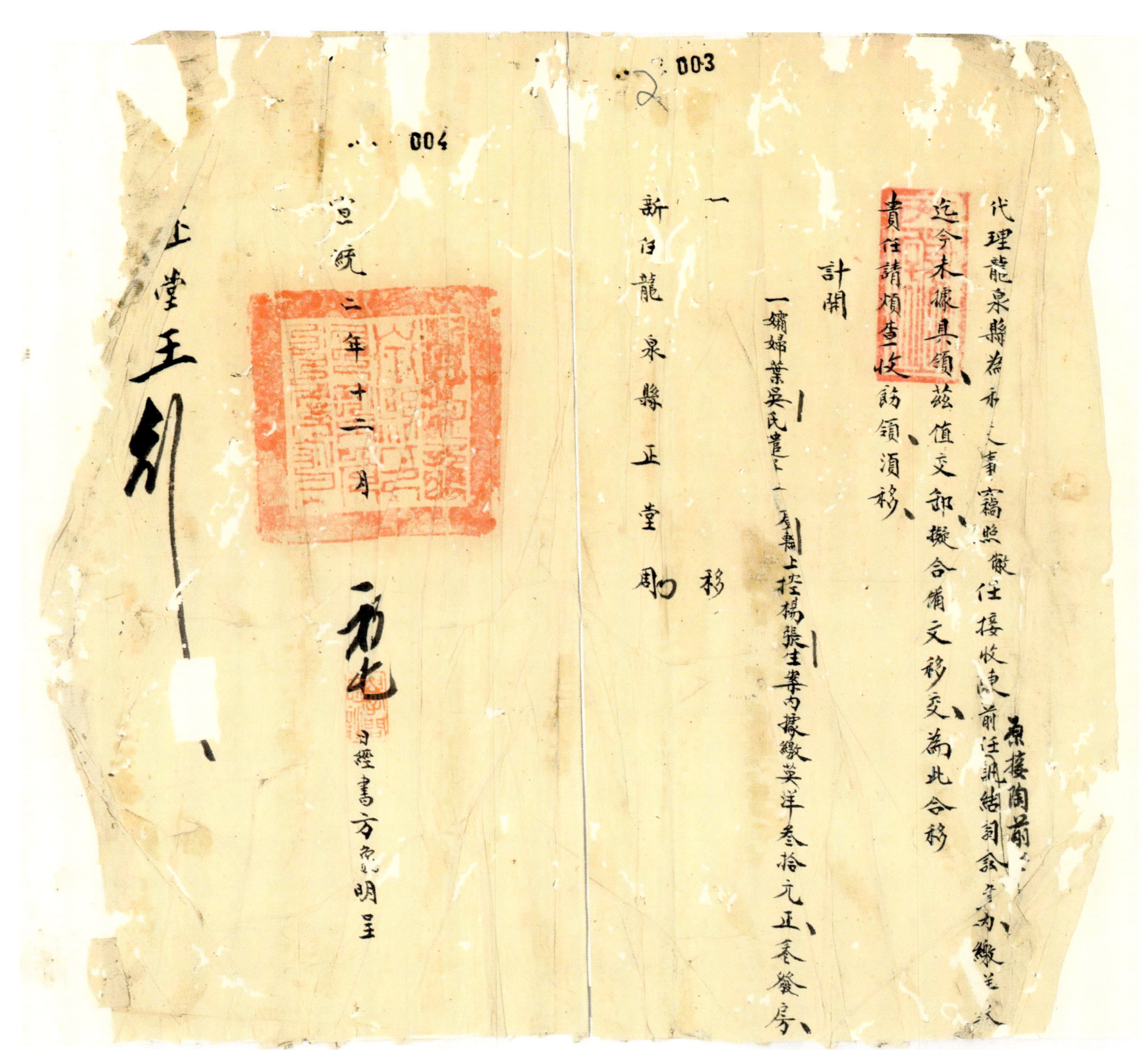

003

代理龍泉縣爲移交事。竊照敝任接收陳前任訊結判叙等內繳並[illegible]
兼接陶前[illegible]
迄今未據具領、茲值交卸、擬合備文移交、爲此合移
貴任請煩查收、飭領、須移。
計開
一孀婦葉吳氏[illegible]一年稟上控楊張生案內據繳英洋叁拾元正、[illegible]發房、

004

一　移
新任龍泉縣正堂周
宣統二年十二月初七日經書方[illegible]明呈
正堂王

7.宣統二年十二月初七日知縣王爲移交事移新任知縣周琛移(稿)　(15661：3—4) 27.1×27.6cm

五　光緒二十九年夏光仁控李馬生藉佔拚砍案

一、内容提要

「光緒二十九年（一九零三）夏光仁控李馬生藉佔拚砍案」相關檔案保存於2862號卷宗，現存三件呈狀。

三件呈狀内容支離混亂，其中光緒二十九年七月廿三日夏光仁的呈詞聲稱，夏姓二條墳崗與吴姓二條墳崗所在山業由同一山佃吴文楷開插整理，吴良祐於光緒二十七年（一九零一）將山業出賣於李馬生，李馬生又出拚於管榮利，在吴姓二條墳崗山内砍木四百餘株，夏姓界内砍木二百四十餘株，夏光仁因此向李馬生之賣主吴良祐問明緣由，吴良祐稱自己是將吴姓二條墳崗出賣李馬生，但不包括其孀吴金氏名下山業。八月十八日吴金氏呈狀則稱吴良祐與李馬生聯合設計將其名下山業謀佔，知縣陳海梅認爲吴金氏可能受人利用，并没有批准該狀。八月廿三日李馬生的呈狀則辯稱，此前曾由林鷚薦主使李馬功等毆傷其兄李馬海，此事經訊斷得以「雪冤除暴」，但林鷚薦等不甘心，指使夏光仁等强蓋强運。由於該案僅存三件呈狀，訴訟過程與結果不得而知。但這三件呈狀保存相當完整，其狀頭與狀式條例在此類狀式中比較清晰，是研究這時期龍泉縣呈狀格式的主要依據。

二、檔案索引

編號	時　間	作　者	内　容	類　型	卷宗號	原卷宗頁碼
1	光緒二十九年七月廿三日	夏光仁	爲控李馬生愈誣愈横據實聲叙事	呈狀	2862	8—10
2	光緒二十九年八月十八日	吴金氏	爲控李馬生串捏情虧攔途阻擄事	呈狀	2862	2—4
3	光緒二十九年八月廿三日	李馬生	爲控夏光仁等捏情飾訴敲詐顯然事	呈狀	2862	5—7

1.光緒二十九年七月廿三日夏光仁爲控李馬生愈誣愈横據實聲叙事呈狀　（2862：8–9）28.0×58.8cm；（2862：10）28.0×61.7cm　圖版裁狀式條例

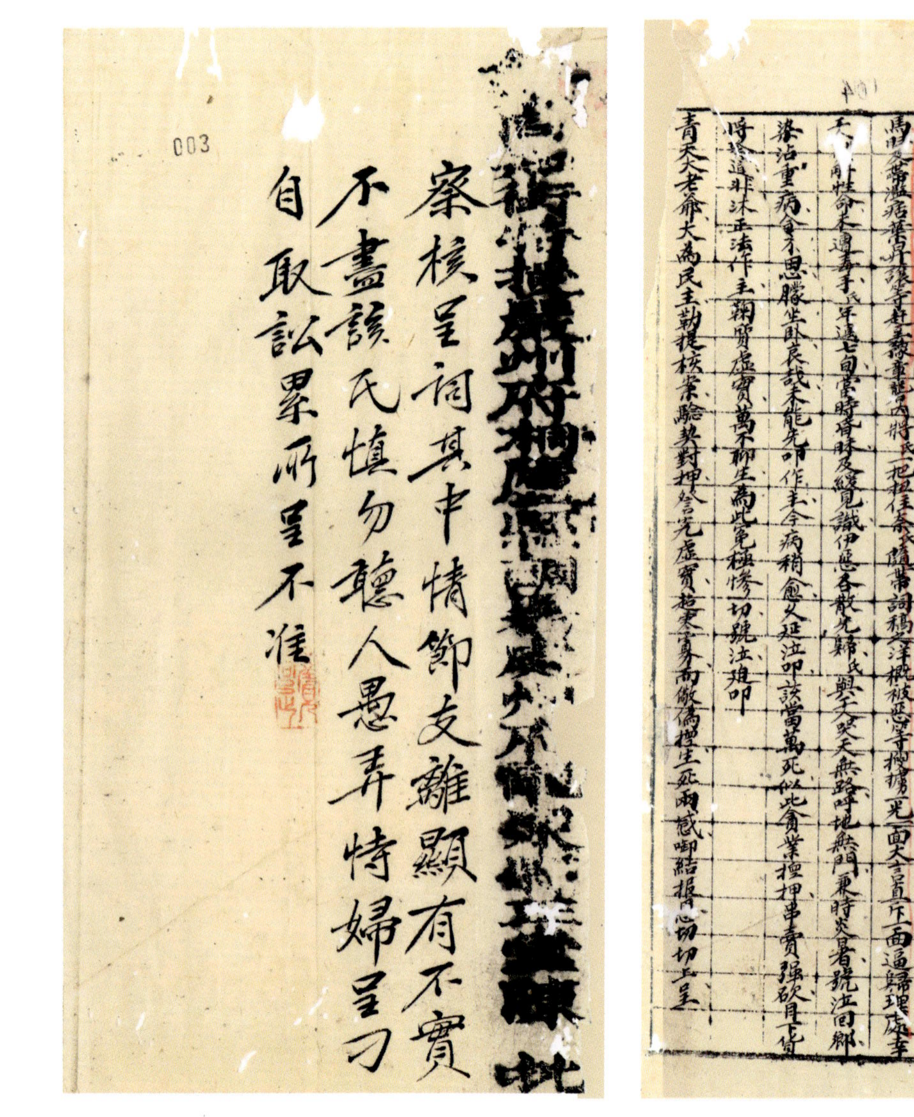

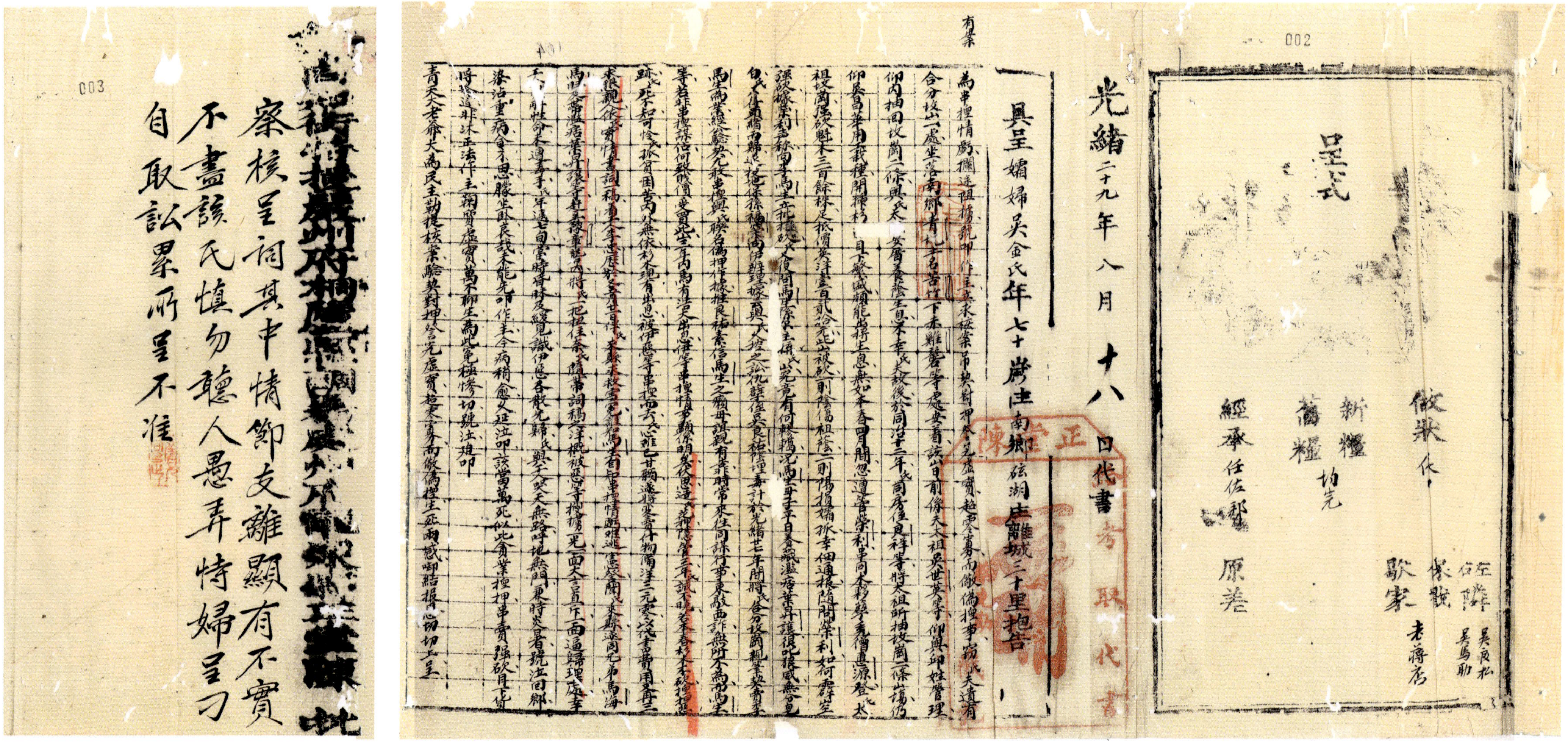

察核呈詞，其中情節支離，顯有不實不盡。該氏慎勿聽人愚弄，恃婦呈刁，自取訟累。所呈不准。

有案

光緒二十九年八月十八日代書

具呈孀婦吳金氏，年七十歲，住南鄉弦湖庄，離城三十里，抱告

呈式

做狀

新糧

舊糧

經承

原差

歇家

2.光緒二十九年八月十八日吴金氏爲控李馬生串捏情虧攔途阻擄事呈狀　（2862：2）28.0×47.2cm；（2862：3）28.0×27.9；（2862：4）28.9×51.5cm　圖版裁狀式條例

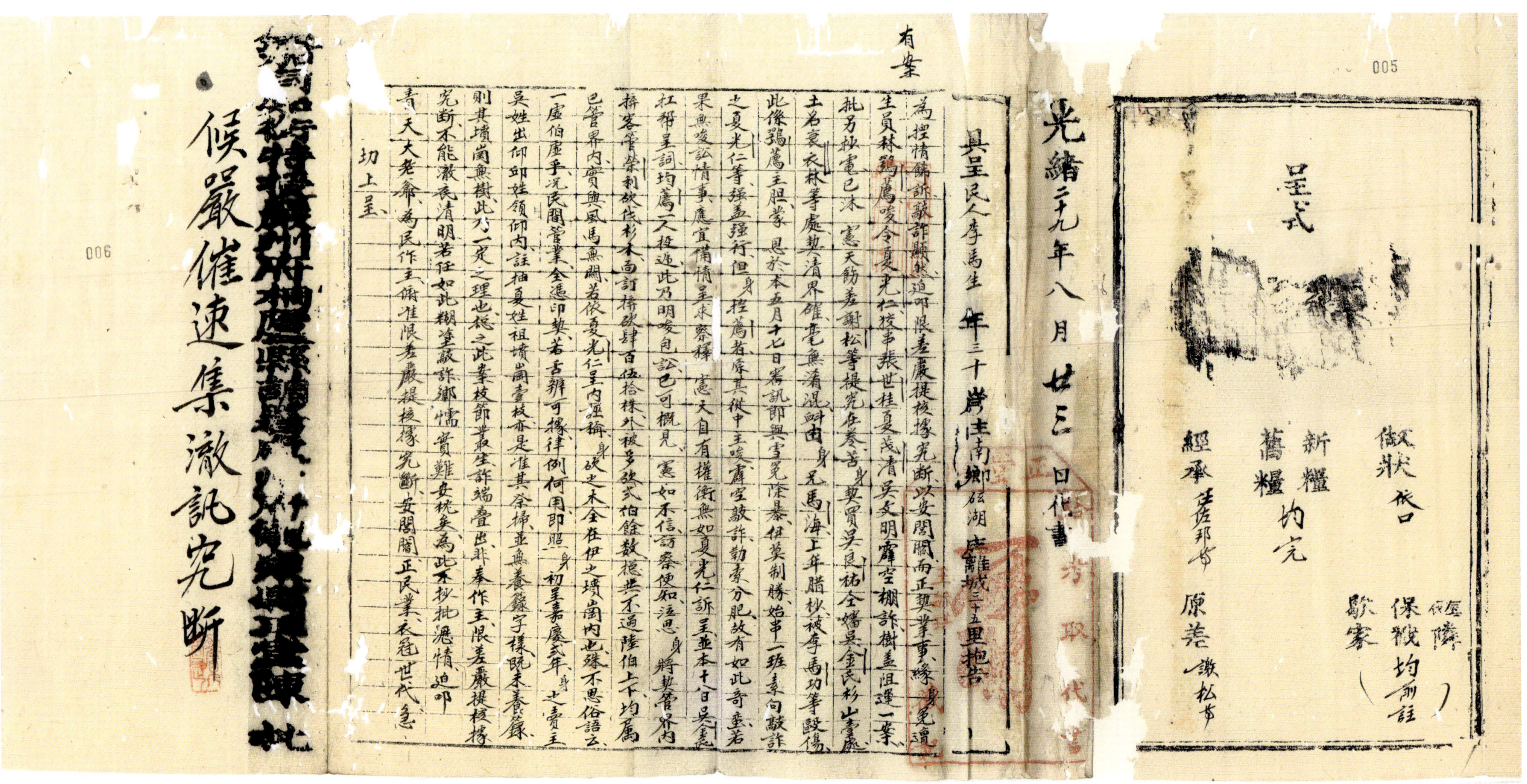

3.光緒二十九年八月廿三日李馬生爲控夏光仁等捏情飾詐藉詐顯然事呈狀　(2862：5–6) 28.0×71.7cm；(2862：7) 28.0×51.0cm　圖版裁狀式條例

六　光緒二十九年殷韓氏控廖永年等蓄謀罩佔案

一、内容提要

「光緒二十九年（一九零三）殷韓氏控廖永年等蓄謀罩佔案」相關檔案保存於598、889、4703、7803、9345、9695、10115、10628號卷宗，其中包括光緒二十九年十月廿五日至光緒三十四年（一九零八）十二月初十日訴訟過程中形成的各式狀紙二十三件，票（稿）五件，札二件，結狀七件，以及稟、稟（稿）、照會等各一件。

該案原呈殷韓氏與被呈廖永年等争訟協列（力）排山場。殷韓氏聲稱該山繼承所得，其子殷美進二十年前曾遭廖永年等設賭局輸洋銀四十元，被勒繳上手契，勒寫當契，而廖永年在當契之外，又僞造八十元杜契。二十年後，廖氏兄弟砍伐該山場杉木一千餘株，准備出售，價洋一千一百元，殷韓氏因此呈狀要求追回木價。知縣陳海梅對殷韓氏時隔二十年才提起控告以及廖永年所砍杉木價值一千餘元提出質疑，駁回了殷韓氏的請求。光緒二十九年十月廿五日殷韓氏呈狀是現存最早的一件文書。殷韓氏稱當時同意以當契作憑欠下四十元借債，不知廖永年僞造杜契，因而多年以後方才呈控，但該狀仍遭駁回。十月廿八日殷韓氏第三次呈狀獲知縣准理。被呈廖永年等人則聲稱該山由其故父廖增芳於光緒九年（一八八三）向殷韓氏契買，而殷韓氏指控廖永年所執契約係僞造。經知縣陳海梅反復催傳，廖永輝等人於光緒三十年四月初一日到案。四月初四日堂審，知縣將該山契據及木價英洋五百元判歸殷韓氏。然而廖永年等并未執行知縣的訊斷，反而於五月控告殷韓氏「聽唆包詐」。

廖永年於光緒二十九年加入天主教，并將天主教勢力引入該案，使案情變得更爲複雜。光緒三十年五月知縣陳海梅與天主教方面積極交涉，同時向温處道道臺童兆蓉匯報。童兆蓉指示處州府照會駐堂洋教士，要求教會方面不得干預。九月滬上報紙傳出龍泉縣有殺斃教士的新聞，童兆蓉因此增加了對殷韓氏案的關切，除下札詢問龍泉知縣外，還委派候補巡檢調查情况。因目前所見檔案中缺失光緒三十年十月以後至光緒三十二年三月間的文書，這期間縣、府、道各級對該案的處理方式及訴訟情况不得而知。光緒三十二年廖永年兄弟再興詞訟，六月底經族親調解，雙方同意息結，認定廖永年父親合法取得殷韓氏協列排山場，殷韓氏承認誣告，并同意廖永年以銀洋一百元换取該山契據。

二、檔案索引

編號	時　間	作　者	内　容	類　型	卷宗號	原卷宗頁碼
1	(光緒二十九年十月)廿五日〔一〕	殷韓氏	爲謀滚握據砍運鯨吞事	呈狀	9695	3、2

〔一〕 年月不詳。889號原卷宗第48頁憲批中所指「(十月)二十五日殷韓氏喊呈」當即該狀；又據該狀殷韓氏年齡七十歲，與其它狀紙比對，可以推定該狀年份爲光緒二十九年。

2	光緒二十九年十月廿八日	殷韓氏	爲控廖永年事實情真奉批再剖事	呈狀	4703	11–12、8
			附1　同治年間分關書抄件	粘呈	4703	9–10
3	光緒二十九年十一月初七日	知縣陳海梅	爲飭吊傳訊廖永年等事	票(稿)	4703	1–2
4	光緒二十九年十一月十三日	廖永年等	爲業自杜賣霹捏賭當訴叩鑒核究斷法儆誣控事	呈狀	889	41–45
			附1　憲批抄件	粘呈	889	48
5	光緒二十九年十二月初三日	殷韓氏	爲控廖永年背當横佔强砍强運事	呈狀	4703	6–7
6	光緒二十九年十二月初三日	廖永年等	爲控殷韓氏濫借未遂杜賣誣當事	呈狀	889	17
			附1　憲批抄件	粘呈	889	18–19
7	光緒二十九年十二月十四日	知縣陸	爲催吊傳訊廖永年等事	票(稿)	889	9–10
8	光緒三十年二月十三日	殷韓氏	爲捏造砍運舞弊鯨吞事	呈狀	889	1–6
			附1　憲批抄件	粘呈	889	7–8
9	光緒三十年二月廿五日	知縣陳海梅	爲勒催吊契傳訊事	票(稿)	889	11
10	光緒三十年二月廿八日	廖永年等	爲控殷韓氏業自杜賣反誣勒當事	呈狀	889	37–40
			附1　憲批抄件	粘呈	889	29–30、47
11	光緒三十年三月初□日	廖永輝	爲奉批檢呈粘契叩察訊究事	呈狀	889	12–16
12	光緒三十年三月初三日	殷韓氏	爲控廖永年等情虧畏審匿契宕延事	呈狀	889	27–28
			附1　光緒九年四月初六日殷韓氏立賣杜山契抄件	粘呈	889	31–32
			附2　憲批抄件	粘呈	889	25–26
13	光緒三十年三月初八日	殷韓氏	爲粘呈筆據懇恩質字事	呈狀	889	35–36
			附1　同治十一年八月十九日殷啓瑞立退字抄件	粘呈	889	46
			附2　憲批抄件	粘呈	889	33–34
14	光緒三十年三月十六日	知縣陳海梅	爲限催事	票(稿)	4703	3–4
15	(光緒三十年三月廿三日)〔一〕	殷韓氏	爲控廖永年舞弊冰延案懸莫訊事	呈狀	4703	13–14

〔一〕該呈狀日期缺失，據呈詞「氏等自三月初三日投轅，不敢遠離，静候二十日」推定呈狀日期爲光緒三十年三月廿三日。

16	時間不詳[一]		憲批抄件	粘呈	4703	18
17	光緒三十年四月初一日	原差翁琳等	爲稟傳到廖永輝等事	稟	4703	21—22
18	光緒三十年四月初三日	廖永輝	爲控殷美進等粘呈田契懇恩核對事	呈狀	4703	15—17、5、23
19	光緒三十年四月初四日	廖永輝	限狀	結狀	9345	2
20	光緒三十年四月初四日	廖永輝	切結狀	結狀	9345	3
21	光緒三十年四月初四日	殷美進	甘結狀	結狀	9345	4
22	光緒三十年四月初四日	殷韓氏	遵依狀	結狀	9345	5
23	(光緒三十年五月初二日)[二]	殷韓氏	爲控廖永年案蒙斷結藐法抗延事	稟狀	9345	6
24	光緒三十年五月廿八日	廖永輝等	爲控殷韓氏聽唆包詐契果不憑事	呈狀	10628	7—8
25	光緒三十年五月廿九日	知縣陳海梅	爲請煩查照迅速飭令將教民呂韻泉等斥革等事照會處州府管理天主教事司鐸戴	照會	10115	14—16
26	光緒三十年七月十八日	處州府正堂劉	爲天主教民包攬詞訟事知悉龍泉縣	札	10115	18、17
27	光緒三十年八月初八日	殷韓氏	爲控廖永年案蒙斷結抗違不繳事	呈狀	10115	13、11—12、9、5、10
28	光緒三十年九月初二日	分巡温處道童	爲天主教民呂韻泉包攬詞訟一案知悉龍泉縣	札	10115	6
			附1 札(稿)	札(稿)	9695	4—5
29	光緒三十年九月十七日	知縣陳海梅	爲勒繳事	票(稿)	10115	7—8
30	光緒三十年九月廿七日	委員候補巡檢黄等	爲稟復斷結殷廖兩姓控案事呈道憲童	稟(稿)	10115	3—4
31	光緒三十年十月廿八日	殷韓氏	爲控廖永年賂串弊延抗違不繳事	呈狀	7803	2—5、7—8
			附1 憲批抄件	粘呈	7803	6
32	光緒三十二年閏四月初二日	廖永年等	爲恃濫挖掘欺弱已甚事	呈狀	7803	18—24
33	光緒三十二年閏四月廿三日	廖永年等	爲前掘未究後盗又臨事	呈狀	7803	25—32
34	光緒三十二年閏四月廿八日	廖永年等	爲控殷美進等不遵局理藐法欺人事	呈狀	7803	33—39
35	光緒三十二年五月初二日	殷韓氏	爲前波未平後浪又起事	呈狀	7803	17

[一] 時間及所附呈狀不詳，其中三月初三日殷韓氏呈狀憲批抄件内容爲「准投候嚴催集訊察斷」，故出現時間當在當年三月初三日與四月初一日原差翁琳等傳到廖永輝等之間。

[二] 時間缺失，批詞又見於光緒三十年十月廿八日殷韓氏呈狀所附五月二日憲批抄件，故推定日期爲光緒三十年五月初二日。

36	光緒三十二年五月初八日	廖永年等	爲批提未提惡膽愈雄事	呈狀	7803	9—16
37	時間不詳〔一〕	殷韓氏	爲控廖永年藐法違斷抗繳冤抑事	禀狀	4703	19—20
38	光緒三十二年六月廿一日	張正如等	爲事經理明叩恩准請息銷事	呈狀	598	7—10、3—6
39	光緒三十二年六月廿一日〔二〕	殷韓氏	息結狀	結狀	598	11
40	光緒三十二年六月廿一日	廖永年等	息結狀	結狀	598	12
41	光緒三十四年十二月初十日	廖永輝等	領狀	結狀	598	2

〔一〕呈狀時間缺失，據抄件呈詞中稱「自堂斷限繳之後……案懸三載，任氏頻催……」，又陳述「本年四月間」廖永年等「赴捕衙捏禀」，「差役多人，屢次傳唤，擾累不堪」，事當在廖永年等該年投遞呈詞之後，故列於光緒三十二年張正如等息呈之前。

〔二〕日期殘缺，僅存「乙」字，舊時「乙」多通「一」，前件張正如等呈狀内容爲准請息銷事，故推斷殷韓氏、廖永年等息結狀的日期爲同一天，即廿一日。

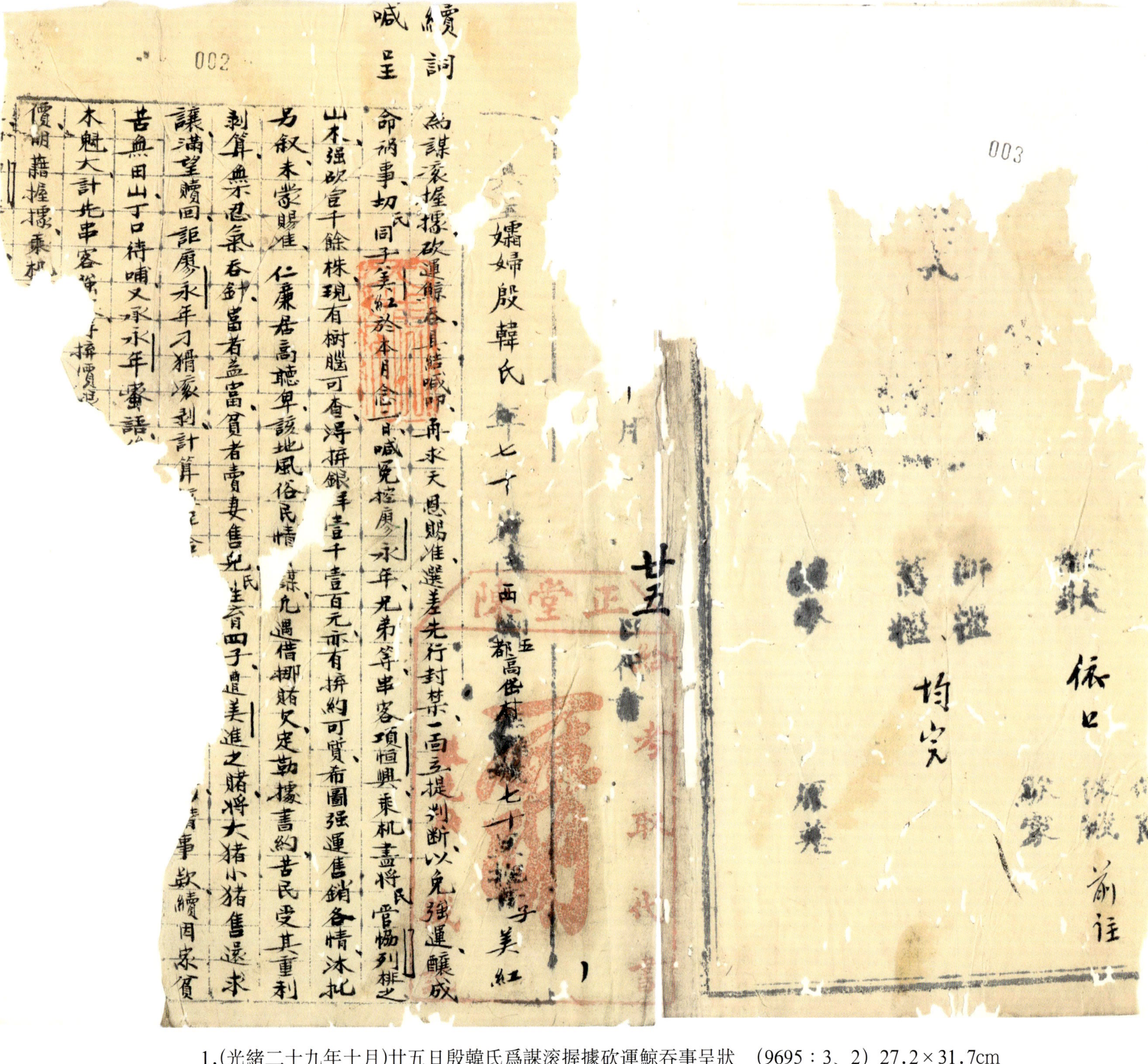

1.(光緒二十九年十月)廿五日殷韓氏爲謀滚握據砍運鯨吞事呈狀　(9695：3、2) 27.2×31.7cm

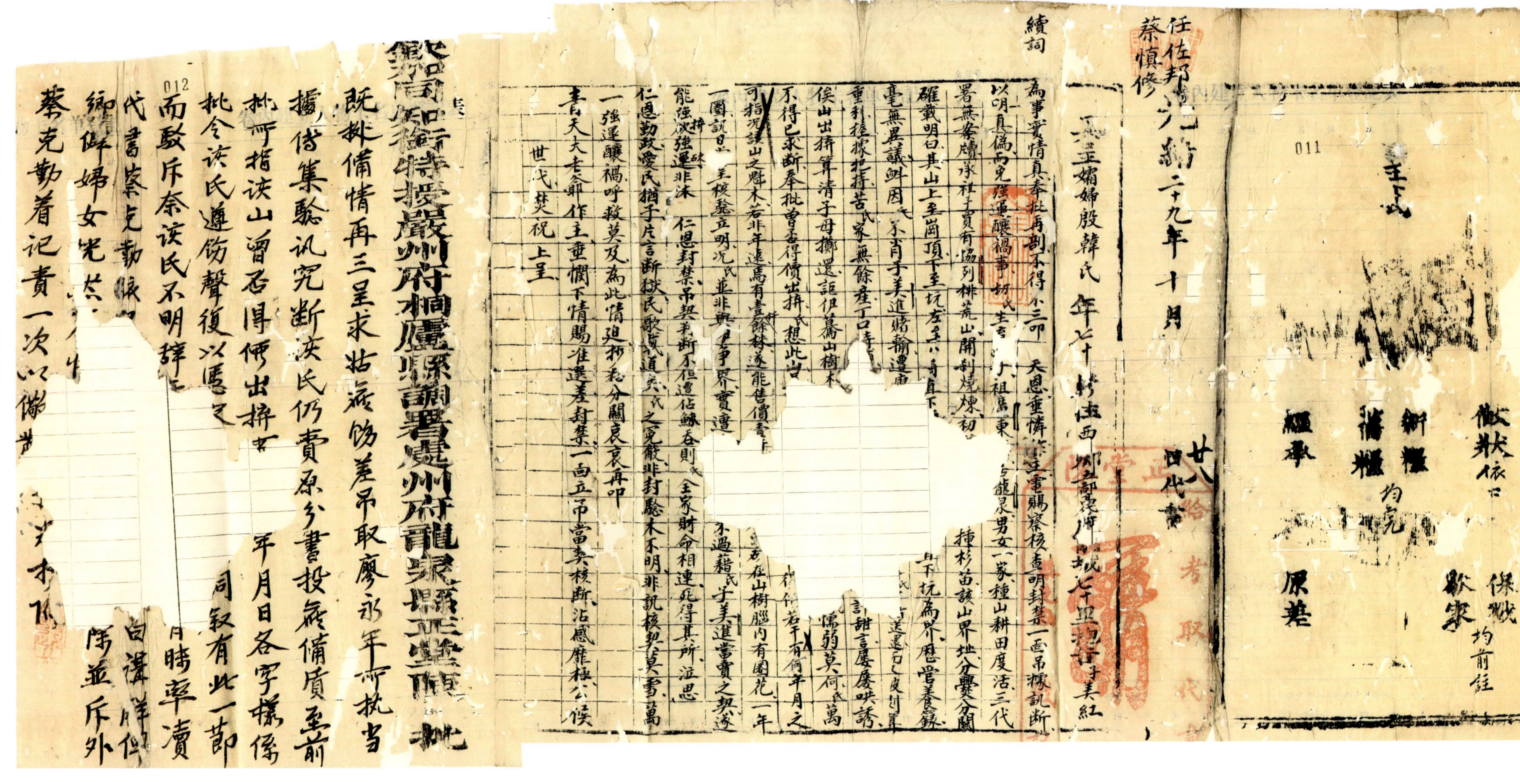

2.光緒二十九年十月廿八日殷韓氏爲控廖永年事實情真奉批再剳事呈狀　（4703：11–12）23.0×60.0cm；（4703：8）27.4×45.3cm　圖版裁狀式條例

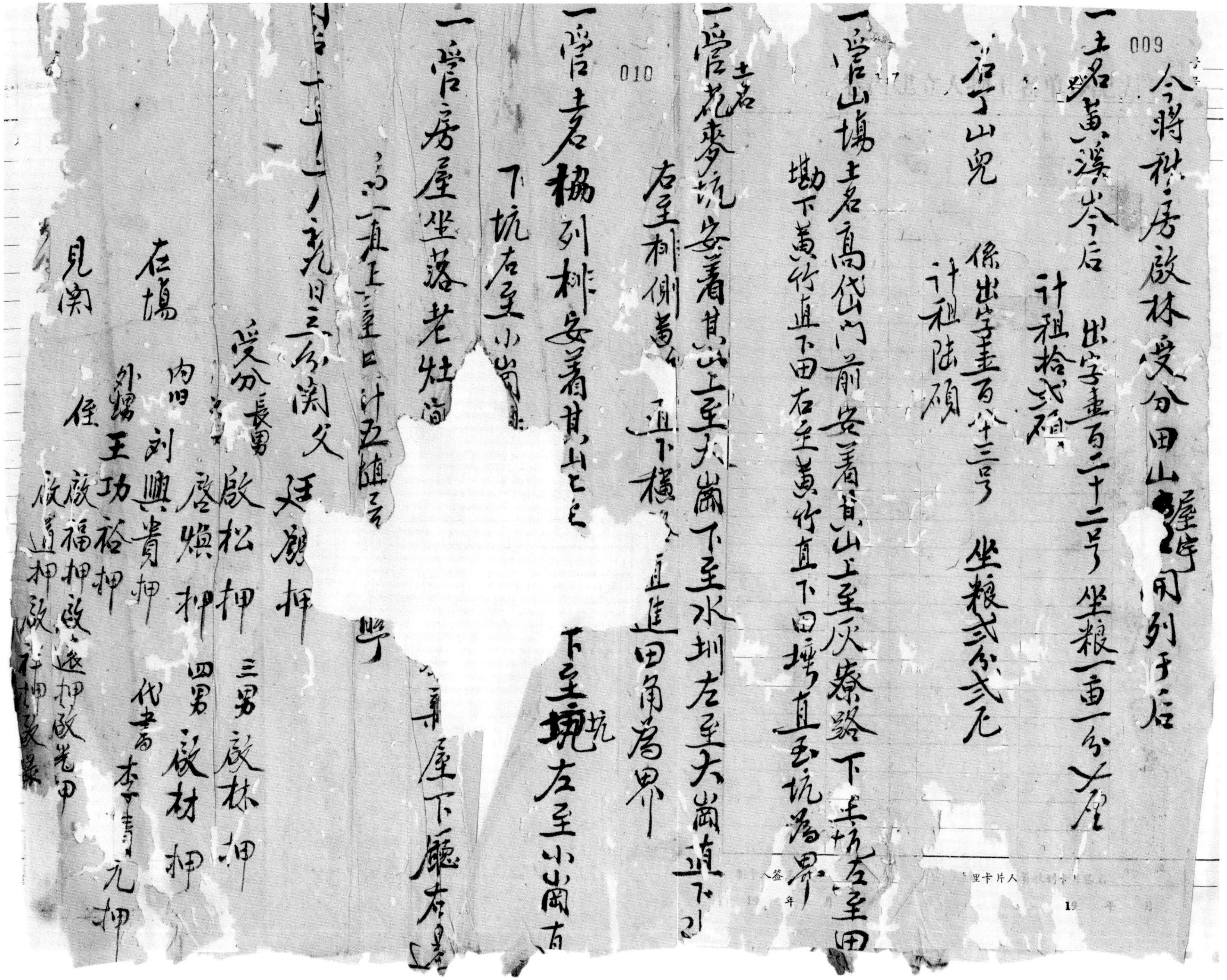

2附1.同治年間分關書抄件粘呈　（4703：9-10）26.9×35.3cm

3.光緒二十九年十一月初七日知縣陳海梅爲飭吊傳訊廖永年等事票(稿)（4703：1–2）29.0×34.8cm

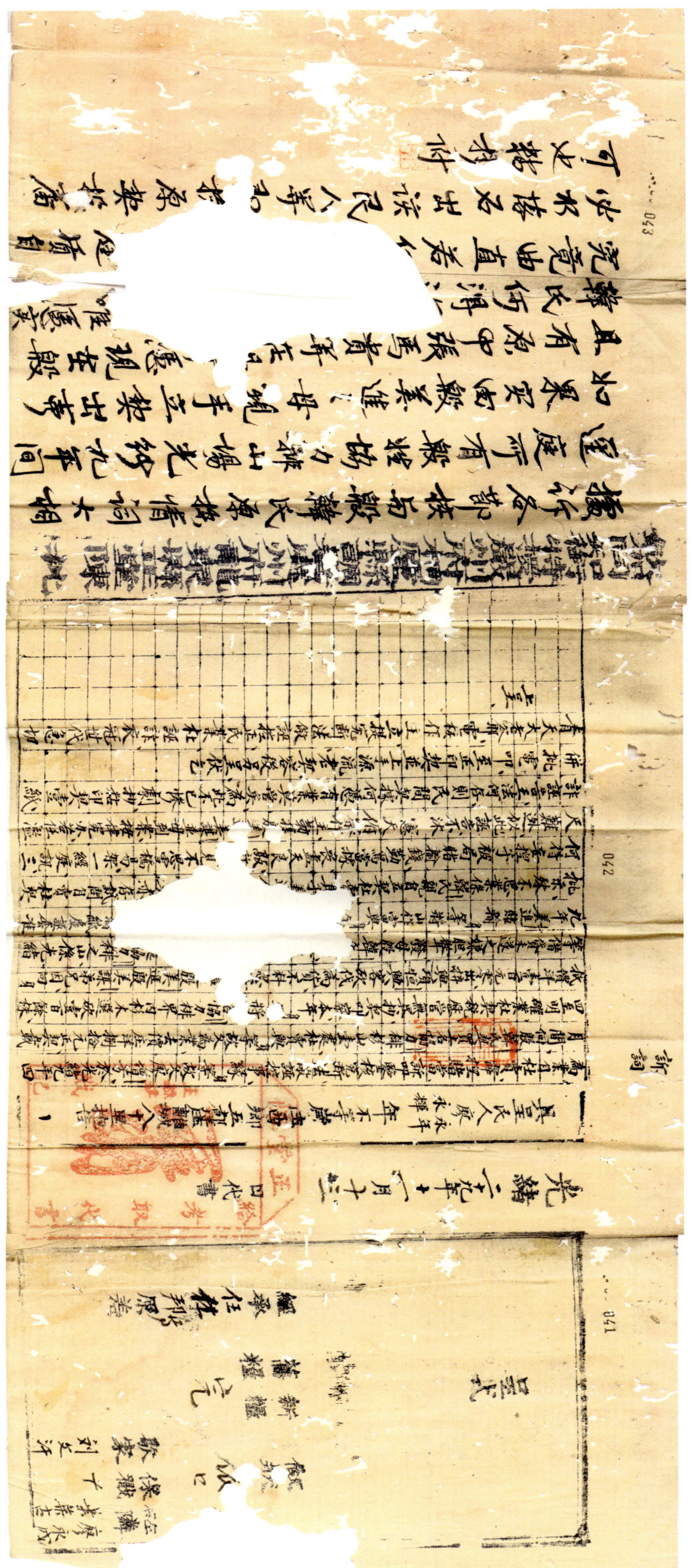

4.光緒二十九年十一月十三日廖永年等爲業自杜賣霸捏賭當訴叩鑒核究斷法儆誆控事呈狀（889：41–45）29.3×104.2cm　圖版裁狀式條例

十月二十三日殷韓氏呈

憲批：氏子殷美進於光緒九年間曾被廖永年等局賭輸洋，勒寫抛列桃山字據作抵，尔时該氏既已查知底細，应即[illegible]自首鳴官究治，何以計不及此，甘心受其欺騙，迨还洋之後，廖永年等[illegible]將據繳銷，亦宜早行討回，方為正办，乃皆置之不問，任其執掌多年，[illegible]訟，茲女離車已不近人情，况所称现在廖永年串砍之木，估價洋一千[illegible]元，更属毫無証據，一面空言，率請封禁提訊之處，未便准行。

048

二十五日殷韓氏[illegible]呈

憲批：氏家祖遺抛列桃杉山，既称[illegible]業[illegible]百餘年，且前呈又[illegible]確有多[illegible]可憑，何以兩次具批，均不同契據檢呈察驗，[illegible]山究有若干地段，四至與誰姓之界毗連，向來曾否分佃出拚，事[illegible]年月日，詞内亦未叙晰，声叙又未繪圖，[illegible]覽先後呈[illegible]言，率[illegible]試[illegible]实，憑何核奪，仍不准。切結不足取信，[illegible]。

二十八日殷韓氏呈

憲批：既據[illegible]三呈，求[illegible]差吊取廖永年所執字據集驗訊究，斷該氏[illegible]仍[illegible]原字[illegible]備質，惟前批所指該山曾否分佃出拚，事在何年月日各字樣，[illegible]今該氏遂为声復，以憑察核，並非因詞叙有[illegible]而駁斥，奈該氏不明[illegible]意，輒以該令之言罔時，率[illegible]代書蔡克勤依口做状，时不知將批[illegible]併[illegible]然有[illegible]呈，並斥蔡克勤着記责一次，以儆藐玩，粘抄附。

4附1.憲批抄件粘呈　（889：48）28.5×20.9cm

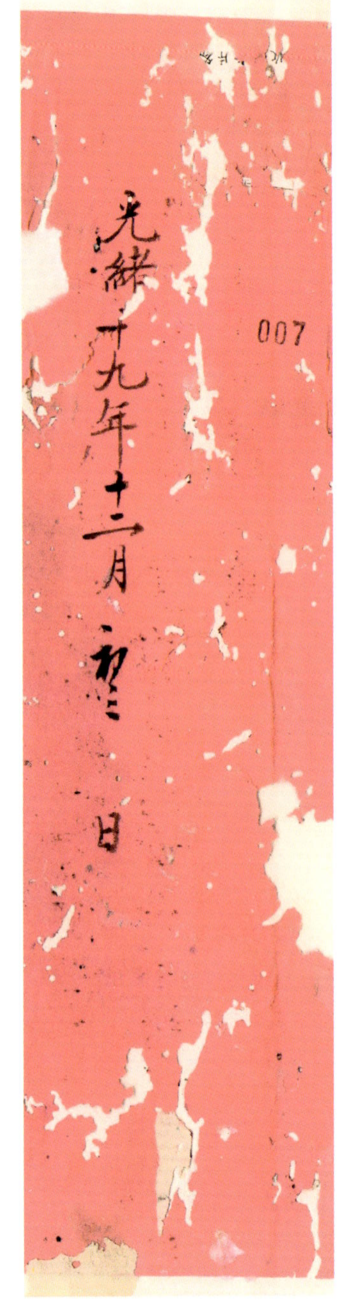

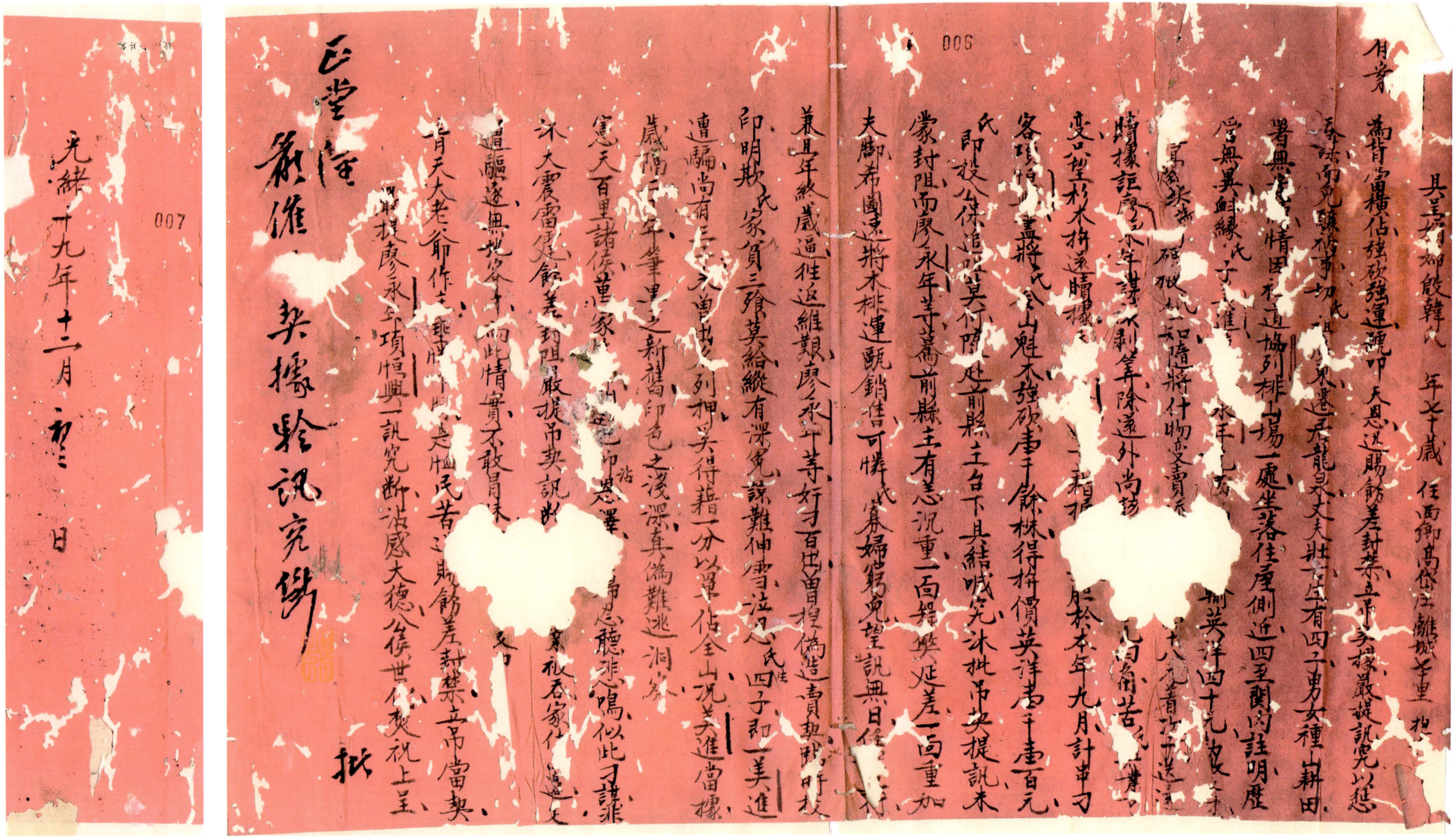

5.光緒二十九年十二月初三日殷韓氏爲控廖永年背當横佔强砍强運事呈狀　(4703：6–7)　24.6×59.0cm　圖版裁空白頁

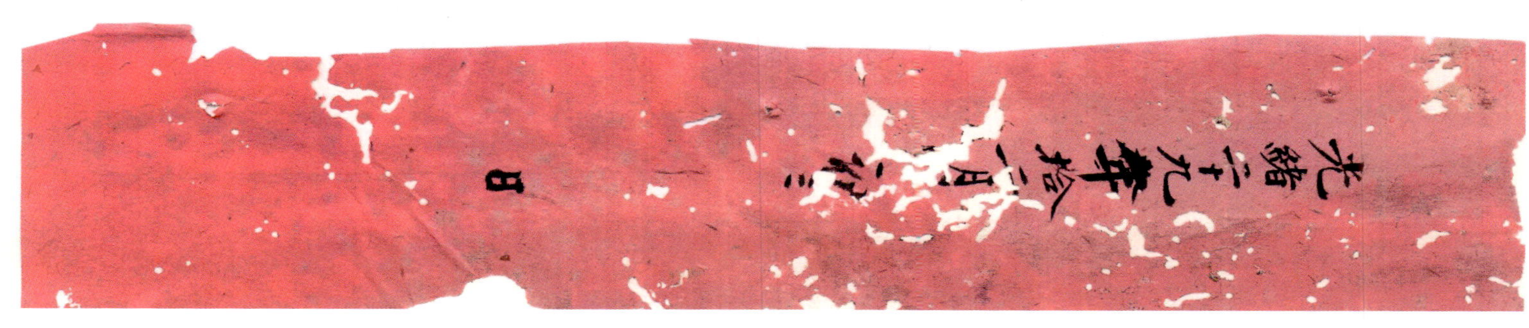
光緒二十九年拾二月初三日

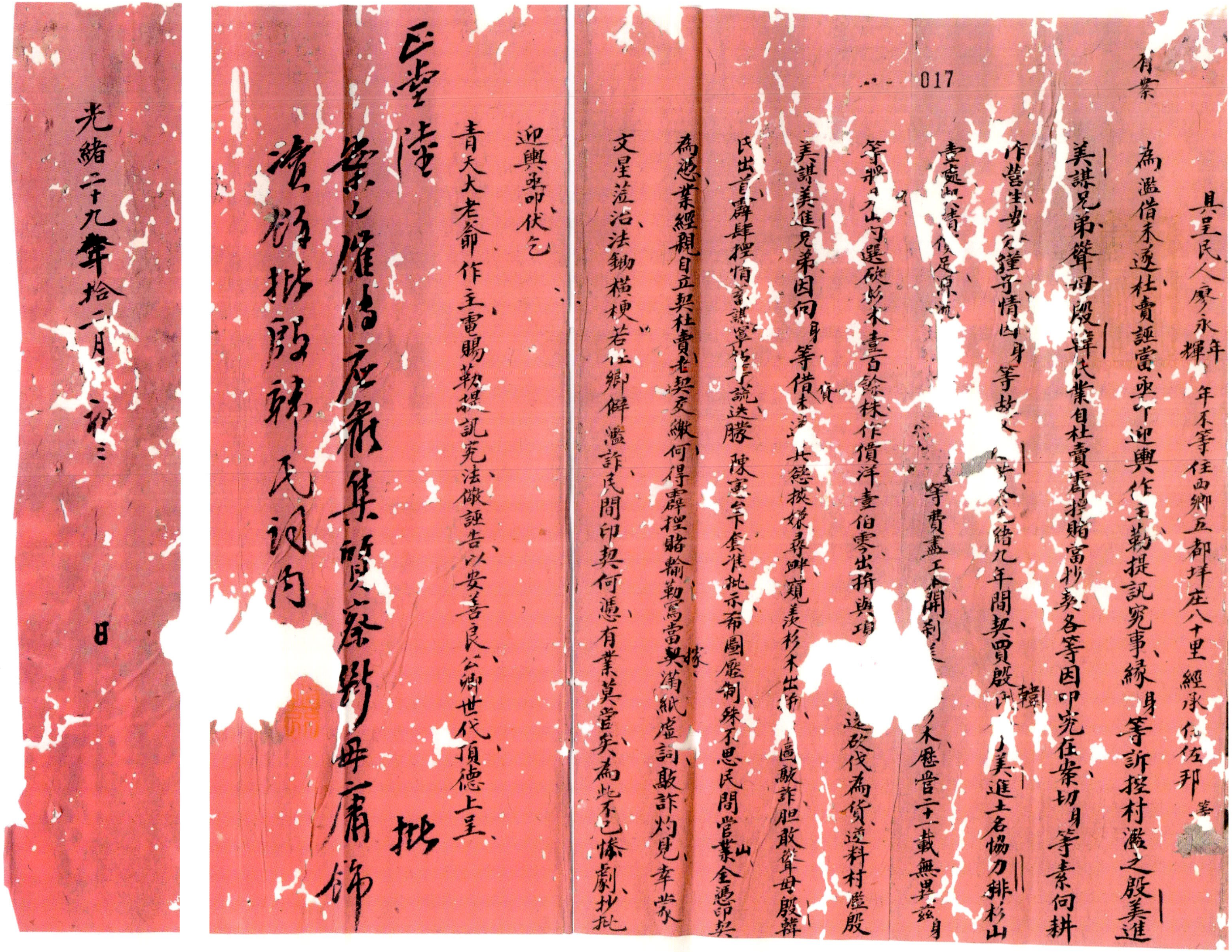

6.光緒二十九年十二月初三日廖永年等爲控殷韓氏濫借未遂杜賣誣當事呈狀　（889：17）25.7×57.4cm　圖版裁空白頁

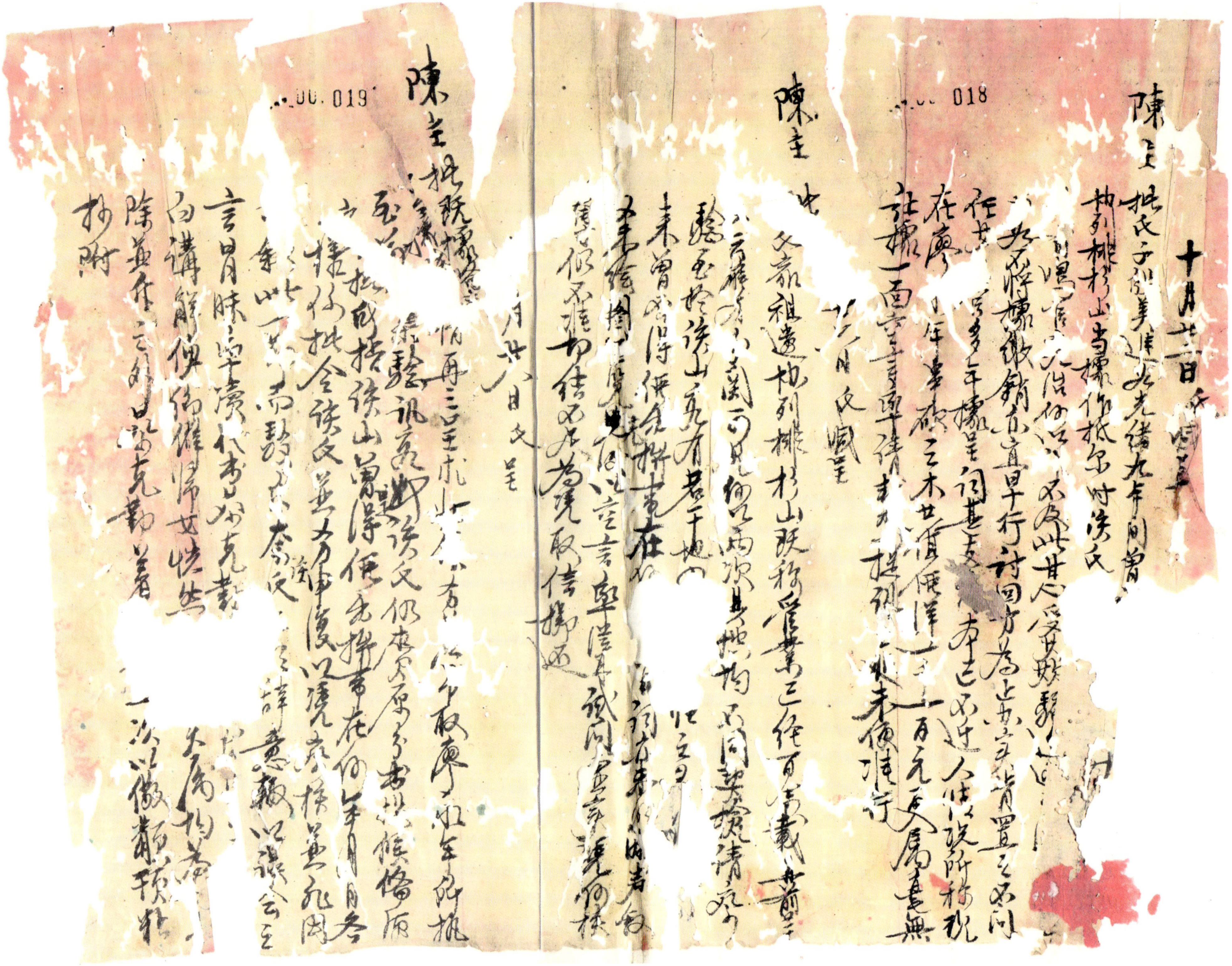

6附1.憲批抄件粘呈　（889：18–19）26.0×33.4cm

7. 光緒二十九年十二月十四日正堂陸爲催吊傳訊廖永年等事票(稿)　(889：9–10)　29.6×36.6cm

8.光緒三十年二月十三日殷韓氏爲捏造砍運舞弊鯨吞事呈狀　（889：1–6）29.5×120.5cm　圖版裁狀式條例

8附1.憲批抄件粘呈　（889：7–8）29.4×45.1cm

9.光緒三十年二月廿五日知縣陳海梅爲勒催吊契傳訊事票(稿)（889：11）29.7×31.6cm

10.光緒三十年二月廿八日廖永年等爲控殷韓氏業自杜賣反誣勒當事呈狀　（889：37–38）29.2×57.7cm；（889：39–40）26.4×49.5cm　圖版裁狀式條例

10附1.憲批抄件粘呈　（889：29–30）23.3×44.8cm；（889：47）23.2×13.2cm

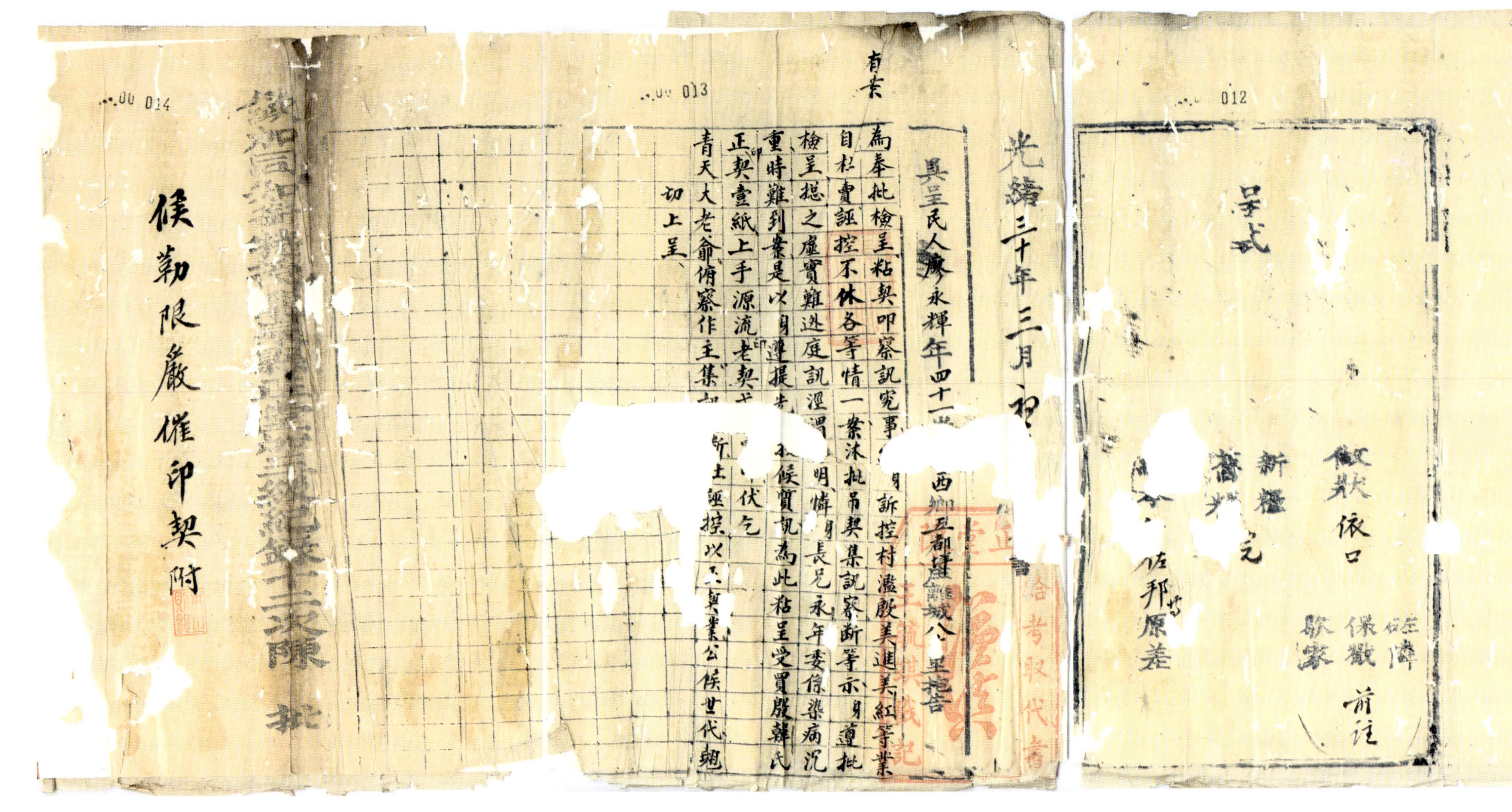

光緒三十年三月初

具呈民人廖永輝年四十一歲 西鄉五都佳龍城八 呈抱告

爲奉批檢呈粘契叩察訊究事。[illegible]新控村濫殷美進美紅等業

自私賣誣控不休各等情一案，沐批吊契集訊察斷等示，身遵批

檢呈。摠之虛實難逃庭訊，澀濁[illegible]明。憐身長兄永年委係染病沉

重，時難到案，是以身遵提先[illegible]候質訊。爲此粘呈受買殷韓氏

正契壹紙，上手源流老契[illegible]伏乞

青天大老爺俯察作主集訊[illegible]新土誣控以[illegible]業公候世代[illegible]

切上呈

侯勒限嚴催印契附

批

呈式

11.光緒三十年三月初□日廖永輝爲奉批檢呈粘契叩察訊究事呈狀　（889：12–14）28.4×56.5cm；（889：15–16）27.5×53.6cm　圖版裁狀式條例

12.光緒三十年三月初三日殷韓氏爲控廖永年等情虧畏審匿契宕延事呈狀　（889：27–28）28.8×55.2cm

立賣杜山契殷門韓氏有娣[illegible]入手遺下有
桐茶杉樹宗祿木等項山場一處坐落五都
傳元[illegible]高侬地方土名協力排安着其山全塆
上至崗頂直上頂下至小坪本手對崗林
保山分水永右至對崗分水爲界俱出四至分
明今因缺狠使用自愿托中兆山四至之內
一土一[illegible]寸土塊石不留概一併立杜契出
賣與廖宅增勞親邊爲清業當日三面言
訂土風時值依價庄洋捌拾員正其洋成
契之日親收足訖並未短少分厘其山夫手
遺下清業與內外親[illegible]伯叔兄弟俱無干涉
如有異色不清亦[illegible]等情殷邊自能一力支
當不涉廖邊之事自賣之後任憑廖邊前
去另佃稅契開剝砍伐出排[illegible]挖掘扦
苗扦塟依用永遠管業殷邊子侄人等永不
得[illegible]異言亦不得另生枝節無加找無回贖
日前亦無重疊交加[illegible]碍等情契明價足一
賣百斷永遠廖邊管清業所賣所受出在兩
愿並無吞逼之理此係先言后定各無[illegible]悔
恐口無憑立賣杜山契[illegible]為據
即日繳有上手印契[illegible]張式紙[illegible]收存再照

光緒玖年四月初六日立賣杜[illegible]門韓氏有娣 押

見契 殷美和 押

張馬貴 押

憑中 沈德楊 押

殷美進 押

代筆 殷啟球 押

12附1.光緒九年四月初六日殷韓氏立賣杜山契抄件粘呈　（889：31–32）25.4×47.0cm

12附2.憲批抄件粘呈　（889：25–26）30.0×46.6cm

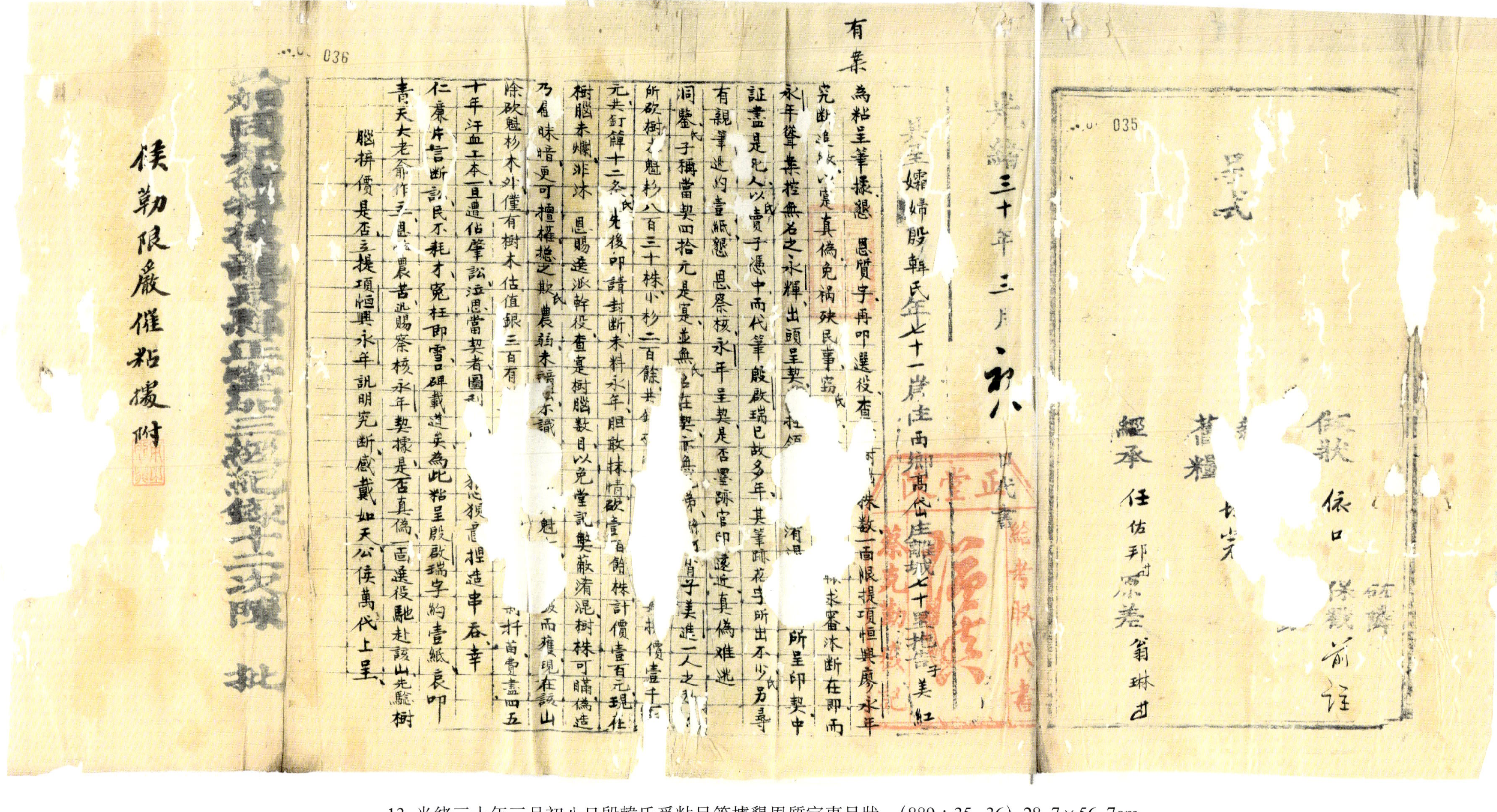

13. 光緒三十年三月初八日殷韓氏爲粘呈筆據懇恩質字事呈狀　（889：35–36）28.7×56.7cm

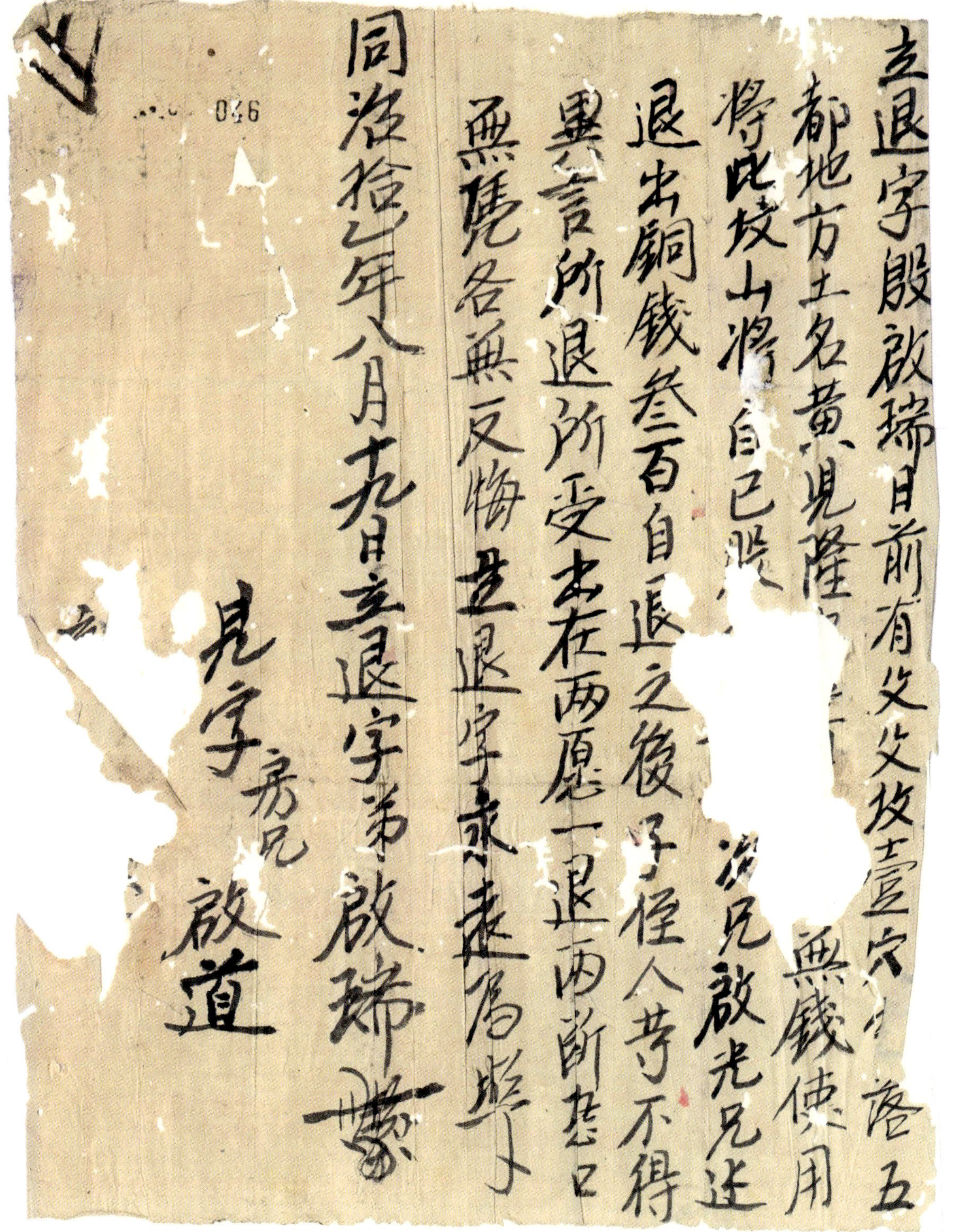

13附1.同治十一年八月十九日殷啓瑞立退字抄件粘呈 （889：46）25.5×19.8cm

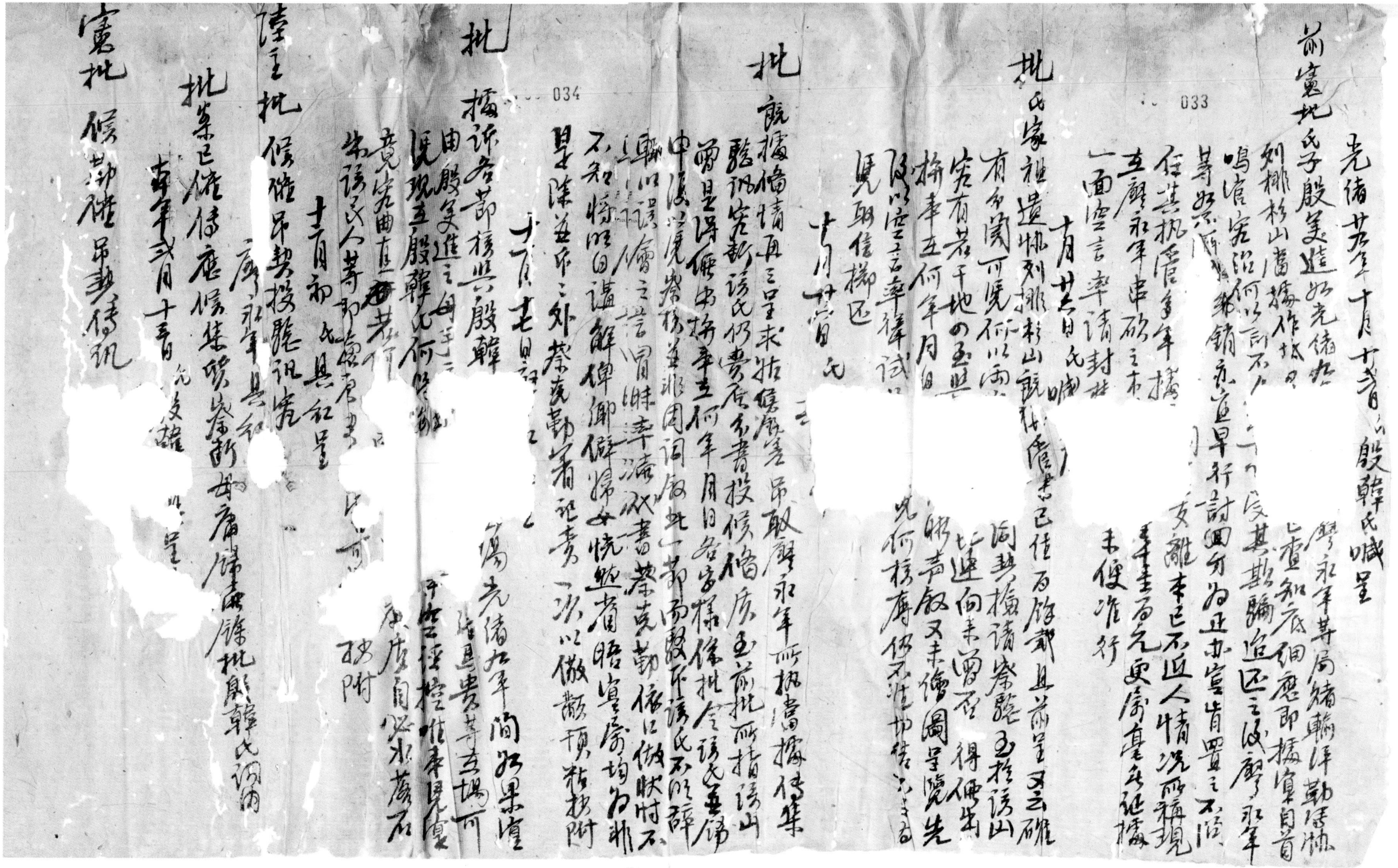

13附2.憲批抄件粘呈　（889：33–34）29.4×52.5cm

14.光緒三十年三月十六日知縣陳海梅爲限催事票(稿)（4703：3–4）28.1×30.8cm

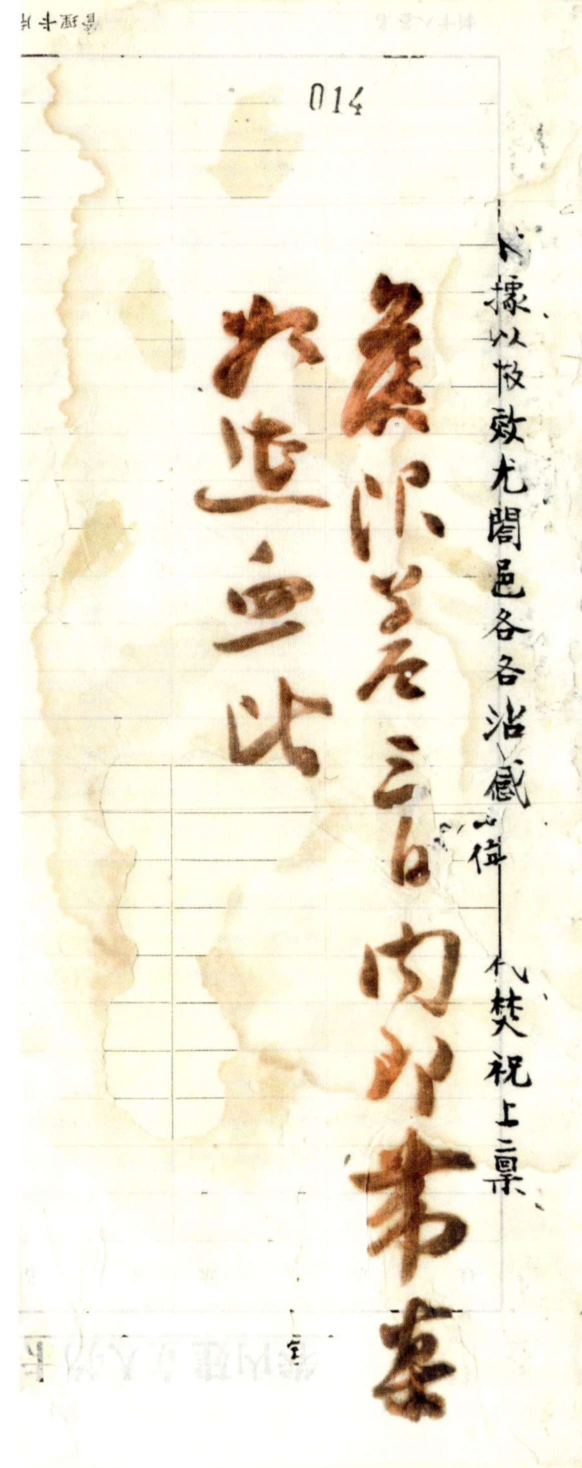

住西鄉高岱村離城九十里
具稟殷韓氏，年[illegible]
抱承 任佐邦 原差翁琳等
美紅
有案為舞弊冰延，案懸莫訊，再叩恩憐，作主限差立提稟訊究斷追繳，以清案牘事。
竊氏等先後請封判斷，呈控廖永年等乘機砍運魁杉壹千餘株，串項恒興拚價洋壹千壹百元，不候訊斷售銷，欺[illegible]，一合元，三契八拾元，去冬投印，
混訴以控案無名之廖永輝飾詆名[illegible]，案沐批勒[illegible]催等示。氏等[illegible]三月
初三日投轅，不敢遠離，靜候二十日，詎廖永年詐病不案，滿串項恒興希圖欺噬，可憐
氏等廣東籍，男女種山耕田，訟途未諳，[illegible]該党串弊圖吞，幸
仁恩勤政愛民，深識民瘼，迅速民不耗[illegible]言斷訟，蒞任以來，結案不少，民歌載
道矣。氏等候訊非沐限差稟審，誠恐弊延，為此不已，哀哀乞叩
青天大老爺台主垂憫下情，迅准限差，懸牌示審，訊明究斷塗銷，
[illegible]據以救敦，尤閭邑各各沾感，[illegible]伏[illegible]焚祝上稟。

15.(光緒三十年三月廿三日)殷韓氏爲控廖永年舞弊冰延案懸莫訊事呈狀　(4703：13–14) 24.3×32.6cm

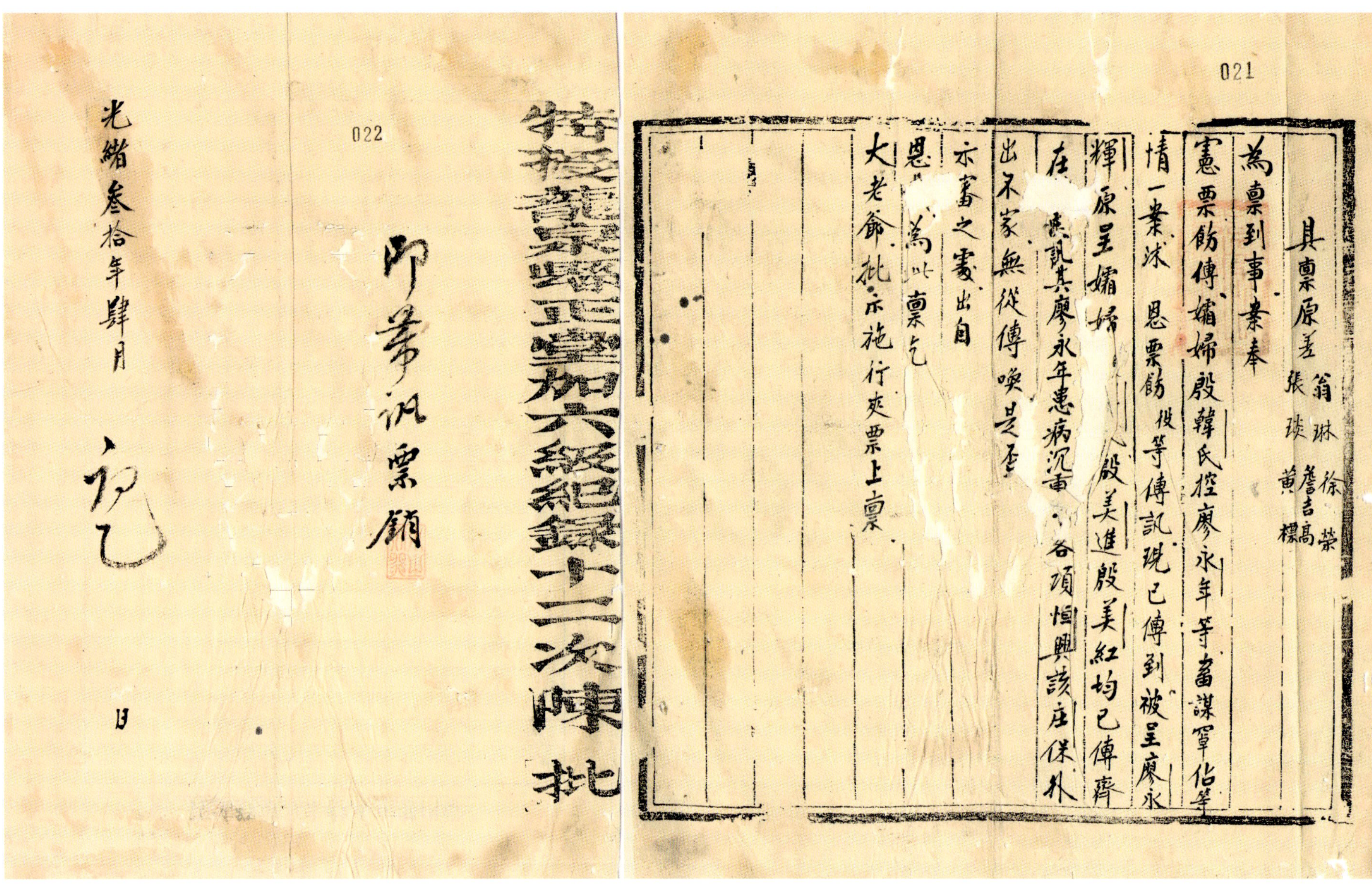

具稟原差翁琳、徐榮、張琰、詹高、黄標

為稟到事。案奉

憲票飭傳孀婦殷韓氏控廖永年等畜謀罩佔等

情一案。沭 恩票飭 役等傳訊，現已傳到被呈廖永

輝、原呈孀婦殷美進、殷美紅均已傳齊。

在 憑訊其廖永年患病沉重，各項恒興該庄保朴

出不家，無從傳唤，是否

示審之處，出自

恩 為此稟乞

大老爺批示施行。爽票上稟。

特授龍泉縣正堂加六級紀錄十二次陳 批

即着訊票銷

光緒叁拾年肆月 初一 日

17.光緒三十年四月初一日原差翁琳等爲稟傳到廖永輝等事稟　(4703：21) 26.8×31.3cm；(4703：22) 27.1×19.5cm

16.(時間不詳)憲批抄件粘呈

(4703：18) 27.1×9.3cm

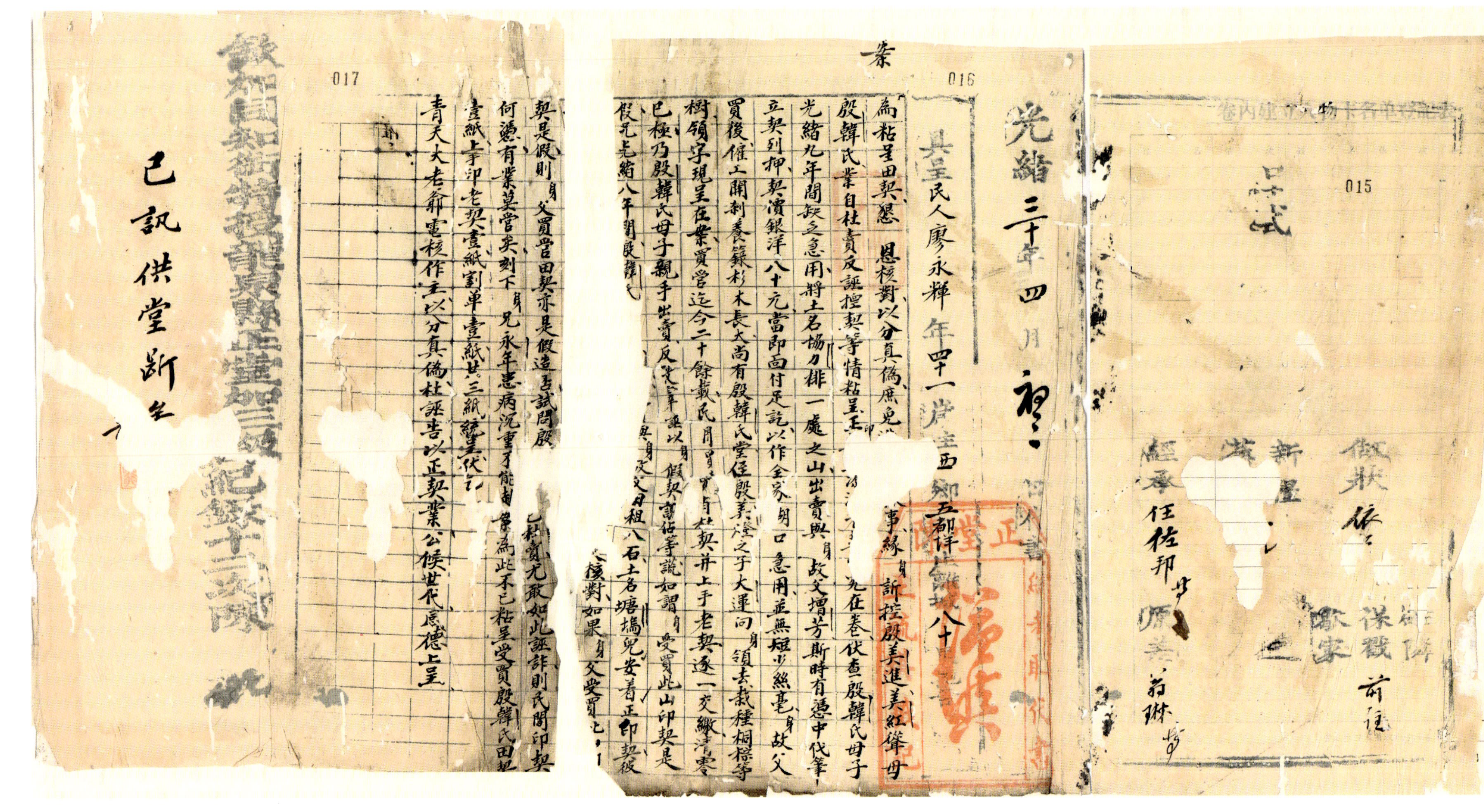

18. 光緒三十年四月初三日廖永輝爲控殷美進等粘呈田契懇恩核對事呈狀

（4703：15–16）27.0×34.2cm；（4703：17）26.5×21.4cm；（4703：5）28.9×29.0cm；（4703：23）26.6×19.4cm　圖版裁狀式條例

具限狀民人廖永輝

今當

大老爺臺下實限得毆韓氏控身一案，業蒙恩斷，令着身繳出英洋伍伯元並契據交案，給毆韓氏收領，不敢悮限，如違愿甘提案倍究，出具限狀是實。

附卷

正堂陳 給考取代書 何贊元戳記

光緒叁拾年肆月初四日具限狀民人廖永輝 左食指

19.光緒三十年四月初四日廖永輝限狀　(9345：2) 38.6×26.9cm

具切結民人廖永輝

今當

大老爺臺下實結得毆韓氏控身畜謀筆佔等情一案，茲沐庭訊，洞悉前情，身引誘毆美進賭博，騙錢騙契，抵當並控造杜契，砍木肥己，理本不合，業蒙恩姑念鄉愚，從寬免究，當堂將控造杜契塗銷存案，並將毆美進看枷示衆，以儆效尤，斷令身受該山毆美進前繳契據並繳出木價英洋伍百元，一并具限交案，給毆韓氏收領，嗣後身不敢再滋事端，如違倍究。憲斷明晰，身情願服，合具切結是實。

附卷

正堂陳 給考取代書 何贊元戳記

光緒叁拾年肆月初四日具切結民人廖永輝 左食指

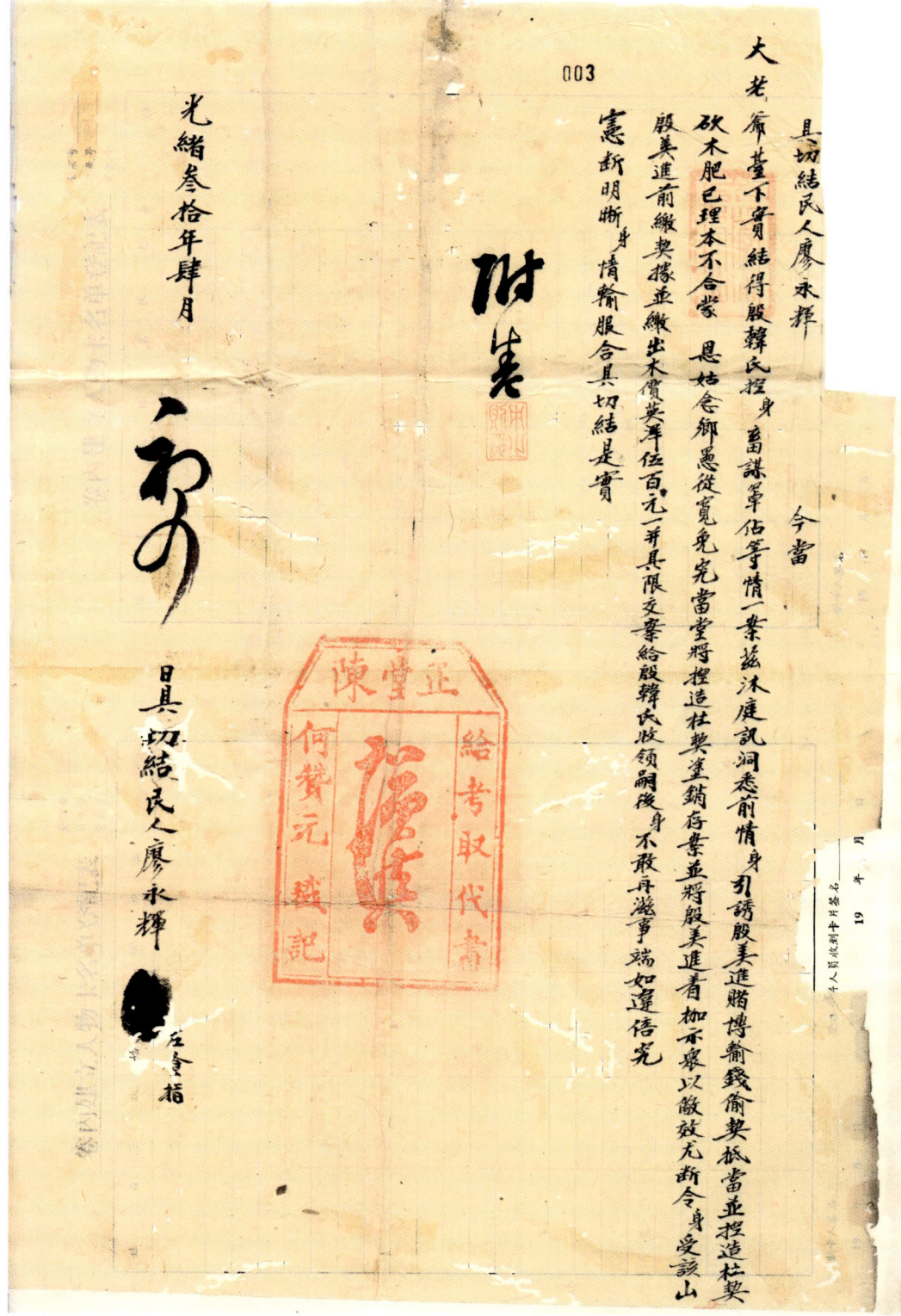

20.光緒三十年四月初四日廖永輝切結狀　(9345：3) 37.2×26.0cm

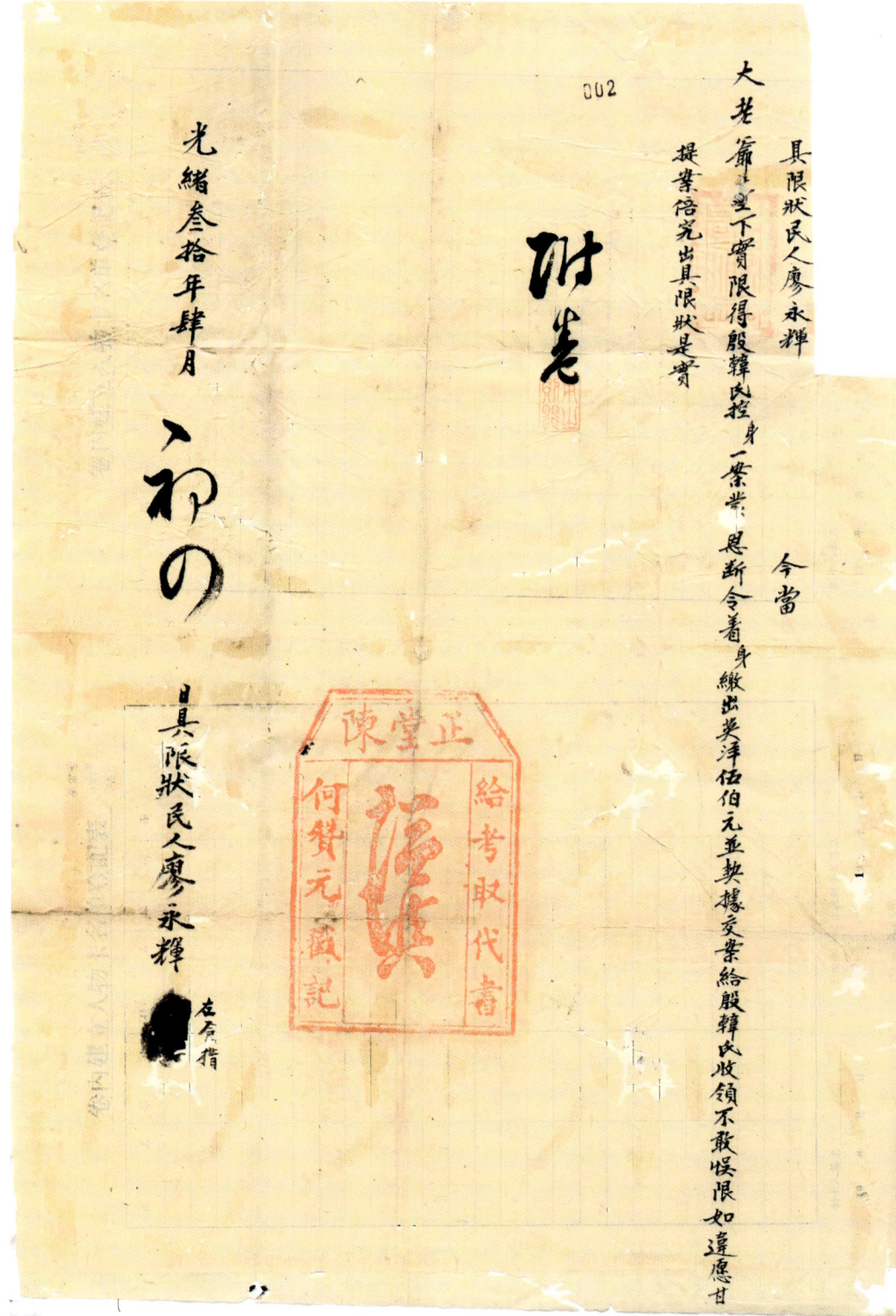

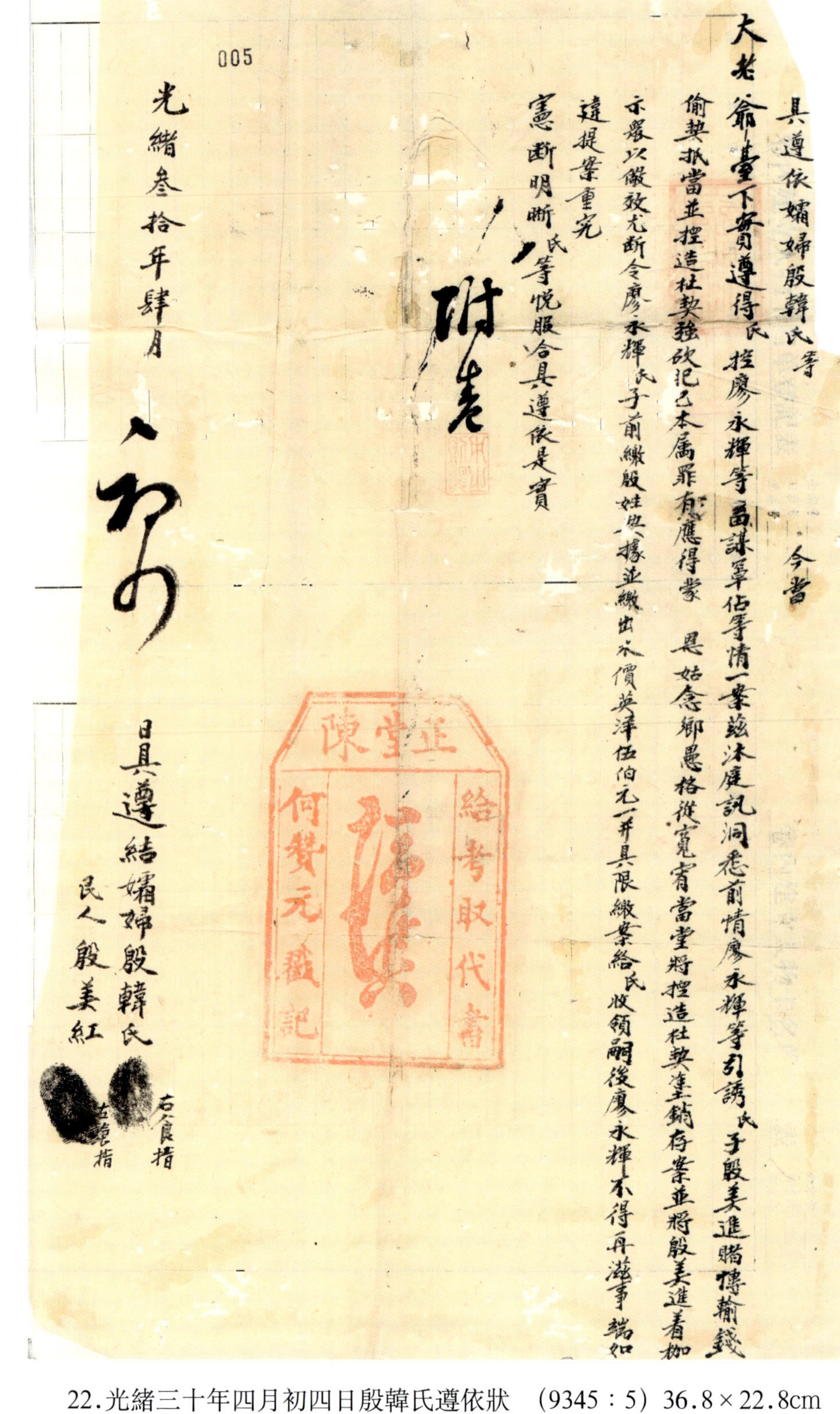

具遵依孀婦殷韓氏今當
大老爺臺下實遵得氏控廖永輝等畜謀罩佔等情一案茲沐庭訊洞悉前情廖永輝等引誘氏子殷美進賭博輸錢
備契抵當並捏造杜契殊敗犯已本屬罪有應得蒙　恩姑念鄉愚格從寬宥當堂將捏造杜契塗銷存案並將殷美進責枷
示衆以儆效尤斷令廖永輝氏子前繳殷姓典據並繳出木價英洋伍佰元一并具限繳案給氏收領嗣後廖永輝不得再滋事端如
違提案重究
憲斷明晰氏等悅服合具遵依是實
附卷
光緒叁拾年肆月　初四　日具遵結孀婦殷韓氏　右食指
民人殷美紅　右食指

22.光緒三十年四月初四日殷韓氏遵依狀　(9345：5) 36.8×22.8cm

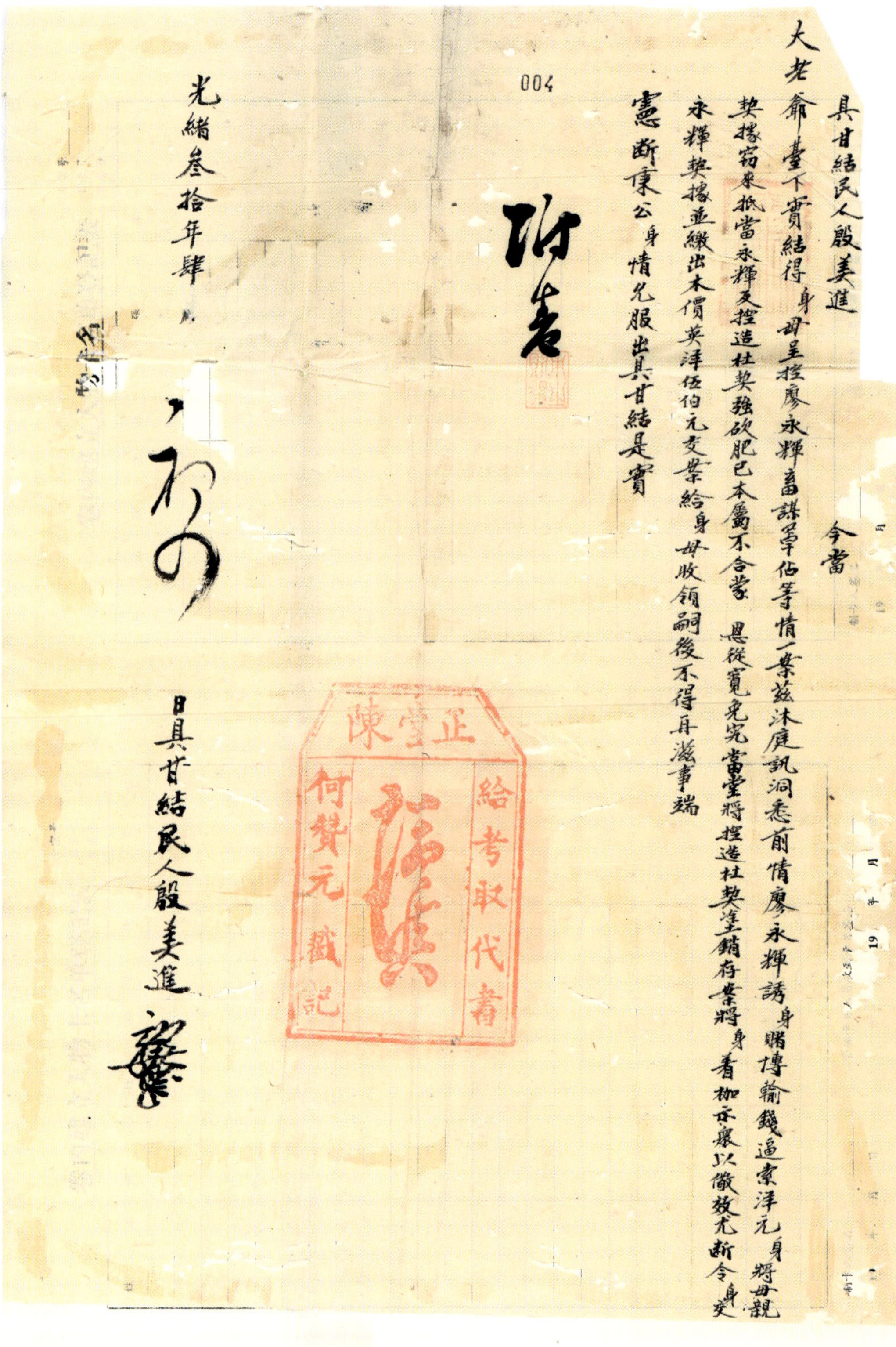

具甘結民人殷美進今當
大老爺臺下實結得身母呈控廖永輝畜謀罩佔等情一案茲沐庭訊洞悉前情廖永輝誘身賭博輸錢逼索洋元身將母親
契據寫?押當永輝又捏造杜契殊敗犯已本屬不合蒙　恩從寬宥當堂將捏造杜契塗銷存案將身責枷示衆以儆效尤斷令身交
永輝契據並繳出木價英洋伍佰元交案給身母收領嗣後不得再滋事端
憲斷公允身情允服出具甘結是實
附卷
光緒叁拾年肆月　初四　日具甘結民人殷美進

21.光緒三十年四月初四日殷美進甘結狀　(9345：4) 36.6×27.0cm

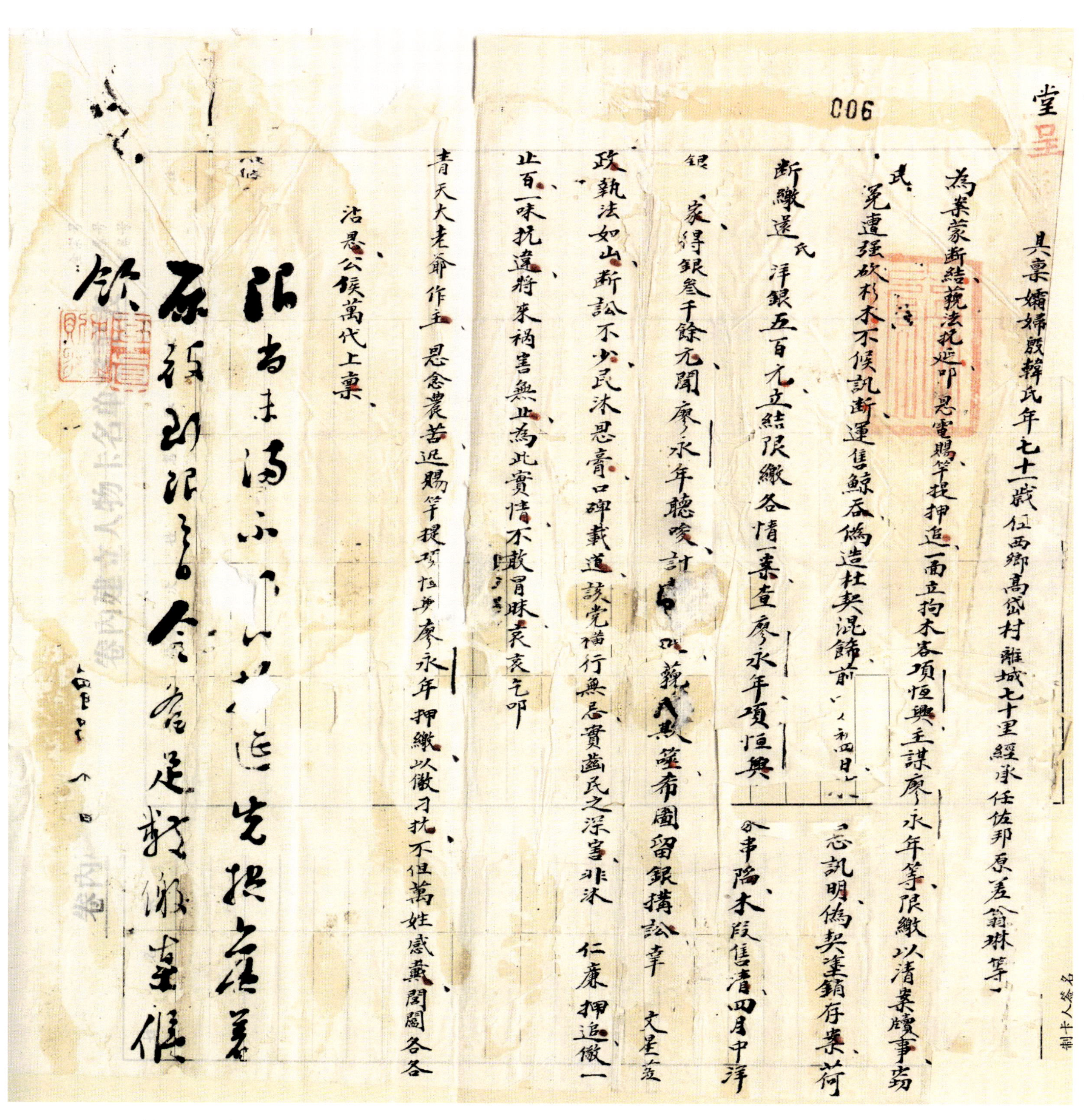

23.(光緒三十年五月初二日)殷韓氏爲控廖永年案蒙斷結藐法抗延事稟狀　(9345：6) 24.3×23.6cm

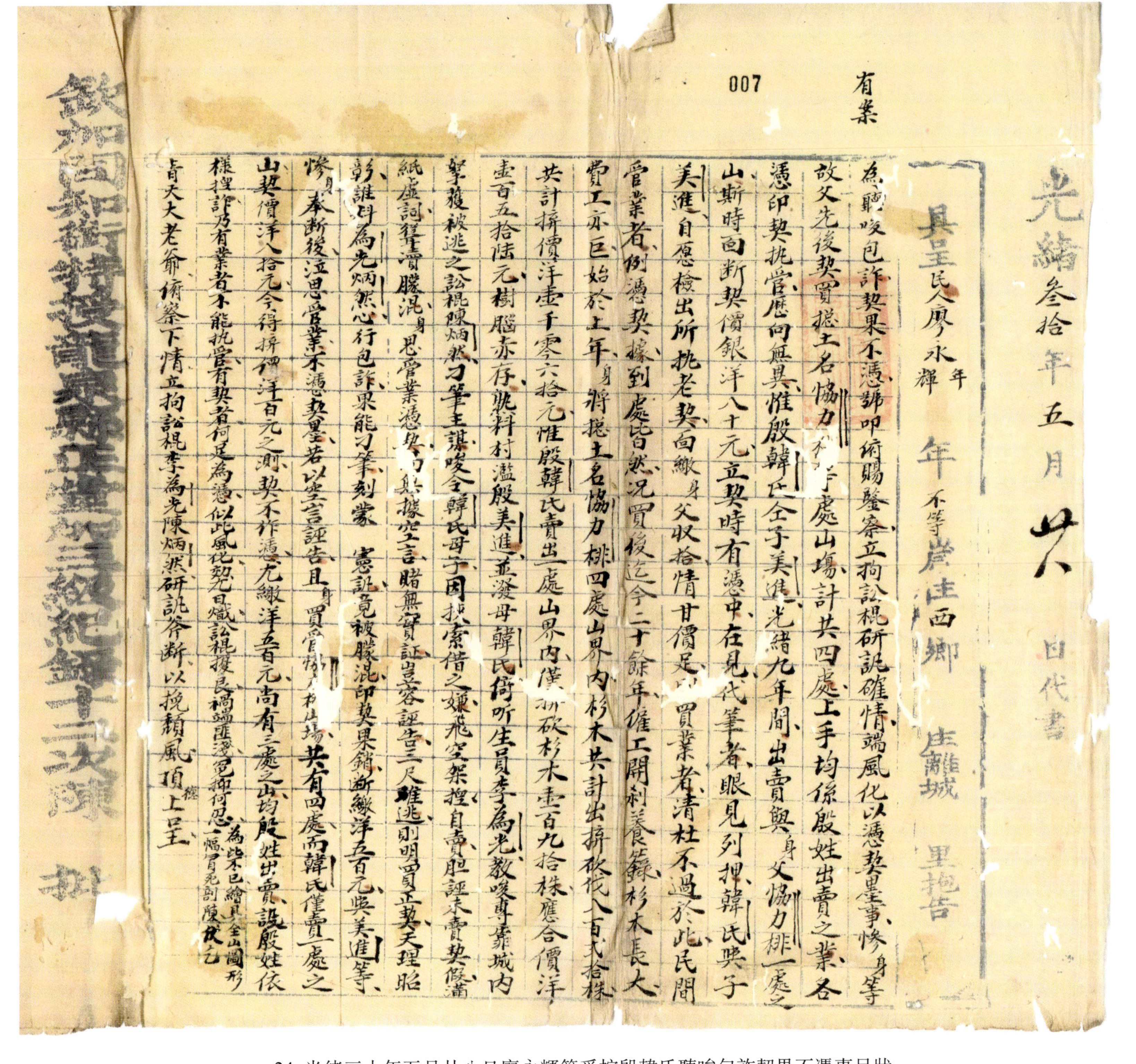

24. 光緒三十年五月廿八日廖永輝等爲控殷韓氏聽唆包訴契果不憑事呈狀
（10628：7）29.3×56.6cm;（10628：8）29.2×47.8cm　圖版裁狀式條例

25.光緒三十年五月廿九日知縣陳海梅爲請煩查照迅速飭令將教民呂韻泉等斥革等事照會處州府管理天主教事司鐸戴照會

（10115：14–15）25.5×74.8cm；（10115：16）25.5×33.3cm　圖版裁空白頁

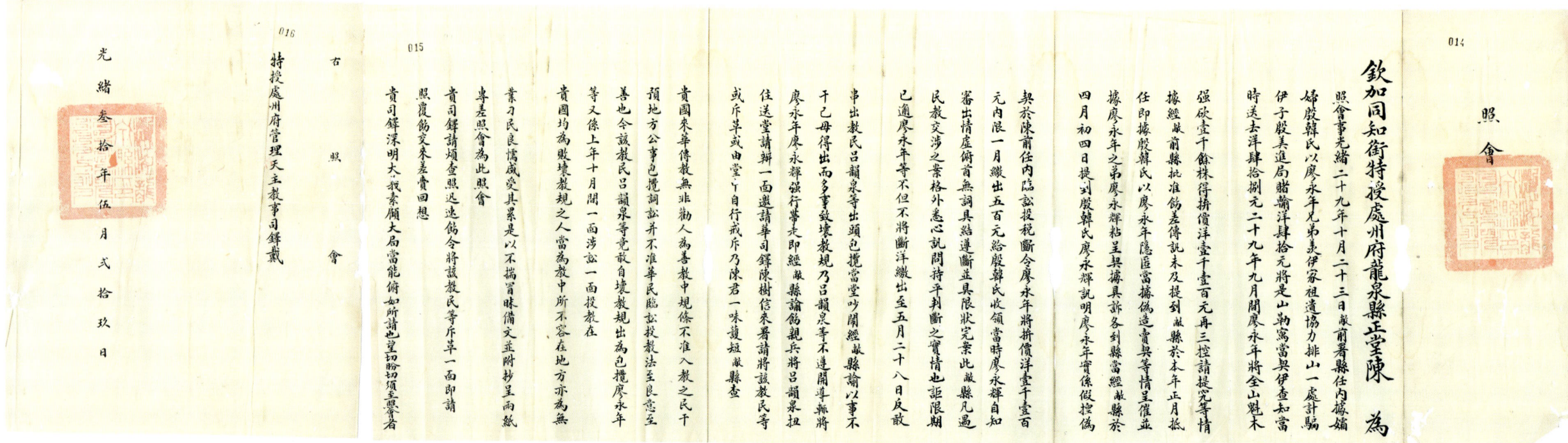

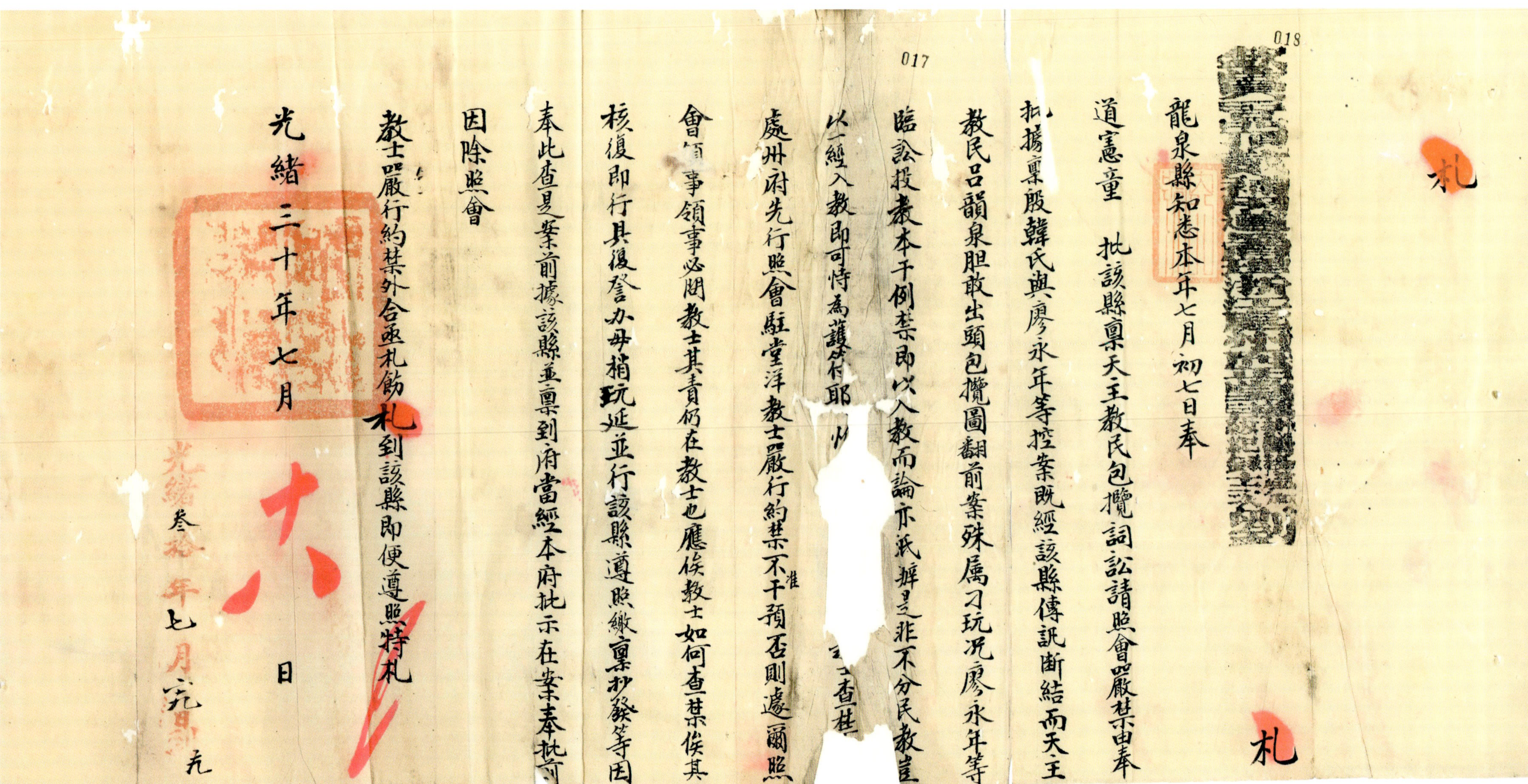
龍泉縣知悉本年七月初七日奉
道憲童　批該縣稟天主教民包攬詞訟請照會嚴禁由奉
批據稟殷韓氏與廖永年等控案既經該縣傳訊斷結而天主
教民呂韻泉胆敢出頭包攬圖翻前案殊屬刁玩況廖永年等
臨訟投教本干例禁即以入教而論亦祇辨是非不分民教豈
以一經入教即可恃為護符耶　[illegible]查禁
處州府先行照會駐堂洋教士嚴行約禁不准干預否則遽爾照
會領事領事必問教士其責仍在教士也應俟教士如何查禁俟其
核復即行具復毋稍玩延並行該縣遵照繳稟抄發等因
奉此查是案前據該縣並稟到府當經本府批示在案奉批前
因除照會
教士嚴行約禁外合亟札飭札到該縣即便遵照特札
光緒三十年七月　　日

26.光緒三十年七月十八日處州府正堂劉爲天主教民包攬詞訟事知悉龍泉縣札　(10115：18)　27.1×22.0cm；(10115：17) 27.1×36.6cm

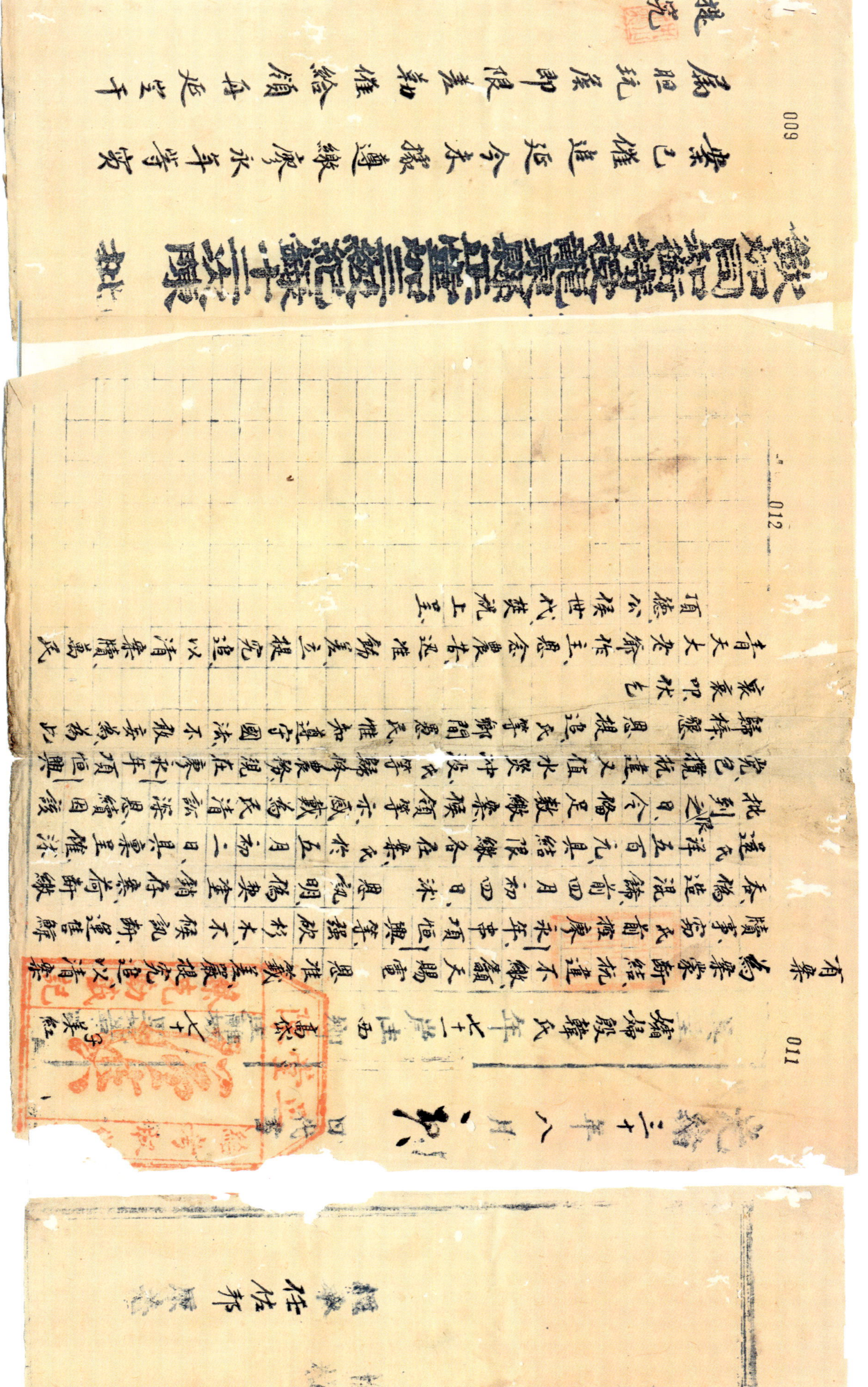

27.光緒三十年八月初八日殷韓氏爲控廖永年案蒙斷結抗違不繳事呈狀

（10115：13）27.1×15.5cm，（10115：11–12）28.0×29.0cm，（10115：9）28.0×28.4cm，（10115：5）27.9×45.0cm，（10115：10）27.6×7.4cm　圖版裁狀式條例

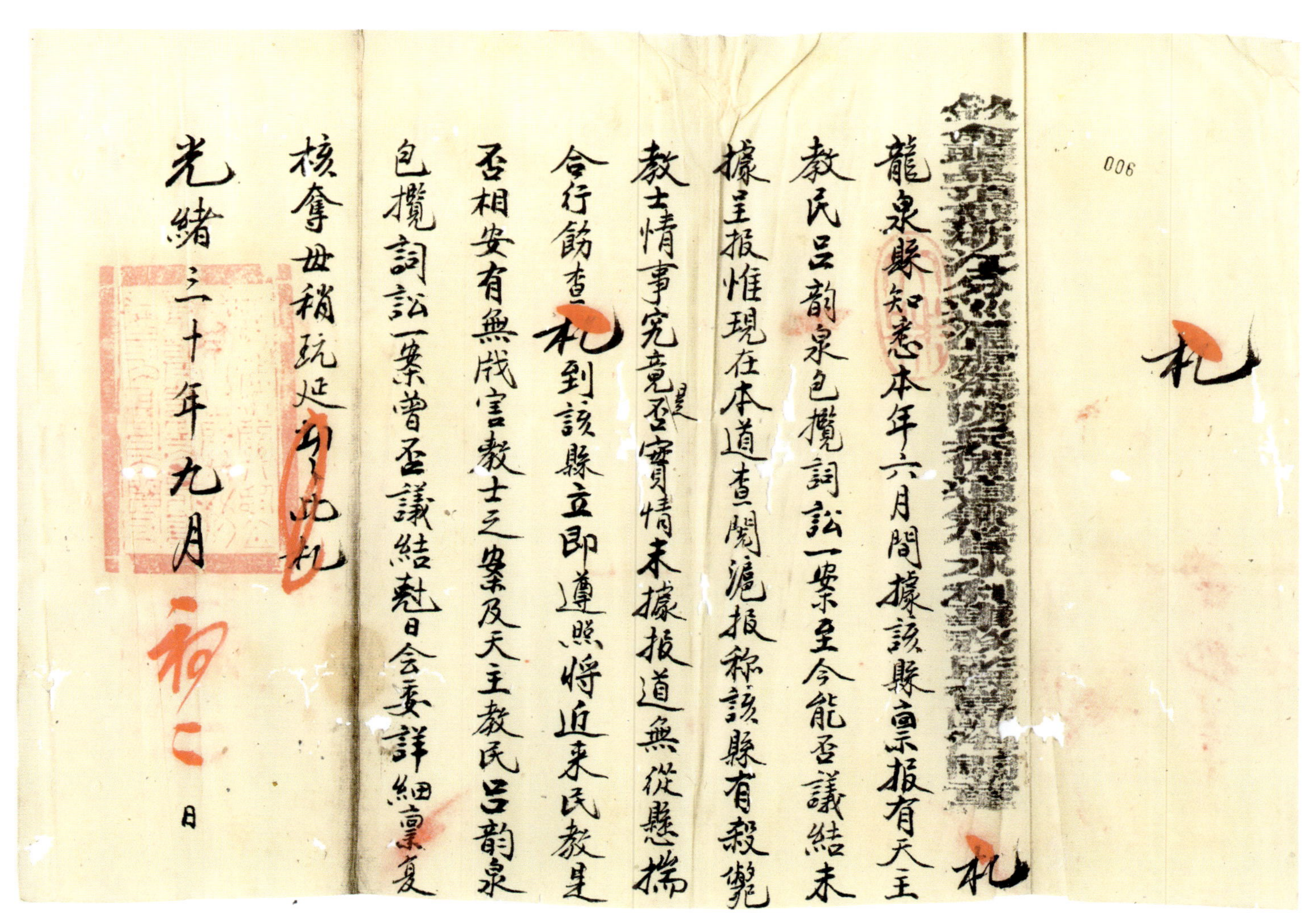

札

欽命[illegible]札

龍泉縣知悉本年六月間據該縣禀報有天主

教民呂韵泉包攬詞訟一案至今能否議結未

據呈報惟現在本道查閱滬報稱該縣有殺斃

教士情事究竟是否實情未據報道無從懸揣

合行飭查札到該縣立即遵照將近來民教是

否相安有無戕害教士之案及天主教民呂韵泉

包攬詞訟一案曾否議結尅日会妥詳細禀复

核奪毋稍玩延切切此札

光緒三十年九月初二日

28.光緒三十年九月初二日分巡温處道童爲天主教民吕韻泉包攬詞訟一案知悉龍泉縣札　(10115：6) 27.8×43.1cm

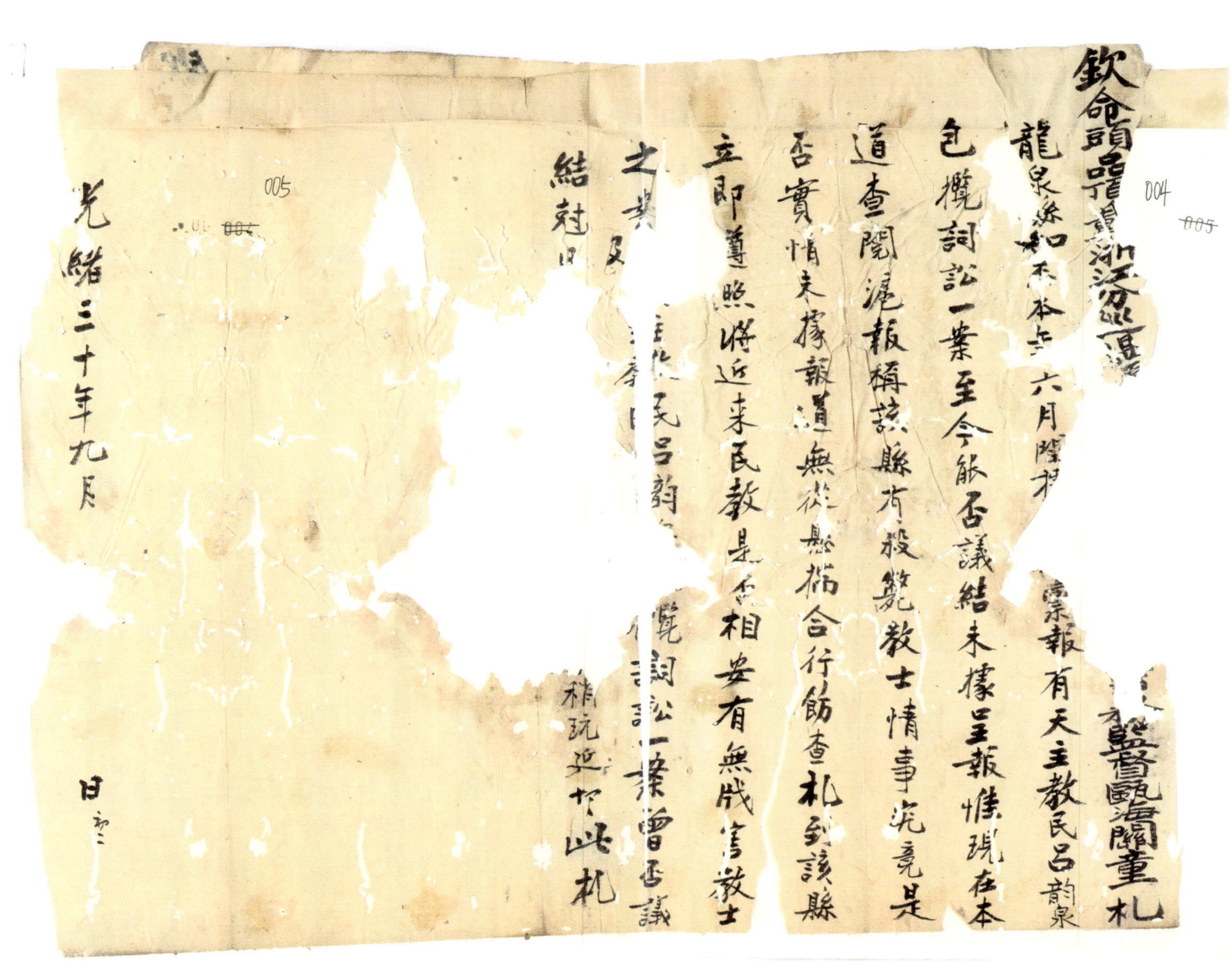

欽命頭品頂戴浙江分巡温[illegible]

監督甌海關董札

龍泉縣知[illegible]本年六月間[illegible]禀報有天主教民呂韵泉

包攬詞訟一案至今能否議結未據呈報惟現在本

道查閱滬報稱該縣有殺斃教士情事究竟是

否實情未據報道無從懸揣合行飭查札到該縣

立即遵照將近来民教是否相安有無戕害教士

之案及[illegible]民呂韵[illegible]攬詞訟一案曾否議

結尅日[illegible]稍玩延切切此札

光緒三十年九月　日　初二

28附1.札(稿)　(9695：4—5) 28.7×36.1cm

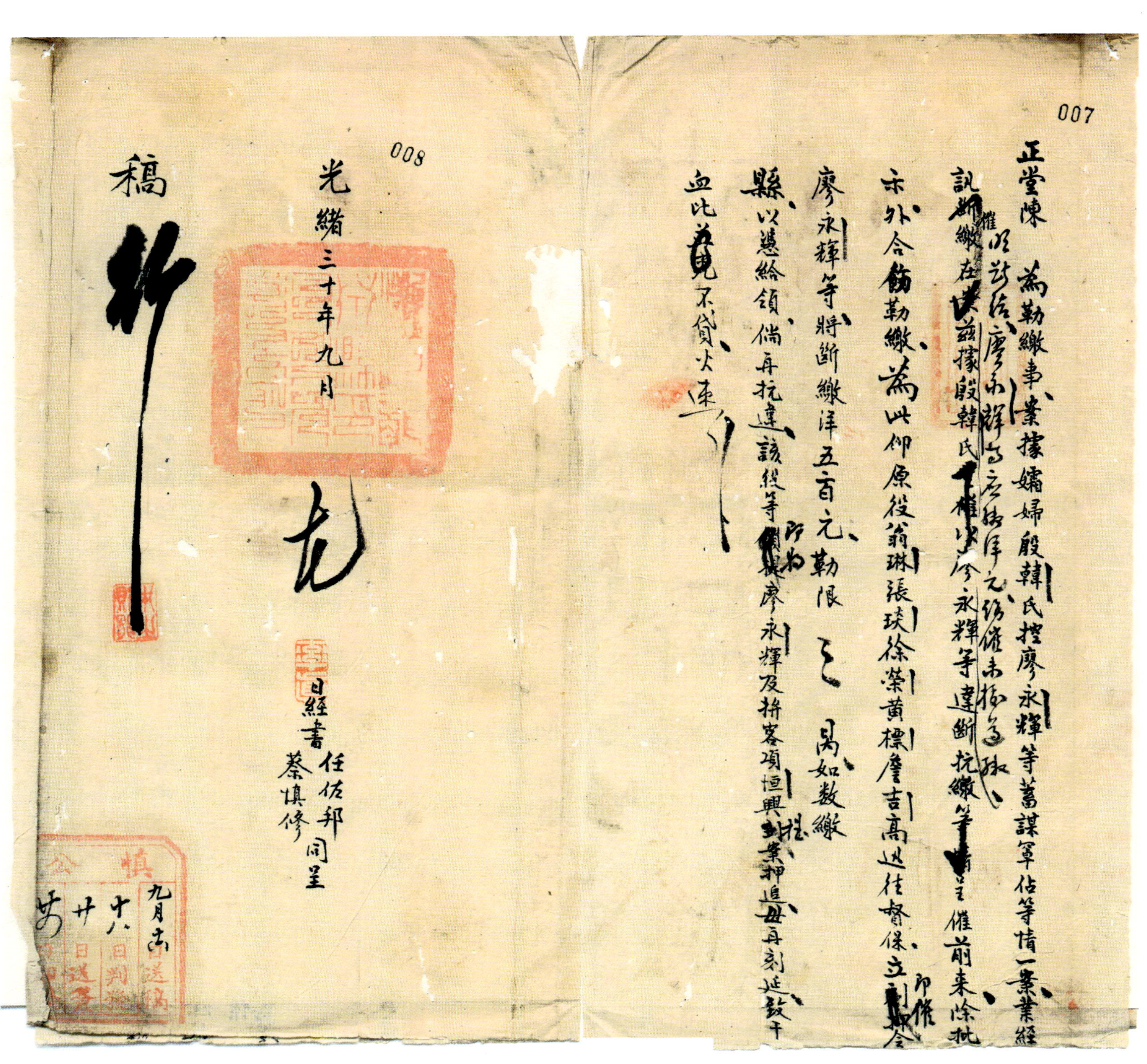

007

正堂陳　爲勒繳事。案據孀婦殷韓氏控廖永輝等蓄謀罔佔等情一案，業經訊斷繳洋在案。茲據殷韓氏稟催，以廖永輝等違斷抗繳等情，呈催前來。除批示外，合飭勒繳。爲此仰原役翁琳、張珙、徐榮、黃標、詹吉、高廷往督保立即廖永輝等將斷繳洋五百元，勒限　日　遵如數繳縣，以憑給領。倘再抗違，該役等即將廖永輝及拚客項恒興一業押追，毋再刻延，致干並比。速速毋違。火速。

008

光緒三十年九月　日

稿

行

經書　任佑邦　蔡慎修　同呈

慎公

九月十六日送稿

十八日判發

廿日送簽

29.光緒三十年九月十七日知縣陳海梅爲勒繳事票(稿)（10115：7—8）29.1×30.8cm

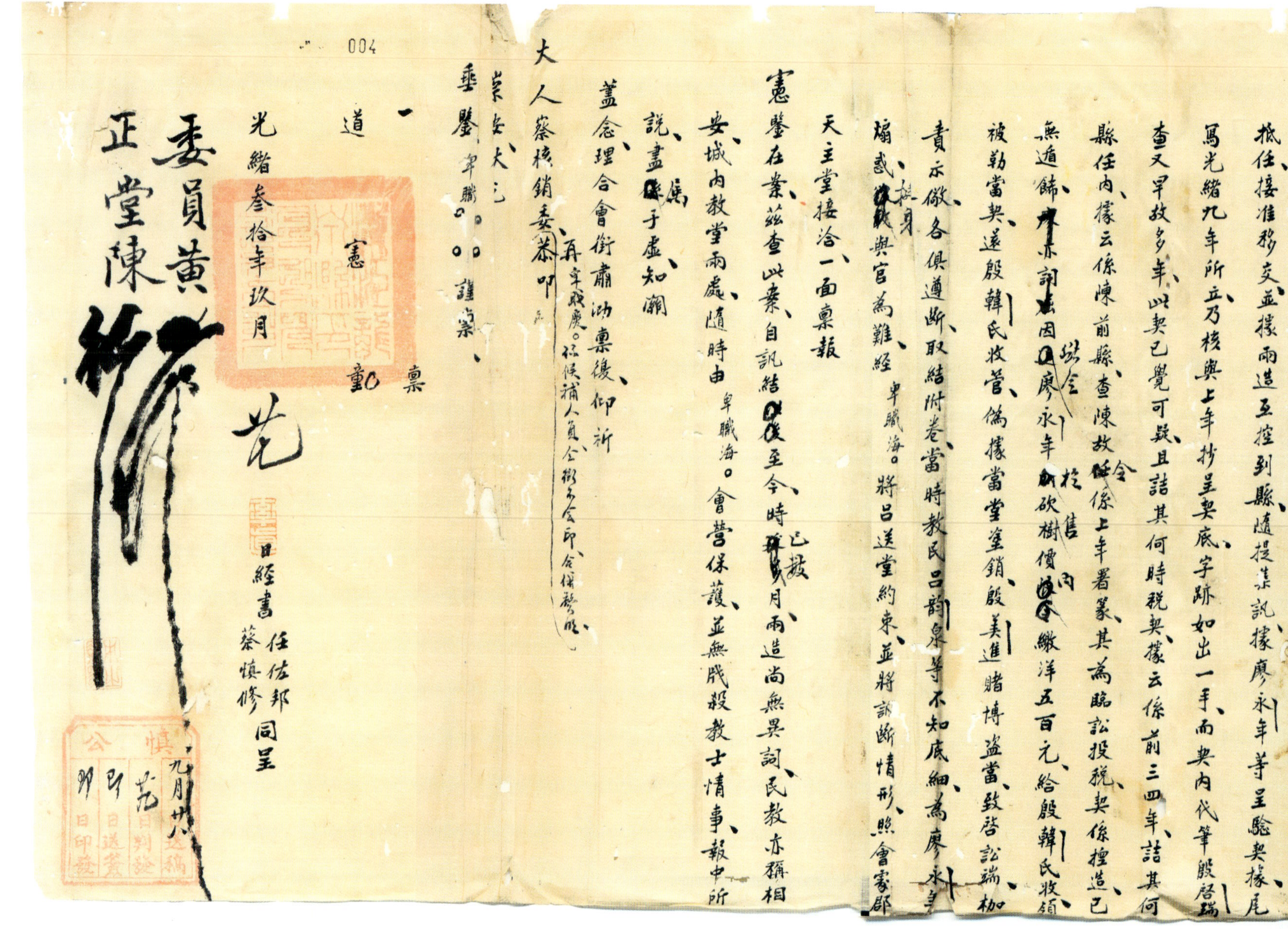

30.光緒三十年九月廿七日委員候補巡檢黃等爲稟復斷結殷廖兩姓控案事呈道憲童稟(稿) (10115：3-4) 29.5×58.6cm

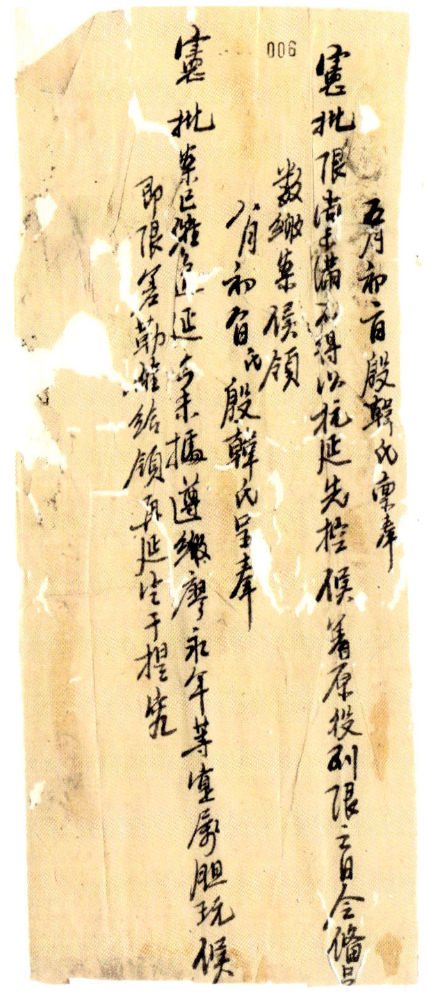

31附1.憲批抄件粘呈
（7803：6）27.9×13.2cm

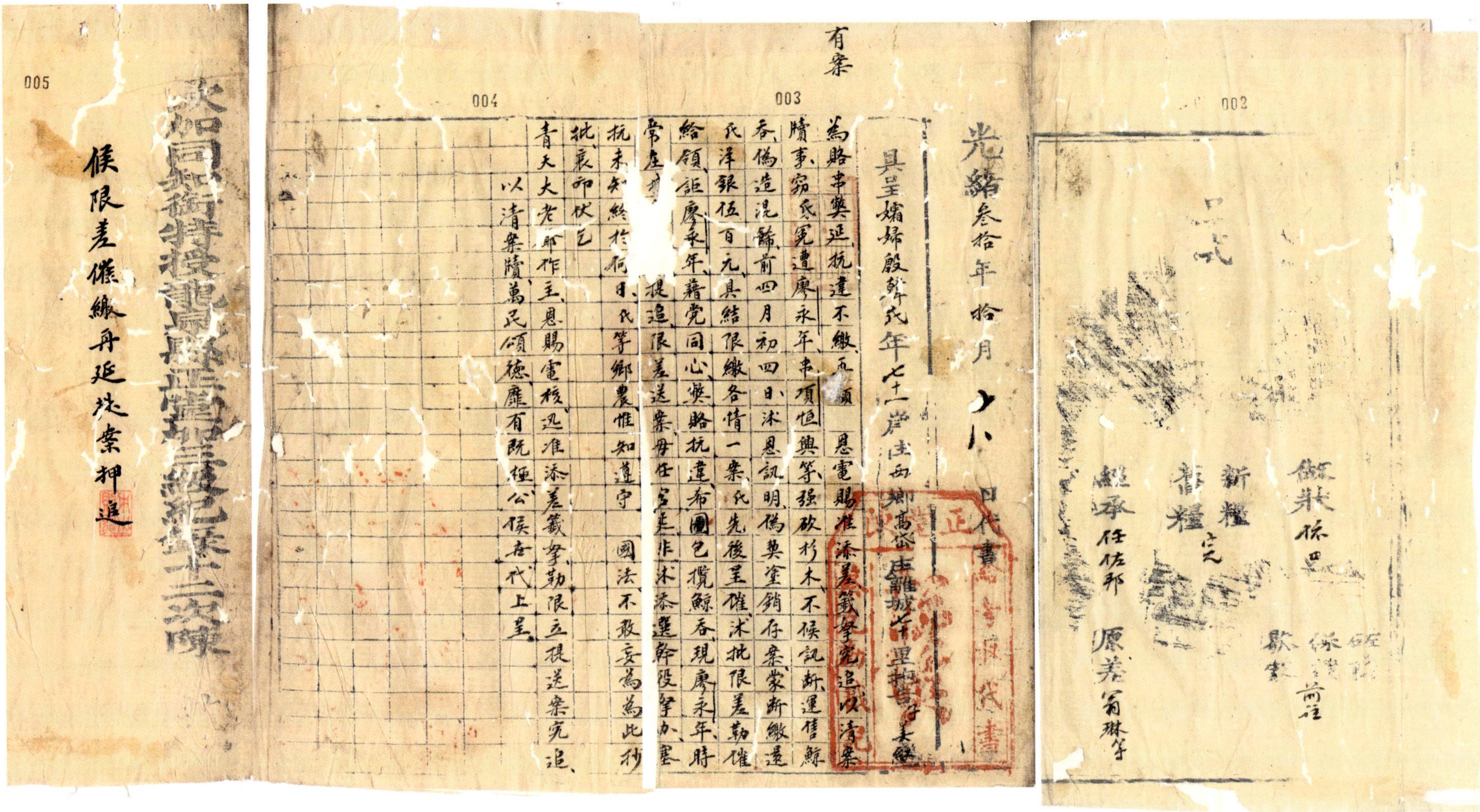

31.光緒三十年十月廿八日殷韓氏爲控廖永年賂串弊延抗違不繳事呈狀
（7803：2–3）28.5×32.9cm；（7803：4–5）28.5×35.9cm；（7803：7–8）28.3×39.5cm　圖版裁狀式條例

光緒三十二年□月初二日

具呈民人 廖永年 廖永耀 等

有案 喊詞

為恃濫挖掘欺弱已甚喊叩 恩准飭差拘提執法究償事。緣身故父廖增芳於

光緒九年向殷韓氏同子美進等杜買土名恊力排山場壹處，去價庄洋八十元，

業杜契稅。次年美進堂兄弟美瑞領去栽插杉木，養蓄二十餘年成林出拚。至

二十九年身將該山內杉木出拚，不料美進兄弟濫詐無聊，聳母誣告，捏以價洋為

賭洋，杜契為當契朦混 憲聽，套准臨審時身同兄永年聯名粘呈田山契領各據

剖訴可憐。身呈契據雖然杜買清業，堂供愧於過弱，集訊時憑供審斷，未蒙究

其誣告，以致惡胆愈頑。前呈契領各據尚在卷內未發。詎知美進等前誣未究，復

惡更狠，於本四月二十外糾集殷石榮同子亭金等胆將身契管恊力排山內厚

樸挖掘八十餘株，值洋壹百餘元。刻下挖掘厚樸已交地保看管，一面奔轅求究。沐

作主迅賜飭差拘提究償，不然設被售賣，則身乎救奚及。為此不已喊叩

青天大老爺俯憐作主飭差 為提究償，懲挖掘杜蹧蹋，公侯萬代。急切上呈

候諭商務會秉公查理覆奪

32.光緒三十二年閏四月初二日廖永年等爲恃濫挖掘欺弱已甚事呈狀

（7803：18–19）29.0×28.7cm；（7803：20–21）28.9×29.0cm；（7803：22–23）29.0×33.3cm；（7803：24）29.0×30.1cm　圖版裁狀式條例

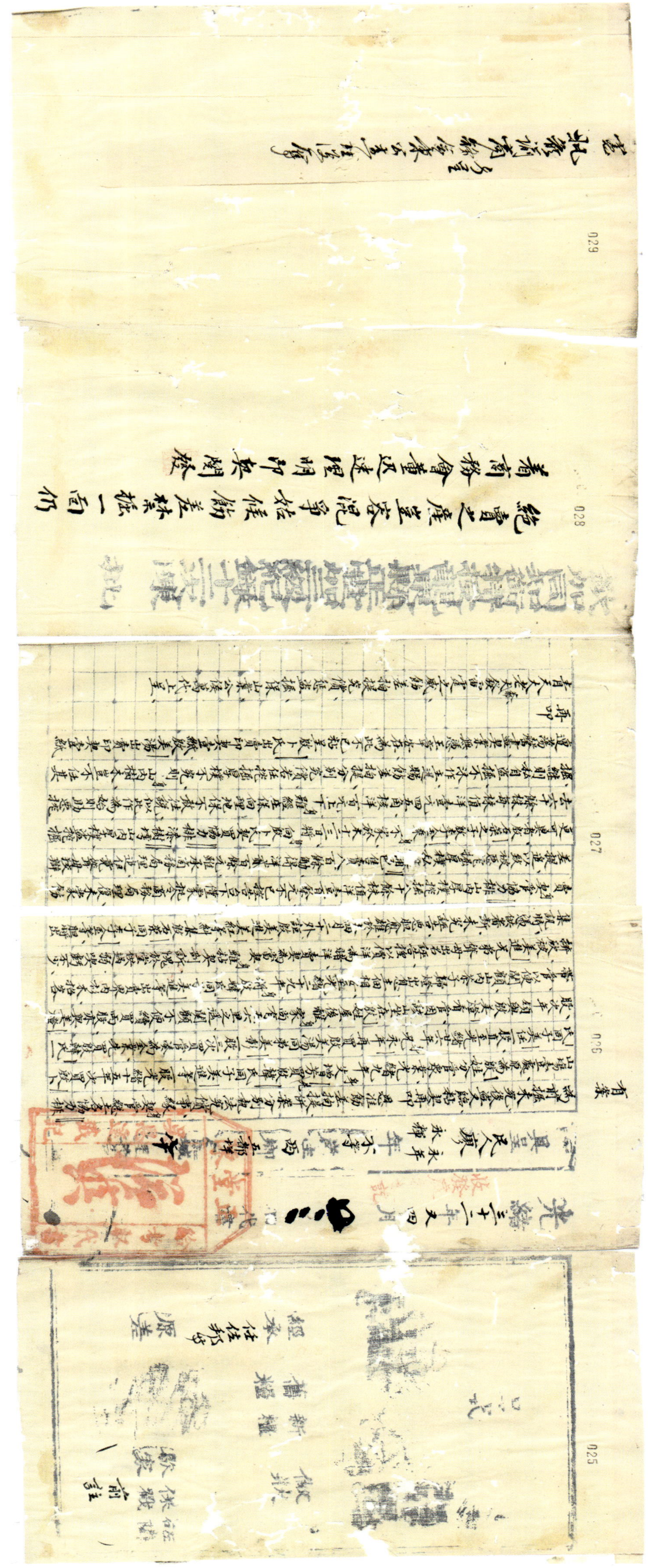

33.光緒三十二年閏四月廿三日廖永年等爲前掘未究後盜又臨事呈狀

（7803：25–26）28.3×30.9cm;（7803：27–28）28.1×27.3cm;（7803：29–30）28.3×30.1cm;（7803：31–32）28.1×31.0cm　圖版裁狀式條例

34.光緒三十二年閏四月廿八日廖永年等爲控殷美進等不遵局理藐法欺人事呈狀

（7803：33–34）28.9×29.0cm；（7803：35–36）28.8×30.1cm；（7803：37）28.9×28.6cm；（7803：38–39）28.7×34.7cm　圖版裁狀式條例

35.光緒三十二年五月初二日殷韓氏爲前波未平後浪又起事呈狀　（7803：17）25.3×20.9cm；（7803：17-1）25.3×39.8cm　圖版裁空白頁

36.光緒三十二年五月初八日廖永年等爲批提未提惡膽愈雄事呈狀

（7803：9–10）28.7×30.2cm；（7803：11–12）28.8×28.5cm；（7803：13–14）28.8×28.9cm；（7803：15–16）28.8×29.4cm　圖版裁狀式條例

019

具稟邁寡殷韓氏，年列前詞，[illegible] 殷美紅

有案 爲藐法違斷、抗繳冤抑，久懸莫伸，又肆誣陷，無辜再叩檄提斷結事。切氏冤遭

惡廖永年串同項恒興強砍魁杉千餘株，得賣洋壹千壹百元之多，經氏具控

在案。詎惡竟敢埋滅四千元之當字，僞造八十元之[illegible]，訖投稅，希圖脫罪。幸逢龍圖

再世，灼見僞造假契，當堂塗銷，斷令賠償杉木價銀五百元，該山還氏管業等諭。兩

造均遵，具結完案，堂下觀者共[illegible]神。不料永年等自堂斷限繳之後，聽信

法外之人主使，不特[illegible]抗繳，且敢哄堂塞署欺官，[illegible]之財能通神，賄差蔽延，案懸三載。

任氏頻催，置若罔聞。詎惡如虎添翼，肆無忌憚，[illegible]等物概[illegible]，餘乃風前燭。

蜀候訊，暴染風寒，[illegible]日凍餓，流淚苦莫勝言。迨本年四月間，氏因坐餓無奈，囑子挖剝

士名協力排厚樸，售賣充飢，此係蒙 恩當堂斷還歸氏管業山場，與伊有何干得。

誰料永年等習惡成性，前波未平，後浪[illegible]

非仕士名[illegible]剝，而且界址分清，永年等輒敢飄赴捕衙捏稟氏之堂姪殷石榮、美光、李金等

挖掘渠之厚朴等詞，該差役多人屢次傳喚，擾累不堪。叩察前冤未伸，又加屈抑，況殷

石榮等無辜受累，若不再叩訊明究追，所結[illegible]氏底丁風日甚，爲此情迫，哀叩

青天大老爺鐵面宗主，[illegible]恩賜檄[illegible]，按例懲辦，追償樹價給領，寡氏

感露而騰天，來衣萬代，銜結上稟。

020

候限集訊究

37.(時間不詳)殷韓氏爲控廖永年藐法違斷抗繳冤抑事稟狀 （4703：19—20）25.7×37.9cm

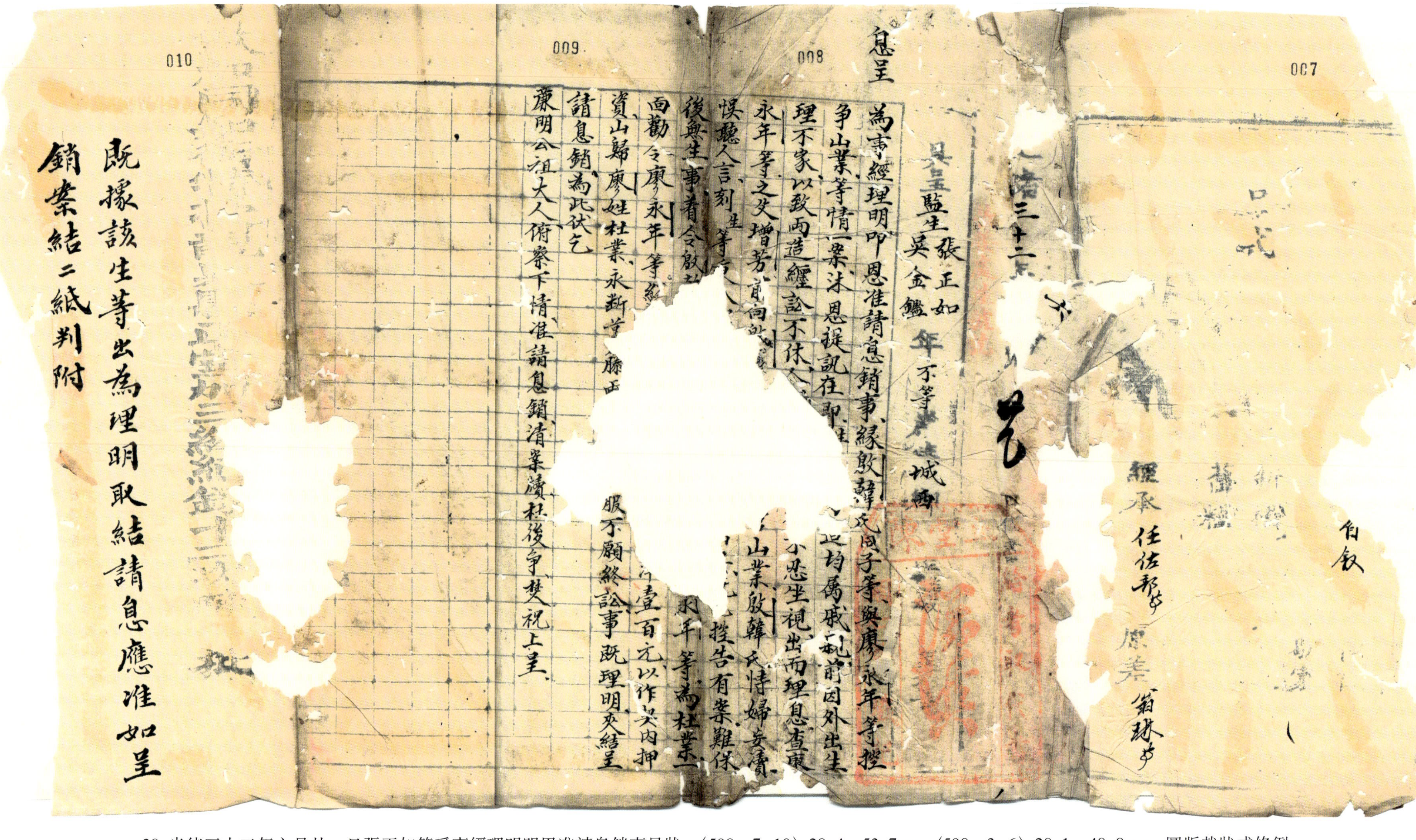

息呈

具呈監生張正如 吳金鑑 年不等 [illegible]城西

為事經理明叩恩准請息銷事。緣敘韓氏同子等與廖永年等控

爭山業等情一案，沐恩提訊在卯[illegible]生[illegible]均屬戚誼，前因外出生

理不家，以致兩造經訟不休[illegible]小恐生視出而理息查[illegible]

永年等之父增芳[illegible]山業敘韓氏恃婦妄讀

悞聽人言，刻生等[illegible]控告有案，難保

後無生事，着令敘韓[illegible]永年等為杜業一

面勸令廖永年等[illegible]壹百元，以作吳內押

資，山歸廖姓杜業，永斷葛藤[illegible]服不願終訟，事既理明，央結呈

請息銷。為此伏乞

廉明公祖大人俯察下情，准請息銷，清案牘，杜後爭，焚祝上呈。

光緒三十二年六月[illegible]

經承 任佐邦

原差 翁琳

既據該生等出為理明取結請息，應准如呈銷案。結二紙判附。

38.光緒三十二年六月廿一日張正如等爲事經理明叩恩准請息銷事呈狀 （598：7–10）28.4×53.7cm；（598：3–6）28.1×48.8cm 圖版裁狀式條例

39.光緒三十二年六月㊀一日殷韓氏息結狀　（598：11）36.1×29.6cm

40.光緒三十二年六月㊀一日廖永年等息結狀　（598：12）39.2×29.4cm

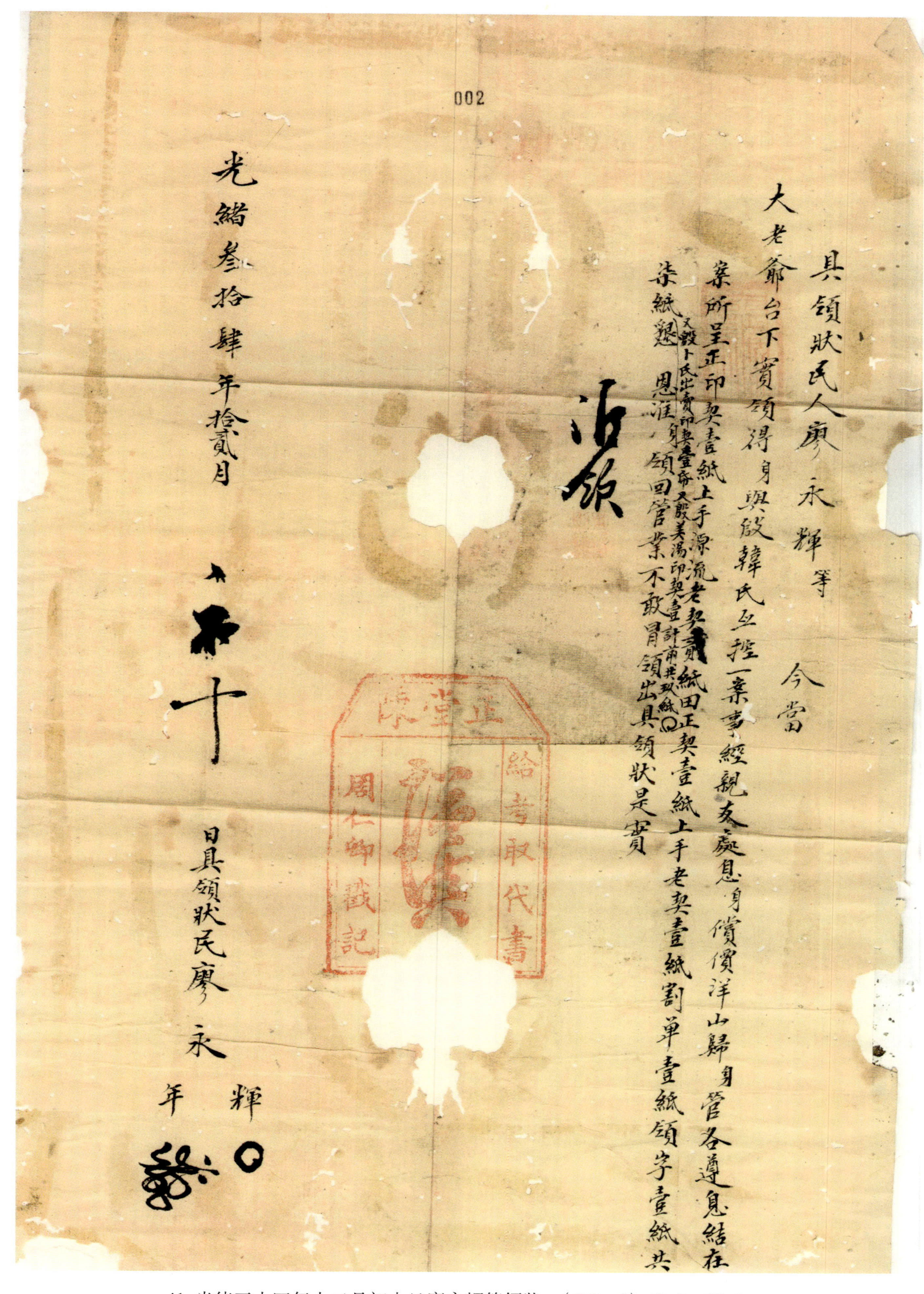

002

具領狀民人廖永輝等，今當

大老爺台下實領得身與殷韓氏互控一案，事經親友處息，身償價洋山歸身管，各遵息結在

案。所呈正印契壹紙、上手源流老契貳紙、田正契壹紙、上手老契壹紙、劄單壹紙、領字壹紙，共

柒紙，又殷卜氏出賣印契壹紙、又殷美湯印契壹紙，計前共玖紙。懇

恩淮身領回管業，不敢冒領。出具領狀是實。

准領

正堂陳

給考取代書

周仁卿戳記

光緒叁拾肆年拾貳月初十日具領狀民廖永輝〇

年

41.光緒三十四年十二月初十日廖永輝等領狀　（598：2）42.3×29.0cm

七　光緒三十年金林養等控吴禮順糾黨强砍案

一、内容提要

「光緒三十年（一九零四）金林養等控吴禮順糾黨强砍案」相關檔案保存於9762號卷宗，其中包括光緒三十年八月至九月間訴訟過程中形成的一件票（稿）和四件呈狀。該案由金林養等喊控吴禮順在金氏契管山界内强砍大小杉木八百餘株。金林養的新詞未存，現存時間最早的文書是光緒三十年八月初二日的票（稿）。隨後吴順禮呈狀辯稱所砍樹木在自管山場之内，并呈印契一紙爲證。金林養等則呈狀指出，吴姓契據「土名四址不符」，并繪圖説明山場界限情况。九月初八日吴禮順的呈狀破殘嚴重，其中提到吴禮順自光緒二十年（一八九四）九月即與吴殿魁控争該山場，知縣胡文淵曾將山場斷歸於他。

二、檔案索引

編號	時間	作者	内容	類型	卷宗號	原卷宗頁碼
1	光緒三十年八月初二日	知縣陳海梅	爲提訊吴禮順等事	票(稿)	9762	18、17
2	光緒三十年八月初三日	吴禮順	爲控金林養藉連跨佔好訟誣良事	呈狀	9762	2—8
3	光緒三十年八月十八日	金林養等	爲控吴禮順勢欺佔砍越界混争事	呈狀	9762	24—31
			附1　憲批抄件	粘呈	9762	16
4	光緒三十年八月廿八日	金林養等	爲控吴禮順謀佔弊飾糾黨强砍事	呈狀	9762	15、9—14
			附1　憲批抄件	粘呈	9762	23
5	光緒三十年九月初八日	吴禮順	爲控金林養等不憑契界遁飾横争事	呈狀	9762	21—22

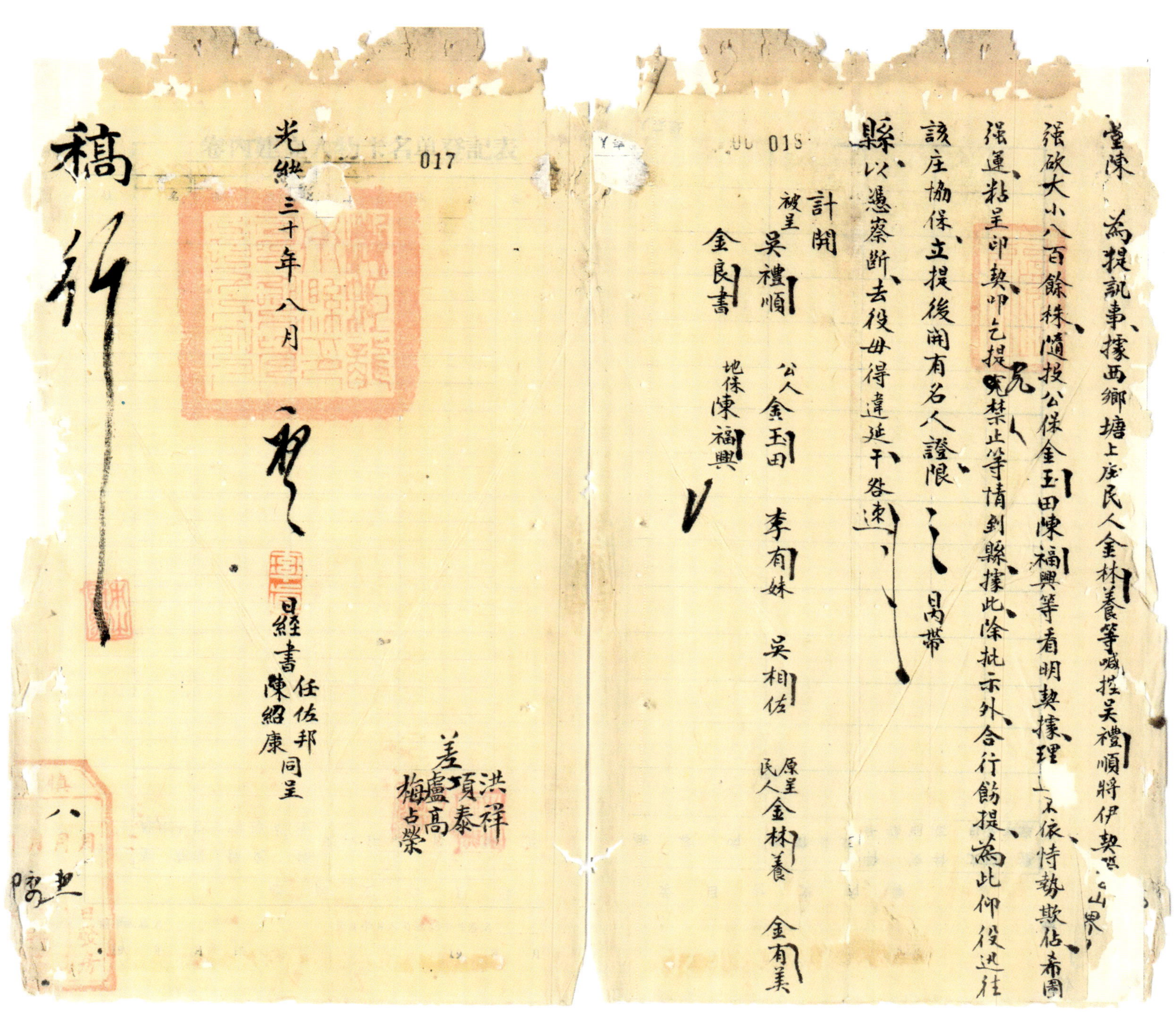

1.光緒三十年八月初二日知縣陳海梅爲提訊吴禮順等事票(稿)（9762：18、17）28.0×32.0cm

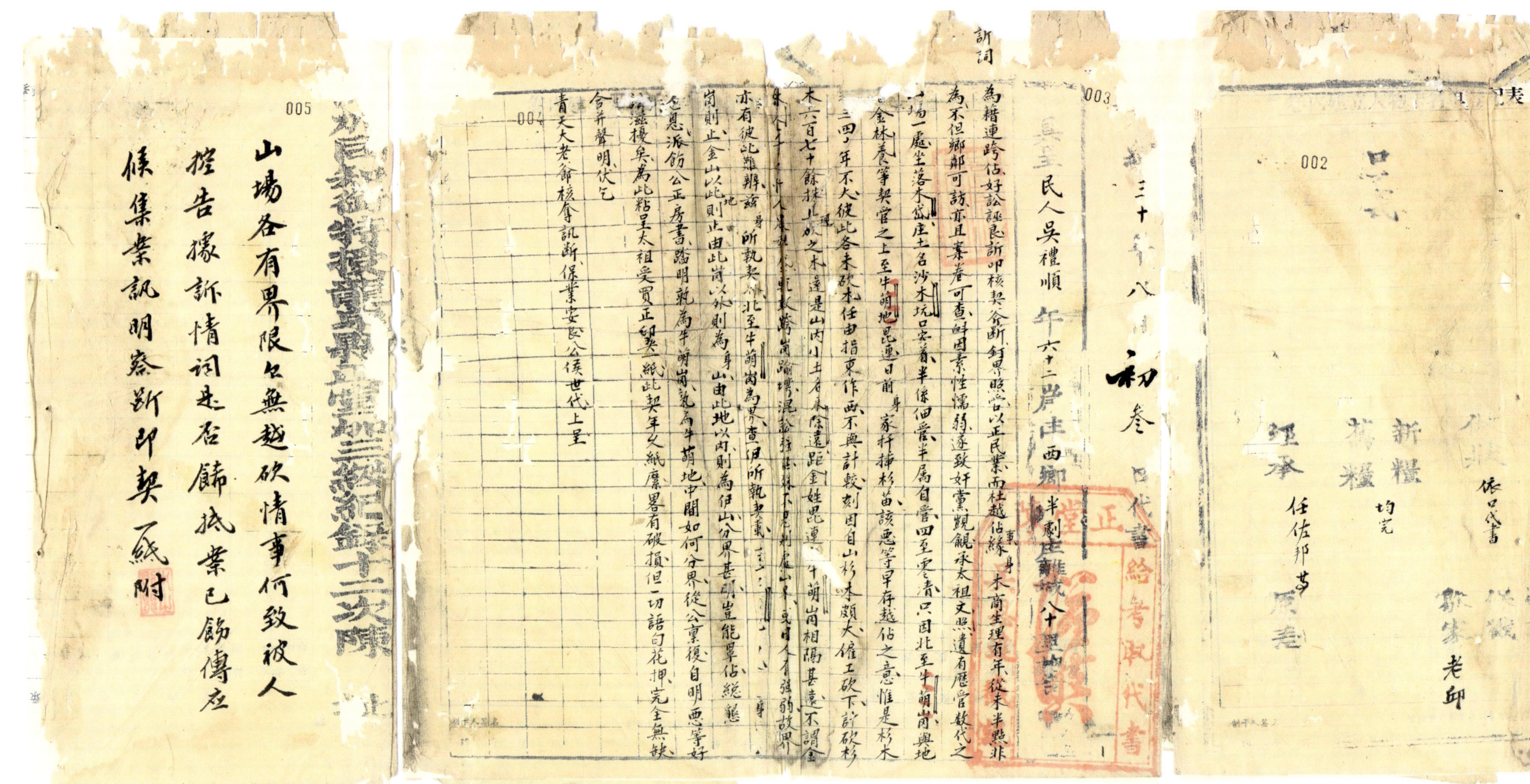

2.光緒三十年八月初三日吴禮順爲控金林養藉連跨佔好訟誣良事呈狀　（9762：2–5）27.8×57.2cm；（9762：6–8）28.0×49.0cm　圖版裁狀式條例

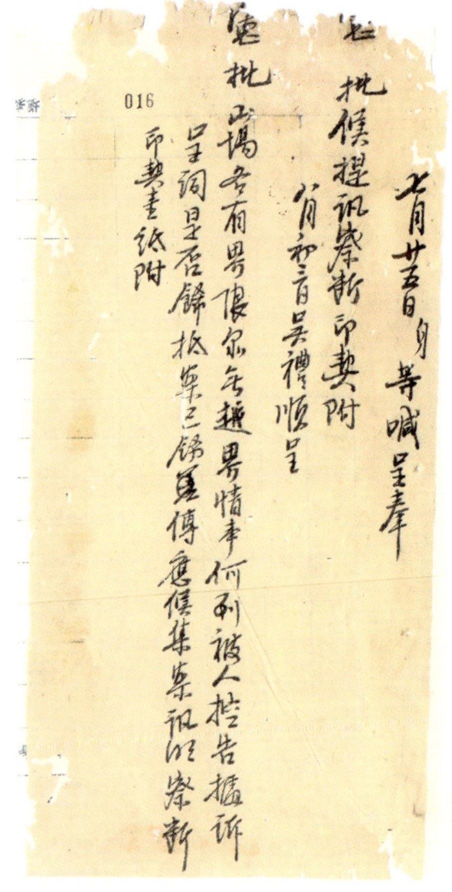

3附1.憲批抄件粘呈

（9762：16）27.6×13.1cm

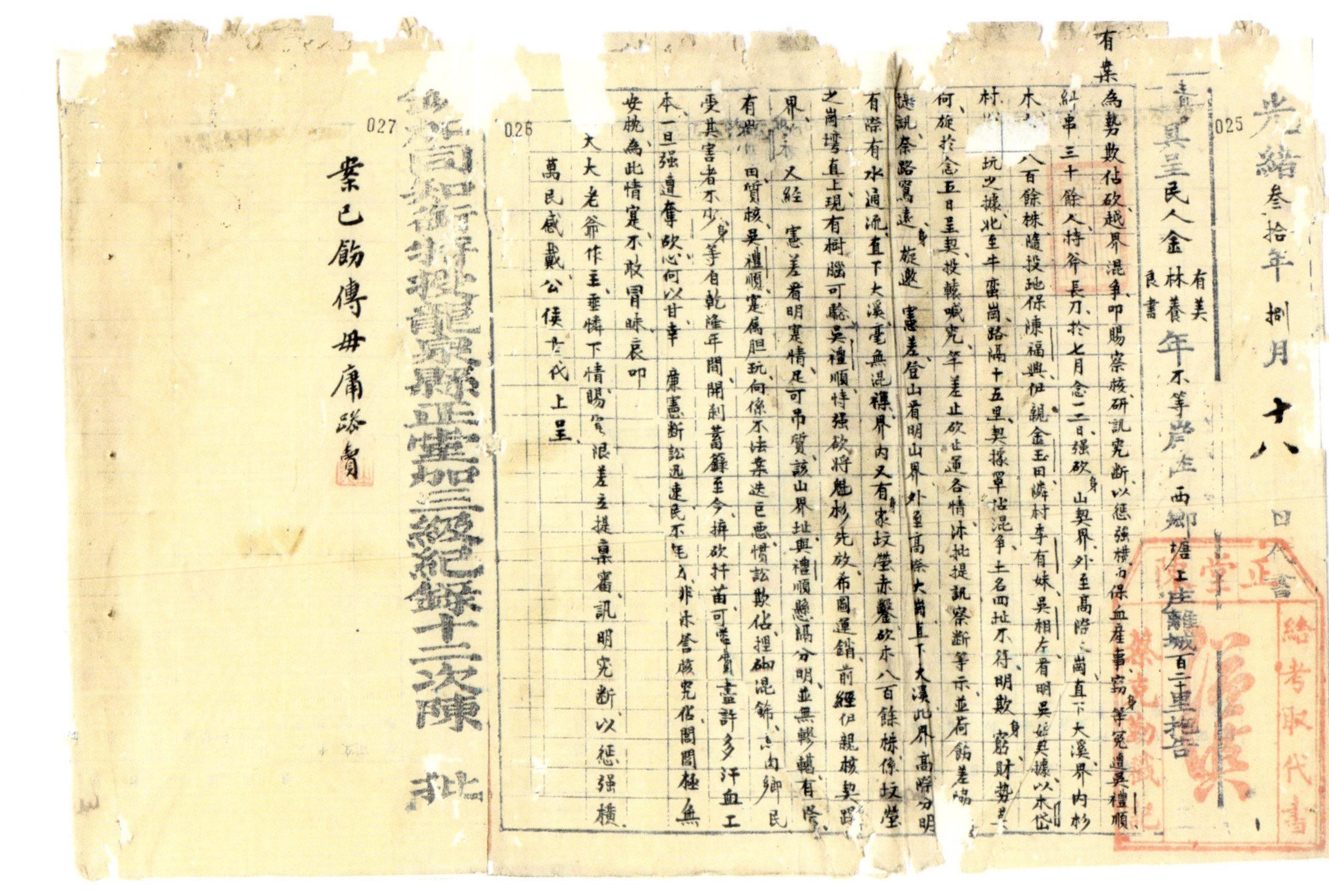

3.光緒三十年八月十八日金林養等爲控吴禮順勢欺佔砍越界混争事呈狀

（9762：24–27）27.4×57.6cm；（9762：28–30）27.5×60.8cm；（9762：31）27.5×19.2cm　圖版裁狀式條例

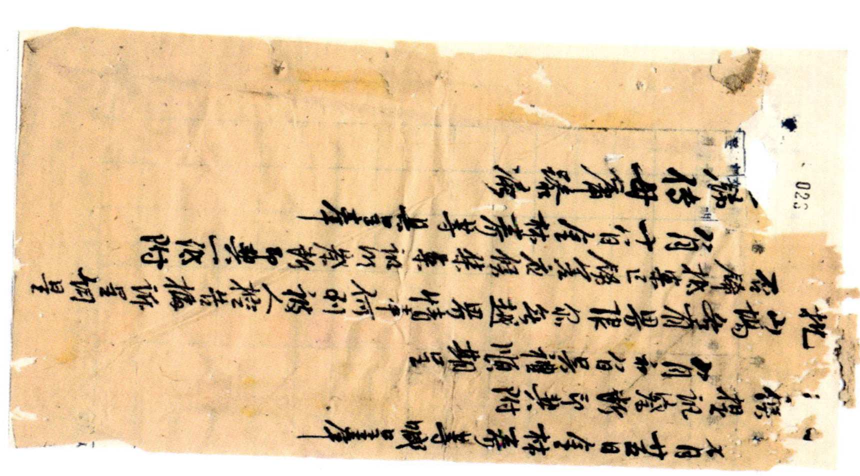

4附1.憲批抄件粘呈

(9762：23) 27.2×14.4cm

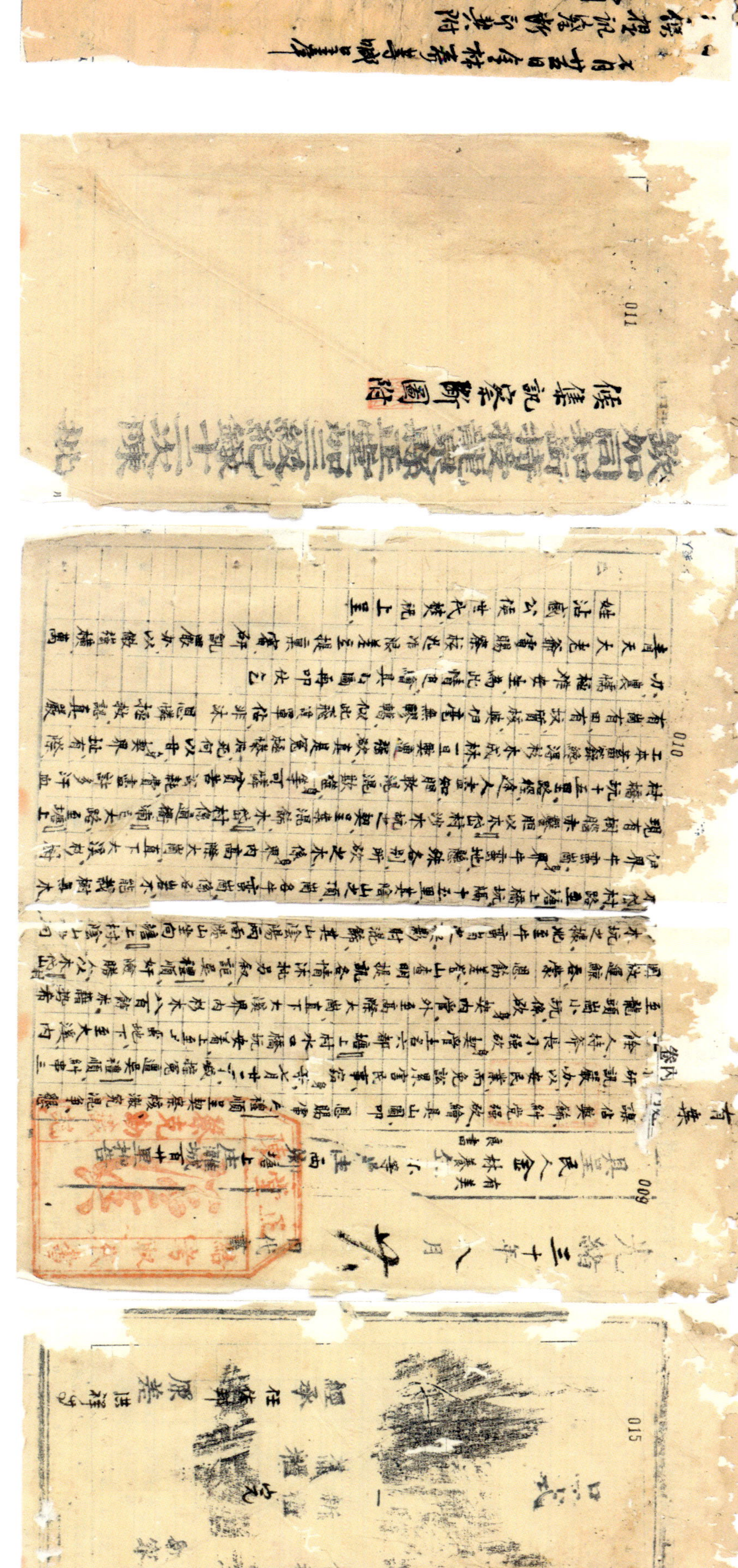

4.光緒三十年八月廿八日金林養等爲控吴禮順謀佔擊飾糾黨强砍事呈狀

(9762：15) 27.5×14.3cm；(9762：9–10) 27.5×29.3cm；(9762：11) 27.5×29.6cm；

(9762：12–13) 27.6×29.0cm；(9762：14) 27.6×14.7cm　圖版裁狀式條例

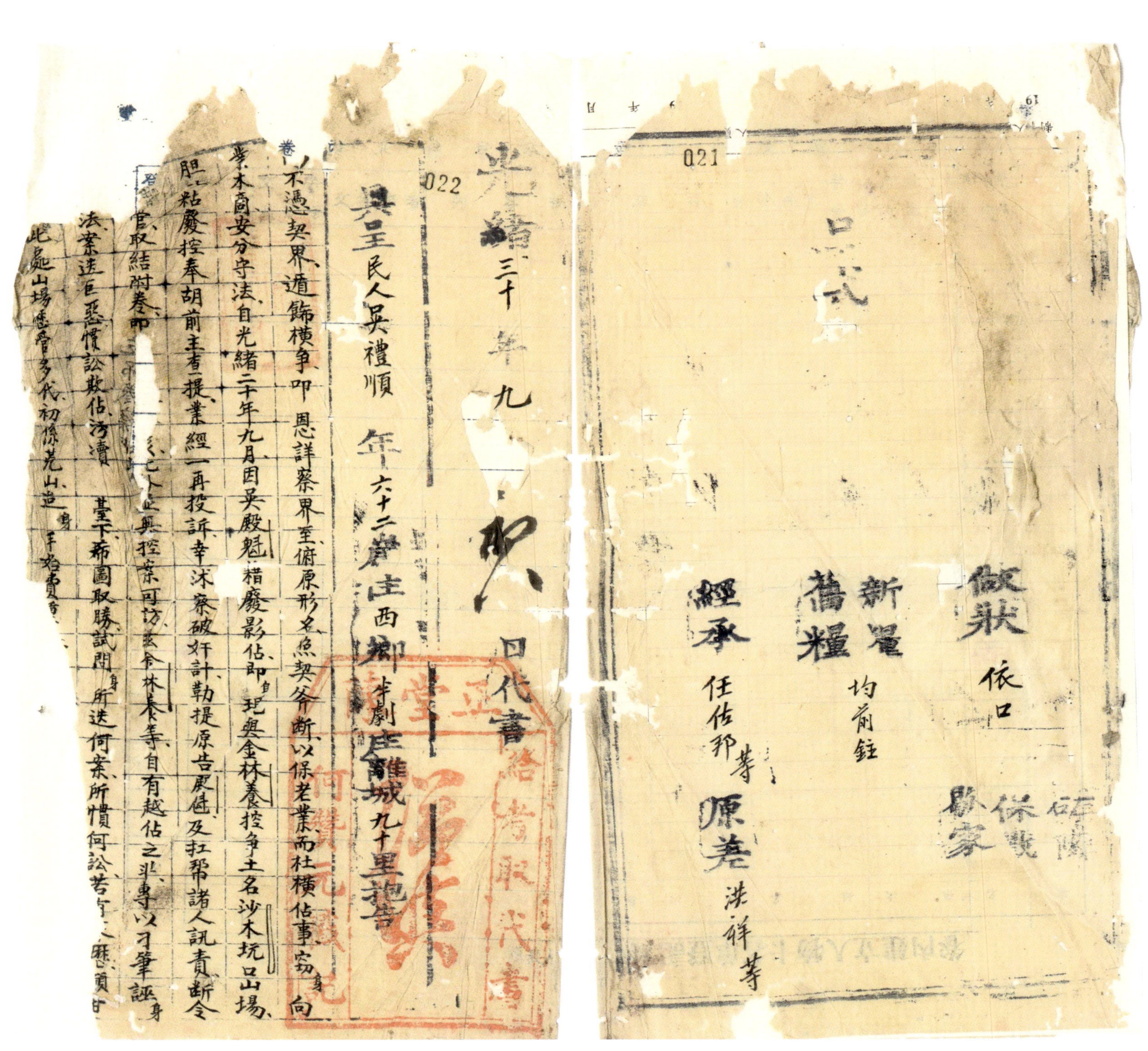

口式

做狀　依口

歇家　保

新罷　舊糧　均前註

經承　任佐邦等

原差　洪祥等

光緒三十年九月初八日代書

具呈民人吴禮順　年六十二歲　住西鄉牛劇庄離城九十里地方

為不憑契界、遁飾横爭，叩恩詳察界至，俯原形名照契斧斷，以保老業而杜横佔事。竊身向

業木商，安分守法。自光緒二十年九月因吴殿魁、楷廢影佔，即自現與金林養控爭土名沙木坑口山場，

胆□粘廢控，奉胡前主查提，業經一再投訴，幸沐察破奸計，勒提原告屍延及扛帮諸人訊責，斷令

官取結附卷，叩……並與控案可訪。茲金林養等自有越佔之非，專以刁筆誣身

法案迭臣惡慣訟欺佔、瀆瀆臺下，希圖取勝。試問身所迭何案、所慣何訟，若……歷貢甘

此處山場歷管多代，初係荒山，迨身手始貢……

5.光緒三十年九月初八日吴禮順爲控金林養等不憑契界遁飾横爭事呈狀　（9762：21—22）26.5×29.5cm

八　光緒三十一年季廣晁控張方恒瞻肆搶割案

一、內容提要

「光緒三十一年（一九零五）季廣晁控張方恒瞻肆搶割案」相關檔案保存於10628、12391、15799號卷宗，三個卷宗各存一件呈狀，另有相關附件。

該案案情，據季廣晁稱，光緒二十九年（一九零三）他從蔣自裕手契買土名魚塘礱、苦竹山兩處稻田，買後自種，後該田上手賣主張大豐後人張方恒等因加找未遂，而搶割田稻。張方恒則稱，該田由其太祖繼元公於嘉慶年間活賣與蔣自裕先祖爲業，後此田由張姓領佃。季廣晁買得該田後，向張姓加租，遭到拒絶，即將張方恒等人所種田稻搶割一光，此後又僞造加找契，試圖將原來的活業轉爲清業。該案訴訟結果不得而知。

二、檔案索引

編號	時間	作者	內容	類型	卷宗號	原卷宗頁碼
1	光緒三十一年十一月十三日	季廣晁	爲控張方恒祖加姪叛瞻肆搶割事	呈狀	12391	1—4
			附1　憲批抄件	粘呈	12391	5
2	光緒三十一年十一月十八日	張方吉等	爲控季廣晁買證揑僞貪業愈明事	呈狀	15799	13—17
			附1　借條三件	粘呈	15799	10—12
			附2　憲批抄件	粘呈	15799	18
3	光緒三十一年十二月初三日	季廣晁	爲控張方恒等砌詞誣架非訊不明事	呈狀	10628	31—34

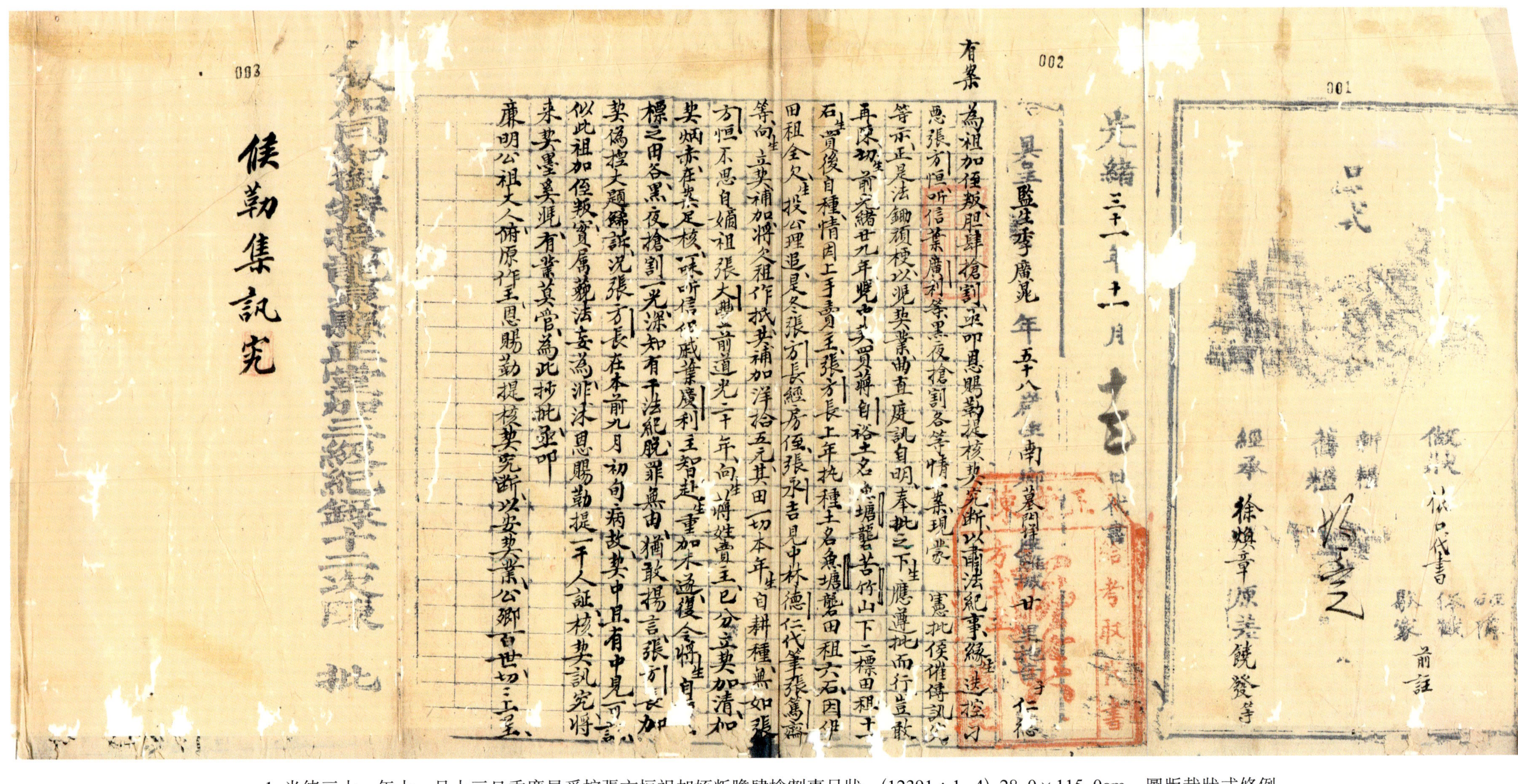

1.光緒三十一年十一月十三日季廣晃爲控張方恒祖加姪叛贍肆搶割事呈狀　(12391：1–4) 28.0×115.0cm　圖版裁狀式條例

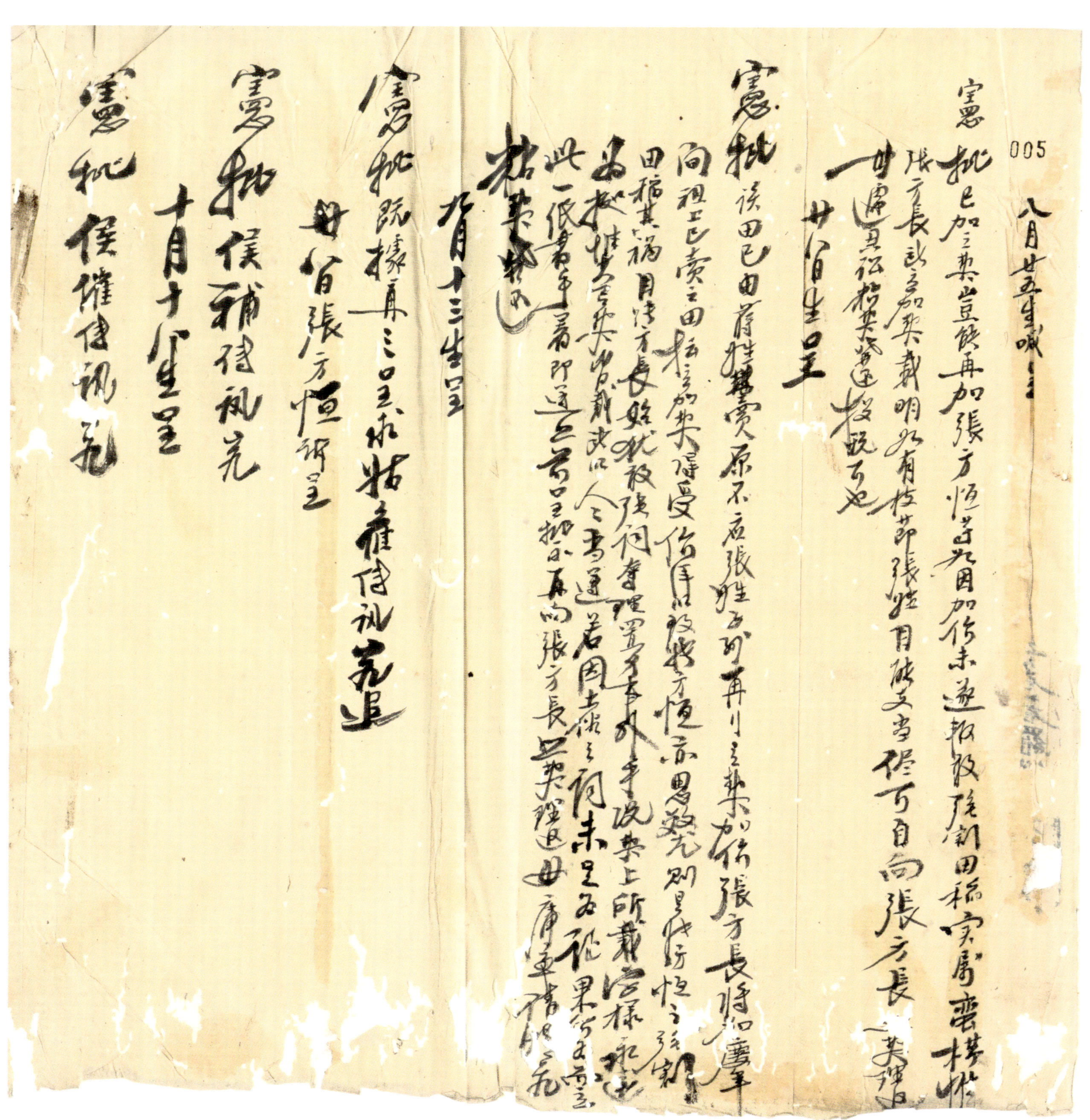

1附1.憲批抄件粘呈　(12391：5) 29.0×29.0cm

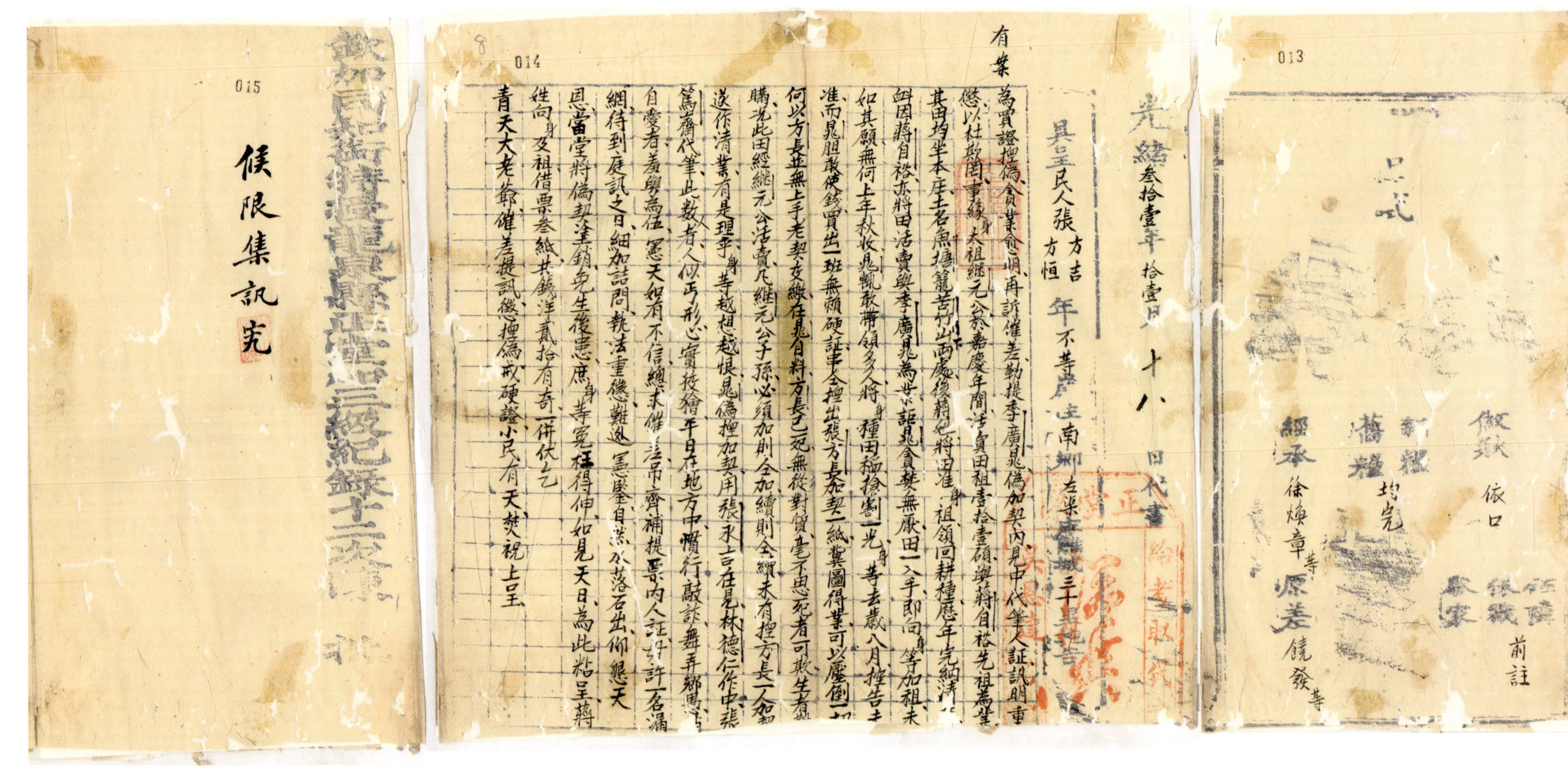

2.光緒三十一年十一月十八日張方吉等爲控季廣晁買證捏僞貪業愈明事呈狀 （15799：13–17） 27.6×120.0cm 圖版裁狀式條例

2附1.借條三件粘呈　（15799：10–11）25.0×27.5cm；（15799：12）27.0×15.0cm

2附2.憲批抄件粘呈　（15799：18）29.0×33.5cm

3. 光緒三十一年十二月初三日季廣晁爲控張方恒等砌詞誣架非訊不明事呈狀　(10628：30–34) 28.2×126.0cm　圖版裁狀式條例

九　光緒三十二年洪大猷與沈陳養互爭山業案

一、內容提要

「光緒三十二年（一九零六）洪大猷與沈陳養互爭山業案」相關檔案保存於91號卷宗，其中包括點名單一件，供詞、堂諭一件，結狀二件。

該案原呈沈陳養與被呈監生洪大猷互爭山場界限。沈陳養稱，洪大猷所呈山契「係前明廢契」，知縣陳海梅諭商務局理處，商務局提出由沈陳養「照中心崗分出十丈與洪大猷」，遭到沈陳養拒絕。最後經堂審訊斷，雙方以中心崗爲界劃分管業。

二、檔案索引

編號	時間	作者	內容	類型	卷宗號	原卷宗頁碼
1	(光緒三十二年)八月十九日		點名單	點名單	91	1
2	(光緒三十二年)八月十九日		供詞、堂諭	供詞、堂諭	91	2
3	光緒三十二年八月十九日	洪大猷	遵結狀	結狀	91	4
4	光緒三十二年八月十九日	沈陳養	遵結狀	結狀	91	5

1.(光緒三十二年)八月十九日點名單
(91：1-1) 29.4×30.0cm

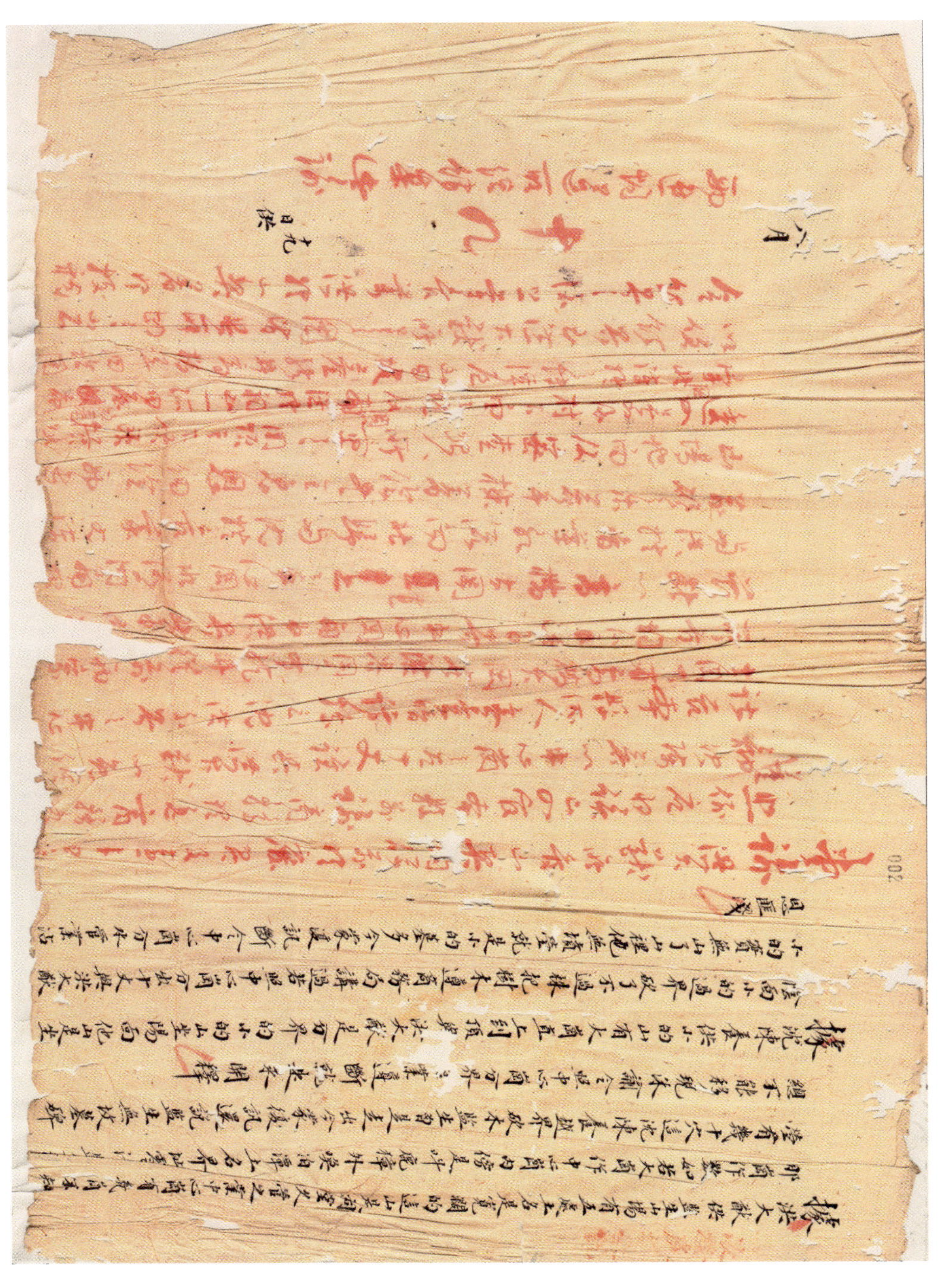

2.(光緒三十二年)八月十九日供詞、堂諭 (91：2) 29.8×46.0cm

具遵結民人沈陳養今當
大老爺臺下實結得身與洪大猷互爭山業一案今沐復訊明晰該山左邊陰向歸與洪大猷管業中
隔有大中心崗分界右邊陽向歸身管業懇斷令嗣後各管各業不准另生枝節洪大猷勿
可再行強佔爭端
憲斷明晰身情愰服出具遵結是實
附卷
光緒三十二年八月十九日具遵結民人沈陳養（押）

4.光緒三十二年八月十九日沈陳養遵結狀　（91：5）40.5×28.5cm

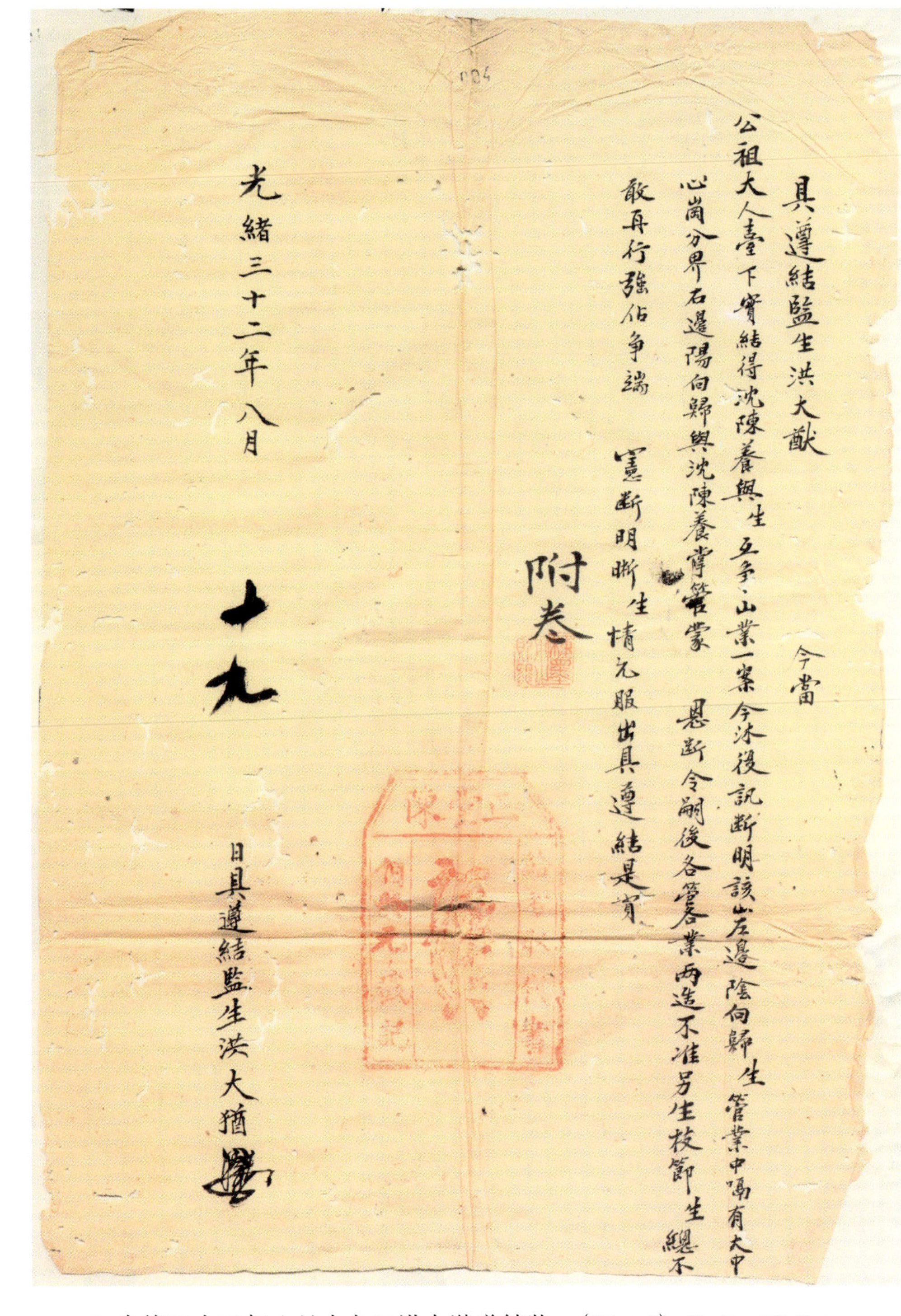
具遵結監生洪大猷今當
公祖大人臺下實結得沈陳養與生互爭山業一案今沐復訊斷明該山左邊陰向歸生管業中隔有大中
心崗分界右邊陽向歸與沈陳養管業懇斷令嗣後各管各業兩造不准另生枝節生總不
敢再行強佔爭端
憲斷明晰生情允服出具遵結是實
附卷
光緒三十二年八月十九日具遵結監生洪大猷（押）

3.光緒三十二年八月十九日洪大猷遵結狀　（91：4）41.0×28.3cm

一〇 光緒三十三年吴紹唐等侵吞積穀案

一、内容提要

「光緒三十三年（一九零七）吴紹唐等侵吞積穀案」相關檔案保存於1550、3579、16288號卷宗，其中包括光緒三十三年八月至宣統三年（一九一一）三月訴訟過程中形成的各式狀紙八件、稟五件、票（稿）三件、諭（稿）三件、札三件、申（稿）及呈各一件等。民國期間該案又引發了一系列訴訟，一直延續至民國二十二年（一九三三），其中「民國二年（一九一三）五月龍泉縣審檢所積穀董事吴紹唐侵蝕社穀拆倉滅迹一案判决詞碑文抄件」對於了解晚清時期的訴訟過程很有幫助，故將其附於晚清檔案之後，供讀者參考。該判決書稱，「迨光緒二十六、二十八□□等年前後開倉三次，由陳前縣派紳盤算清楚」，則該案起因或可追溯至光緒二十六年（一九零零）。而據「光緒三十三年八月初九日知縣陳海梅爲飭提吴獻道事票（稿）」稱，「案查西鄉積穀，經前縣諭派五七八九都紳董吴建鰲等經管……」則該案自陳海梅的前任戴洪禧任上即已有訴訟。現存光緒三十三年至宣統元年的文書是光緒三十三年開倉時陳海梅派員清算過程中形成的。其中八月初五日稟文是與葉士芳同行的倉書王繼新的報告，八月初九日陳海梅票（稿）是在得到葉士芳等人清算報告後，飭提五都吴獻道、七都楊儒彬、八都吴建鰲、九都吴紹唐等人的傳票。吴獻道因抗議葉士芳的清算報告而呈控吴紹唐與葉士芳勾結陷害，由此引發一輪吴獻道與葉士芳、吴紹唐之間的訴訟，這個過程中形成并保存下來的文書包括葉士芳、吴紹唐控告吴獻道的稟狀，以及陳海梅飭傳吴獻道等人的票（稿）。光緒三十三年十二月至光緒三十四年（一九零八）二月間，有四件處州府與龍泉縣關於清算積穀案的往來公文。隨着清算工作的展開，又出現了李逢時、鄧廷鏞、周毓祥、周祝祥等人請求核算報銷或辭職的稟文，以及雷順德、楊儒杉等人指控吴紹唐侵吞積穀的稟狀。宣統三年三月處州府知府蕭飭龍泉縣辦案的札文，則是因吴建鰲、雷一聲等將該案訴至處州府而出現的。

該案案情，據民國二年判决可知，光緒五年（一八七九）龍泉縣西遠鄉五、七、八、九等都捐社穀同貯八都義倉，縣主劉調元擇吴紹唐經管。後有葉維正、李鏡蓉、楊魁梧等控吴紹唐侵吞穀息，訴訟焦點包括穀息虧空、賬簿不全、浮支冒報、匿報息穀、擅拆穀倉等事——由於現存晚清檔案中未見葉維正、李鏡蓉、楊魁梧等人對吴紹唐的指控，據現存檔案尚不能判定這些指控是民國初年提起的，還是由晚清延續而來。朱光奎判决雖駁回了對吴紹唐的多數指控，但仍認定吴紹唐有匿報息穀情節，判其賠償匿報穀息并處罰金、承擔訴訟費用。

二、檔案索引

編號	時間	作者	内容	類型	卷宗號	原卷宗頁碼
1	(年份不祥)八月初五日	倉書王繼新	爲奉諭飭理合稟明事	稟	16288	34
2	光緒三十三年八月初九日	知縣陳海梅	爲飭提吴獻道等事	票(稿)	16288	35—38
3	光緒三十三年九月初四日	吴獻道	爲控吴紹唐四面夾攻冤沉海底事	稟狀	16288	39—40
			附1 吴紹唐侵噬閉算各款清單	粘呈	16288	41
4	光緒三十三年九月初十日	葉士芳	爲控吴獻道捏贜指受因公被污事	稟狀	16288	55—57

5	時間不詳〔一〕	吴紹唐	爲控吴獻道再投轅下聽候第四次清算事	稟狀	16288	58—59
6	光緒三十三年九月十二日	知縣陳海梅	諭紳董知悉事	諭(稿)	16288	42—43
			附1 四都各户欠穀清單	粘呈	16288	44—48
7	光緒三十三年十月十二日	吴紹唐	爲控吴獻道索算避算懇恩立提面算事	稟狀	16288	60—62
8	光緒三十三年十一月十三日	吴紹唐	爲控吴獻道抗不赴算三叩立提清算事	稟狀	16288	53—54
9	光緒三十三年十一月廿一日	知縣陳海梅	爲飭傳吴獻道等事	票(稿)	16288	49—50
10	光緒三十三年十二月十四日	吴建鰲等	爲負欠積穀久延不償事	稟狀	16288	51—52
11	光緒三十三年十二月十五日	知縣陳海梅	爲追繳欠穀事	票(稿)	16288	32
12	光緒三十三年十二月十七日	道臺賀	爲事關民食務須認真查察事飭試用知縣熊	札	16288	33
13	光緒三十四年二月十四日	知縣陳海梅	爲申覆事申道臺賀	申(稿)	16288	20—21
14	光緒三十四年二月十八日		龍邑城鄉社義倉存儲穀款開具清摺	粘呈	16288	23—28
15	光緒三十四年六月十九日	李逢時	爲鄉民告糶奔轅稟報事	稟	16288	29—31
16	光緒三十四年六月廿三日	知縣陳海梅	諭查田莊積穀董事李逢時知悉事	諭(稿)	16288	22
17	光緒三十四年八月十三日	鄧廷鏞等	爲奉公辦公涉洋無着聯名僉叩俯准照稟察核報銷事	稟	16288	1—3
18	光緒三十四年九月十九日	周毓祥	爲責重力微難堪勝任叩恩准予辭退事	稟	16288	8—9
19	時間不詳〔二〕	積穀董事蔡鋆	爲事難兼理情迫稟辭事	稟	16288	10
20	光緒三十四年十一月初五日	知縣陳海梅	諭四鄉積穀董事知悉事	諭(稿)	16288	4—5
21	光緒三十四年十一月初八日	雷順德等	爲控吴紹唐侵吞積穀專飽私囊事(新詞)	呈狀	16288	14—18
22	光緒三十四年十二月初八日	楊儒彬	爲控吴紹唐勢豪侵蝕虧墊難堪事	稟狀	16288	11—13
23	宣統元年正月	周祝祥	爲應請立案事	呈	16288	6—7
24	宣統三年三月十四日	處州府知府蕭	爲詳細調查秉公辦理事飭龍泉縣	札	1550	1—4
25	時間不詳〔三〕	處州府知府蕭	爲札飭事	札	1550	5—6
26	民國二年五月	龍泉縣審檢所	積穀董事吴紹唐侵蝕社穀拆倉滅迹一案判決詞碑文抄件	粘呈	3579	2—22

〔一〕時間缺失，據原卷宗頁碼排序。

〔二〕時間缺失，内容與光緒三十四年九月十九日周毓祥等同爲積穀董事辭職事，且原卷宗頁碼跟隨其後，故列於其後。

〔三〕時間缺失，札文中稱「宣統三年三月初一日奉藩憲吴札……」，而宣統三年三月十四日札文稱「宣統三年二月二十五日奉藩憲吴批……」，故列於其後。

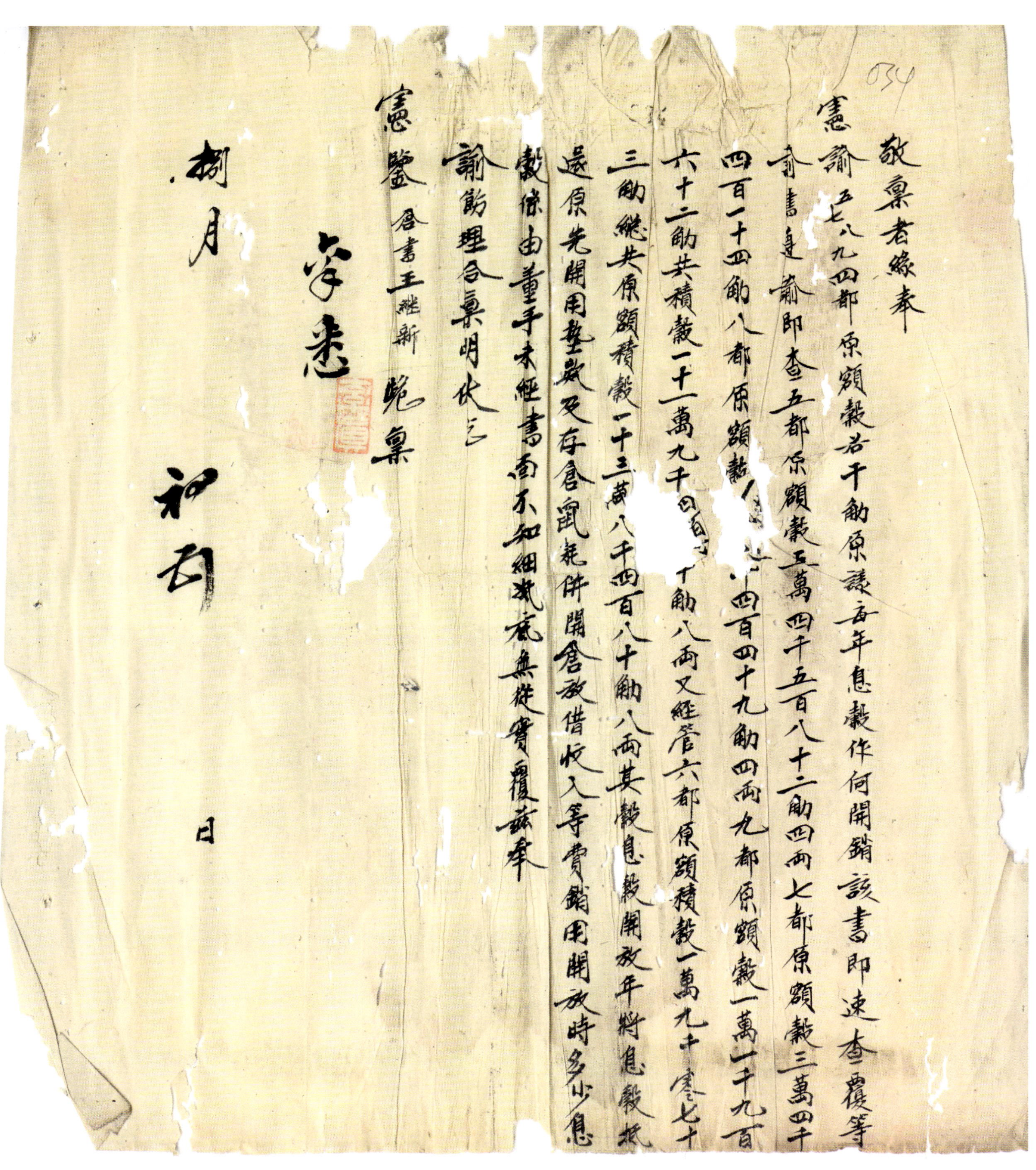

034

敬稟者緣奉

憲諭五七八九四都原額穀若干斛原議每年息穀作何開銷該書即速查覆等

諭書遵諭即查五都原額穀五萬四千五百八十二斛四兩七都原額穀三萬四千

四百一十四斛八都原額穀[illegible]四百四十九斛四兩九都原額穀一萬一千九百

六十二斛共積穀一十一萬九千四百[illegible]十斛八兩又經管六都原額積穀一萬九千零七十

三斛總共原額積穀一十三萬八千四百八十斛八兩其穀息穀開放年將息穀抵

還原先開用整數又存倉鼠耗併開倉放借收入等費銷用開放時多少息

穀係由董手未經書面不知細數底無從實覆茲奉

諭飭理合稟明伏乞

憲鑒 倉書王繼新叩稟

字悉

捌月 初五 日

1.(年份不詳)八月初五日倉書王繼新爲奉諭飭理合稟明事稟 （16288：34）29.4×27.6cm

2.光緒三十三年八月初九日知縣陳海梅爲飭提吳獻道等事票(稿)（16288：35–38）29.2×39.3cm

3.光緒三十三年九月初四日吳獻道爲控吳紹唐四面夾攻冤沉海底事稟狀　（16288：39）25.6×9.3cm；（16288：40）25.6×62.5cm　圖版裁封套

清單

謹將吳紹唐侵噬閉算各款開呈

憲鑒

光緒二十六年生故父帮办吳紹唐僅支出放谷拾壹萬壹千捌百五拾弍觔
存倉谷四千叁百六拾九觔
糶出谷叁百叁拾叁觔
三共計實支出数谷拾壹萬六千五百五拾四觔內谷九六之挑
加申利息谷弍萬弍千叁百七拾觔
本利共計谷拾叁萬捌千九百念四觔
收谷之後除原存倉谷拾壹萬陸千捌百二拾七觔
對除之外長收利息谷壹萬叁千六百六拾六觔
除衆開銷用谷捌千四百叁拾弍觔
利息折接申英洋叁百零叁元七角正內除開銷英洋壹元七角正
存六都英洋壹百零六元正此洋交出衆邀補九六挑之谷分用
二共對除存利息併補挑共英洋肆百零捌元正
此洋分散各董分用放收積谷廿薪水之資

二十八年　放出本谷拾壹萬弍千五百叁十觔
加申利息谷弍萬弍千五百零六觔
併共本利谷拾叁萬五千零叁十六觔

三十二年　放出本谷拾壹萬九千六百四十六觔
加申利息谷弍萬叁千九百二十九觔
併共本利谷拾四萬叁千五百七十五觔

照依二十六年接手帮办除原存倉谷之外有盈無虧其餘谷利息吳紹唐一人圖噬以致閉賬不算此賬若不思傳吳紹唐等仝赴城隍祠乞恩諭城董盤盤細算黑白難分

二十六年　放谷墊用英洋拾弍元捌角五分　收谷墊用英洋五拾四元九角七分正
二十八年　放谷墊用英洋拾捌元七角七分　收谷墊用英洋七拾九元六角六分二厘正
三十二年　放谷墊用英洋拾九元七角一分二厘　收谷墊用英洋六拾五元四角八分八厘正
三年併共墊用英洋弍百五拾肆元四角五分二厘正　生故父在前分來英洋壹百弍十元除外　生尚墊用英洋壹百叁拾壹元四角五分二厘正

3附1.吳紹唐侵噬閉算各款清單粘呈　（16288：41）25.4×53.4cm

具稟增生葉士芳

為捏贓指受因公被污叩賜立提澈究以儆誣告事。竊生於本年正月奉諭往算五六七八各都積穀餘利撥充學堂等示，生即帶仝倉書王繼新前往會同各都董事當面算明，稟報在案，續於七月間又奉憲諭仝吳嘉彥仍往復算。生以事關憲委，兼係提撥學堂經費，不得已勉擔義務，仍赴該庄，請出吳獻道等在八都義倉中堂面算，當時村衆觀者雲集，不下百數十人。生之會算，盡人皆知。玆吳獻道乃捏生來鄉並未明算，又誣生受靜覺寺保嬰公所擀樹項下英洋百元，伏思委算而不明算，是重負憲天也；受賂而曰百元，是重罪也。試問百元之數交付者何人？見証者何人？且查靜覺寺擀樹一項，董事現在稟控村衆阻砍，砍且未能，烏得有洋？今獻道憑捏控而憲批候諭城紳盤查云云，在憲天或別有深意，而冒此不韙之名，內無以對親，外無以對友，上無以對憲天，憲諭生算，生不得不遵，遵憲天之諭而致受獻道之污，則生何堪任受也。憲天摘奸發伏，大智若神，生實受賂，應請照辦；如無此情，則誣告之罪例有明条。為此不已，伏乞

氷康公祖大人作主，立提吳獻道澈底跟究，以雪疑獄而儆誣告。翹切上稟。

該生實心辦事，本縣素所深悉，人言何恤，付之不論不議之列可也。

光緒三十三年九月 初十 日

4.光緒三十三年九月初十日葉士芳爲控吴獻道捏贜指受因公被污事稟狀　（16288：55–57）25.2×68.7cm　圖版裁封套

具稟生員吳紹唐
爲再投轅下、聽候第四次清算、懇恩立提吳獻道到案明算、以維積穀而免誣累事。竊生經
理九都庄積穀，自光緒廿三年以前，則報銷有案也；自廿三年以後，則有連環簿可憑也。吳元眉
存該各欵有積穀局公帳可查，有連環簿可對，迭經
憲委葉士芳等算明，証獻道硬欲鯨
吞，將簿內註明接穀之洋，指爲薪水之洋，殊不思穀未買也，足因有餘洋，存洋可即存穀也，而顧
出其宵小伎倆，東污西衊，明明自欲侵蝕，反誣人以侵蝕。試觀伊父存洋百三十餘元，生存洋五十
餘元，生之洋可以撥歸學堂，而獻道之洋必指爲薪水，是誰欲侵蝕也。生經理九都之穀全數在倉，而
獻道經理五都之穀尚該捌千餘觔，又是誰侵蝕也。自光緒初年來，伊父若子與生公仝經理，公仝
報銷，公仝立具倉收在案，而該稟捏稱自光緒廿六年理始，冀圖抵飾，又是誰欲侵蝕也。且每次開
倉，伊父若子執盤踞倉中，流連數月，均係食公家之穀，用穀欵之錢，均有細賬，而生則退食於家，又
是誰侵蝕也。且當廿八年、三十二年兩次開倉，除一切開用外，各董復分有薪水洋十二元，而獻道
猥稱墊用，試問墊歸何用，且付用賬項，當以積穀局公共所記之賬爲憑，斷不能以一人私捏之帳
爲憑。如捏賬可以爲憑，則生亦謂墊用鉅欵，且付百爲可也。至誣賄送葉香圃、靜覺寺拚樹項下
英洋百元，則試問所拚何樹，在何山，若指現在所拚之木，則現被周國元阻砍，粵控在案，砍且未
能，洋從何出。以憲委會算之紳，而尚敢肆口污衊，其居心亦可概見矣。生本田家，現值農忙之候，
破工奔騰，惟求憲天立提吳獻道到案，無論何地，均可清算。不惟積穀爲救荒要政，萬難任其
虧耗，且誣告加等，例有明條，不沐憲天澈底追究，則磽磽易缺，皎皎易污，有志者將相率而引爲
車鑒矣。爲此伏乞
冰康公祖大人立提清算，孰虧孰盈，迅下明斷，一面徵究，以免誣累，懇切上稟。

據稟有無飾卸，着投商會邀同會算明確，聽候公
論可也。

5.(時間不詳)吳紹唐爲控吳獻道再投轅下聽候第四次清算事稟狀　（16288：58–59）25.1×63.1cm

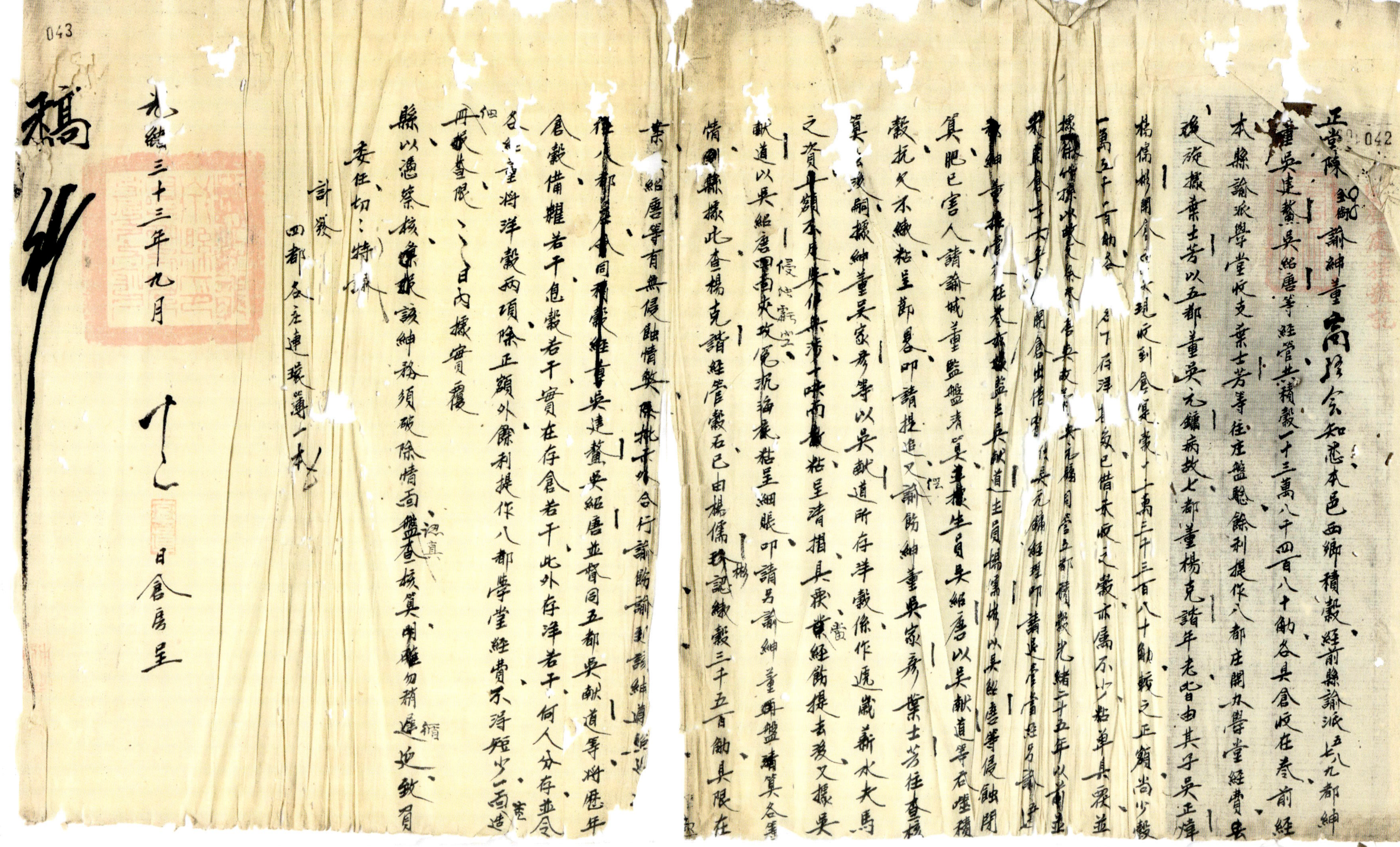

6.光緒三十三年九月十二日知縣陳海梅諭紳董知悉事諭(稿) (16288：42–43) 29.2×50.6cm

清單

謹將各户借欠穀觔各姓名列後

憲鑒

計開

五都

井源 楊梧釗 欠穀壹百四十一觔
對書 蔡茂森 欠穀貳百四十觔
壹陞 吳端文 欠穀叁百五十七觔
黃源 李陳信 欠穀壹百七十六觔
碓藏坦 楊光春 欠穀壹百零八觔
五都楊 楊克泰 欠穀壹百二十觔
上坪 劉德榮 欠穀壹百二十觔
上坪 范孝有 欠穀貳百一十觔
杏口 吳三達 欠穀壹百二十觔
杏口 王國隆 欠叁百六十七觔
五都楊 吳光輪 欠穀貳百六十四觔
錦源 鄭郁芝 欠穀六十觔
棒上頭 張犬兒 欠穀壹百六十八觔
五都坪 李明羅 欠穀八十四觔
楊梅山 曾正標 欠穀壹百二十觔
五都劉 劉安桂 欠穀六十觔
杏口山蓬 羅大德 欠穀六十觔
杏口 吳學仁 欠穀壹百二十觔
杏口 吳三川 欠穀五十四觔
枇杷山 吳水生 欠穀貳百六十觔
杏口 吳光員 欠穀壹百二十觔
杏口 吳章貴 欠穀壹百二十觔
里面塢 吳光才 欠穀六十觔

七都

卓文芝 欠穀貳百四十二觔
平炳有 欠穀六十四觔
張學春 欠穀四十五觔
張闢穿 欠穀七十八觔
李順玉 欠穀貳百七十觔
楊梧楷 欠穀貳百三十觔
曾嘉言 欠穀四十四觔
張天明 欠穀貳百四十觔 吉春共字
曾益松 欠穀壹百二十觔
李禾養 欠穀壹百觔
陳永基 欠穀六十八觔
蔡達壽 欠穀貳百四十觔
蔡樟壽 欠穀叁百十六觔
賴馬德 欠穀壹百十二觔
吳水生 欠穀貳百五十觔
劉禾吉 欠穀六十觔
吳林榮 欠穀七十八觔
吳盛藍 欠穀壹百八十觔
吳禮元 欠穀壹百二十觔
鄭松進 欠穀六十觔
卓文周 欠穀六十觔
謝馬武 欠穀六十一觔
謝明光 欠穀八十六觔
蔡馬水 欠穀壹百二十觔

八都

吳禮德 欠穀六十觔
周德讓 欠穀壹百二十觔
湯發和 欠穀六十觔
張祖利 欠穀壹百二十八觔
湯尚明 欠穀六十觔
吳砥富 欠穀壹百二十觔
王功連 欠穀四十九觔
陳馬賜 欠穀六十觔
吳祥興 欠穀八十觔
田存鶴 欠穀六十觔
鄭馬福 欠穀六十觔
鄭炳炎 欠穀四十八觔
陳七妹 欠穀六十觔
胡礑芝 欠穀四十八觔
濱溪 湯尚賢 欠穀六十觔
藍天和 欠穀壹百觔
王張發 欠穀四十四觔
卓文訓 欠穀七十二觔
楊光水 欠穀貳百四十觔
磜根 鄧子興 欠穀貳百四十六觔

九都

李金川 欠穀壹百八十觔
李本樹 欠穀壹百觔
李春德 欠穀六十觔
蔣克熙 欠穀壹百二十觔
李本端 欠穀叁百六觔
黃希忠 欠穀貳百二十五觔
陳樹忠 欠穀四十觔
李本華 欠穀陸百觔
蔣砥有 欠穀壹百十六觔
劉善遠 欠穀四十二觔
徐林養 欠穀六十六觔
蔡榮發 欠穀八十四觔
葉正茂 欠穀六十二觔
李祚榮 欠穀六十一觔

6附1.四都各户欠穀清單粘呈 （16288：44-48）23.7×107.6cm

7.光緒三十三年十月十二日吳紹唐爲控吳獻道索算避算懇恩立提面算事稟狀　（16288：60−62）24.3×66.4cm　圖版裁封套

檢卷

具稟生員吳紹唐

收發處掛號

為抗不赴算、三叩立提清算、保公項以儆誣告事。緣吳獻道侵吞積谷一案，前經憲諭城紳清算，迄今二月有奇，生已一再具稟，俟算任業在獻道，苟無虧欺情事，何以不算避算，竟致抗傳？其揑誣抵飾，鬼蜮情形，已可概見。撥款興學，本生倡義，生願將餘款撥入學堂，而獻道欲歸私囊；生以谷數務須買足，而獻道則欲侵吞。此獻道所以嫉生忌生，至指存洋為薪水，自污以污生也。彼今既飽而颺，計誠得矣，然積谷為救荒而設，獻道席捲而吞之，萬一歲逢荒歉，獻道之肉其足食乎？且本村學堂需用孔亟，而生亦不能甘受污名，故不憚再三來瀆，籲求憲天立傳清算，以積谷局公共之賬為憑，勿以彼個人私揑之賬為據，正數則買補入倉，餘款則撥歸興學，為下民培養命之源，為國家籌育材之欲。為此三叩

康明公祖大人俯念年內為日無多，立賜差提，認真清算，保全公項，法儆誣告，翹切上稟。

053

候三傳齊算訊奪[illegible]

054

光緒三十三年拾一月[illegible]日

8.光緒三十三年十一月十三日吳紹唐爲控吳獻道抗不赴算三叩立提清算事禀狀　（16288：53–54）24.9×55.1cm　圖版裁空白頁

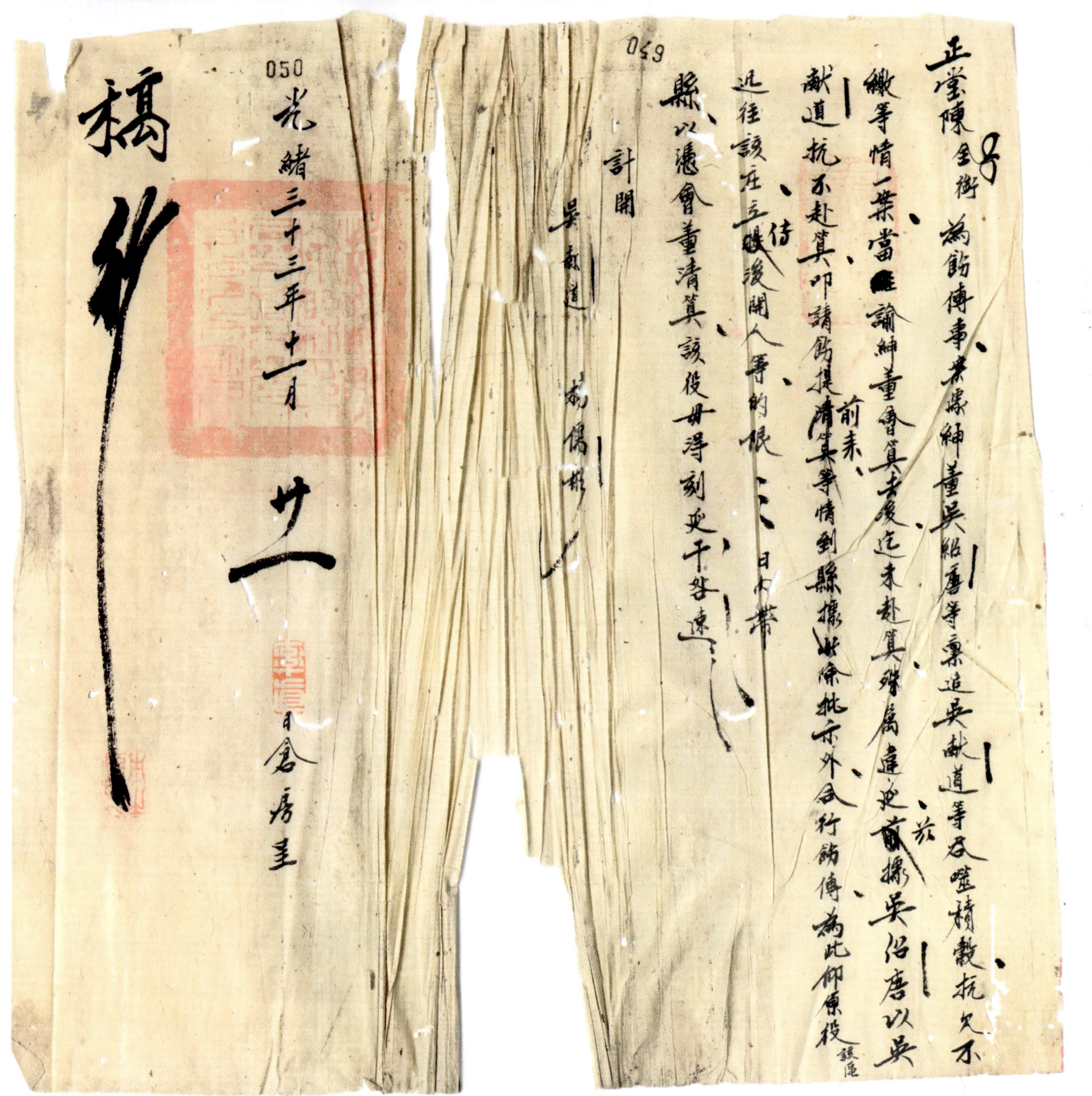

9.光緒三十三年十一月廿一日知縣陳海梅爲飭傳吳獻道等事票(稿) （16288：49–50）26.2×28.3cm

具稟積穀董事吳建鰲、徐纘陵、吳紹唐、卓丁賢等，西鄉貴溪源等庄

為負欠積穀久延不償，懇恩賜飭幹役究追，以全公益事。竊董等奉諭經理五、七、八、九等都積穀，遵照舊章開借取息，十分之二酌提息洋二百元，作為劍西兩等學堂經費。本年七月間復蒙尚諭，將穀出借，當時借出穀捌萬叁千餘觔，已經稟明在案。本冬照常追收，已收穀捌萬餘觔，而被欠未交之穀尚有壹萬餘觔。本年為提息撥入學堂伊始，不蒙憲飭嚴追，恐民間拖欠成風，於積穀有傷，即於學款有窒。茲當歲暮，伏求

康明公祖大人恩賜即飭幹役究追，以全積穀，以裕學款，兩成其美。粘呈欠戶清單上稟。

應派差追繳

光緒叁拾叁年拾貳月十四日

10.光緒三十三年十二月十四日吳建鰲等爲負欠積穀久延不償事稟狀 （16288：51–52）25.9×69.1cm 圖版裁空白頁

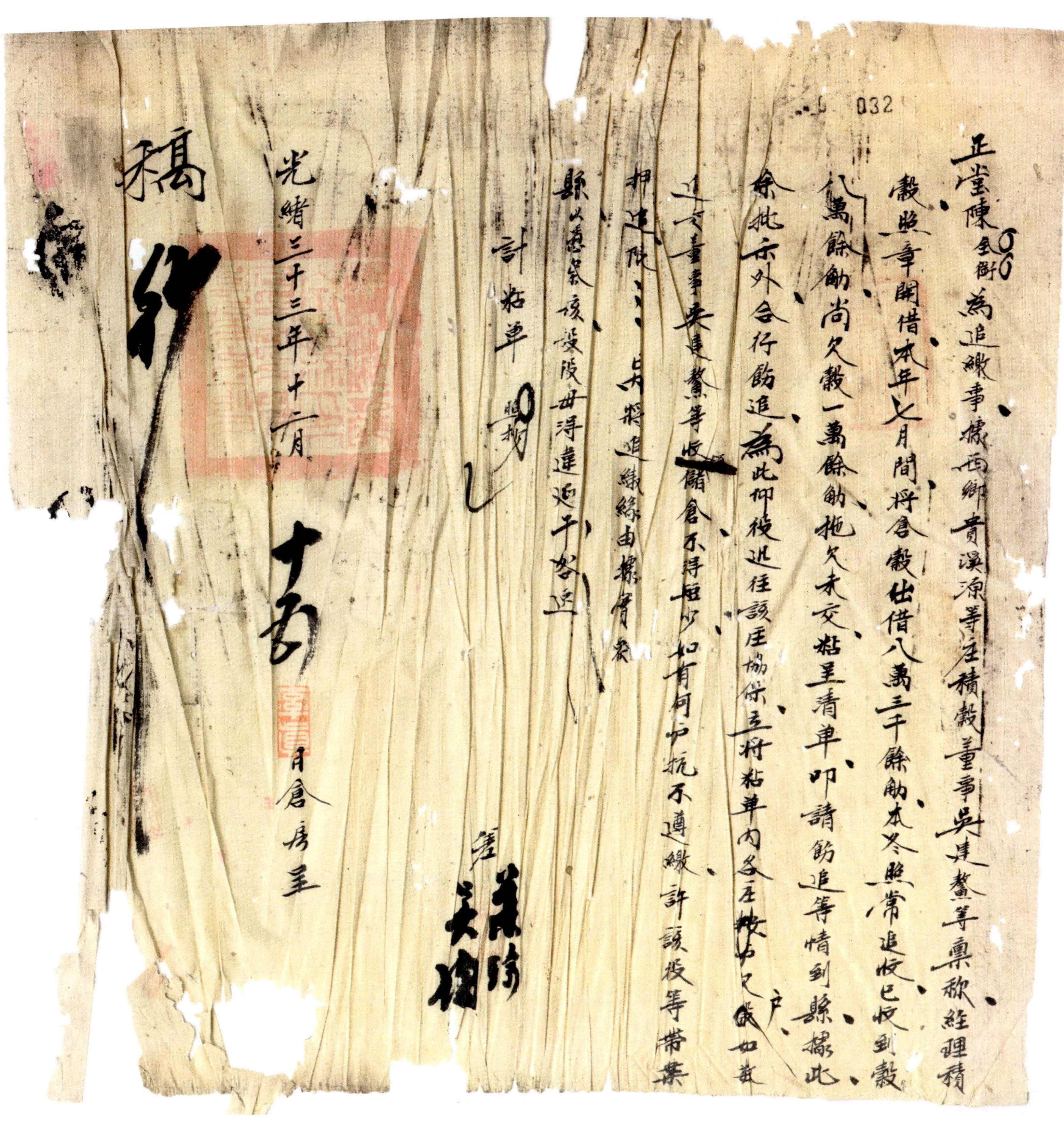

正堂陳　為追繳事。據西鄉貴溪源等莊積穀董事吴建鰲等稟稱：經理積穀，照章開借。本年七月間，將倉穀出借八萬三千餘觔，本冬照常追收，已收到穀八萬餘觔，尚欠穀一萬餘觔，拖欠未交，粘呈清單，叩請飭追等情到縣。據此，除批示外，合行飭追。為此仰役迅往該莊協保，立將粘單內各莊欠戶欠穀如數追交董事吴建鰲等收儲倉，不得短少。如有刁户抗不遵繳，許該役等帶案押追。限□日將追繳緣由據實稟縣，以憑察核。該役毋得違延，干咎。速速。

計粘單

光緒三十三年十二月十五日倉房呈

稿

11.光緒三十三年十二月十五日知縣陳海梅爲追繳欠穀事票(稿)　(16288：32) 29.2×28.2cm

道憲賀　札試用知縣

不接爲日正長情形何堪設想前經本道札飭嚴拿漏海並飭各屬預爲
籌備以免臨時束手特恐意存苟安未克認真從事合特札委札到該員
立即束裝前赴溫處各屬查明何處米穀糧根尚充何處缺乏價值若干民
情是否安堵其缺乏之處並即勸諭就地殷富購儲米穀及糧根芋絲各
以善所有官民各倉并即逐一稽查如有短缺催速買儲足額
濟事關民食該員務須認真查察明晰稟覆毋稍

光緒三十三年十二月　十七日

三十四年二月十二

12.光緒三十三年十二月十七日道臺賀爲事關民食務須認真查察事飭試用知縣熊札　（16288：33）29.0×28.0cm

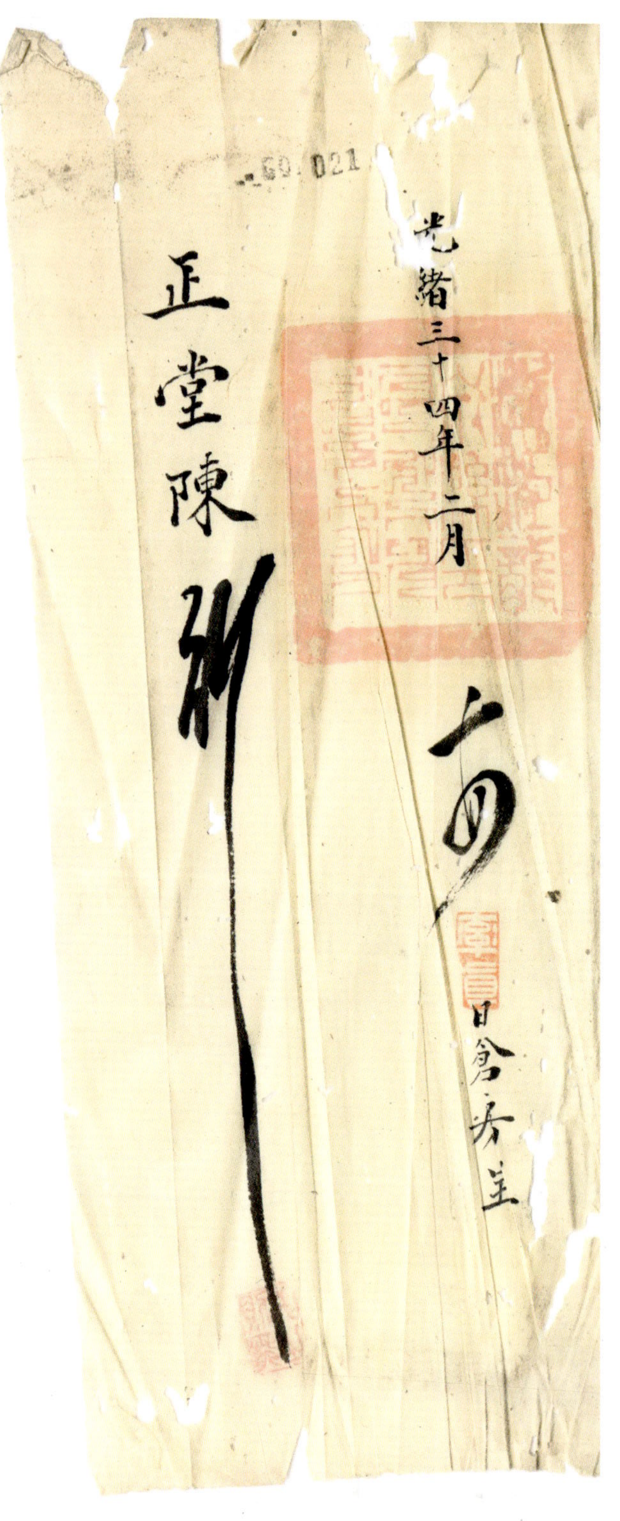

正堂陳
光緒三十四年二月十四日倉房呈

處州府龍泉縣爲申覆事。本年二月十二日，准試用知縣熊令賚奉
憲臺札開：食爲民天，籌之宜預。前經札飭嚴拏漏海，並飭各屬設爲
籌備，特恐意存苟安，未克認真從事。飭即前赴查明何處米穀雜糧[illegible]充、
何處缺乏，價值若干，民情安否，並勸諭地紳富購儲米穀雜糧芋絲，多
多益善。所有官辦、民辦各倉，并即逐一確查，如有短少，催速買儲足額
等因。奉查卑縣奉查龍邑民食向有不敷，前奉
憲臺札飭籌備，遵於正月中旬邀集紳商集眾公同籌議，[illegible]
現在米價每石六千，米穀尚足接濟，民情亦稱安謐。官辦義倉穀石照
舊實儲，民辦社倉穀除買補外，尚短一二成不等，迭飭經董照額買
補。因值採辦米石之際，價值較昂，統認秋後補足，容俟秋成屆期嚴催
買足實儲，另文具報，並加意籌備，隨時察看稟辦，以仰副
憲臺思患預防之至意。茲奉委查，理合具文申覆，仰祈
憲臺察核[illegible]俯賜銷委
照驗施行。須至申者。
一申
道憲賀

13.光緒三十四年二月十四日知縣陳海梅爲申覆事申道臺賀申(稿)　(16288：20–21) 29.2×53.7cm　圖版裁空白頁

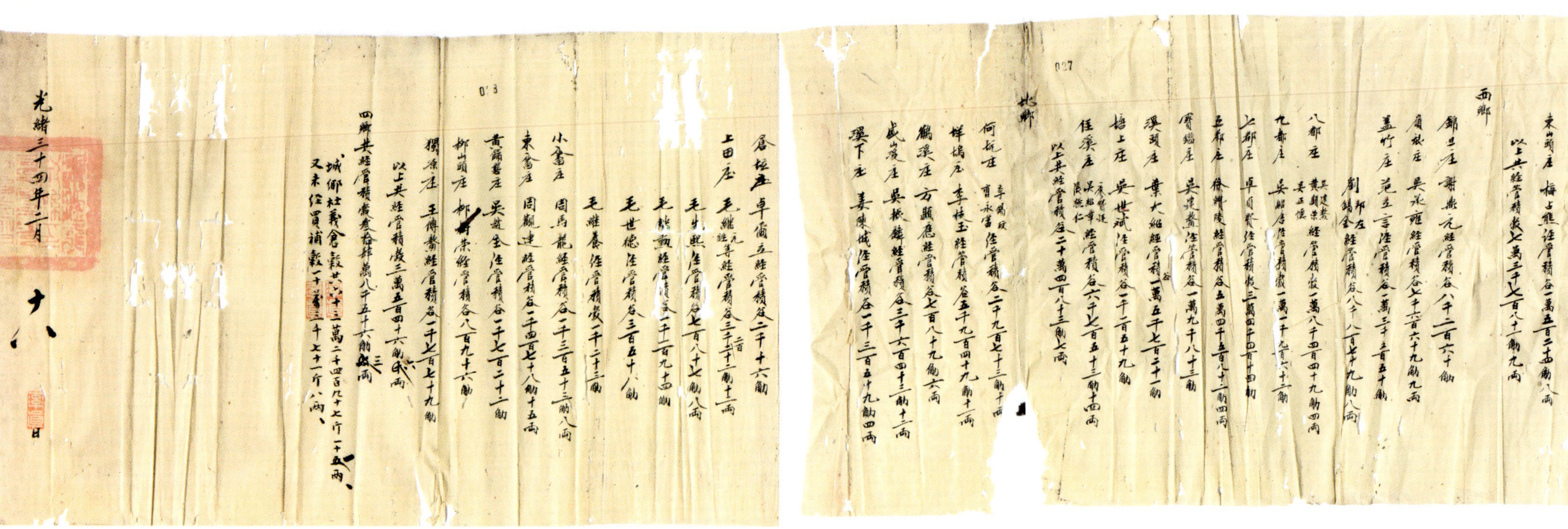

14.光緒三十四年二月十八日龍邑城鄉社義倉存儲穀款開具清摺粘呈

（16288：23–24）24.6×47.1cm；（16288：25）24.9×32.7cm；（16288：26–27）24.9×49.0cm；（16288：28）25.0×46.6cm

具禀查田庄積谷董理李逢時

為鄉民告糶奔輳禀報事。緣身於光緒三十二年奉諭出糶，本冬所買穀數現已禀明案卷赤存，惟舊歲存儲在倉，雇工翻曬，觔兩虧涉，本年意欲存積，又恐觔兩短少，更買補；適本夏有民告糶，身欲出糶，未禀明，不敢擅便，或存或糶，出自憲裁。為此伏乞

文宗大人批示施行。頂德上禀。

光緒三十四年六月十九日給

15.光緒三十四年六月十九日李逢時爲鄉民告糶奔輳禀報事禀　(16288：29−31) 25.2×61.9cm　圖版裁空白頁

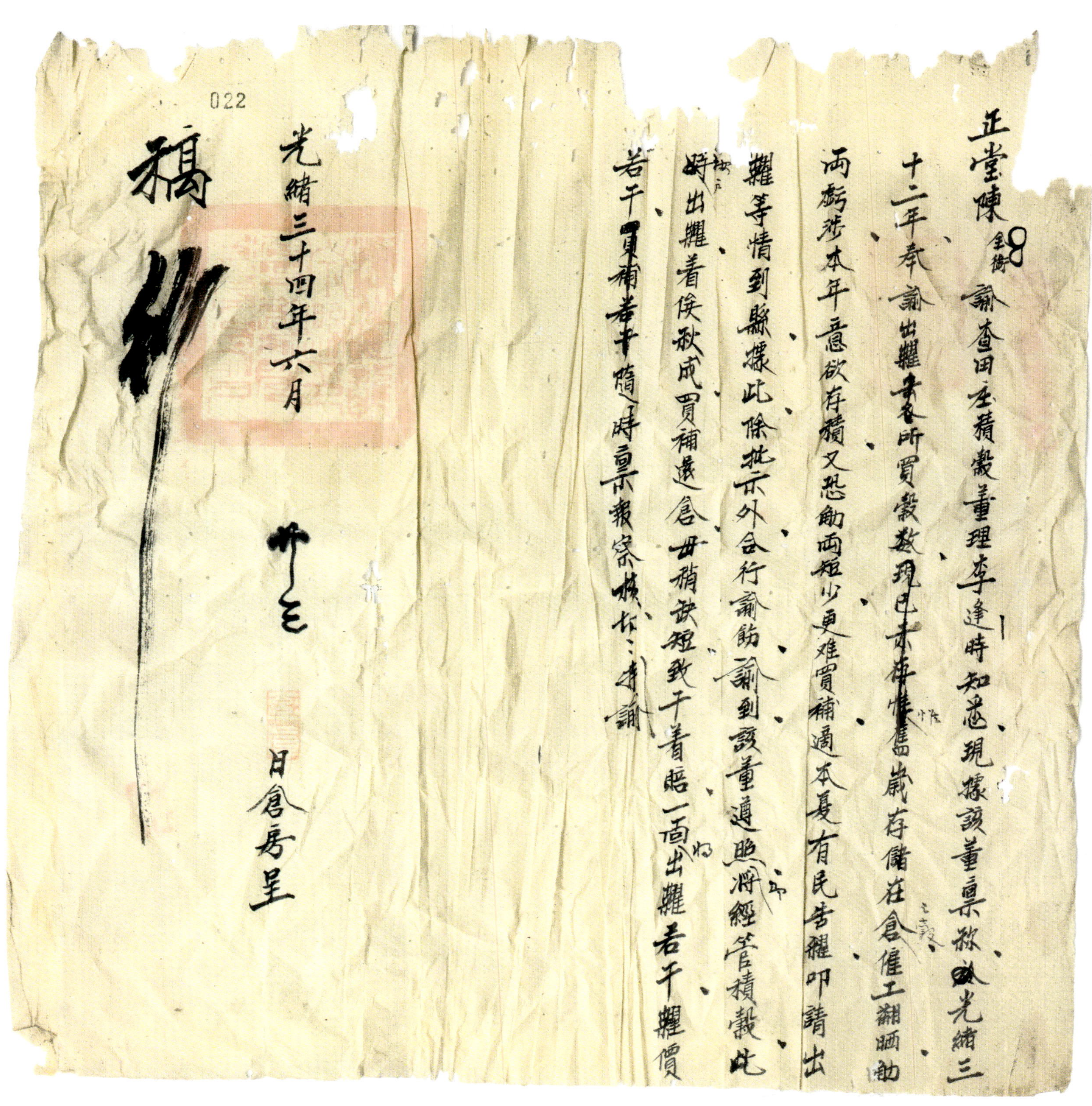

022

正堂陳　銜

諭查田庄積穀董理李逢時知悉，現據該董稟稱，光緒三十二年奉諭出糶，並各所買穀數，現已亦存，惟舊歲存儲在倉，僱工翻晒，觔兩虧耗，本年意欲存積，又恐觔兩短少，更難買補，適本處有民告糴，叩請出糶等情到縣。據此，除批示外，合行諭飭。諭到該董，遵照將經管積穀，此時出糶，着俟秋成買補還倉，毋稍缺短，致干查究。一面出糶若干，糶價若干，買補若干，隨時稟報察核，切切，特諭。

光緒三十四年六月　廿三　日倉房呈

稿

行

16.光緒三十四年六月廿三日知縣陳海梅諭查田莊積穀董事李逢時知悉事諭(稿)　(16288：22) 29.1×28.7cm

具稟教職鄧廷鏞、職員蔡鎣、職員蔡世琦、貢生周篤光、教職翁佐周、趙廷校

爲奉公办公涉洋無着聯名僉叩俯准照稟察核報銷事。切上冬奉

諭將積谷項下存洋採办浦米，董等陸續共領洋壹千貳百餘元，將

洋購米由西南兩鄉或船載或肩挑運城發糶，董等於昨邀集

核算，領洋與糶米之洋尚涉四十二元，董等办米接濟，因屬地方要

舉，枵腹办公，何能賠墊，惟有瀝情稟請察核報銷，以免賠墊。爲

此聯名僉叩

公祖大人俯賜察核批示，祇遵。于公有裨。上稟

據稟請領米款，核與糶賣價值虧

短洋四十二元，查出入貴賤原無

一定，准於所領積谷款中照數

扣銷，候下次領辦米石時有盈

餘再行補苴可也。

光緒三十四年八月十三日

17.光緒三十四年八月十三日鄧廷鏞等爲奉公辦公涉洋無着聯名僉叩俯准照稟察核報銷事稟

(16288：1) 24.9×9.6cm；(16288：2–3) 24.7×59.1cm　圖版裁封套

具禀貢生周毓祥

爲責重力微難堪勝任叩 恩准予辭退另諭賢董接管免悞要公事。竊思積穀爲地方民食所資，關係盡鉅，非殷實之家不能經辦。生素屬寒微，於光緒十八年間忝承前任 畢公諭飭分管積穀。生自接管以[illegible] 諭遵歲推陳出新，以防虧缺。經理四五年[illegible]無[illegible]人悞。詎廿四年起，飢荒迭見，往往買貴賣賤，[illegible]近年不斷，儲倉之穀漂[illegible]遺。迨三十年洪水甚至倉板漂流，蒙 恩諭驗諭減一成外，核計被遺之穀尚虧折六千觔有奇，無從着落，當經禀求豁免在案。近年地方猶幸未動此穀，而生尚可旦夕苟安。萬[illegible]則生之事既寒不能賠填，勢必累累不了，是生[illegible]來家門不幸，變故多端，加之年力日衰，子輩多未更事，清夜自思，與其坐悞要公，地方共[illegible]，不如[illegible]辭退，另讓賢能。惟有懇 恩俯賜准辭，另諭賢董接管，然生非敢故辭，實屬任重身輕，勢無可管，不得不瀝切哀求辭退。爲此迫叩

公祖大人俯憐准辭退，另諭賢董接管，公私兩感，戴德上禀。

該董[illegible]積[illegible]……[illegible]

光緒卅四年九月十九日

18.光緒三十四年九月十九日周毓祥爲責重力微難堪勝任叩恩准予辭退事禀　（16288：8–9）24.9×59.1cm

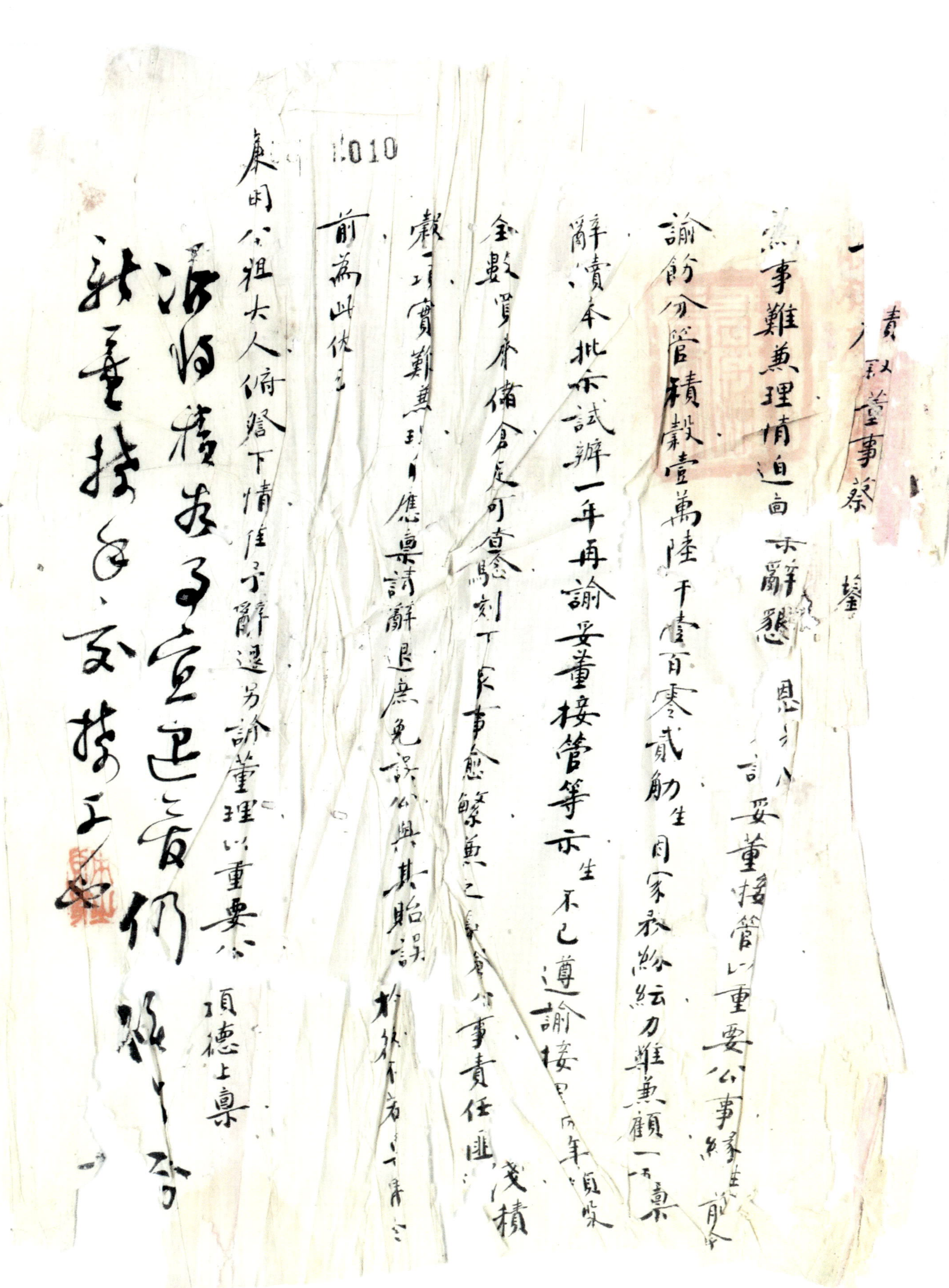

責（積）穀董事蔡 鋆

爲事難兼理情迫叩乞辭懇恩另諭妥董接管以重要公事。緣生前奉

諭飭管積穀壹萬陸千壹百零貳觔，生因家務紛紜，力難兼顧，□稟

辭，蒙本批示試辦一年，再諭妥董接管等示。生不已遵諭接管，兩年以來

金數買谷備倉，足可查驗。刻下家事愈繁，兼之身負公事責任匪淺，積

穀一項實難兼理，只得瀝情稟請辭退，庶免誤公，與其貽誤於後，不若辭之

前。爲此伏乞

東明公祖大人俯察下情，准予辭退，另諭董理，以重要公。頂德上稟

19.(時間不詳)積穀董事蔡鋆爲事難兼理情迫禀辭事禀　(16288：10) 24.6×18.9cm

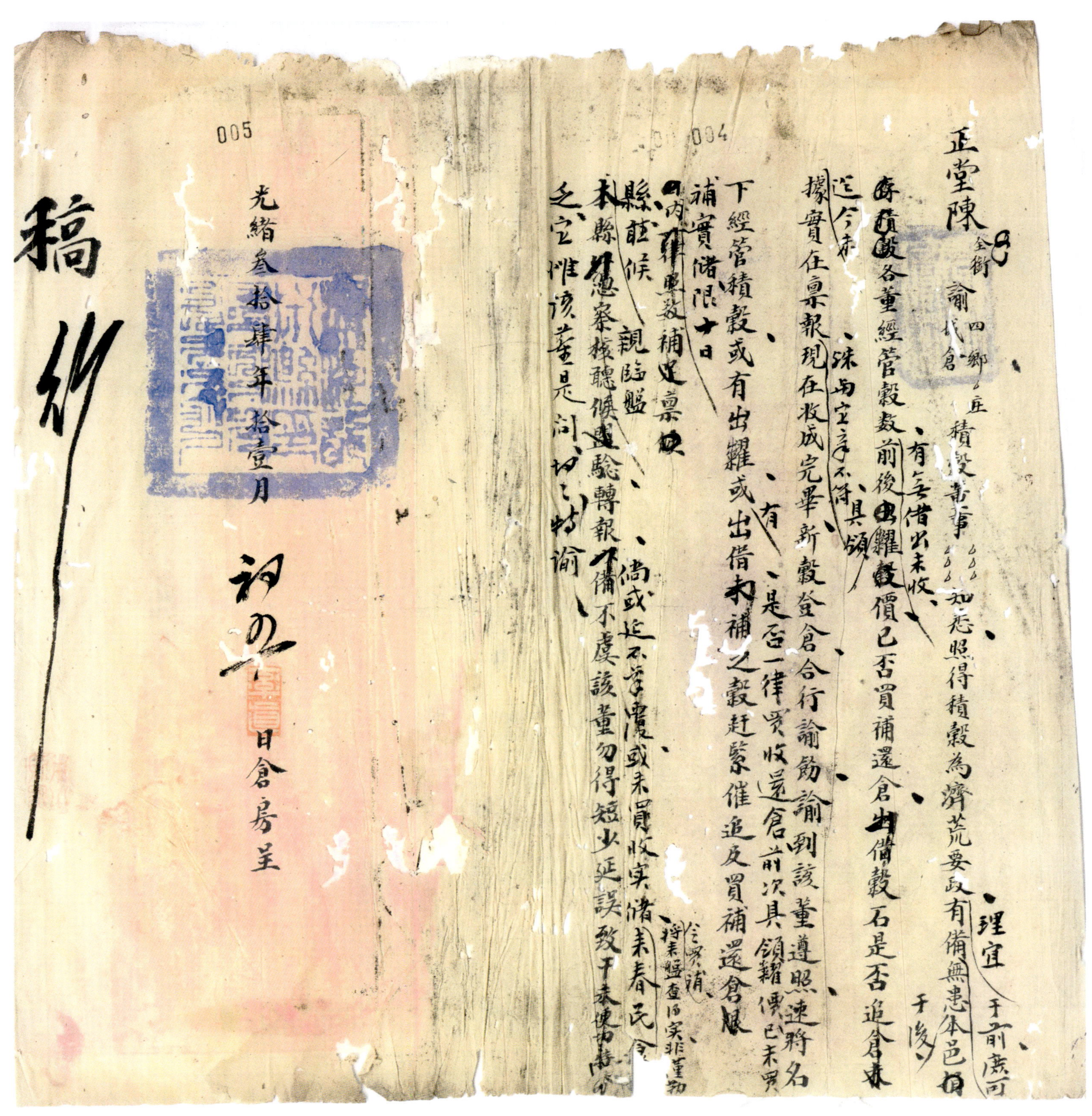

20.光緒三十四年十一月初五日知縣陳海梅諭四鄉積穀董事知悉事諭(稿)　(16288：4-5) 29.2×30.7cm

21.光緒三十四年十一月初八日雷順德等爲控吴紹唐侵吞積穀專飽私囊事(新詞)呈狀 (16288：14–17) 28.4×74.4cm，(16288：18) 28.3×48.0cm 圖版裁狀式條例

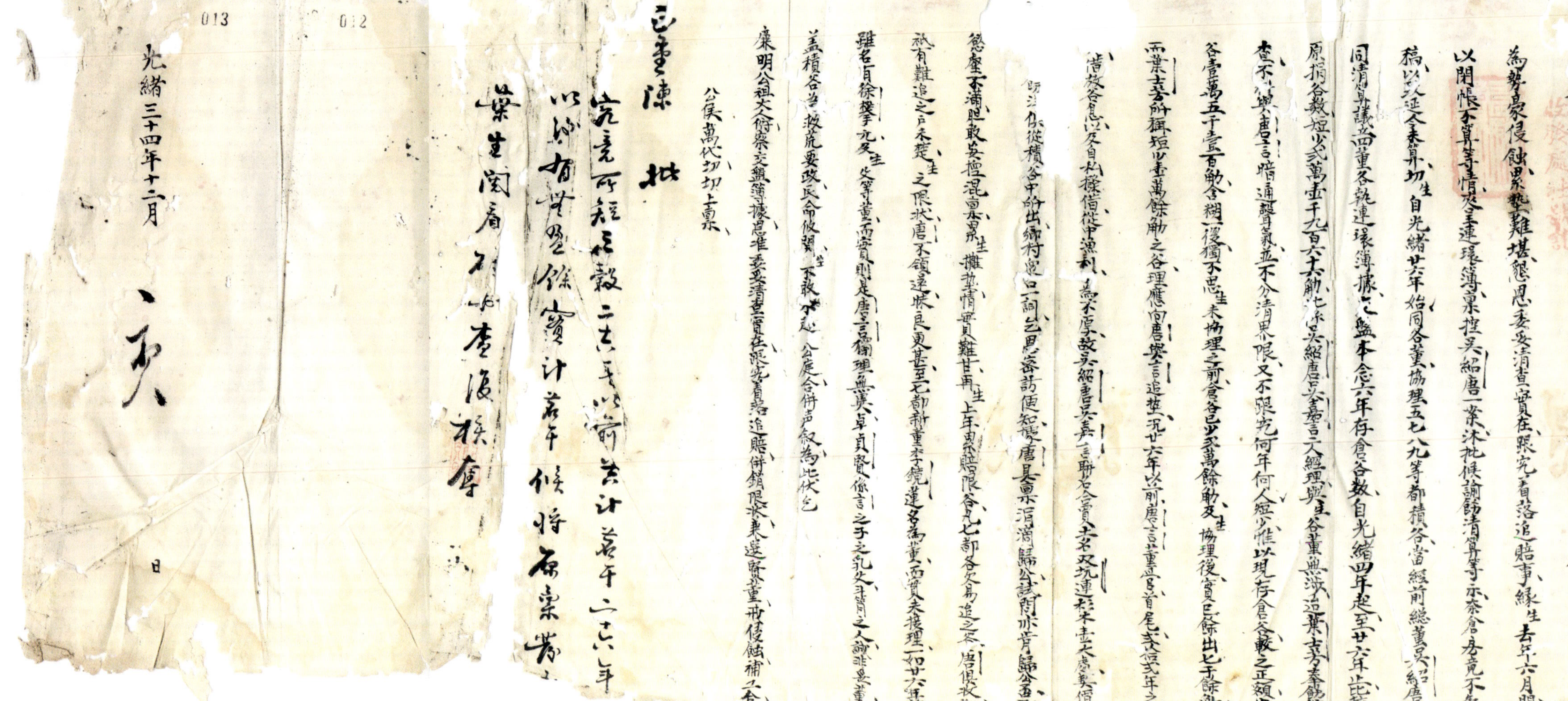

22.光緒三十四年十二月初八日楊儒彬爲控吴紹唐勢豪侵蝕纍墊難堪事禀狀　（16288：11）24.7×12.2；（16288：12–13）24.7×57.8cm　圖版裁封套

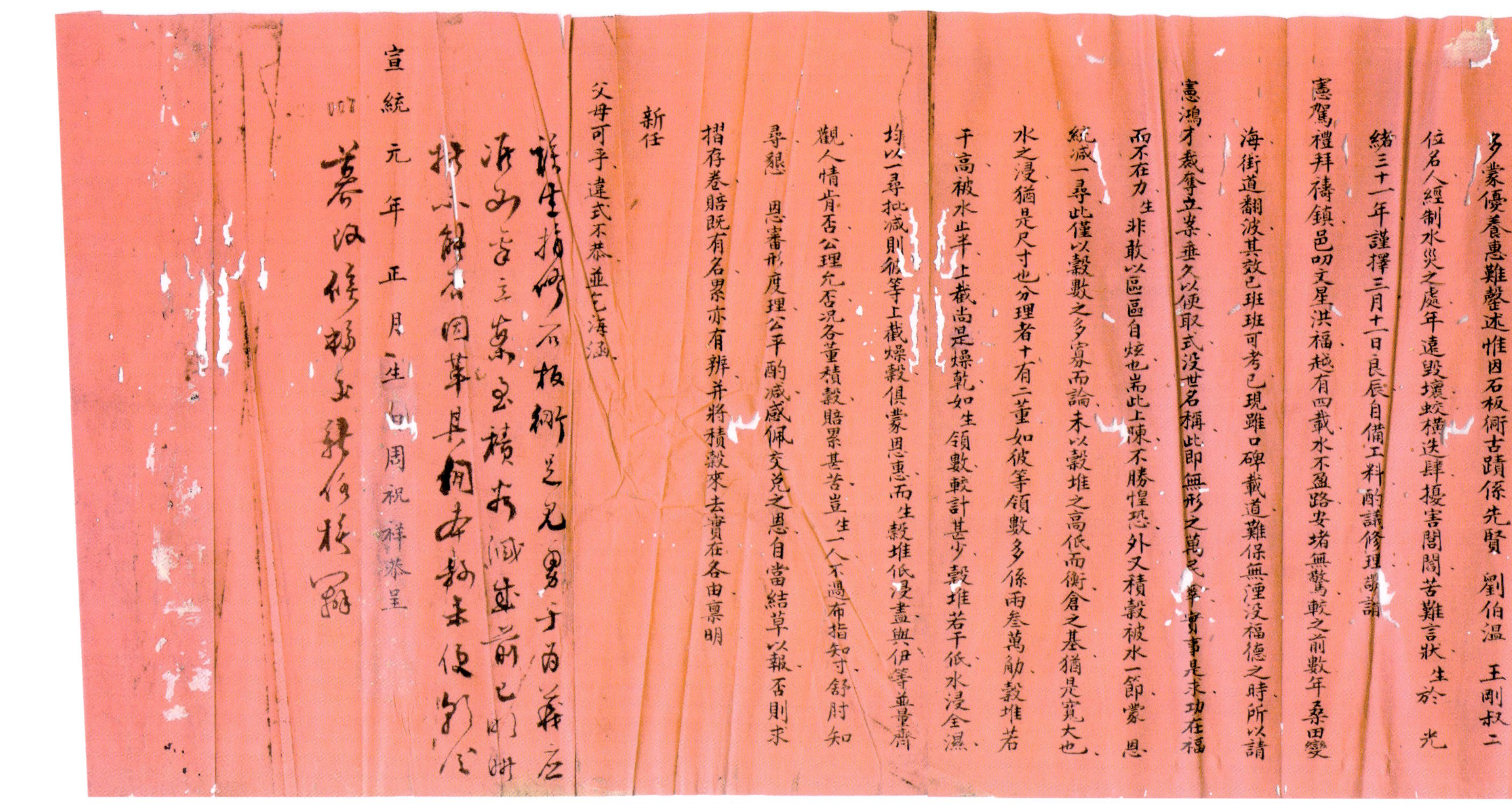
正
生員周祝祥謹具應請立案一摺恭呈
憲鑒蓋聞立政必先於興利除弊保民莫大於禦患防災公祖篆斯有年
多蒙優養惠難罄述惟因石板街古蹟係先賢劉伯溫王剛叔二
位名人經制水災之處年遠毀壞蛟橫迭肆擾害閭閻苦難言狀生於光
緒三十一年謹擇三月十一日良辰自備工料酌議修理叩請
憲駕禮拜禱鎮邑叨文星洪福越有四載水不盈路安堵無驚較之前數年桑田變
海街道翻波其效已班班可考已現雖口碑載道難保無湮沒福德之時所以請
憲鴻才裁奪立案垂久以便取式沒世名稱此即無形之萬民實事是未功在福
而不在力生非敢以區區自炫也耑此上陳不勝惶恐外又積穀被水一節蒙恩
紙減一尋此僅以穀數之多寡而論未以穀堆之高低而衡倉之基猶是寬大也
水之浸猶是尺寸也分理者十有二董如彼等領數多係兩叁萬觔穀堆若
干高被水止半上截尚是燥乾如生領數較計甚少穀堆若干低水浸全濕
均以一尋批減則彼等上截燥穀俱蒙恩惠而生穀堆低浸盡與伊等並量齊
觀人情肯否公理允否況各董積穀賠累甚苦豈生一人不過布指知寸舒肘知
尋懇恩審形度理公平酌減感佩交兑之恩自當結草以報否則求
摺存卷賠既有名累亦有辨并將積穀來去實在各由稟明
新任
父母可乎違式不恭並乞海涵
宣統元年正月　日生員周祝祥恭呈

23.宣統元年正月周祝祥爲應請立案事呈　(16288：6-7) 25.2×69.1cm

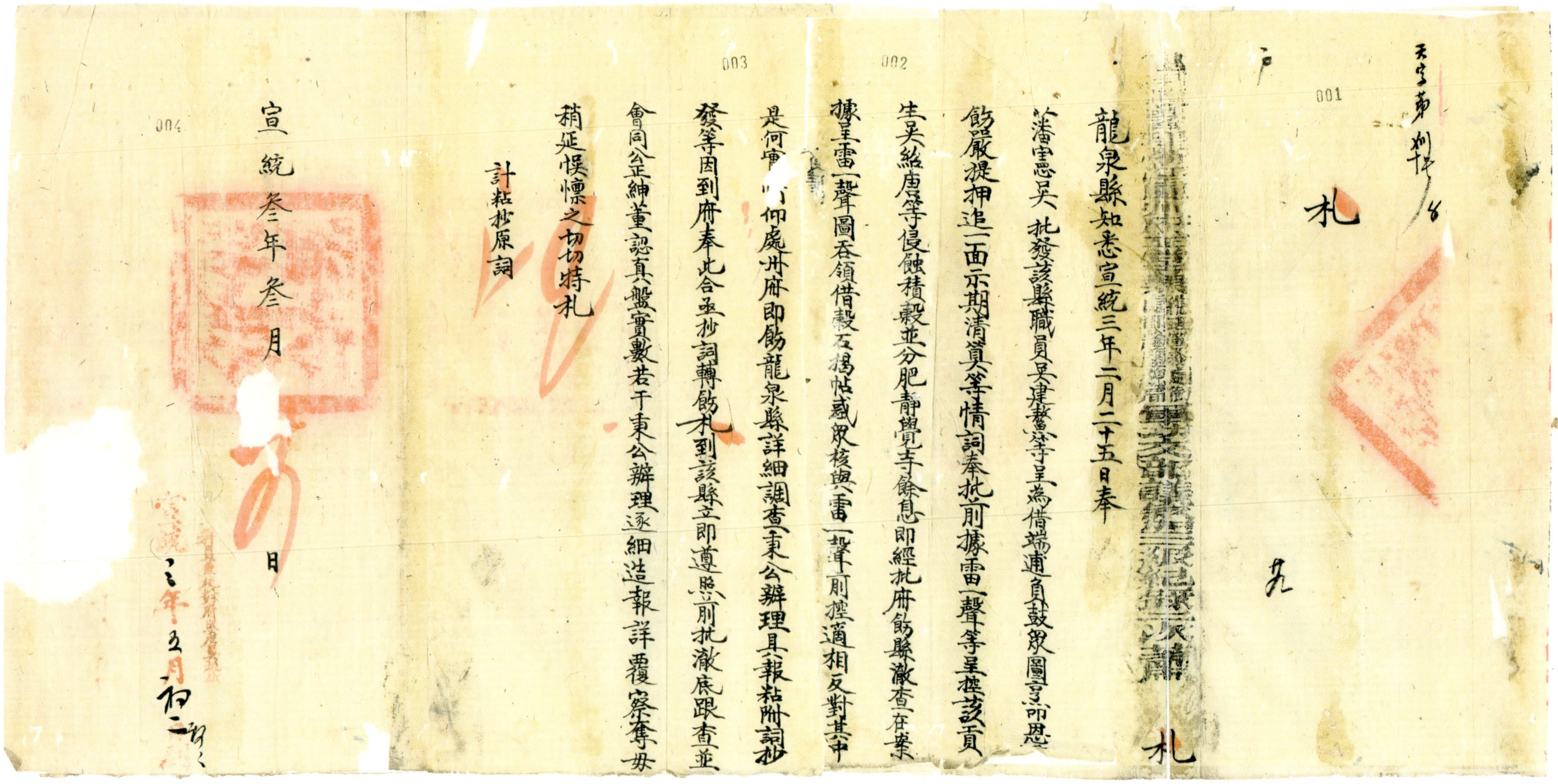
札

龍泉縣知悉宣統三年二月二十五日奉

藩憲吳 批發該縣職員吳建藩等呈爲借端逋負鼓衆圖吞所懇

飭嚴提押追一面示期清算等情詞奉批前據雷一聲等呈控該貢

生吳紹唐等侵蝕積穀並分肥靜覺寺餘息即經批府飭縣徹查在案

據呈雷一聲圖吞領借穀石揭帖惑衆核與雷一聲前控適相反對其中

是何實情仰處州府即飭龍泉縣詳細調查秉公辦理具報粘附詞抄

發等因到府奉此合亟抄詞轉飭札到該縣立即遵照前批徹底跟查並

會同公正紳董認真盤實數若干秉公辦理逐細造報詳覆察奪毋

稍延悞懔之切切特札

計粘抄原詞

宣統叁年叁月　日

三年五月初二

24.宣統三年三月十四日處州府知府蕭爲詳細調查秉公辦理事飭龍泉縣札　(1550：1–2) 27.3×28.5cm；(1550：3–4) 27.2×33.3cm

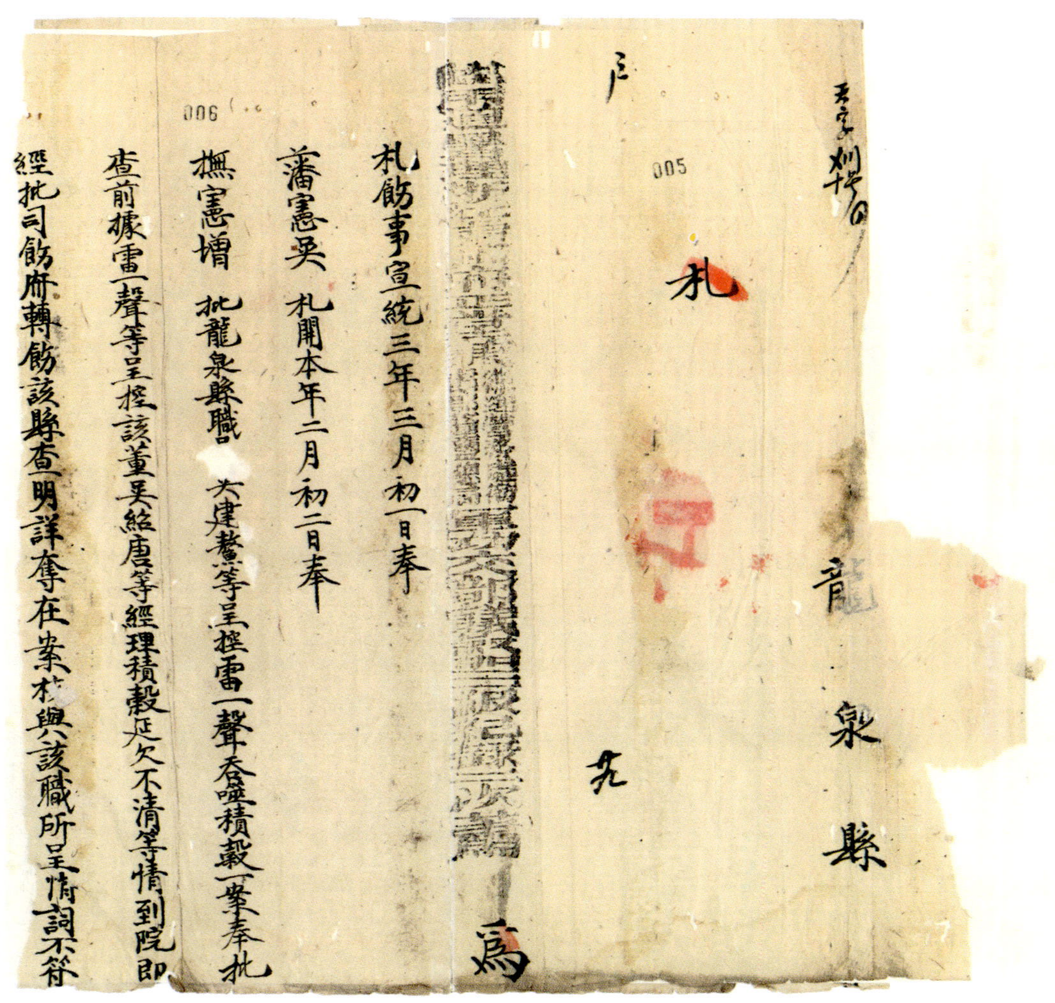

25.(時間不詳)處州府知府蕭爲札飭事札
(1550：5-6) 27.4×27.8cm

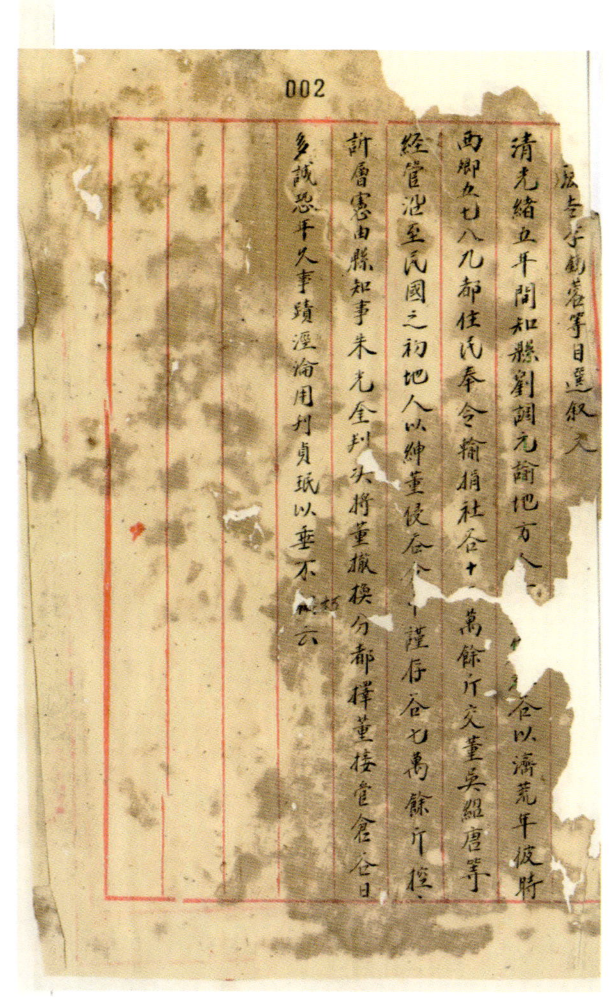

26-1.民國二年五月龍泉縣審檢所積穀董事吴紹唐侵蝕社穀拆倉滅迹一案判决詞碑文抄件粘呈
(3579：2) 24.1×14.5cm

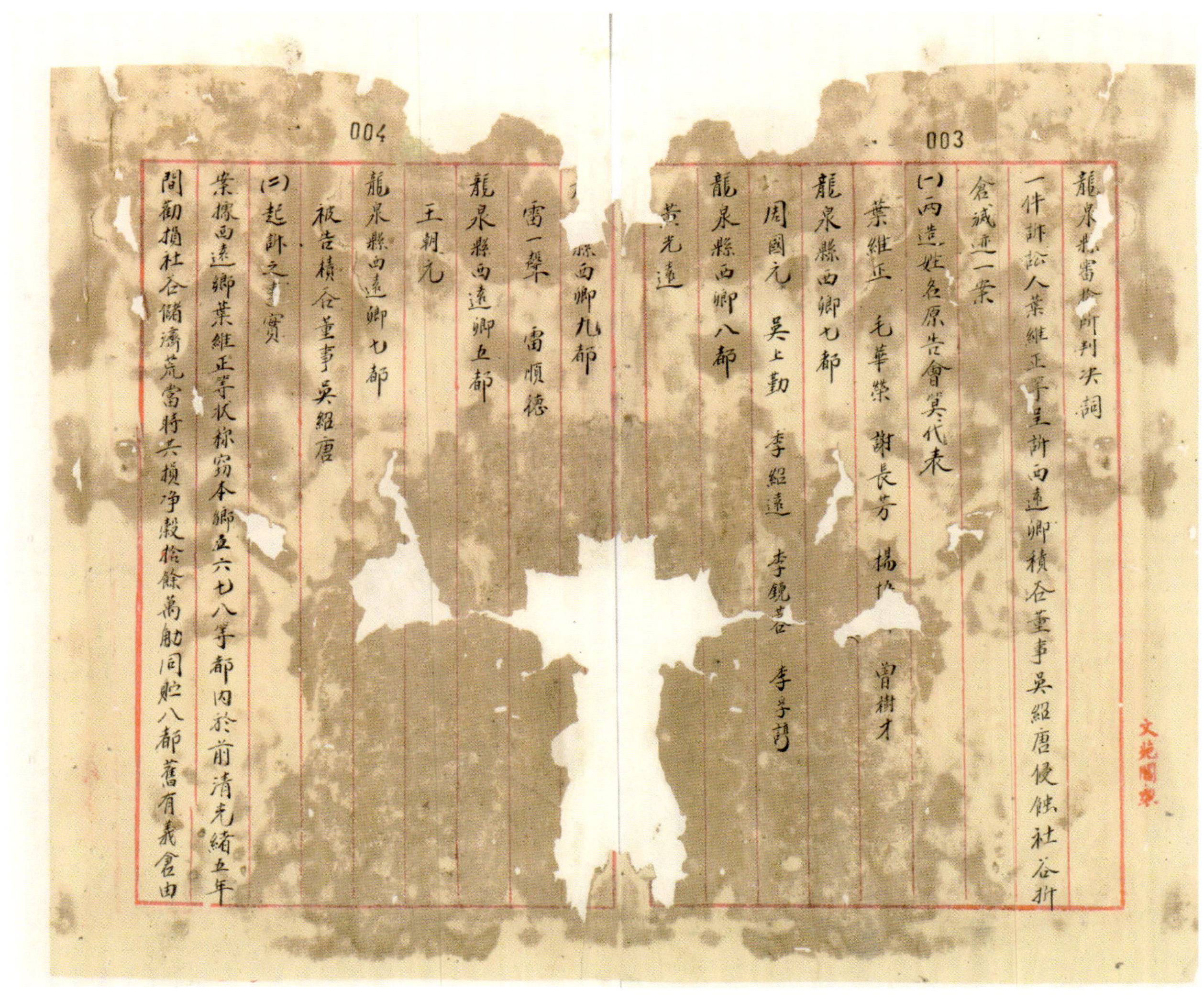

003

龍泉縣審檢所判決詞
一件訴訟人葉維正等呈訴西遠鄉積谷董事吴紹唐侵蝕社谷拆
倉滅迹一案
(一)兩造姓名原告會奚代表
葉維正　毛華榮　謝長芳　楊[illegible]　曾樹才
龍泉縣西鄉七都
周國元　吴上勤　李紹遠　李鏡[illegible]　李子[illegible]
龍泉縣西鄉八都
[illegible]

004

[illegible]縣西鄉九都
雷一舉　雷順德
龍泉縣西遠鄉五都
王朝元
龍泉縣西遠鄉七都
被告積谷董事吴紹唐
(二)起訴之事實
案據西遠鄉葉維正等狀稱窃本鄉五六七八等都因於前清光緒五年
間勸捐社谷儲濟荒當將共捐淨穀拾餘萬觔同貯八都舊有義倉由

26−2.民國二年五月龍泉縣審檢所積穀董事吴紹唐侵蝕社穀拆倉滅迹一案判決詞碑文抄件粘呈
（3579：3−4）24.4×29.9cm

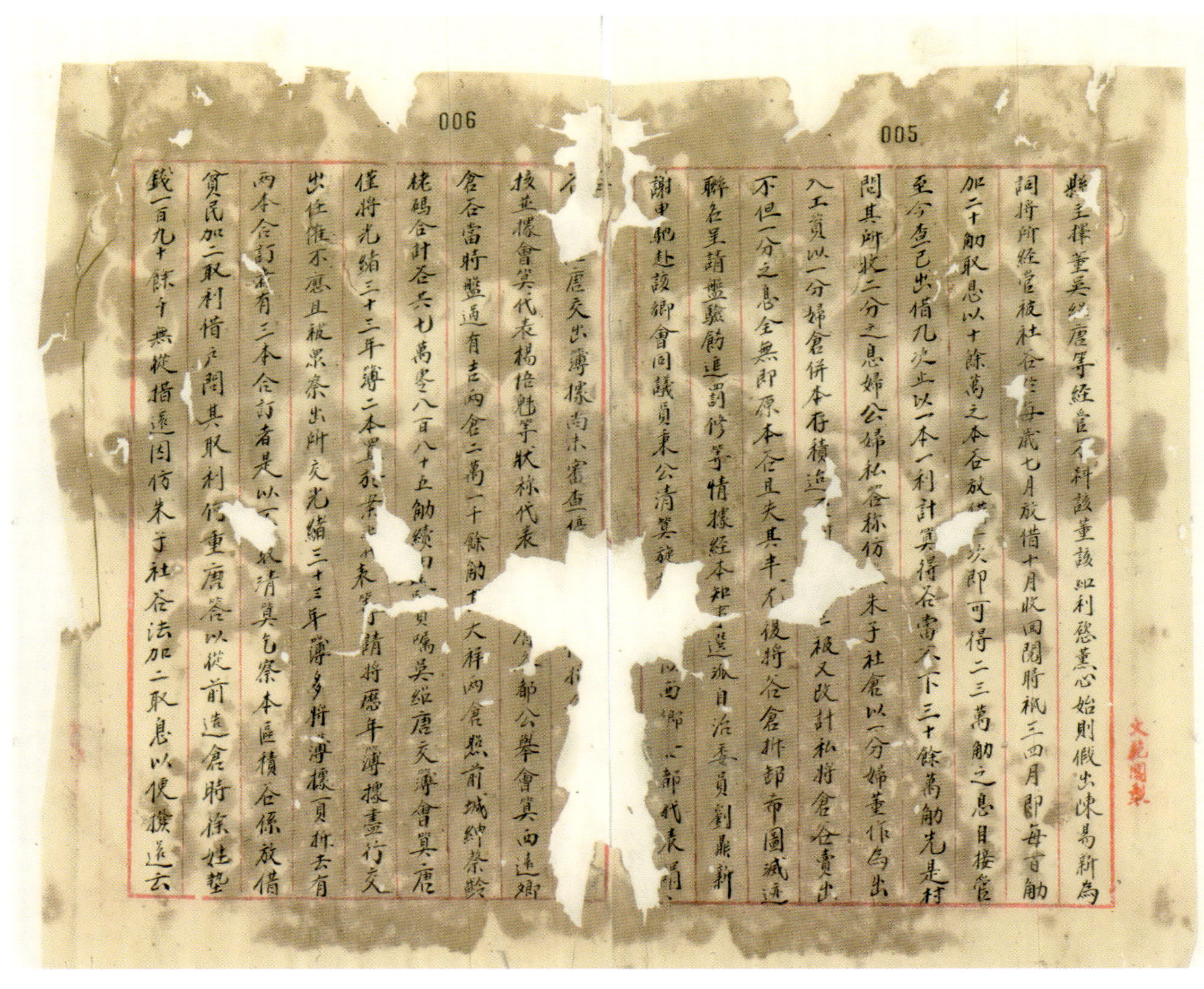

005

縣主[illegible]董吴紹唐等經管[illegible]該董該紹利慾熏心始則假出陳易新爲
詞將所經管社谷於每歲七月放借十月收回閱時祇三四月即每百觔
加二十觔取息以十餘萬之本谷放借一次即可得二三萬觔之息自接管
至今查已出借九次照以一本一利計算得谷當不下三十餘萬觔况是村
間其所收二分之息歸公歸私無從稽考　朱子社倉以一分歸董作爲出
入工資以一分歸倉併本存積[illegible]被又改計私將倉谷變賣出
不但一分之息全無即原本谷且失其半不復將谷倉拆卸希圖滅迹
聯名呈請查驗飭追罰修等情據經本知事[illegible]日派委員劉鼎新
謝申前赴該鄉會同議員東公清[illegible]西鄉[illegible]都代表[illegible]

006

[illegible]唐交出簿據[illegible]
核並據會奚代表楊培[illegible]等狀稱代表[illegible]都公舉會奚西遠鄉
倉谷當時盤量有吉兩倉二萬一千餘觔[illegible]大祥兩倉照前城紳蔡黔
桃碼合計谷共七萬零八百八十五觔[illegible]囑吴紹唐交簿會算唐
僅將光緒三十三年簿二本[illegible]請將歷年簿據盡行交
出任催不應且被泉蔡出所交光緒三十三年簿多將簿據頁折去有
兩本合訂[illegible]有三本合訂者是以[illegible]清算乞祭本區積谷係放借
貧民加二取利悟户問其取利何重唐答以從前遠倉時係姓[illegible]
錢一百九十餘千無從措還因仿朱子社谷法加二取息以便撥還云

26−3.民國二年五月龍泉縣審檢所積穀董事吴紹唐侵蝕社穀拆倉滅迹一案判決詞碑文抄件粘呈
（3579：5−6）24.4×29.9cm

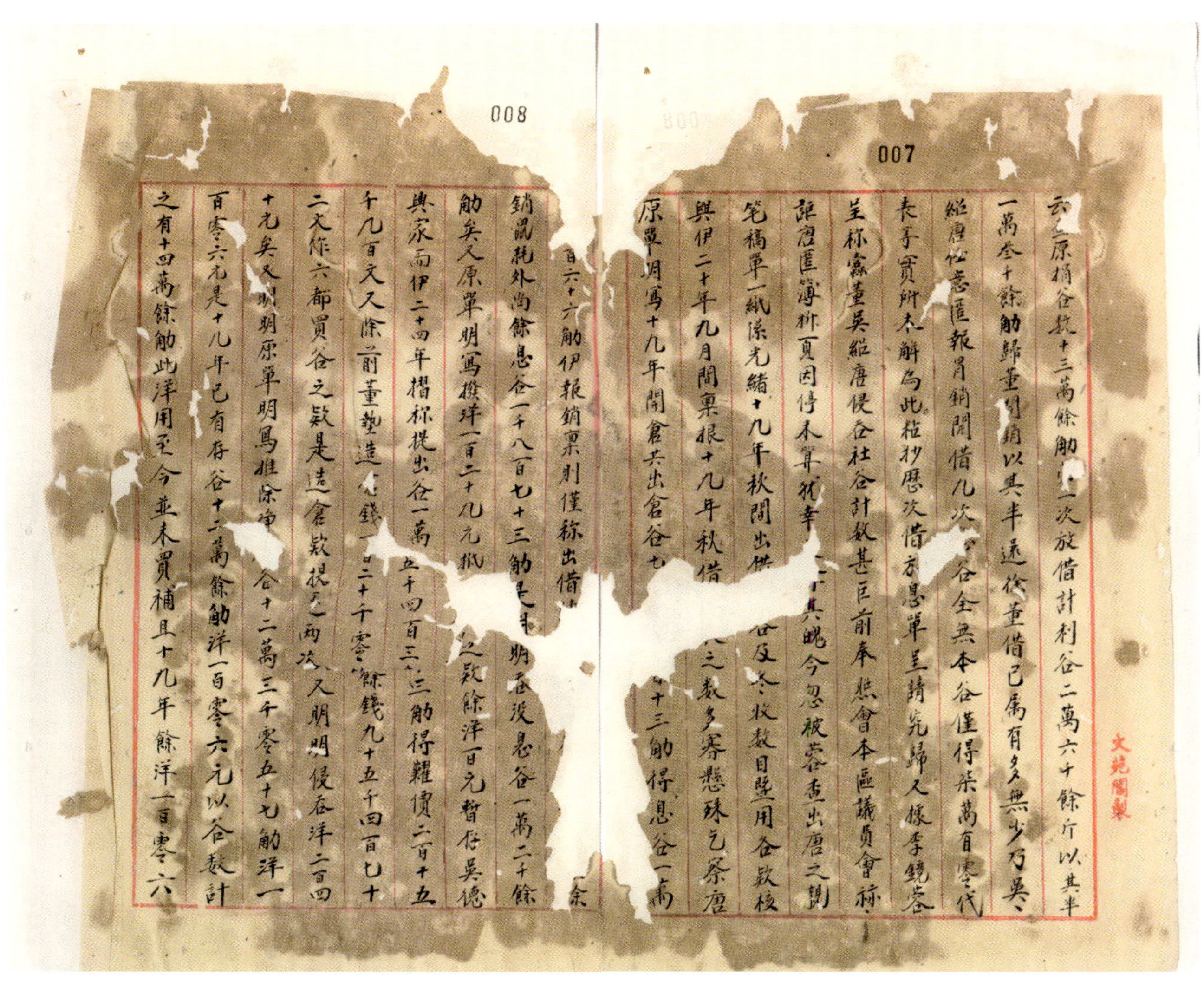

云□原捐谷數十三萬餘觔□一次放借計利谷二萬六千餘斤以其半
一萬叁千餘觔歸董開銷以其半還於董借已屬有多無少可異、
紹唐任意匿報另銷開借九次之谷全無本谷僅得柒萬有零代
表手實所未解為此粘抄歷次借谷息單呈請究歸人據李鏡蓉
呈称齋董吴紹唐侵谷社谷計數甚巨前奉照會本區議員會称
詎唐匿簿补頁因得木算於幸□□其䑛今忽被蓉查出唐之剏
笔稿單一紙係光緒十九年秋間出借□谷反冬收數目暨用谷款核
與伊二十年九月間稟根十九年秋借□之數多寡懸殊乞察唐
原單明寫十九年開倉共出倉谷七□□十三觔得息谷一萬

□百六十六觔伊報銷稟則僅称出借□□□余
銷鼠耗外尚餘息谷一千八百七十三觔是□明吞沒息谷一萬二千餘
觔矣又原單明寫撥洋一百二十九元抵□之款餘洋百元暫存吴德
興家而伊二十四年摺称提出谷一萬五千四百三□三觔得糶價二百十五
千九百文又除前董墊造□錢□□二十千零□餘錢九十五千四百七十
二文作六都買谷之款是造倉款提□兩次又明明侵吞洋二百四
十元矣又□明原單明寫推除□□谷十二萬三千零五十七觔洋一
百零六元是十九年已有存谷十二萬餘觔洋一百零六元以谷數計
之有十四萬餘觔此洋用至今並未買補且十九年餘洋一百零六

26-4.民國二年五月龍泉縣審檢所積穀董事吴紹唐侵蝕社穀拆倉滅迹一案判决詞碑文抄件粘呈
(3579：7-8) 24.4×29.9cm

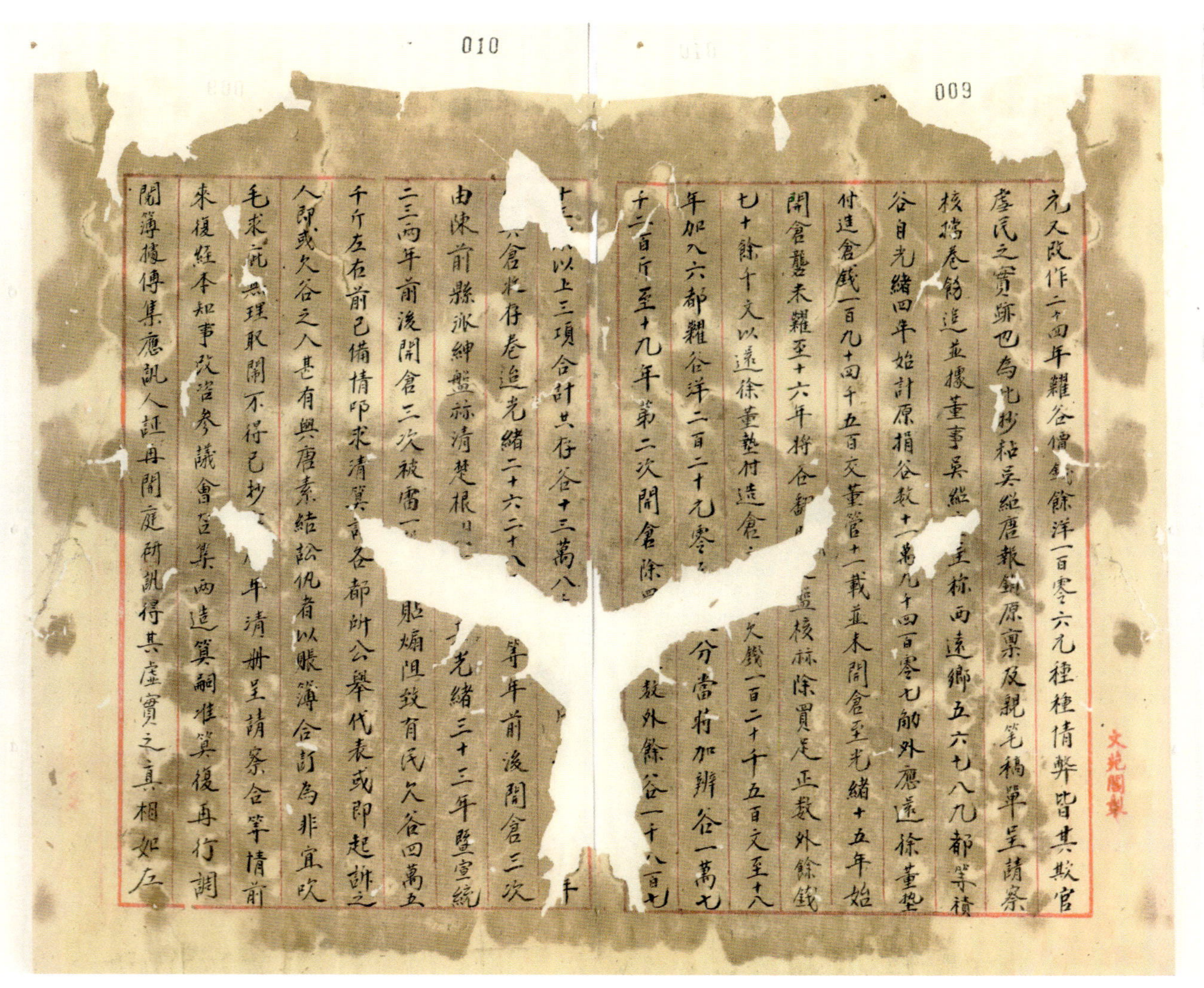

元又改作二十四年糶谷價錢餘洋一百零六元種種情弊皆其欺官
虐民之實跡也為此抄粘吴紹唐報銷原稟及親笔稿單呈請察
核據卷飭追並據董事吴紹□呈称西遠鄉五六七八九都等積
谷自光緒四年始計原捐谷數十一萬九千四百零七觔外應還徐董墊
付造倉錢一百九十四千五百文董管十一載並未開倉至光緒十五年始
開倉甕未糶至十六年將仓□□□□覈核除買足正數外餘錢
七十餘千文以還徐董墊付造倉□□□欠錢一百二十千五百文至十八
年加入六都糶谷洋二百二十元零□□分當將加辦谷一萬七
千二百斤至十九年第二次開倉除□□□數外餘谷一千八百七

十二□□以上三項合計共存谷十三萬八□□□千
□倉收存卷追光緒二十六二十八□等年前後開倉三次
由陳前縣派紳盤穀清楚根□□□光緒三十三年暨宣統
二三兩年前後開倉三次被雷□□□貽煽阻致有民欠谷四萬五
千斤左右前已備情叩求清算□各都所公舉代表或即起訴之
人即或欠谷之人甚有與唐素結訟仇者以賬簿合訂為非宜吹
毛求疵無理取鬧不得已抄□□年清册呈請察合等情前
來復經本知事咨參議會召集兩造算嗣准算復再行調
閱簿據傳集應訊人証再開庭研訊得其虛實之真相如左

26-5.民國二年五月龍泉縣審檢所積穀董事吴紹唐侵蝕社穀拆倉滅迹一案判决詞碑文抄件粘呈
(3579：9-10) 24.4×29.9cm

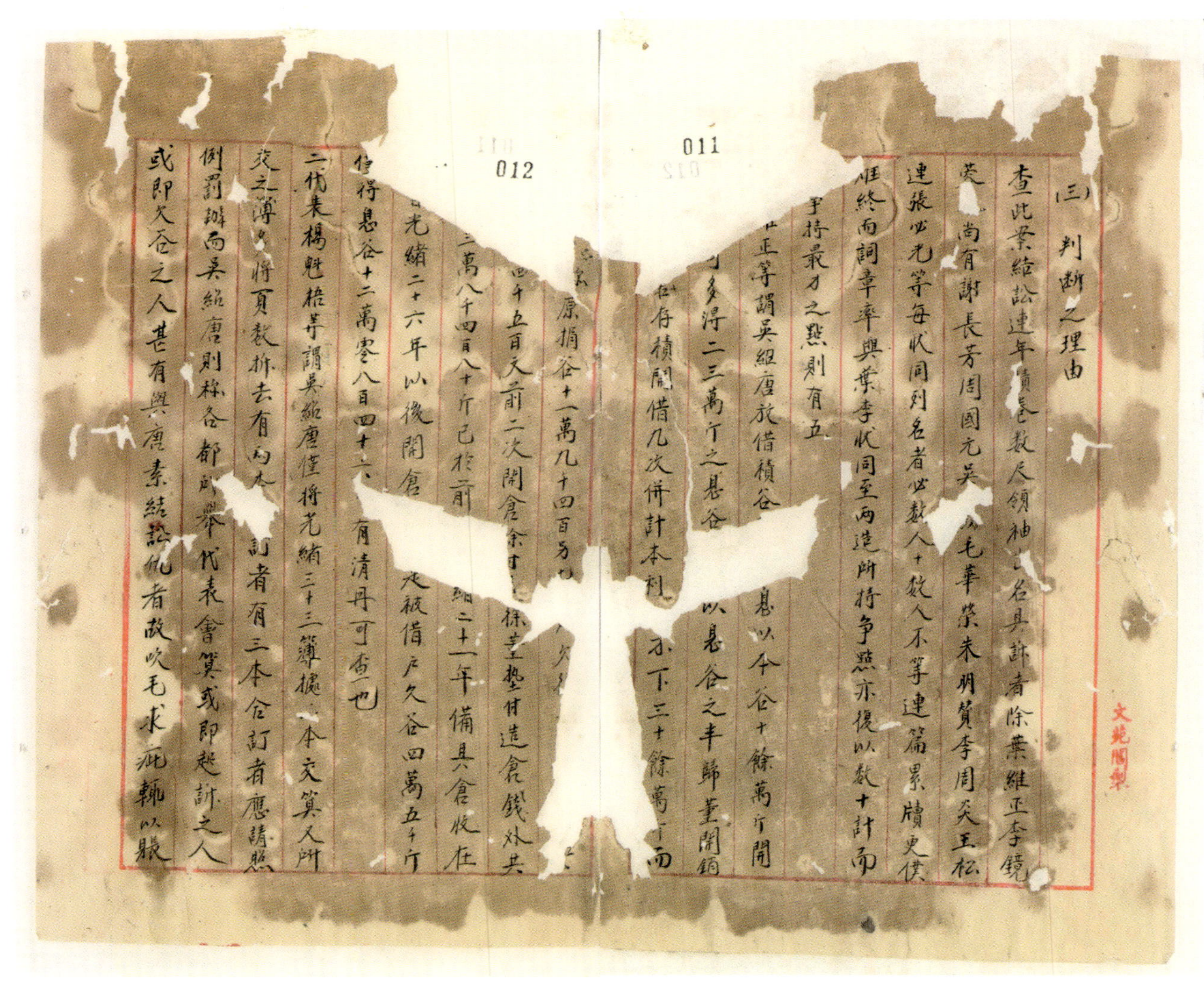

(三)判斷之理由
查此案結訟連年，牘盈數尺，領袖[illegible]名具訴者，除葉維正、李鏡
英[illegible]尚有謝長芳、周國元、吳[illegible]毛華榮、朱明貿、李周炎、王松
連、張必光等，每狀同列名者必數人、十數人不等，連篇累牘，更僕
難終。而詞章率與葉、李狀同，至兩造所持爭點，亦復以數十計。而
[illegible]持最力之點，則有五：
[illegible]正等謂吳紹唐放借積谷[illegible]息，以本谷十餘萬斤開
[illegible]多得二三萬斤之息谷，以息谷之半歸董開銷
[illegible]存積開借几次，併計本利[illegible]不下三十餘萬斤，而
[illegible]原捐谷十一萬九十四百另[illegible]
四千五百文，前二次開倉余[illegible]係董墊付造倉錢外，共
[illegible]二萬八千四百八十斤，已於前[illegible]緒二十一年備具倉收在
[illegible]光緒二十六年以後開倉[illegible]是被借戶欠谷四萬五千斤
但得息谷十二萬零八百四十六[illegible]有清冊可查也
二、係楊魁梧等謂吳紹唐僅將光緒三十三簿據[illegible]本交算，又所
交之簿多將頁數拆去，有兩本[illegible]訂者，有三本合訂者，應請照
例罰辦。而吳紹唐則稱各都鄉舉代表會算，或即起訴之人，
或即欠谷之人，甚有與唐素結訟仇者，故吹毛求疵，輒以賬

26－6.民國二年五月龍泉縣審檢所積穀董事吳紹唐侵蝕社穀拆倉滅迹一案判决詞碑文抄件粘呈
(3579：11－12) 24.4×29.9cm

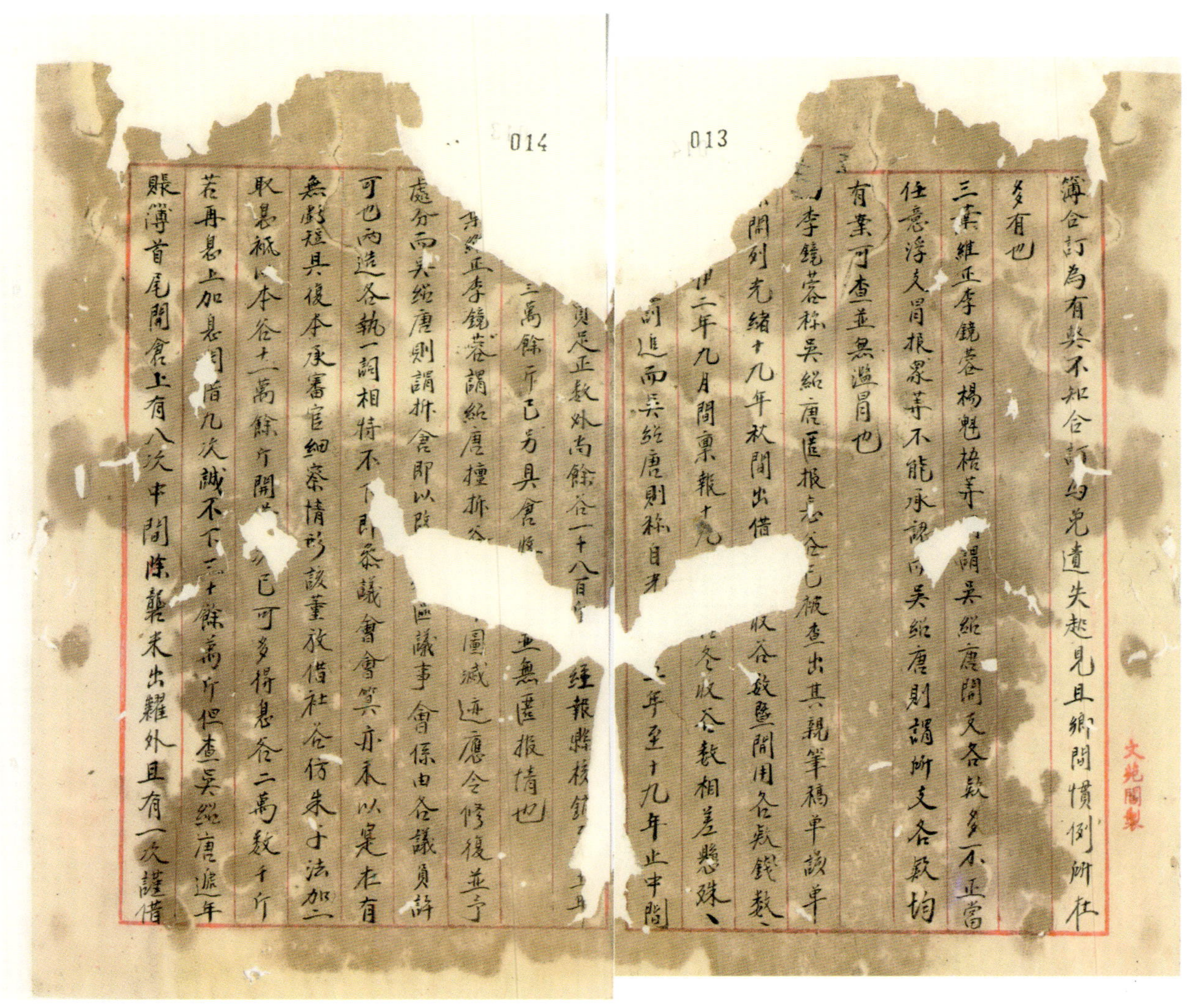

簿合訂為有弊，不知合訂[illegible]因免遺失起見，且鄉間慣例所在
多有也
三、葉維正、李鏡蓉、楊魁梧等[illegible]謂吳紹唐開支各款多不正當，
任意浮支冒根(?)，眾等不能承認。而吳紹唐則謂所支各款均
有案可查，並無濫冒也
[illegible]李鏡蓉稱吳紹唐匿報本谷，已被查出其親筆稿單，該單
[illegible]開列光緒十九年秋間出借[illegible]收谷數，暨開用各款錢數，
[illegible]於二年九月間稟報十九[illegible]冬收谷數相差懸殊，
[illegible]詞進，而吳紹唐則稱自光[illegible]年至十九年止，中間
[illegible]員足正數外，尚餘谷一十八百[illegible]經報縣核銷[illegible]
[illegible]三萬餘斤已另具倉收[illegible]並無匿報情也
[illegible]維正、李鏡蓉謂紹唐擅拆谷[illegible]圖滅迹，應令修復，並予
處分。而吳紹唐則謂拆倉即以[illegible]經議事會係由谷議員許
可也。兩造各執一詞，相持不下，即參議會會算亦未以是為有
無虧短。具復本承審官細察情形，該董放借社谷仿朱子法，加二
取息，祇以本谷十二萬餘斤開[illegible]已可多得息谷二萬數千斤，
若再息上加息，自開借几次，識不下二十餘萬斤。但查吳紹唐歷年
賬簿首尾開倉上有八次，中間除饑末出糶外，且有一次謹借

26－7.民國二年五月龍泉縣審檢所積穀董事吳紹唐侵蝕社穀拆倉滅迹一案判决詞碑文抄件粘呈
(3579：13－14) 24.4×29.9cm

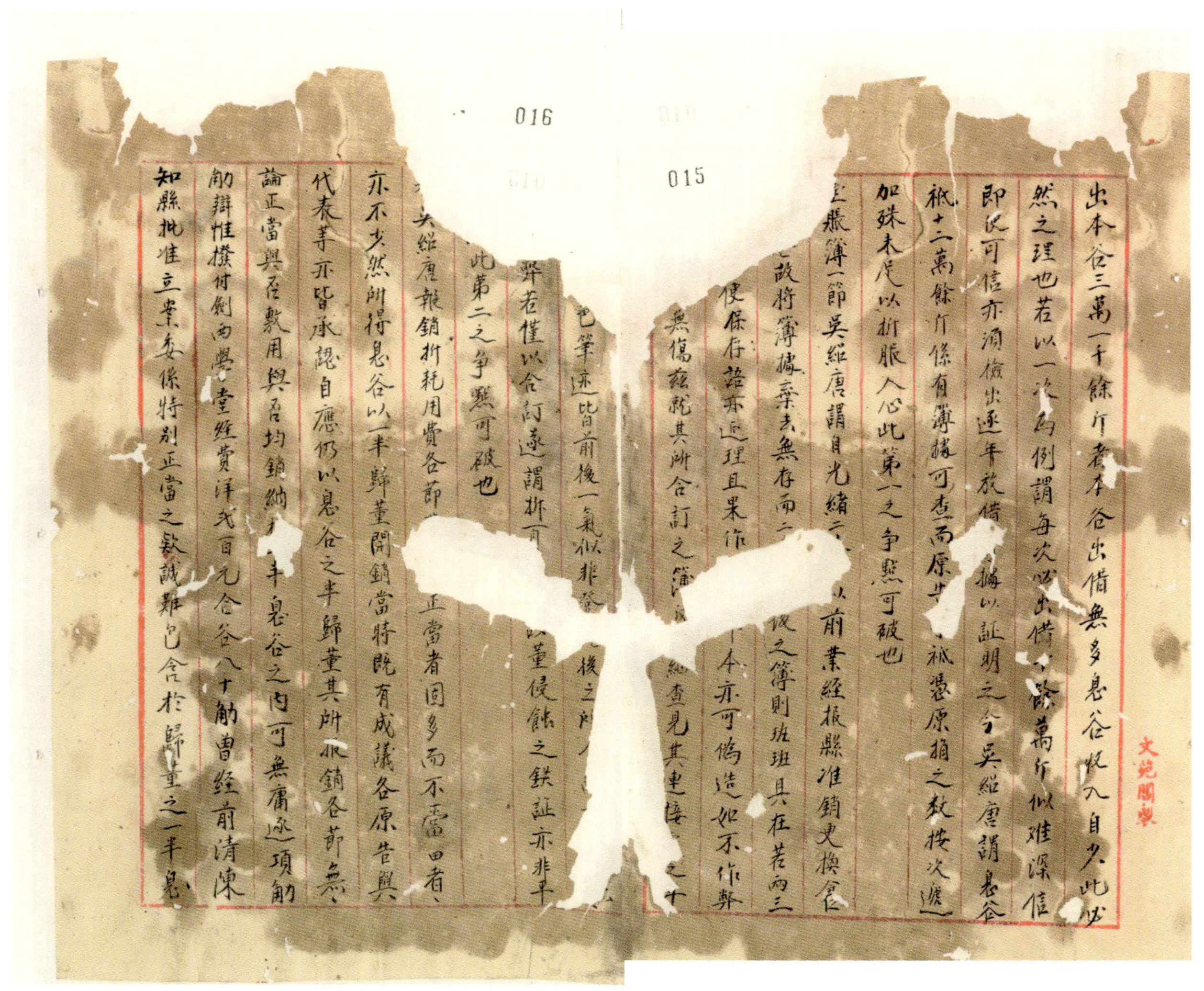

出本谷三萬一千餘斤者本谷出借無多息谷收入自少此必
然之理也若以一次為例謂每次必出借[illegible]餘萬斤似難深信
即民可信亦須檢出逐年放借[illegible]據以証明之今吳紹唐謂息谷
祇十二萬餘斤係有簿據可查而原告[illegible]祇憑原捐之數按次遞
加殊未足以折服人心此第一之爭點可破也
至賑簿一節吳紹唐謂自光緒二[illegible]以前業經報縣准銷更換倉
[illegible]故將簿據棄去無存而二[illegible]後之簿則班班具在若兩三
使保存語亦近理且果作[illegible]本亦可偽造如不作弊
無傷茲就其所合訂之簿[illegible]細查見其連接[illegible]之十
也筆迹皆前後一氣似非[illegible]後之[illegible]
弊若僅以合訂遂謂折[illegible]以董侵蝕之鐵証亦非平
此第二之爭點可破也
吳紹唐報銷折耗用費各節[illegible]正當者固多而不當者、
亦不少然所得息谷以一半歸董開銷當時既有成議各原告與
代表等亦皆承認自應仍以息谷之半歸董其所報銷各節無
論正當與否數用與否均銷納[illegible]半息谷之內可無庸逐項觔
觔辯惟撥付劍西學堂經費洋弍百元合谷八十觔曾經前清陳
知縣批准立案委係特別正當之款誠難包含於歸董之一半息

26-8.民國二年五月龍泉縣審檢所積穀董事吴紹唐侵蝕社穀拆倉滅迹一案判决詞碑文抄件粘呈
(3579：15-16) 24.4×29.9cm

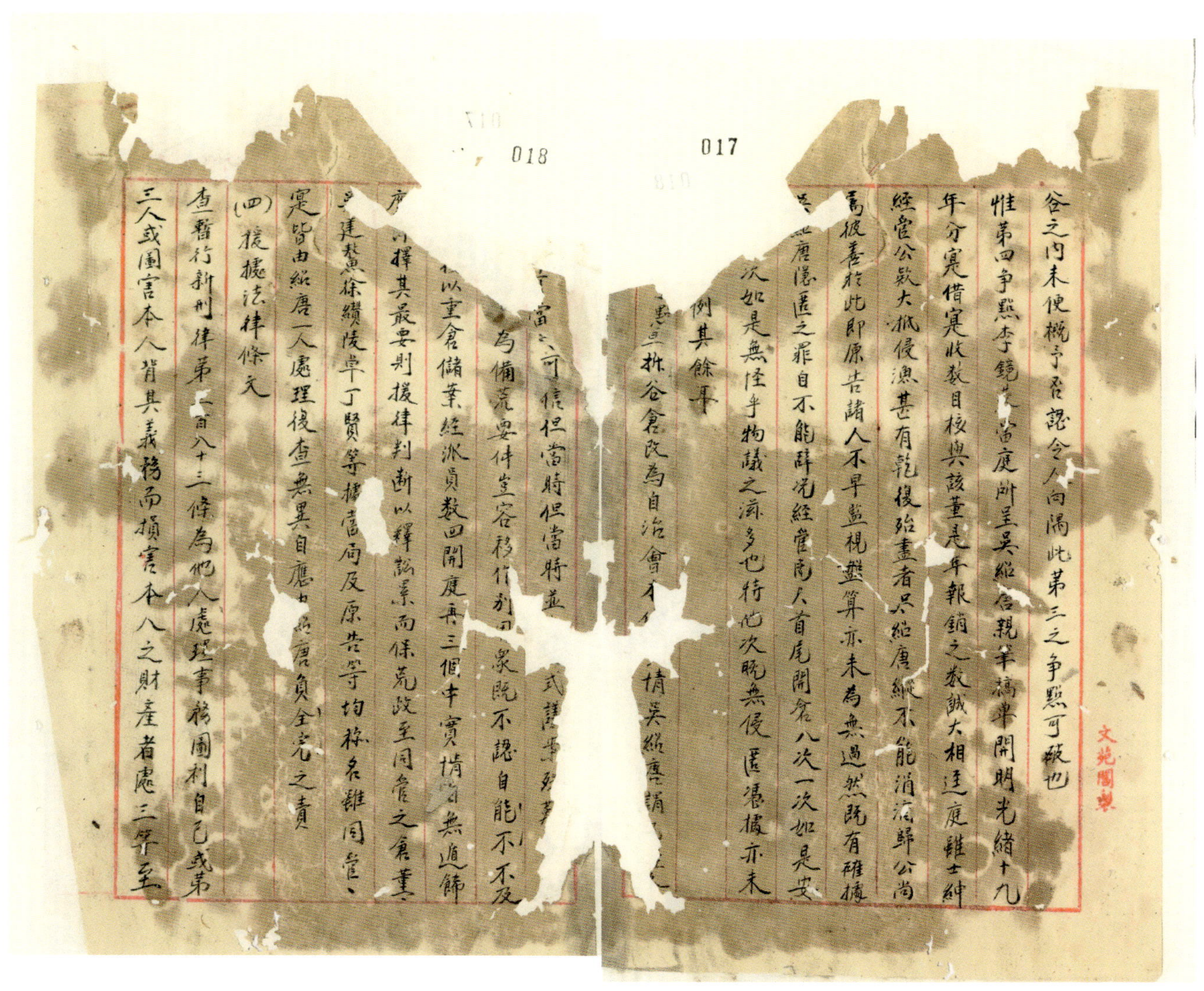

谷之內未便概予否認令人向隅此第三之爭點可破也
惟第四爭點李鏡[illegible]當庭所呈吳紹唐親筆稿單開明光緒十九
年分寔借寔收数目核與該董是年報銷之数誠大相逕庭雖士紳
經管公款大抵侵漁甚有乾沒殆盡者吳紹唐縱不能消滅歸公尚
屬彼善於此即原告諸人不早監視盤算亦未為無過然既有確據
[illegible]紹唐隱匿之罪自不能辭况經管局人首尾開倉八次一次如是安
次如是無怪乎物議之滋多也特他次既無侵匿憑據亦未
例其餘耳
[illegible]折谷倉改為自治會[illegible]
[illegible]情吳紹唐請[illegible]
[illegible]當[illegible]可信但當時但當特[illegible]
[illegible]式謹[illegible]
為備荒要件豈容移作[illegible]眾既不認自能不不及
[illegible]以重倉儲業經派員数回開庭再三個中實情[illegible]無遁飾
[illegible]擇其最要則援律判斷以釋訟累而保荒政至同倉之倉董
[illegible]建[illegible]徐纘陵阜丁賢等據當局及原告等均称名雖同倉、
寔皆由紹唐一人處理後查無異自應[illegible]紹唐負全完之責
(四)援據法律條文
查暫行新刑律第[illegible]百八十三條為他人處理事務圖利自己或第
三人或圖害本人背其義務而損害本人之財產者處三等至

26-9.民國二年五月龍泉縣審檢所積穀董事吴紹唐侵蝕社穀拆倉滅迹一案判决詞碑文抄件粘呈
(3579：17-18) 24.4×29.9cm

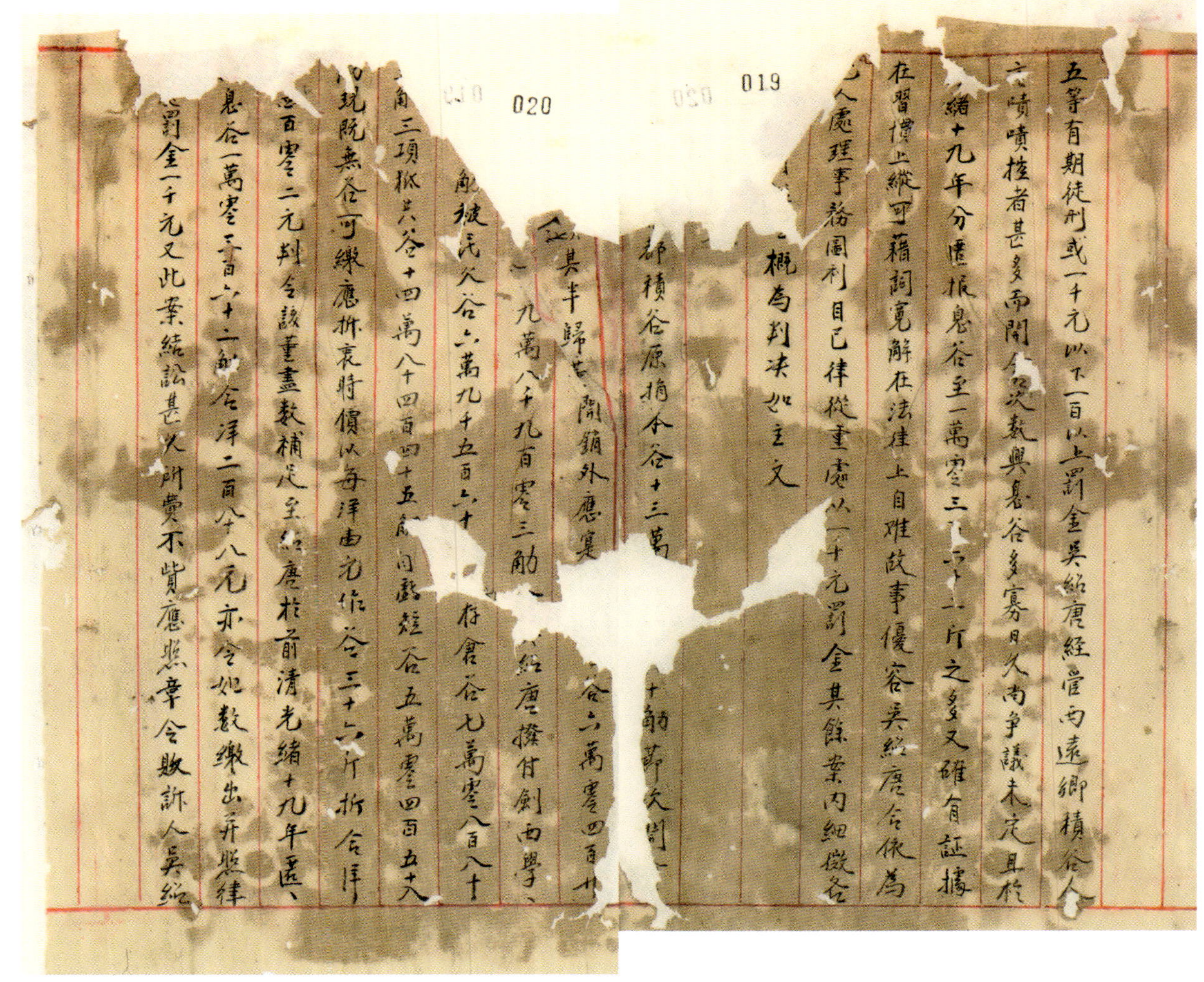

26-10．民國二年五月龍泉縣審檢所積穀董事吴紹唐侵蝕社穀拆倉滅迹一案判决詞碑文抄件粘呈

（3579：19-20）24.4×29.9cm

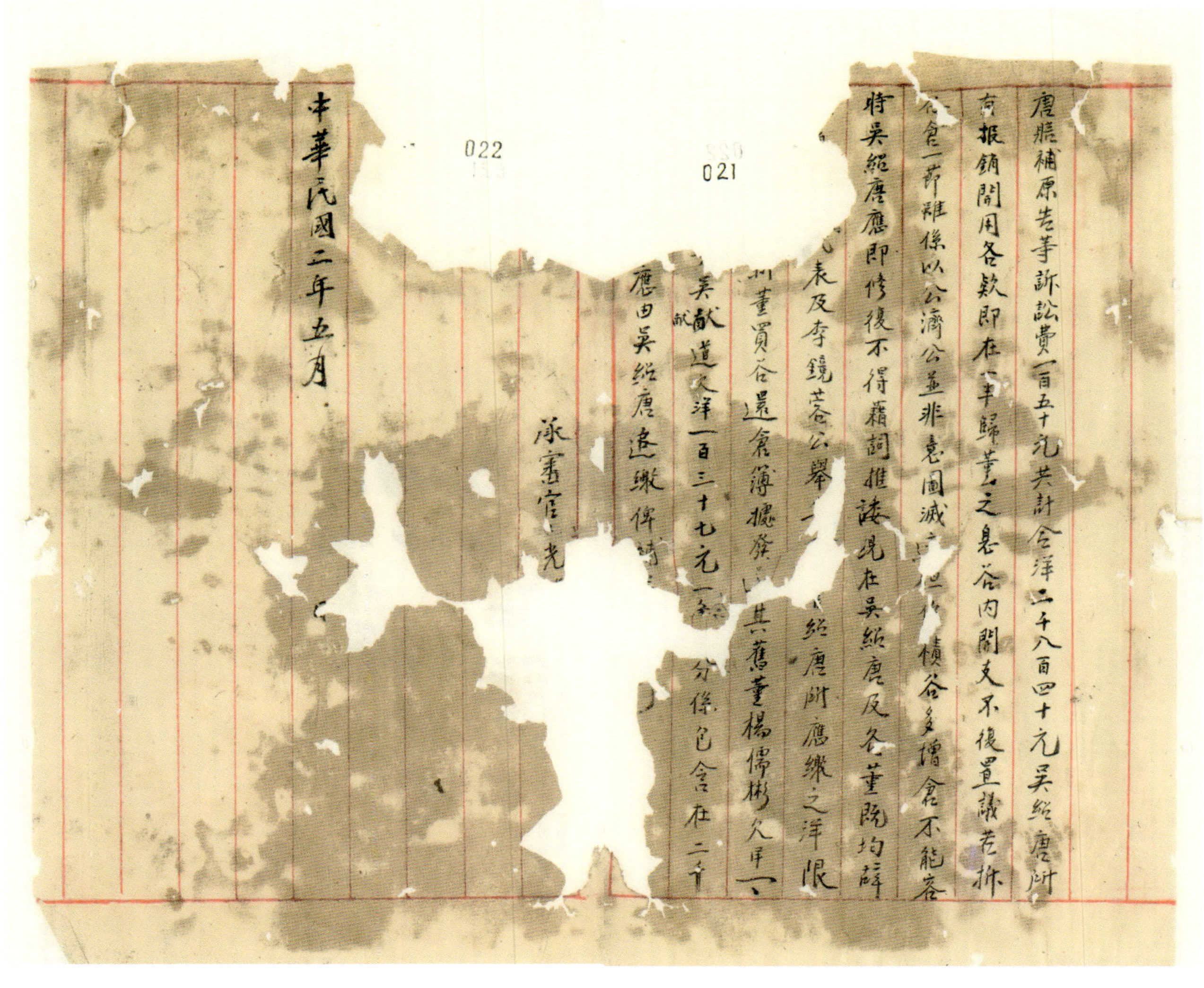

26-11．民國二年五月龍泉縣審檢所積穀董事吴紹唐侵蝕社穀拆倉滅迹一案判决詞碑文抄件粘呈

（3579：21-22）24.4×29.9cm

一一　光緒三十四年瞿自旺控瞿長青等恃强搶貼案

一、内容提要

「光緒三十四年（一九零八）瞿自旺控瞿長青等恃强搶貼案」相關檔案保存於5083、8515、10516、12782、13822號卷宗，其中包括光緒三十四年二月十三日至宣統元年（一九零九）四月廿九日訴訟過程中形成的呈狀十一件、票（稿）三件、點名單一件、供詞堂諭一件、結狀三件。

該案中，原呈瞿自旺自稱爲瞿氏智房子孫，因其先祖遷居他鄉而致譜系缺其一脉，以致宗族内誤認爲智房絶嗣而以仁房瞿長青之父繼絶，于是瞿自旺要求歸宗本支，輪值祭田。該案的訴訟過程可以分爲兩個階段。第一階段中，光緒三十四年二三月間瞿自旺三次呈狀，控瞿長青搶貼其名下應輪值之祭田，三次遞呈緣由各异，前兩次知縣要求族内調解，不予批准。再續之詞中瞿自旺以該糾紛族内調解無果，要求知縣審斷，至此知縣簽發第一件傳票。瞿長青、瞿長樂則反控瞿自旺同姓冒宗争祭。此後瞿自旺聲稱經族中調解，雙方遞息結銷案，但現存檔案中不見雙方息結與銷案的相關文書。第二階段，自光緒三十四年十二月始，瞿長青、瞿長樂及族長瞿澤廣否定瞿自旺與瞿氏宗族之關係以及之前的調解，以「捏遞息禀」重新提起訴訟。宣統元年正月陶霦接任龍泉知縣時，瞿自旺又呈狀稱瞿澤廣因向其索賄無果才唆使長青、長樂再次翻案，瞿長青等則呈控瞿自旺勾結瞿林炎等争祭霸種。在知縣陶霦的審訊中，雙方仍各持一詞，未能訊斷。此後瞿林炎又聯合族人公呈，辯稱瞿自旺并無冒宗争祭謀奪財産的動機，瞿長青等呈狀則强調由長青嗣承智房房份的合理性。瞿自旺是否爲瞿氏子孫的身份難以核實，最後陶霦判定瞿長青等承和房派下之智房與禮房之房份輪值祭田，同時允許瞿自旺在祭祖活動中赴席但不許輪祭。

二、檔案索引

編號	時　間	作　者	内　容	類　型	卷宗號	原卷宗頁碼
1	光緒三十四年二月十三日	瞿自旺	爲控瞿長青等恃强搶貼希圖滅分事(新詞)	呈狀	5083	6—9
2	光緒三十四年二月廿八日	瞿自旺	爲控瞿長青等搶貼滅分應輪莫輪事	呈狀	5083	3—5、2、12—13
3	光緒三十四年三月廿三日	瞿自旺	爲控瞿長青等疊理不依非法莫制事	呈狀	5083	14—17
4	光緒三十四年三月廿九日	知縣陳海梅	爲傳訊瞿長青等事	票(稿)	5083	18—19
5	光緒三十四年四月初三日	瞿長青等	爲控瞿自旺同姓不宗冒認争祭事	呈狀	5083	20—22
			附1 同治十三年二月十九日瞿全福立承嗣書	粘呈	5083	10—11
6	光緒三十四年十二月初八日	知縣陳海梅	爲勒提訊究瞿長青等事	票(稿)	12782	40—41
7	光緒三十四年十二月十三日	瞿自旺	爲控瞿長青等索借未遂唆聳刁翻事	呈狀	12782	38—39、36—37

8	光緒三十四年十二月十八日	瞿澤廣	爲不宗争祭理合剖明事	呈狀	10516	7、6、8—9
9	宣統元年正月十九日	瞿長青等	爲控瞿自旺聽唆奪祭冒祖霹争事	呈狀	10516	11—12
10	宣統元年正月十九日	瞿自旺	爲控瞿澤廣案已飭提年終宕審事	呈狀	10516	24—25
11	宣統元年閏二月十三日	瞿長青等	爲控瞿自旺捐留祭簿狡串混争事	呈狀	10516	17—19、10、13—14
12	(宣統元年)閏二月廿日	知縣陶霦	爲催提瞿長青等事	票(稿)	10516	20—21
13	(宣統元年)閏二月廿二日		點名單	點名單	10516	15—16
14	(宣統元年)閏二月廿二日		供詞、堂諭	供詞、堂諭	10516	1—3
15	宣統元年三月初八日	瞿林炎等	爲顧宗念切據理直陳事	呈狀	10516	22—23、4—5
16	宣統元年四月初三日	瞿長青等	爲控瞿自旺譜註明晰奉查檢呈事	呈狀	13822	4—8、2—3
17	宣統元年四月廿九日	瞿長青	限狀	結狀	8515	1
18	宣統元年四月廿九日	瞿長青等	遵依狀	結狀	8515	2
19	宣統元年四月廿九日	瞿自旺	遵結狀	結狀	8515	3

1.光緒三十四年二月十三日瞿自旺爲控瞿長青等恃强搶貼希圖滅分事(新詞)呈狀　(5083：6–9)　28.1×100.1cm　圖版裁狀式條例

2.光緒三十四年二月廿八日瞿自旺爲控瞿長青等搶貼滅分應輪莫輪事呈狀

（5083：3–5）28.8×58.4cm；（5083：2）28.2×20.8cm；（5083：12–13）28.4×37.5cm　圖版裁狀式條例

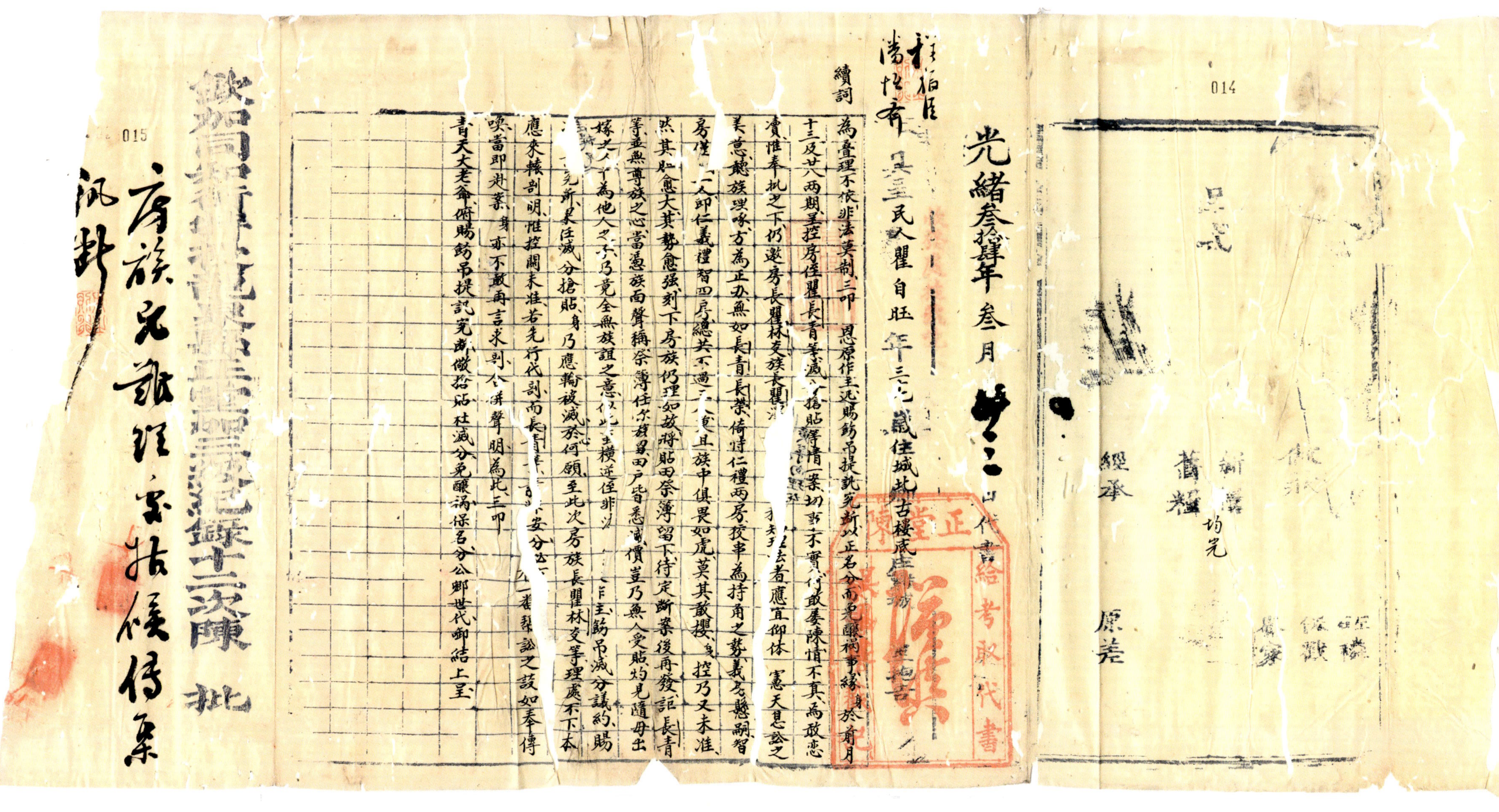

3.光緒三十四年三月廿三日瞿自旺爲控瞿長青等霸埋不依非法莫制事呈狀　(5083：14–15) 28.5×58.2cm；(5083：16–17) 28.5×52.2cm　圖版裁狀式條例

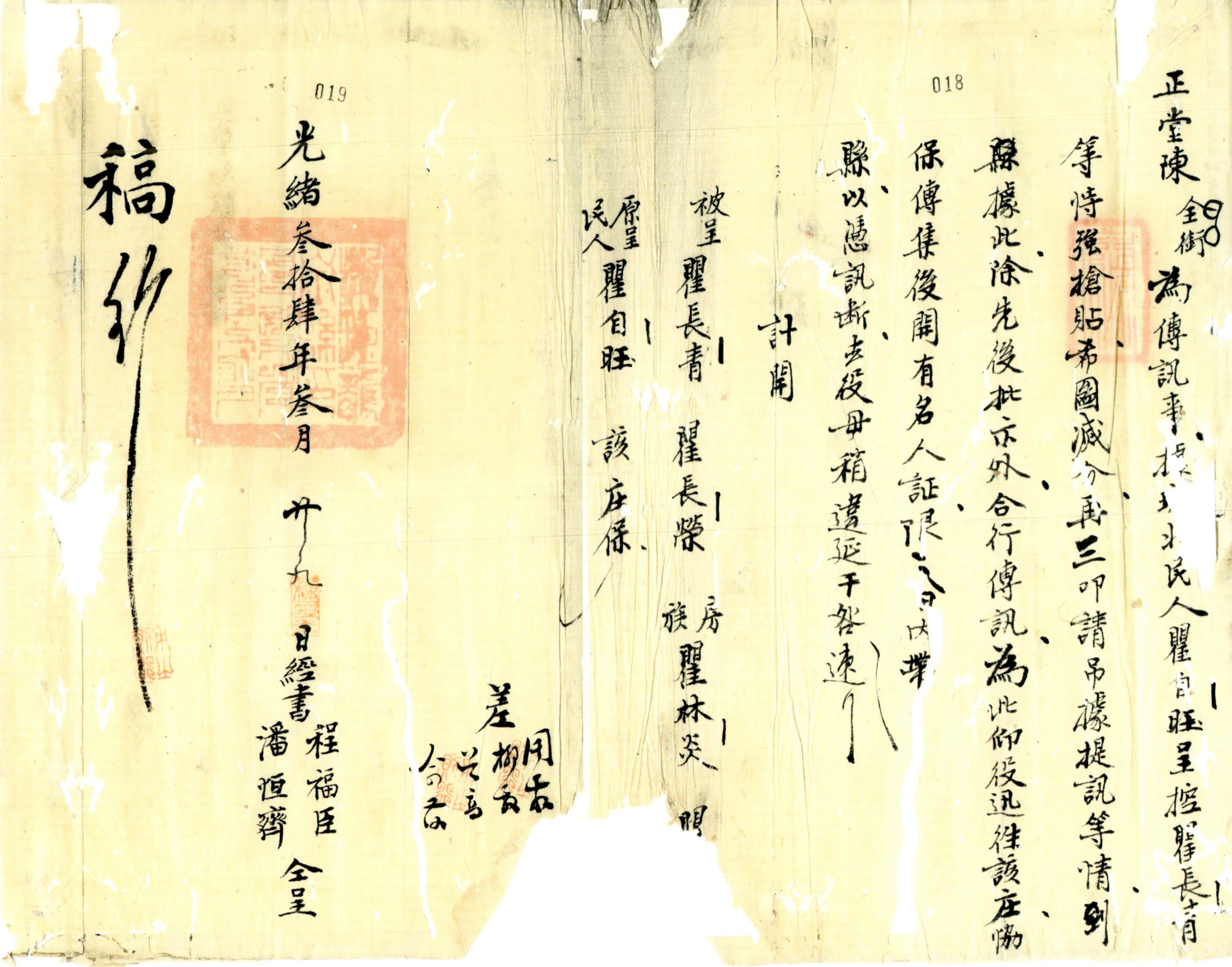
018

正堂陳 全銜 爲傳訊事。據民人瞿自旺呈控瞿長青等恃强搶貼希圖滅分，再三叩請吊據提訊等情到縣。據此，除先後批示外，合行傳訊。爲此仰役迅往該庄協保傳集後開有名人証，限□日内帶縣，以憑訊斷。去役毋藉遲延干咎。速。

計開

被呈 瞿長青 瞿長榮 房族 瞿林奕

原呈民人 瞿自旺 該庄保

019

稿 行

光緒叁拾肆年叁月 廿九 日經書 程福臣 潘恒齊 仝呈

4.光緒三十四年三月廿九日知縣陳海梅爲傳訊瞿長青等事票(稿)（5083：18−19）28.6×41.0cm

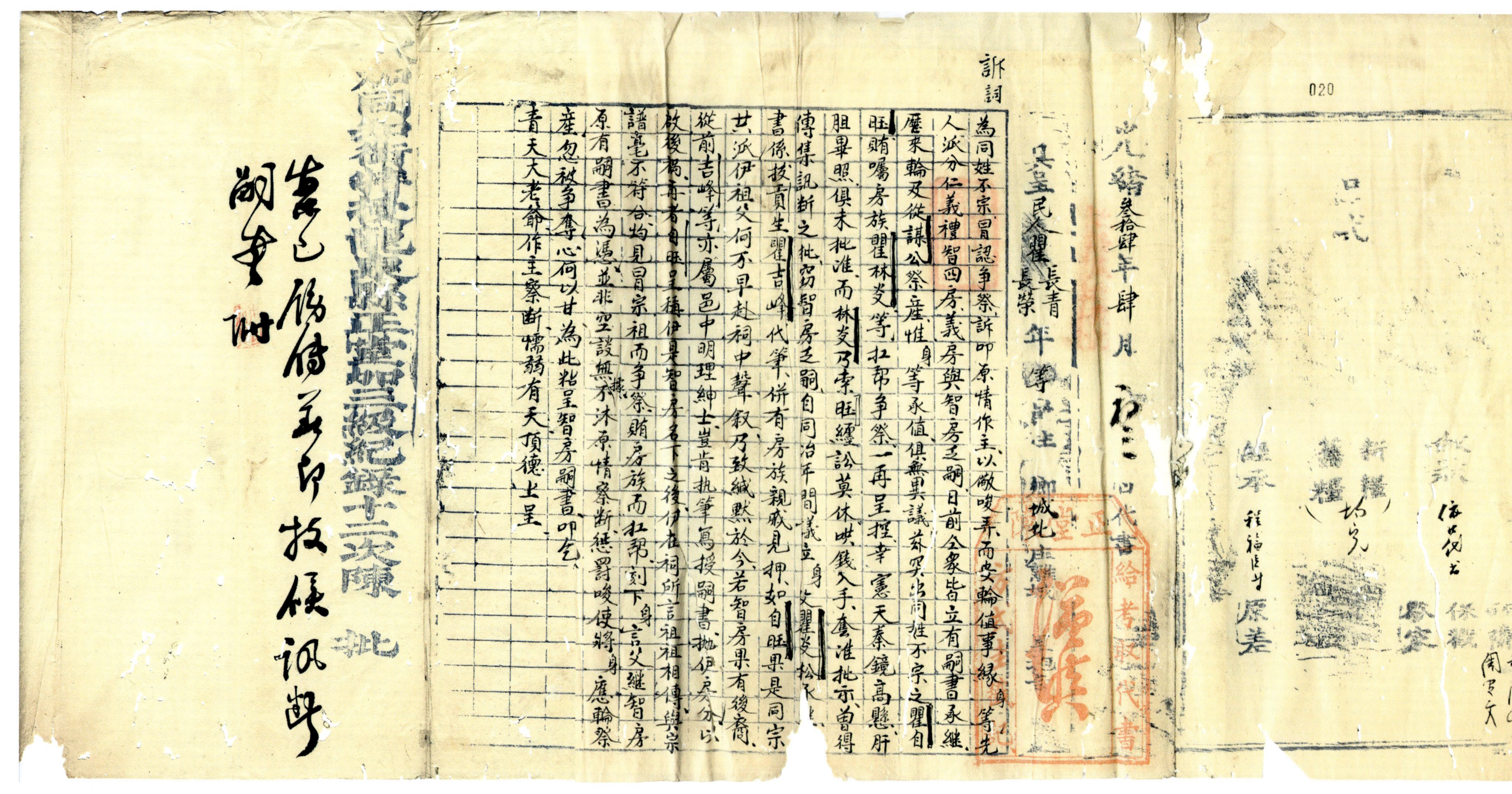

5.光緒三十四年四月初三日瞿長青等爲控瞿自旺同姓不宗冒認爭祭事呈狀 （5083：20–22） 28.6×119.0cm 圖版裁狀式條例

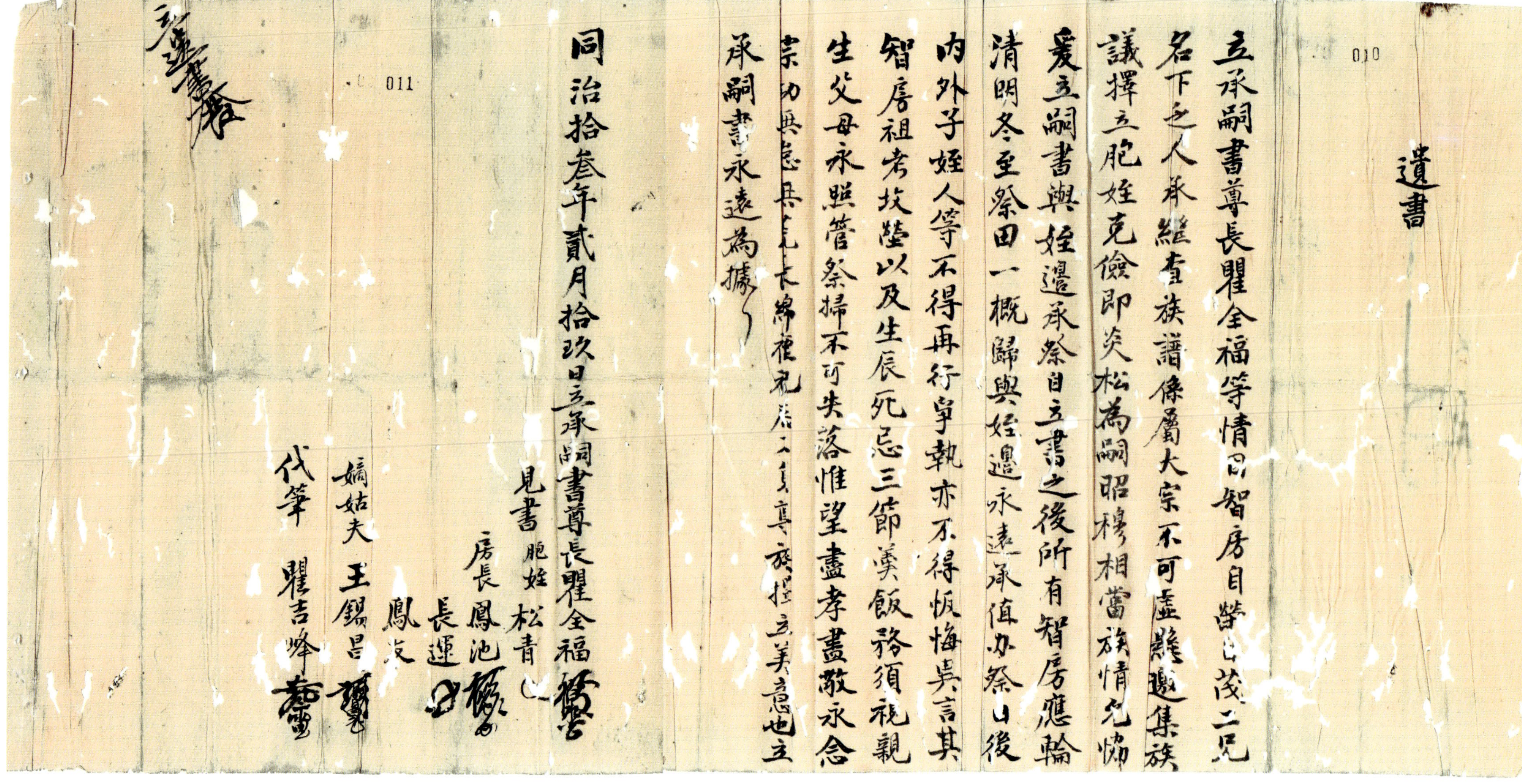

遺書

立承嗣書尊長瞿全福等情因智房自嵤茂二兄

名下乏人承繼查族譜係屬大宗不可虛懸邀集族

議擇立胞姪克儉即炎松為嗣昭穆相當族情允協

爰立嗣書與姪還承祭自立書之後所有智房應輪

清明冬至祭田一概歸與姪還永遠承值办祭以後

內外子姪人等不得再行爭執亦不得恢悔異言其

智房祖考坟塋以及生辰死忌三節羹飯務須視親

生父母永照管祭掃不可失落惟望盡孝盡敬永念

宗功無忘長支綿禋祀庶人之真族捏立美意也立

承嗣書永遠為據

同治拾叁年貳月拾玖日立承嗣書尊長瞿全福（押）

見書　胞姪　松青

房長　鳳池（押）

長運（押）

鳳岐

嫡姑夫　王錫昌（押）

代筆　瞿吉峰（押）

5附1.同治十三年二月十九日瞿全福立承嗣書粘呈　（5083：10–11）26.5×57.0cm

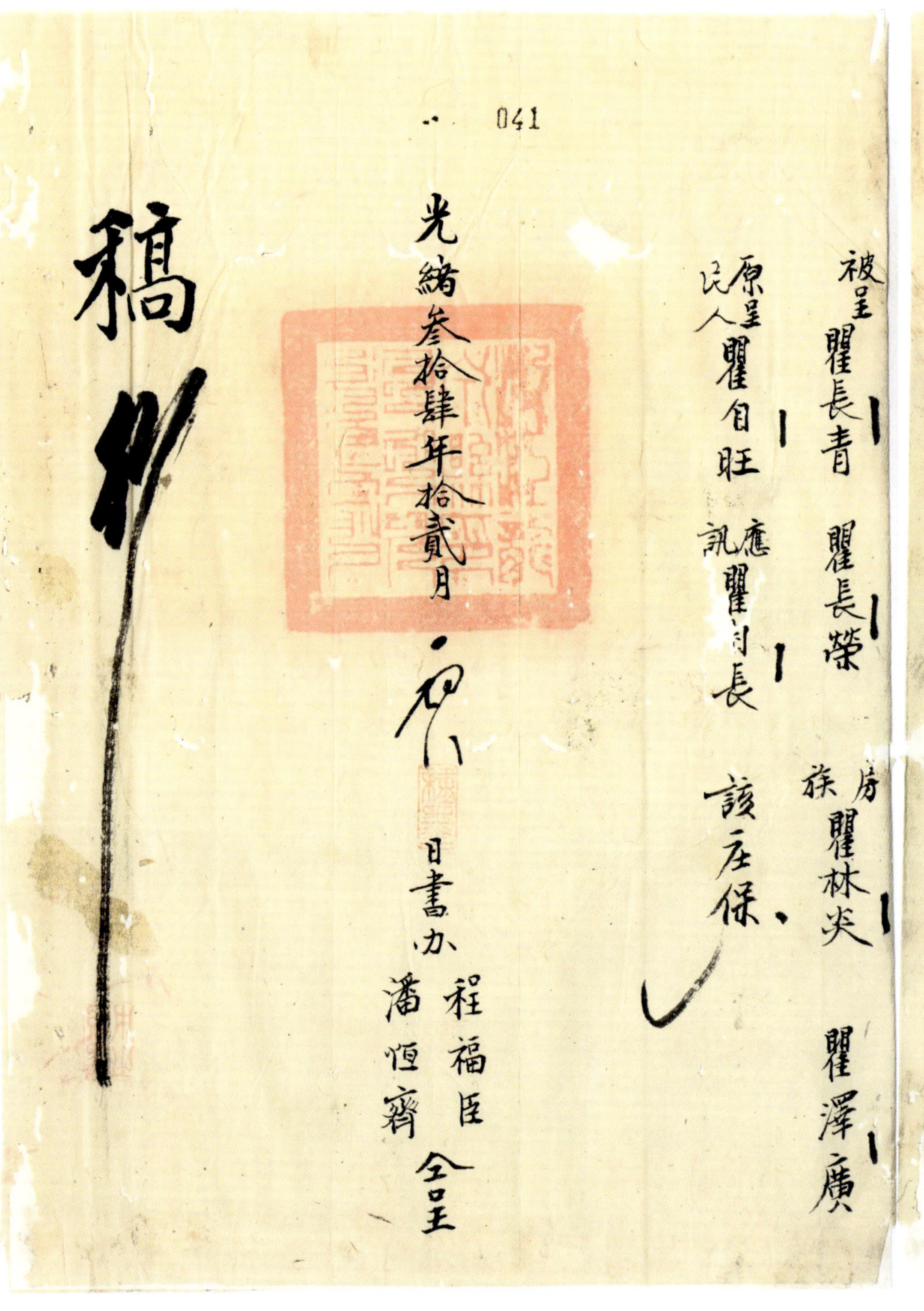

6.光緒三十四年十二月初八日知縣陳海梅爲勒提訊究瞿長青等事票(稿) （12782：40–41）26.5×39.5cm

7.光緒三十四年十二月十三日瞿自旺爲控瞿長青等索借未遂唆聳刁翻事呈狀
（12782：38–39）27.5×35.0cm；（12782：36–37）27.5×40.0cm　圖版裁狀式條例

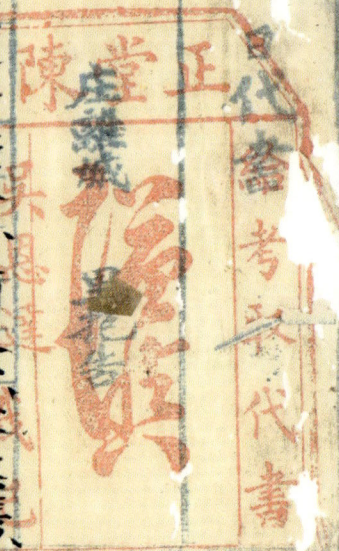

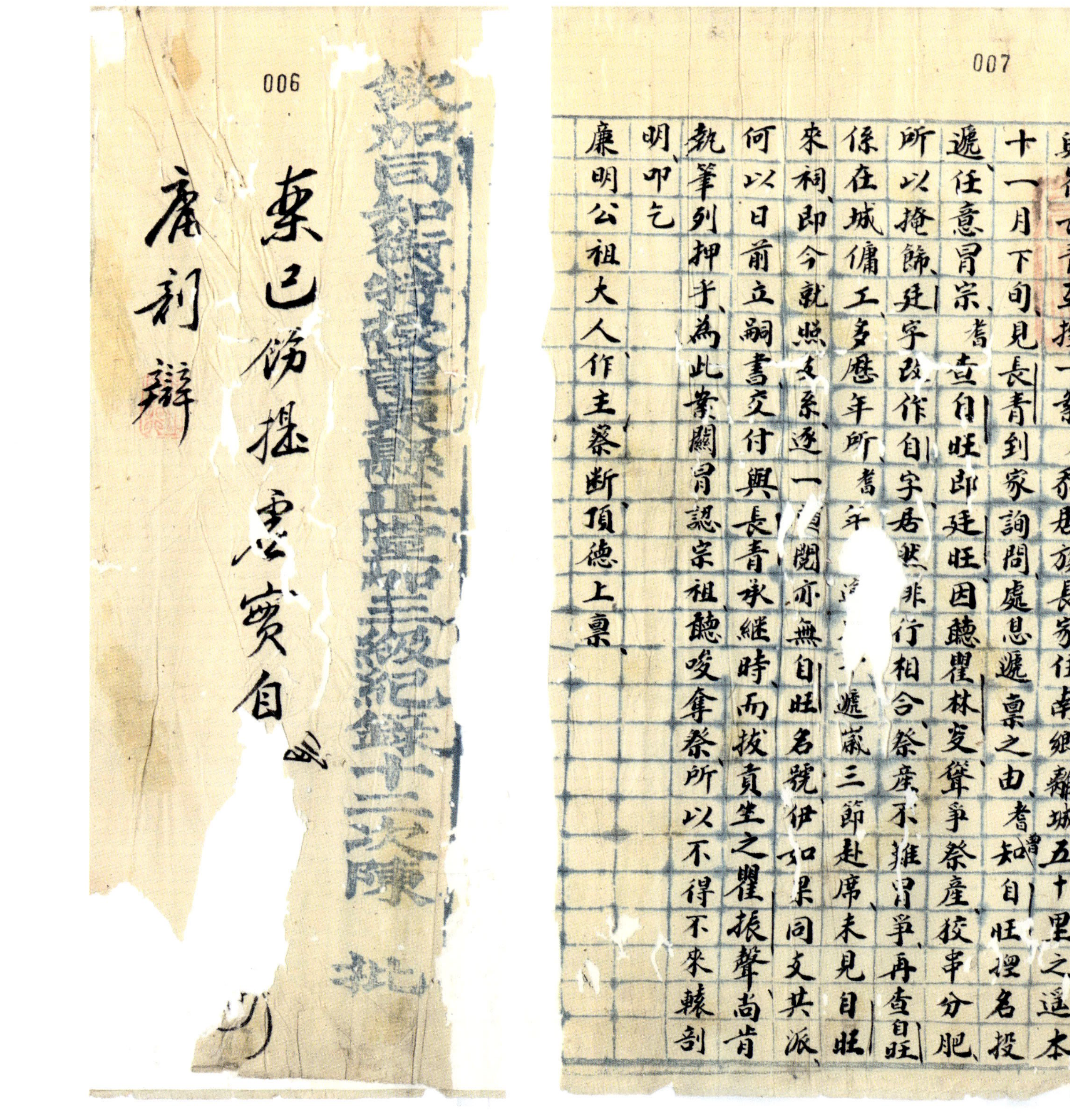

006

案已飭提，虛實自庭訊辯。

007

光緒叁拾肆年拾貳月

具呈族長耆民瞿澤廣，七十二歲，住南鄉大賽

有案

爲不宗争祭理合剖明叩懇原情察斷以正支派事。緣有瞿自旺與瞿長青互控一案，耆忝居族長，家住南鄉，離城五十里之遥。本十一月下旬，見長青到家詢問處，悉遞稟之由。耆知自旺裡名投遞，任意冒宗。耆查自旺即廷旺，因聽瞿林交聳争祭産，狡串分肥，所以掩飾廷字改作自字，居然非行相合。祭産不難冒争，再查自旺係在城傭工，多歷年所，耆年[illegible]遞歲三節赴席，未見自旺來祠，即今就照文系逐一[illegible]閲，亦無自旺名號。伊如果同支共派，何以日前立嗣書交付與長青承繼時，而拔貢生之瞿振聲尚肯執筆列押乎。爲此案關冒認宗祖，聽唆奪祭，所以不得不來轅剖明，叩乞

廉明公祖大人作主察斷，頂德上稟。

8.光緒三十四年十二月十八日瞿澤廣爲不宗争祭理合剖明事呈狀

(10516：7、6) 27.6×32.0cm；(10516：8–9) 26.2×34.0cm　圖版裁狀式條例

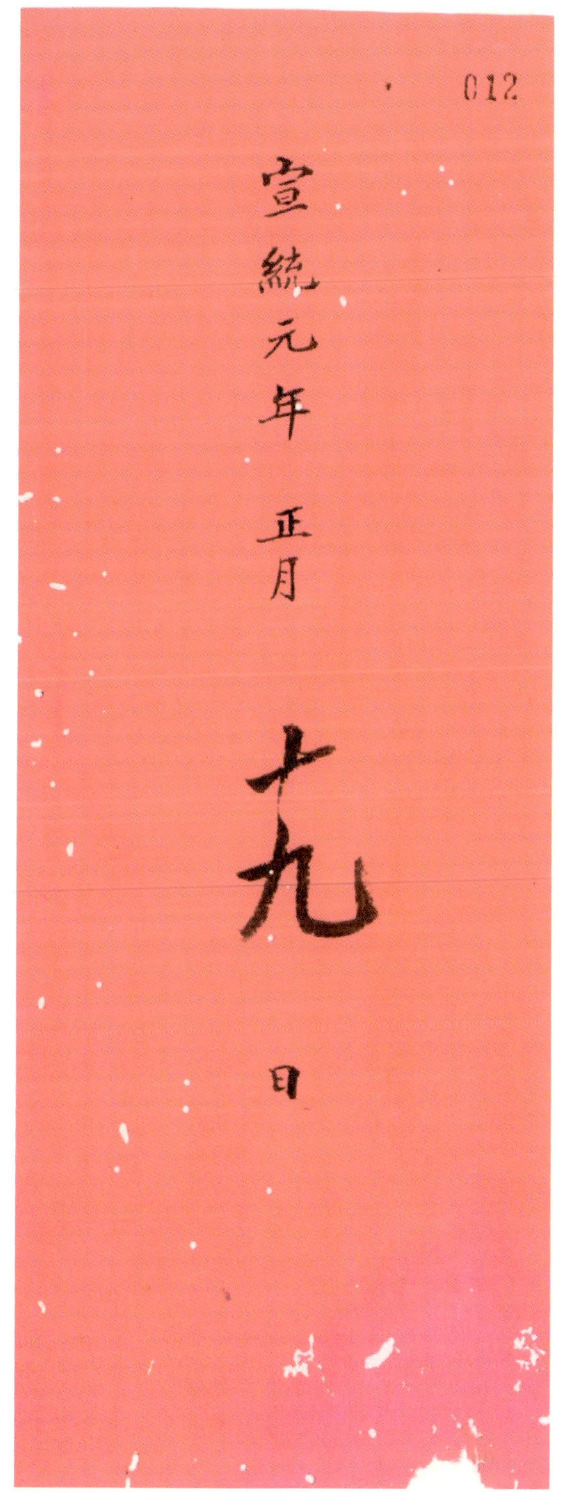

有案　011

總㸌

具呈民人瞿長青、長榮，年不等，經承程福臣，差周發等

為聽唆奪祭冒祖霸争，俯賜照案催提訊究，而正輪值事。緣身于上年二月

間訴控同姓不宗之瞿自旺賄嘱瞿林支等扛帮争祭各等情，蒙陳前主

分别批示在案，迄今一年，未蒙訊結。兹幸

憲天榮任，老幼均云鉄面冰心，清風百

里，正是萬家生佛，懇賜照案催差速集稟訊。况此祭田本年恰輪身

名下承值办祭，完粮貼耕收租，今冒出冒祖奪祭，不沐勒集訊究，將值控

農忙之候，而瞿自旺聽唆霸種，此不定釀巨禍，更費天心，為此伏乞

青天大老爺俯賜照案勒提訊究，三生啣結，焚祝上呈。

正堂陶　批

候照案催提集訊

012

宣統元年正月十九日

9.宣統元年正月十九日瞿長青等爲控瞿自旺聽唆奪祭冒祖霸争事呈狀
（10516：11）25.1×29.5cm；（10516：12）25.1×9.6cm　圖版裁空白頁

024

狀式

具呈民人瞿自旺　年三十七歲　住城北

爲案已飭提，年終宕審，不已與前叩，懇吊案察斷事。緣身與瞿長青、長榮互爭祀產一案，去
年奉　陳縣主批示：邀全尊長瞿林炎、族長瞿澤廣并公人經承人等，業已處息，現具函送銷
息結，并尊族息稟，赤存在案。辛未料事息之后，瞿澤廣糊言瞿林炎受身之賄，伊亦要取辛力，
索借錢文，因此不遂，復聳長青兄弟誣控刁翻，呈稱捏造息稟、捏造花押等情，一面之詞，出票提訊。
無奈身亦訴叩，蒙前縣主批：據呈是否實情，案已飭提，着投候集質察斷。自批之下，瞿澤廣轉遞公
稟，生出一派謊語剖明。批亦斥之毋庸剖辯，似此出爾反爾之澤廣，害人非淺，罪惡難逃，況廣不過尊
年老，邀全族議，並非身房之族長，照理與伊無涉，誰知身有眼無珠，欲邀伊來排解，反邀伊爲禍根，訟端
至此，悔之莫及。茲幸　憲天蒞任，斯土懇求吊案原情察斷，庶幾案清有日矣。如果似身捏造息稟花押，
任　天加罪。爲此備情剖與前叩乞
青天大老爺作主，吊案察斷，公侯萬代，頂德上呈。

正堂陶　批：
已於瞿長青等同日呈內批示矣。

025

宣統元年正月十九日

10.宣統元年正月十九日瞿自旺爲控瞿澤廣案已飭提年終宕審事呈狀　（10516：24–25）25.2×91.5cm　圖版裁空白頁

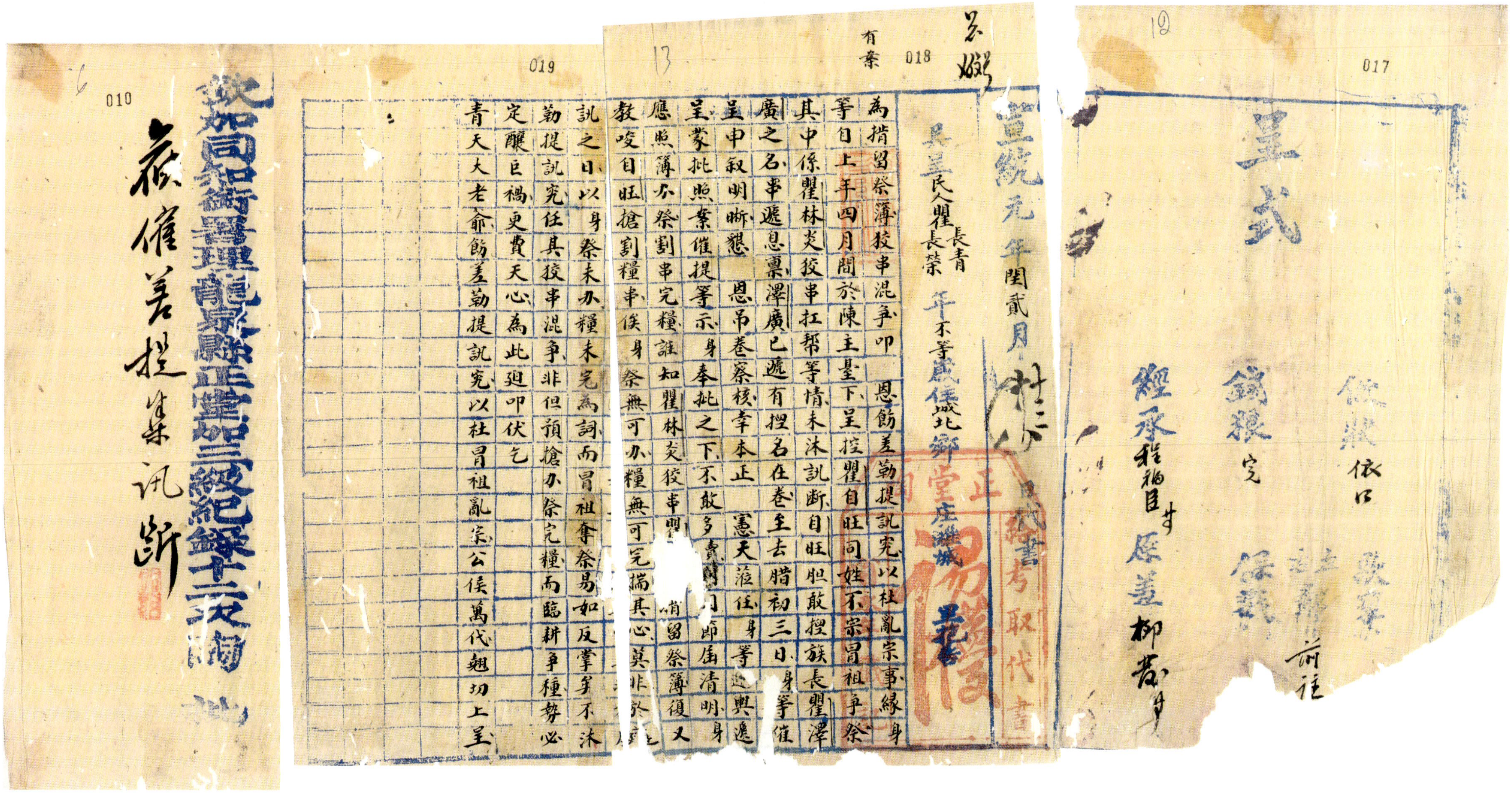
宣統元年閏貳月十三日

具呈民人瞿長青、瞿長榮，年不等歲，住城北鄉

為揹留祭簿狡串混爭，叩恩飭差勒提訊究，以杜亂宗事。緣身等自上年四月間於陳主臺下呈控瞿自旺同姓不宗、冒祖爭祭，其中係瞿林炎狡串扛帮等情，未沐訊斷。自旺胆敢揑族長瞿澤廣之名串遞息稟，澤廣已遞有揑名在卷。至去臘初三日，身等催呈申敘明晰，懇恩吊卷察核。幸本正憲天蒞任，身等邀與遞呈，蒙批照案催提等示。身奉批之下，不敢多□，□即属清明，身應照簿分祭、劃串完糧。詎知瞿林炎狡串□□，揹留祭簿，復又敎唆自旺搶劃糧串，俟身祭無可办，糧無可完，揣其心莫非□□□訊之日，以身祭未办、糧未完為詞，而冒祖奪祭易如反掌。身不沐勒提訊究，任其狡串混爭，非但預搶办祭完糧，而臨耕爭種，勢必定釀巨禍，吏費天心。為此廻叩，伏乞

青天大老爺飭差勒提訊究，以杜冒祖亂宗。公侯萬代，翅切上呈。

欽加同知銜署理龍泉縣正堂加三級紀錄十二次胡批：

候催差提集訊斷。

呈式

錢糧　完

經承　程福昌

原差　柳茂

餘狀依口

11.宣統元年閏二月十三日瞿長青等爲控瞿自旺揹留祭簿狡串混争事呈狀

（10516：17）27.0×17.0cm；（10516：18–19）27.5×29.0cm；（10516：10）27.0×10.5cm；（10516：13–14）28.0×33.0cm　圖版裁狀式條例

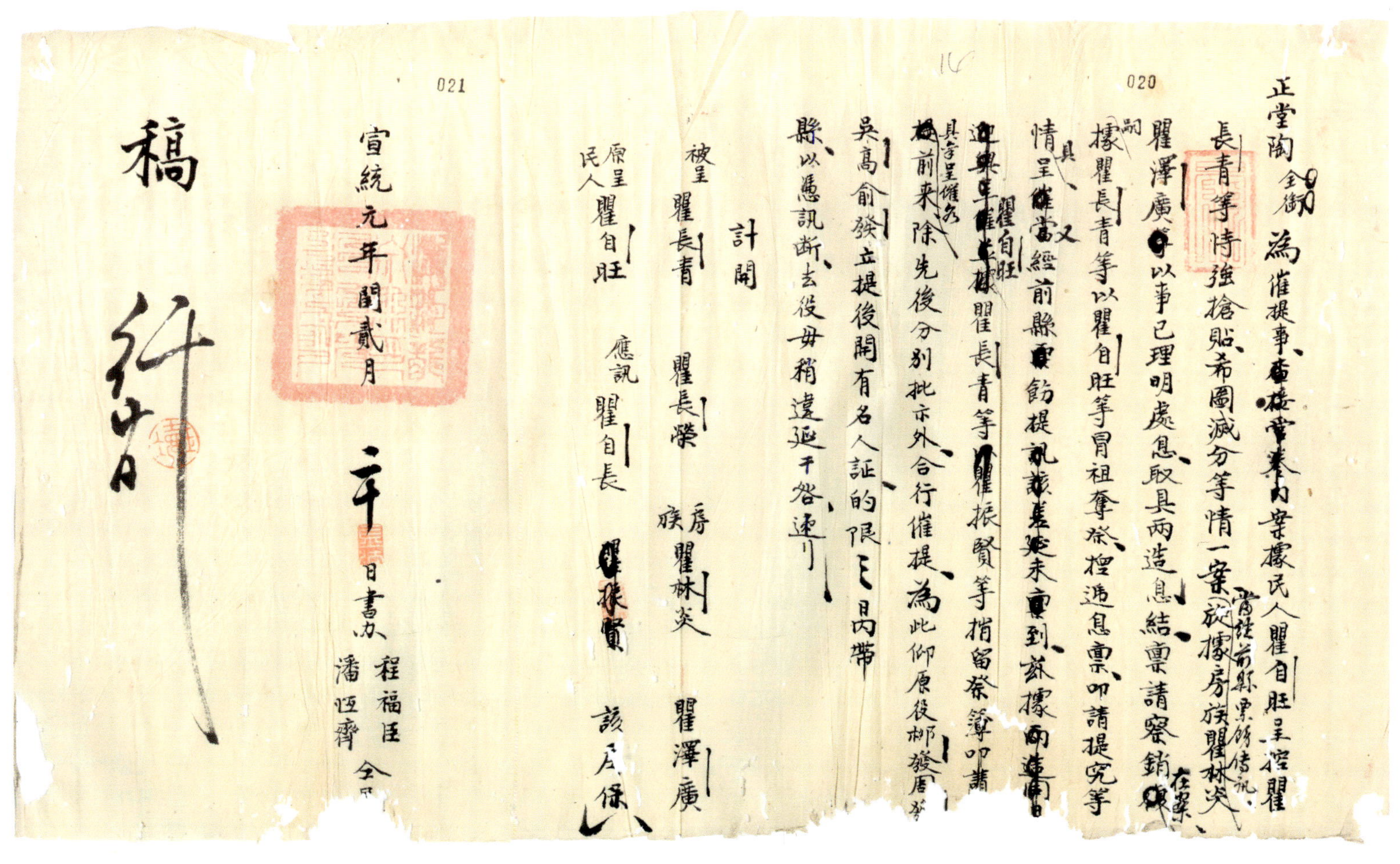

正堂陶　全銜　為催提事。查卷內案據民人瞿自旺呈控瞿長青等恃強搶貼、希圖滅分等情一案，當經前縣票飭傳訊，旋據房族瞿林炎、瞿澤廣以事已理明處息，取具兩造息結，稟請察銷在案。嗣據瞿長青等以瞿自旺等冒祖奪祭、捏造息稟，叩請提究等情；又據瞿自旺具呈催。當經前縣飭提訊，兹差未到，兹據兩造瞿長青等、瞿振賢等指留祭簿，叩請…具呈催各前來，除先後分別批示外，合行催提。為此仰原役柳發、周發、吳高、俞發立提後開有名人證，的限三日內帶縣，以憑訊斷，去役毋稍違延干咎，速速。

計開

被呈　瞿長青　瞿長榮　房族　瞿林炎　瞿澤廣

原呈民人　瞿自旺　應訊　瞿自長　瞿振賢　該地保

宣統元年閏貳月　廿　日書办　程福臣　潘恆齊　仝

稿　行

12.宣統元年閏二月廿日知縣陶霦爲催提瞿長青等事票(稿)　(10516：20—21) 28.0×47.5cm

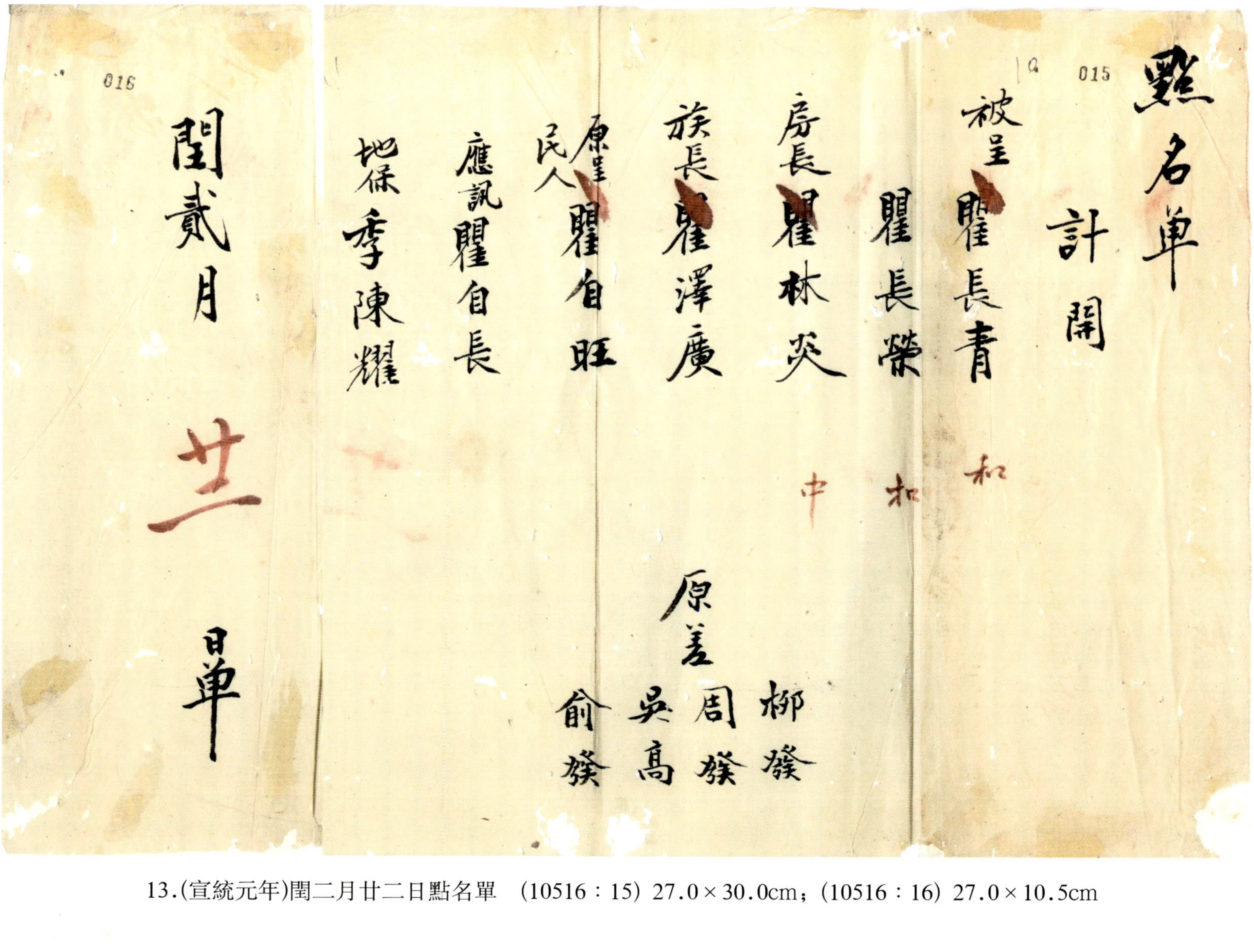

點名單

計開

被呈瞿長青　和

瞿長榮　和

房長瞿林炎　中

族長瞿澤廣

原呈民人瞿自旺

應訊瞿自長

地保季陳耀

原差　柳發　周發　吳高　俞發

閏貳月　廿二　日單

13.(宣統元年)閏二月廿二日點名單　(10516：15) 27.0×30.0cm；(10516：16) 27.0×10.5cm

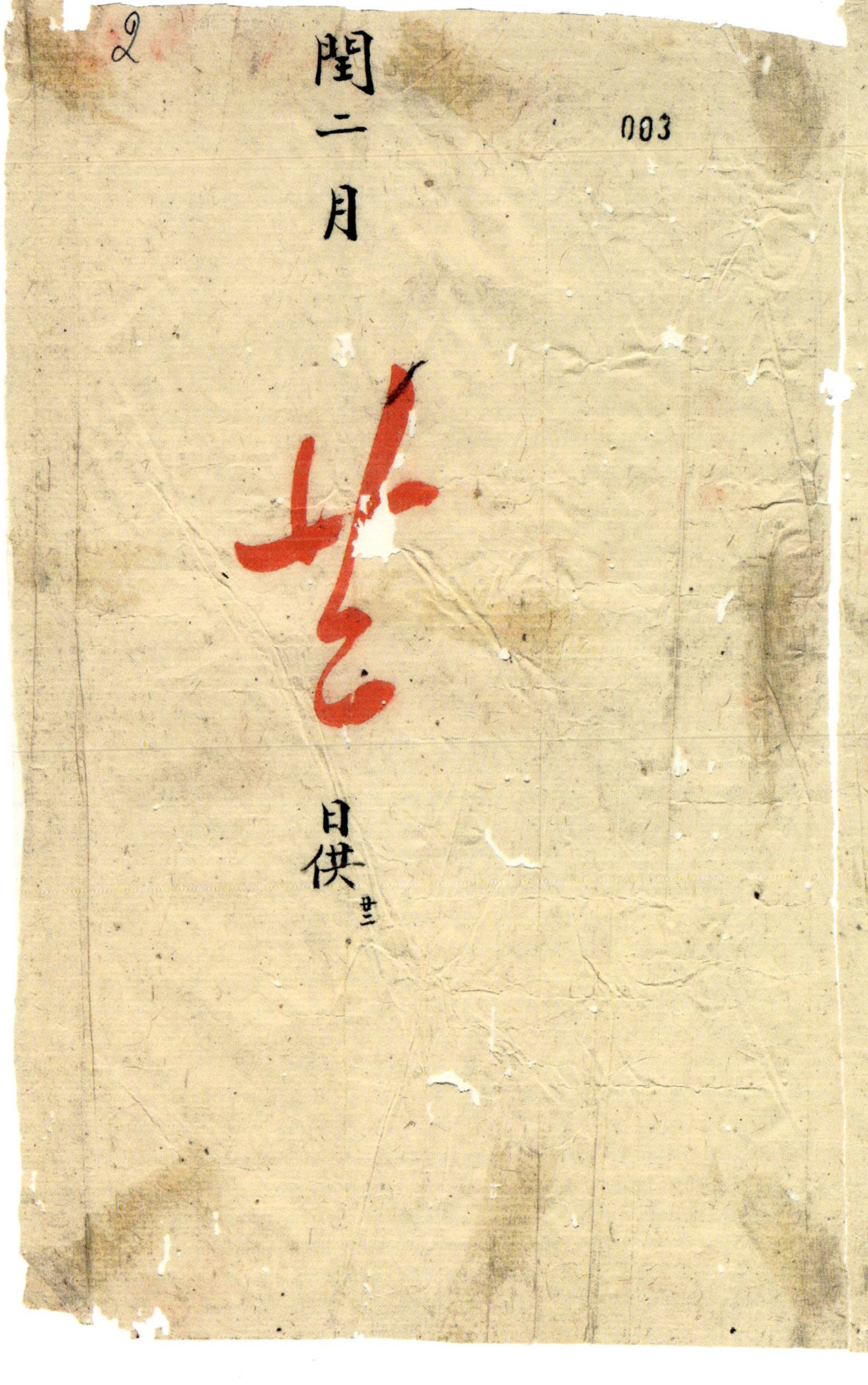

據瞿澤廣供年七十三歲現住南鄉大賽瞿長青瞿長榮係是和房的
人瞿自旺竟係何房派下子孫小的實不曉得今蒙提問供明是實
據瞿林美供年七十歲小的是中房的房長這瞿自旺係是和房的人
他來祭掃坟塋已有八九年今蒙提問所供是實
據瞿長青供年五十三歲從謀公派下祭田係是中和兩房的人輪流
長榮與小的都是和房子孫這祭田本年應輪小的名下办祭瞿
係與小的同姓不宗現有宗譜呈案他們冒認係是萬瞻公的子
強爭本年祭田現蒙諭令自將確實憑據呈案再定小的遵諭就是
據瞿自旺供年三十八歲兄弟有五尚未分居小的是和房萬瞻派下子
孫萬瞻生之承自之承公遷居北鄉上田曾是未輪這祭今小的尊
看父親澤林現藏有圖確在查明次序本年這祭輪着小的這
瞿長青藏分爭奪曾是具控今蒙提問諭令自將確實憑據呈案
再定小的自應遵諭办理就是
堂諭此案兩造供詞各執瞿自旺是否萬瞻後裔應令瞿自旺自將
確實憑証呈候核奪再行集訊此諭

閏二月廿二日供

14.(宣統元年)閏二月廿二日供詞、堂諭　(10516：1-2) 27.0×26.4cm；(10516：3) 25.0×16.3cm

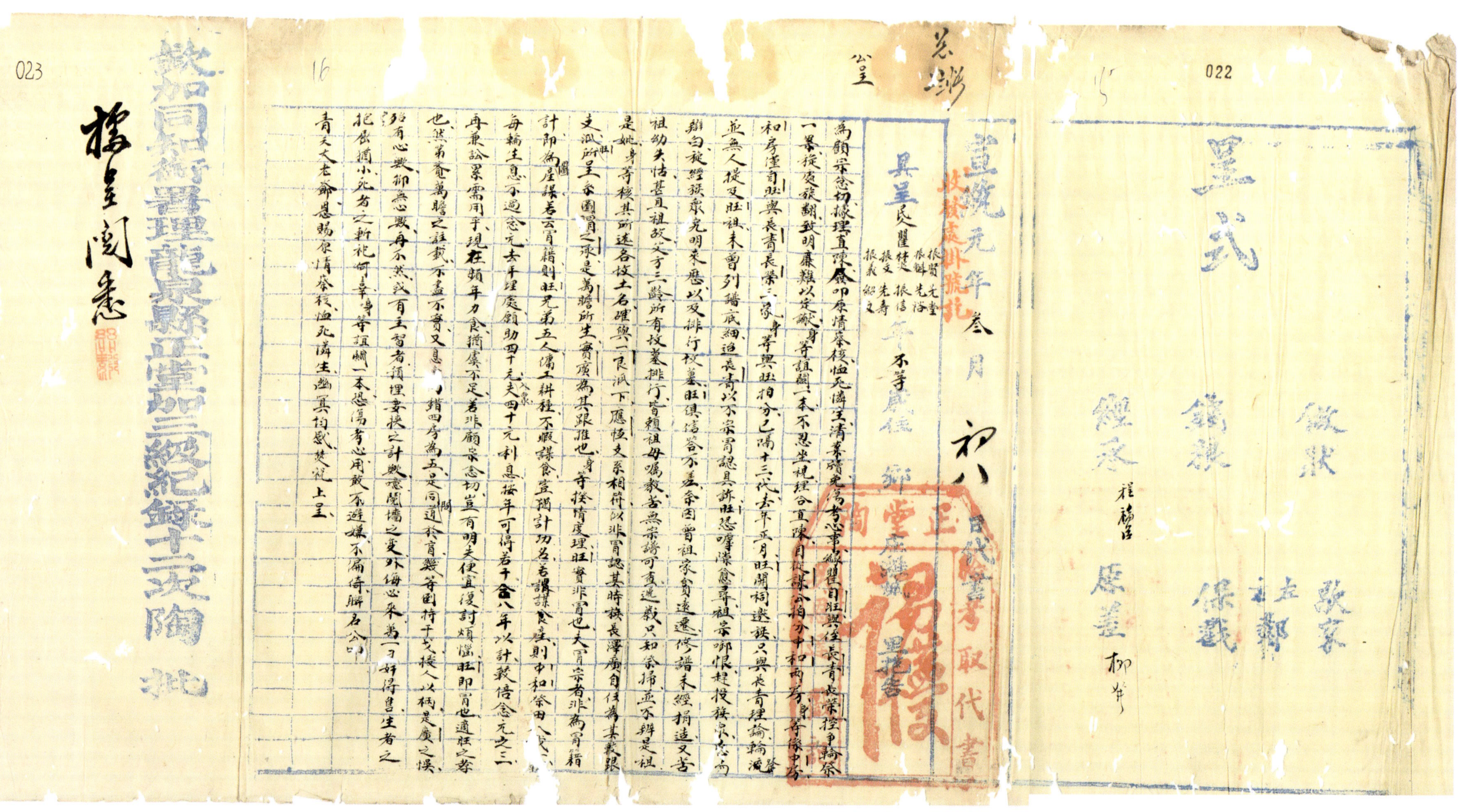

15. 宣統元年三月初八日瞿林炎等爲顧宗念切據理直陳事呈狀　(10516：22–23) 28.3×66.0cm；(10516：4–5) 27.5×35.0cm　圖版裁狀式條例

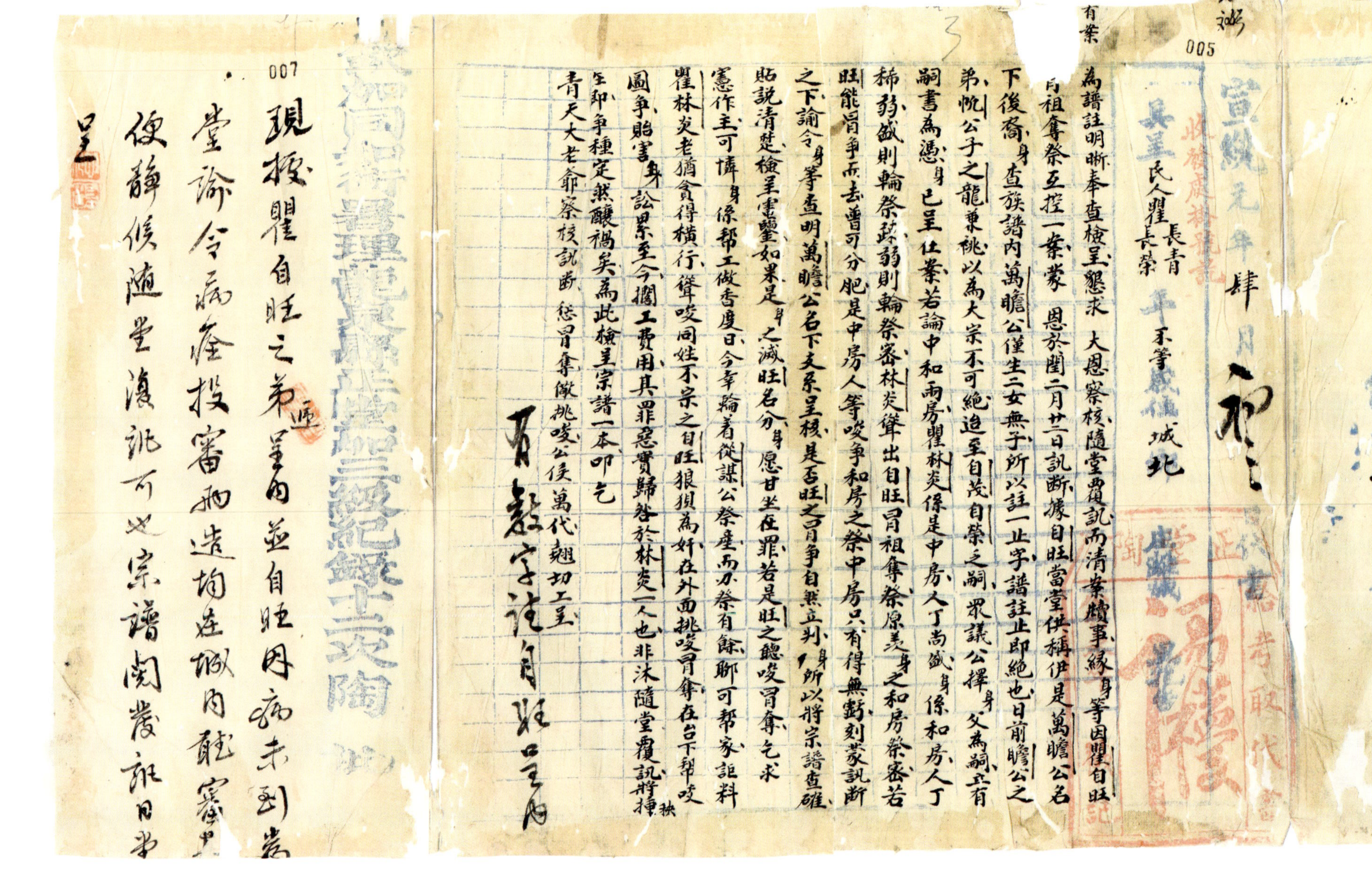

16.宣統元年四月初三日瞿長青等爲控瞿自旺譜註明晰奉查檢呈事呈狀

(13822：4–5) 27.0×29.0cm；(13822：6–7) 27.0×25.8cm；(13822：8) 26.0×14.5cm；(13822：2–3) 24.0×23.5cm　圖版裁狀式條例

18.宣統元年四月廿九日瞿長青等遵依狀　(8515：2) 43.0×29.0cm

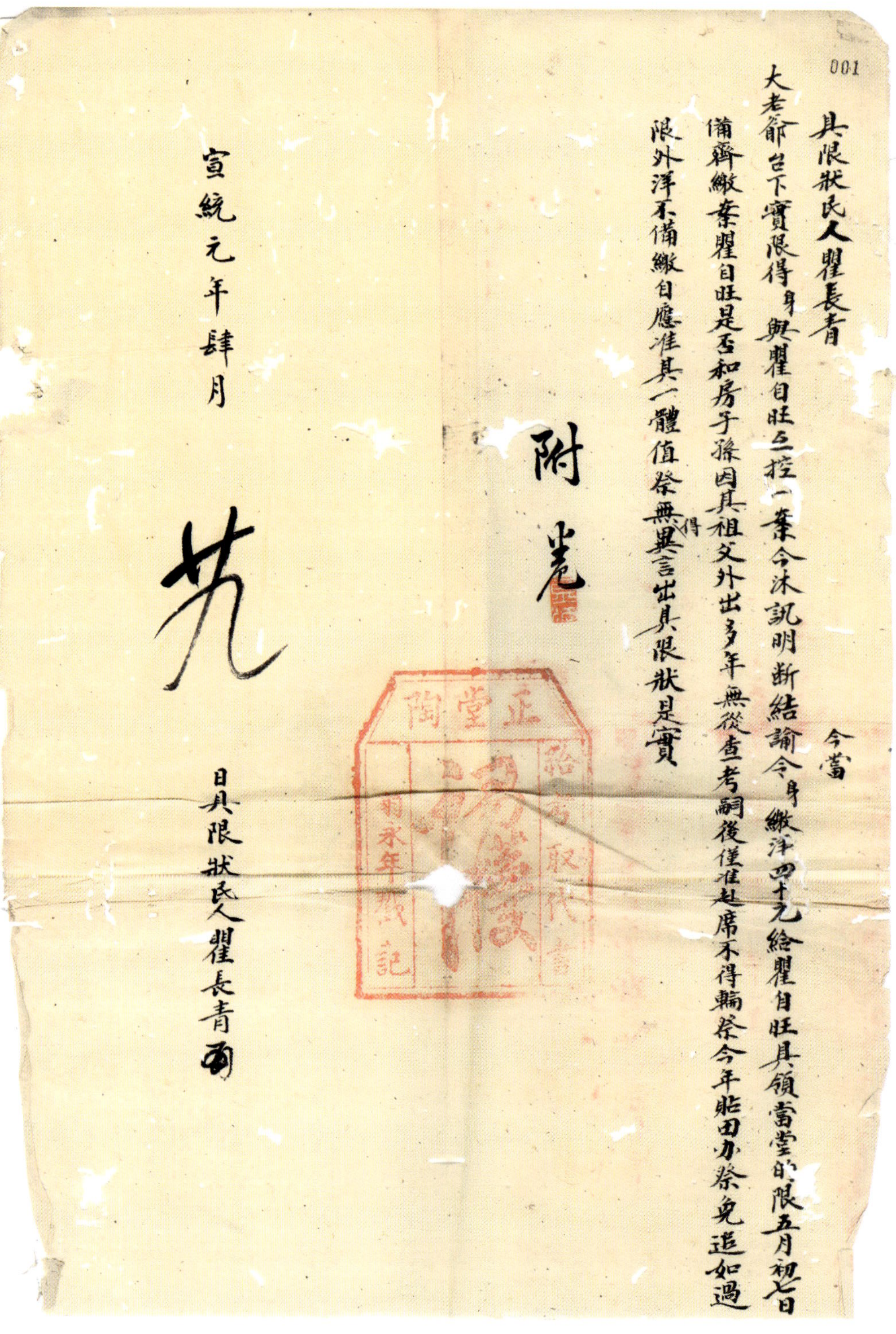

001

具限狀民人瞿長青　今當
大老爺台下實限得身與瞿自旺互控一案今沐訊明斷結諭令身繳洋四十元給瞿自旺具領當堂的限五月初七日
備齊繳案瞿自旺是否和房子孫因其祖父外出多年無從查考嗣後僅准赴席不得輪祭今年祀田另祭免追如過
限外洋不備繳自應准其一體值祭無得異言出具限狀是實

附卷

宣統元年肆月　　日具限狀民人瞿長青

允

17.宣統元年四月廿九日瞿長青限狀　(8515：1) 42.0×28.8cm

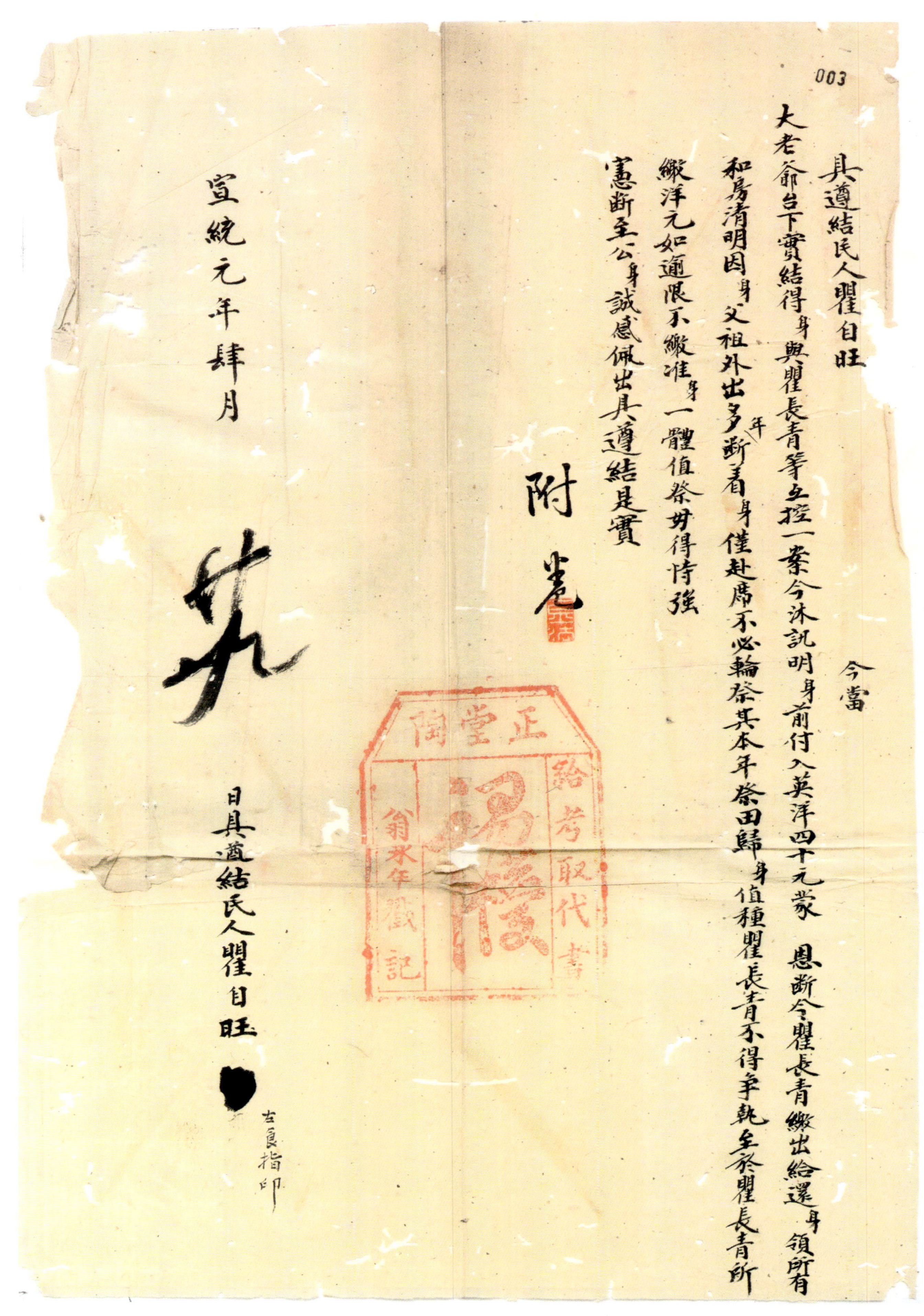

003

具遵結民人瞿自旺

今當

大老爺台下實結得身與瞿長青等互控一案今沐訊明身前付入英洋四十元蒙恩斷令瞿長青繳出給還身領所有和房清明因身父祖外出多年斷着身僅赴席不必輪祭其本年祭田歸身值種瞿長青不得爭執至於瞿長青所繳洋元如逾限不繳准身一體值祭毋得恃強

憲斷至公身誠感佩出具遵結是實

附卷

正堂陶　給考取代書翁永年戳記

宣統元年肆月廿九日具遵結民人瞿自旺

左食指印

19.宣統元年四月廿九日瞿自旺遵結狀　（8515：3）42.0×28.6cm

一二　光緒三十四年劉紹芳控劉朝高等搶匿契票等案

一、内容提要

「光緒三十四年（一九零八）劉紹芳控劉朝高等搶匿契票等案」相關檔案保存於2235、3361、8573、17086號卷宗。其中包括宣統元年（一九零九）二月至民國八年（一九一九）七月訴訟過程中形成的狀紙、票（稿）、禀、結狀、供詞堂諭、點名單，以及知縣致龍泉縣百貨釐局的移文，商務分會致龍泉知縣的申，知縣的札，民國初年的照會、傳票等。該案現存文書一百三十一件，其中晚清文書七十七件，是晚清時期存留文書最多的案件。

該案是一件兄弟争産案，以長子劉紹芳(朝利)及其母劉林氏爲一方，以次子劉朝高、三子劉朝勳爲另一方。光緒三十四年十二月，劉紹芳呈控其弟劉朝高等搶奪父親所遺契據，拒絶分擔父親債務，并且毆打母親，但未獲知縣陳海梅准理。宣統元年陶霦任龍泉知縣期間，雙方屢次催呈，陶霦簽發四件信票，均無結果。因訴訟長期延宕，劉紹芳曾於十二月初三日呈控至處州府。陳啓謙繼任龍泉知縣後，劉紹芳與劉林氏繼續催呈，然而訴訟仍無進展。這是該案訴訟的第一個階段。

第二個階段自宣統三年（一九一一）二月十三日至五月廿一日，即從繼任知縣周琛處理該案開始，至排夫溺亡導致案情激化之前爲止。宣統三年二月，劉林氏和劉紹芳分别兩次呈狀，控劉朝高等强砍强運杉木。周琛接案後，移文龍泉縣百貨釐局截留劉朝高等發運杉木，同時嚴提劉朝高等。僅半月時間，周琛迅速審斷該案，檔案中未存這次堂審的差役回禀、點名單和堂諭，但保留了二月廿八日劉紹芳與劉林氏的結狀，據此可知周琛將杉木判給了劉林氏，但被呈劉朝高等因拒絶出具結狀而遭責押。由於不服審斷，劉朝高等又四次呈狀要求復訊，族長劉加平等也呈狀聲援劉朝高兄弟，但均遭到周琛拒絶。與此同時，劉林氏則三次呈狀要求將截留杉木發運。由於劉朝高等砍運木材時，先向東甌寶森行借款以爲砍運之資，根據當地木業行規，木材應由東甌寶森行運銷，結果這批木材因訴訟被扣押，東甌寶森行爲免於損失，遂向龍泉商務會和龍泉知縣具禀，要求發運木材。此後族人劉加平等呈狀保釋劉朝高等，劉朝高等也出具了服從判決、請求開釋的切結狀。

劉朝高等開釋後，劉林氏又開始了新一輪訴訟，指控由劉朝廉(連)主謀，僞造保狀、東甌寶森行發售杉木等文書，并糺衆搶奪杉木。在搶奪杉木過程中，排夫吴永隆落水身亡，該案進入了另一個階段，直至清朝滅亡。這期間保存下來的檔案包括：劉林氏十一次呈狀（包括一次越訴處州府）、劉紹芳七次呈狀（包括一次越訴至處州府），控訴劉朝廉主使劉朝高兄弟搶奪發運杉木導致命案、劉朝高兄弟兇毆母兄，要求管押劉朝高兄弟并封留杉木等。知縣周琛於五月廿四日票飭差役等人打撈屍首、調查死因、查封杉木、提訊相關人證，二十七日公人李學暹等具禀報告打撈屍首、驗屍及收埋情形。在劉林氏、劉紹芳的反復催呈下，周琛於閏六月十四日簽發傳票。八月廿四日的點名單和堂諭，是在劉林氏呈請下，劉紹芳到堂驗傷，同時周琛又札委捕衙調查劉紹芳呈控糾搶銀錢貨物事。八月廿八日，周琛簽發勒提劉朝高等的傳票。十一月初二日，劉紹芳從縣衙領回了訴訟中呈案的關書契簿，該領狀日期以黄帝紀元。

民國初年，劉紹芳、劉朝高兄弟仍反復纏訟。民國二年（一九一三）十月十四日法警的禀文中報告了劉紹芳控劉朝高等搶割毆嫂案的情形。十月十六日有一件點名單，到庭者有原告劉紹芳與被告劉朝高，當日應該有一次審訊和判决。據十月十七日許玉環保狀可知，龍泉縣審檢所判决劉朝高等繳案英洋一百元，限一個月如數繳案。保狀之後又有一件民國二年劉紹芳的妻舅控訴劉朝高的呈狀。民國六年劉林氏與劉朝勳均已亡故，劉紹芳要求代領母、弟呈案契據，但遭到質疑，僅獲准領回自繳關書、契簿等。而據民國八年劉紹芳妻劉田氏委任狀（領狀）稱，民國六年九月劉紹芳獲准領回自繳契據後，「氏夫因事回家，被劉朝高殺害，氏遭此變故，擱而未領」，因此到民國八年才委托其兄田濟川代領。

二、檔案索引

編號	時間	作者	内容	類型	卷宗號	原卷宗頁碼
1	(光緒三十四年十二月初八)〔一〕	劉紹芳	爲控劉朝高等兇毆烹漏非法莫何事(新詞)	呈狀	2235	7—10
			附1 劉紹芳名下關内失契及合衆契票被失暨該各款借債抄單	粘呈	2235	3—6
2	宣統元年閏二月初八日	劉紹芳	爲控劉朝高等强横抗理藐法不遵事	呈狀	2235	41—44
3	宣統元年閏二月十四日	知縣陶霦	爲飭傳劉朝勳等事	票(稿)	2235	39—40
4	宣統元年六月初三日	劉紹芳	爲控劉朝高等恃强不法非訊不明事	呈狀	2235	19—20、18、1—2
5	宣統元年六月初十日	知縣陶霦	爲催提劉朝勳等事	票(稿)	2235	37—38
6	宣統元年七月十八日	劉朝高等	爲控劉紹芳自匿誣匿串痞朋詐事	呈狀	2235	34—35
7	宣統元年七月廿三日	劉林氏	爲控劉朝高等唆使逞兇奪匿肥己事	呈狀	2235	11—15
8	宣統元年八月廿日	劉林氏	爲控劉朝高等唆使逞兇倫常大變事	呈狀	2235	32—33
9	宣統元年八月廿五日	知縣陶霦	爲催傳劉朝勳等事	票(稿)	2235	56—57
10	宣統元年九月十八日	劉朝高等	爲控劉紹芳乞除謀害以杜後禍事	呈狀	2235	54—55
11	宣統元年十月初八日	劉紹芳	爲控劉朝高等兇毆强奪欺吞肥己事	呈狀	2235	24—25
12	宣統元年十月廿三日	劉紹芳	爲投候訊斷叩恩迅賜限差立提事	禀狀	2235	29—30
13	宣統元年十月廿八日	劉林氏	爲控劉朝高等抗不投訊弊差冰延事	呈狀	2235	26—28
			附1 奪匿各據并田穀抄單	粘呈	2235	31
14	宣統元年十一月初三日	劉紹芳	爲玩延不案候訊無日事	呈狀	2235	21—23
			附1 借款等抄單	粘呈	2235	45
15	宣統元年十一月十二日	知縣陶霦	爲限催傳訊劉朝勳等事	票(稿)	2235	50—51
16	宣統元年十二月初三日	劉紹芳	爲控劉朝高等毆逆兇奪唆包抗提事呈處州府	呈狀	2235	46—48
			附1 呈狀、憲批等抄件	粘呈	2235	87—90

〔一〕時間缺失，據劉紹芳年齡推斷爲光緒三十四年，另據2235號原卷宗第87頁該呈狀抄件日期爲十二月初八日，見編號16附1文書。

17	宣統二年五月卅日	劉紹芳	爲控劉朝高等毆逆滅倫唆奪串吞事	禀狀	2235	52—53
18	宣統二年六月初八日	劉紹芳	爲控劉朝高等唆毆奪匿逞兇强佔事	呈狀	2235	78—80
19	宣統二年六月十一日	知縣陳啓謙	爲嚴催劉朝高等事	票(稿)	2235	16—17
20	宣統二年七月十三日	劉紹芳	爲控劉朝高等弊差拒提案訊無日事	呈狀	2235	81—83
21	宣統二年八月初三日	劉林氏	爲控劉朝高等唆謀奪據强砍悖逆事	呈狀	2235	84—86
22	宣統三年二月十三日	劉林氏	爲控劉朝高等强砍强運奪膳分烹事	刑事訴訟狀	2235	91—94
23	宣統三年二月十八日	劉紹芳	爲控劉朝高等恃抗不案强奪不休事	刑事訴訟狀	2235	95—98
24	宣統三年二月廿六日	劉林氏	爲控劉朝高等糾奪强運恃横逞兇事	刑事辯訴狀	2235	99—102
25	宣統三年二月廿七日	劉紹芳	爲控劉朝高等逞兇强運巨禍臨眉事	民事訴訟狀	2235	106—109
26	宣統三年二月廿七日	知縣周琛	爲移請本縣百貨釐局事	移(稿)	2235	103—104
27	時間不詳〔一〕		憲批	憲批	2235	105
28	宣統三年二月廿七日	知縣周琛	爲勒限嚴提劉朝高等事	票(稿)	2235	110—111
29	(宣統)三年二月廿八日	劉紹芳	遵結狀	結狀	2235	151—152
30	(宣統)三年二月廿八日	劉林氏	遵依狀	結狀	2235	153—154
31	宣統三年二月廿九日	劉朝高等	爲控劉紹芳無端造孽憑空受災事	民事訴訟狀	2235	142—146
32	宣統三年二月廿九日	劉加平等	爲秉公剖明合族公叩事	民事訴訟狀	2235	147—150
33	宣統三年三月(初三日)〔二〕	劉林氏	爲控劉朝高等毆逆沐懲契租未追事	刑事訴訟狀	2235	137—141
34	(宣統三年三月初八日)〔三〕	劉林氏	爲控劉朝高等案沐訊懲抗不呈據事	刑事訴訟狀	2235	130—132
35	宣統三年三月初八日	劉朝高等	爲控劉紹芳得罪於母己蒙責押事	刑事訴訟狀	2235	133—136
36	宣統三年三月十三日	劉林氏	爲控劉朝高等梟心愈雄强抗不改事	刑事訴訟狀	2235	123—126

〔一〕時間缺失，據原卷宗頁碼排列於此。

〔二〕日期缺失，批詞稱「已於續呈批示矣」，「宣統三年三月十六日劉朝高等爲控劉紹芳木斷歸母未斷歸兄事民事訴訟狀」批詞稱「十三日呈並發」，可知十三日呈與十六日呈同批，故所指續呈並非十三日劉林氏狀，而是指時間缺失之「劉林氏爲控劉朝高等案沐訊懲抗不呈據事刑事訴訟狀」，其中批詞稱「批爾子劉朝高等詞內，前呈並發」，「前呈」即此狀，「劉朝高等詞內」即宣統三年三月初八日劉朝高等狀批詞。又據清代龍泉縣三八放告，二月廿九日與三月十三日之間告期僅三月初三與初八兩日，故推定此狀時間爲三月初三日，而「劉林氏爲控劉朝高等案沐訊懲抗不呈據事刑事訴訟狀」時間當爲三月初八日。

〔三〕時間缺失，推斷理由見前注。

37	(宣統三年三月十三日)〔一〕	劉朝高等	爲控劉朝利狠兄張網禍患難承事	民事辯訴狀	2235	127—129
38	宣統三年三月十六日	劉朝高等	爲控劉紹芳木斷歸母未斷歸兄事	民事訴訟狀	2235	118—122
39	宣統三年三月(十九日)〔二〕	東甌寶森行	爲請准具領事稟知縣	稟	2235	58—59
40	宣統三年三月廿日	商務分會總理張壽欽	爲據情轉請事申知縣周琛	申	2235	67—68
41	時間不詳〔三〕	劉朝高等	爲斷木已運懇恩釋放事	民事訴訟狀	2235	112—113
42	宣統三年三月廿六日	劉加平等	爲事經勸息遵諭釋放事	民事訴訟狀	2235	114—117
43	宣統三年三月廿六日	劉朝高等	切結狀	結狀	2235	182
44	宣統三年三月廿六日	劉加平等	保狀	結狀	2235	185
45	宣統三年三月(廿六日)〔四〕	東甌寶森行	領狀	結狀	2235	66
46	宣統三年四月初八日	書辦廖濟美	爲劉朝高等請領事	稟	2235	184
47	宣統三年四月初十日	劉朝高等	領狀	結狀	2235	155
48	宣統三年四月十三日	劉朝勳	領狀	結狀	2235	156
49	宣統三年五月初七日	劉林氏	爲控劉朝連(廉)串黨烹噬捏情保釋事	民事辯訴狀	2235	179—181
			附1 宣統三年四月初五日東甌寶森行與劉林氏立收字	粘呈	2235	60
			附2 辛亥(宣統三年)三月十七日劉廉記致劉廷滔等函〔五〕	粘呈	2235	61
50	宣統三年五月(十八日)〔六〕	劉林氏	爲控劉朝連(廉)唆殘弊殃禍深無底事	民事辯訴狀	2235	157—159
51	宣統三年五月廿一日	劉林氏	爲控劉朝廉糾衆霸奪持械逞兇事	刑事辯訴狀	2235	160—162
52	宣統三年五月〔七〕	劉林氏	爲控劉朝廉等糾奪傷命喊□聲明事	刑事訴訟狀	8573	3—5

〔一〕時間缺失，「宣統三年三月十六日劉朝高等爲控劉紹芳木斷歸母未斷歸兄事民事訴訟狀」批詞所云「十三日呈並發」即指此狀。

〔二〕日期不詳，據「宣統三年三月廿日商務分會總理張壽欽爲據情轉請事申知縣周琛申」內稱「本月拾玖日據東甌寶森行稟」，故推定此稟日期爲十九日。

〔三〕時間缺失，惟劉朝高被押後仍抗斷不遵，至此狀方以爲免「廢時失耕」等爲由，聲稱「今憲至已斷定，自應遵斷」，至三月廿六日劉加平等呈狀保釋劉朝高，據此推測此狀時間正在三月廿六日之前。

〔四〕日期缺失，領狀內稱「領得劉日新兄弟互控之木排叁條共計壹仟壹百餘段」，當即「宣統三年三月廿六日劉朝高等切結狀」內稱「木簰歸生母自行運售」事，故推定日期爲廿六日。

〔五〕此二件附件繫此，據此狀呈詞內稱「今將該行收條并拍粘朝連私函……」。

〔六〕日期不詳，批詞稱「已於續呈批示矣」，續呈即「宣統三年五月廿一日劉林氏爲控劉朝廉糾衆霸奪持械逞兇事刑事辯訴狀」，批詞中稱「十八日呈詞并發」，據此斷定此狀日期爲十八日。

〔七〕日期不詳，內容爲呈報排夫吴永隆落水身死，時間必在五月廿一日之後，又「宣統三年五月劉林氏爲控劉朝廉等糾黨强運持械逞兇事刑事訴訟狀」批詞稱「已於前呈批示核辦矣」，前呈即指此狀，故列於前。又此狀批詞內稱有「飭原差沿河打撈」等事，故列於「宣統三年五月廿四日知縣周琛爲票飭撈獲吴永隆屍身等事票(稿)」之前。

53	宣統三年五月〔一〕	劉林氏	爲控劉朝廉等糾黨强運持械逞兇事	刑事訴訟狀	8573	6—7
54	宣統三年五月廿四日	知縣周琛	爲票飭撈獲吴永隆屍身等事	票(稿)	8573	8
55	宣統三年五月廿七日	李學暹等	爲投報傷命屍經收埋事	稟	8573	12
56	宣統三年五月〔二〕	劉林氏	爲控劉朝廉等糾黨奪運滅倫行霸事	刑事訴訟狀	8573	9—11
57	宣統三年五月廿八日	劉林氏	爲控劉朝廉等糾奪强運忤逆逞兇事	刑事訴訟狀	2235	163—166
58	宣統三年五月廿八日	劉紹芳	爲控劉朝高等命懸不測有家難歸事	刑事訴訟狀	2235	167—173
59	宣統三年六月廿二日	劉林氏	爲控劉朝高等毆辱逆倫糾奪不厭事	民事訴訟狀	17086	2—5
60	宣統三年六月廿二日	劉紹芳	爲控劉朝廉等冤極禍極風波疊起事	民事訴訟狀	17086	6—10
61	宣統三年六月廿八日〔三〕	劉林氏	爲控劉朝廉等逆倫犯上風不可開事	民事訴訟狀	2235	174—178
62	宣統三年閏六月初三日	劉紹芳	爲控劉朝連(廉)等不沐訊究唆烹毆奪事	民事訴訟狀	17086	11—15
63	宣統三年閏六月十三日	劉林氏	爲控劉朝廉等奪毆逆倫批提案冷事	刑事訴訟狀	17086	17—21
64	宣統三年閏六月十四日	知縣周琛	爲催提劉朝高等事	票(稿)	17086	22—23
65	宣統三年閏六月	劉紹芳	爲控劉朝高等逆倫毆尊不孝不義事呈處州府	呈狀	2235	62—65
			附1 呈狀及憲批抄件	粘呈	2235	74—76
66	宣統三年七月初三日〔四〕	劉林氏	爲控劉朝廉等唆毆奪烹逆倫大變事	刑事訴訟狀	17086	24—29
67	宣統三年七月一三日	劉林氏	爲控劉朝廉等弊宕案沉冤控莫伸事呈處州府	稟狀	2235	71—73
			附1 呈狀等抄件	粘呈	2235	69—70
68	宣統三年七月十八日	劉紹芳	爲控劉朝廉等毆奪不止性命莫保事	民事訴訟狀	17086	30—34
69	宣統三年七月廿三日	劉紹芳	爲控劉朝廉等片言折獄禍濆莫銷事	民事訴訟狀	17086	35—39
70	宣統三年八月廿日	劉紹芳	爲控劉朝廉等糾兇搶毀刀槍尋殺事	民事訴訟狀	17086	40—44
71	宣統三年八月廿四日	知縣周琛	札委捕勘復事	札(稿)	17086	45—46
72	(宣統三年)八月廿四日		點名單	點名單	17086	47—48

〔一〕日期不詳，排序理由見前注。

〔二〕日期不詳，批詞稱「已批公人李承安等稟内」，故列於宣統三年五月廿七日李學暹、李承安等稟文之後。

〔三〕日期據狀頭戳記上所注。

〔四〕日期據狀頭戳記上所注。

73	(宣統三年)八月廿四日		供詞、堂諭	供詞、堂諭	17086	49
74	宣統三年八月廿四日	劉林氏	爲控劉朝連(廉)等攔路毆殺喊叩恩驗事	刑事訴訟狀	17086	50—54
75	宣統三年八月廿八日	知縣周琛	爲勒提劉朝高等事	票(稿)	17086	55—56
76	時間不詳〔一〕	劉林氏	爲控劉朝連(廉)等傷沐驗明諭派協提事	刑事訴訟狀	17086	57—60
77	黄帝四六零九(宣統三年)十一月初二日	劉紹芳	領狀	結狀	2235	36
78	民國元年三月卅日	劉林氏	爲控劉朝廉等逆倫毆奪唆烹逞兇事	呈狀	3361	115—118
79	民國元年三月卅日	縣知事李爲蛟	憲批	憲批	3361	113—114
80	民國元年四月卅日	劉林氏	爲控劉朝廉等唆毆逆倫奪砍串烹事	呈狀	3361	103—107
81	民國元年四月卅日	劉紹芳	爲控劉朝廉等奪烹不饜毆搶宜懲事	呈狀	3361	110—112
82	民國元年五月五日	縣知事李爲蛟	爲勸諭劉紹芳兄弟事照會鄉董沈安瀾	照會(稿)	3361	108—109
83	民國元年六月六日	縣知事陳蔚	爲提訊劉朝高等事	票(稿)	3361	98
84	民國元年六月卅日	劉紹芳	爲控劉朝廉等恃强抗理藐法欺懦事	呈狀	3361	99—102
85	民國元年七月卅一日	司法警察吴成等	爲稟報提訊事	稟	3361	97
86	民國元年八月八日	劉朝高等	爲控劉紹芳等違父滅弟聳母横爭事	呈狀	3361	87—93
			附1 宣統二年八月劉朝利、劉朝勳分約，劉朝利、劉朝高分約抄件	粘呈	3361	94
87	民國元年八月	劉林氏	爲控劉朝高等冤遭唆匿契違不繳事	民事狀	3361	81—82、76—77
88	民國元年八月十四日	劉朝勳	爲控劉紹芳兄奪弟産假母陷害事	民事狀	3361	63—69
89	(民國元年)八月十五日		點名單	點名單	3361	78
90	(民國元年)八月十五日		供詞、堂諭	供詞、堂諭	3361	79—80
91	民國元年八月十五日	劉朝高等	爲控劉紹芳遵批檢呈候期訊斷事	民事狀	3361	95—96、83—86
92	民國元年八月廿日	劉林氏	爲控劉朝高等案蒙訊供乘機搶運事	刑事狀	3361	70—75
93	民國元年十二月廿五日	劉紹芳	爲控劉朝高等毆奪頻仍不訊不了事	民事狀	3361	57—62
94	民國二年一月廿一日	劉紹芳	爲控劉朝高等兇毆疊逞性命相關事	民事狀	3361	206—207、200—203、205

〔一〕時間缺失，批詞稱「已票飭差提矣」，故列於「宣統三年八月廿八日知縣周琛爲勒提劉朝高等事票(稿)」後。

95	民國二年一月廿九日	劉紹芳	爲控劉廷琛虎狼相繼風波疊起事	民事狀	3361	208–213
96	民國二年二月十七日	縣知事朱光奎	爲傳訊劉紹芳等事	票(稿)	3361	214–215
97	時間不詳〔一〕	劉紹芳	爲控劉廷琛違批投候粘單上核事	民事狀	3361	216–219、222
			附1 光緒間劉朝廉先後揭去款項抄單	粘呈	3361	220–221
98	(民國二年)三月五日(批)	劉朝勳	爲控劉紹芳恩賜原情察斷以免纏訟不休事	民事狀	3361	166–171
			附1 縣知事陳蔚堂諭抄件	粘呈	3361	172
99	(民國二年)三月十三日(批)	劉紹芳	爲控劉朝高等毆奪烹噬開單察核事	民事狀	3361	223–227
100	民國二年三月十八日	縣知事朱光奎	爲提訊劉紹芳等事	票(稿)	3361	173–174
101	(民國二年)五月二日(批)	劉紹芳	爲控劉朝高等催提訊判以清案牘事	民事狀	3361	175–178
102	民國二年六月三日	劉朝高	爲控劉紹芳限交不交反誣抵賴事	民事訴狀	3361	179–184
103	民國二年六月廿日	劉紹芳	爲控劉朝高等投候求訊呈據電核事	民事訴狀	3361	204、230–234
104	民國二年六月廿二日	縣審檢所	爲立傳被告劉朝高等事	票(稿)	3361	32
105	民國二年六月卅日	劉朝高等	爲控劉紹芳已業破蕩殘害同胞事	民事辯訴狀	3361	26–30、34
			附1 宣統二年八月劉朝利、劉朝高分約抄件	粘呈	3361	31
			附2 宣統二年八月劉朝利、劉朝勳分約抄件	粘呈	3361	33
106	(民國二年)七月二日		點名單	點名單	3361	133–134
107	民國二年七月四日	縣審檢所	爲將抄粘各款徹底查明事	票(稿)	3361	135–137
108	民國二年七月七日	縣審檢所	爲將抄粘各款徹底查明事	票	3361	125
			附1 劉紹芳控案各件抄件	粘呈	3361	126–132
109	民國二年七月八日	劉紹芳	爲控劉朝高等妄揑誣混罪證不明事	民事訴狀	3361	35–42
110	民國二年七月十四日	承發吏徐金銘	爲查明稟覆事	稟	3361	56
111	民國二年七月十四日	劉朝高	爲控劉紹芳案經開庭二次又復派吏確查事	民事辯訴狀	3361	43–48

〔一〕時間缺失，呈詞内稱「沐批『案已飭提，着投候集訊察斷』等示，兹奉票傳，遵投候訊……」，所稱批詞見於民國二年一月廿九日劉紹芳民事狀，而票傳即指民國二年二月十七日縣知事朱光奎所簽信票，故列於票(稿)之後。

112	民國二年八月二日	劉紹芳	爲控劉朝高等毆奪宕案禍害無了事	刑事訴狀	3361	138—141、144—145
			附1　田業圖	粘呈	3361	142—143
113	民國二年八月十二日	劉朝高	爲控劉紹芳匿契不交無可判决事	民事辯訴狀	3361	49—53
114	民國二年八月廿七日	縣審檢所	爲傳唤劉紹芳等	傳票	3361	54
115	民國二年八月〔一〕	劉朝高等	限狀	限狀	3361	55
116	民國二年九月十五日	劉紹芳	爲控劉朝高等禍愈延而愈積事愈肆而愈横事	呈狀	3361	146—150
			附1　節略抄摺	粘呈	3361	156—165
117	民國二年九月十五日	劉朝高	爲控劉紹芳奉傳投到苦訴冤情事	民事辯訴狀	3361	151—155
118	民國二年十月六日	劉紹芳	爲控劉朝高等抗傳不案禍延無了事	民事訴訟狀	3361	20—25
119	(民國二年)十月十日		點名單、供詞	點名單、供詞	3361	10—11
120	民國二年十月十一日	劉紹芳	爲控劉朝高等毆嫂搶奪疊肆逞兇事	刑事訴狀	3361	12—19
121	民國二年十月十一日	縣審檢所	爲拘提劉紹芳等	拘票	3361	9
122	民國二年十月十三日	劉林氏	爲控劉朝高等兇毆固不孝背叛尤不孝事	刑事訴狀	3361	1—7
			附1　民國二年十月初十日劉林氏切結狀	結狀	3361	8
123	民國二年十月十四日	法警張勝等	爲奉票報告事	稟	3361	192
124	(民國二年)十月十六日		點名單	點名單	3361	193—194
125	民國二年十月十七日	許玉環	保狀	保狀	3361	195—196
126	民國二年十月廿三日	田慶瀾	爲控劉朝高傷經驗明諭禮不理事	刑事訴狀	3361	185—191
127	(民國六年)八月十一日(批)	劉紹芳	領狀	領狀	3361	119—120
128	民國六年八月十六日(批)	劉紹芳	爲請求先將案内鬮書契簿發給事	稟	3361	197—199
129	民國六年八月〔二〕	保元堂	保條	保條	3361	121
130	民國六年九月十一日(到)	劉紹芳	爲領狀具案據未發交事	稟	3361	122—123
131	民國八年七月	劉田氏	委任狀(領狀)	委任狀(領狀)	3361	228—229

〔一〕日期不詳，狀内稱「懇官長恩施限九月五日開庭訊斷」，當在收到民國二年八月廿七日傳票後具限狀，故列於傳票之後。

〔二〕日期不詳，保條内稱「保得劉紹芳請領分鬮等件確係本人具領」，民國六年八月十六日縣知事給劉紹芳具稟批文中「准即先行給領」鬮書等件，故保條列於其後。

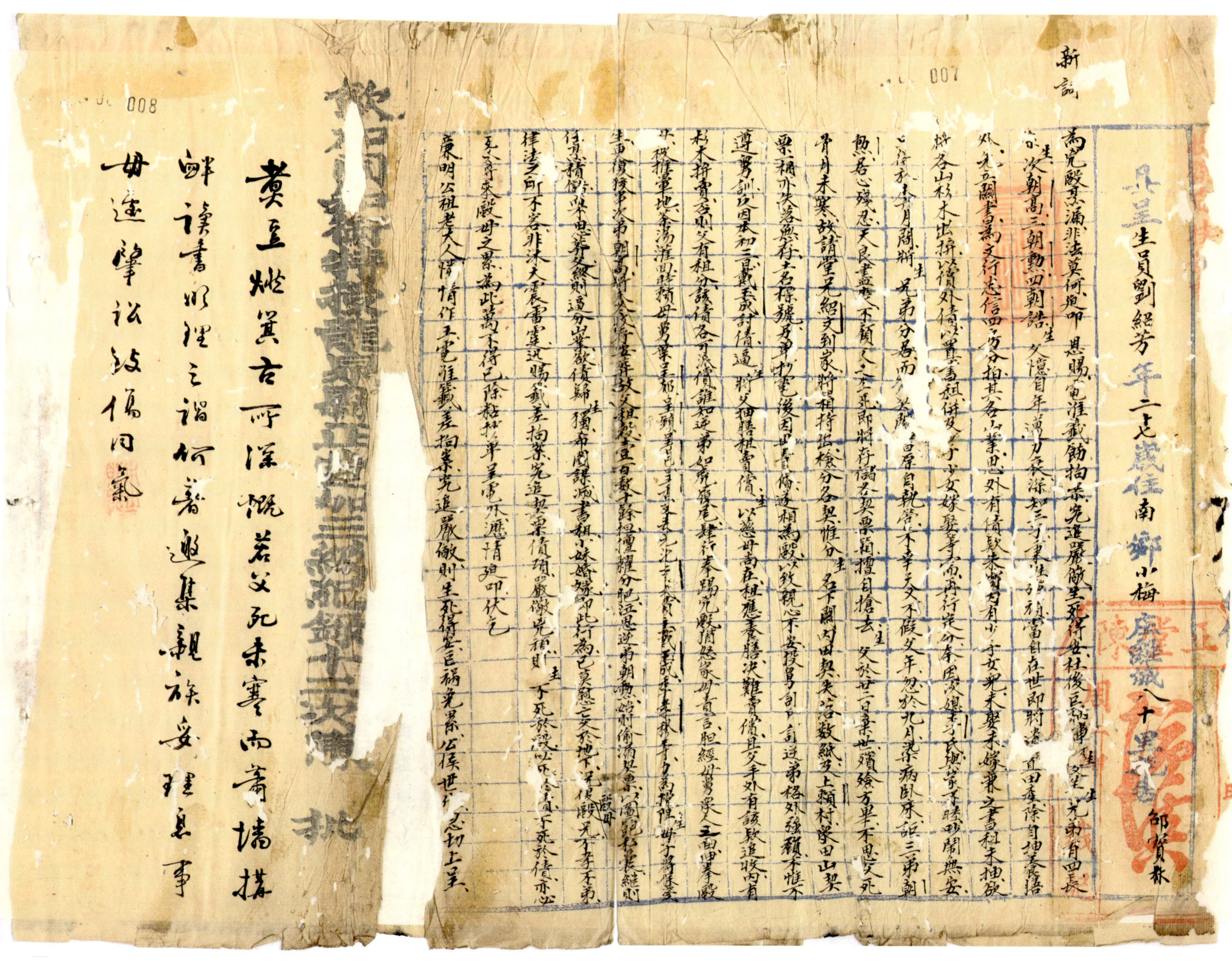

1.(光緒三十四年十二月初八日)劉紹芳爲控劉朝高等兇毆烹漏非法莫何事(新詞)呈狀
(2235：7–8) 28.5×38.6cm；(2235：9–10) 28.1×32.5cm　圖版裁狀式條例

1附1.劉紹芳名下關内失契及合衆契票被失暨該各款借債抄單粘呈 （2235：3–6）29.0×74.7cm

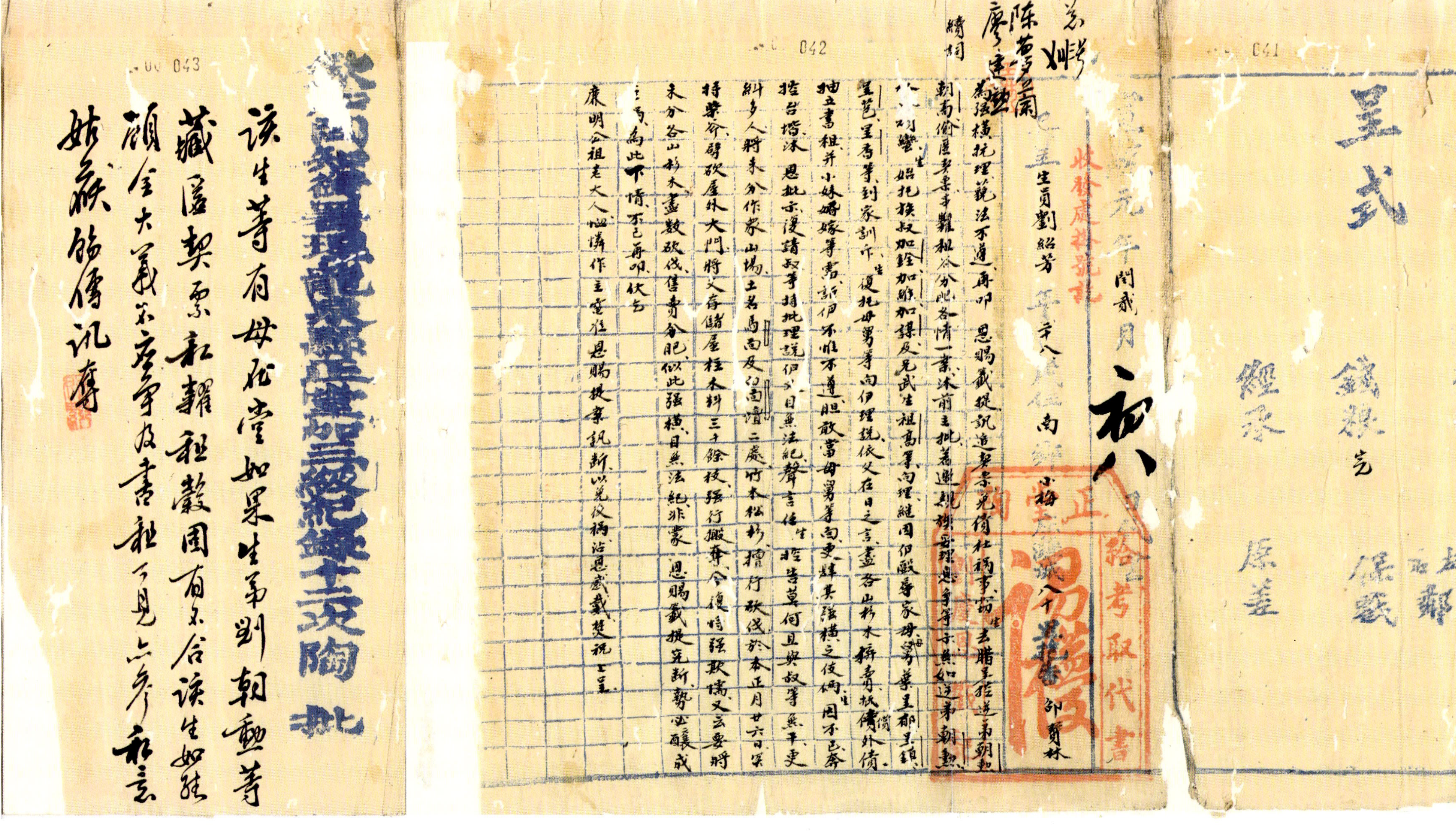

2.宣統元年閏二月初八日劉紹芳爲控劉朝高等强横抗理藐法不遵事呈狀

（2235：41–42）28.4×37.3cm；（2235：43）28.3×18.5cm；（2235：44）28.3×26.5cm　圖版裁狀式條例

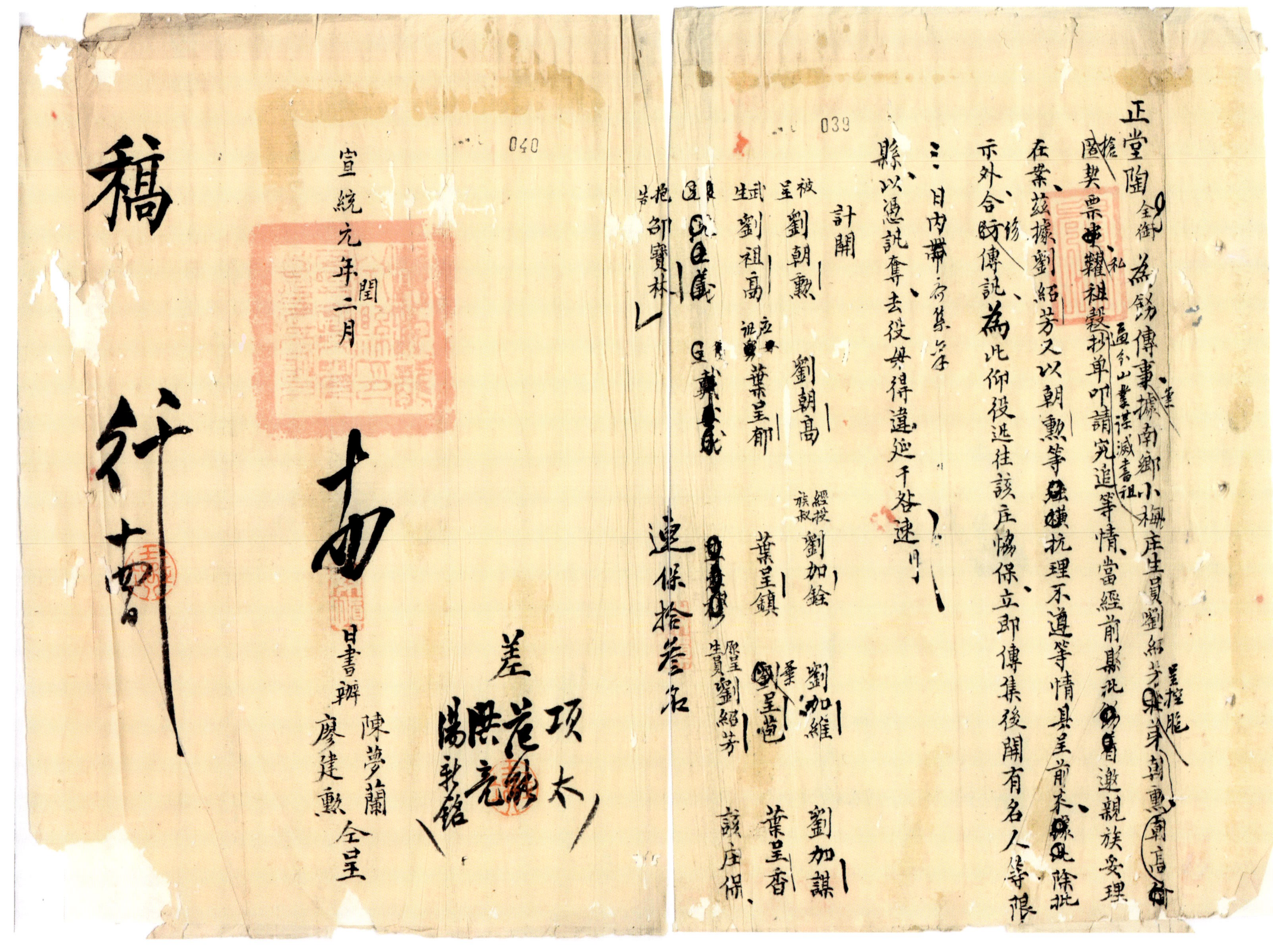

3.宣統元年閏二月十四日知縣陶霦爲飭傳劉朝勳等事票(稿) （2235：39–40）28.7×40.3cm

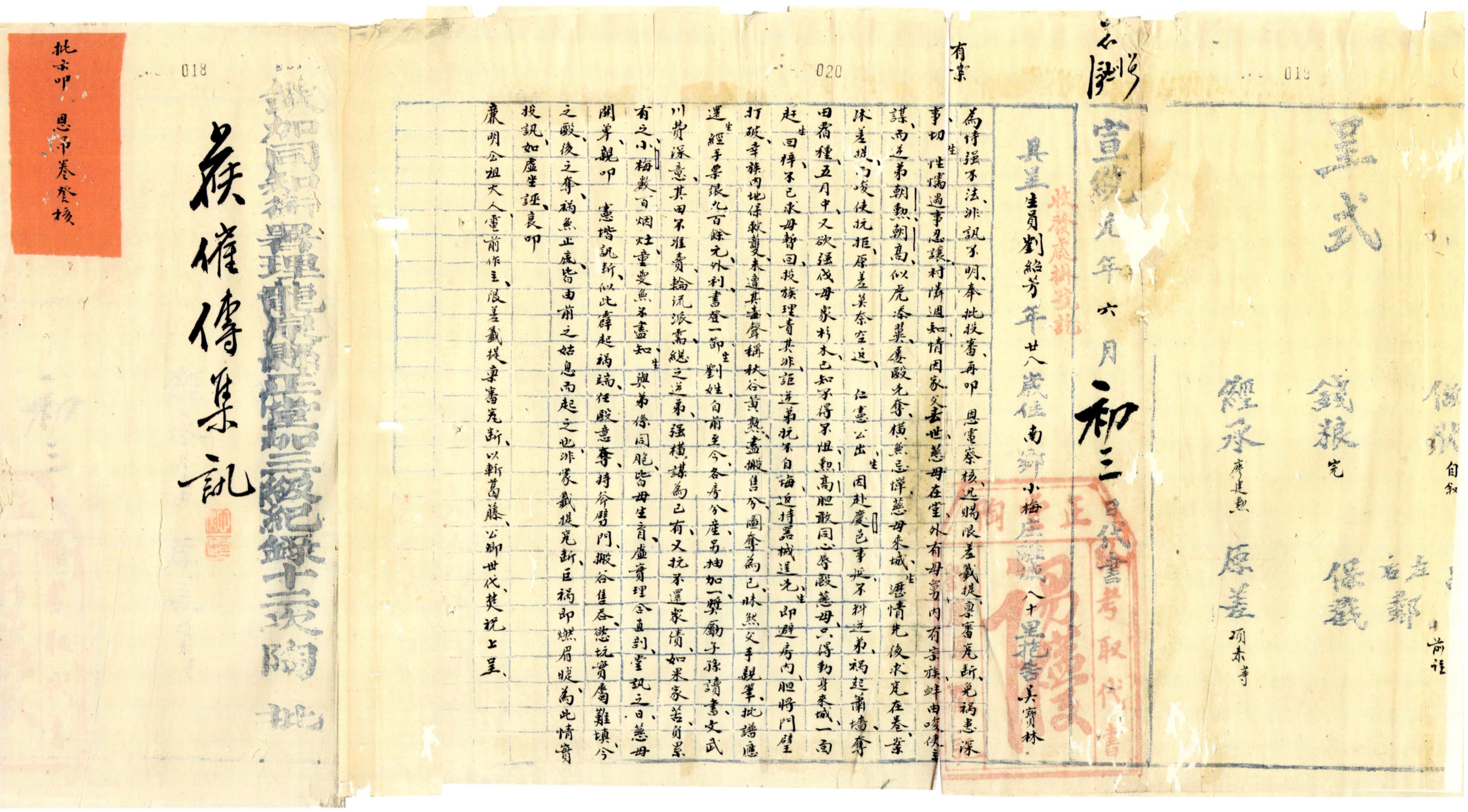

4.宣統元年六月初三日劉紹芳爲控劉朝高等恃强不法非訊不明事呈狀　（2235：19–20，18）28.3×58.7cm，（2235：1–2）29.1×33.8cm　圖版裁狀式條例

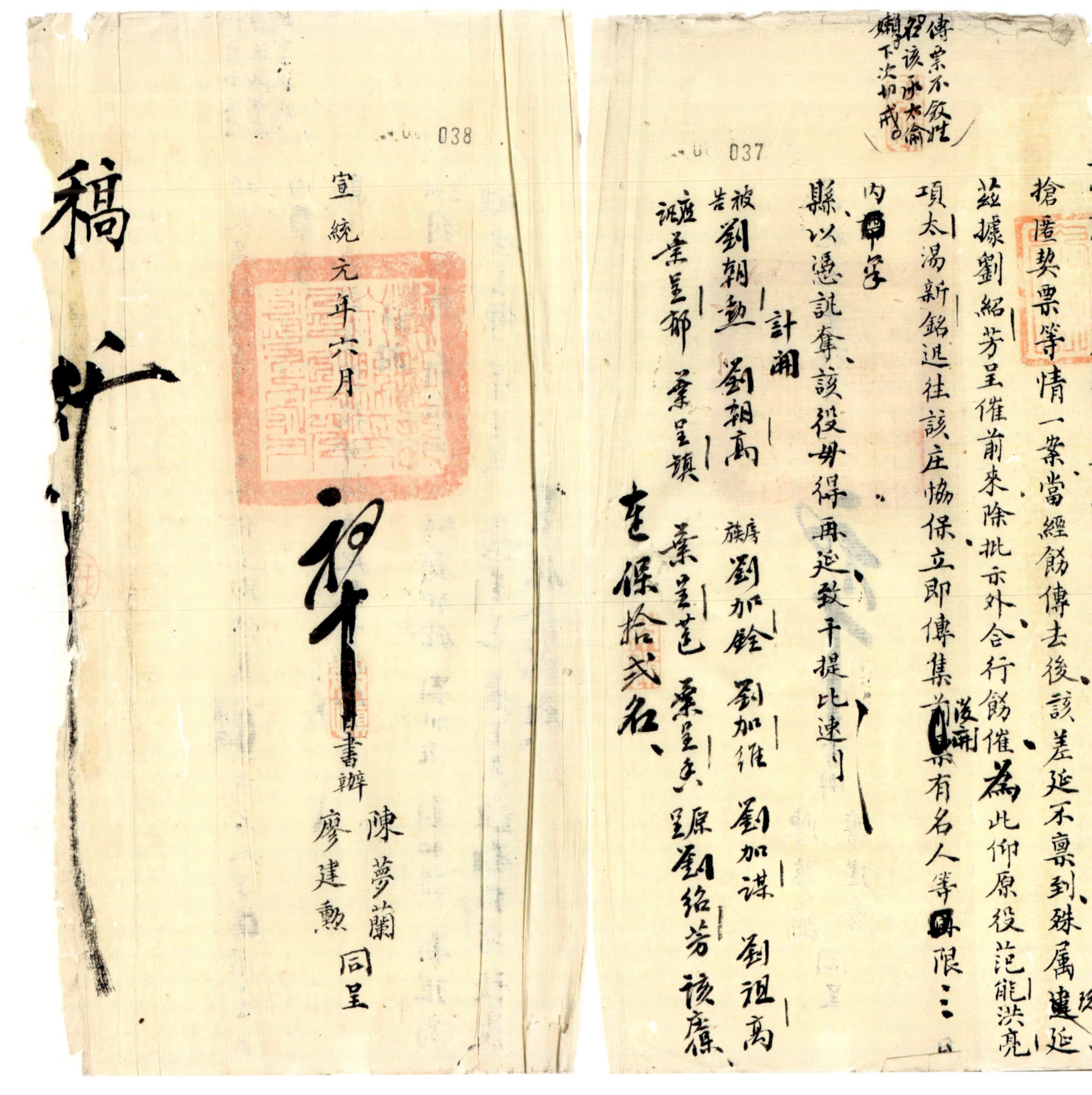

正堂陶為催提事。案據生員劉紹芳呈控胞弟劉朝高、朝勳等搶匿契票等情一案，當經飭傳去後，該差延不稟到，殊屬玩延。茲據劉紹芳呈催前來，除批示外，合行飭催。為此仰原役范能、洪亮、項太、湯新銘迅往該庄協保，立即傳集後開有名人等，限三日內[illegible]縣，以憑訊奪。該役毋得再延，致干提比。速速。

計開

被告 劉朝勳 劉朝高

證 葉呈鄉 葉呈[illegible]

族房 劉加銓 劉加維 劉加謀 劉祖高

葉呈芑 葉呈[illegible]

原呈 劉紹芳 該廩保

查保拾弍名

宣統元年六月 初十日

稿

書辦 陳夢蘭 廖建勳 同呈

5.宣統元年六月初十日知縣陶霦爲催提劉朝勳等事票(稿) （2235：37—38）29.3×31.4cm

6.宣統元年七月十八日劉朝高等爲控劉紹芳自匿謊匿串痞朋詐事呈狀　（2235：34–35）28.1×50.7cm

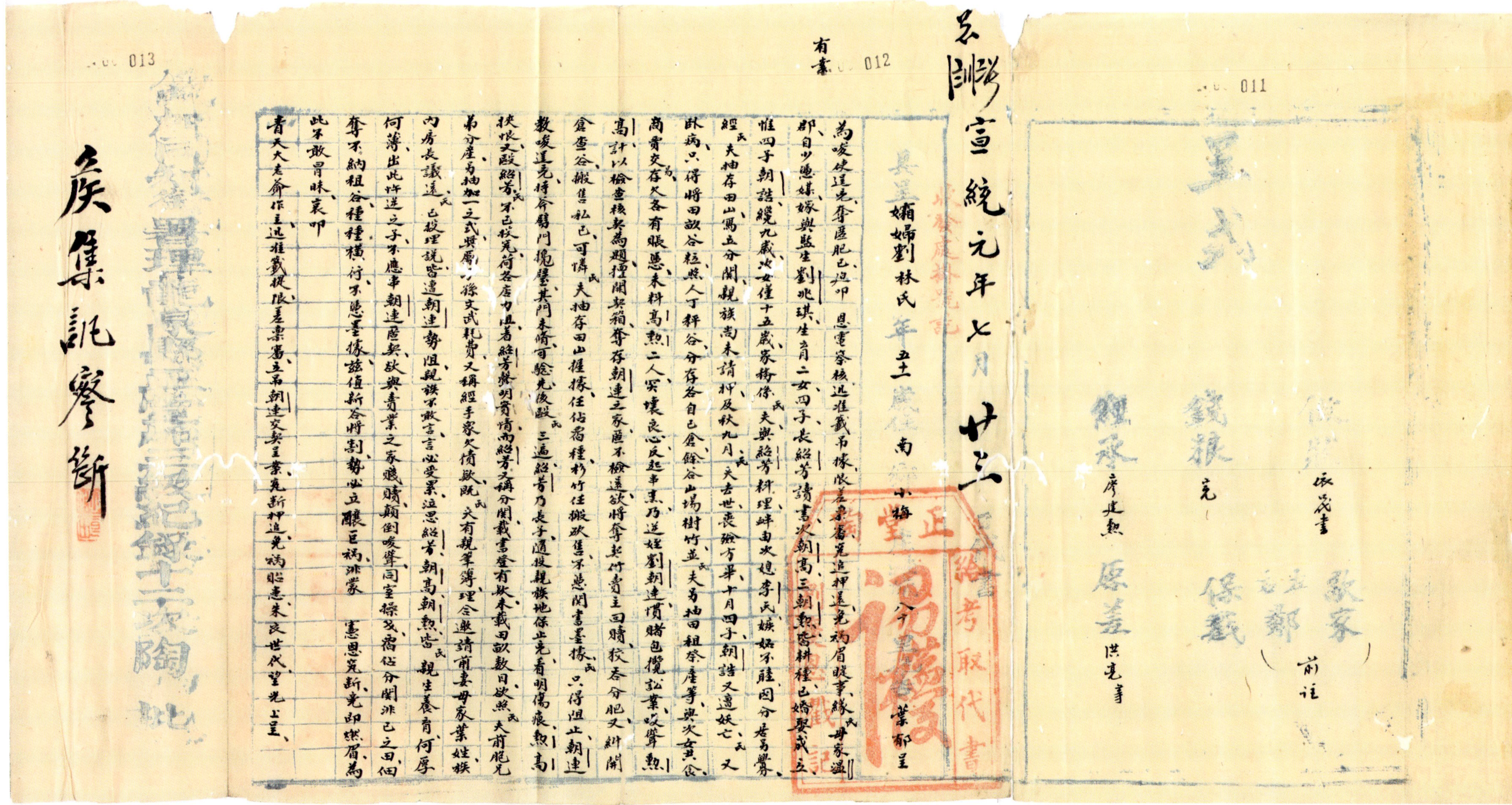

7.宣統元年七月廿三日劉林氏爲控劉朝高等唆使逞兇奪匿肥己事呈狀　（2235：11）28.5×19.8cm；（2235：12–15）28.5×105.3cm　圖版裁狀式條例

8.宣統元年八月廿日劉林氏爲控劉朝高等唆使逞兇倫常大變事呈狀　（2235：32–33）28.3×40.9cm

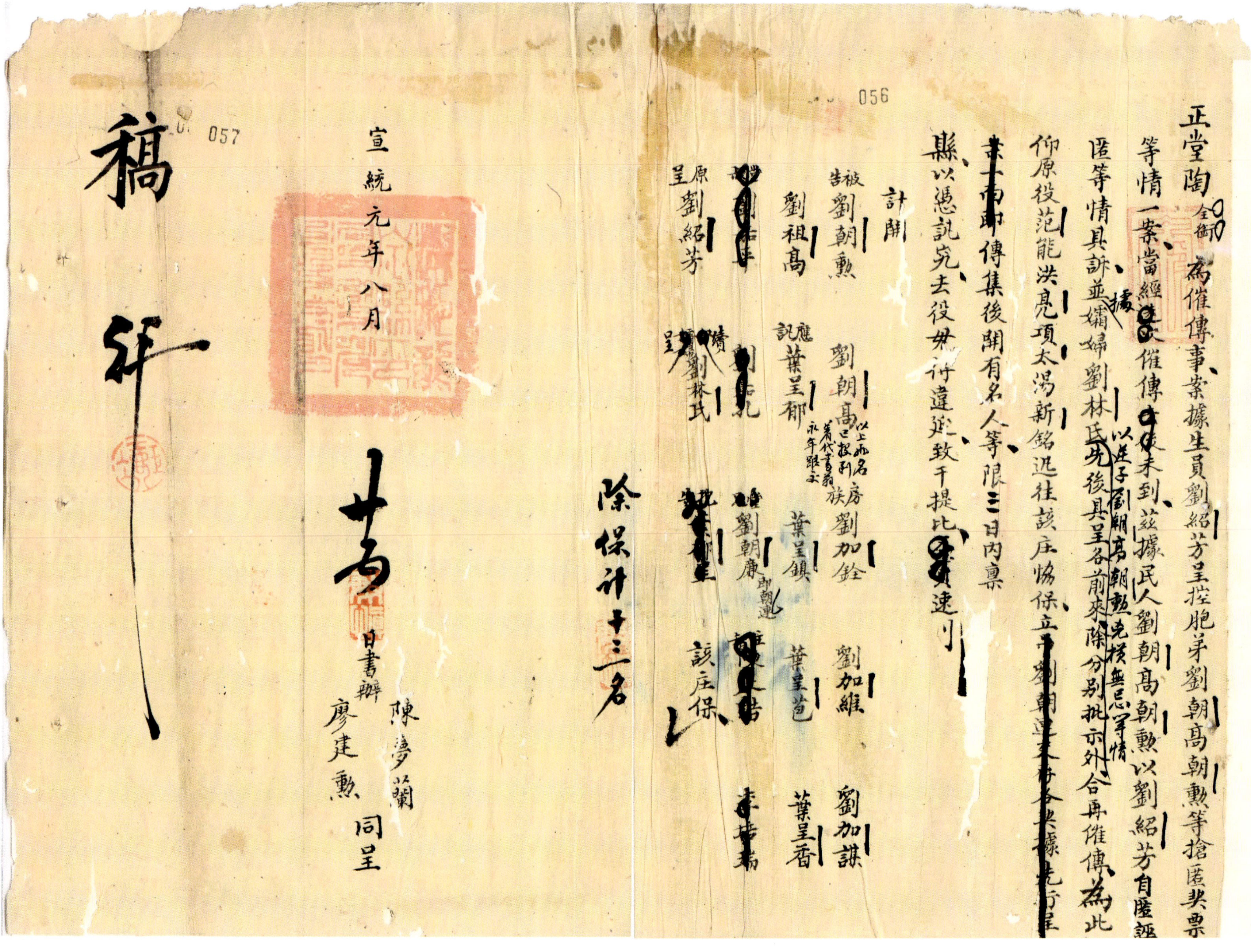

正堂陶 全銜 爲催傳事。案據生員劉紹芳呈控胞弟劉朝高、朝勳等搶匿契票
等情一案，當經催傳未到。茲據民人劉朝高、朝勳以劉紹芳自匿誣
匿等情具訴，並孀婦劉林氏以逆子劉朝高、朝勳恃橫無忌等情先後具呈各前來，除分別批示外，合再催傳。爲此
仰原役范能、洪亮、項太、湯新銘迅往該庄協保，立將劉朝高等各契據先行呈
縣，以憑訊究。去役毋得違延，致干提比。速速

計開
被告 劉朝勳　劉朝高 以上兩名已投到　劉加維　劉加謀
劉祖高　族房 劉加銓
原呈 劉紹芳
訊應 葉呈郁　葉呈鎮　葉呈芑　葉呈香
劉朝康
劉林氏
該庄保

除保計十三名

宣統元年八月

廿五

日書辦 陳夢蘭 廖建勳 同呈

稿

9.宣統元年八月廿五日知縣陶霦爲催傳劉朝勳等事票(稿)　(2235：56—57) 28.7×39.0cm

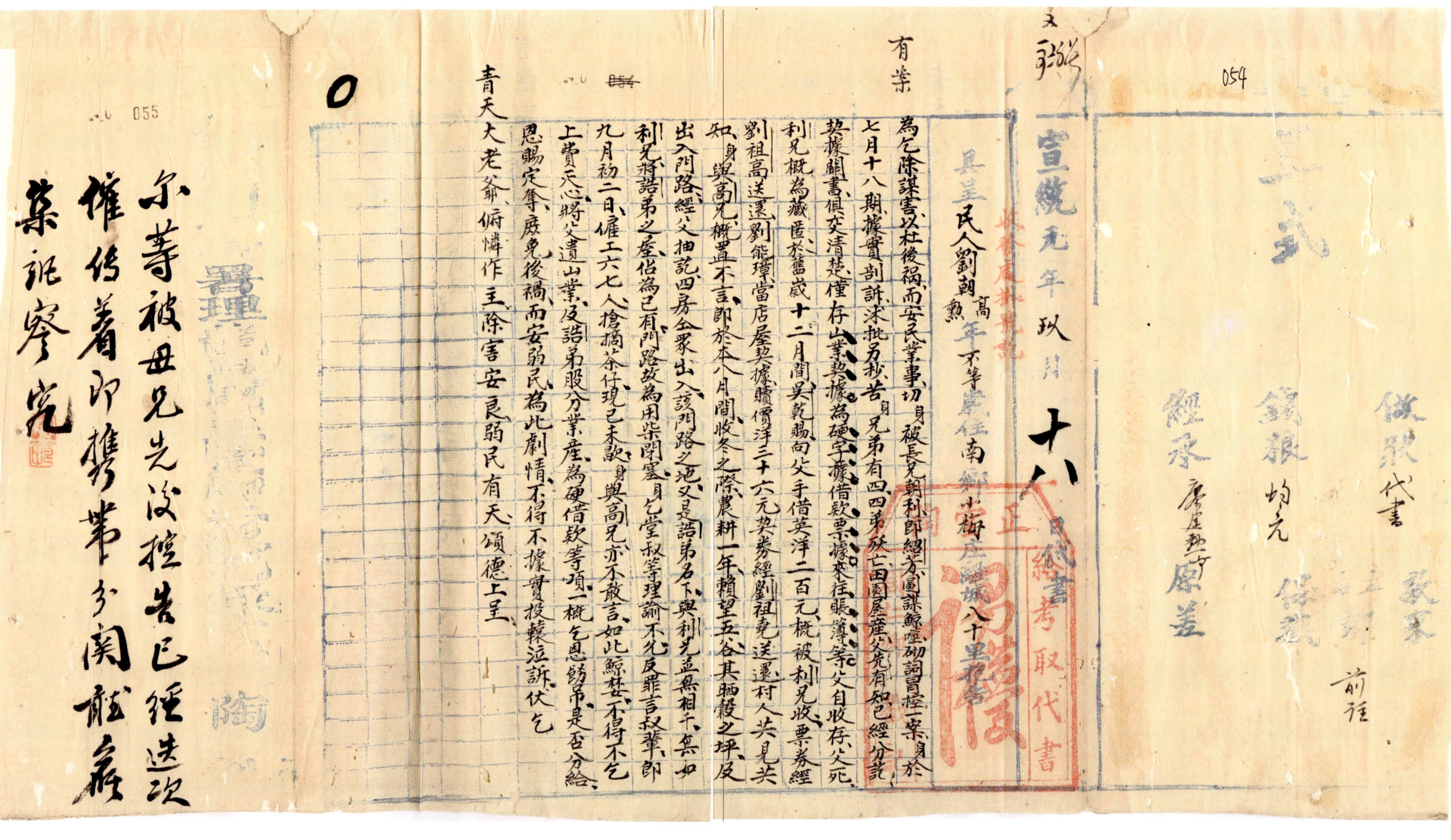

10.宣統元年九月十八日劉朝高等爲控劉紹芳乞除謀害以杜後禍事呈狀　(2235：54–55) 28.5×53.8cm

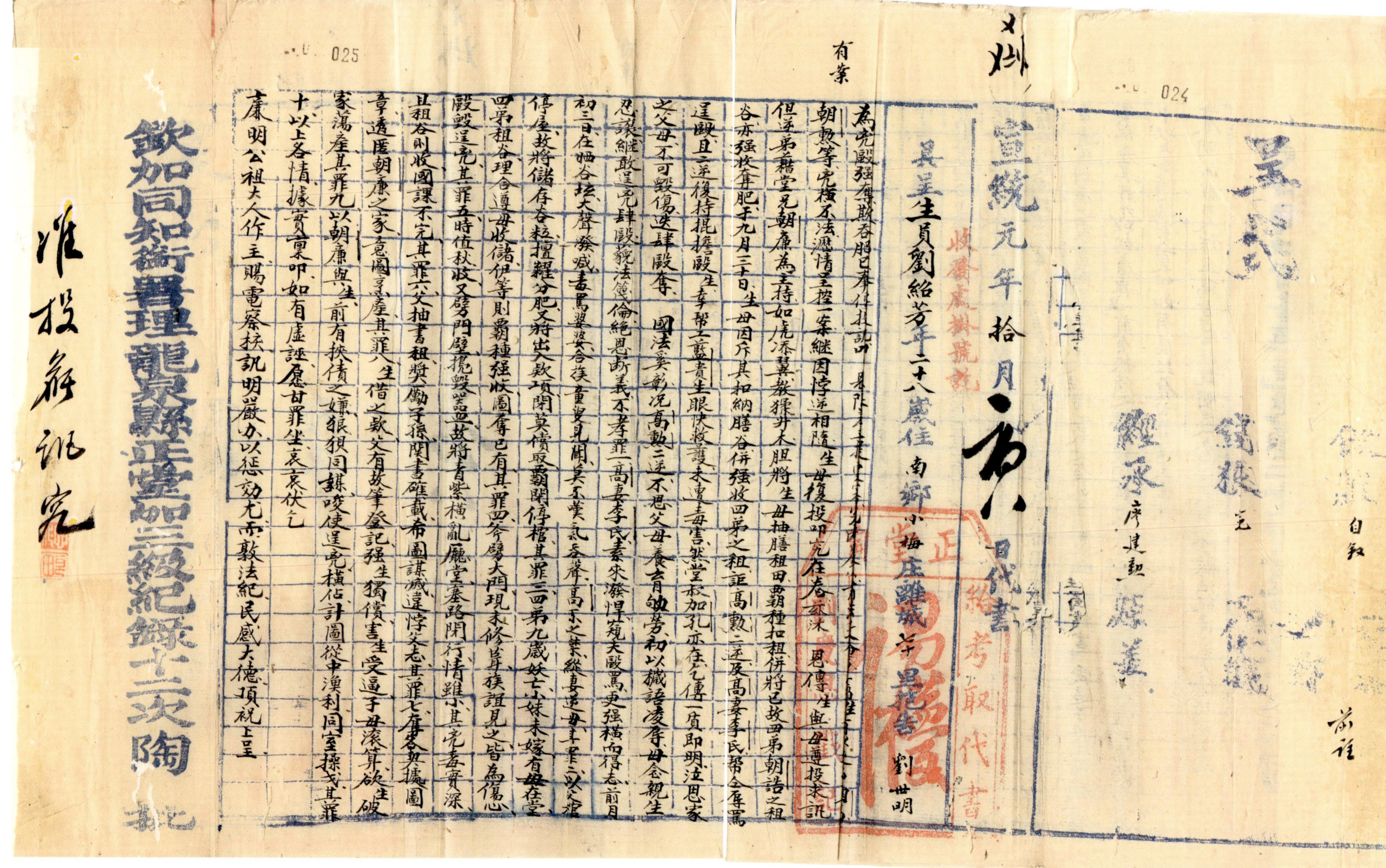

呈式

宣統元年拾月初八日代書

具呈生員劉紹芳年二十八歲住南鄉小梅庄

有案

為兇毆强奪欺吞肥己奉件抉訊叩

朝熙等兇橫不法濫情呈控一案繼因浮逆相隨生母復投叩允在卷……恩傳生與母近投求訊

但逆弟耤堂兄朝康為主持如虎添翼敖狠并不胆將生母抽膳租田覇種扣租併將已故四弟朝誥之祖

谷亦强收吞肥于九月二十日生母因斥其扣納膳谷併强收四弟之租詎高勳二逆及高妻李氏帮仝辱罵

逞毆且二逆復持棍捺毆生幸帮工藍貴生眼快救護未遭毒害然堂叔加孔亦在乞傳一質即明泣思家

之父母不可毀傷逆肆毆奪國法奚彰况高勳二逆不思父母養育劬勞初以職語凌辱母念親生

忍讓繼敢逞兇肆毆貌法蔑倫絶恩斷義不孝罪一高妻李氏素來潑悍竟大毆罵更强横向得志前月

初三日在牆谷坛大聲發喊毒罵婆姿合族童叟見聞莫不嘆氣各帮高之之莫縱其逆毋……

停屋故將儲存谷粒擅糶分肥又將出入款項閉莫償取覇閉停棺其罪三四弟九歲妖亡小妹未嫁有母在堂

四弟祖谷理合遵母收儲伊等則覇種强收圖奪已有其罪四今驕大門現未修葺族誼見之皆為傷心

毆毀逞兇其罪五時值秋收又劈門壁撬毀……故將青紫橫亂厩堂塞路閉行情雖小其兇毒實深

且祖谷則收國課不完其罪六父抽書租獎勵子孫閱書碓載希圖謀滅違浮父志其罪七庫谷契據圖

章遺匿朝康之家意圖蕩產其罪八生借之款父有族筆登記强生獨償害生受逼于母滾算欲生破

家蕩產其罪九以朝康與生前有挾債之嫌狠狽同謀唆使逞兇橫佔計圖從中漁利同室操戈其罪

十以上各情據實禀叩如有虛誣愿甘罪坐哀哀伏乞

康明公祖大人作主賜電察核訊明嚴辦以懲効尤而敦法紀民感大德頂祝上呈

欽加同知銜署理龍泉縣正堂加三級紀錄十二次陶 批

准投覆訊究

11.宣統元年十月初八日劉紹芳爲控劉朝高等兇毆强奪欺吞肥己事呈狀　（2235：24–25）28.4×49.1cm

12.宣統元年十月廿三日劉紹芳爲投候訊斷叩恩迅賜限差立提事稟狀　(2235：29–30) 25.4×56.2cm

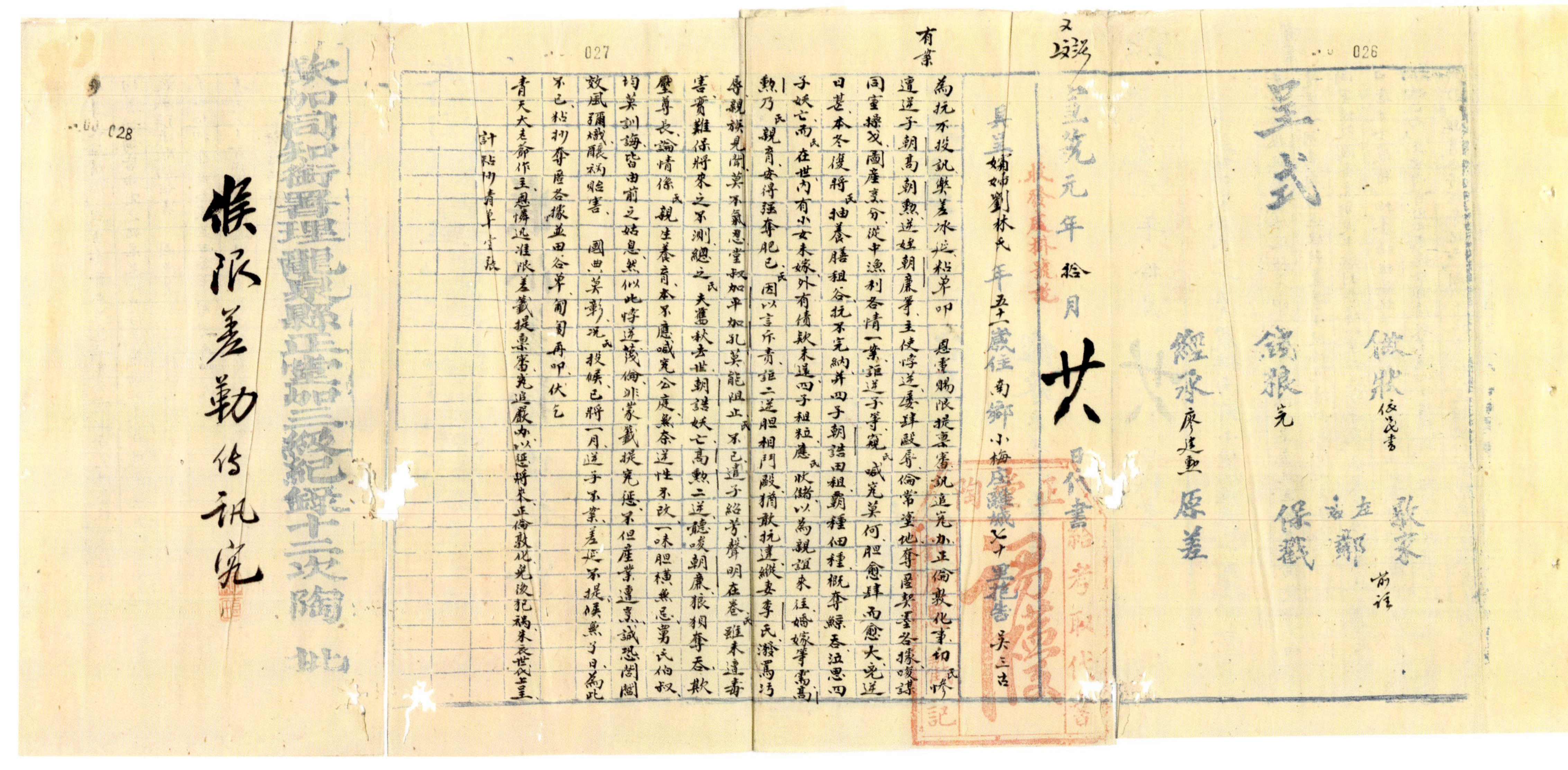
候限差勒傳訊究

代理瑞昌縣正堂加三級紀錄十二次陶 批

爲抗不投訊弊差冰延，粘單叩 恩憲賜限提禀審訊，追完加正倫敦化事。切 氏

遺逆子朝高、朝勲，逆姪朝康等主使悖逆，屢肆毆辱，倫常蕩地，奪匿契墨各據，唆謀

同室操戈，圖產霸分，從中漁利，各情一案，詎逆子等竊 氏 喊究，莫何，胆愈肆而愈大，究逆

日甚。本冬復將 氏 抽養膳租谷抗不完納，并四子朝諾田租霸種佃種，概奪綵吞，泣思四

子妖亡，而 氏 在世，內有小女未嫁，外有債欵未還，四子租粒應 氏 收儲，以爲親誼來往、婚嫁等需。

歎乃 氏 親育，安得強奪肥己。 氏 因以言斥責，詎二逆胆相鬥毆，猶敢抗違，繼妻李氏潑罵污

辱親族，見聞莫不氣忿，當叔加平加孔，莫能阻止，不已遣子紹芳聲明在卷，雖未遠詳

害實難保將來之不測。總之 氏 夫蠶秋去世，朝諾妖亡，高、勲二逆聽唆朝康，狼捐奪吞，欺

壓尊長，倫情係 氏 親生養育，本不應喊究公庭，豢奈逆性不改，一味胆橫無忌，罵 氏 伯叔

均莫訓誨，旨由前之姑息，然似此悖逆，倫非家載提究，懸不但產業遭烹，誠恐閨閫

效風，彌職釀禍貽害， 國典莫彰。況 氏 投候已將一月，逆子不案，差延不提，候無了日，爲此

不已，粘抄奪匿各據並田谷單匍匐再叩，伏乞

青天大老爺作主，恩准迅准限差叢提桌審，究追嚴辦，以遏將來，正倫敦化，免滋釀禍，末衣世代上呈

計粘抄實單一紙

有案

宣統元年拾月廿日

具呈婦劉林氏 年五十一歲 住南鄉小梅岡 離城七十里 抱告 吴三古

代書

呈式

做狀 依式書

錢糧 完

經承 廖建勳

原差

歇家

左右鄰

保戳

前註

13.宣統元年十月廿八日劉林氏爲控劉朝高等抗不投訊弊差冰延事呈狀　(2235：26–28) 27.9×63.3cm

計粘抄單呈

憲鑒

一奪庚邑十都上賴村山田契票共一包　有契簿可核

一奪荒字土名張村頭田契即各鬮書所載未註抽爲何項租石各據共一包

一奪氏夫所遺圖章一個并抽爲口食租田各契據一包

一奪四子朝誥分鬮一本及鬮内田屋契據各款

一奪氏夫抽遺小女旺基針線田契數紙

一本冬氏計收膳谷并四子朝誥租粒六十六担一桶，又收四子名下衆租七桶，收氏夫抽遺小女名旺基針線田租六担七桶，餘概被逆子高勳奪收吞噬

一本冬所收租谷貳百六十三担七桶，除伊兄弟等各分給口食外，尚儲存倉安厝氏夫棺柩干谷壹百四十餘担，計值洋銀貳百八十餘元，去臘即被二逆撕封毀倉搬糶分肥

一奪柳芳棠借銀錢票三紙，計銀洋念四元一角，又錢捌拾貳千六百文

其餘往來揭借票據有無失落，奪匿未能細查

一四子朝揆分給水牛一隻，後又生子一隻，計值銀洋捌拾餘元，亦特强霸佔乞追

以上各款各據懇　乞究追

13附1.奪匿各據并田穀抄單粘呈　（2235：31）26.1×30.9cm

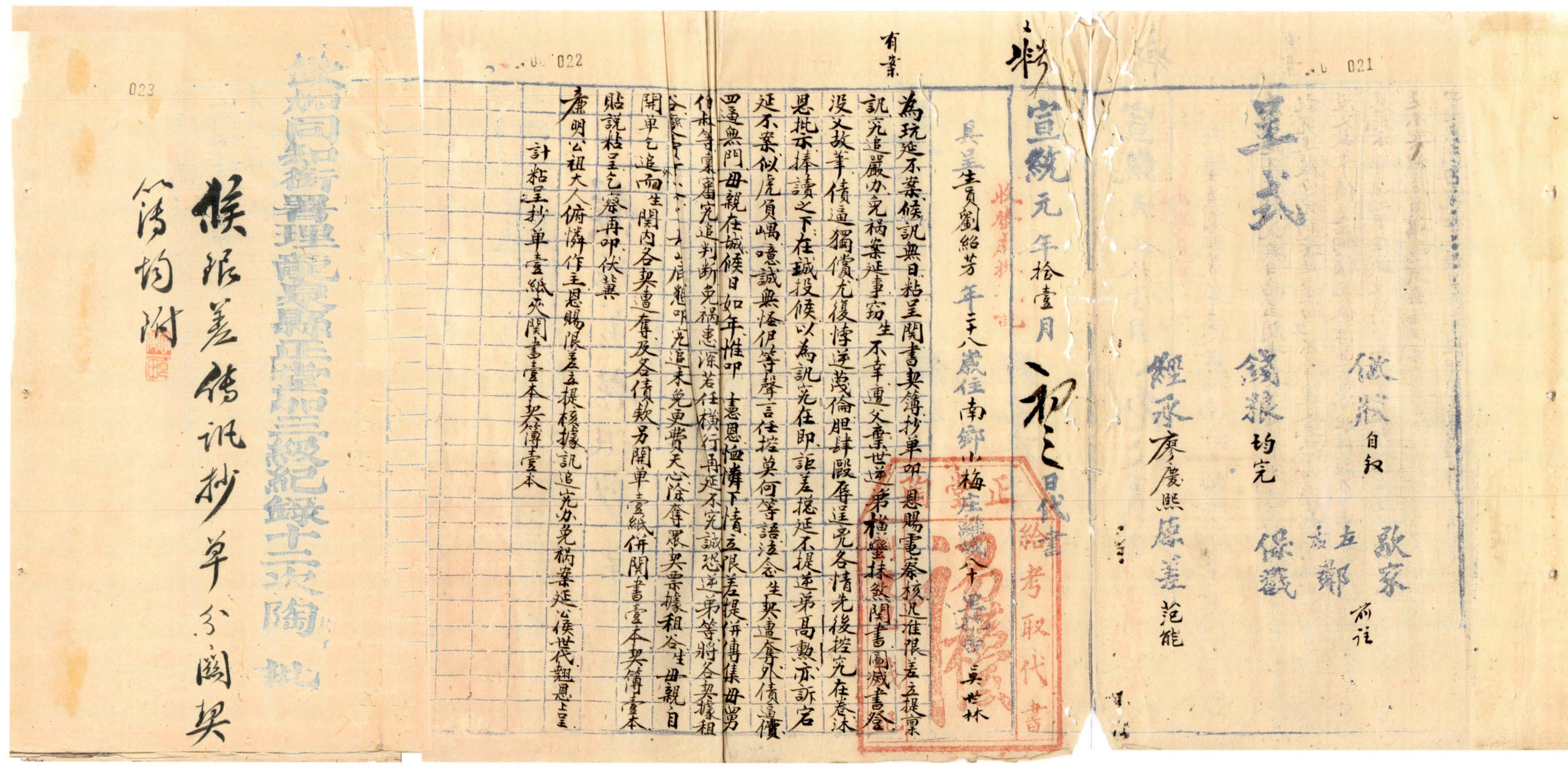

14.宣統元年十一月初三日劉紹芳爲玩延不案候訊無日事呈狀　(2235：21–23) 27.9×61.7cm

14附1.借款等抄單粘呈　(2235：45) 26.4×27.0cm

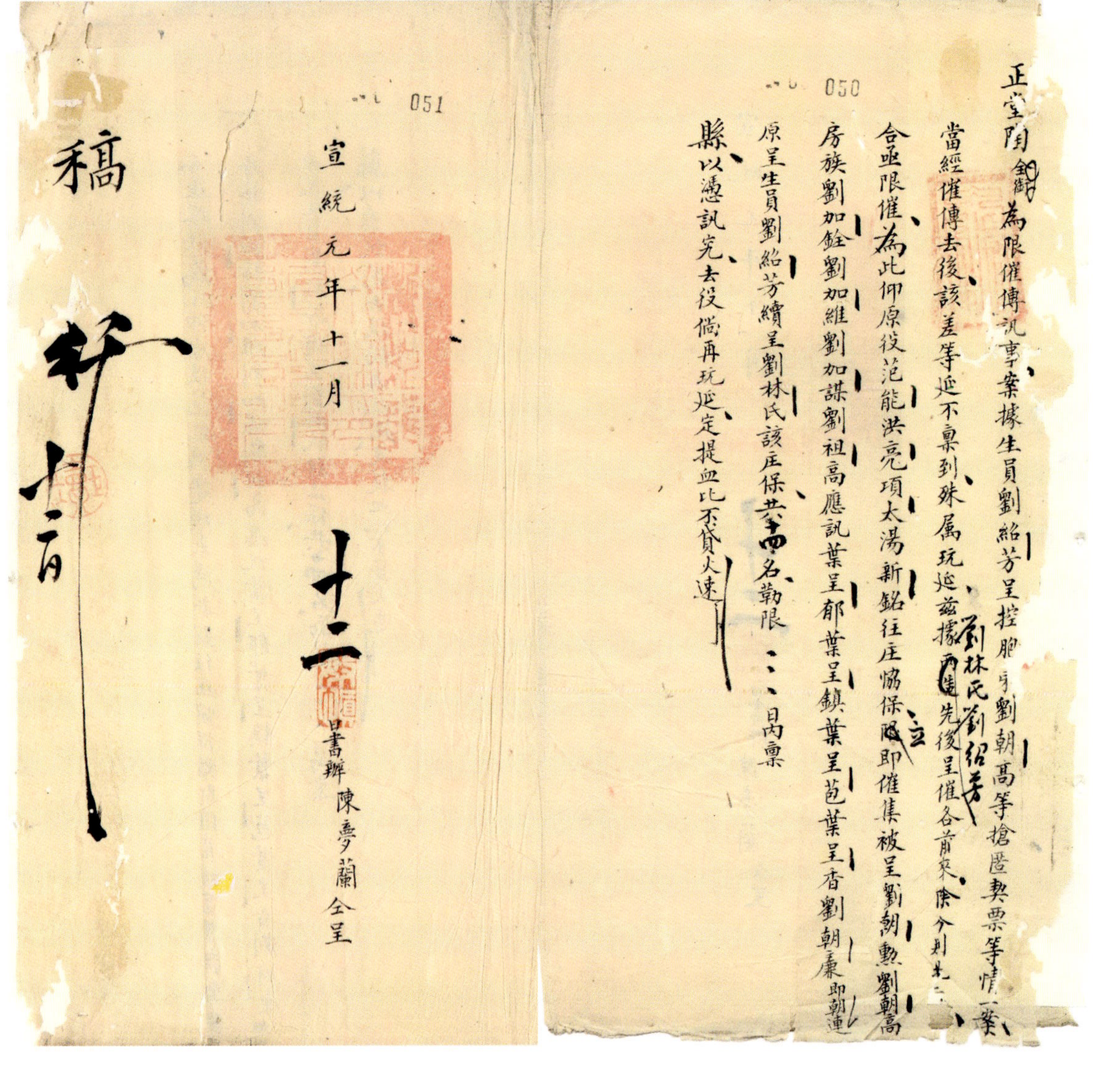

15.宣統元年十一月十二日知縣陶霦爲限催傳訊劉朝勳等事票(稿)
(2235：50–51) 29.0×30.4cm

16.宣統元年十二月初三日劉紹芳爲控劉朝高等毆逆兇奪唆包抗提事呈處州府呈狀　（2235：46–48）29.8×50.6cm

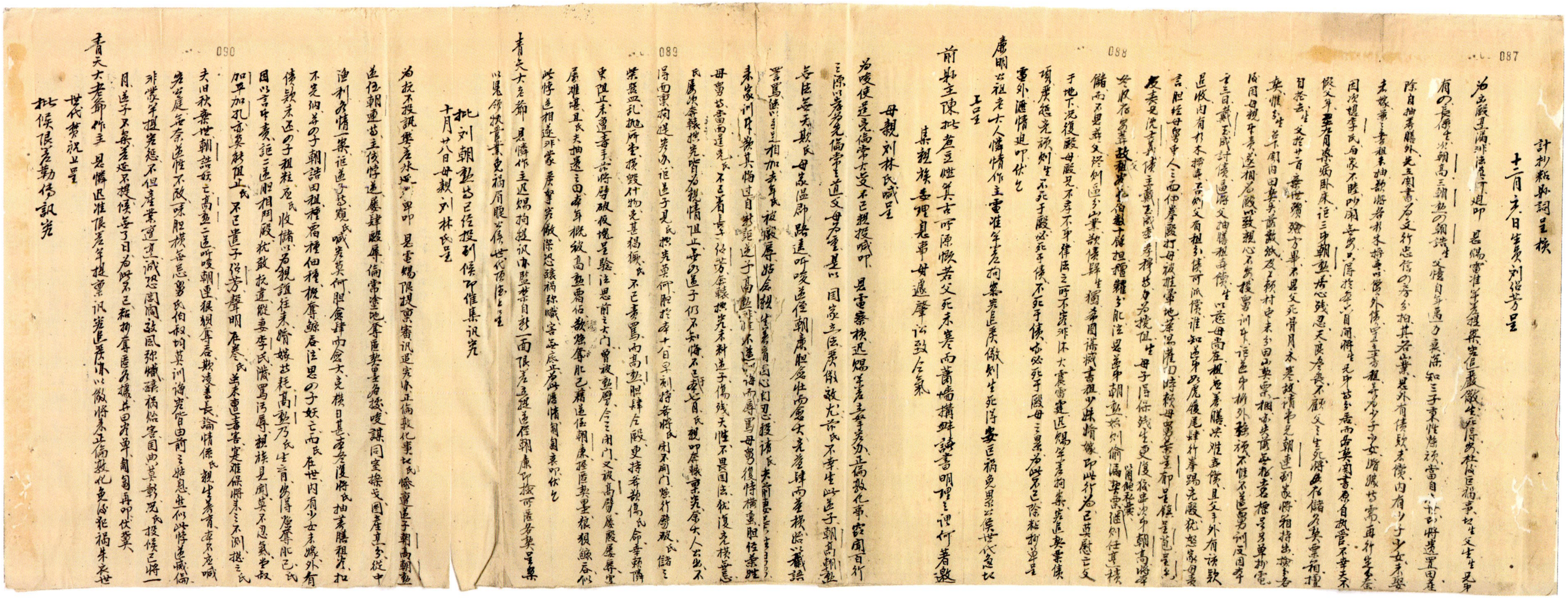

16附1.呈狀、憲批等抄件粘呈（2235：87–90）29.1×82.6cm

有案

具稟生員劉紹芳，年二九歲，住南鄉小梅庄，離城八十里

為毆逆滅倫唆奪串吞事。切生去年以逆弟朝高、朝勳聽唆堂兄朝連、

強奪各契票，據存屋伊家，圖謀烹肥，又糶分儲存谷粒壹伯四拾餘担，生母責詈，胆肆毆辱，更將妖亡四弟田祖看

種奪去，不容悉，母收諸，并將櫃內抽遺書祖謀臧各債逼，生獨償，種種横蠻，寔難髮指，毆辱母親，更宜法究。不已

與母先後泣情控叩，沐 前主批限勒提訊究，在案。奈逆恐亡頭，兼連胆拒，視票具文，恬提不案，嗣生屢催屢候，依然空

當莫。尚案逆胆愈大，蔑毫奪日肆，日益横行無法，生母因喊叩，莫何候究無日，延至十二月，不已命生券府控叩，荷沐 憲批

飭縣速集訊斷，毋延等示。後因年近歲逼，延未審訊。本春生又因事外出，詎逆弟高勳乘生不家，圖謀肥己，于本三月間將各

未分竹木松杉，將砍甚賣，且將生去年向將古領抗村杉木屋料，亦搬奪一十餘枝，似此悖逆欺懦，不循理法，獨圖吞，非沐

仁台恩賜，飭提審訊究追，亦禍無了了。為此情迫，切叩伏乞

准施，俯憐作主，恩賜吊卷察核，飭提訊斷，究追嚴辦，以維風化，而杜民禍，朱恩代禱，祝上稟。

正堂陳批

此案該生控奉

府憲批縣之後，曾否票傳着承

經書陳夢蘭先行稟覆，一面叙稿

嚴催，毋再延擱，干咎速式將飭

宣統弍年五月卅日

17.宣統二年五月卅日劉紹芳爲控劉朝高等毆逆滅倫唆奪串吞事稟狀　（2235：52–53）25.7×36.1cm

縣正堂

告狀劉紹芳年三十九歲 處州府龍泉縣南州圖小梅村人，距縣城六十里

抱告 王長善 住 地方

歇家

保狀

正狀呈爲 事

一都 圖 戶 納糧

告狀生員劉紹芳爲唆毆奪匿逞兇强佔，叩懇迅賜
吊卷察核，究追嚴辦，以敦倫紀而免禍害事。切生前奉母迭控逆弟朝高、
朝勳唆謀王智堂兄朝連等奪據佔產烹肥利己各情，案蒙 前康批
究，又沐府 憲仰飭集訊。生母生城久候，二逆抗不投案，差延承宕，因循至
斯。而高、勳與連狼狽同貪，窺控莫奈，愈横愈奪，愈屢毆屢辱，覬覦父母
抽分之產，四弟朝誥妖亡之業，租粒概霸，奪吞錢糧，置不完納，山場
竹木任砍，搞肥衆債，推生償抵，計謀移禍，貽害。既抽立之書租概霸鯨
吞，又欲將屠各契希圖變賣，似此謀爲，生何克當，而情甚忍，母生
不已，各情瀝剖，閤單迭催，究追在案。兹則秋收將臨，田内種租粒亦
定必遭噬。前已具稟，未蒙賜批，設不亟賜籤提，立限稟究，究追定斷，以
免爭奪，務必釀成巨禍，呼救莫及，爲此迫叩，伏乞
公祖大人作主，俯賜吊卷察核，限差嚴提稟審，以斬葛藤，清案牘，
朱衣世代感德。上呈。

有案

被告 年 歲係 村人 保長 管下
年 歲係 村人 保長 管下
年 歲係 村人 保長 管下

干證 年 歲係 村人 保長 管下

繼承廖慶西

原差范能等

批

已飭傳矣

宣統貳年六月初八日呈

18.宣統二年六月初八日劉紹芳爲控劉朝高等唆毆奪匿逞兇强佔事呈狀 （2235：78–80）26.0×63.6cm

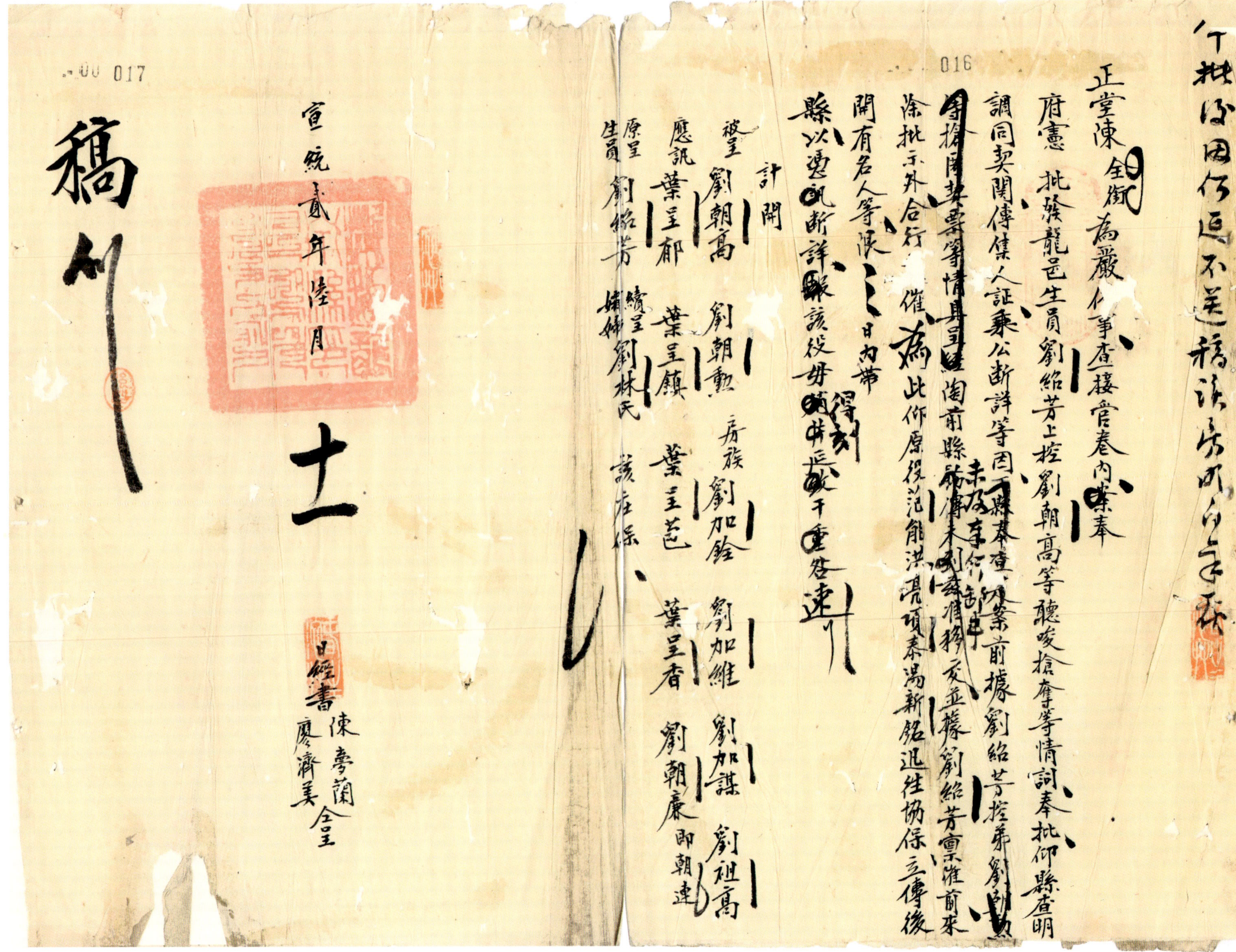

19.宣統二年六月十一日知縣陳啓謙爲嚴催劉朝高等事票(稿)（2235：16–17）29.5×40.2cm

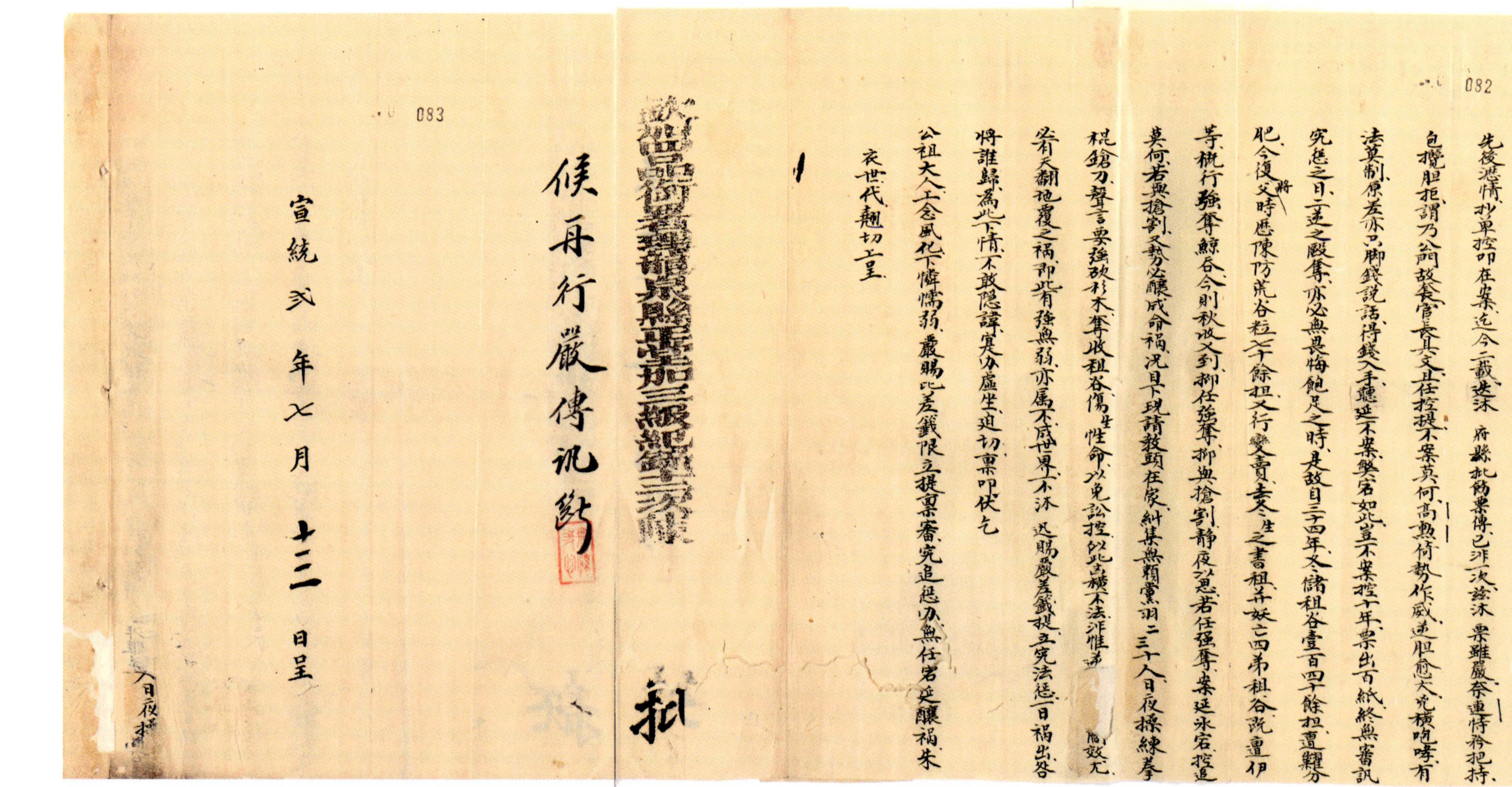
縣正堂

告狀

副狀呈為

一都南圖户

事

納糧

保狀

歇家

抱告

住

地方

候再行嚴傳訊斷

宣統貳年七月十三日呈

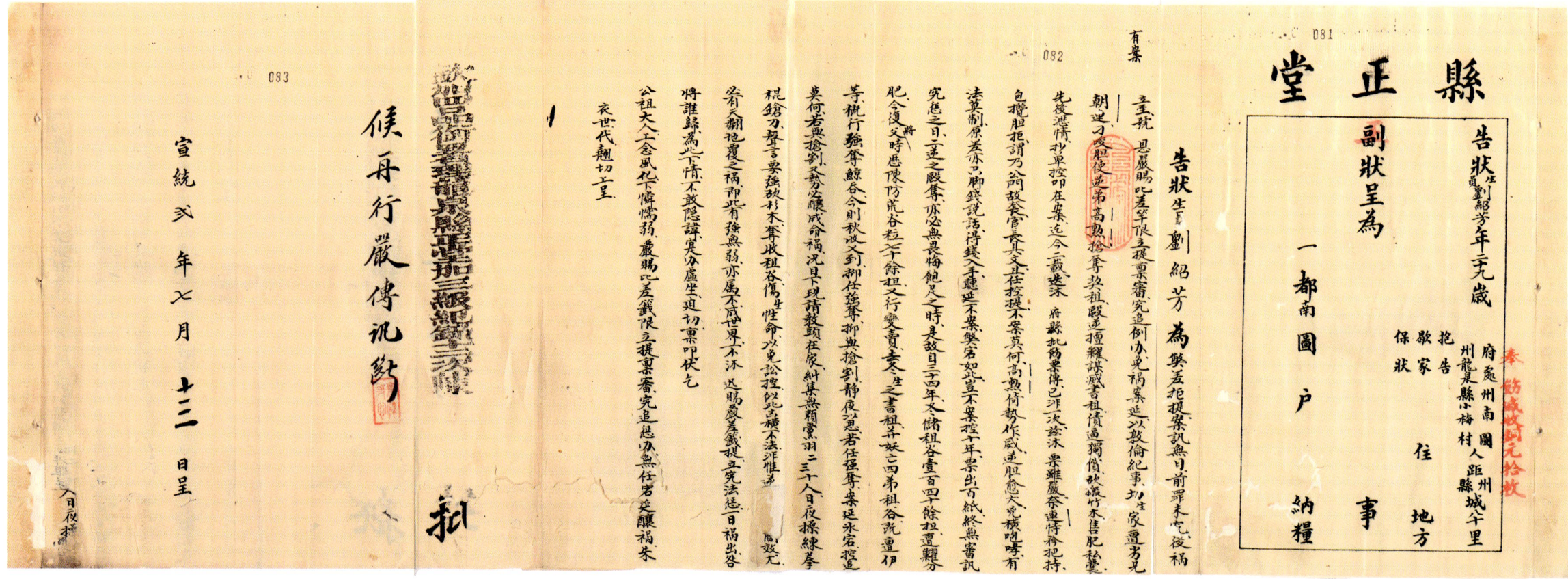

20.宣統二年七月十三日劉紹芳爲控劉朝高等弊差拒提案訊無日事呈狀　（2235：81–83）28.0×87.6cm

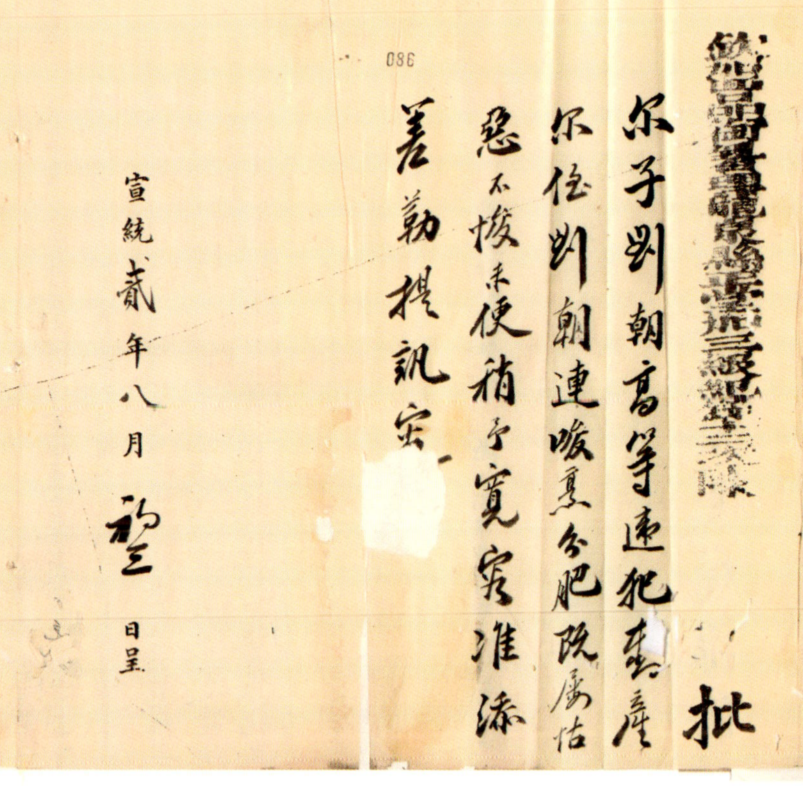

21.宣統二年八月初三日劉林氏爲控劉朝高等唆謀奪據强砍悖逆事呈狀　（2235：84–86）26.1×81.6cm

22.宣統三年二月十三日劉林氏爲控劉朝高等强砍强運奪膳分烹事刑事訴訟狀　(2235：91–94) 26.9×95.0cm

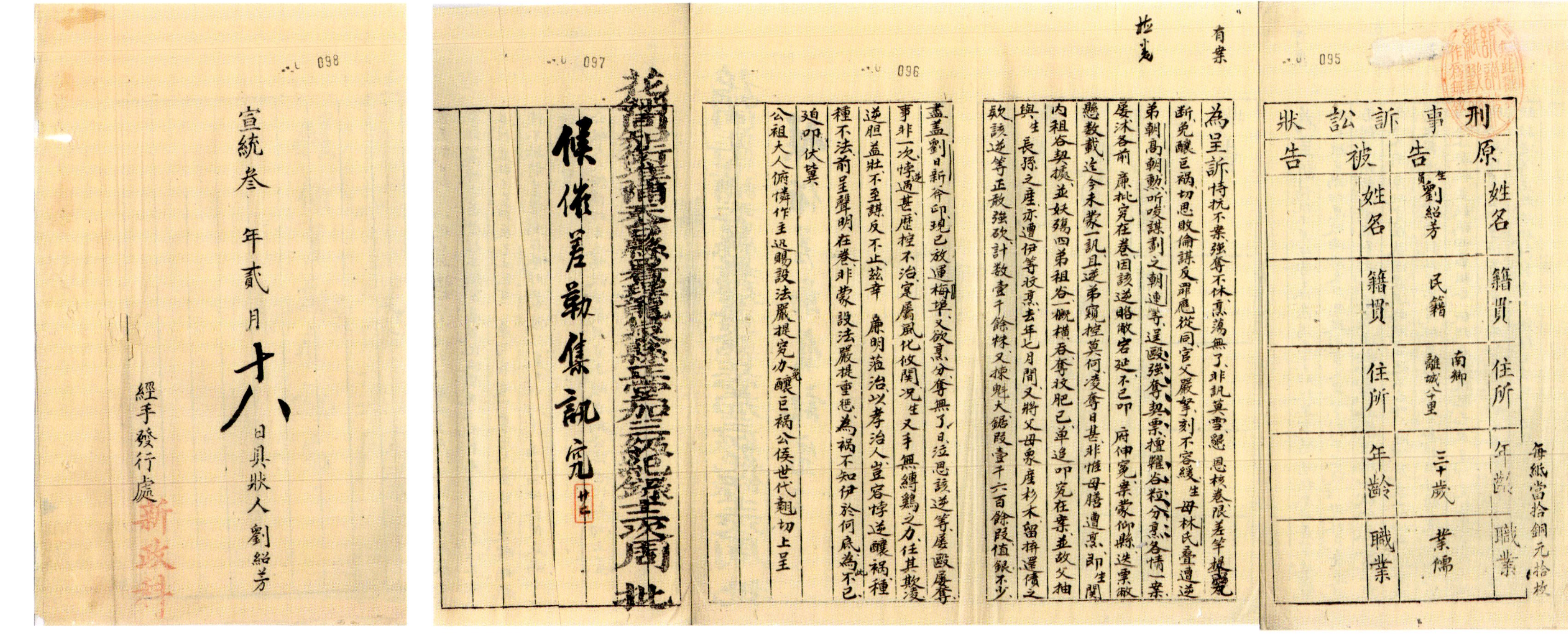

每紙當拾銅元拾枚

刑事訴訟狀

	姓名	籍貫	住所	年齡	職業
原告	劉紹芳	民籍	南鄉離城八十里	三十歲	業儒
被告					

有案

為呈訴恃抗不案強奪不休烹蕩無了非訊莫雪懇恩核卷限差竿提究
斷免釀巨禍切思敗倫謀反罪應從同官文嚴拏刻不容緩生母林氏疊遭逆
弟朝高朝勲听唆謀劃之朝連等逞毆強奪契票擅糶谷粒分烹各情一案
屢沭各前　廉批究在卷因該逆賂敝宕延不已叩　府伸冤業蒙仰縣迭票敝
懸數載迄今未蒙一訊且逆弟窺控莫何凌奪日甚非惟母膳遭烹即生闗
內祖谷契據并妖殤四弟祖谷一概橫吞奪稅肥己單追叩究在案並故父抽
與生長孫之產亦遭伊等收烹去年七月間又將父母眾產杉木留梓還債之
欵該逆等正敢強砍計數壹千餘株又揀斛大鋸段壹千六百餘段值銀不少
盡蓋劉日新爷印現已放運梅埠又欲烹分奪無了日泣思該逆等屢毆屢奪
事非一次悖逆過甚歷控不治寔屬風化攸関況生文手無縛鷄之力任其欺凌
逆胆益壯不至謀反不止茲幸　廉明蒞治以孝治人豈容悖逆釀禍種
種不法前呈聲明在卷非蒙設法嚴提重懲為禍不知伊於何底為此不已
廹叩伏冀
公祖大人俯憐作主迅賜設法嚴提究办免釀巨禍公侯世代翹切上呈

候催差勒集訊究

宣統叄年貳月十八日具狀人劉紹芳

經手發行處

23.宣統三年二月十八日劉紹芳爲控劉朝高等恃抗不案强奪不休事刑事訴訟狀　（2235：95–98）26.8×96.1cm

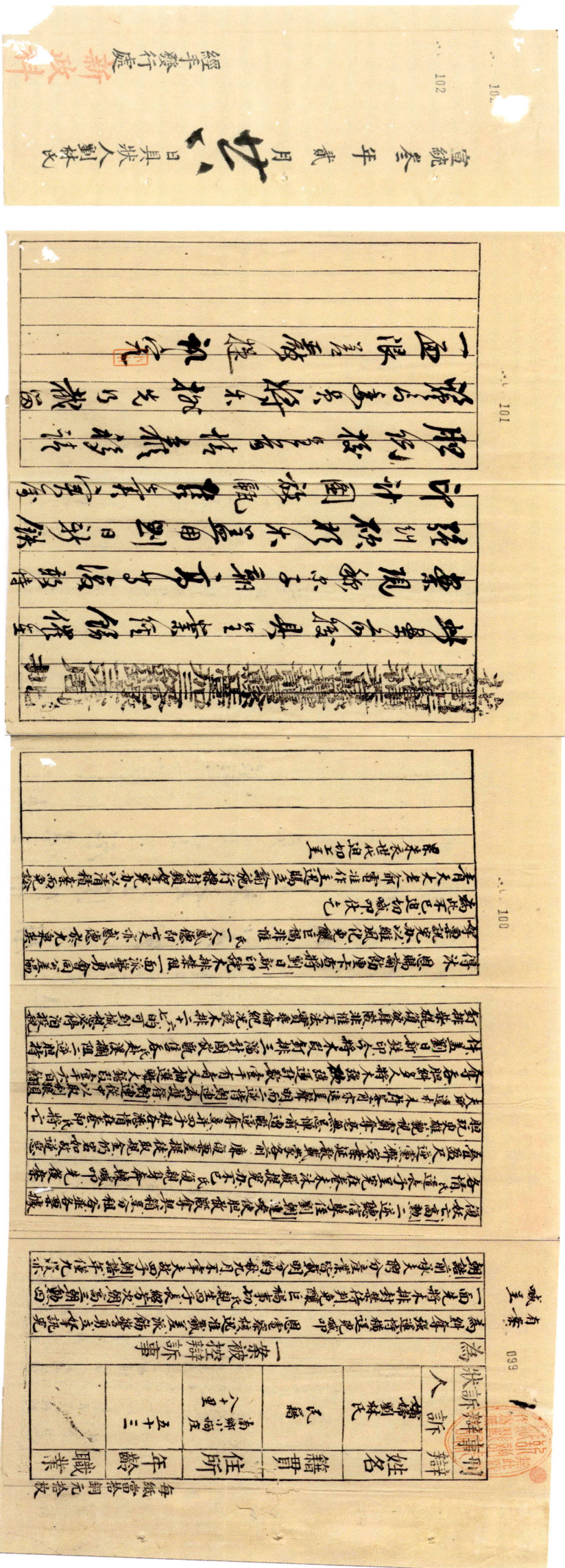

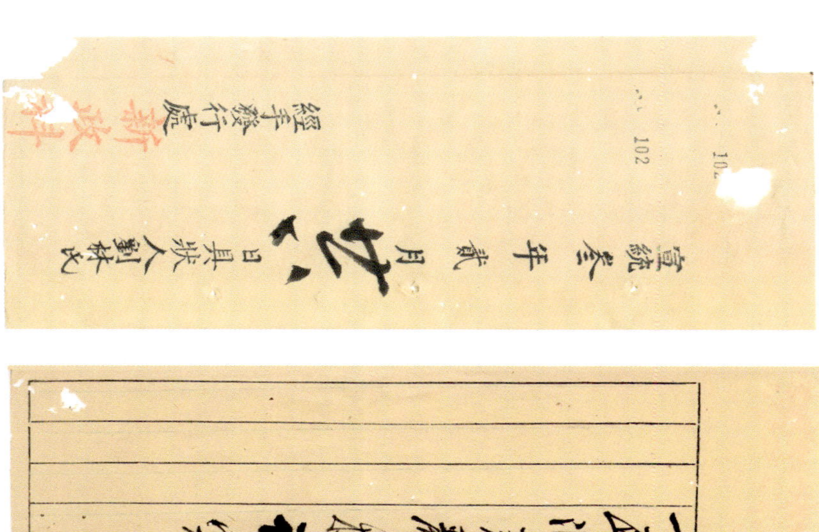

24.宣統三年二月廿六日劉林氏爲控劉朝高等糾奪强運恃横逞兇事刑事辯訴狀　（2235：99–102）26.9×93.6cm

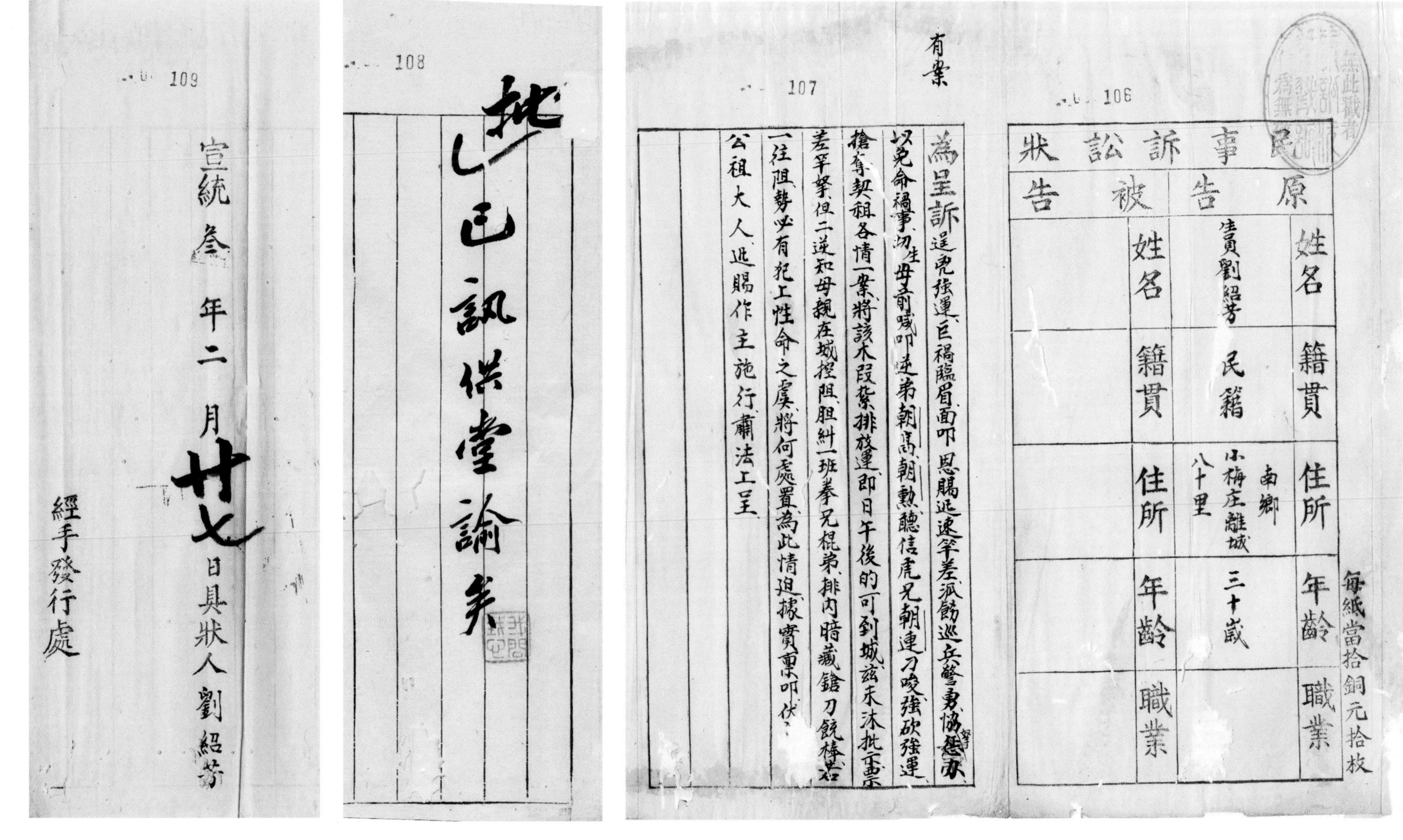

每紙當拾銅元拾枚

民事訴訟狀

	原告		被告
姓名	貴劉紹芳	姓名	
籍貫	民籍	籍貫	
住所	南鄉小梅庄離城八十里	住所	
年齡	三十歲	年齡	
職業		職業	

有案

爲呈訴逞兇強運、巨禍臨眉，面叩恩賜迅速罕差派飭巡兵警勇協拏，
以免命禍事。切生母前喊叩逆弟朝高、朝勲聽信虎兄朝連刀砍強砍強運、
搶奪契租各情一案，將該木段𥽥排放運，即日午後的可到城，茲未沐批示，
差罕拏，但二逆知母親在城控阻，胆糾一班拳兄棍弟，排内暗藏鎗刀銃棒，若
一往阻，勢必有犯上性命之虞，將何處置？爲此情迫，據實稟叩，伏乞
公祖大人迅賜作主施行，肅法上呈。

批：已訊供堂諭矣。

宣統叁年二月廿七日具狀人劉紹芳

經手發行處

25.宣統三年二月廿七日劉紹芳爲控劉朝高等逞兇强運巨禍臨眉事民事訴訟狀　(2235：106—107) 26.8×39.1cm；(2235：108—109) 26.9×64.9cm　圖版裁空白頁

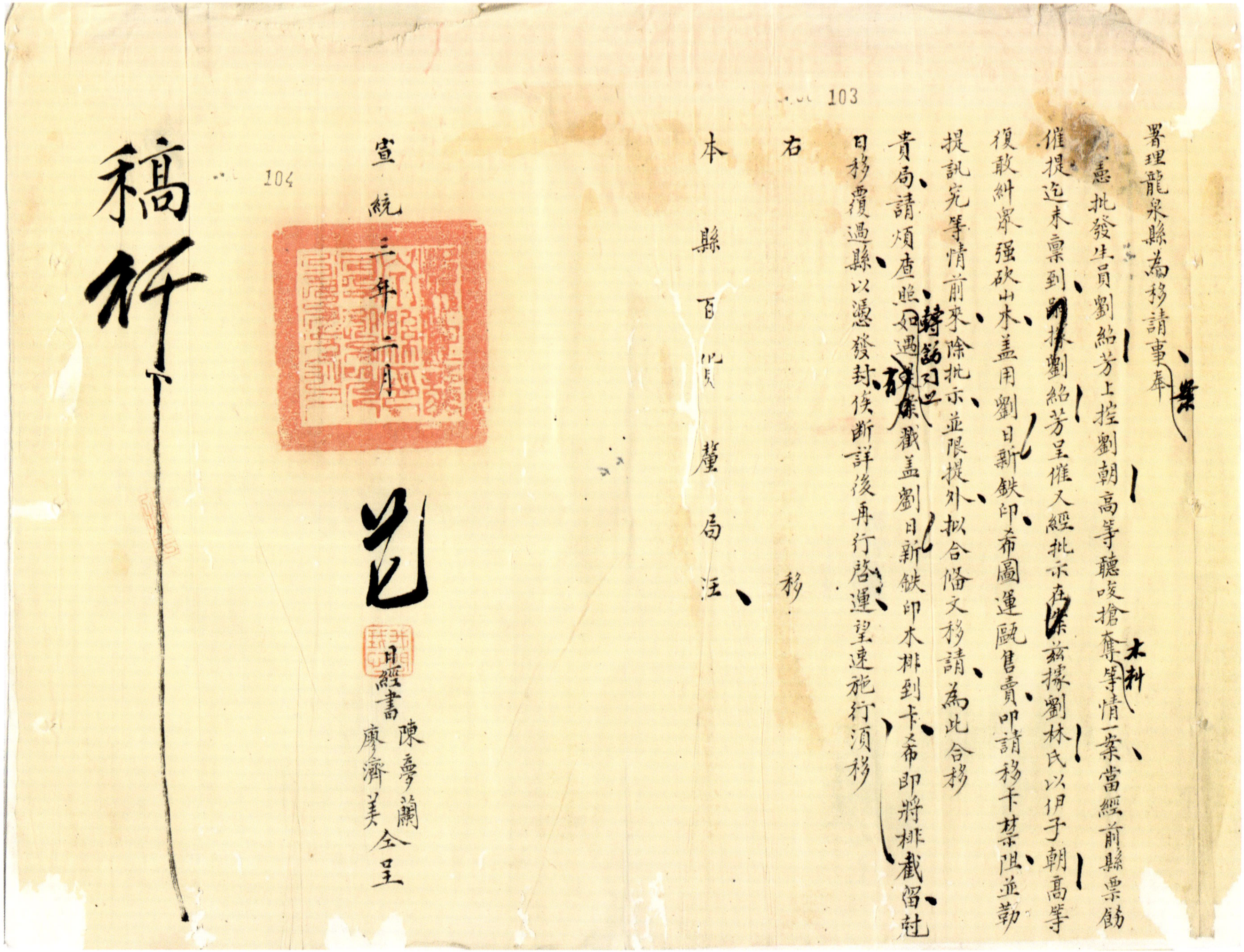

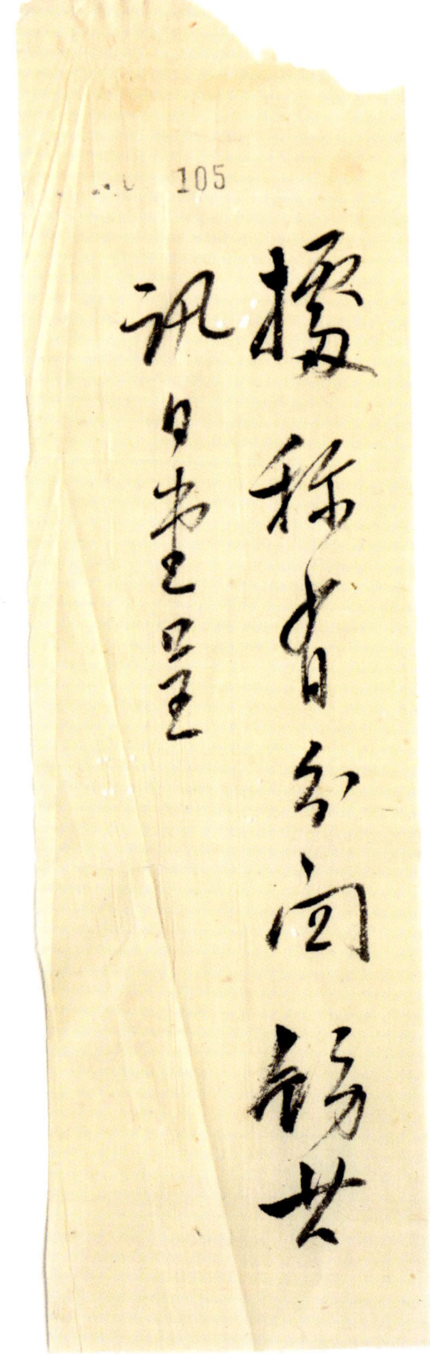

27.(時間不詳)憲批
(2235：105）24.6×7.3cm

26.宣統三年二月廿七日知縣周琛爲移請本縣百貨釐局事移(稿)（2235：103—104）29.0×39.1cm

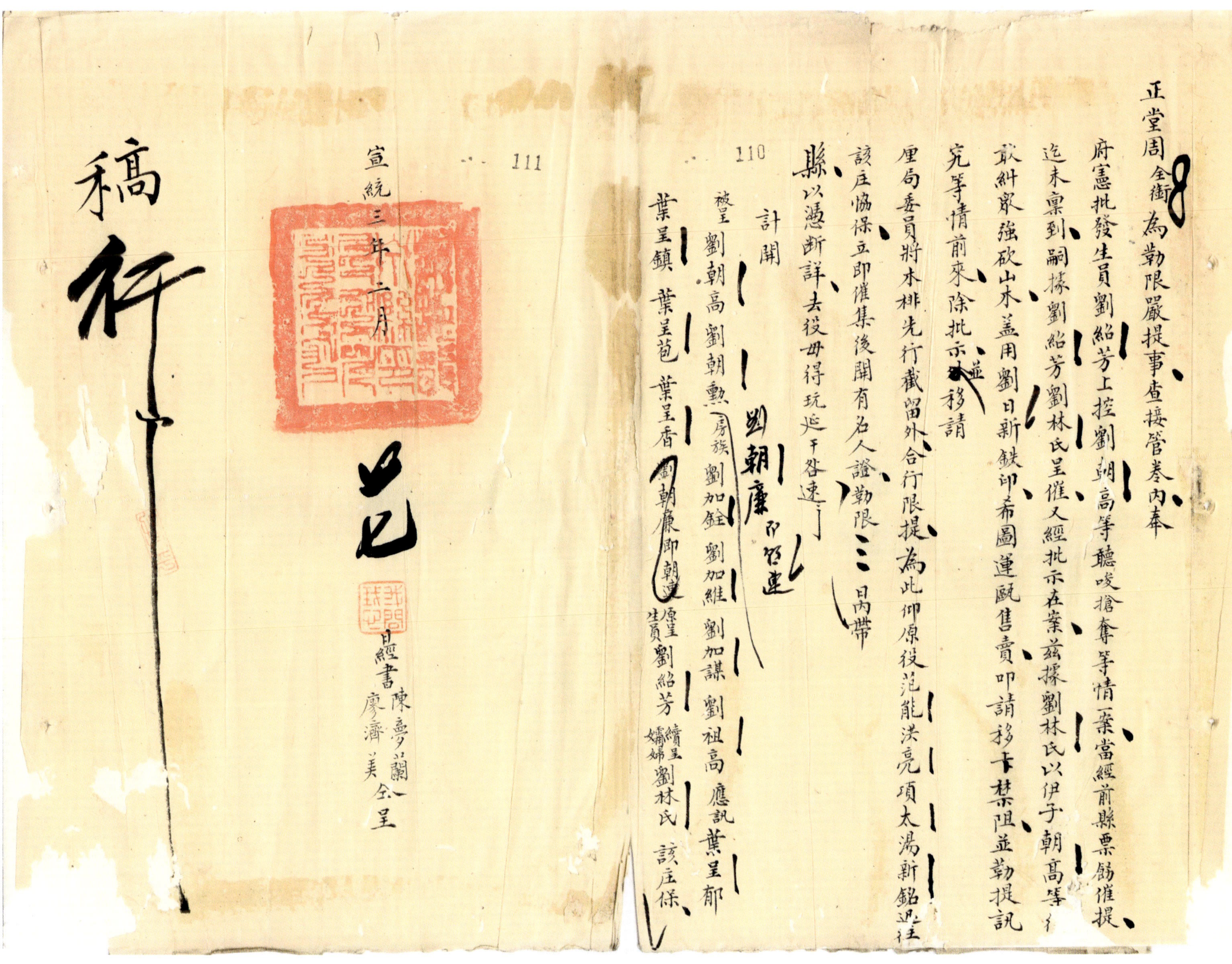

正堂周全銜 為勒限嚴提事。查接管卷內，奉
府憲批發生員劉紹芳上控劉朝高等聽唆搶奪等情一案，當經前縣票飭催提，
迄未稟到。嗣據劉紹芳、劉林氏呈催，又經批示在案。茲據劉林氏以伊子朝高等
敢糾衆強砍山木，盖用劉日新鈐印，希圖運甑售賣，叩請移卡禁阻，並勒提訊
究等情前來。除批示並移請
厘局委員將木排先行截留外，合行限提。為此，仰原役范能洪、亮項、太湯、新銘迅往
該庄協保立即催集後開有名人證，勒限三日內帶
縣，以憑斷詳。去役毋得玩延干咎。速。

計開

被呈 劉朝高 劉朝勲 房族劉加銓 劉加維 劉加謀 劉祖高 應訊葉星郁
劉朝康
葉星鎮 葉星芭 葉星香 劉朝康即朝達 原呈生員劉紹芳 續呈孀婦劉林氏 該庄保

宣統三年二月 日

芑

經書陳夢蘭、廖濟美仝呈

稿 行

28.宣統三年二月廿七日知縣周琛爲勒限嚴提劉朝高等事票(稿)（2235：110−111）28.9×40.2cm

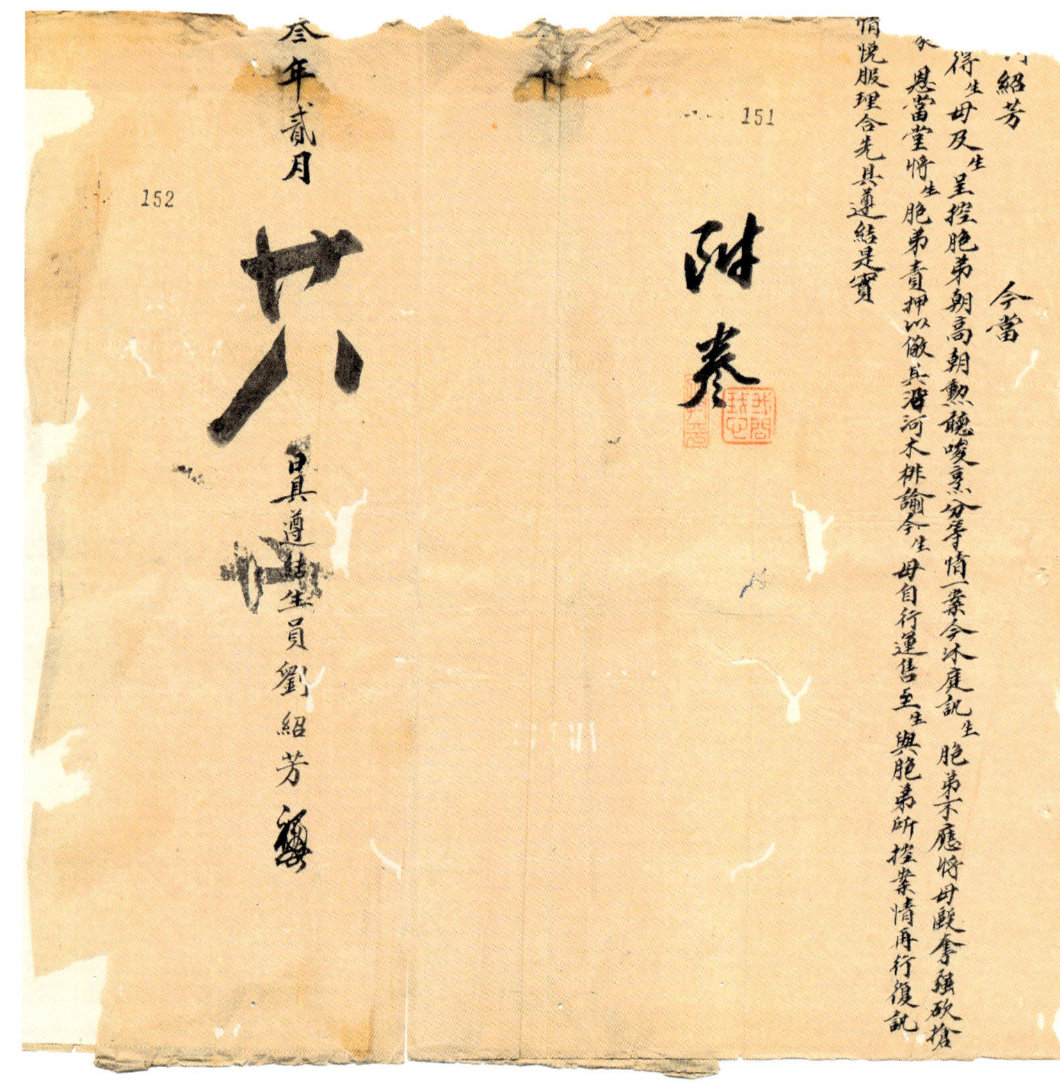

29.(宣統)三年二月廿八日劉紹芳遵結狀　(2235：151–152) 29.8×31.6cm

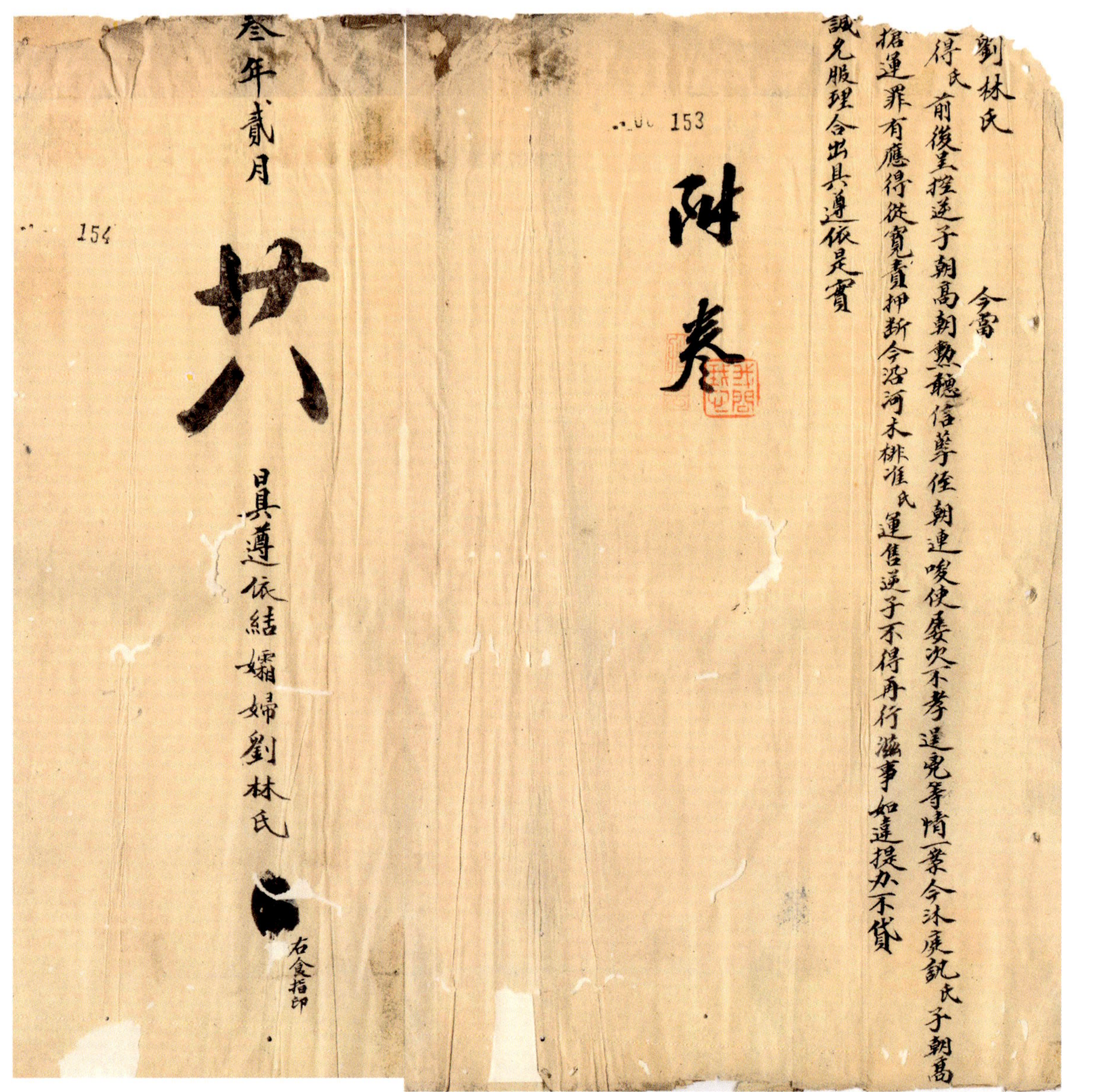

30.(宣統)三年二月廿八日劉林氏遵依狀　(2235：153–154) 29.4×31.3cm

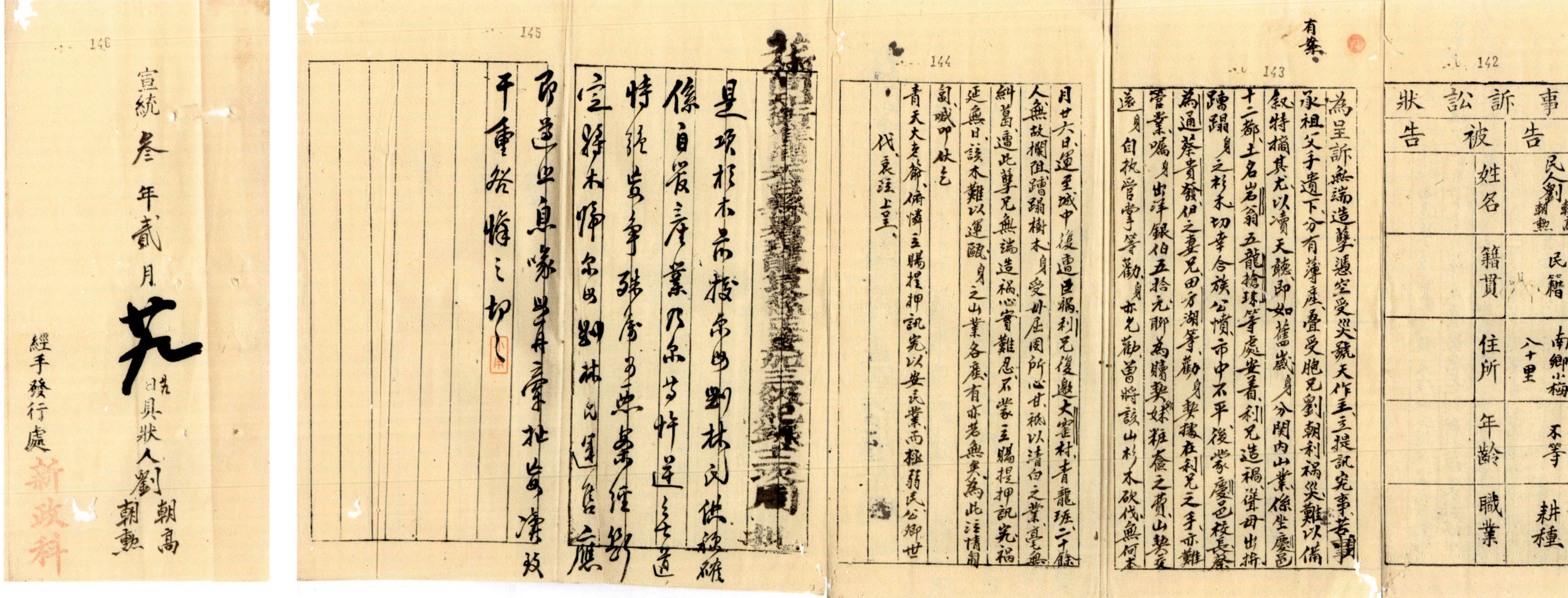

31.宣統三年二月廿九日劉朝高等爲控劉紹芳無端造孽憑空受災事民事訴訟狀　（2235：142–146）27.2×73.9cm　圖版裁空白頁

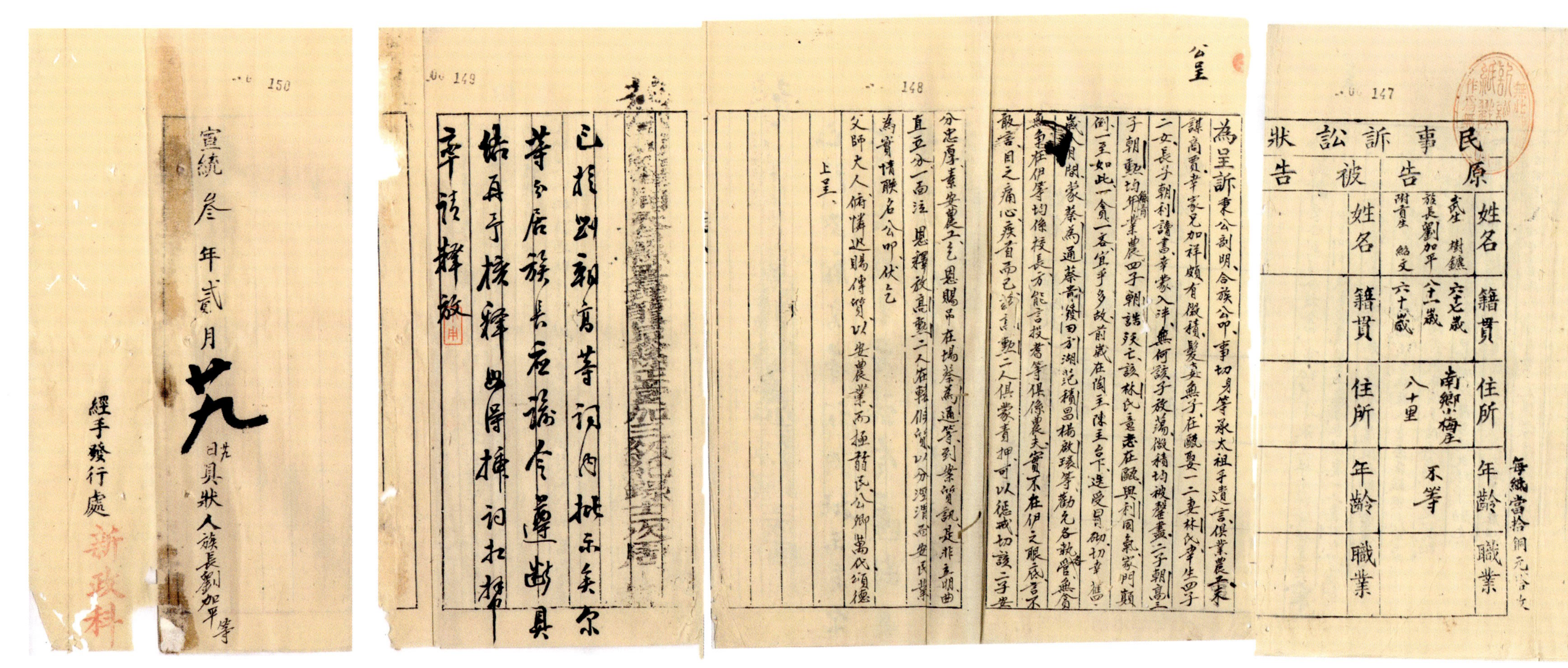

32.宣統三年二月廿九日劉加平等爲秉公剖明合族公叩事民事訴訟狀　(2235：147–149) 27.2×57.5cm；(2235：150) 27.2×37.4cm　圖版裁空白頁

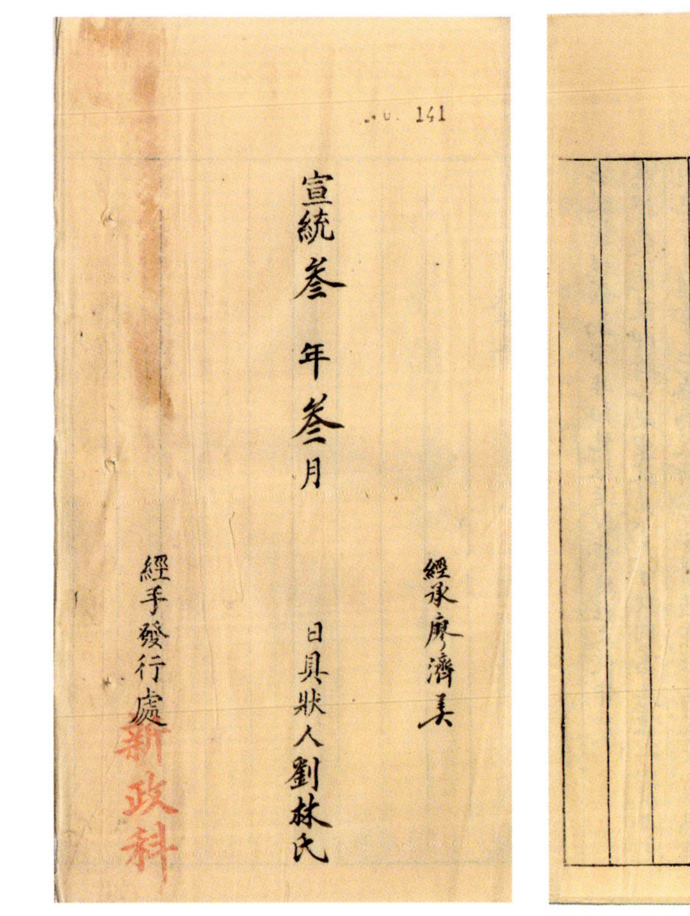

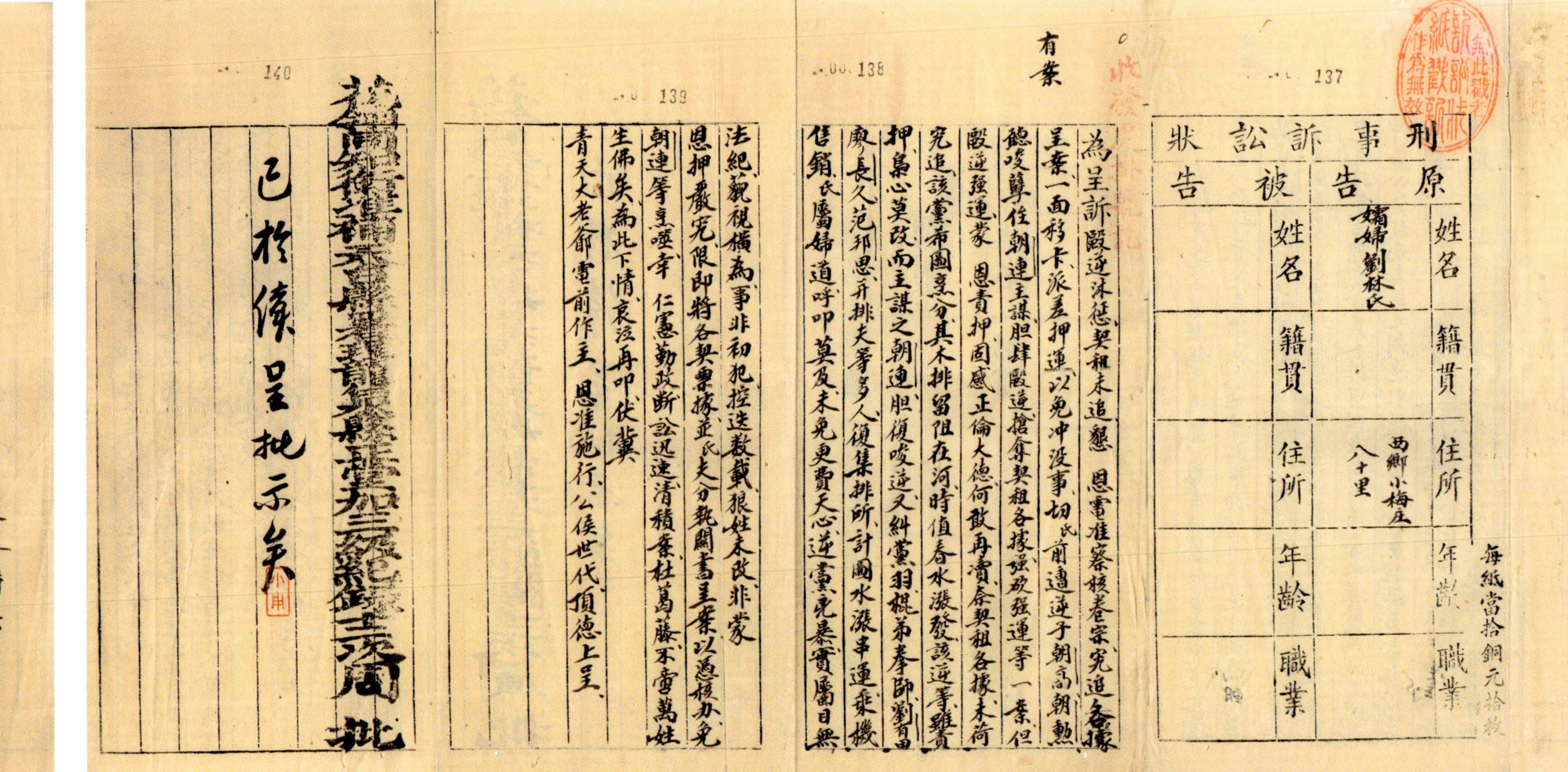

33.宣統三年三月(初三日)劉林氏爲控劉朝高等毆逆沐懲契租未追事刑事訴訟狀　(2235：137−141) 26.9×69.5cm　圖版裁空白頁

130

刑事訴訟狀

	姓名	籍貫	住所	年齡	職業
原告	孀婦劉林氏	民籍	南鄉小梅庄	五十三歲	
被告					

每紙當拾銅元拾枚

131

有案

為呈訴案沐訊懲、抗不呈據、懇恩迅賜諭卡啟封、一面審泒差押運、以免沖沒失竊、究追契租各據、免禍貽累烹噬事。切氏控逼逆子朝高、朝勳、聽唆孽侄朝連、搶奪契租、強砍強運、計圖烹肥、各情一案、自沐訊懲、未蒙諭卡啟封放運、但該木排留阻河中、非惟春水漲發、難保沒流、即日夜失竊、更難防守、得沐恩賜諭卡啟封、泒差押運、一面究追契租各據、實為德便。為此下情哀泣再叩籲

青天大老爺恩憐作主施行、朱衣世代、焚祝上呈。

132

宣統三年三月初八日具

批：批尔子劉朝高等詢內另呈

並案

34.(宣統三年三月初八日)劉林氏爲控劉朝高等案沐訊懲抗不呈據事刑事訴訟狀　(2235：130—132) 26.9×57.2cm　圖版裁空白頁

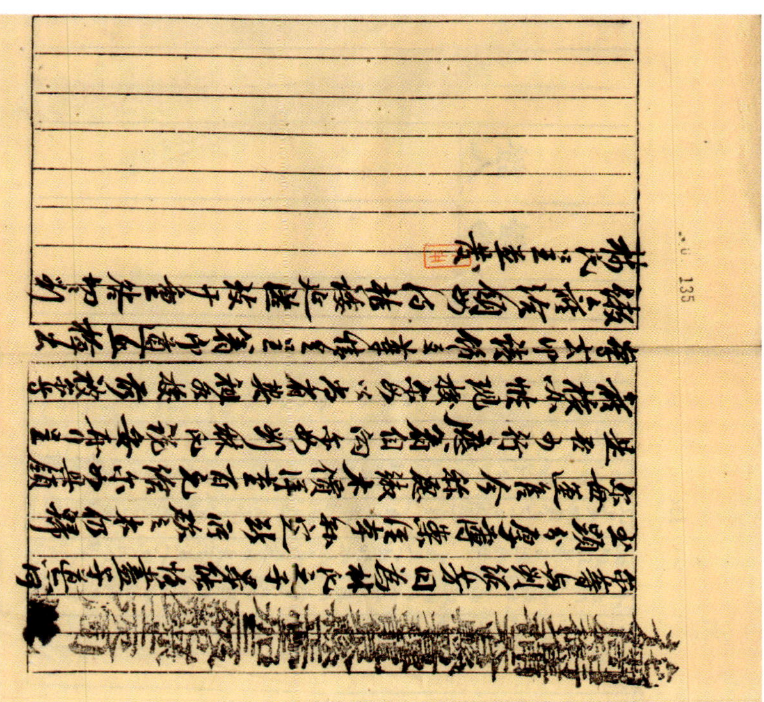

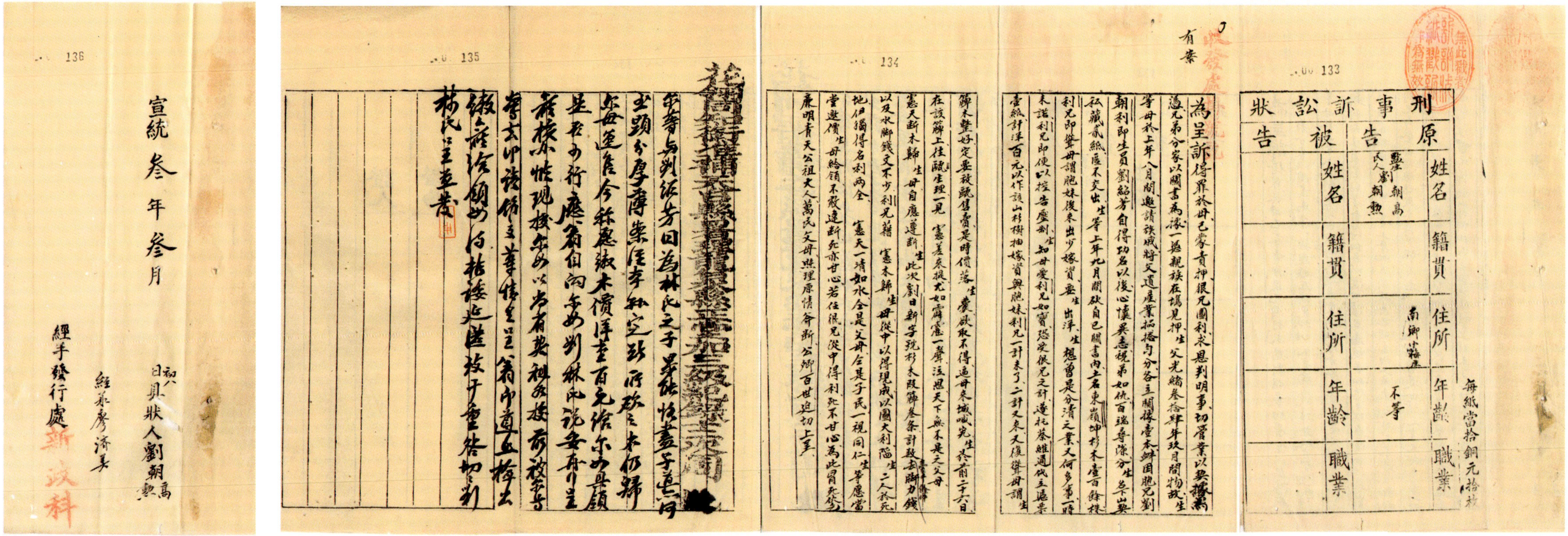

35.宣統三年三月初八日劉朝高等爲控劉紹芳得罪於伊已褒責押事刑事訴訟狀（2235：133–136）27.0×94.7cm　圖版裁空白頁

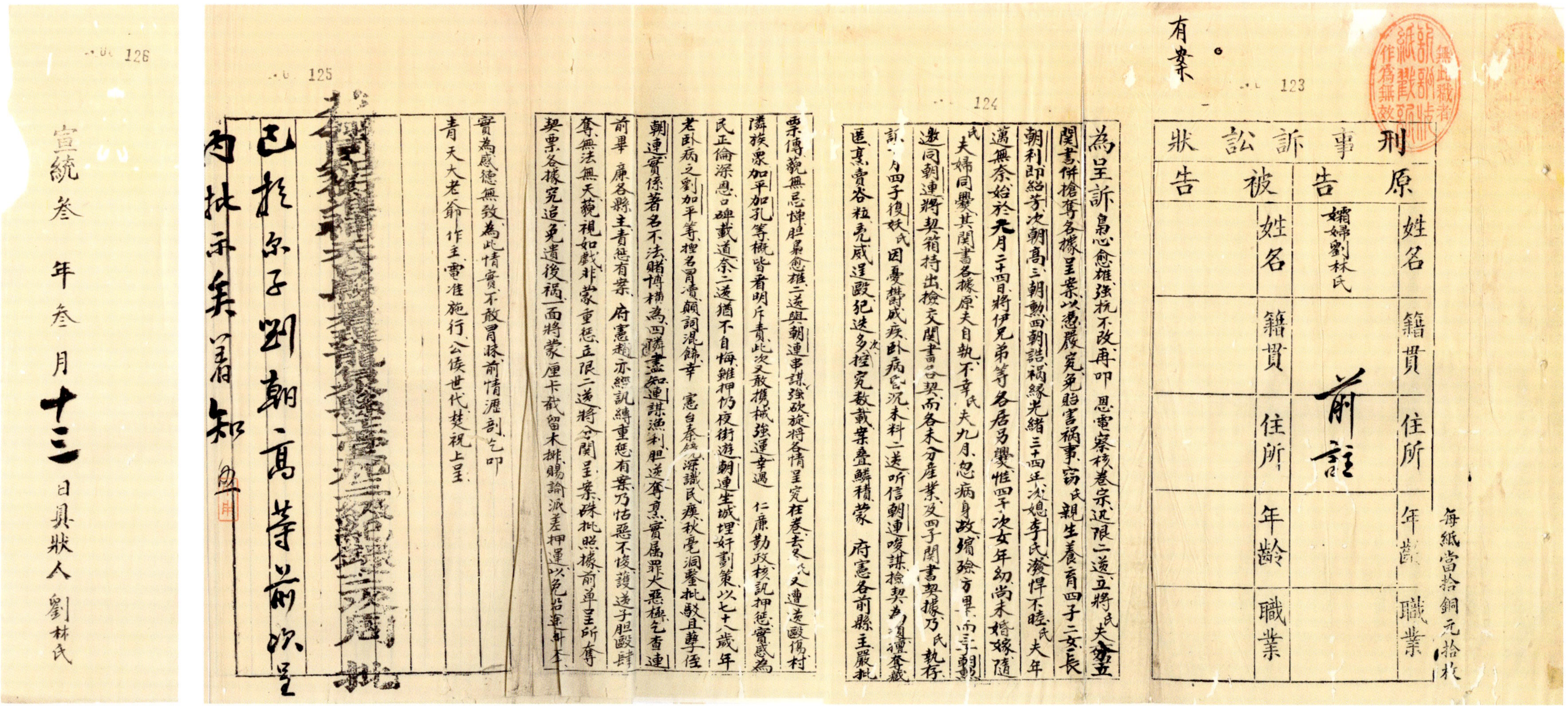

有案。

123

刑事訴訟狀

原告		被告	
姓名	孀婦劉林氏	姓名	前註
籍貫		籍貫	
住所		住所	
年齡		年齡	
職業		職業	

每紙當拾銅元拾枚

124

為呈訴梟心愈雄、强抗不改，再叩 恩電察核卷宗、迅限二遂，立將氏夫奩立
閿書併搶奪各據呈案，以憑嚴究，免貽害禍事。窃氏親生養育四子二女，長
朝利，即紹芳，次朝高，三朝勳，四朝誥。禍緣光緒三十四年，次媳李氏潑悍不睦，氏夫年
邁無奈，始於九月二十四日將伊兄弟等各居另爨，惟四子、次女年幼，尚未婚嫁，隨
氏夫婦同爨，其閿書各據原夫自執，不幸氏夫九月忽病身故，殯殮方畢，而三子朝勳
邀同朝連，將契箱持出，檢交閿書各契，而各未分產業及四子閿書契據乃氏執存。
訴、月四子復妖氏，因憂鬱成疾，臥病在床，未料二遂听信朝連唆謀，撿契夯，復擅奪藏
匿，禀賣谷粒，亮威逞毆，犯迭多次，控究数載，案疊鱗積，蒙 府憲各前縣主嚴批
票傳，藐無忌憚，胆梟愈雄，二遂與朝連串謀，强砍旋將各情呈究在卷。去冬氏又遭遂毆傷，村
鄰族衆加平、加孔等概皆看明斥責，此次又敢携械强運。幸遇 仁廉勤政，核訊押懲，實感為
民正倫深恩，口碑載道。奈二遂猶不自悔，雖押仍夜街遊，朝連生城埋奸劃策，以七十八歲年
老臥病之劉加平等捏名冒瀆，顛詞混飾。幸 憲台秦鏡深識民瘼，秋毫洞鑒，批駁且孽侄
朝連實係著名不法，賭博横為，四鄰盡知，連謀漁利，胆遂奪禀，實屬罪大惡極。乞查連
前畢 廉各縣主責懲有案，府憲趙亦經訊縛重懲有案，乃怙惡不悛，護遂子胆毆肆
奪，無法無天，藐視如戲，非蒙重懲，立限二遂將分閿呈案，殊批照據前單呈所奪
契票各據究追，免遺後禍，一面將蒙厘卡截留木排，賜諭派差押運，以免沿途奪失。

125

實為感德無致，為此情實，不敢冒瀆前情瀝剖，乞叩
青天大老爺作主，電准施行，公侯世代，焚祝上呈。

已據尔子劉朝高等前次呈
内批示矣，着知。

126

宣統叁年叁月十三日具狀人劉林氏

36.宣統三年三月十三日劉林氏爲控劉朝高等梟心愈雄强抗不改事刑事訴訟狀　（2235：123-126）26.9×85.2cm　圖版裁空白頁

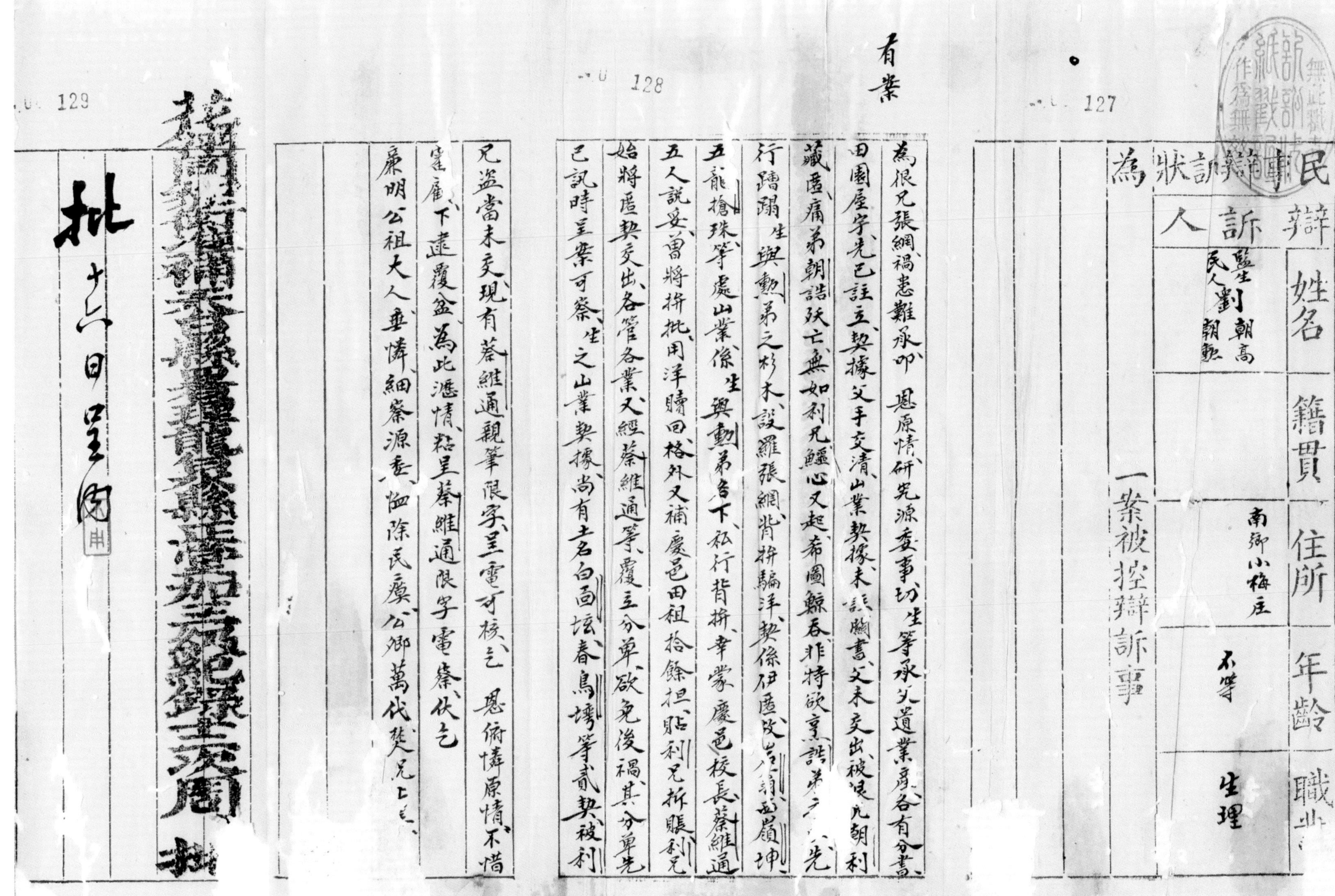
有案

民事辯訴狀

辯訴人	姓名	籍貫	住所	年齡	職業
	監生 劉朝高 民人 劉朝勲		南鄉小梅庄	不等	生理

每紙當拾銅元拾

爲一案被控辯訴事

爲狠兄張網禍患難承叩　恩原情、研究源委事。切生等承父遺業，房各有分書、田園屋宇，先已註立契據，父手交清。山業契據未註，腳書父未交出，被兄朝利藏匿。痛弟朝詰殀亡無嗣，利兄鱷心又起，希圖鯨吞，非特欲享詰弟之[illegible]，[illegible]先行踢踊生與勲弟之杉木，設羅張網，背拚騙洋，契係伊匿，故[illegible]嶺坤五龍、搶珠等處山業，係生與勲弟各下私行背拚。幸蒙慶邑校長蔡維通五人説妥，曾將拚批用洋贖回，格外又補慶邑田租拾餘担，貼利兄拆賬，利兄始將匿契交出，各管各業。又經蔡維通等覆立分單，欲免後禍。其分單先已訊時呈案可察。生之山業契據，尚有土名白面坛、春鳥塆等貳契，被利兄盗當未交，現有蔡維通親筆限字呈電可核。乞　恩俯憐原情，不惜臺下逮覆盆。爲此懇情，粘呈蔡維通限字電察，伏乞廉明公祖大人垂憐細察源委，恤除民瘼，公卿萬代[illegible]

批　十六日呈閲

37.(宣統三年三月十三日)劉朝高等爲控劉朝利狠兄張網禍患難承事民事辯訴狀　(2235：127—129) 26.9×49.7cm　圖版裁空白頁

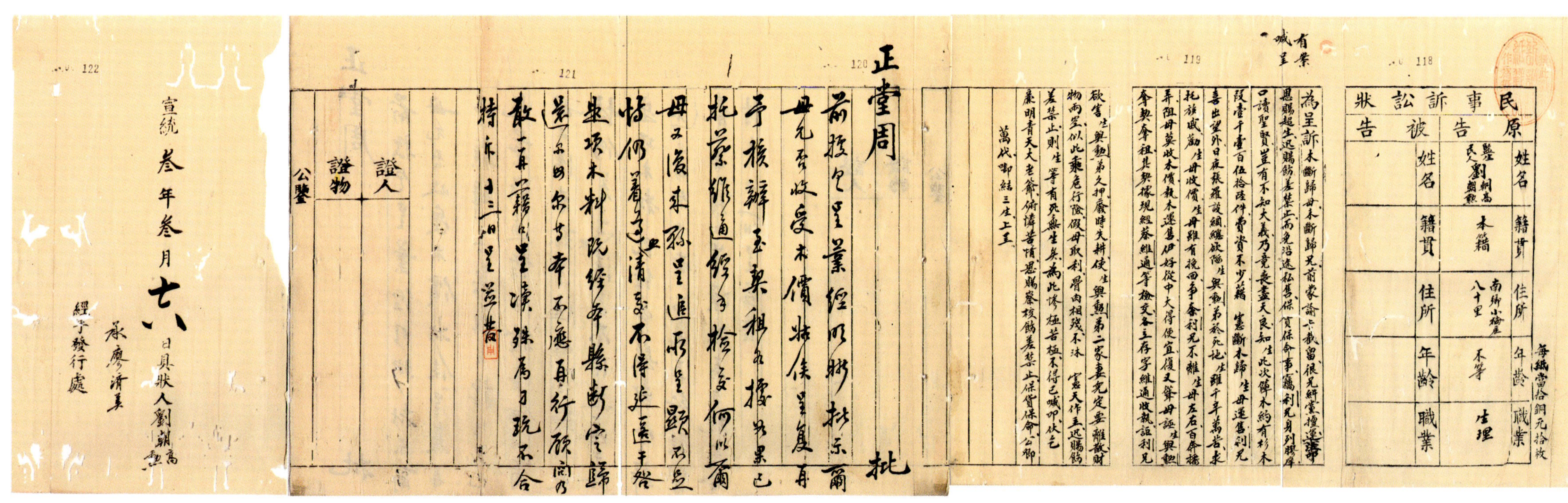

38.宣統三年三月十六日劉朝高等爲控劉紹芳木斷歸母未斷歸兄事民事訴訟狀
(2235：118–119) 27.4×39.4cm；(2235：120–121) 27.3×39.3cm；(2235：122) 27.3×16.6cm

具稟東甌寶森行

為請准具領事竊龍邑木客劉日新前向小行借去英洋叁百元為砍運木排之用
訂明木排到行售出歸收迺聞該客木排已至邑城因與伊兄涉訟由
憲臺截留在案查小行付洋之初詢明龍邑各木客僉稱此項杉木確係劉日新已業
今既涉訟小行亦未便代為分剖但念排在中途水陰盜竊均難照料如有意外則商
人血本即為第二且日新兄弟所爭亦止山本而已小行所付系以伐搬運各費
無論木排斷歸誰人均應承認此資費用亦均應放甌銷售合無稟請俯准將前項
木排先交小行具領運甌所有木價一俟案結之日斷歸何人即向何人交算如既斷歸
日新之兄或歸其母尤祈飭照甌江向來墊付客貨換客不換行之舊章將排放至小行照
章代售不得另放別行致生外誤重煩憲斷小行為血本所關行客之規章具在當
此振興商業時代憲臺仁明在上想必體恤商情俯准所請也除另具帖說由商會
轉呈外為此具稟叩結伏祈
廉明公祖大人俯念血本所關准予具領實為公便上稟

宣統叁年叁月　　日

39.宣統三年三月(十九日)東甌寶森行爲請准具領事禀知縣禀　(2235：58—59) 26.8×60.0cm

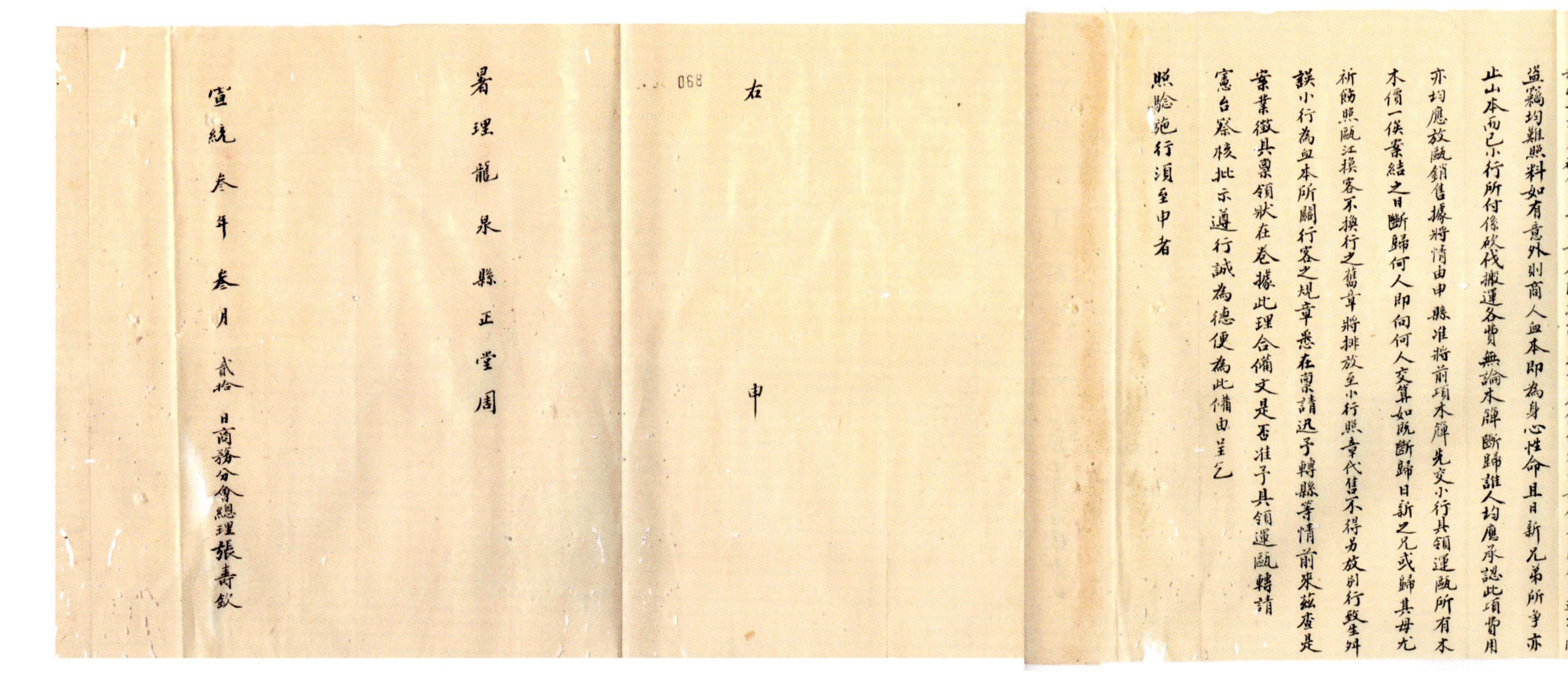

商務分會據情轉請由

商務分會爲據情轉請事。本月拾玖日據東甌寶森行稟稱：龍邑木客劉日新前向小行借去英洋叁百元爲砍運木簰之用，訂明木簰到行售出歸收。邇聞該客木簰已至邑城，因與伊兄涉訟，由縣截留在案。查小行付洋之初，詢明龍邑各木客，僉稱此項杉木確係日新己業。今既涉訟，小行亦未便代爲分剖，但念簰在中途，水險盜竊均難照料，如有意外，則商人血本即爲身心性命，且日新兄弟所爭亦止山本而已。小行所付係砍伐搬運各費，無論木簰斷歸誰人，均應承認此項費用，亦均應放甌銷售。據將情由申縣，准將前項木簰先交小行具領運甌，所有木價一俟案結之日，斷歸何人，即向何人交算。如既斷歸日新之兄，或歸其母，尤祈飭照甌江換客不換行之舊章，將排放至小行照章代售，不得另放别行，致生舛誤。小行爲血本所關，行客之規章悉在，稟請迅予轉縣等情前來。茲查是案業徵具稟領狀在卷，據此理合備文，是否准予具領運甌，轉請憲台察核批示遵行，誠爲德便。爲此備由呈乞

照驗施行，須至申者。

右

申

署理龍泉縣正堂周

宣統叁年叁月貳拾日商務分會總理張壽欽

宣統三年三月廿到

40.宣統三年三月廿日商務分會總理張壽欽爲據情轉請事申知縣周琛申　（2235：67–68）24.1×78.4cm

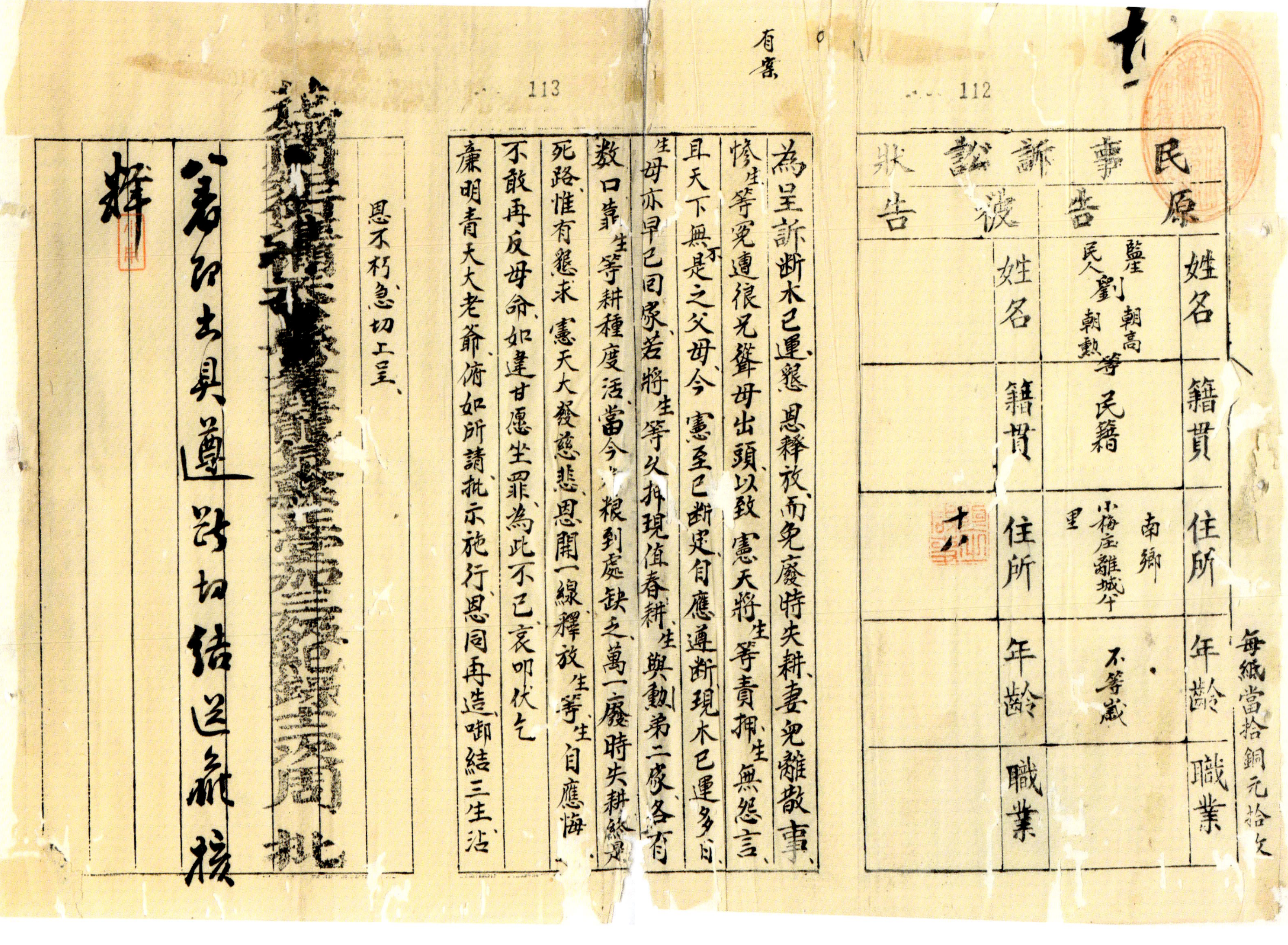

民事訴訟狀

	原告		被告
姓名	監生劉朝高 民人劉朝勳等	姓名	
籍貫	民籍	籍貫	
住所	南鄉小梅庄離城廿里	住所	
年齡	不等歲	年齡	
職業		職業	

每紙當拾銅元拾文

有案

為呈訴斷木已運、懇恩釋放、而免廢時失耕、妻兒離散事。慘生等冤遭狠兄聳母出頭、以致憲天將生等責押、生無怨言、且天下無不是之父母、今憲至已斷定、自應遵斷、現木已運多日、生母亦早已回家、若將生等久押、現值春耕、生與勳弟二家各有數口、靠生等耕種度活、當今糧到處缺乏、萬一廢時失耕、終是死路、惟有懇求憲天大發慈悲、恩開一線、釋放生等、生自應悔不敢再反母命、如違甘愿坐罪。為此不已、哀叩伏乞康明青天大老爺俯如所請、批示施行、恩同再造、啣結三生。沾恩不朽急切上呈。

批

着即出具遵結切結送案核辦

41.(時間不詳)劉朝高等爲斷木已運懇恩釋放事民事訴訟狀　(2235：112—113) 27.2×38.0cm

42.宣統三年三月廿六日劉加平等爲事經勸息遵諭釋放事民事訴訟狀

(2235：114−115) 27.2×38.7cm；(2235：116) 27.2×40.2cm；(2235：117) 27.2×17.0cm　圖版裁空白頁

182

具切結監生劉朝高等
今當
公祖大人台下，實結得生母劉林氏控生爭木一案，沐恩集訊，憲諭釐卡
截留木簰歸生母自行運售，現生母已將簰木運融售賣，生自應遵斷，
不敢冒犯。嗣後如再冒犯，愿甘重究。出具切結是實。

附卷

宣統叁年叁月　　日出具切結監生劉朝高
　　　　　　　　　　　　　民人劉朝勲

43.宣統三年三月廿六日劉朝高等切結狀　(2235：182) 41.0×28.7cm

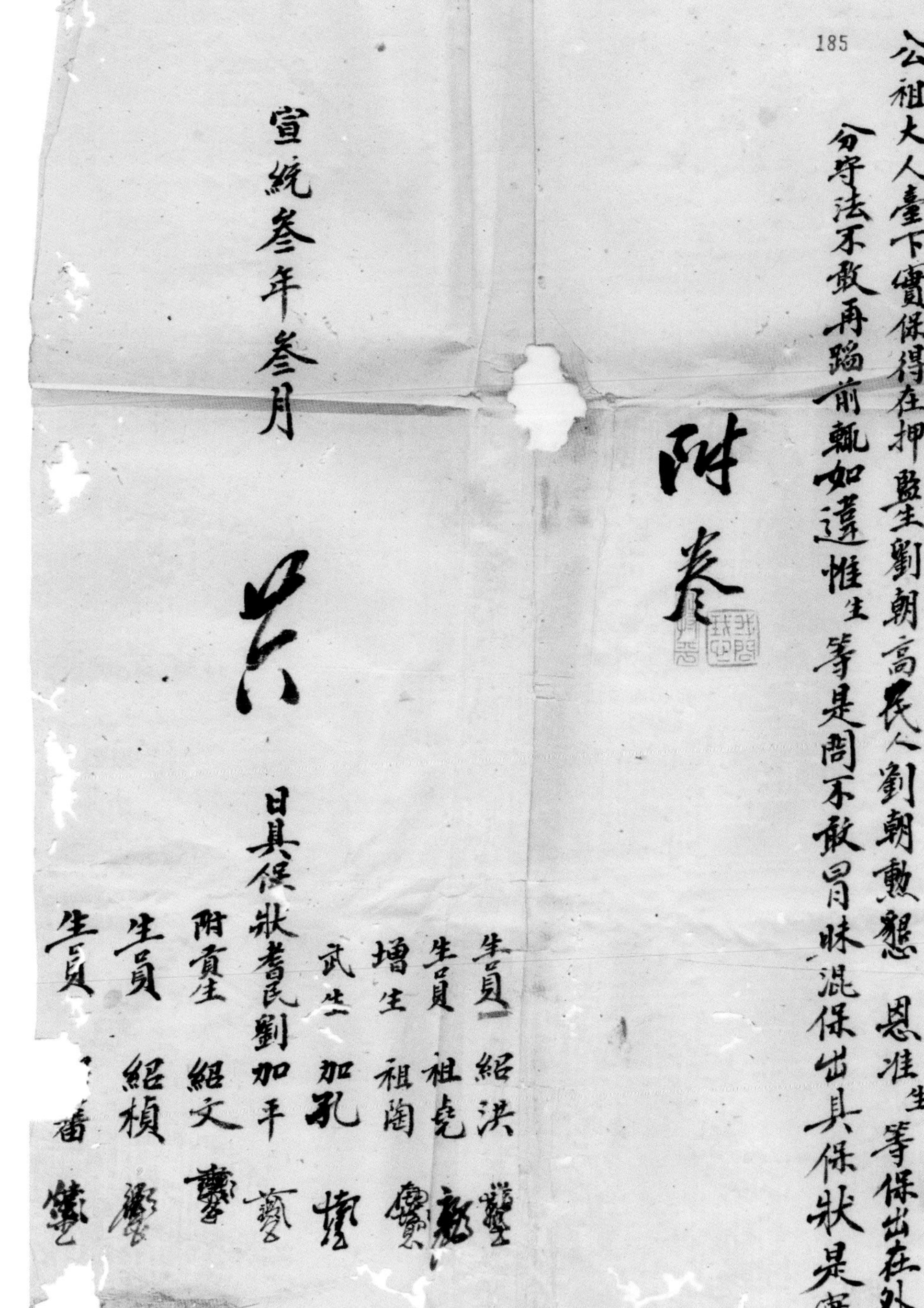

185

具保狀耆民劉加平等
今當
公祖大人臺下，實保得在押監生劉朝高、民人劉朝勲，懇恩准生等保出在外安
分守法，不敢再蹈前轍。如違，惟生等是問。不敢冒昧混保，出具保狀是實。

附卷

宣統叁年叁月　　日具保狀耆民劉加平
生員紹洪
生員祖堯
增生祖閣
武生加孔
附貢生紹文
生員紹楨
生員[illegible]番

44.宣統三年三月廿六日劉加平等保狀　(2235：185) 41.3×28.9cm

184-1

184

敬稟者，查劉林氏、劉紹芳呈控劉朝高等一案，當經公人理處，昨日翁作
濱向書檢領劉朝高等所呈分約契簿，詢問劉朝高、朝勳是否親自
來領，答云劉朝高等未來，托伊代領。書恐若不許領，未免有揹領勒索之
情，順之允領，恐將來責有攸歸。現書往府辦公，不能闗顧，再工房陳夢
蘭係屬青年，公事未諳，所有大小公事，前奉陳主諭飭責承書辦，如
遇劉朝高等持領狀請領，仰懇
恩主當堂發交翁作濱，免後歸責。書辦廖濟美謹此僉稟。

着劉朝高等具立領狀來案當堂給領

肆月　初八日

46.宣統三年四月初八日書辦廖濟美爲劉朝高等請領事稟　(2235：184) 29.2×27.4cm

統叁年叁月　日具　東甌寶森行書柬

今與

祖大人案下領得劉日新兄弟互控之不排叁條共計壹仟壹百餘段所有售價多少統俟案結之日斷歸
何人即向何人交算不致少有違異所具領結是實

45.宣統三年三月(廿六日)東甌寶森行領狀
(2235：66) 52.3×24.4cm

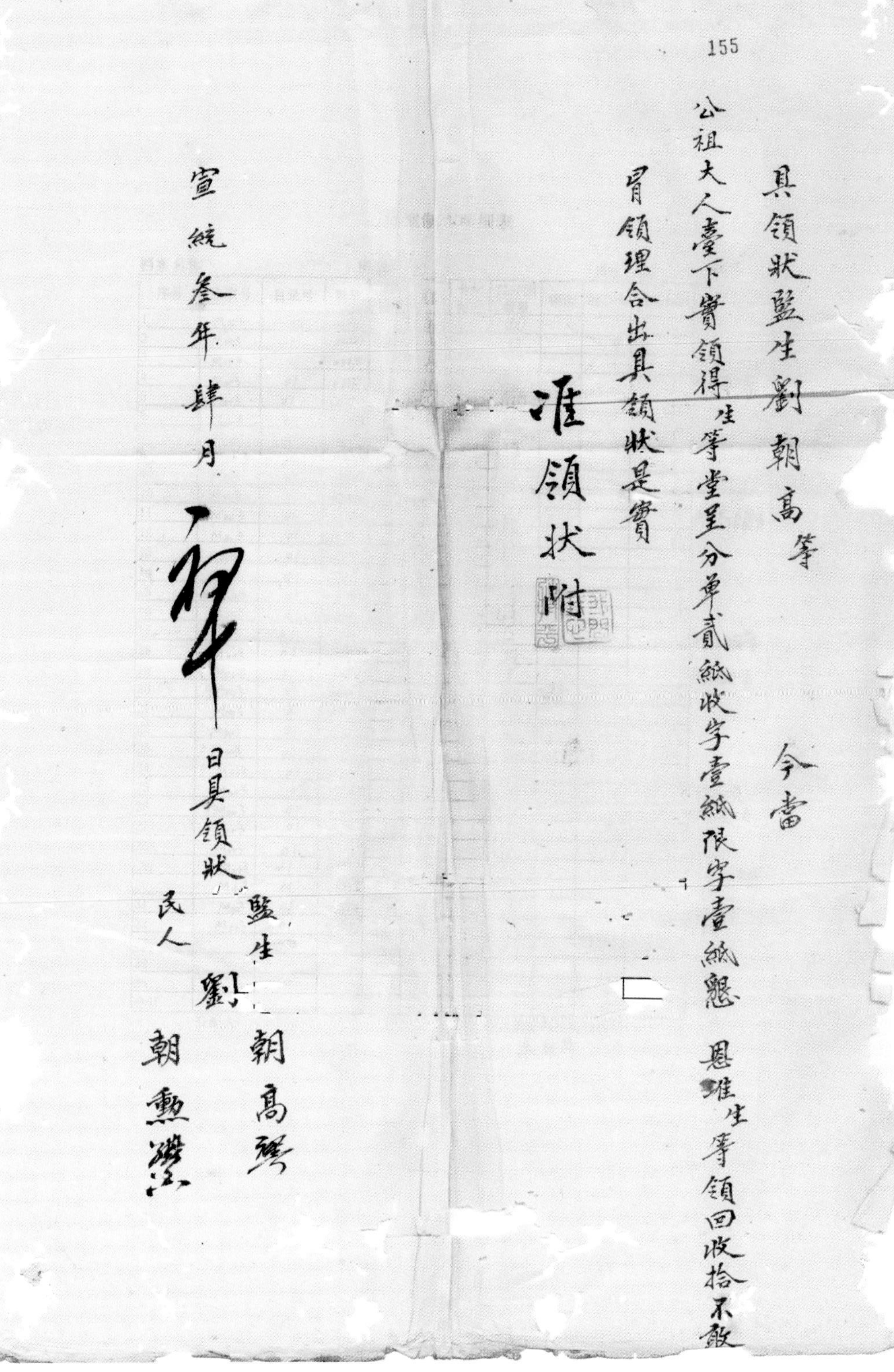
155
具領狀監生劉朝高等　今當
公祖大人臺下實領得生等堂呈分單貳紙收字壹紙限字壹紙懇　恩准生等領回收拾不敢
冒領理合出具領狀是實
准領狀附
宣統叁年肆月初十日具領狀監生劉朝高
民人劉朝勲

47.宣統三年四月初十日劉朝高等領狀　（2235：155）42.2×28.8cm

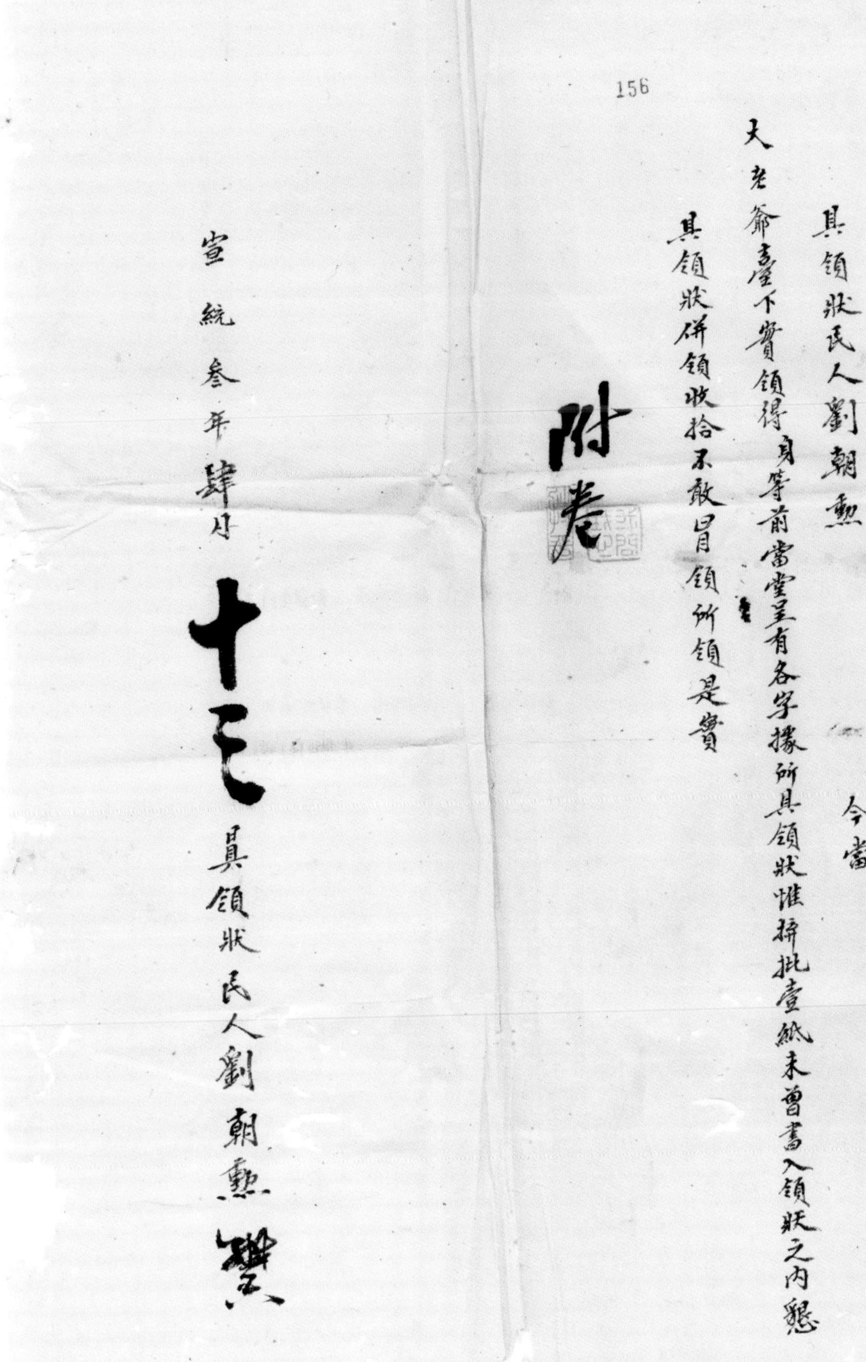
156
具領狀民人劉朝勲　今當
大老爺臺下實領得身等前當堂呈有各字據所具領狀惟抄批壹紙未曾書入領狀之內懇　恩准身另
具領狀併領收拾不敢冒領所領是實
附卷
宣統叁年肆月十三日具領狀民人劉朝勲

48.宣統三年四月十三日劉朝勲領狀　（2235：156）41.8×28.9cm

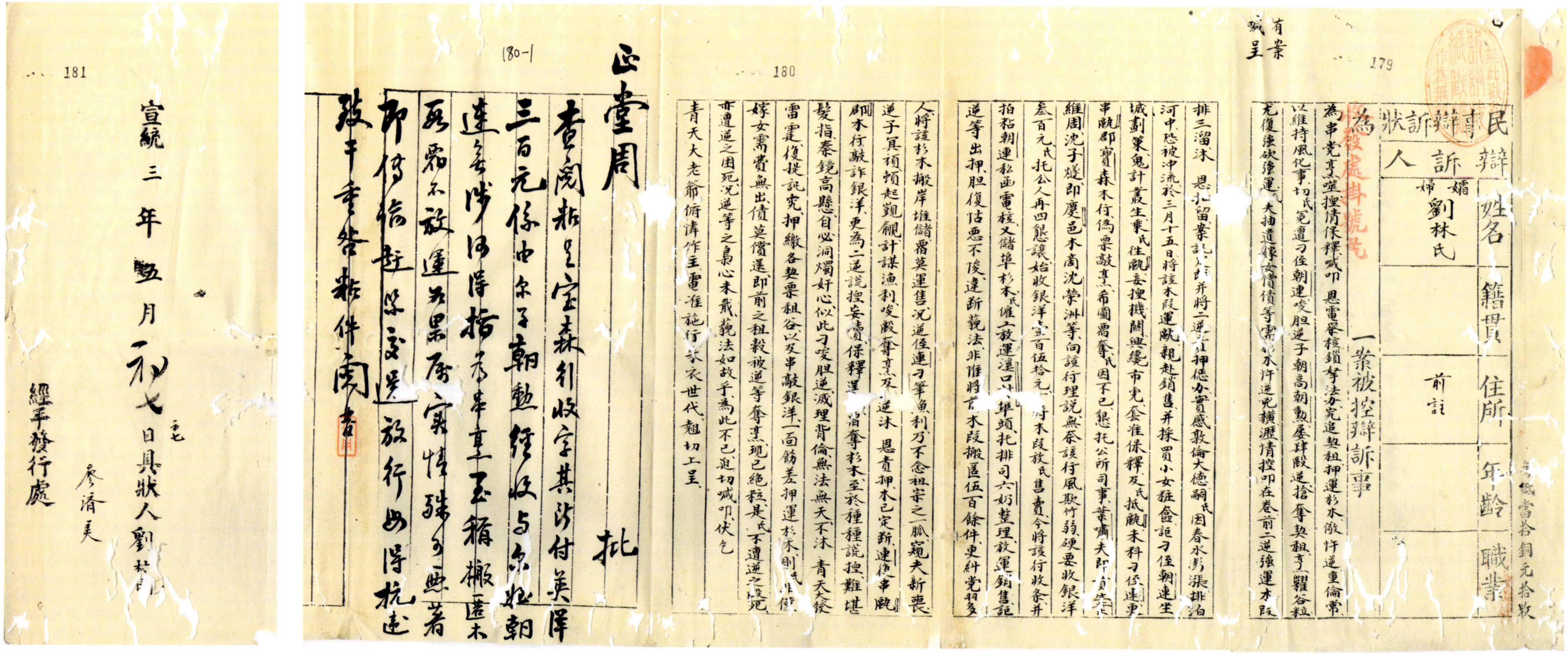

民事辯訴狀

辯訴人 劉林氏（嫡婦）

姓名 籍貫 住所 年齡 職業

前註

一案被控辯訴事

此紙當繳銅元拾枚

爲串黨烹噬，捏情保釋，喊叩恩電，察核鎖拏，法辦究追契租，押運杉木，儆忤逆，重倫常以維持風化事。切氏冤遭刁侄朝連唆胆逆子朝高、朝勲，屢肆毆逆，搶奪契租，烹糶谷粒，兇復強砍強運，夫抽遺嫁女償債等需之杉木，忤逆兇橫，瀝情控叩在卷。前二逆強運木段排三溜沐，恩批留案訊究，並將二逆交押，德分實感，敦倫大德。嗣氏因春水漲，排泊河中，恐被沖流，於三月十五日將該木段運甌，親赴銷售，並採買小女妝奩。詎刁侄朝連生誠劃策，鬼計叢生，乘氏往甌，妄捏機關，興變市兇，套准保釋。及氏抵甌，未料刁侄連吏串甌郡寶森木行，僞票敲烹，希圖蠶奪。氏因不已，懇托公所司事葉耀夫即貢維周、沈子燧，即慶邑木商沈夢洲等，向該行理説，無奈該行風欺竹弱，硬要收銀洋叁百元。氏托公人再四懇讓，始收銀洋壹百伍拾元，將木段放氏售賣。今將該行收条並拍粘。朝連私函電核，又儲埠杉木。氏催工放運，溪口卅埠頭，托排司六奶整理，放運銷售。詎逆等出押，胆復怙惡不悛，違斷藐法，非惟將前木段搬匿伍百餘件，更糾黨羽多人將該杉木搬岸堆儲，罯莫運售。況逆侄連刁筆漁利，乃不念祖宗之一脈，窺夫新喪，逆子冥頑，頓起覬覦，計謀漁利，唆毆奪烹。及逆沐恩責押，木已定斷，連復串甌郡木行敲詐銀洋，更爲二逆謊捏妄遺保釋，還蹈奪杉木，至於種種謊捏，難堪髮指。秦鏡高懸，自必洞燭奸心。似此刁唆胆逆，滅理背倫，無法無天。不沐青天大發雷霆，復提訊究，押繳各契票租谷，以及串敲銀洋，一面飭差押運杉木，則氏非但嫁女需費無出，債莫償還，即前之租穀被逆等奪烹，現已絶粒，是氏不遭逆之毆死，亦遭逆之困死。況逆等之梟心未戢，藐法如故乎。爲此不已，迫切喊叩，伏乞

青天大老爺俯請作主，電准施行，子孫衣世代銜切上呈。

有案

正堂周 批

查閱粘呈寶森行收字，其所付英洋三百元係由朱子朝勲經收，與宗姪朝連無涉。所指爲串烹，並稱搬匿木段不放運，如果屬實，情殊可惡。著即仍候提訊，從嚴究追，放行，毋得抗違。[illegible]粘件。周

宣統三年五月初七日具狀人劉林氏

代書 廖濟美

經承發行處

49.宣統三年五月初七日劉林氏爲控劉朝連(廉)串黨烹噬捏情保釋事民事辯訴狀　(2235：179–181) 26.7×92.4cm　圖版裁空白頁

劉
廷滔
有田　二賢侄知悉：啓者，茲該木[illegible]
計共數七千七伯五十六件，本月十五日已被伊誆
朝利運下，如該木被到青田，尔可托
寶森宝行接潮之友，口云日新多支有莫
詳悉其不信可將伊 僞票遞其經驗其
票驗後使要收回，不可有悞，切切之
吉呈順照
辛亥三月十七　愚刘廉記

49附2.辛亥（宣統三年）三月十七日劉廉記致劉廷滔等函粘呈
（2235：61）23.2×15.6cm

立收字寶森行，因本年正月念叁日劉朝勳咨向本行借
去英洋叁佰元，訂明日新印號生理到行歸收，現由伊母劉
林氏手汉来英洋壹佰五拾元正，其洋自收之後，新印號生理
任憑伊母出售，不致異言，其餘尚少之欵，日後行自向本客
劉朝勳歸收，除憑中收入賬簿計算外，合立收字存照。
宣統叁年肆月初五日立收字　東甌寶森行
見中　葉嘯夫　沈子燧　徐閂稱　徐百幹
代筆　嚴清甫

49附1.宣統三年四月初五日東甌寶森行與劉林氏立收字粘呈
（2235：60）23.7×18.3cm

50.宣統三年五月(十八日)劉林氏爲控劉朝連(廉)唆殘斃殃禍深無底事民事辯訴狀　(2235：157–159)　27.0×93.9cm　圖版裁空白頁

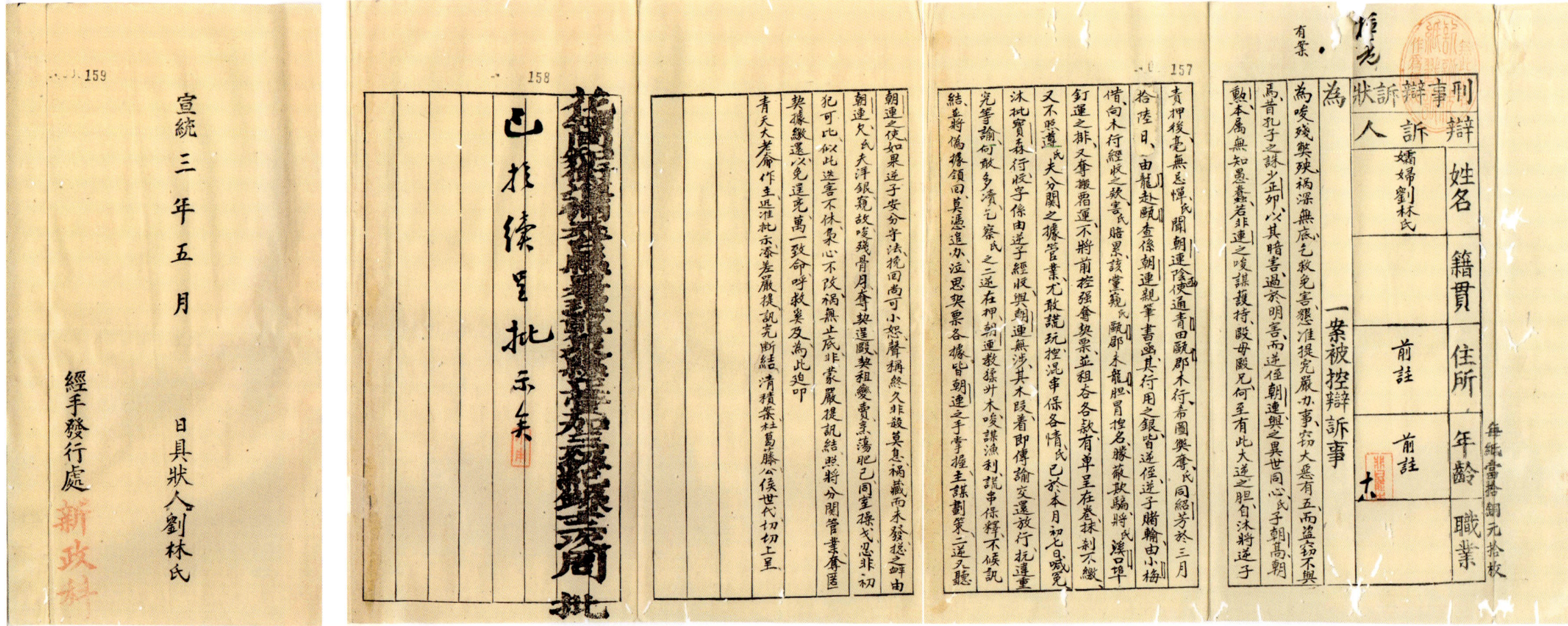

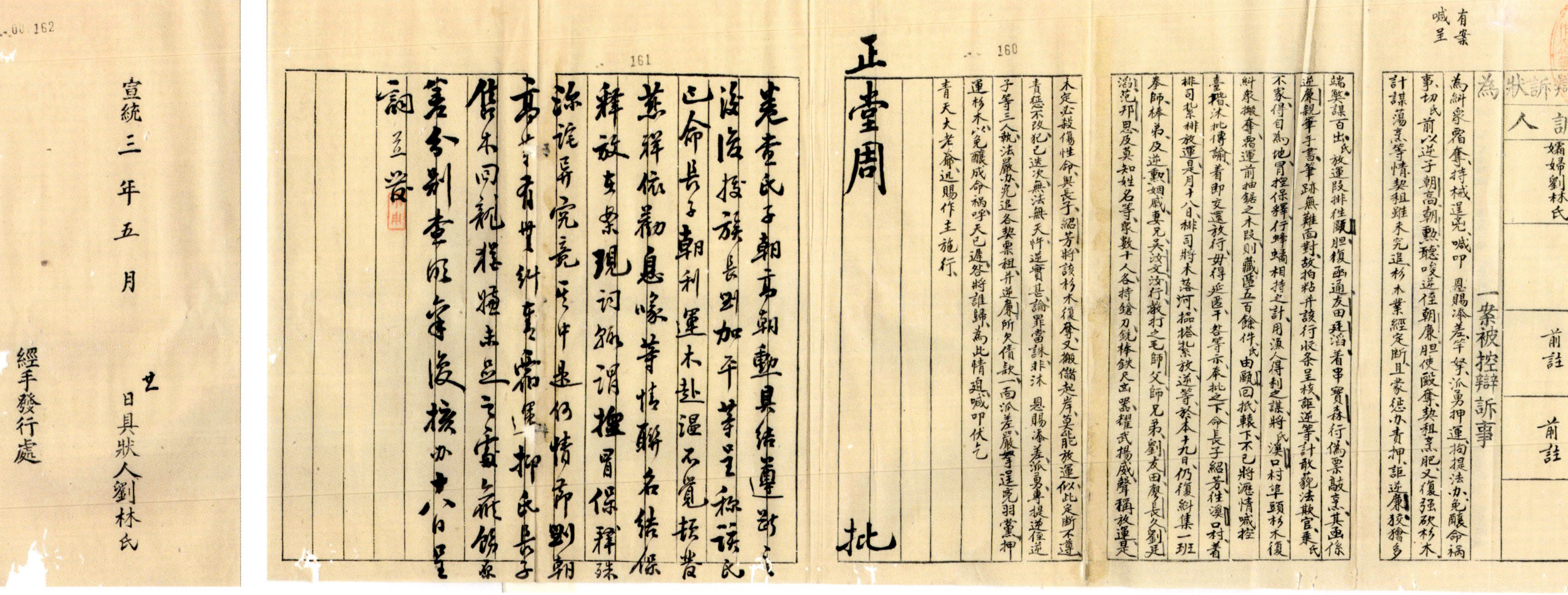

51.宣統三年五月廿一日劉林氏爲控劉朝廉糾衆霸奪持械逞兇事刑事辯訴狀　（2235：160–162）27.0×94.8cm　圖版裁空白頁

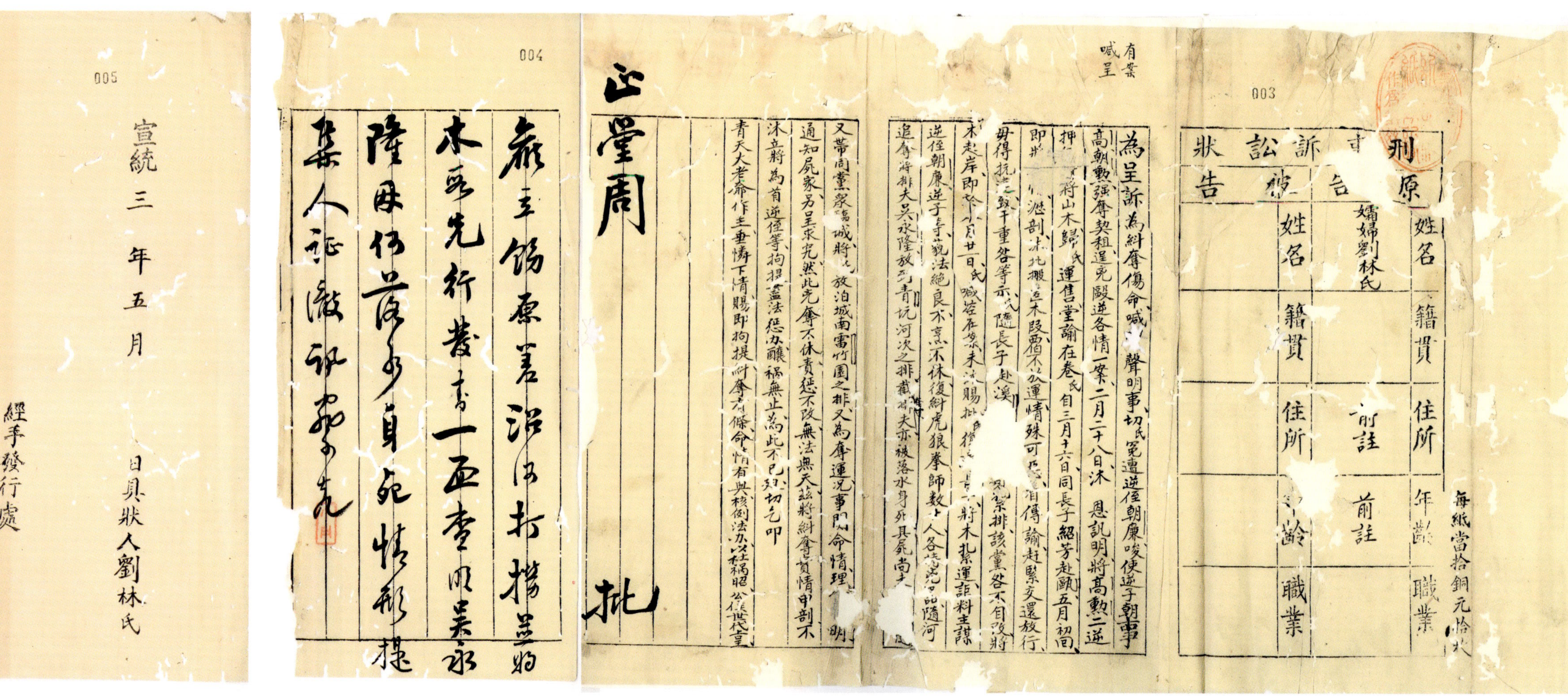

52.宣統三年五月劉林氏爲控劉朝廉等糾奪傷命喊□聲明事刑事訴訟狀　(8573：3) 27.0×41.6；(8573：4) 27.0×14.5cm；(8573：5) 27.0×39.3cm　圖版裁空白頁

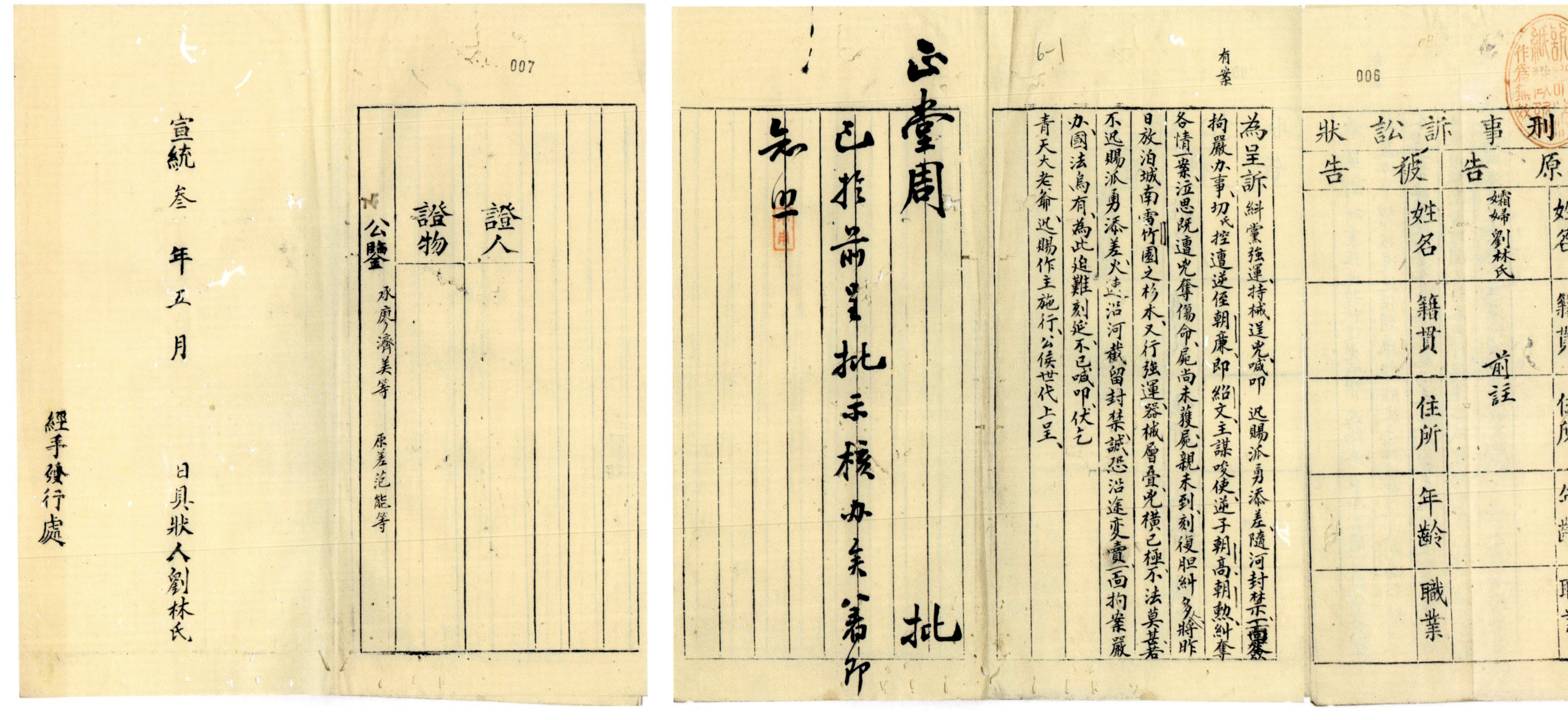

刑事訴訟狀

原告　姓名　孀婦劉林氏　籍貫　前註　住所　年齡　職業

被告　姓名　籍貫　住所　年齡　職業

每紙當拾銅元拾枚

006

爲呈訴糾黨强運持械逞兇喊叩迅賜派勇添差隨河封禁、面覈拘嚴办事。切氏控遭逆侄朝廉、即紹文主謀唆使逆子朝高朝勳糾奪各情一案，泣思既遭兇奪傷命，屍尚未獲，屍親未到，刻復胆糾多人於昨日放泊城南雷竹園之杉木，又行强運器械層疊，兇横已極，不法莫甚。若不迅賜派勇添差火速沿河截留封禁，誠恐沿途變賣，面拘案嚴办，國法烏有，爲此迫難刻延，不已喊叩，伏乞青天大老爺迅賜作主施行，公侯世代上呈。

有案

6-1

正堂周　批

已据前呈批示核办矣　知照

007

證人

證物

公鑒　承原　濟美等　原差　范能等

宣統叁年五月　日具狀人劉林氏

經手發行處

53.宣統三年五月劉林氏爲控劉朝廉等糾黨强運持械逞兇事刑事訴訟狀　（8573：6–7）27.0×94.7cm　圖版裁空白頁

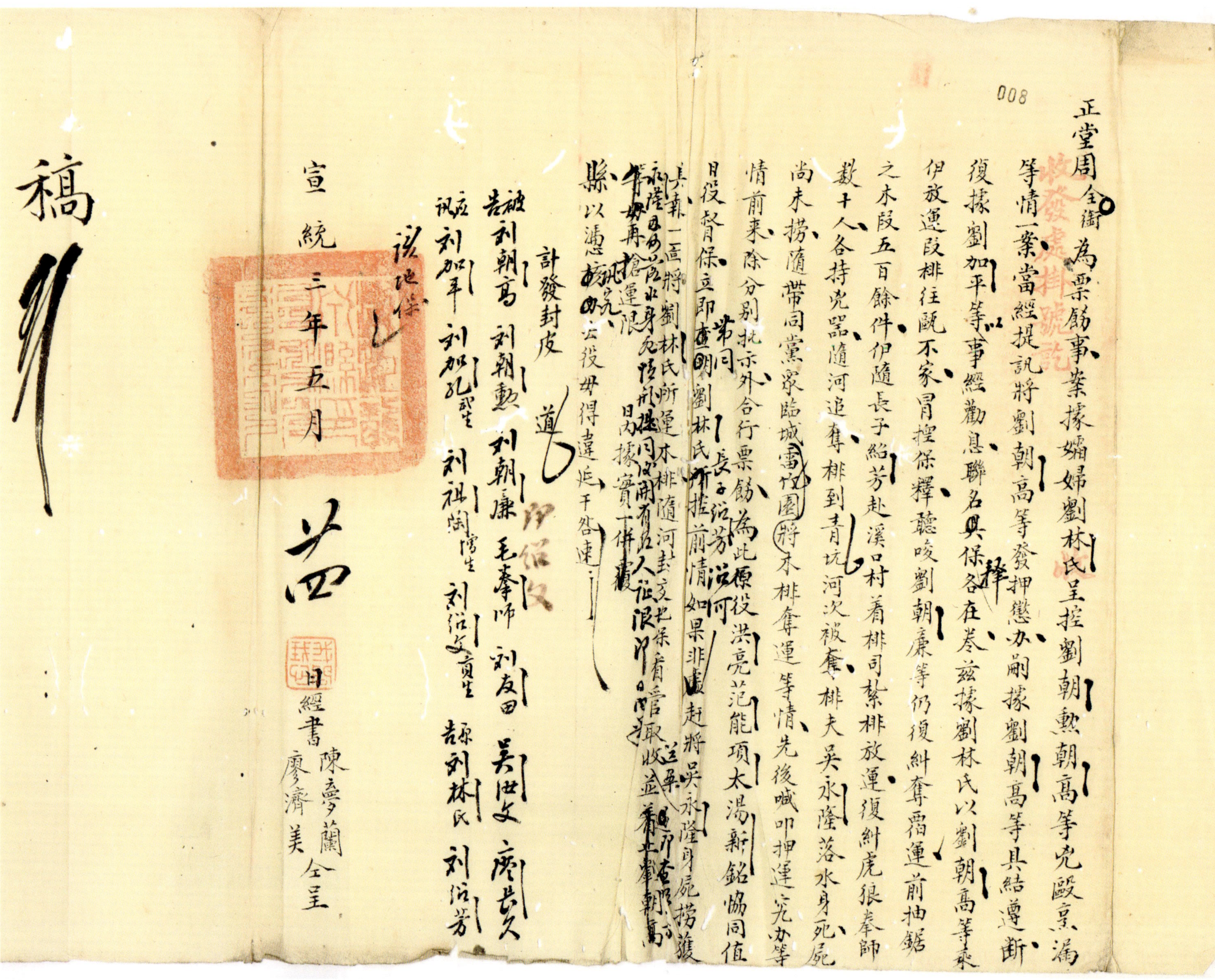

54.宣統三年五月廿四日知縣周琛爲票飭撈獲吴永隆屍身等事票（稿）（8573：8）28.7×41.9cm

012

具稟公人李學暹、永安、柳朝憲、葉作松等，年不等，

為投報傷命，屍經收埋，懇准批明事。緣前劉林氏呈報排夫吳永隆遭奪阻排，落水身死，其屍本月廿五日在於青坑河中撈獲，邀同屍親之母吳楊氏、胞弟吳永林以及地保、親隣眼同看明，並無傷痕，委係落水身死。茲值天熱，久必腐爛，身等念閔死苦，不忍坐視，邀同鄉誼勸令劉林氏子劉紹芳墊出英洋伍拾員，與屍親之母吳楊氏、屍弟吳永林手自行收埋。等需今屍已經收埋，理合申明稟報。為此公叩伏乞

大老爺恩准批示，作主施行。公侯世代，頂德上稟。

正堂閱

已於二十七日訊，候查諭。

批

宣統叁年五月二十七日

55.宣統三年五月廿七日李學暹等爲投報傷命屍經收埋事稟　(8573：12) 25.5×45.8cm　圖版裁封套

56.宣統三年五月劉林氏爲控劉朝廉等糾黨奪運滅倫行霸事刑事訴訟狀　（8573：9–11）27.0×94.3cm　圖版裁空白頁

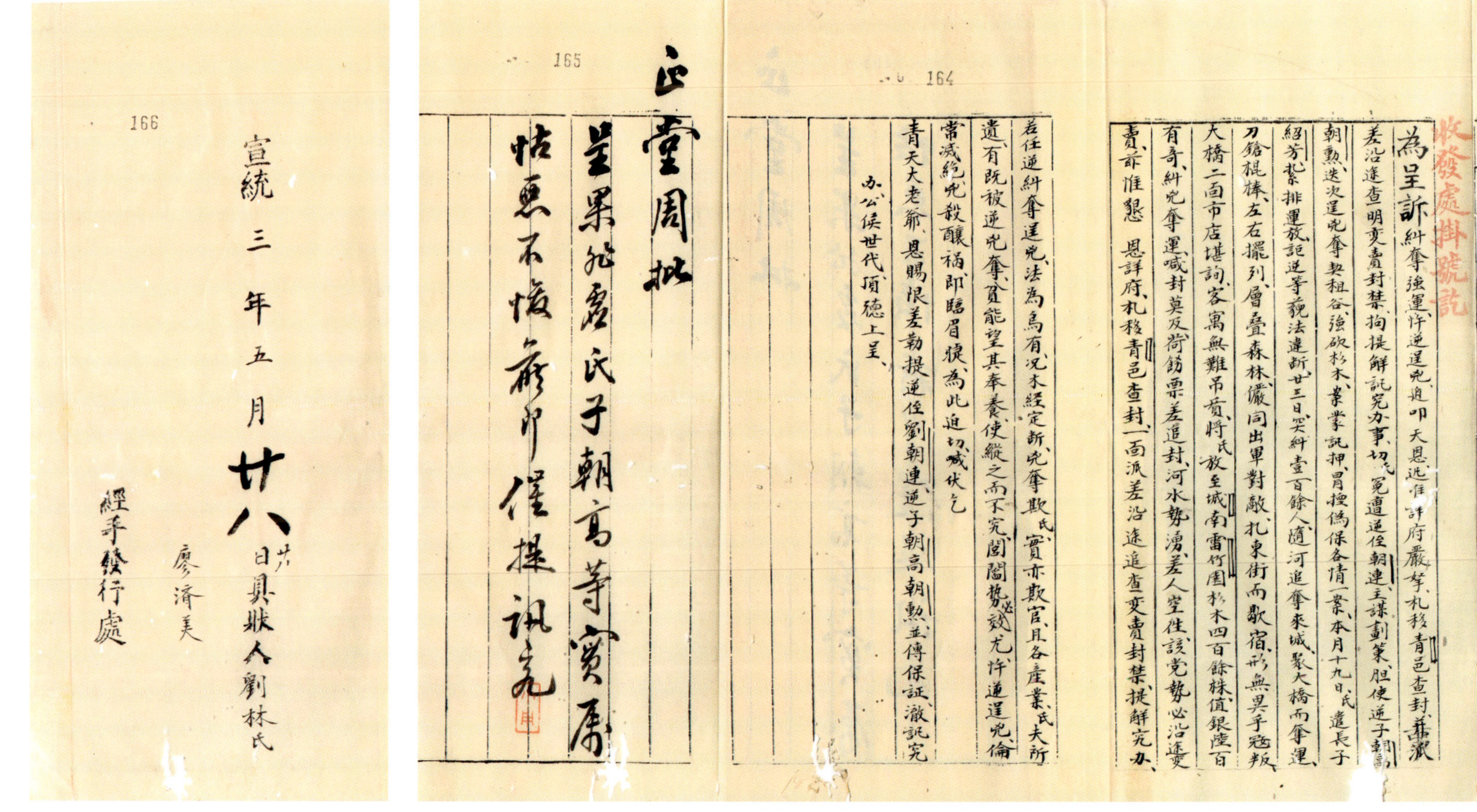

57.宣統三年五月廿八日劉林氏爲控劉朝廉等糾奪强運忤逆逞兇事刑事訴訟狀　(2235：163–166) 26.9×92.2cm　圖版裁空白頁

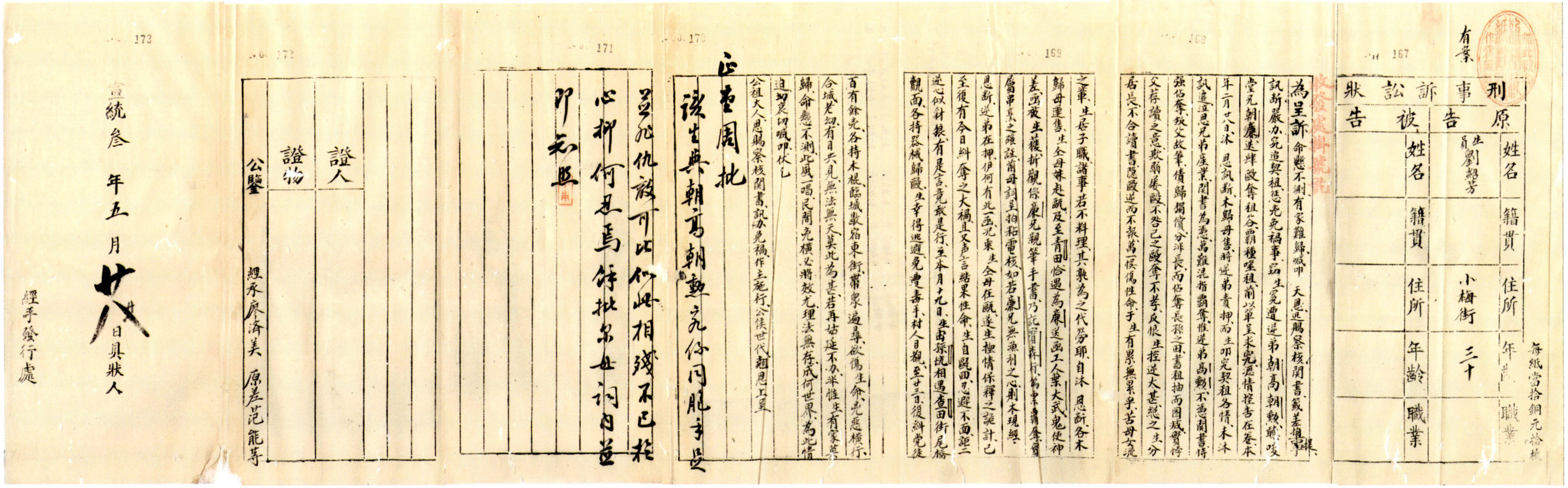

58.宣統三年五月廿八日劉紹芳爲控劉朝富等命懸不測有家難歸事刑事訴訟狀　（2235：167–173）26.9×91.5cm

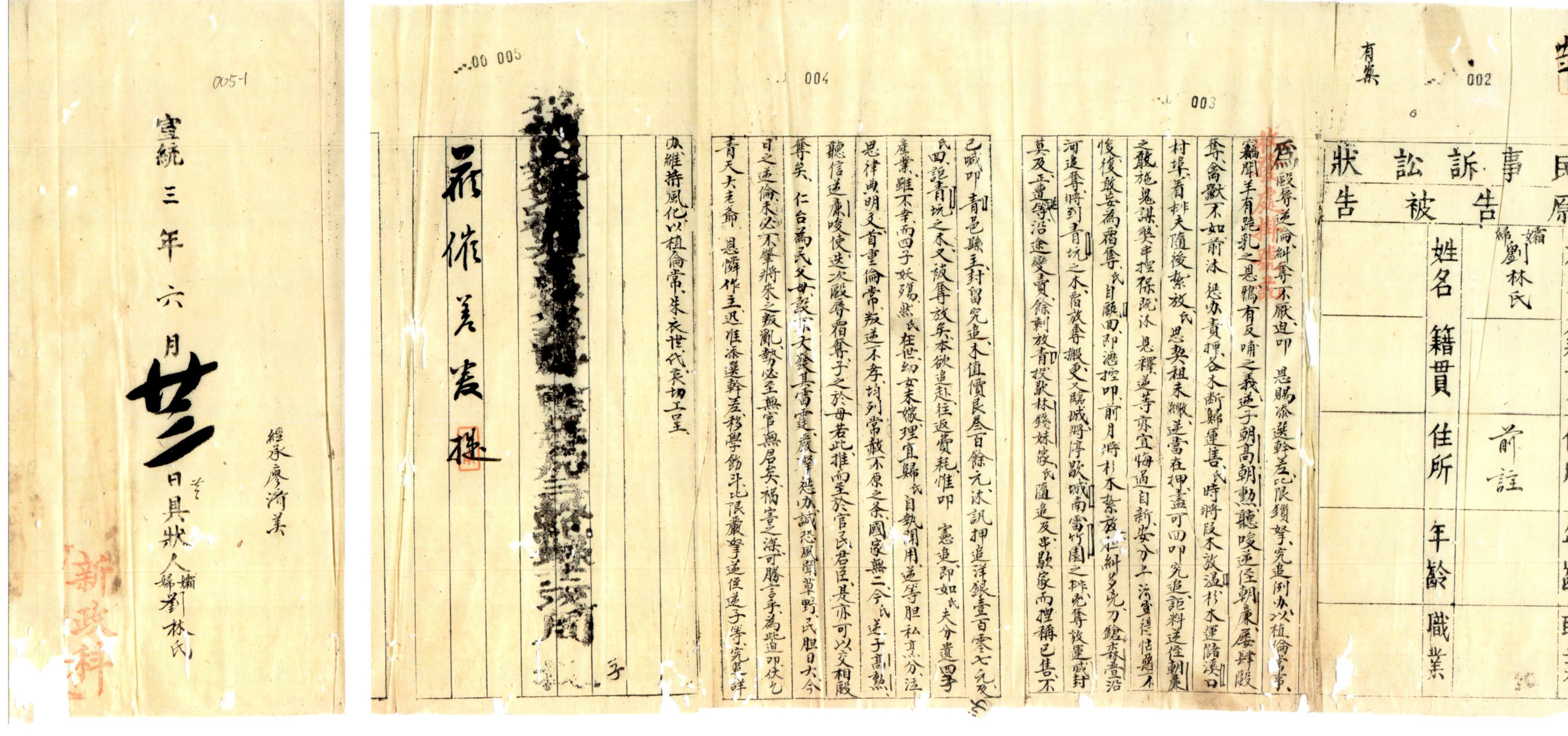

59.宣統三年六月廿二日劉林氏爲控劉朝高等毆辱逆倫糾奪不厭事民事訴訟狀　（17086：2–5）27.2×89.7cm　圖版裁空白頁

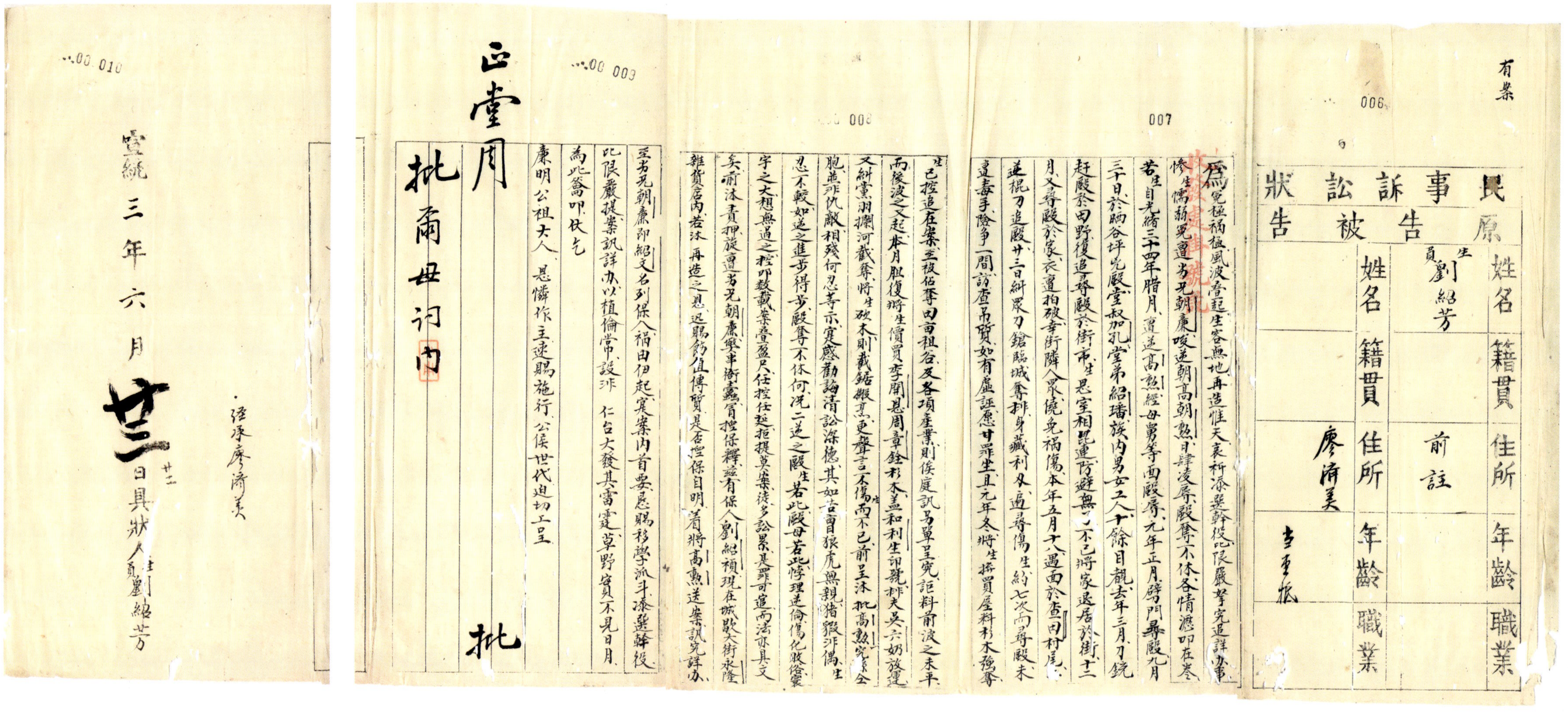

有案

民事訴訟狀

	原告	被告
姓名	生員劉紹芳	
籍貫		
住所	前註	廖濟美
年齡		李重根
職業		

爲冤極禍極、風波疊起、生容無地再造、惟天哀祈、添差幹役、比限嚴拏、究追詳辦事。

慘生懦弱，冤遭劣兄朝廉唆逆朝高、朝勲日肆凌辱，毆奪不休，各情瀝叩在卷。若生自光緒三十四年臘月，遭逆高勲經母舅等面毆奪，元年正月劈門尋毆，九月三十日於晒谷坪兇毆堂叔加孔、堂弟紹璠，族內男女二人，十餘目睹。去年三月，刀銃赶毆於田野，復追尋毆於街市，生思室相毘連，防避無□，不已將家遷居於街，十二月又尋毆於家，衣遭拍破，幸街隣人衆，僥免禍傷。本年五月十八遇面於查田村尾，逆棍刀追毆，廿三日糾衆刀鎗臨城奪排，身藏利刃，遍尋傷生，約七次，而尋毆未遂，毒手險爭一間，訪查吊質，如有虛誣，愿甘罪坐。且元年冬，將生揀買屋料杉木強奪，生已控追在案；至被佔奪田亩租谷及各項產業，則俟庭訊另單呈究。詎料前波之未平，而後波之又起，本月胆復將生價買李闌悉周章銓杉木，盖和利生印號，排夫吳六奶放運，又糾黨羽攔河截奪，將生砍木則截鋸搬烹，更聲言不傷而不已。前呈沐批高勲究案。全胞兄弟非仇敵，相殘何忍，等示寔感勸諭清訟深德。其如苦面狼虎無親，猪狗非偶，生忍不較，如逆之進步得步，毆奪不休何？況二逆之毆生若此，毆母若此，悖理逆倫，傷化敗俗，寔宇之大想無過之。控叩數載，案疊盈尺，任控任延，拒提莫案，徒多訟累，是罪可逭，而法亦具文矣。前沐責押旋逃，遭劣兄朝廉縱串衙蠹冒控保釋，茲有保人劉紹禎現在城毆大街永隆雜貨店內，若沐再造之恩，迅賜飭值傳質，是否控保自明，着將高勲送案訊究詳辦，至劣兄朝廉即紹文名列保人，禍由伊起，寔案內首要，懇賜移學派斗，添選幹役比限嚴提案訊詳辦，以植倫常，設非仁台大發其雷霆，草野寃不見日月，爲此籲叩伏乞

康明公祖大人恩憐作主，速賜施行，公侯世代，迫切上呈

正堂周

批爾毋訐內

批

宣統三年六月廿二日具狀人生員劉紹芳

經承廖濟美

60.宣統三年六月廿二日劉紹芳爲控劉朝廉等冤極禍極風波疊起事民事訴訟狀　（17086：6–10）27.5×99.9cm　圖版裁空白頁

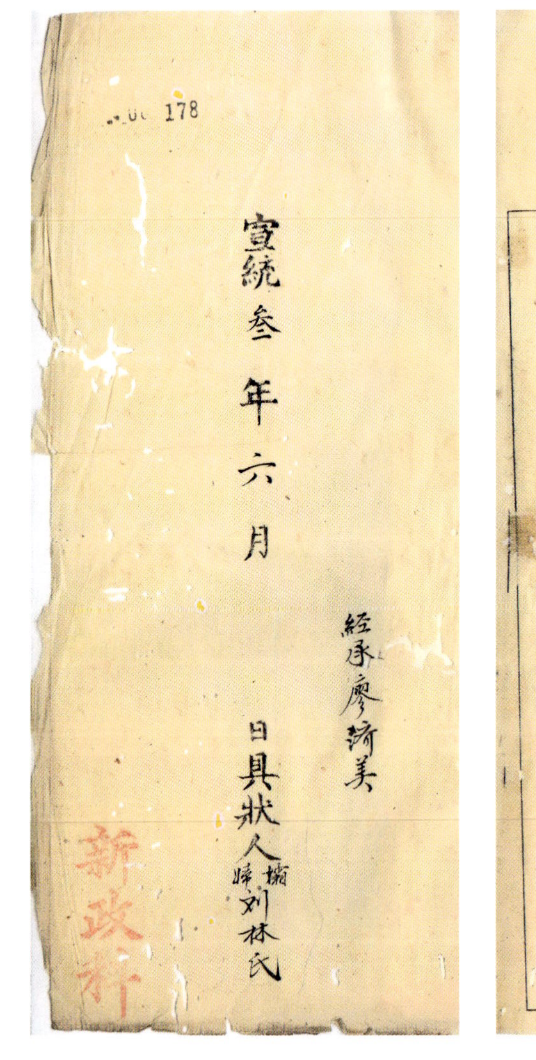

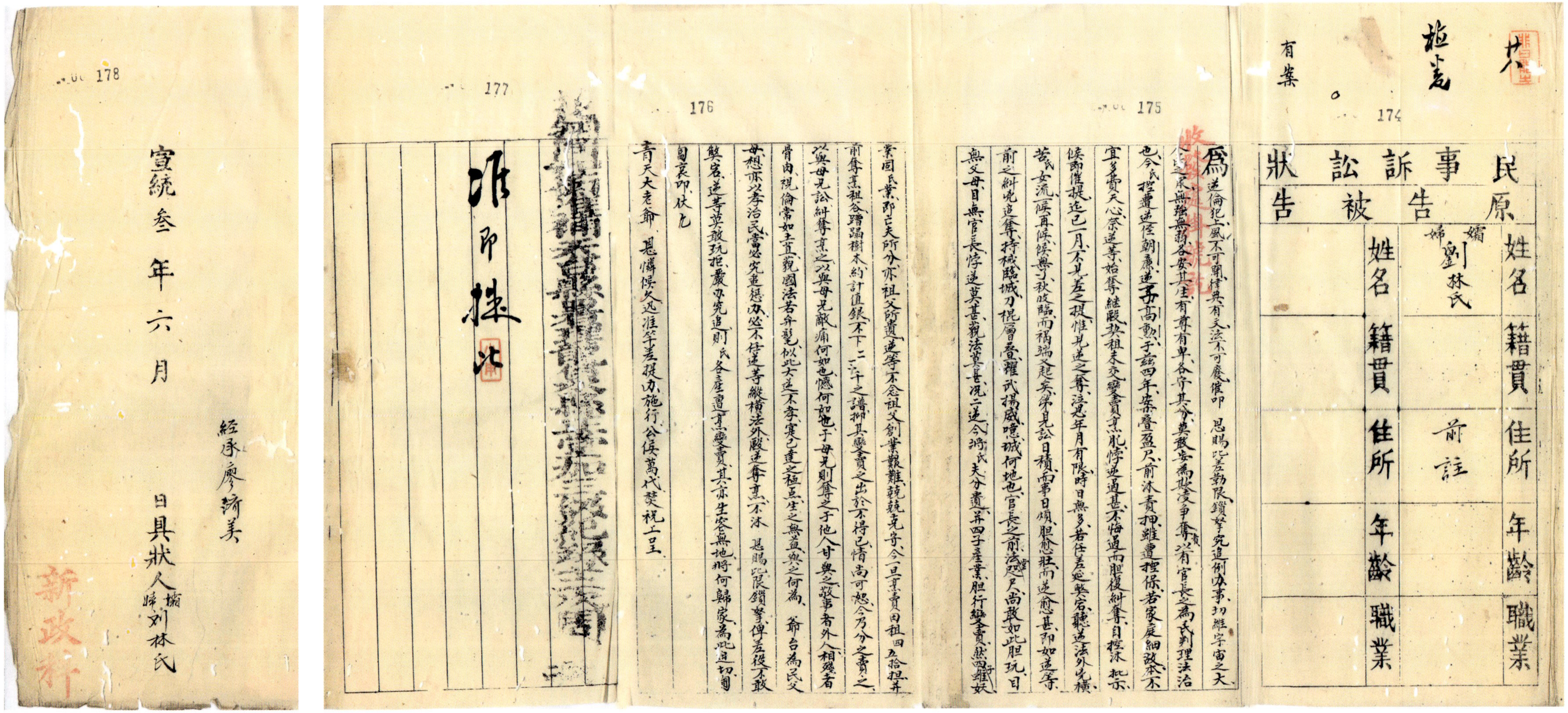

民事訴訟狀

原告　姓名　孀婦劉林氏　籍貫　住所　前註　年齡　職業

被告　姓名　籍貫　住所　年齡　職業

宣統叁年六月　日具狀人孀婦劉林氏

經承廖琦美

61.宣統三年六月廿八日劉林氏爲控劉朝廉等逆倫犯上風不可開事民事訴訟狀　（2235：174–178）27.7×89.5cm　圖版裁空白頁

62. 宣統三年閏六月初三日劉紹芳爲控劉朝連(廉)等不沐訊究唆京毆奪事民事訴訟狀　（17086：11–15）26.6×92.1cm　圖版裁空白頁

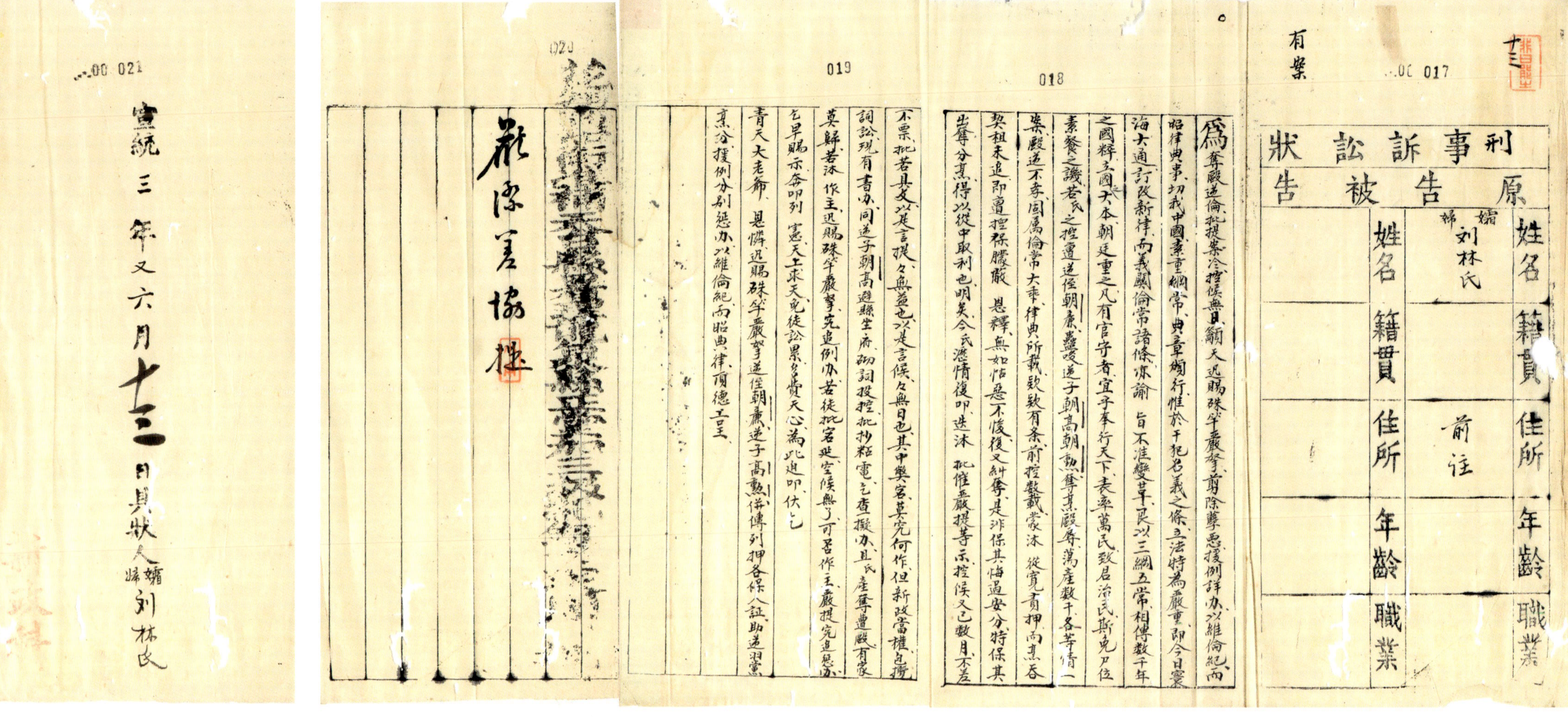

刑事訴訟狀

	原告	被告
姓名	孀婦 劉林氏	
籍貫		
住所	前往	
年齡		
職業		

有案

十三

爲奪毆逆倫，批提案冷，控懇無日，籲天迅賜殊筆嚴拏，剪除孽惡，援例詳辦，以維倫紀而昭律典事。切我中國素重綱常，典章煥行，惟於干犯名義之條，立法特爲嚴重。即今日寰海大通，訂改新律，而於關倫常諸條，欽諭 旨不准變革。良以三綱五常相傳數千年之國粹，立國大本，朝廷重之。凡有官守者，宜乎奉行天下，表率萬民，致君治民，斯免尸位素餐之譏。若氏之控遭逆侄朝廉、嘉慶，逆子朝高、朝勲等奪毆，萬座數千，各等情一案，毆逆不孝，固屬倫常大事，律典所載，歇有条。前控蒙載蒙沐 從寬責押，而惡吞契租，未追即遭控保朦蔽，悉釋無如怙惡不悛，復又糾奪，是非保其悔過安分，特保其出奪分惡，得以從中取利也明矣。今氏憑情復叩，迭沐 批催，無嚴提等示，控保又已數月，不差不票，批若具文。以是言保，久無蓋也；以是言候，久無日也。其中奥窍，莫究何作，但新政當權，包攬詞訟，現有書办同逆子朝高避縣生病，勾詞捏控，批抄粘電，乞查擬办。且氏產奪遭毆，有家莫歸，苦沐 作主，迅賜殊筆嚴拏，究追例办，若徒批客延宕，候無了可，忍作主嚴提究追，悉乞早賜示，恭叩列 憲天上，求天兜徒訟，累多費天心，爲此迫叩，伏乞

青天大老爺，恩憐，迅賜殊筆嚴拏逆侄朝廉、逆子高勲，併傳列押各保，人証，助逆惡棄，谷援例分別懲办，以維倫紀而昭典律，頂德上呈。

雁保呈協提

宣統三年又六月十三日具狀人孀婦劉林氏

63.宣統三年閏六月十三日劉林氏爲控劉朝廉等奪毆逆倫批提案冷事刑事訴訟狀　（17086：17－21）26.7×89.2cm　圖版裁空白頁

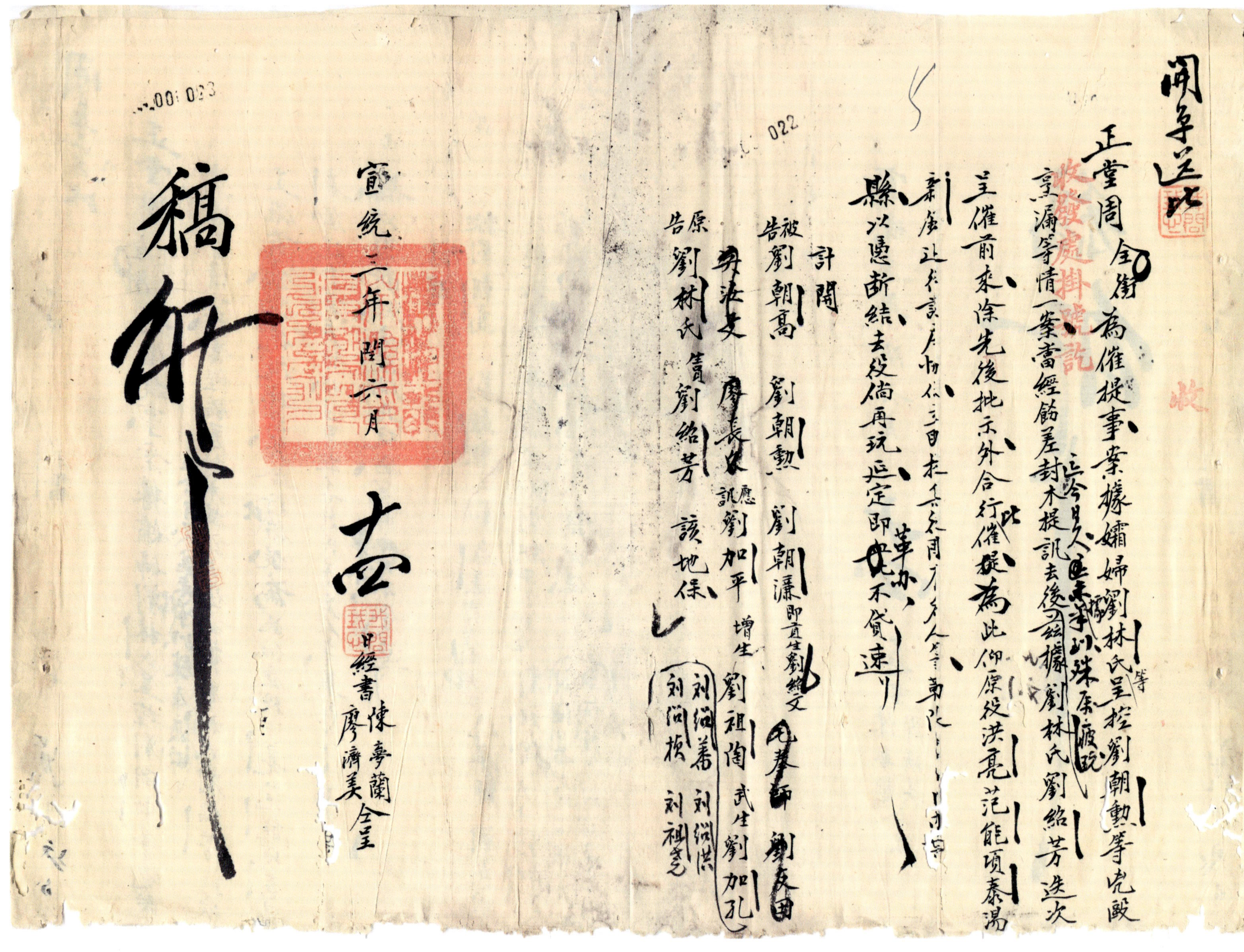

64.宣統三年閏六月十四日知縣周琛爲催提劉朝高等事票(稿)（17086：22–23）28.8×40.1cm

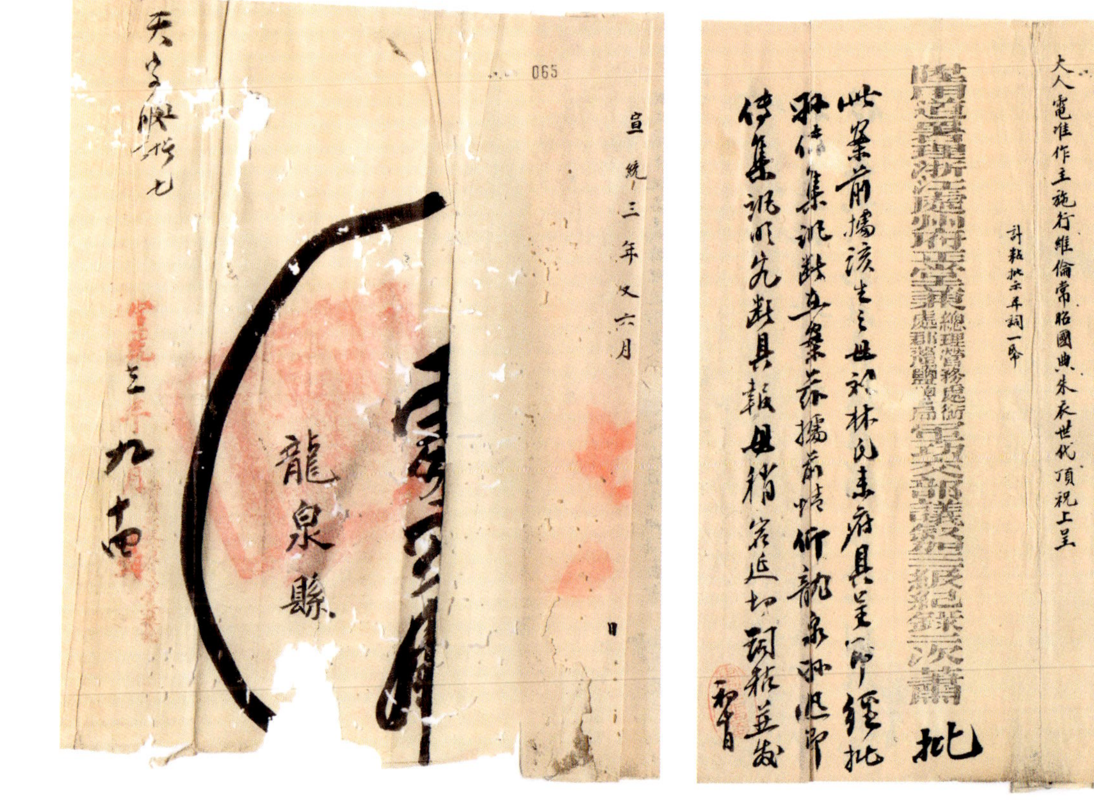

65.宣統三年閏六月劉紹芳爲控劉朝高等逆倫毆尊不孝不義事呈處州府呈狀　（2235：62–65）26.8×92.8cm　圖版裁空白頁

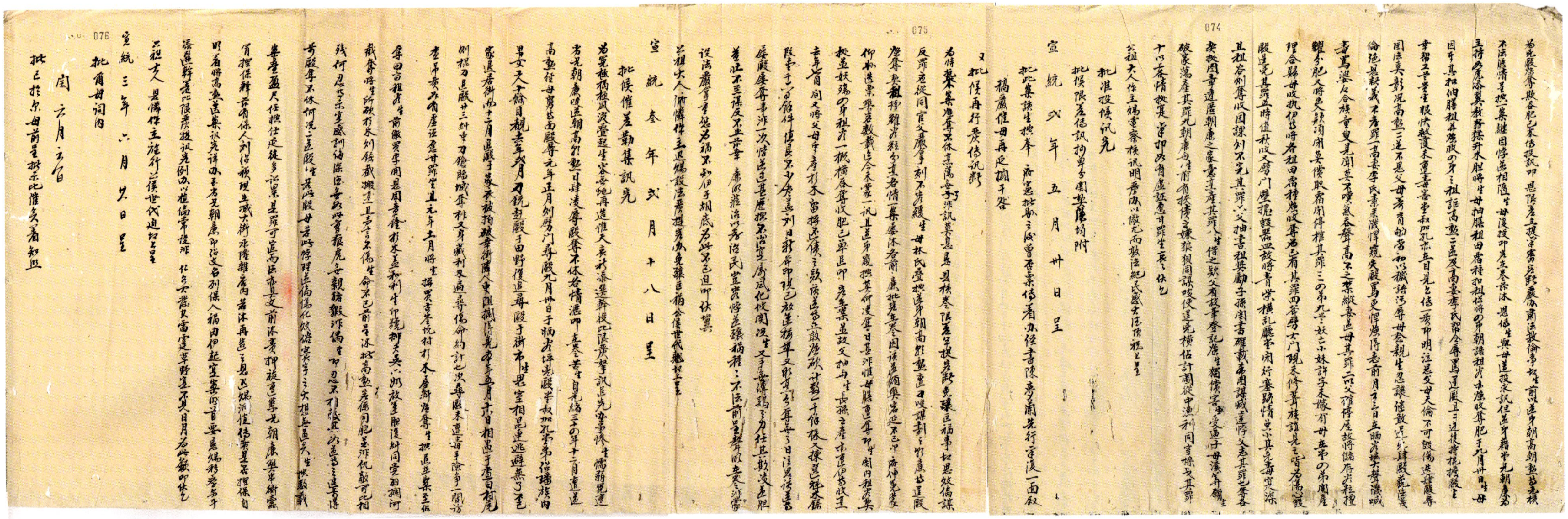

65附1.呈狀及憲批抄件粘呈　（2235：74–76）30.3×97.6cm

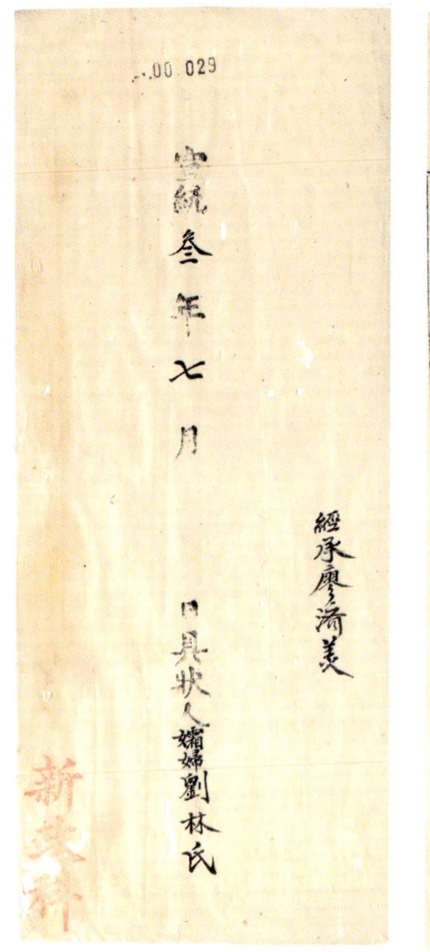

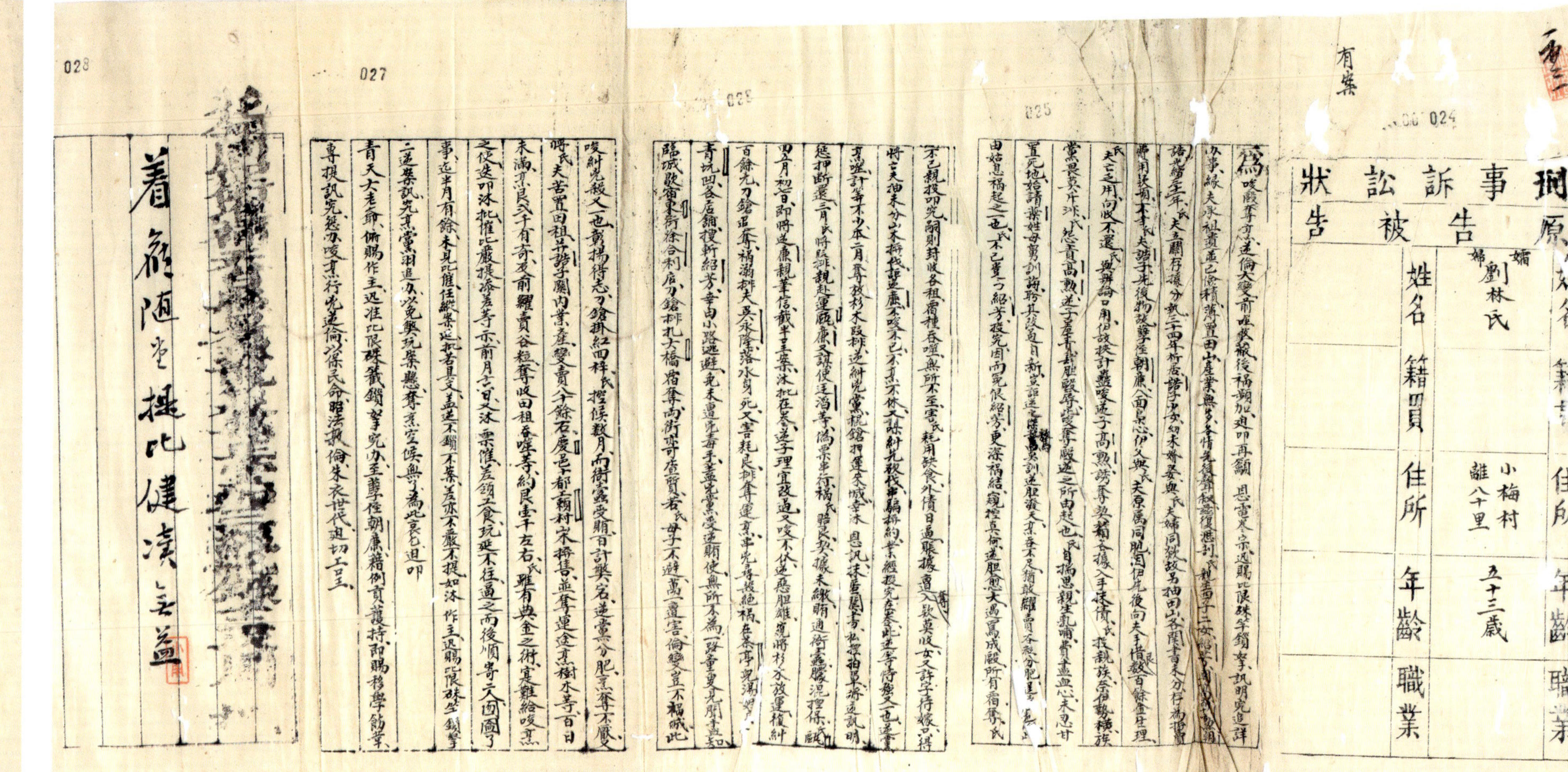

66.宣統三年七月初三日劉林氏爲控劉朝廉等唆毆奪烹逆倫大變事刑事訴訟狀　（17086：24—29）27.6×85.5cm　圖版裁空白頁

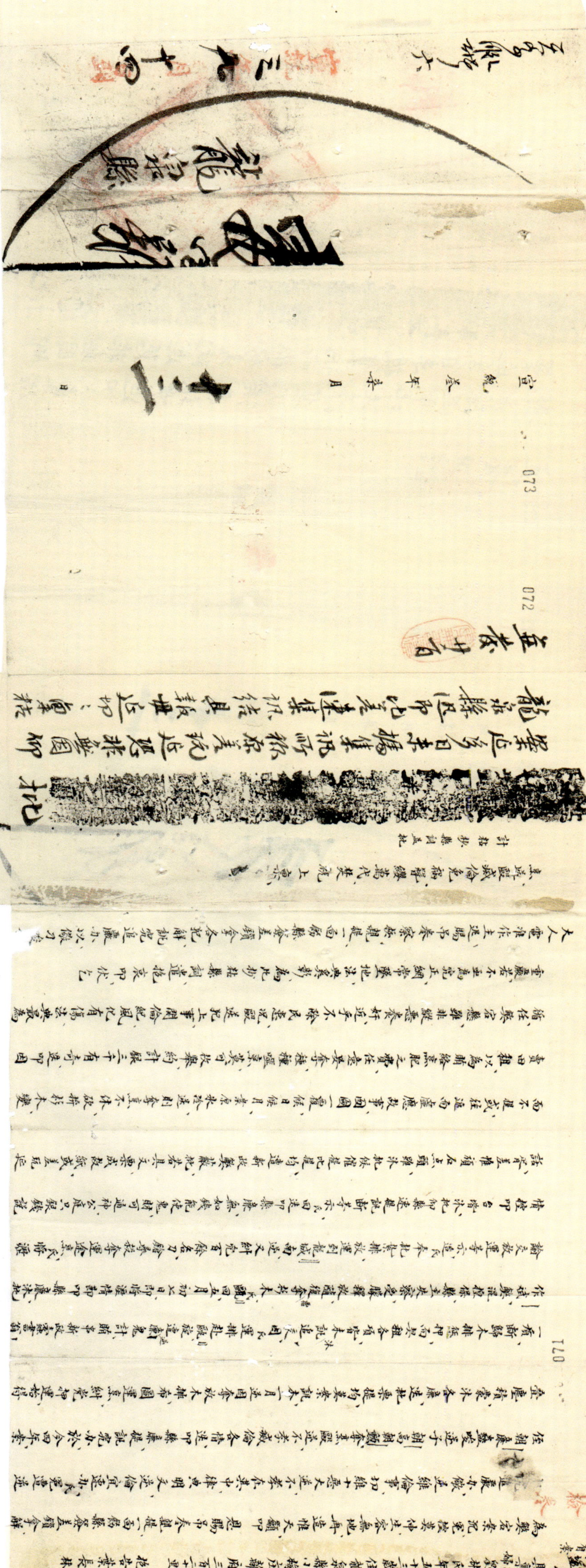

67.宣統三年七月十三日劉林氏爲控劉朝廉等弊宕案沉冤控莫伸事呈處州府稟狀（2235：71–73）23.3×73.4cm

為唆毆奪烹逆倫大變、前噬騙蔽後禍頻加、迫叩再叩　懇電叅宗、迅賜比限疎拏鎖拏、訊明究追詳辦事。緣氏夫承祖
遺、並已儉積薄置田山産業無多、氏親生四子二女、紹芳朝高朝勳朝誥、光緒三十年氏夫立閡存據、分執三十四年
析居、諸子少女、幼未婚娶、與氏夫婦同敎故、另抽田山各閡、書未分存、為擇賣嫁娶開用款項、不妄氏夫諸子、先後
物故、孽侄朝康、面鼻心伊、又與氏夫原屬同胞、因伊先後向故夫借銀數百餘元、生理氏夫亡之用、向收不還、氏與辦
論口角、伊故挾計蠱唆逆子高勳、誘奪契箱各據入手、希圖抹債、氏投親族、奈伊勢橫族黨、莫敢斥非、氏憑
責罰、然逆子益責肆胆毆辱、此唆奪毆逆之所由起也、氏自揣思親生乳哺、費盡心血、未忍甘置死地、始請蔡姓母舅
訓誨、聆其改過自新、豈詎逆之桀驁莫訓、逆胆潑天、烹吞不足、猶敢糶賣谷粒分肥、又逞毆逆、此禍起之一也、
氏不已、遣子紹芳投究、因而冤恨紹芳、更添禍結、窺控莫何、逆胆愈大、遇駡成[illegible]所有屠奪、氏不已親投叩究、嗣則
封收各祖甭種吞噬、害氏耗用缺食、外債日逼、賬據還奪、入欵莫收、女又許字待嫁、只得將亡夫抽未分山木擇伐、詎逆
不唆不已、不烹不休、又誘先糾砍伐、串騙擇約、業經投究在案、此逆等之恃強又一也、逆黨烹噬、計算不少、本二月奪放杉木
髮排、逆糾兇黨、棍鎗押運來城、幸沐　恩訊、抹居閡書擅私拍單、將逆訊明、然押斷還、三月將段木親赴運艇、
康又謀使廷滔等、串行僞票、禍氏賠貝契據、未繳、藉通衙蠹、朦混揑保、氏[illegible]田五月初七日即將逆康親筆信票截半
沐　批在案、逆子理宜改過、乃又唆不休、逆惡胆雄、窺將杉木放運、復糾百餘兇、刀鎗追奪、禍溺排[illegible]、永隆落水身死、
害耗銀、排奪運烹、串兇尋殺絕禍、在茶亭兇湯姓居并青坑凹各居鋪、搜斬紹芳、幸由小路逃避、免未遭其毒手、蓋兇
黨受逆驅使、無所不為、一路童叟見聞盡知、臨城歇宿東街徐合利店、刀鎗排扎大橋西、奪兩街亦可查質、若氏母子
不避、萬一遭害、倫變豈不禍城、此糾唆兇殺又一也、彰揚得意、刀鎗掛紅回梓、氏控候數月、而衙蠹百計弊宕、逆黨分肥、烹
奪不厭、將氏夫[illegible]田租并諸子閡內業産、變賣八十餘石、又慶邑工賴村山木、今復擇售、并奪運途烹樹木等、百日
未滿、烹良洋千有奇、及前糶賣谷粒、封收田租吞噬等、約已壹千左右、氏雖有點金之術、實難給唆烹之使、迭叩沐　批
催比嚴提逆等、示又沐票催領去、玩延不往、逼之而後順寄三人、回圖了事、迄半月有餘、未見比催提案、任從泰延、批若具
文、蠹逆不鎖不案、差亦不嚴不提、若沐　作主、迅賜比限疎拏鎖拏二逆、案訊究烹、黨羽追辦、以免弊玩案懸、奪烹宕候
無了、為此哀乞迫叩
青天大老爺、俯賜作主、迅准比限疎拏鎖拏、究辦、至孽侄朝康、藉例頁護持、即賜移學飭革、專訊究懲辦唆烹、
行兇逆倫、以保民命、昭法敎倫、朱衣世代、迫切上呈

批　着提候隨堂搃比、徒瀆無益

小民冤抑、原賴官又伸理、控弊、案懸候月候年、提莫訊究、一批一票了事
遭毆遭奪、家破産蕩、有冤莫歸、冤禍海、不得不瀆、否則民冤何伸

67附1.呈狀等抄件粘呈　(2235：69–70) 31.8×45.6cm

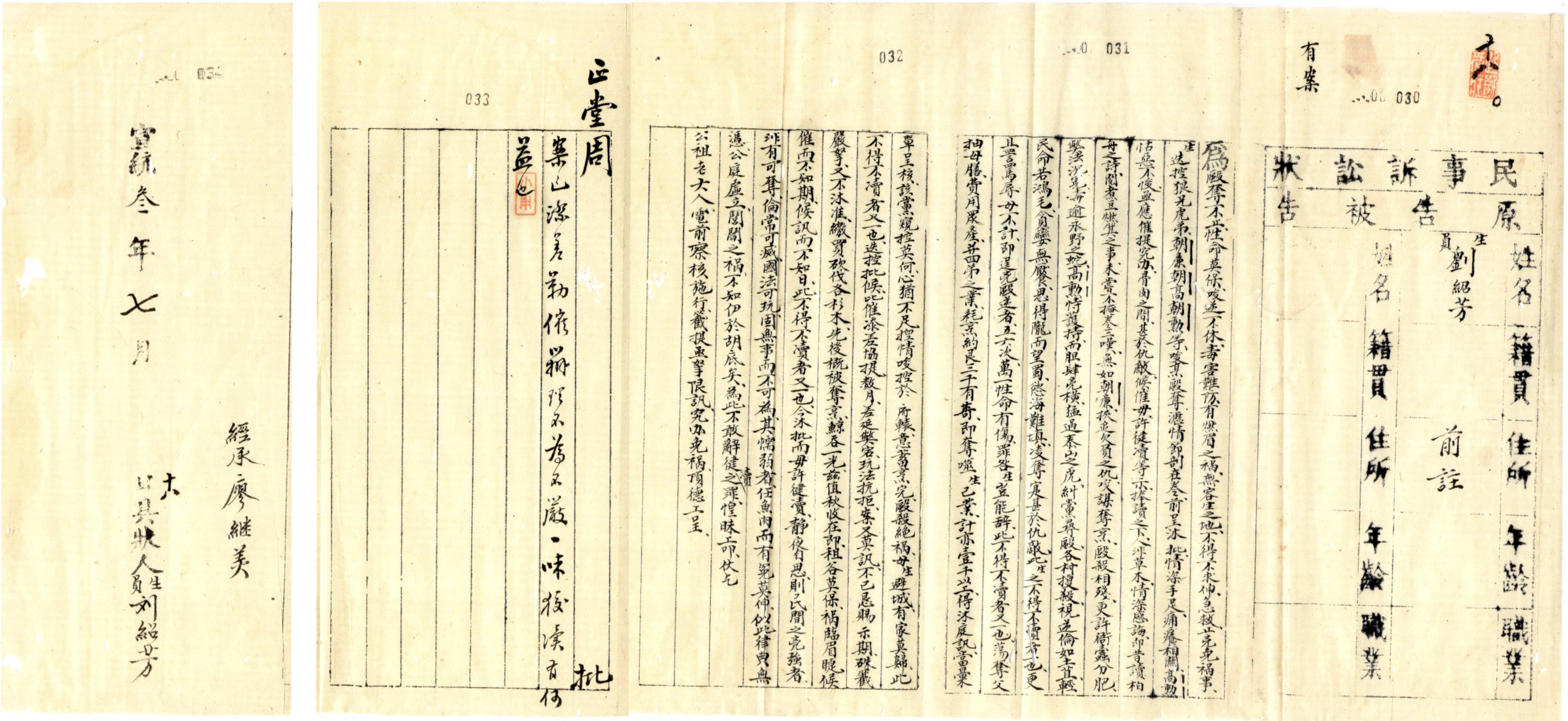

十八

有案

民事訴訟狀

原告	
姓名	生員劉紹芳
籍貫	前註
住所	
年齡	
職業	

被告	
姓名	
籍貫	
住所	
年齡	
職業	

爲毆奪不止性命莫保、唆逐不休毒害難防，有燃眉之禍，無容生之地，不得不求伸急救，並免禍事。生迭控狠兄虎弟朝廉、朝高、朝勳等唆黨毆奪，瀝情節剖，在案前呈，沐批情深手足，痛癢相關，高勳怙惡不悛，亟應催提究辦，骨肉之間，甚於仇敵，候催毋許徒瀆等示，捧讀之下，人非草木，情深感誨，即昔讀柏舟之詩，閱者豈燃萁之事，未嘗不掩卷三嘆，無如朝廉挾追欠負之仇，唆謀奪烹，毆殺相殘，更許衙蠹分肥，緊法況兇毒逾永野之蛇，高勳恃護持而胆肆兇横，猛過泰山之虎，糾黨尋毆各村，搜殺視逆倫如土苴，輕民命若鴻毛，貪饕無饜，思得隴而望蜀，慾海難填，凌辱寡甚於仇敵，此生之不得不瀆者一也。更且詈罵辱母不計，即逞兇毆逆者五六次，萬一性命有傷，罪咎生豈能辭，此不得不瀆者又一也。蕩奪父抽母膳，費用眾產，并四弟之業，耗烹約艮三千有奇，即奪噬生已業，計亦壹千以上，得沐庭訊，當衆覆呈核，該黨窺控莫何，心猶不足，捏情唆控於府轅，意圖烹兇毆殺絕禍，毋生避城有家莫歸，此不得不瀆者又一也。迭控批候，叱催添差協提數月，差延弊宕，玩法抗拒，案又莫訊，不已恩賜示期，殊戳毆奪，又不沐准繳，買砍伐各杉木，先後概被奪烹，鯨吞一光，茲值秋收在即，租谷莫保，禍臨眉睫，候催而不知期，候訊而不知日，此不得不瀆者又一也。今沐批而毋許徒瀆，靜夜自思，則氏間之兇強者非有可奪，倫常可滅，國法可玩，固無事而不可爲，其懦弱者任魚肉而有冤莫伸，似此律典無憑，公庭虛立，鬩閧之禍，不知伊於胡底矣。爲此不敢辭徒瀆之罪，惶昧叩伏乞

公祖老大人電前察核施行，飭提亟拏限訊究辦，免禍頂德上呈。

正堂周　批：案已深悉，勒催緝拘，不爲不嚴，一味控瀆，有何益也。

宣統叁年七月十八日具狀人生員劉紹芳

經承廖繼美

68.宣統三年七月十八日劉紹芳爲控劉朝廉等毆奪不止性命莫保事民事訴訟狀　（17086：30–34）27.6×92.8cm　圖版裁空白頁

民事
原告　姓名　籍貫　住所　年齡　職業
訴訟狀
被告　姓名　籍貫　住所　年齡　職業

宣統三年七月廿三日具狀人劉紹芳

69. 宣統三年七月廿三日劉紹芳爲控劉朝廉等片言折獄禍賣莫銷事民事訴訟狀　（17086：35–39）28.0×92.4cm　圖版裁空白頁

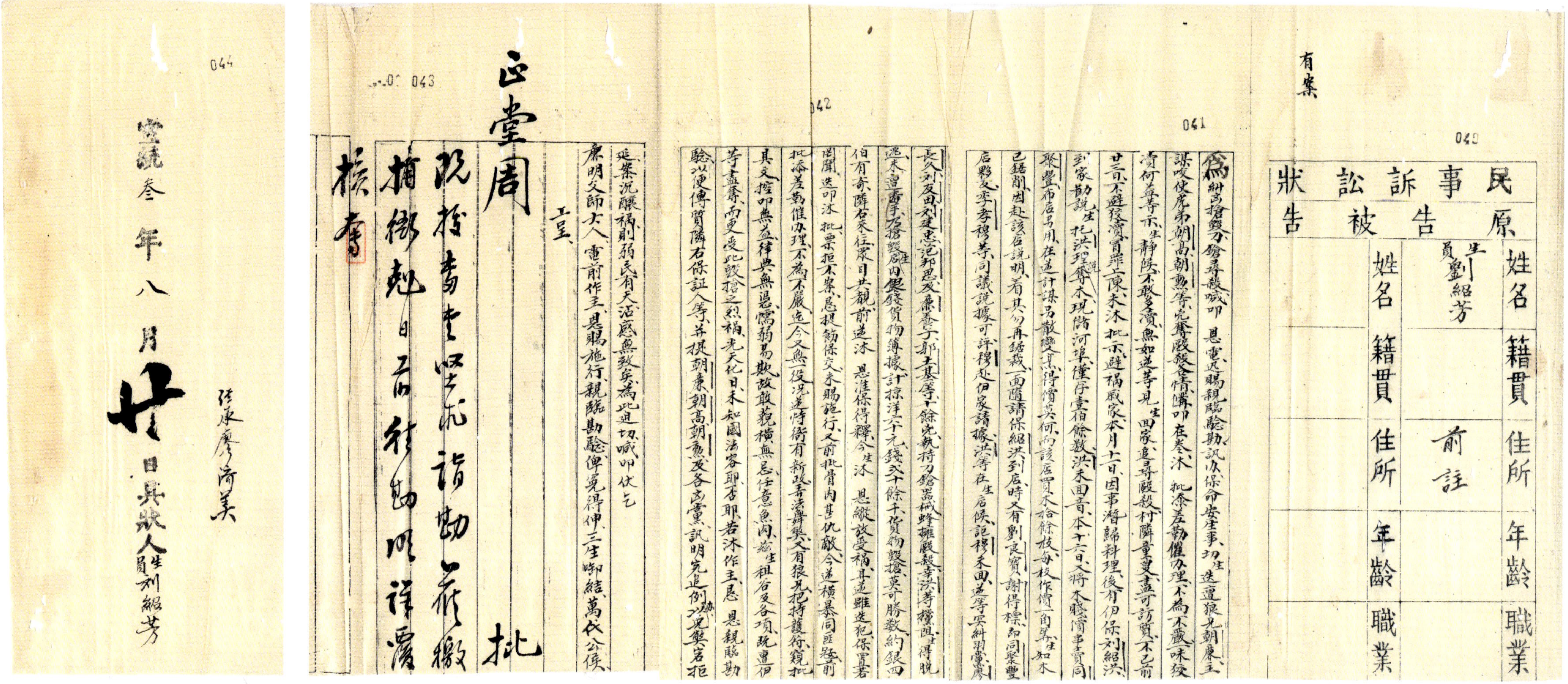

民事訴訟狀

	姓名	籍貫	住所	年齡	職業
原告	生員劉紹芳	前註			
被告					

有案

爲糾兇搶毀刀鎗尋殺，喊叩恩電，迅賜親臨驗勘，訊辦保命安生事。切生迭遭狼兇朝康主謀唆使虎弟朝高、朝勲等兇奪毆殺各情，備叩在案。沐批：添差勒催辦理，不爲不嚴，一味狡賴，何益等示。生靜候，不敢多瀆。無如逆等見生回家，追尋毆殺，村鄰童叟，盡可訪質。不已，前廿三日，不避殺瀆，冒罪上陳，未沐批示。避禍戚家，本月十一日，因事潛歸料理，後有伊保劉紹洪到家勸說，生托洪理說。奪木現儲河埠，僅存壹伯餘數，洪未回音。本十六日，又將木賤價串賣同聚豐布店另用。在逆計謀另散變，莫得價莫何，而該店買木拾餘枝，每枝作價一角。等生知木已鋸削，因赴該店說明，着其勿再鋸截，一面請保紹洪到店。時又有劉良寶、謝得標、邱同聚豐店夥文李、李孝禮等，同議說據可評。穆赴伊家請據，洪等在生店候，詎穆未回，逆等冥糾羽黨廖長久、劉友田、劉建忠、范邦恩及廉養子鄭士基等十餘兇，執持刀鎗器械，蜂擁毆殺。李洪等攔阻，生得脫逃。未遭毒手，乃搶毀生店內現錢貨物簿據，計掠洋六十元，錢六十餘千，貨物毀搶，莫可勝數，約銀四伯有奇。鄰右來往衆目共覩。前逆沐恩准保得釋，今生沐恩縱，致受禍。且逆雖迭犯，保買若閭閻。迭叩沐批，票拒不案，恩提飭保交案賜施行。又前批骨肉甚仇敵，今逆橫暴同匪。叠前批添差勒催辦理，不爲不嚴，迄今又無一役。況逆恃衙有新政，弄法舞弊，又有狼兇把持護符，窺批具文，控叩無益，律典無畏，懦弱易欺，故敢藐橫無忌，任意魚肉。茲生祖谷及各項，既遭伊等盡奪，而更受此毀搶之烈禍，是天化日未知國法者耶否耶？若沐作主，恩 恩親臨勘驗，以便傳質鄰右保証人等，并提朝康、朝高、朝勲及各兇黨，訊明究追，例辦以儆兇冥，否拒延案，況釀禍則弱民有天沼，感無致矣。爲此迫切喊叩伏乞

康明父師大人電前作主，恩賜施行，親臨勘驗，俾冤得伸，三生啣結，萬代公侯。

上呈

正堂周 批

既據稟呈，候詣勘，并徹捕獲兇日后往勘明詳覆核奪。

宣統叁年八月廿日具狀人生員劉紹芳

張承慶齊美

70.宣統三年八月廿日劉紹芳爲控劉朝廉等糾兇搶毀刀槍尋殺事民事訴訟狀 (17086：40–44) 27.0×90.4cm 圖版裁空白頁

正堂周　銜　札委捕勘復事。案據生員劉紹芳呈控胞弟劉朝高、朝熏等先毆烹
淆等情一案。迭經飭封催提去後，未據稟到。茲據劉紹芳以胞弟朝高等
糾搶銀錢貨物，叩乞詣勘提究等情，續控前來。除批示外，合行札委。札到
該衙，迅往該庄查勘劉紹芳所控被伊弟朝高等糾搶銀錢貨物是
否屬實，有無裝點情事，詳細勘明，尅日具復核辦，毋負委任。切切。此札。

右札捕衙准此

宣統三年八月廿四日

經書陳夢蘭、廖端美同呈

稿

行

71.宣統三年八月廿四日知縣周琛札委捕勘復事札(稿)（17086：45-46）29.9×40.4cm

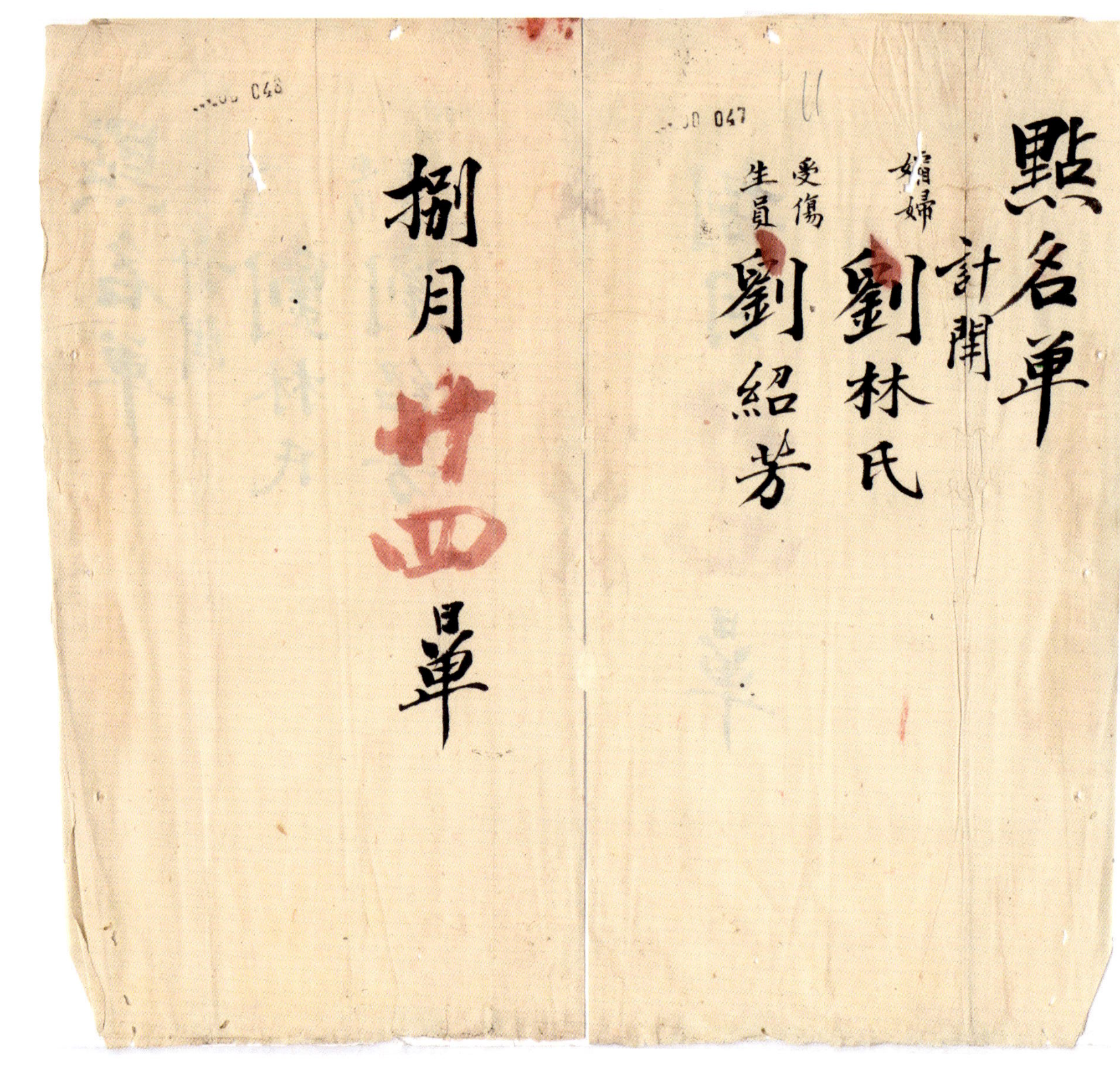

點名單
計開
媢婦 劉林氏
受傷生員 劉紹芳
捌月 廿四 日單

72.(宣統三年)八月廿四日點名單　(17086：47–48) 29.4×31.9cm

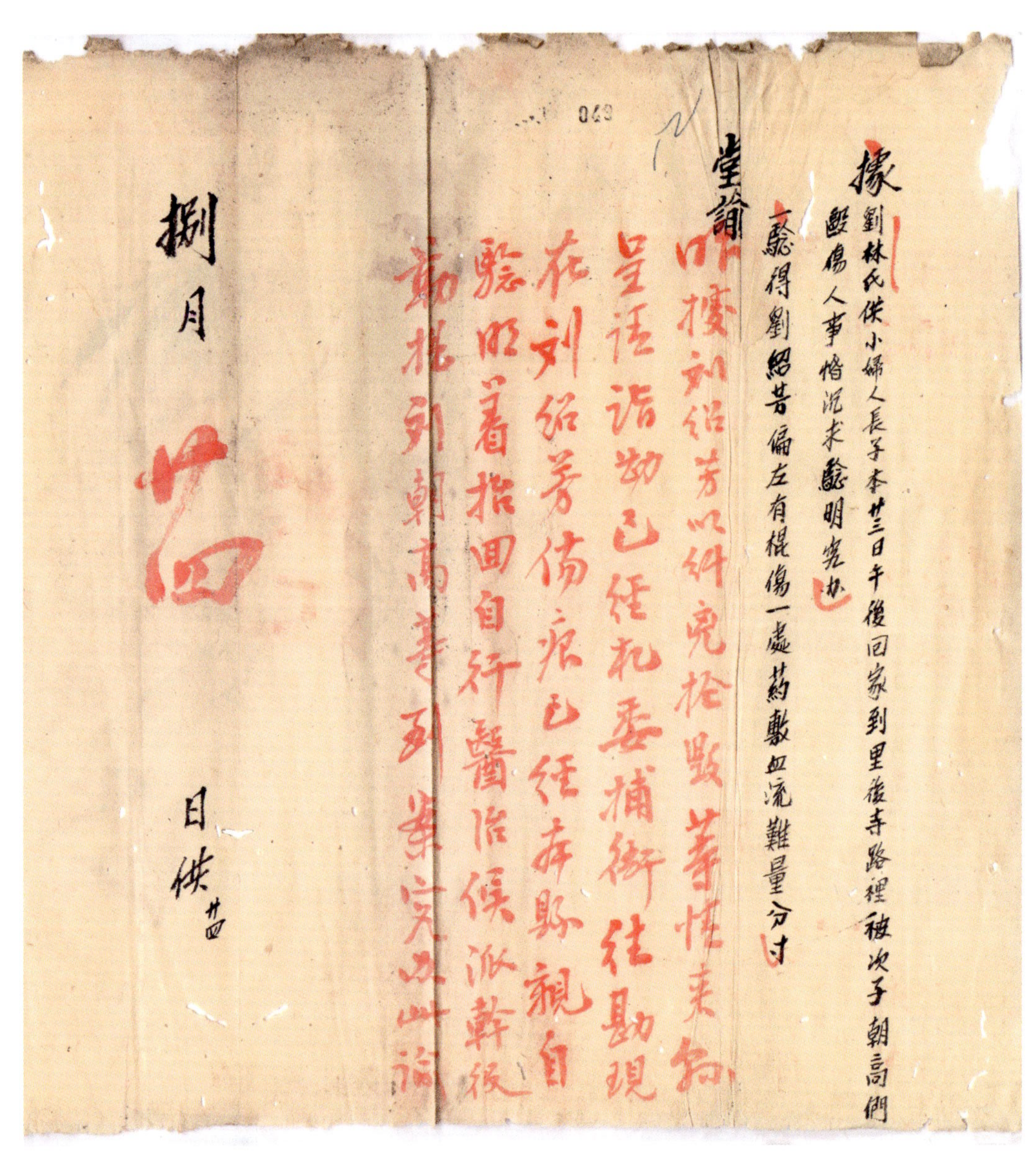

據劉林氏供小婦人長子本廿三日午後回家到里後寺路裡被次子朝高們
毆傷人事悄況求驗明究辦
驗得劉紹芳偏左有棍傷一處葯敷血流難量分寸
堂諭
據劉紹芳以糾兇搶毆等情來縣
呈控詰訊已經札委捕衙往勘現
在劉紹芳傷痕已經存縣親自
驗明著指回自行醫治候派幹役
勸拘劉朝高等到案究辦此諭
捌月 廿四 日供

73.(宣統三年)八月廿四日供詞、堂諭　(17086：49) 30.2×33.7cm

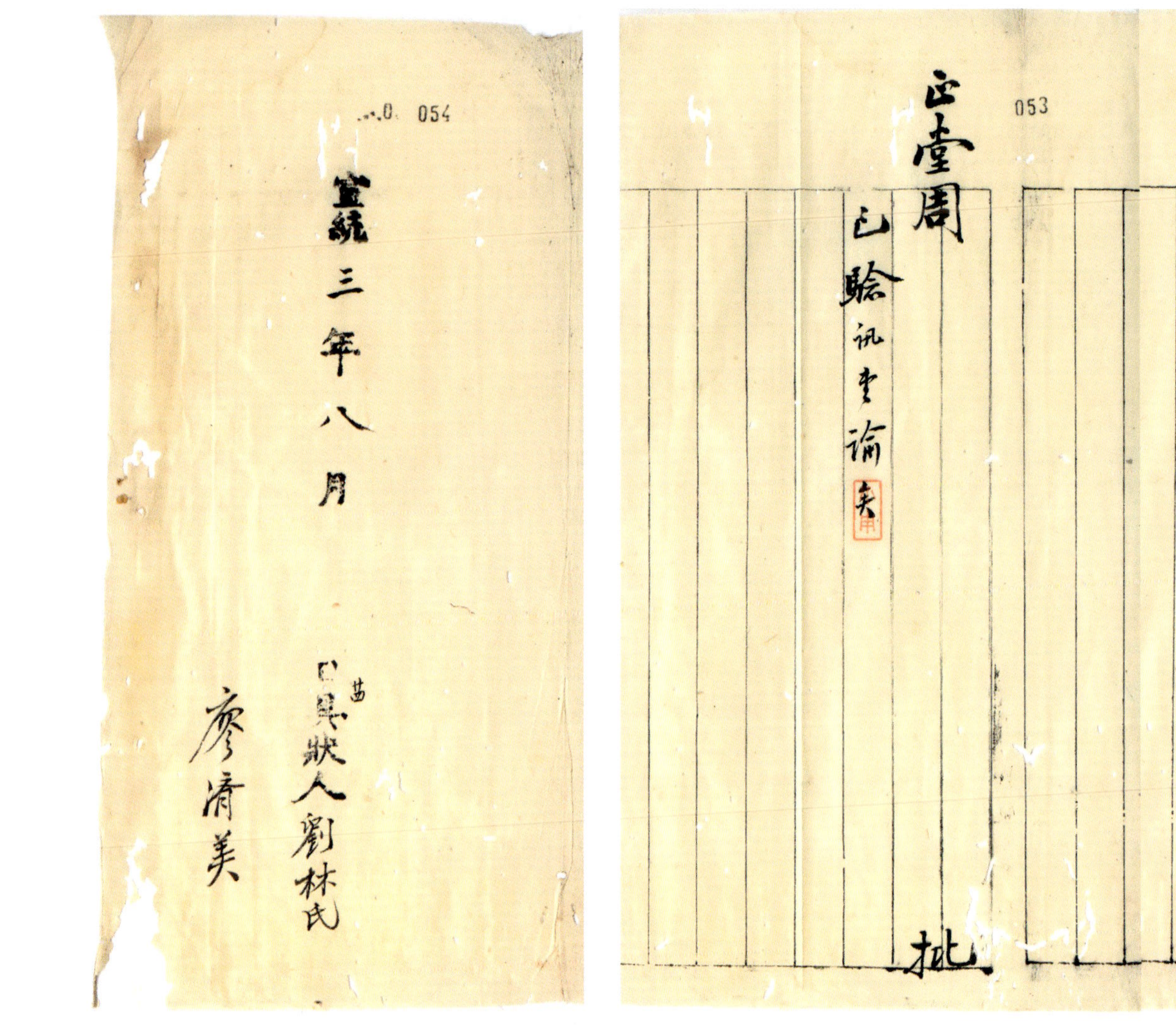

刑事訴訟狀

原告 姓名 孀婦劉林氏 籍貫 住所 前注 年齡 職業

被告 姓名 籍貫 住所 年齡 職業

有案 戳呈

爲攔路毆殺喊叩 恩驗迅准戳拏、添派警勇、面移學兼拘朝連
送案，訊明詳辦事。竊氏子劉紹芳於本月二十日，奔轅喊控逆侄朝連即
紹文、逆子朝高、朝勳、茅糾黨毆搶，並前控各情一案。奈時值秋收，二
十二日回歸，不料縣內先函通報，該黨預計逆候，而紹芳進宿廿三日
歸家，離村里許，詎逆等貯候紹芳，看見，即由別路逃避入山，逆
覩奔逃，持刀携械，即隨後追，而紹芳喊救，幸田畈有打穀農民赶
救，紹芳遭毆倒地，昏迷不省人事，惟心坎、腳骨、太陽、頭上等處
重傷，遍身血痕，只得抬回灌救，始得醒回。祇抬轅懇求先驗以
憑核辦，立拏首謀逆侄朝連、逆子朝高、朝勳究辦，以止搶毆，並追契
據，該黨前票銀數，以免糾串復毆，再殺頻加兇禍，似此胆玩妄為
冥糾搶殺，難保兇毆死斃眉睫，為此實情不敢冒昧，喊叩
青天大老爺電前作主，驗明傷痕，迅准移學添派警勇，戳拏
訊明詳辦，萬民感戴，急切上呈。

批

正堂周

已驗，訊奪諭 美

宣統三年八月

具狀人劉林氏

廖清美

74.宣統三年八月廿四日劉林氏爲控劉朝連(廉)等攔路毆殺喊叩恩驗事刑事訴訟狀　(17086：50–54) 27.3×91.8cm　圖版裁空白頁

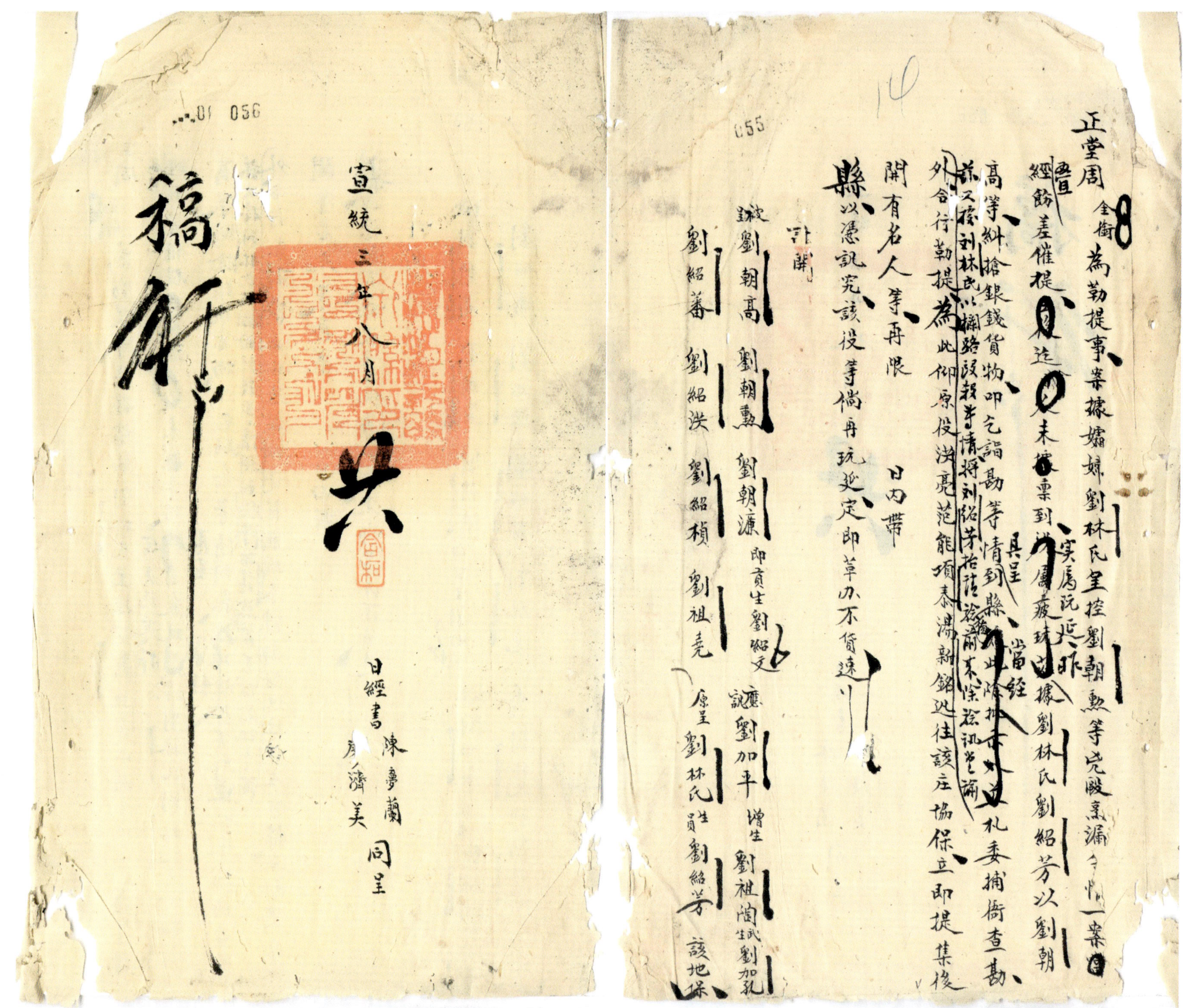

75.宣統三年八月廿八日知縣周琛爲勒提劉朝高等事票(稿)（17086：55–56）29.8×36.6cm

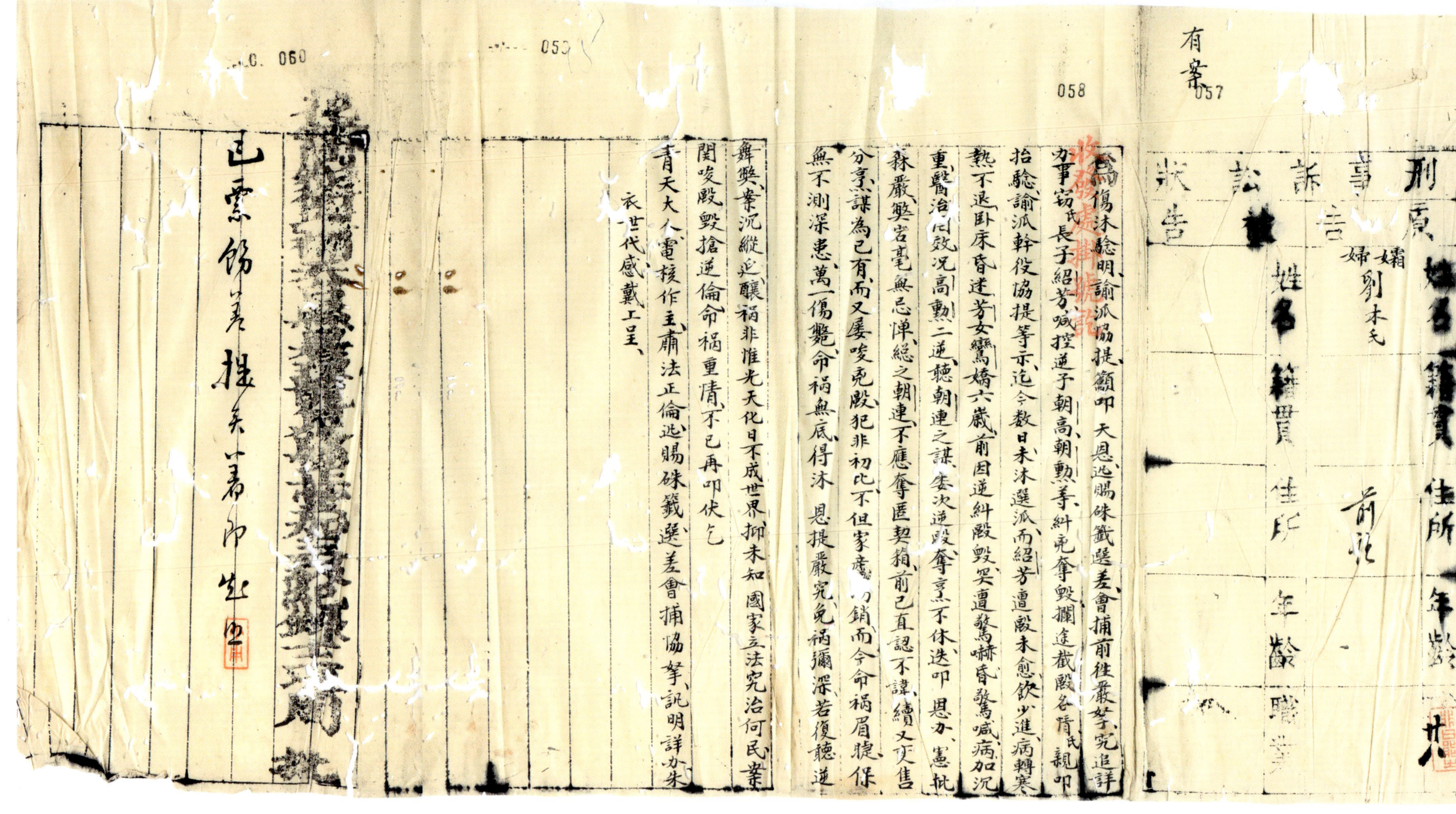

有案

刑事訴訟狀

原告　姓名　孀婦劉林氏　籍貫　住所　前記　年齡　職業

爲傷沐驗明諭派協提懇叩天恩迅賜硃籤選差會捕前往嚴拏究追詳辦事。竊氏長子紹芳喊控逆子朝高朝勳等糾兇奪毀攔途截毆各情，氏親叩抬驗諭派幹役協提等示。迄今數日未沐選派，而紹芳遭毆未愈，飲少進，病轉寒熱不退，卧床昏迷；芳女鸞嬌六歲，前因逆糾毆毀，哭遭驚嚇，昏驚喊病加沉重，醫治罔效。況高勳二逆聽朝連之謀，委次逆毆奪，寔不休迭叩恩力憲批拏嚴辦，宕毫無忌憚，總之朝連不應奪匿契簿，前已直認不諱，續又受售分烹，謀爲己有，而又屢唆兇毆，犯非初比。不但家產銷，而今命禍眉睫，倸無不測深患，萬一傷斃命禍無底，得沐恩提嚴究，免禍彌深；若復聽逆彝弊，案沉縱延，釀禍非淮，先天化日不成世界，抑未知國家立法究治何民業閑唆毆毀搶逆倫命禍重情，不已再叩伏乞

青天大人電核作主，肅法正倫，迅賜硃籤選差會捕協拏，訊明詳辦，衣世代感戴上呈。

已票飭差提矣，此票卯。

76.(時間不詳)劉林氏爲控劉朝連(廉)等傷沐驗明諭派協提事刑事訴訟狀　(17086：57–60)　26.0×53.8cm

77.黄帝紀元四六零九年(宣統三年)十一月初二日劉紹芳領狀（2235：36）28.8×15.0cm

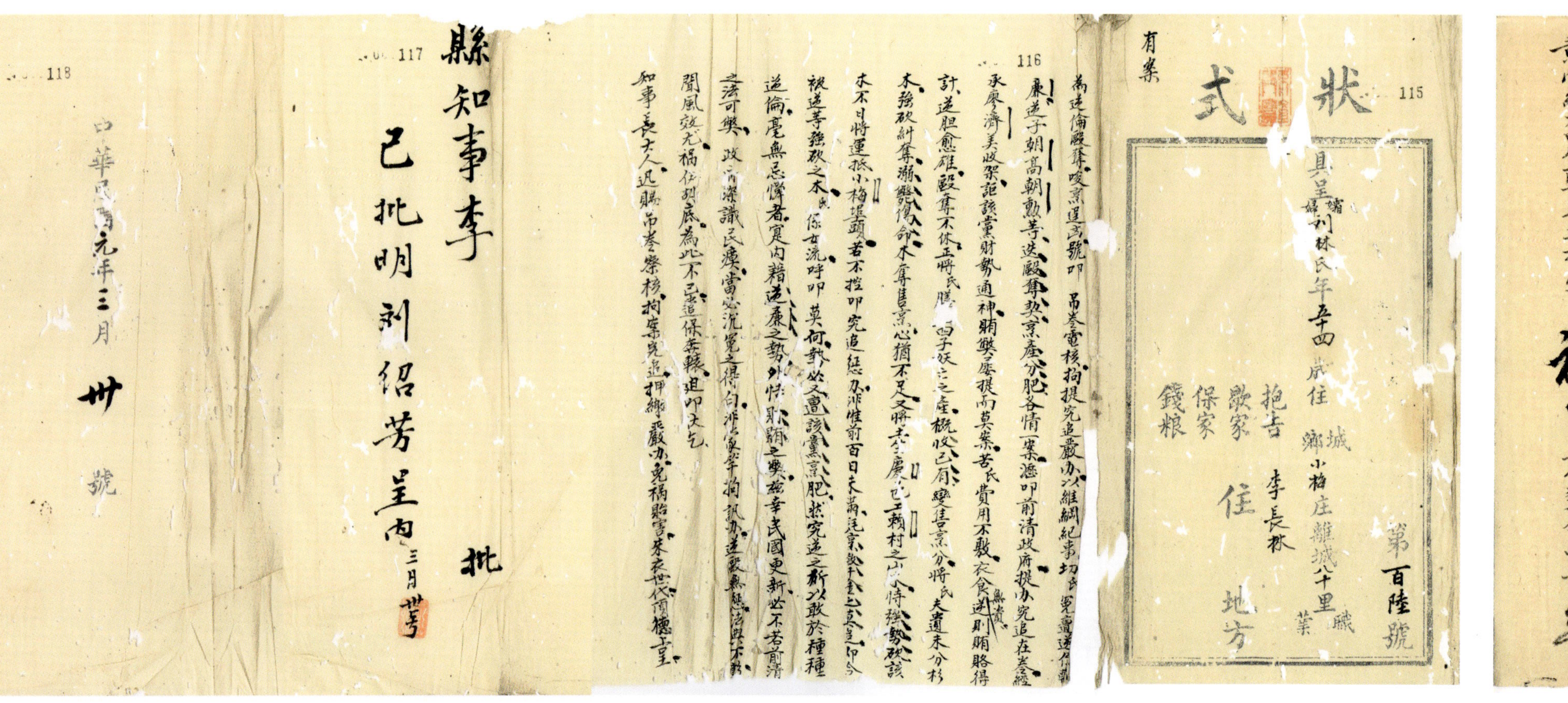

78.民國元年三月卅日劉林氏爲控劉朝廉等逆倫毆奪唆烹逞兇事呈狀　（3361：115—118）27.5×71.8cm

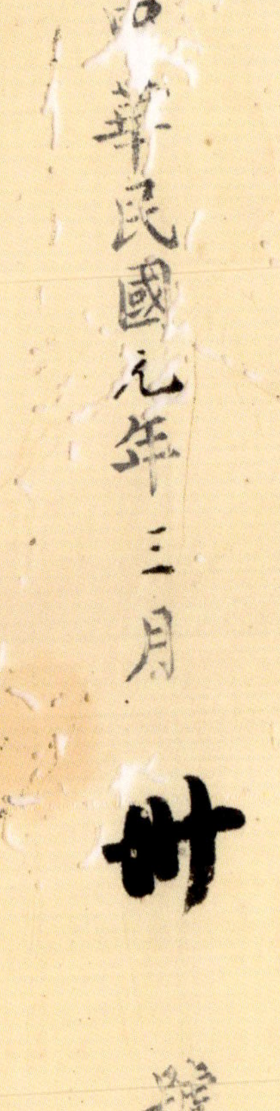

79.民國元年三月卅日縣知事李爲較憲批詞　(3361：113) 27.1×36.2cm；(3361：114) 27.2×26.1cm　圖版裁空白頁

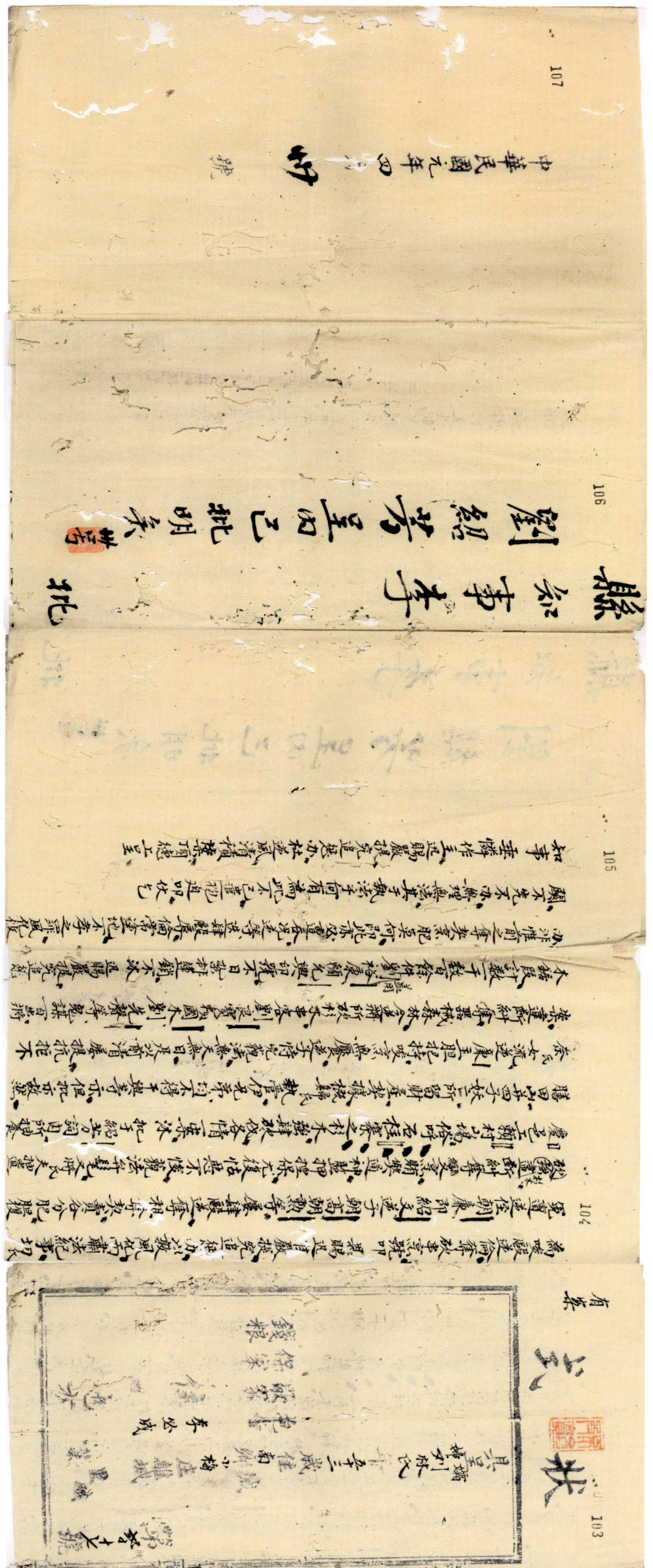

80.民國元年四月廿日劉林氏爲控劉朝廉等咬毆逆倫奪砍串烹事呈狀 （3361：103–107）27.4×89.8cm

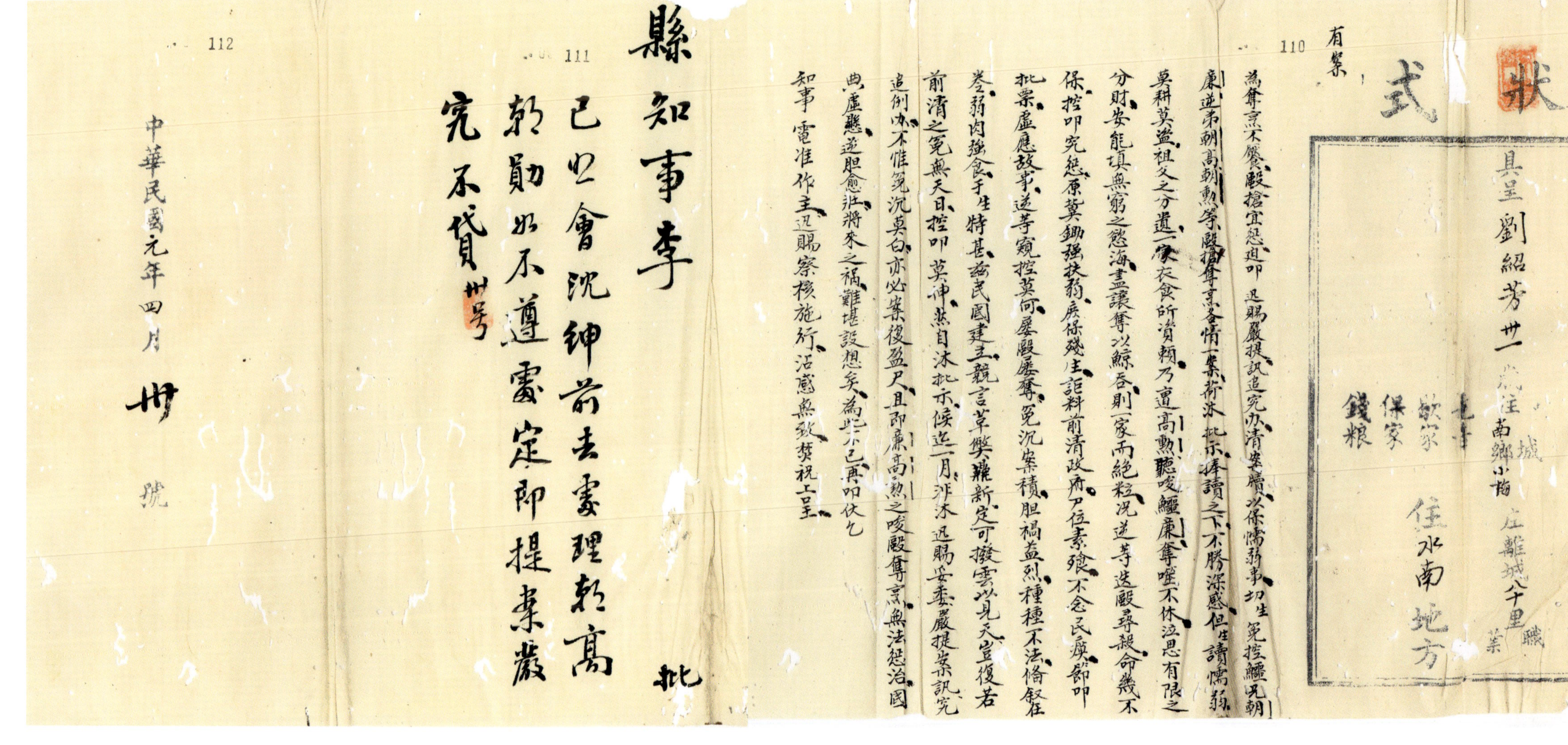

狀式

有案

110

具呈劉紹芳，卅一歲，住南鄉小𡎴庄，離城八十里，職業

生耕 歃家 保家 錢粮 任水南地方

第 號

為奪烹不饜，毆搶宜懲，迫叩迅賜嚴提訊追究，辦清案牘，以保懦弱事。切生冤控鱷兄朝廉、逆弟朝高、朝勳等毆搶奪烹各情一案，荷沐批示，捧讀之下，不勝深感。但生讀懦弱，莫耕莫益，祖父之分遺，一家衣食所資賴，乃遭高、勳聽唆，鱷廉奪喔不休。泣思有限之分財，安能填無窮之慾海，盡讓奪以鯨吞，則一家而絕粒，況逆等迭毆尋殺，命幾不保。控叩究懲，原冀鋤強扶弱，庶保殘生，詎料前清政府尸位素飧，不念民瘼，節叩批票，虛應故事，逆等窺控莫何，屢毆屢奪，冤沉案積，胆禍益烈，種種不法，倫敘在卷，弱肉強食，生特甚矣。茲民國建立，競言革弊，雖新定可撥雲以見天，豈復若前清之冤無天日，控叩莫伸。然自沐批示，候逆一月，未沐迅賜妥委嚴提案訊究追，例如不惟冤沉莫白，亦必案復盈尺，且即廉、高、勳之唆毆奪烹無法懲治，國典虛懸，逆胆愈壯，將來之禍難堪設想矣。為此，不已再叩，伏乞

知事電准作主，迅賜察核施行，沾感無致，焚祝上呈。

111

縣知事李　批

已迭會沉紳前去處理，朝高朝勳如不遵處定，即提案嚴究不貸。卅號

112

中華民國元年四月　卅　號

81.民國元年四月卅日劉紹芳爲控劉朝廉等奪烹不饜毆搶宜懲事呈狀　（3361：110–112）27.5×85.0cm　圖版裁空白頁

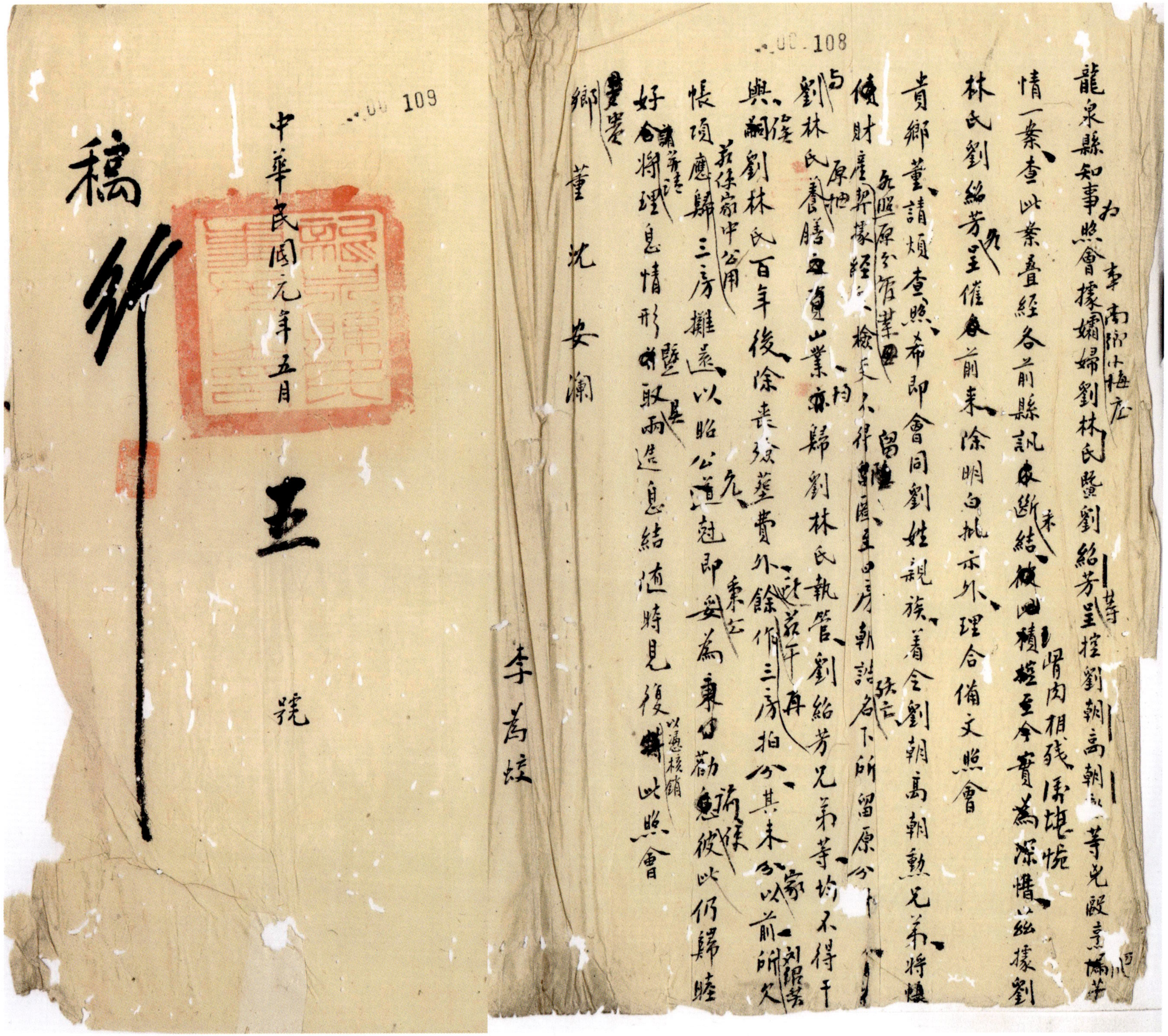

龍泉縣知事李照會。據南鄉小梅庄孀婦劉林氏暨劉紹芳呈控劉朝高、朝勲等兄毆辱滅

情一案。查此案疊經各前縣訊未斷結，彼此積控至今，實爲骨肉相殘，殊堪憫惜。茲據劉

林氏、劉紹芳先呈催前來，除明白批示外，理合備文照會

貴鄉董，請煩查照，希即會同劉姓親族，着令劉朝高、朝勲兄弟將

續財產先照原分管業，契據經手檢交，不得留難匿。至四房執詰名下所留原分

與劉林氏原抽養膳之田山業，均亦歸劉林氏執管。劉紹芳兄弟等均不得干

與。從嗣劉林氏百年後，除喪殯葬費外，餘若干再作三房拍分。其未分以前所欠

帳項，應歸並保家中公用三房攤還，以昭公道。允尅即妥爲秉公勸諭，彼此仍歸睦

好，請貴董將理息情形暨取兩造息結隨時見復，以憑核銷。此照會

鄉董沈安瀾

李爲蛟

中華民國元年五月 五 號

稿 行

82.民國元年五月五日縣知事李爲蛟爲勸諭劉紹芳兄弟事照會鄉董沈安瀾照會(稿) （3361：108–109）28.8×35.1cm

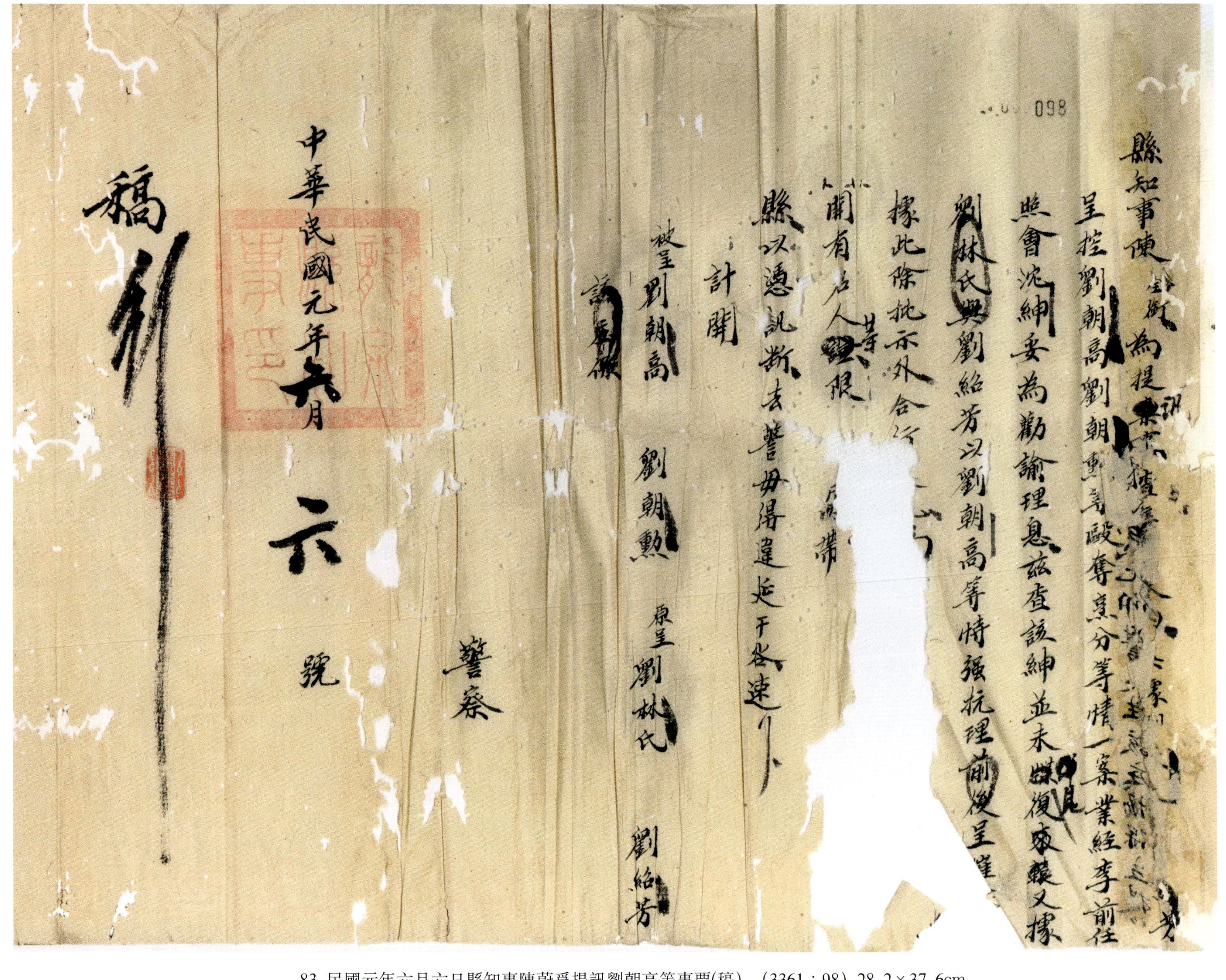

縣知事陳 全銜 爲提訊事。[illegible]

呈控劉朝高、劉朝勳等毆奪契分等情一案，業經李前任

照會沈紳妥爲勸諭理息。茲查該紳並未[illegible]復，又據

劉林氏與劉紹芳以劉朝高等恃強抗理，前後呈催[illegible]

據此，除批示外，合行[illegible]

開有名人[illegible]限[illegible]帶

縣以憑訊斷，去警毋得違延干咎。速！

計開

被呈 劉朝高 劉朝勳

原呈 劉林氏 劉紹芳

警察

中華民國元年六月 六 號

稿 行

83.民國元年六月六日縣知事陳蔚爲提訊劉朝高等事票(稿)（3361：98）28.2×37.6cm

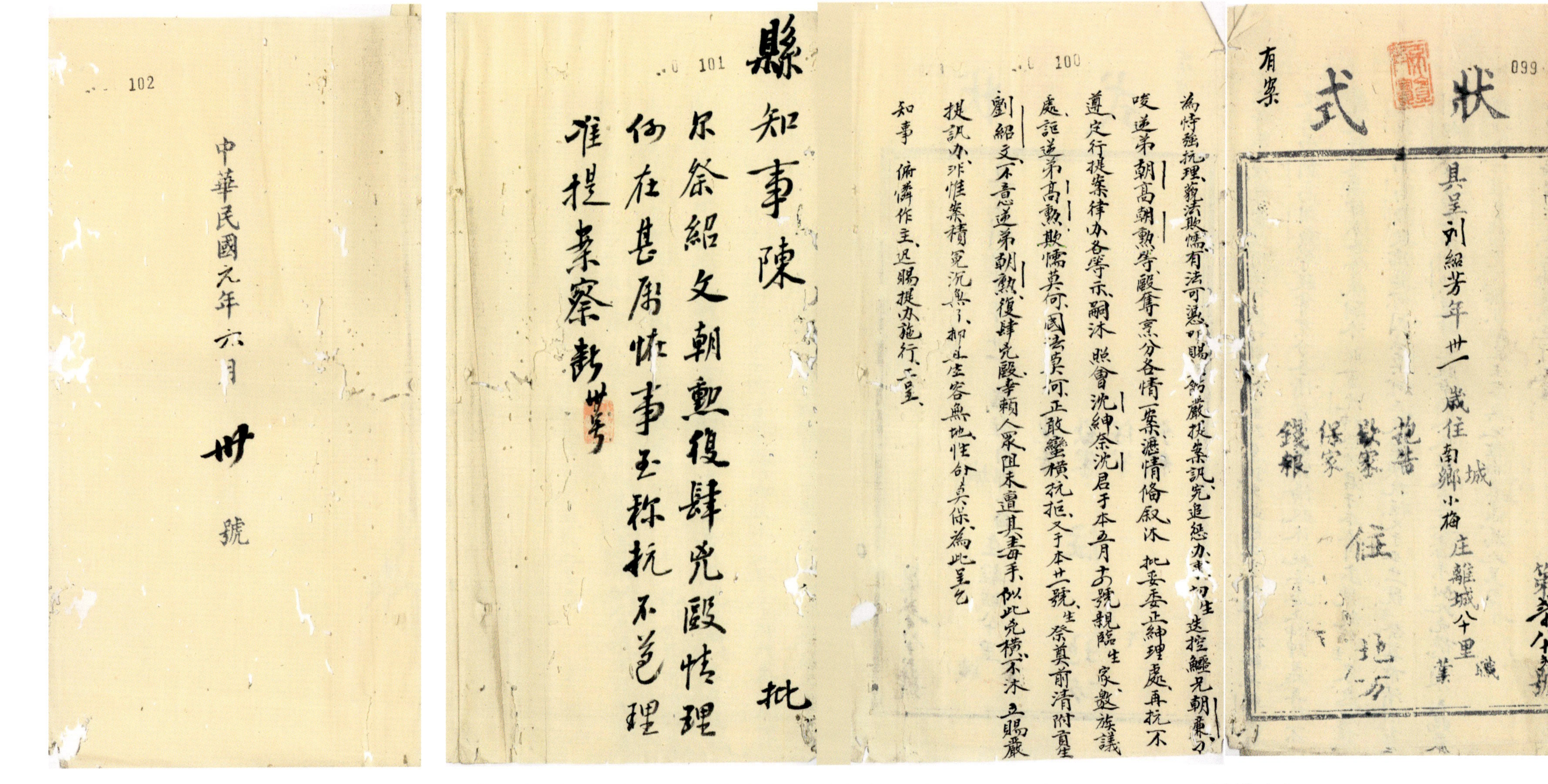

84.民國元年六月卅日劉紹芳爲控劉朝廉等恃强抗理藐法欺懦事呈狀　（3361：99－102）27.3×86.4cm　圖版裁空白頁

85.民國元年七月卅一日司法警察吳成等爲稟報提訊事稟　（3361：97）26.7×63.1cm　圖版裁空白頁

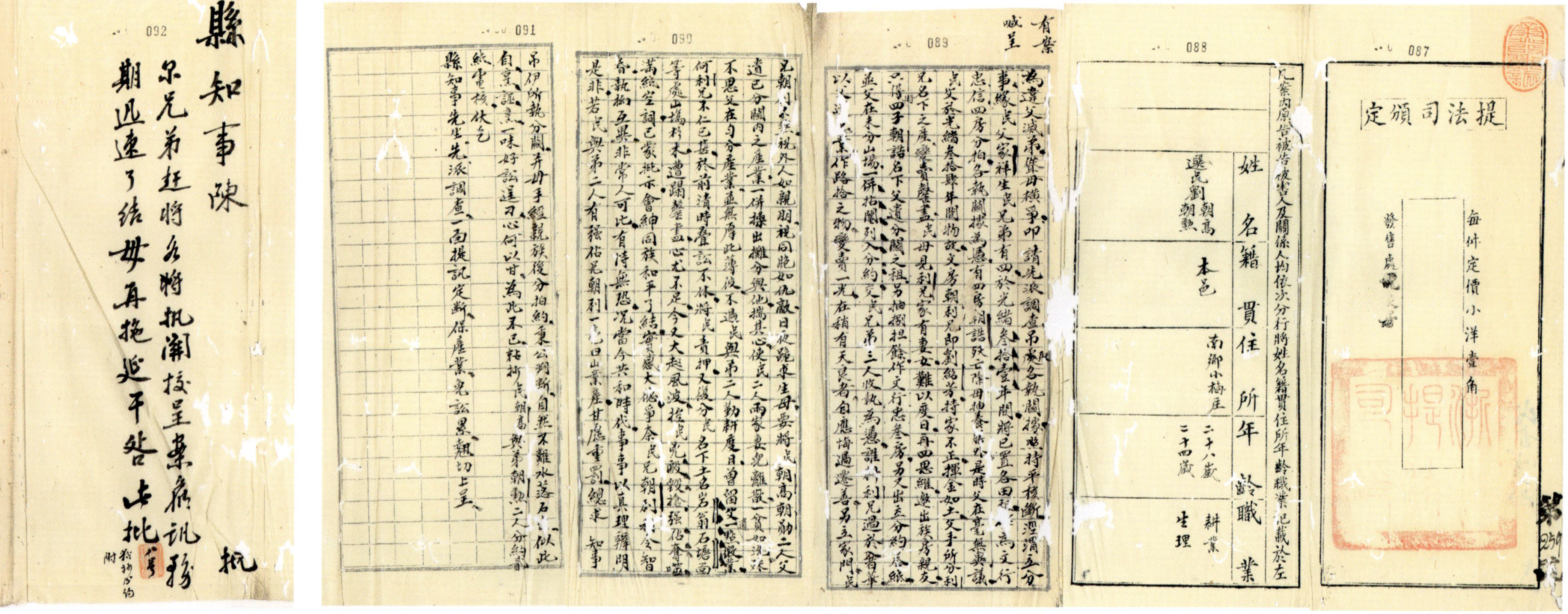

86.民國元年八月八日劉朝高等爲控劉紹芳等違父滅弟聳母横争事呈狀　（3361：87–93）28.3×128.0cm　圖版裁空白頁

86附1－1.宣統二年八月劉朝利、劉朝勳分約，劉朝利、劉朝高分約抄件粘呈　（3361：94）29.2×105.0cm

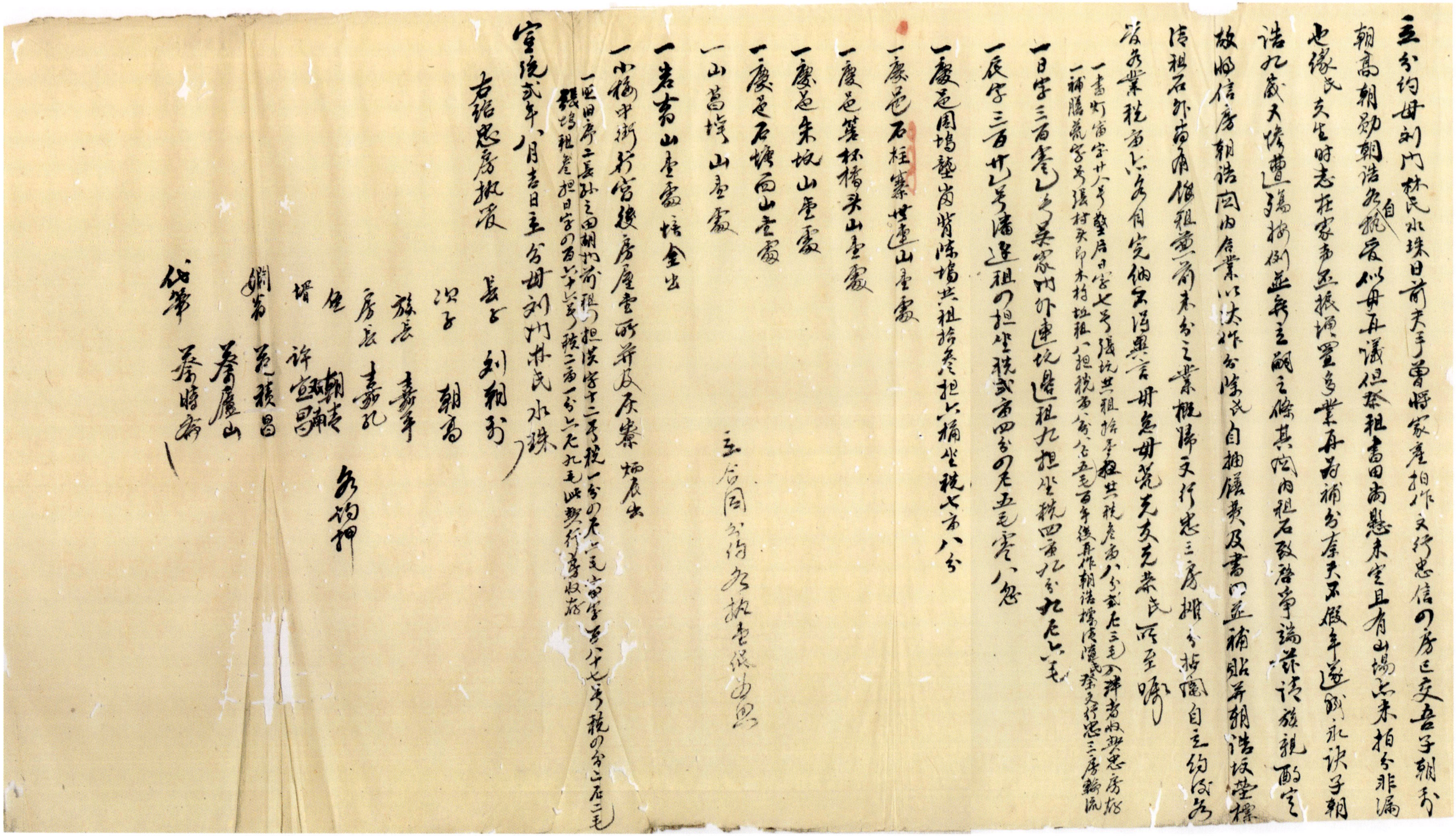

立分約母劉門林氏水珠，日前夫手曾將家產拈作文、行、忠、信四房，已交吾子朝利、朝高、朝勳、朝浩各自執管，似毋再議。但存租壹田尚懸未定，且有山場亦未拈分，非漏也。緣氏夫生時志在家事，並振墳置多業，再爲補分，奈天不假年，遂殁，永訣。子朝浩九歲夭殤，遭殤按例並無立嗣之條，其信房內租石致啓爭端，茲請族親酌定，故將信房朝浩內合業以太作分，除氏自抽膳費及書田並補貼并朝浩坟塋標清租石外，尚有微租並前未分之業，概歸文行忠三房拈分撥闡，自立約後各房各業耕管納租，各自完納，不得異言。毋忽毋悔，先交光榮，氏所至囑。

一書灯當字廿八號，塋居日字七號，張坑共租拾叁桶，共租叁石八分弍厘三毛，付與大房掌收，與忠房拈

一補膳荒字號，張村頭即木竹垟，租八担，租谷八分，百年後再作朝浩標清，照氏墓，交行忠三房輪流

一日字三百零七號吳家門外連坵，遇租九担，坐租四石九分九厘六毛

一辰字三百廿七號潘遇租四担，坐租弍石四分四厘五毛零八忽

一廢邑周塢壟崗背陳塢，共租拾叁担六桶，坐租七石八分

一廢邑石柱寨世運山壹處

一廢邑箬杯橋頭山壹處

一廢邑朱坂山壹處

一廢邑石塘面山壹處

一山茴垟山壹處

一岩前山壹處，信金出

一小梅中街新宮後房屋壹所，并及庁寨，媽良出

一亜田房二長孫之田朝利前租八担，洪字十二號，租一分四厘六毛，宣字弍百八十七號，租四分六厘二毛

張塢租叁担，日字四百六十六號，租二斗一分六厘九毛，此契行房收存

立合同分約各執壹紙為照

宣統弍年八月吉日立分母劉門林氏水珠

右給忠房執管

長子 劉朝利

次子 朝高

族長 嘉年

房長 嘉孔

侄 朝南

壻 許宣昌

甥 范積昌

蔡廬山

代筆 蔡晴齋

各押

86附1–2.宣統二年八月劉朝利、劉朝勳分約，劉朝利、劉朝高分約抄件粘呈

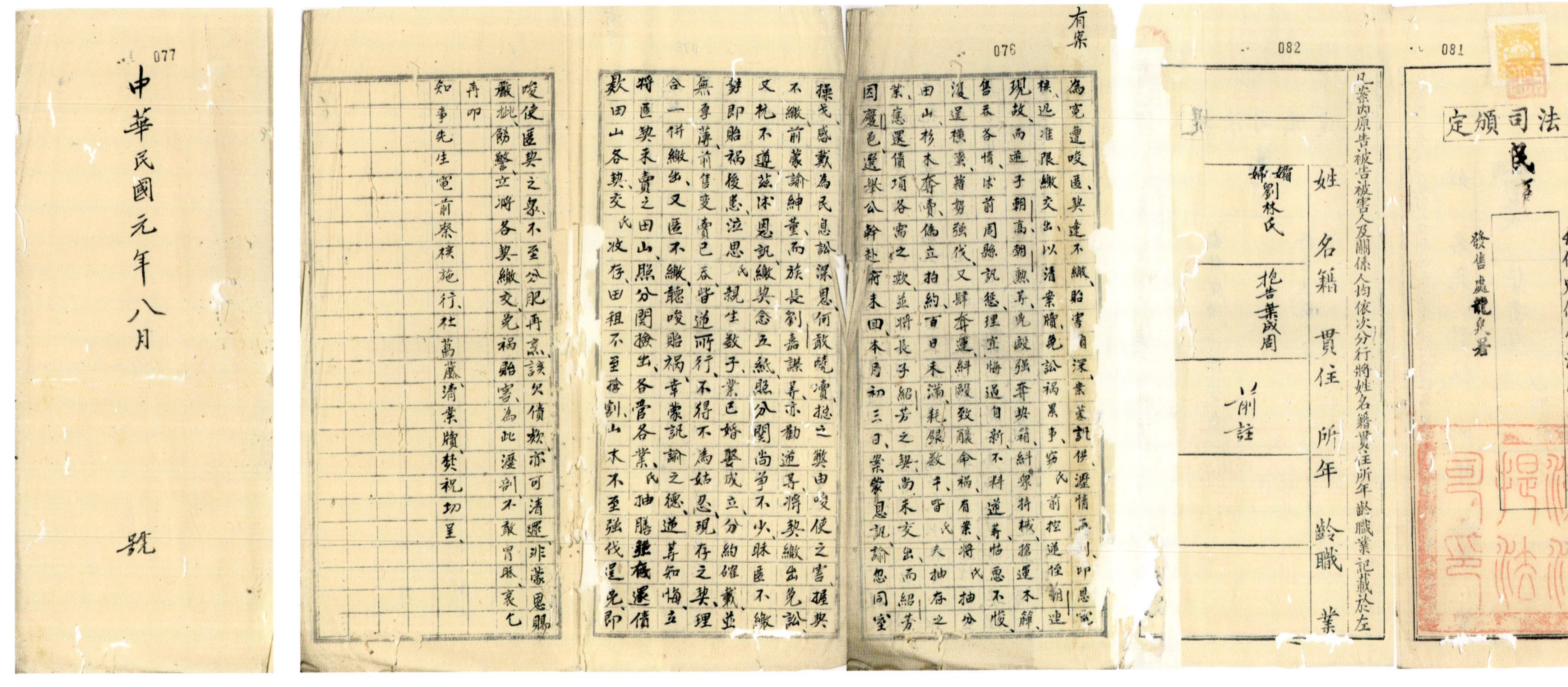

87.民國元年八月劉林氏爲控劉朝高等冤遭唆匿契違不繳事民事狀　(3361：81–82) 28.3×22.0cm；(3361：76–77) 28.3×105.0cm　圖版裁空白頁

提法司頒定
民事
每付定價小洋壹角
發售處

凡案內原告被告及關係人均依次分行將姓名籍貫住所年齡職業記載於左

姓名	籍貫	住所	年齡	職業
遞呈劉朝勳	本籍	南鄉小梅庄	二十四歲	業商

有業喊詞

爲兄奪弟產、假母陷害，叩　恳核照關據分約，一面吊取劉紹芳即朝利文房名下關書分約，秉公判斷，以救民命，而杜後禍事。竊民閤管業以契據爲憑，兄弟分家以關書爲據。民兄弟分家關書係民父在時親手主分，豈兄背父亡親，以父出立關書不足憑，母手出立分約又不足據，一味假母迭訟不休，揣其心無他，欲陷民兄弟二人於死地，伊好從中大得便宜，二產全噬。不然則伊與民是全胞兄弟，何伊所得父分之產業，可以嫖賭花費，變賣後分之業，又可變賣與人，則是伊之產可賣，民兄弟父遺應得之產，斷不可管，就此一節而論，利兄之心狠，莫狠於是。已生則無可以親族，死無可對父於九泉。前蒙　憲恩諭紳沈君赴鄉和平了結，恩莫大焉。沈君於本五月十四號到民鄉邀民親族秉公理息，蒙母被沈紳親族說妥，着民將後經親族在見分約所存母膳田契據交出與民母收拾，民母出立收字壹紙，是時民母滿口應承約限第二日一面交契一面寫立收字。民總謂此冤可免，誰料利兄甚心難填，背地商母收字不可主，民母果於次日不立收字，曾是沈君無可理了，不知沈君亦答覆否，再可冤者，民將已分分約內土名石柱寨山杉木出拚與劉良寶賴國本等爲貨售賣，伊又出而混爭，似此吞心似海，假母陷害，喪盡天良，不沐　知事先生大發仁心，秉公判斷，懸死起生，不然則民兄弟冤沉海底，訟累無窮，爲此不已，哀叩
縣知事先生憐恤苦情，清業杜禍，迫切上呈。

縣知事陳
臨審在即，靜候。毋瀆。
批

中華民國元年八月十四日

88.民國元年八月十四日劉朝勳爲控劉紹芳兄奪弟產假母陷害事民事狀　（3361：63–69）28.2×126.7cm　圖版裁空白頁

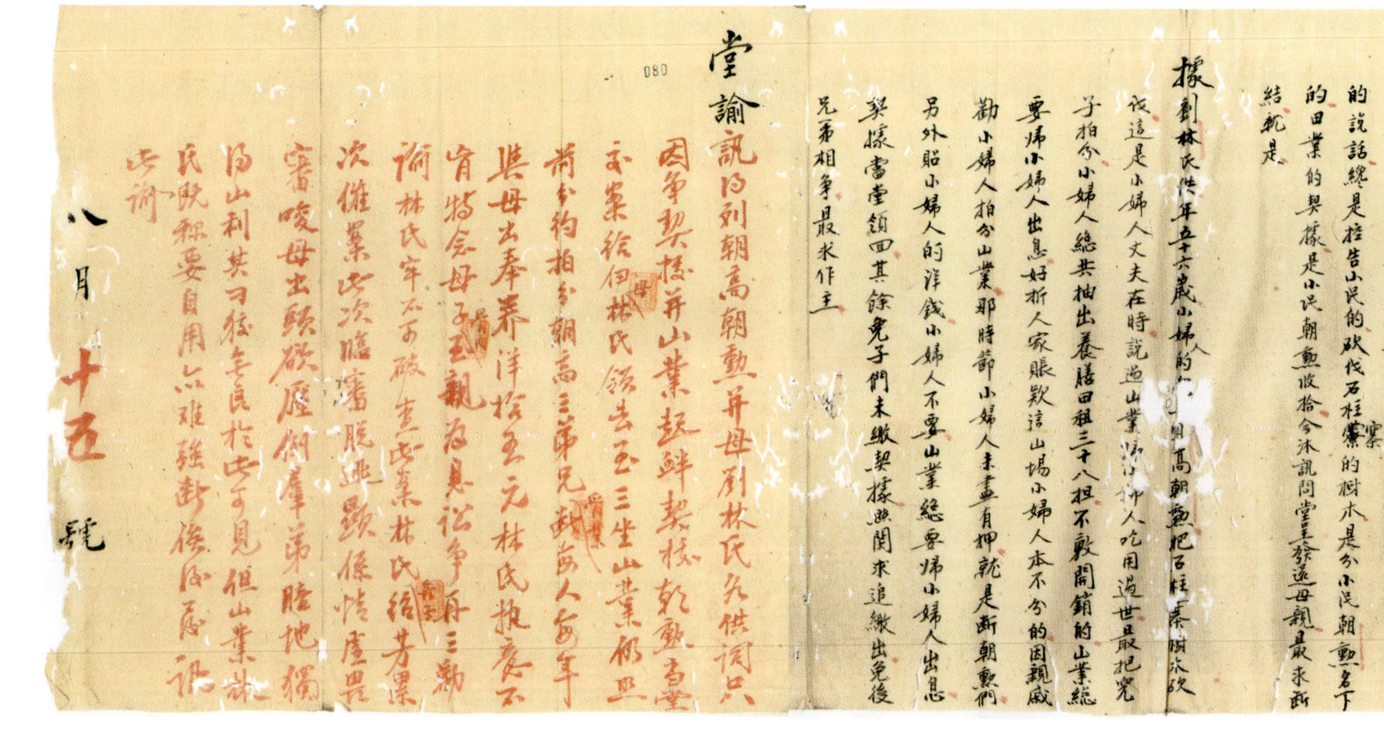

90.(民國元年)八月十五日供詞、堂諭　(3361：79–80) 28.8×70.0cm

89.(民國元年)八月十五日點名單
(3361：78) 28.6×29.0cm

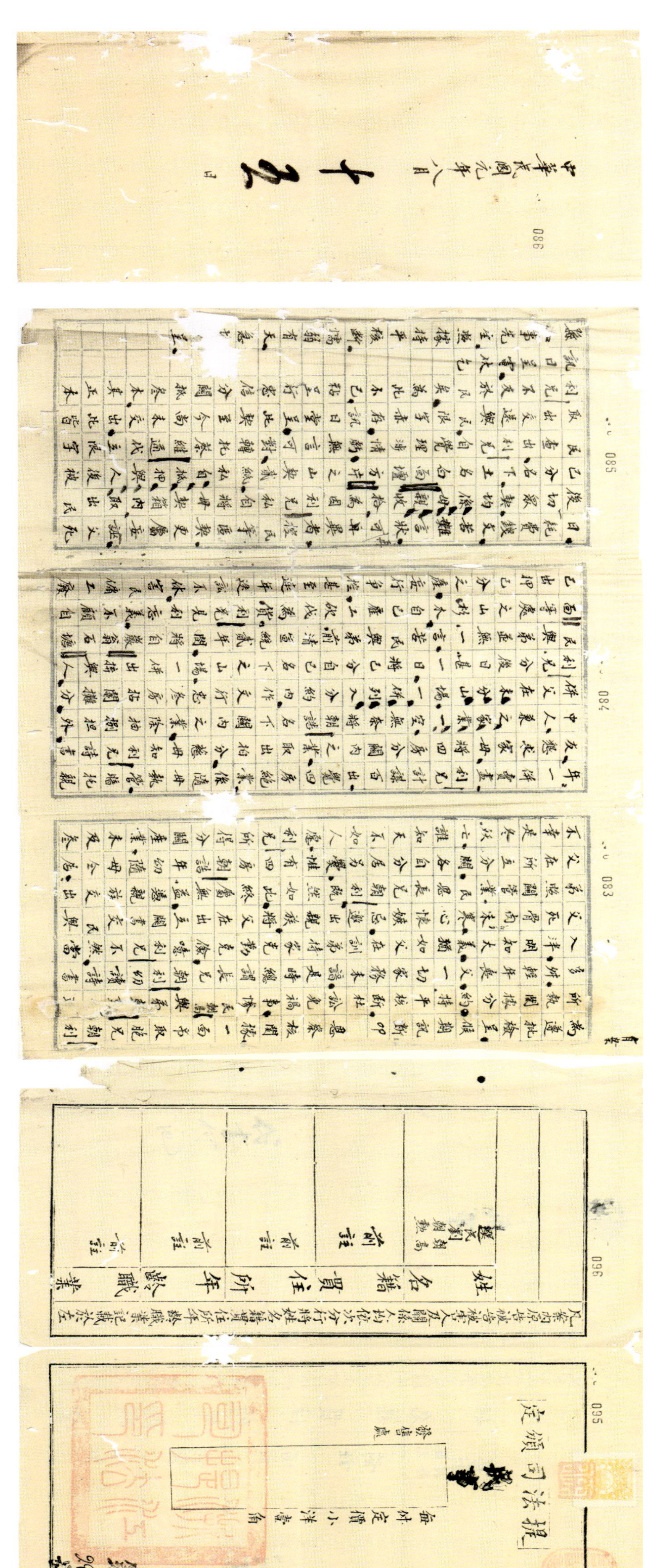

91.民國元年八月十五日劉朝高等爲控劉紹芳違批檢呈候期訊斷事民事狀　（3361：95–96）28.1×30.7cm；（3361：83–86）28.2×98.0cm　圖版裁空白頁

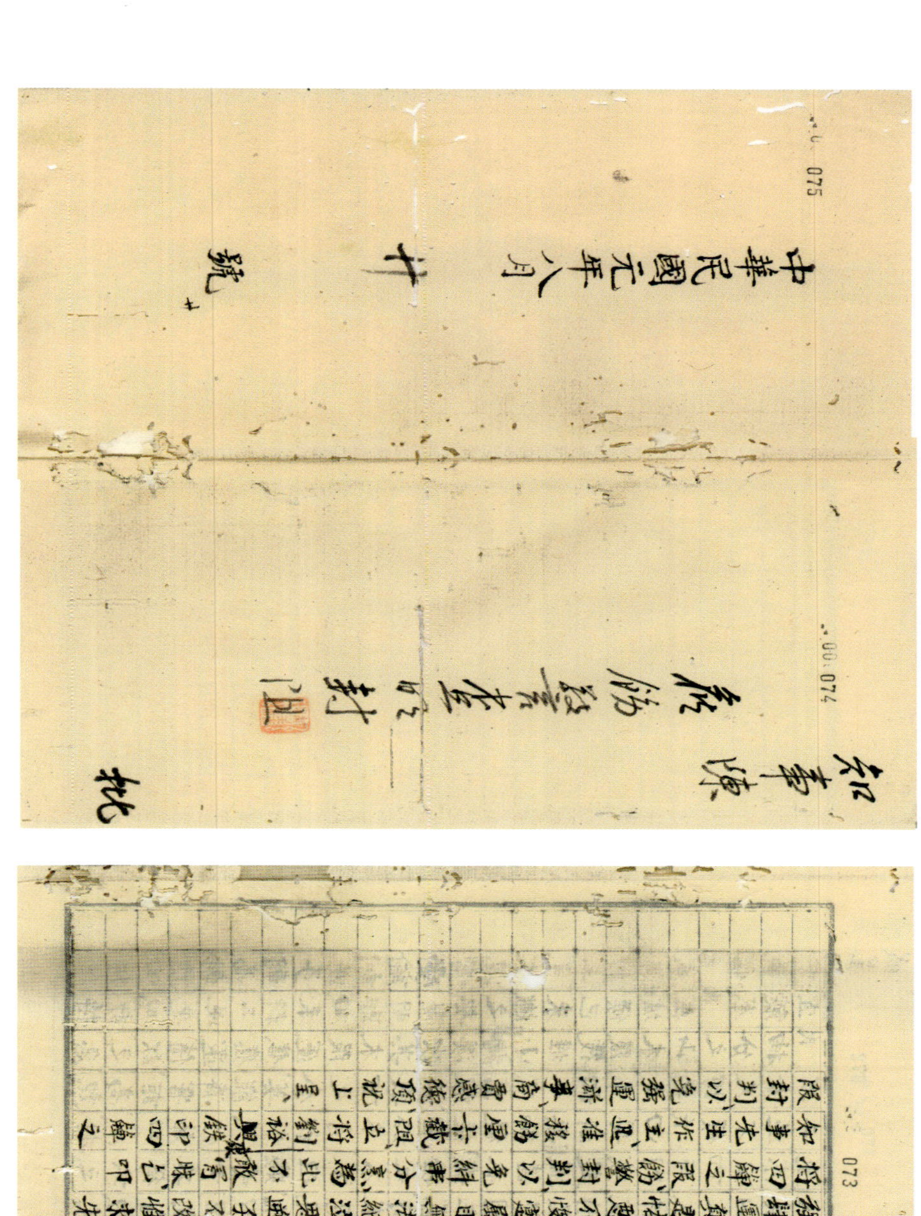

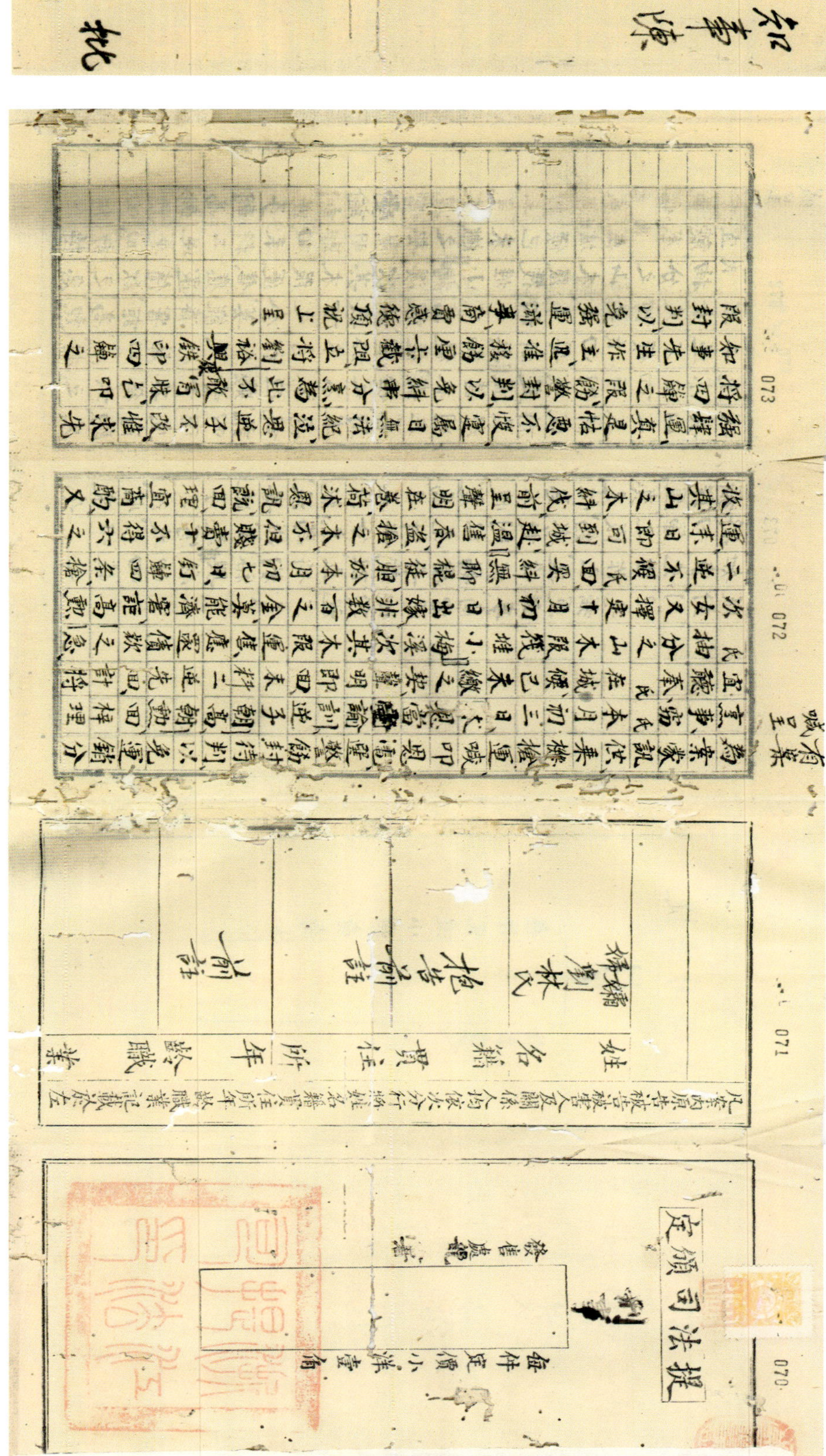

92.民國元年八月廿日劉林氏爲控劉朝高等案稟訊供乘機搶匿事刑事狀　（3361：70–75）28.0×131.0cm　圖版裁空白頁

93.民國元年十二月廿五日劉紹芳爲控劉朝高等毆奪頻仍不訊不了事民事狀
（3361：57–58）27.7×31.0cm；（3361：59–62）27.9×94.8cm　圖版裁空白頁

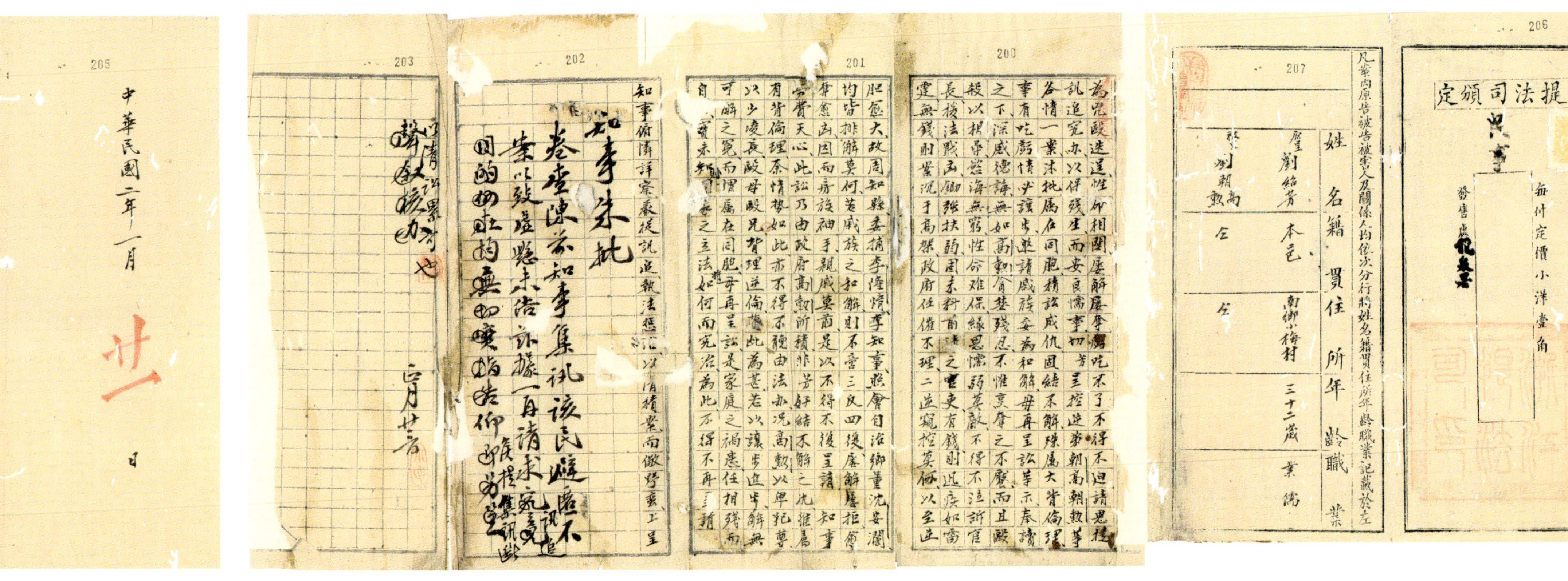

94.民國二年一月廿一日劉紹芳爲控劉朝高等兇毆疊逞性命相關事民事狀

（3361：206–207）28.0×31.0cm；（3361：200–203）28.1×47.3cm；（3361：205）28.1×17.0cm　圖版裁空白頁

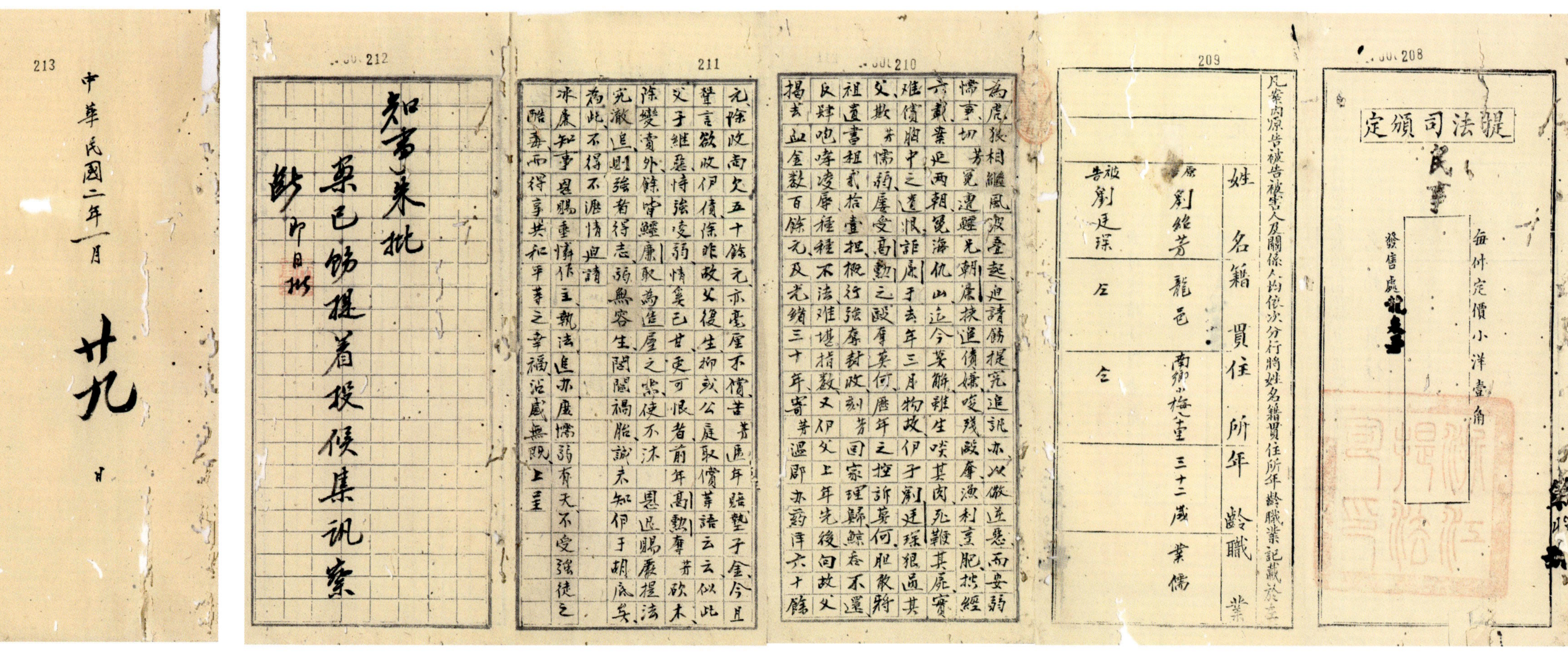

定頒司法狀紙

民事

每件定價小洋壹角

發售處

凡案内原告被告證人及關係人均依次分行將姓名籍貫住所年齡職業記載於左

	姓名	籍貫	住所	年齡	職業
原告	劉紹芳	龍邑	南鄉小梅大堂	三十二歲	業儒
被告	劉廷琛	仝	仝		

爲虎狼相繼，風波疊起，迫請飭提究追訊，以儆逆惡而安弱懦事。切芳覓還疊先朝康挾追債嫌，唆殘毆奪，漁利烹肥，於經六載，業延兩朝，覓海仇山。迄今葉解雖生，唆其肉，死難其屍，實難償胸中之遺恨。詎康于去年三月物故，伊子劉廷琛狼逼其父，欺芳懦弱，屢受高勳之毆奪，莫何歷年之控訴，莫何，膽敢將祖遺書租貳拾畫擔概行強奪封改，刻芳回家理歸，鯨吞不還，良肆咆哮，凌辱種種，不法難堪。指數又伊父上年先後向故父揭去血金數百餘元，及光緒三十年寄芳遐郎亦借洋六十餘元，除收尚欠五十餘元，亦毫厘不償。昔芳遞年歸墊子金，今且聲言欲收伊債，係非故父復生，抑或公庭取償等語云云。似此父子繼惡，恃強凌弱，情奚已甘？更可恨者，前年高勳奪芳砍木，除變賣外，餘皆蠶康取爲造屋之需，使不沐恩追賜嚴提法究，徹追則強者得志，弱無容生，閭閻禍胎，誠未知伊于胡底矣。爲此不得不瀝情迫請

[illegible]康知事恩賜垂憐作主，執法追亦庶懦弱有天，不受強徒之酷毒，而得享共和平等之幸福，沾感無既。上呈

知事朱批：案已飭提，著候集訊察奪。

中華民國二年一月廿九日

95.民國二年一月廿九日劉紹芳爲控劉廷琛虎狼相繼風波疊起事民事狀　（3361：208–213）28.0×123.3cm　圖版裁空白頁

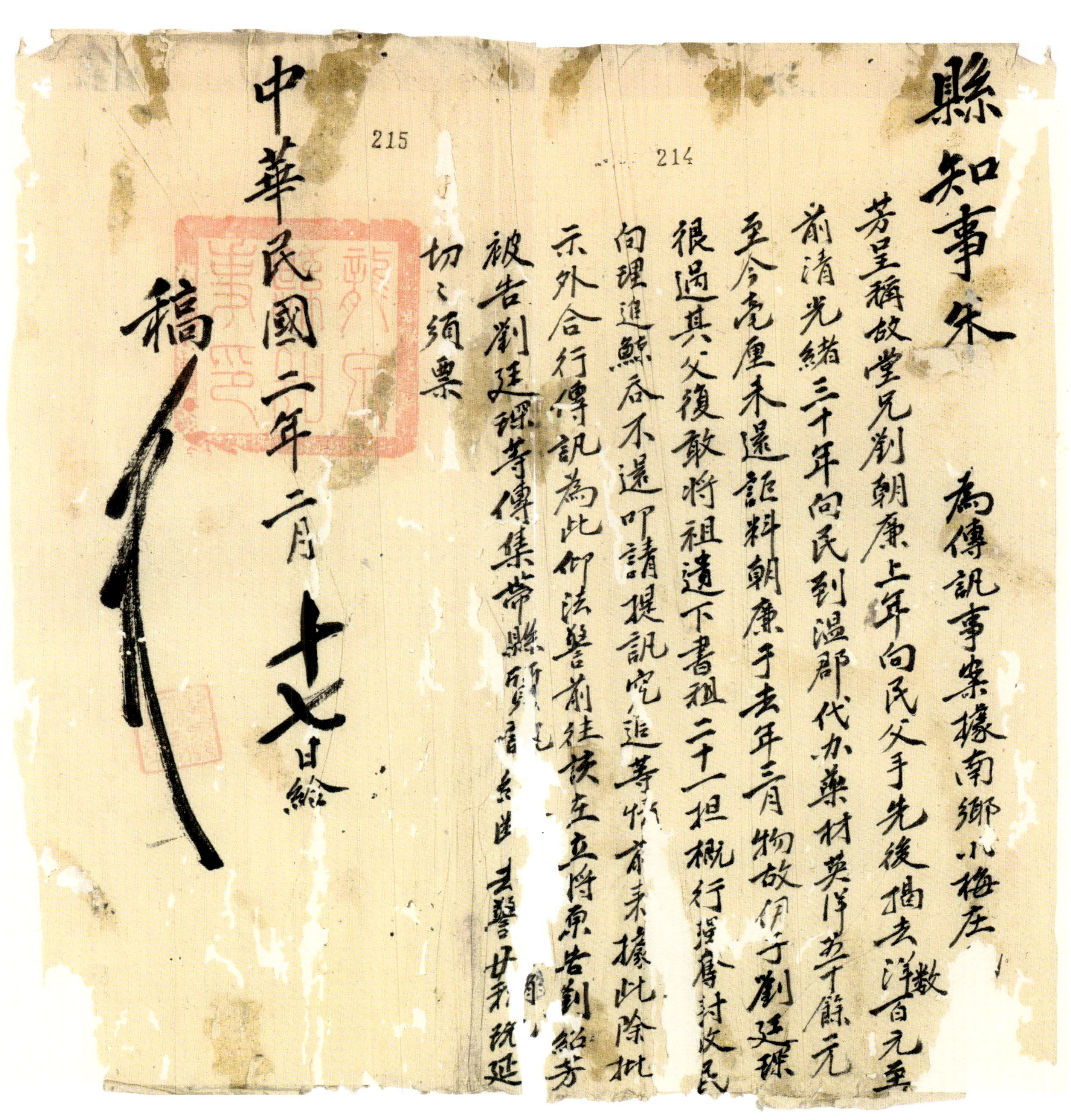

縣知事朱

爲傳訊事。案據南鄉小梅庄

芳呈稱：故堂兄劉朝康上年向民父手先後揭去洋數百元，至

前清光緒三十年向民到溫郡代办藥材英洋五千餘元，

至今尚屢未還。詎料朝康于去年三月物故，伊子劉廷琛

很過其父，復敢將祖遺下書租二十一担概行握奪，討收民

向理，延鯨吞不還，叩請提訊究追等情前來。據此除批

示外，合行傳訊。爲此仰法警前往該處立將原告劉紹芳、

被告劉廷琛等傳集帶縣[illegible]，所費照[illegible]給，去警毋稍玩延，

切切須票。

中華民國二年二月十七日給

稿

215

214

96.民國二年二月十七日縣知事朱光奎爲傳訊劉紹芳等事票(稿)　(3361：214—215) 29.0×27.4cm

97.(時間不詳)劉紹芳爲控劉廷琛遵批投候粘單上核事民事狀

（3361：216—217）27.8×24.4cm；（3361：218—219）28.0×24.7cm；（3361：222）27.0×11.4cm

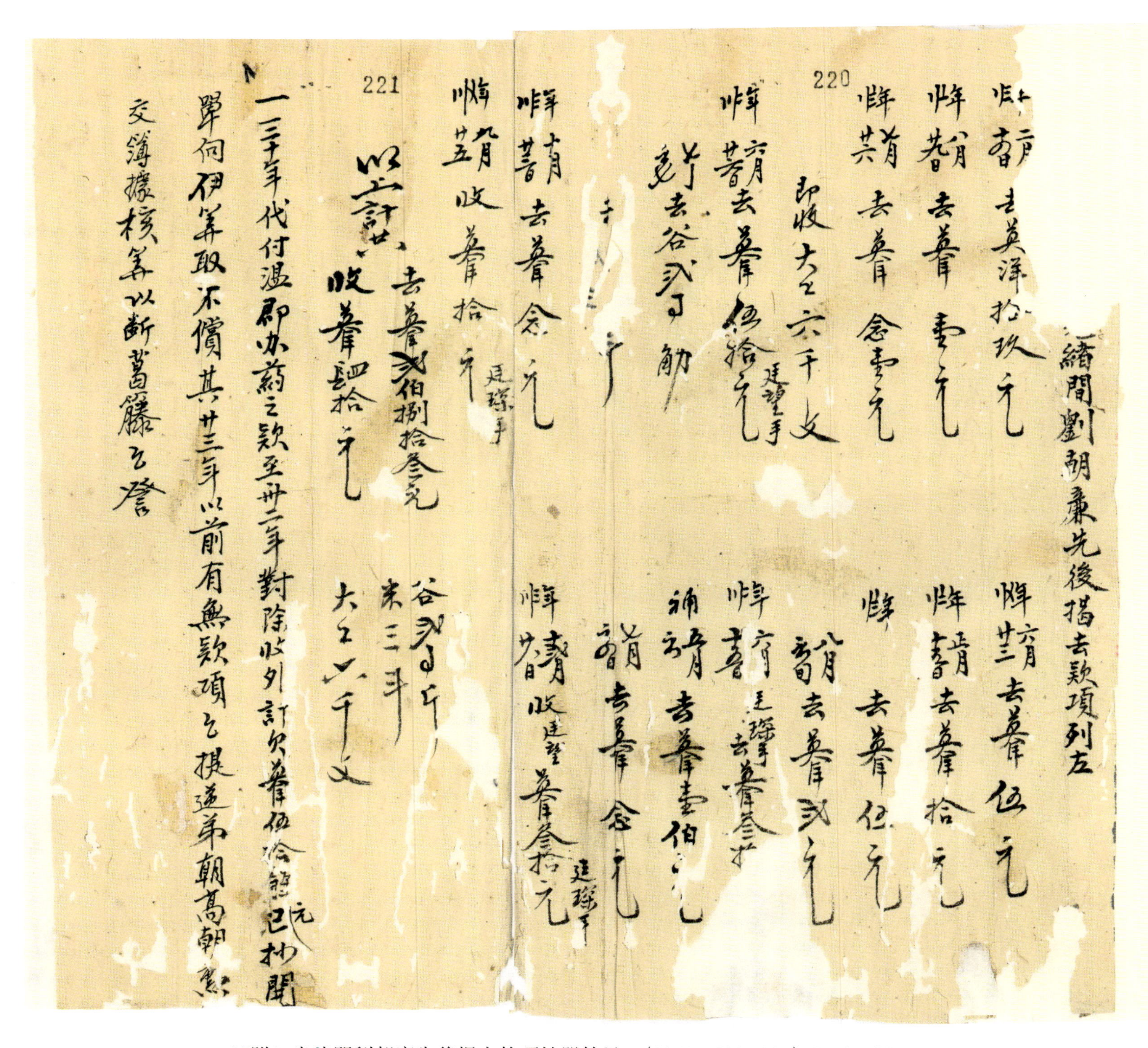

220

光緒間劉朝廉先後揭去款項列左

[illegible]年[illegible]月[illegible]日　去英洋拾玖元

[illegible]年八月[illegible]日　去番壹元

[illegible]年[illegible]月廿六日　去番念壹元

即收大錢六千文

[illegible]年六月[illegible]日　去番伍拾元　廷璋手

[illegible]　去谷弍石[illegible]

[illegible]年十二月[illegible]日　去番念元　廷瑤手

[illegible]年六月廿三日　去番伍元

[illegible]年[illegible]月[illegible]日　去番拾元

[illegible]年　去番伍元

[illegible]年八月[illegible]日　去番弍元

[illegible]年六月[illegible]　廷瑤手　去番叁拾[illegible]

補[illegible]年[illegible]月　去番壹佰元

[illegible]年[illegible]月[illegible]日　去番念元

[illegible]年[illegible]月[illegible]日　收　廷璋　番叁拾元　廷瑤手

221

[illegible]年九月廿五日　收番拾元　廷瑤手

以上計共，去番弍佰捌拾叁元　谷弍石[illegible]　米三斗　大錢六千文

收番四拾元

一三十年代付溫邵亦葯之款至卅二年對除收外計欠番伍拾餘元已抄閱單向伊算取不償其廿三年以前有無款項之提遂弟朝高朝[illegible]交簿據核算以斷葛藤之詹

97附1.光緒間劉朝廉先後揭去款項抄單粘呈　（3361：220—221）26.8×28.3cm

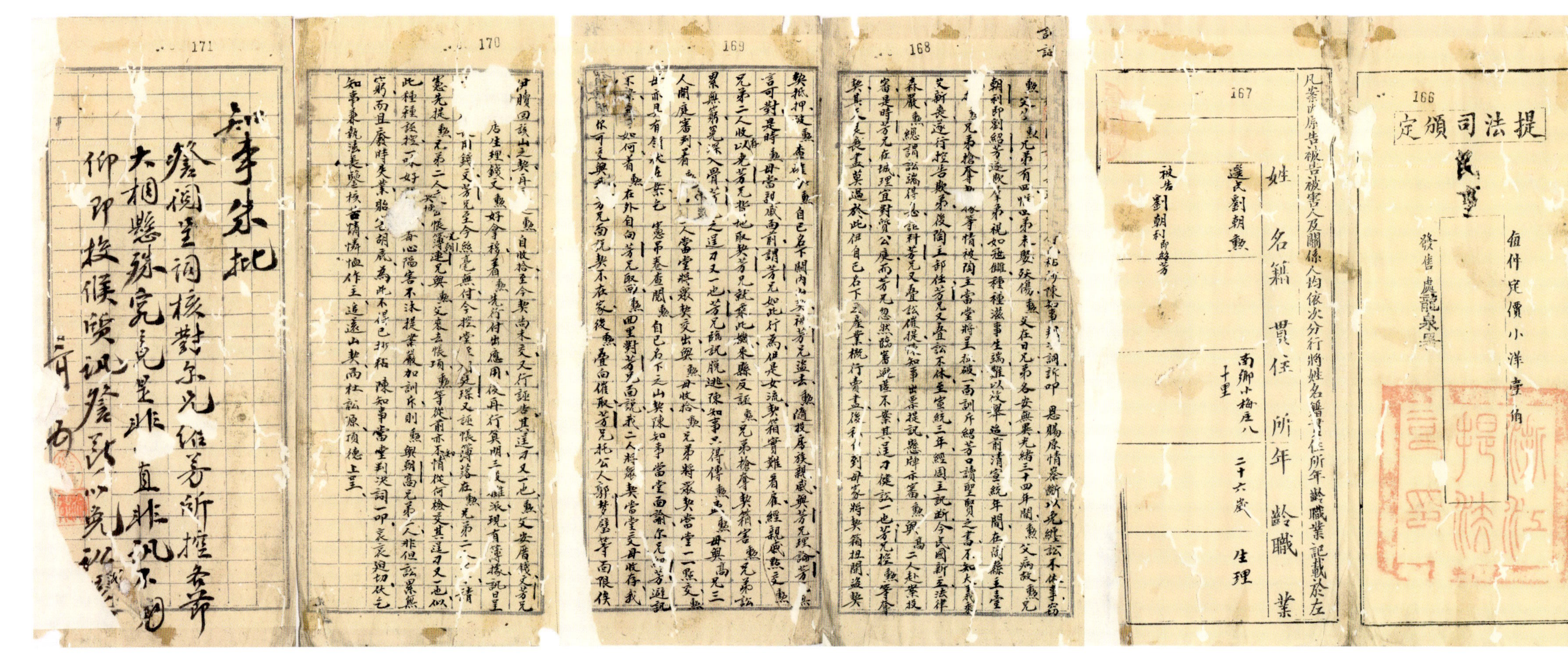

98.(民國二年)三月五日(批)劉朝勳爲控劉紹芳恩賜原情察斷以免纏訟不休事民事狀

（3361：166–167）27.8×24.0cm；（3361：168–169）27.8×23.7cm；（3361：170–171）27.8×23.4cm

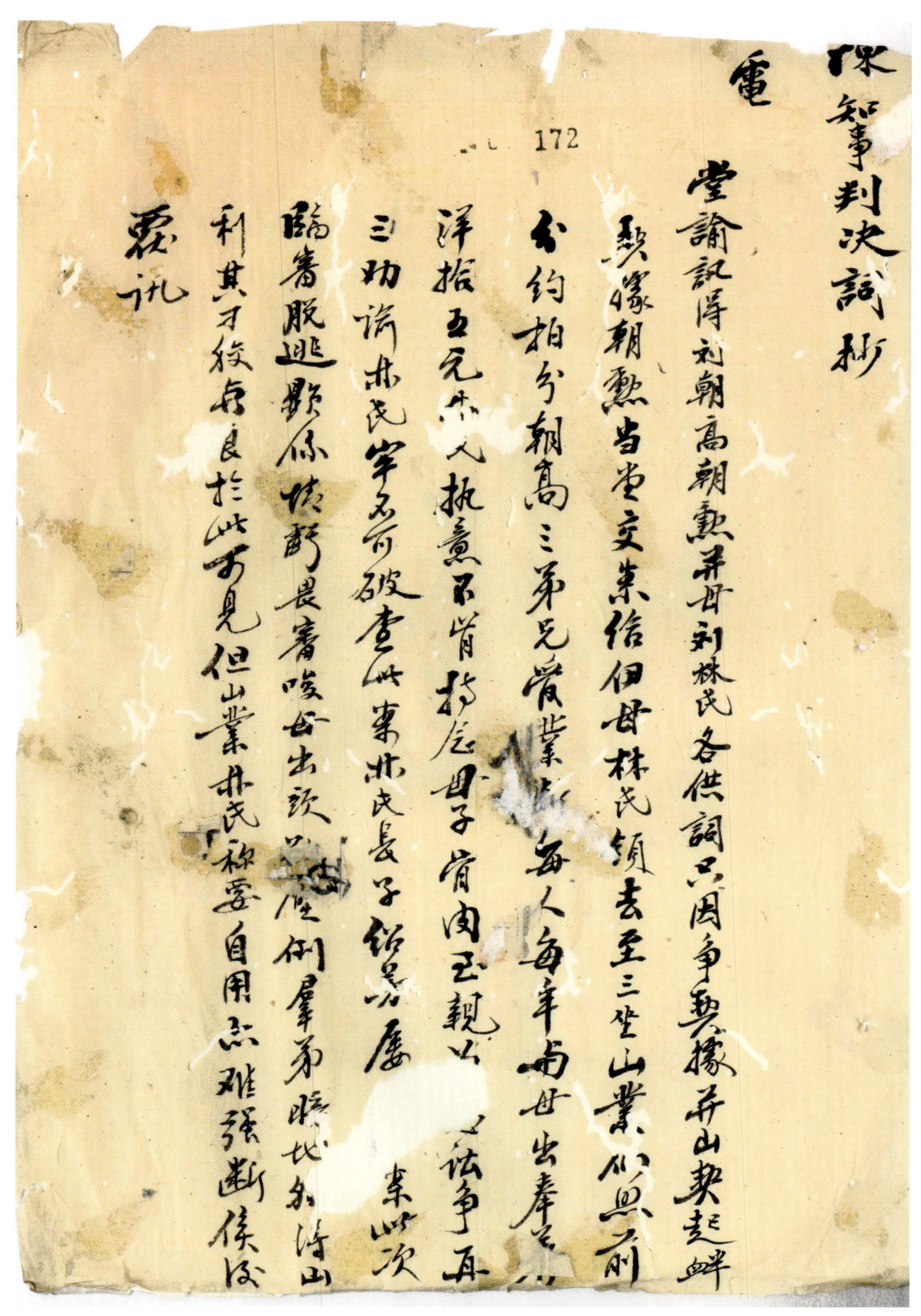

陳知事判決諭抄
電
172
堂諭訊得劉朝高朝勳弟母劉林氏各供詞只因爭契據并山契起衅
緣據朝勳當堂交案給伊母林氏領去至三坐山業從前
分約柏分朝高三弟兄管業每人每年尚母出奉養
洋拾五元乃朝高執意不肯將伊母子骨肉至親以訟爭再
三劫訴林氏牢名破產此案林氏長子紹芳屢　案此次
臨審脫逃顯係該鄙晨審唆母出頭以便伊羣弟暗地侍山
利其刁狡奸良於此可見但山業林氏稱要自用亦難強斷候從
嚴訊

98附1.縣知事陳蔚堂諭抄件粘呈　（3361：172）29.1×20.0cm

99.(民國二年)三月十三日(批)劉紹芳爲控劉朝高等毆奪烹噬開單察核事民事狀　（3361：223–224）28.0×26.7cm，（3361：225–227）26.9×47.4cm

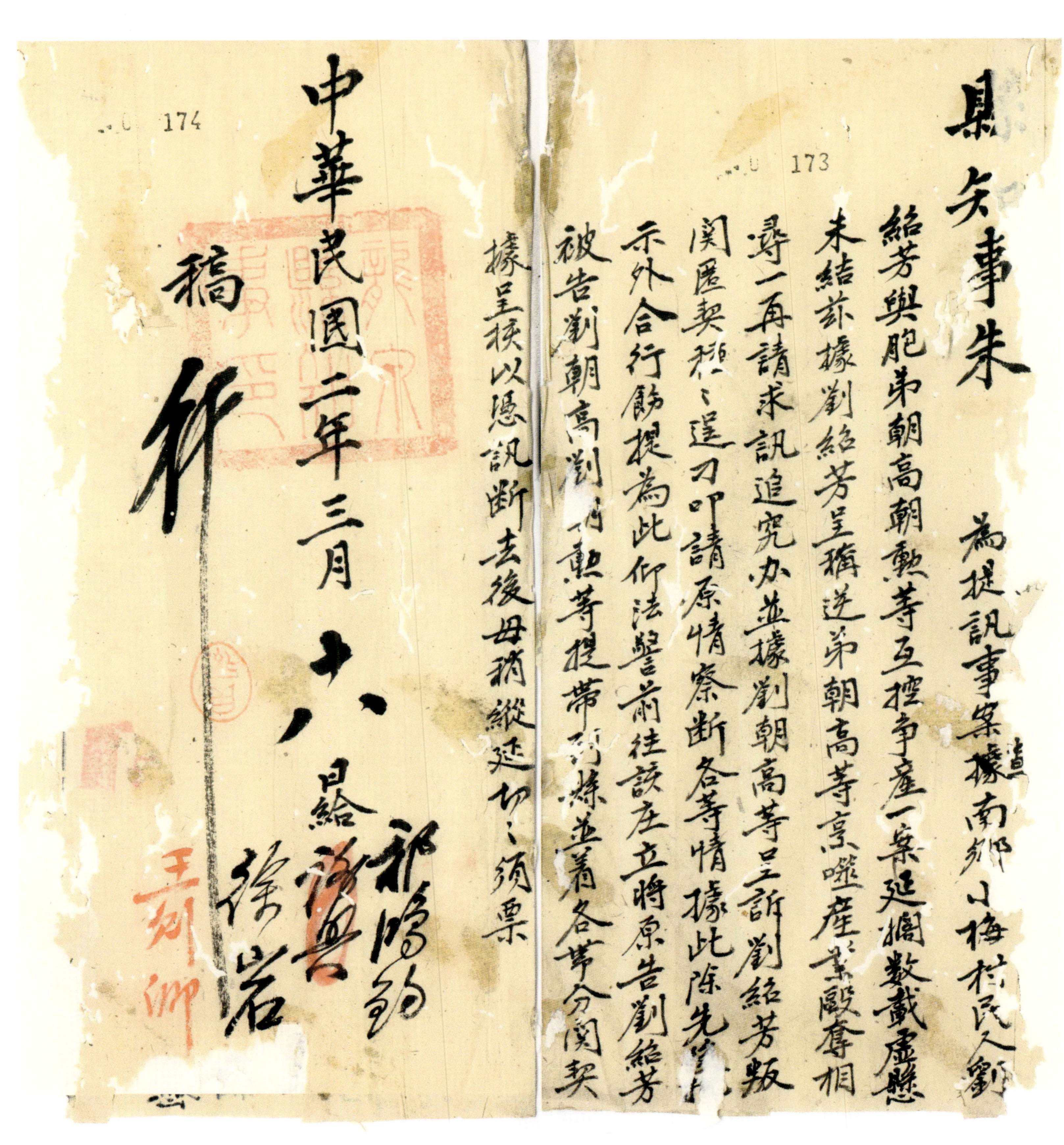

縣知事朱

為提訊事案據南鄉小梅村民人劉

紹芳與胞弟朝高朝勳等互控爭產一案延擱數載虛懸

未結茲據劉紹芳呈稱逆弟朝高等烹噬產業毆奪相

尋一再請求訊追究辦並據劉朝高等呈訴劉紹芳叛

閡匿契種種選刁叩請原情察斷各等情據此除先期批

示外合行飭提為此仰法警前往該庄立將原告劉紹芳

被告劉朝高劉朝勳等提帶到縣並着各帶分閡契

據呈核以憑訊斷去後毋稍縱延切切須票

中華民國二年三月十八日給

稿

行

100.民國二年三月十八日縣知事朱光奎爲提訊劉紹芳等事票(稿)（3361：173—174）27.5×25.7cm

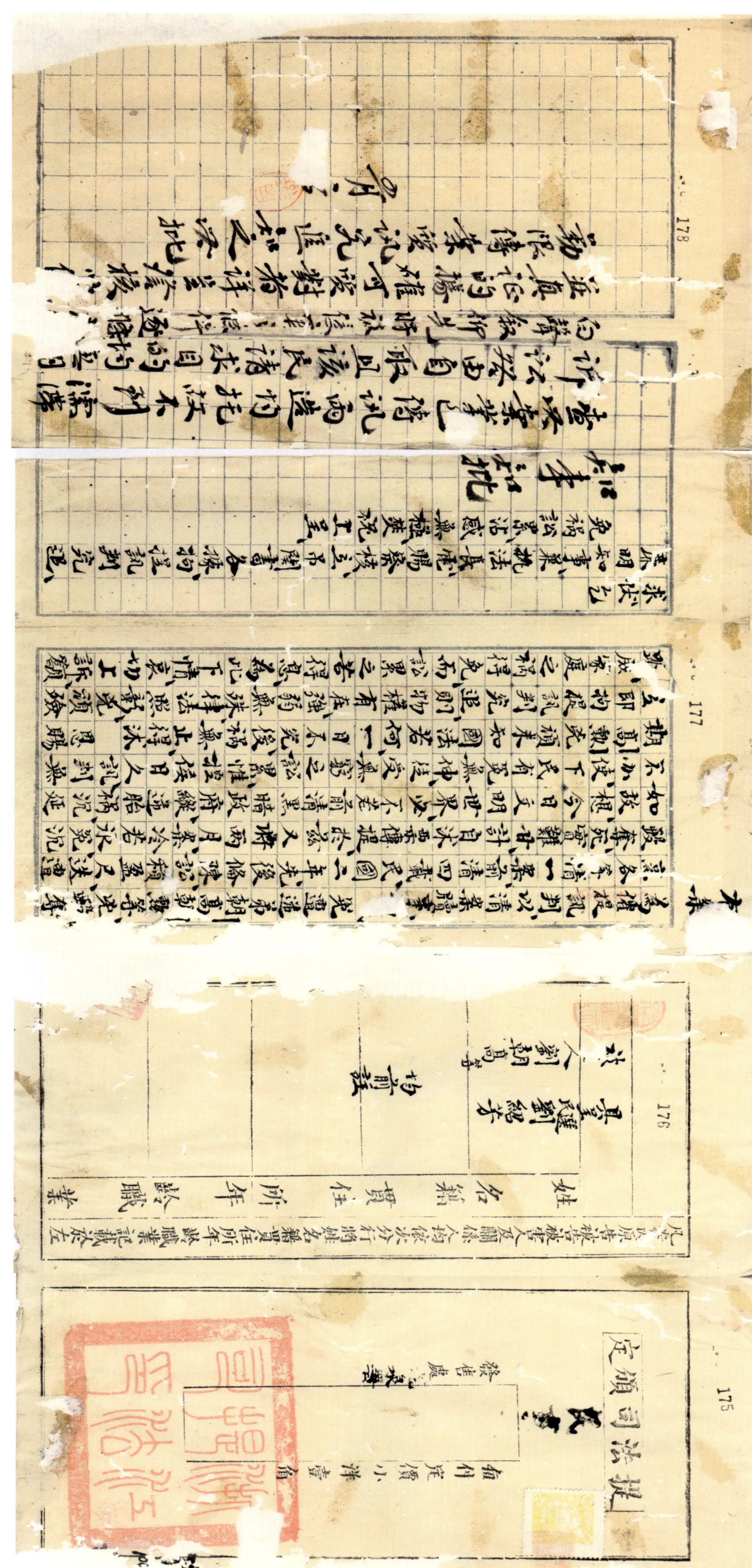

101.(民國二年)五月二日(批)劉紹芳爲控劉朝高等催提訊判以清案牘事民事狀 (3361：175–176) 28.0×25.5cm；(3361：177–178) 28.0×35.6cm

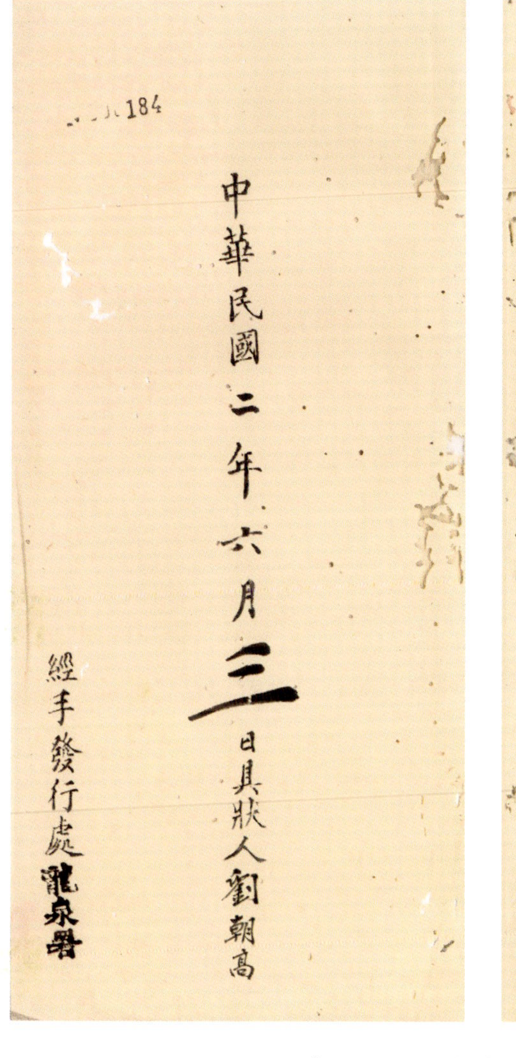

中華民國二年六月三日具狀人劉朝高

經手發行處 龍泉署

102.民國二年六月三日劉朝高爲控劉紹芳限交不交反誣抵賴事民事訴狀　(3361：179) 27.1×23.6cm；(3361：180—184) 27.2×108.4cm　圖版裁狀面、空白頁

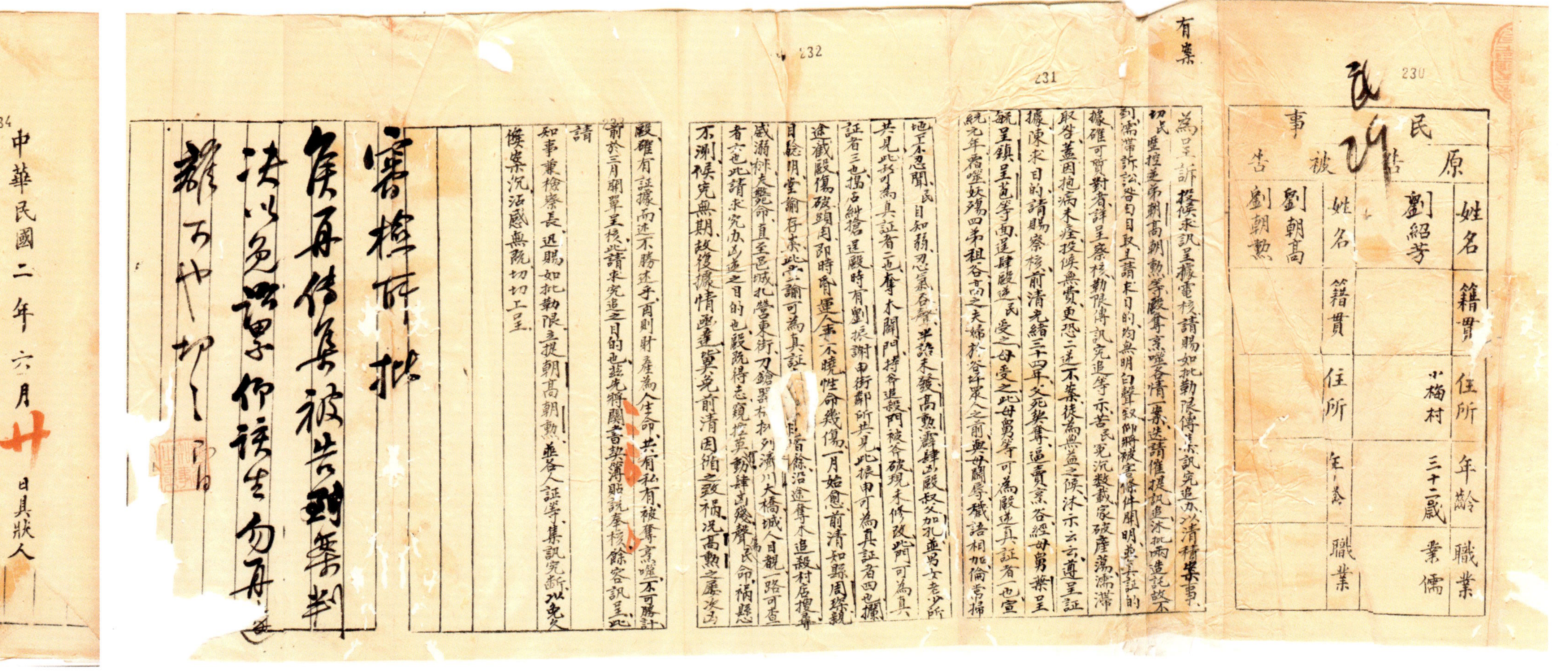

103.民國二年六月廿日劉紹芳爲控劉朝高等投候求訊呈據電核事民事訴狀　（3361：204）27.5×26.3cm；（3361：230–234）26.7×101.8cm　圖版裁狀面、空白頁

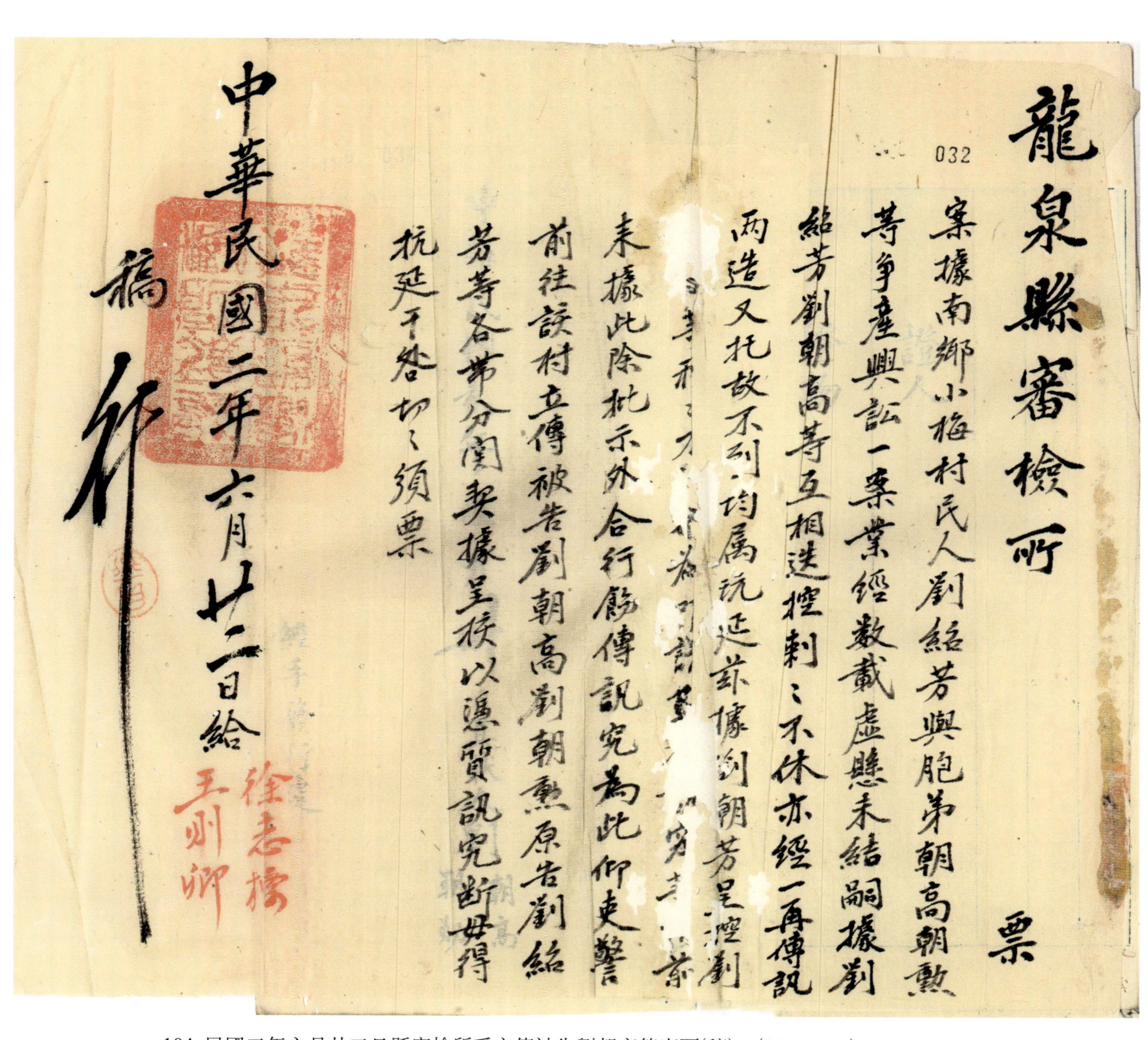

龍泉縣審檢所　　票

案據南鄉小梅村民人劉紹芳與胞弟朝高、朝勲等爭產興訟一案，業經數載，虛懸未結。嗣據劉紹芳、劉朝高等互相迭控，刺刺不休，亦經一再傳訊兩造，又托故不到，均屬玩延。茲據劉朝芳呈控劉紹芳等情前來。據此，除批示外，合行飭傳訊究。爲此仰吏警前往該村，立傳被告劉朝高、劉朝勲，原告劉紹芳等，各帶分關契據呈核，以憑質訊究斷，毋得抗延干咎。切切。須票。

中華民國二年六月廿二日給

稿

104.民國二年六月廿二日縣審檢所爲立傳被告劉朝高等事票(稿)　(3361：32)　27.2×32.0cm

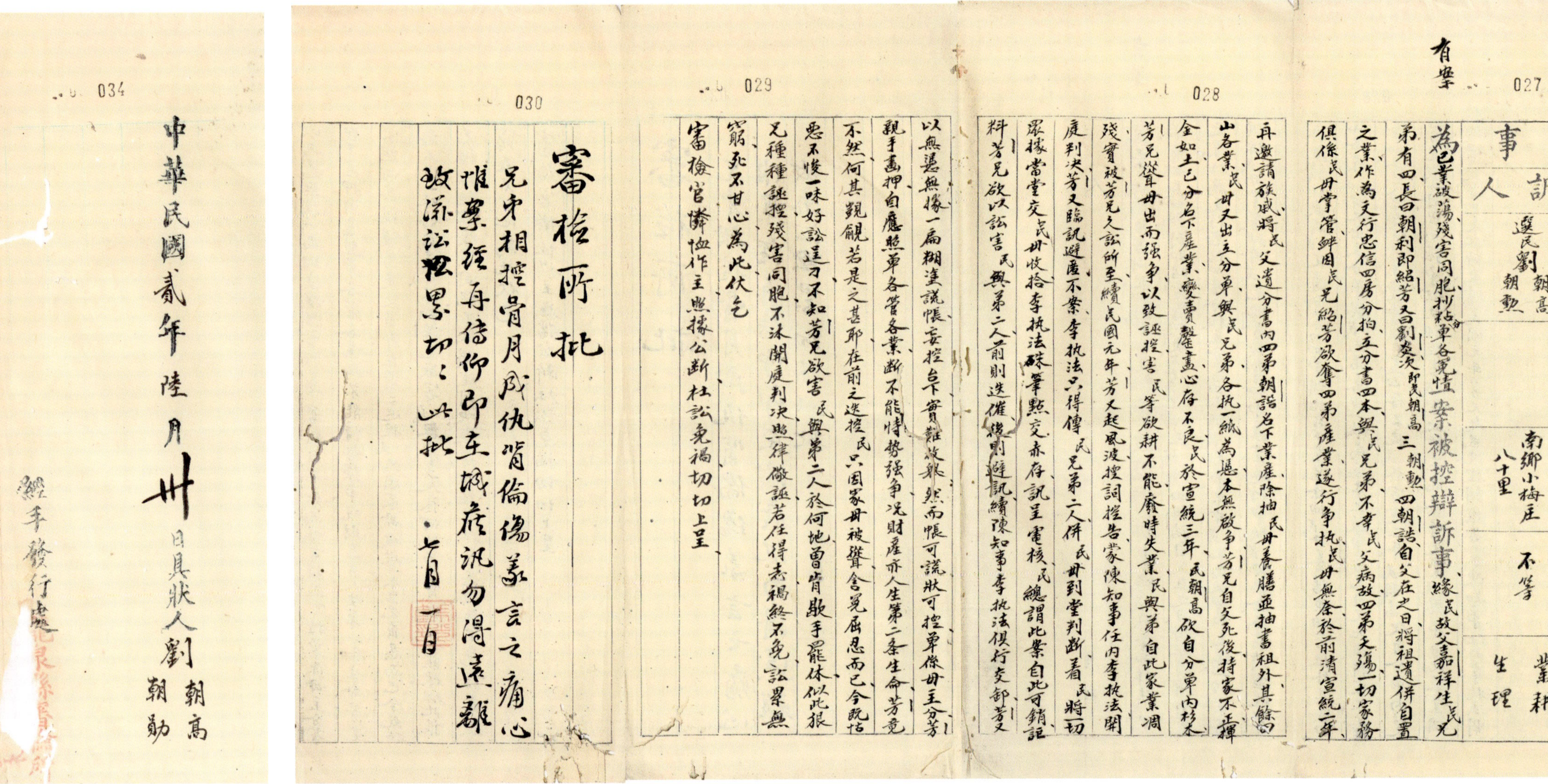

105.民國二年六月卅日劉朝高等爲控劉紹芳已業破蕩殘害同胞事民事辯訴狀

（3361：26）27.4×27.8cm；（3361：27–30）27.2×65.3cm；（3361：34）27.2×41.5cm　圖版裁狀面、空白頁

105附1.宣統二年八月劉朝利、劉朝高分約抄件粘呈　（3361：31）29.4×50.8cm

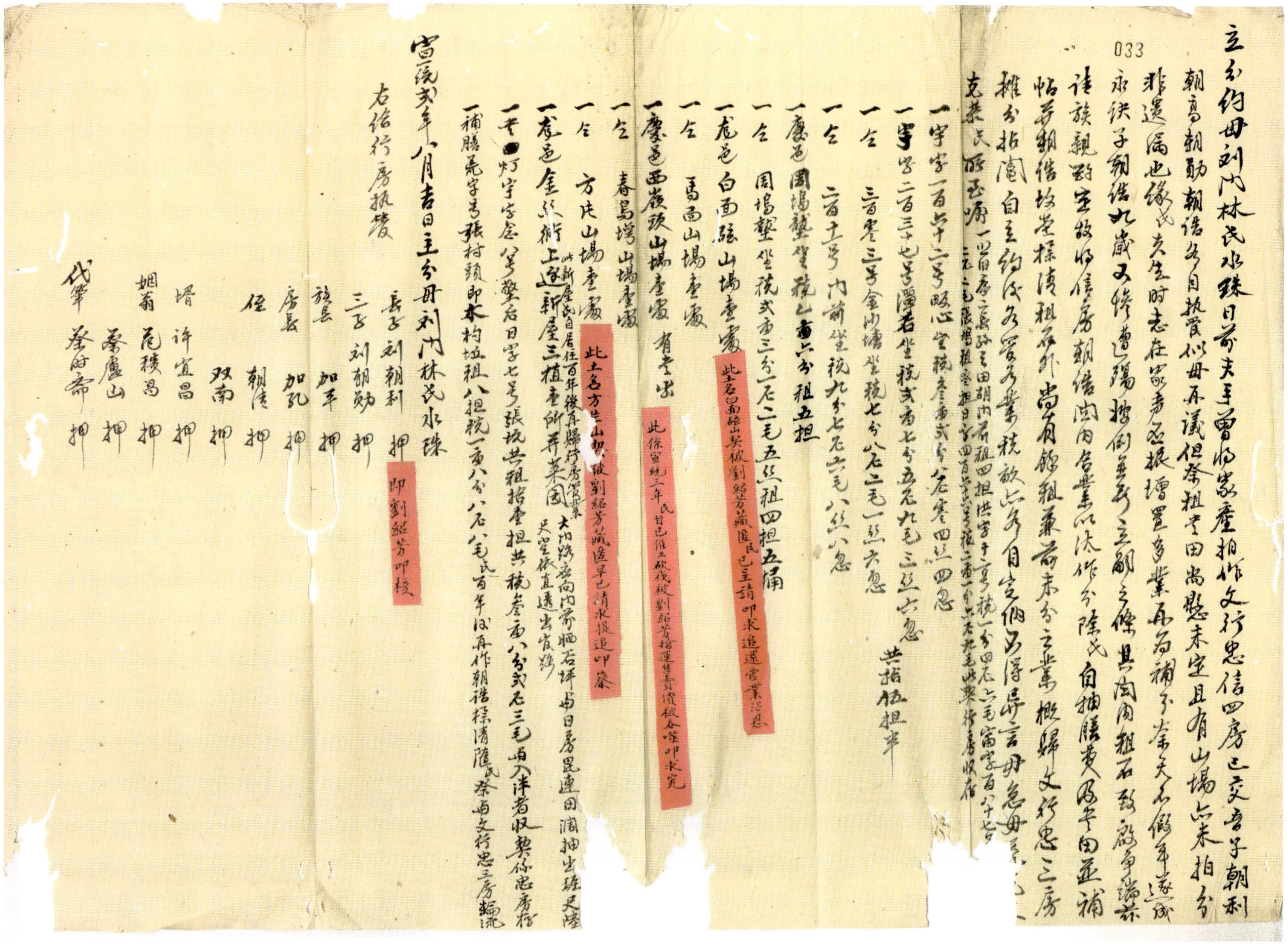

105附2.宣統二年八月劉朝利、劉朝勳分約抄件粘呈（3361：33）29.2×42.8cm

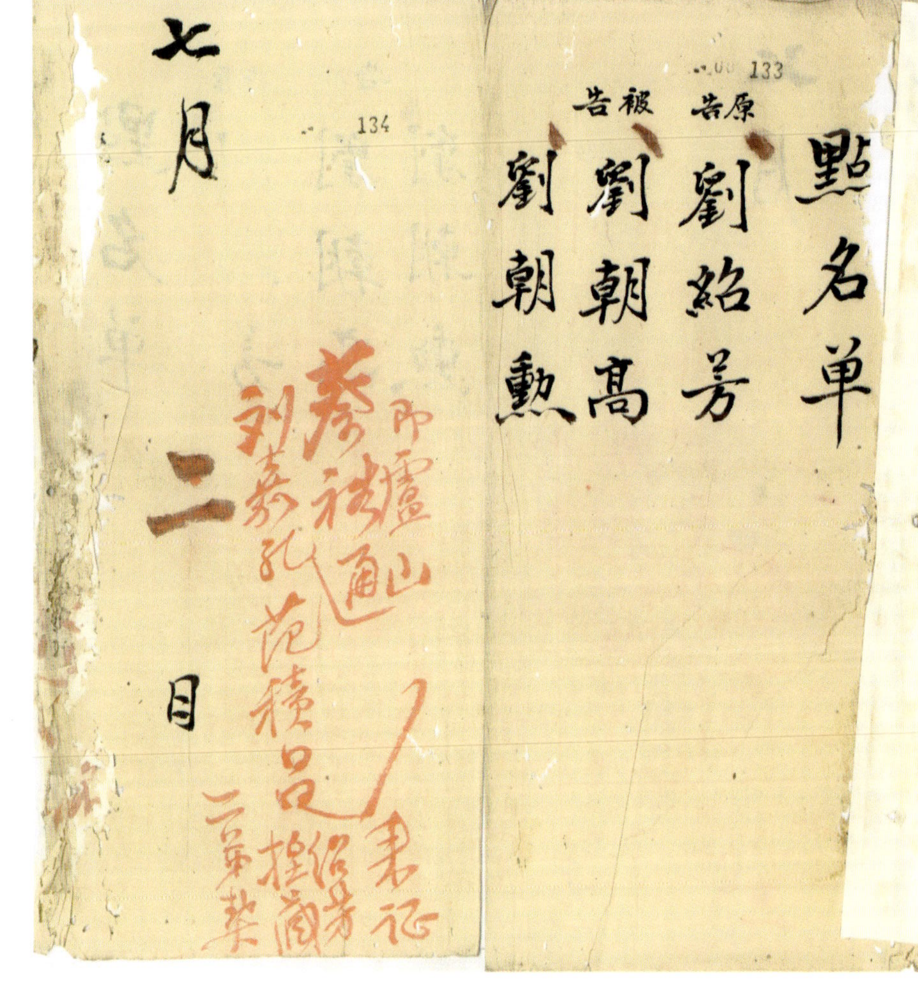

龍泉縣審檢所 票

案據南鄉小梅村民人劉紹芳迭控胞弟朝高朝勲等霸奪産業逞兇混爭等情，業于本月二號開庭集訊，互相質對，兩造情詞均有不實不盡之處。其所控條件，有事既認可不必詳求者，有情涉虛謬無從核實者，均置之不論。其中尚有緊要之件可以查察而得其實際者，必須提出另行飭查，務求黑白分明，双方允洽，始免閲墻之禍，而敦手足之情。為此仰承發吏前往該庄，立將抄粘各款澈底查明，詢訪詳悉，逐條從實具覆，以憑斷結而清訟累。去後毋稍徇隱，切切。須票。

中華民國二年七月四日給

稿

107.民國二年七月四日縣審檢所爲將抄粘各款徹底查明事票(稿)

（3361：135–136）27.2×26.2cm；（3361：137）27.3×11.7cm

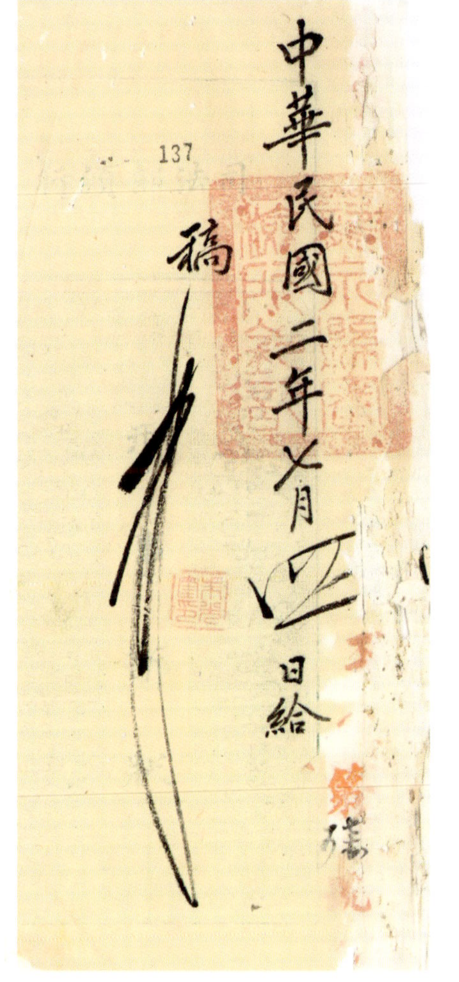

點名单

原告 劉紹芳

被告 劉朝高 劉朝勲

七月二日

106.(民國二年)七月二日點名單

（3361：133–134）29.0×25.1cm

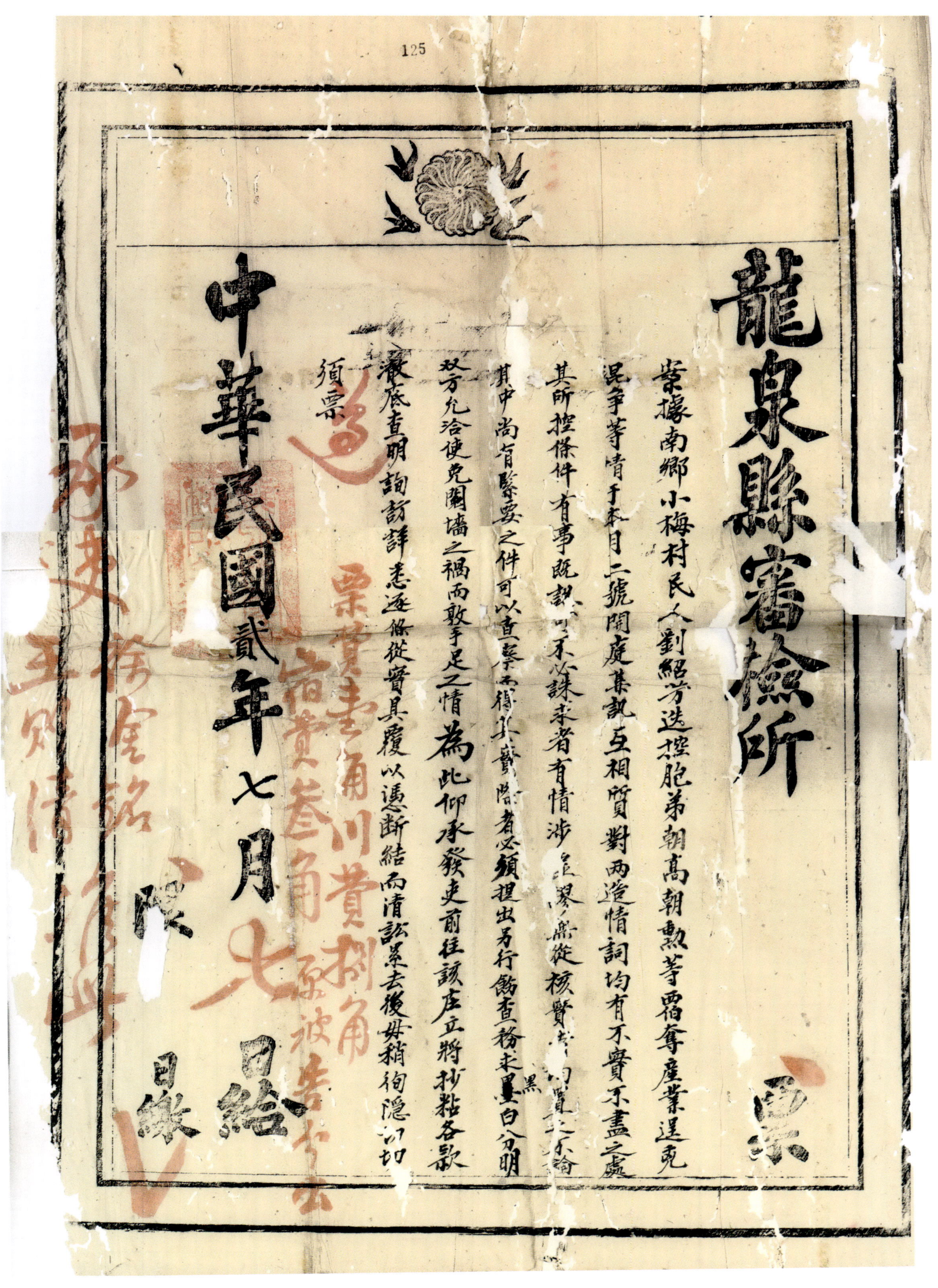

125

龍泉縣審檢所

票

案據南鄉小梅村民人劉紹芳迭控胞弟朝高朝勲等霸奪産業逞兇混爭等情于本月二號開庭集訊互相質對兩造情詞均有不實不盡之處其所控條件有事既訊明不必誅求者有情涉含糊無從核實者不論其中尚有緊要之件可以查明某件係某黑某一户暗者必須提出另行飭查務求皂白分明雙方允洽使免鬩墻之禍而敦手足之情爲此仰承發吏前往該庄立將抄粘各款徹底查明詢訪詳悉逐條從實具覆以憑斷結而清訟累去後毋稍徇隱切切須票

中華民國貳年七月　日給

限　日繳

108.民國二年七月七日縣審檢所爲將抄粘各款徹底查明事票　（3361：125）57.0×39.0cm

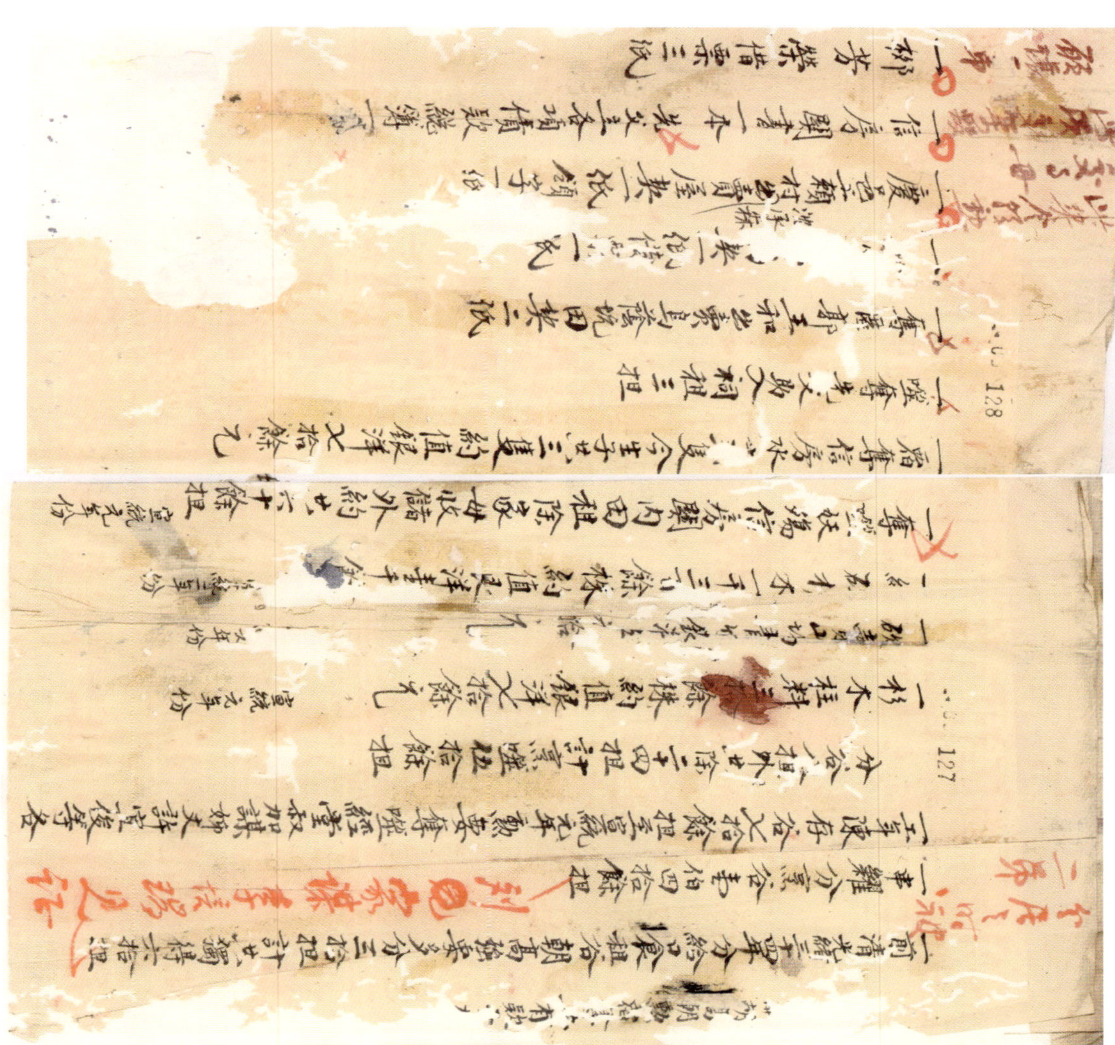

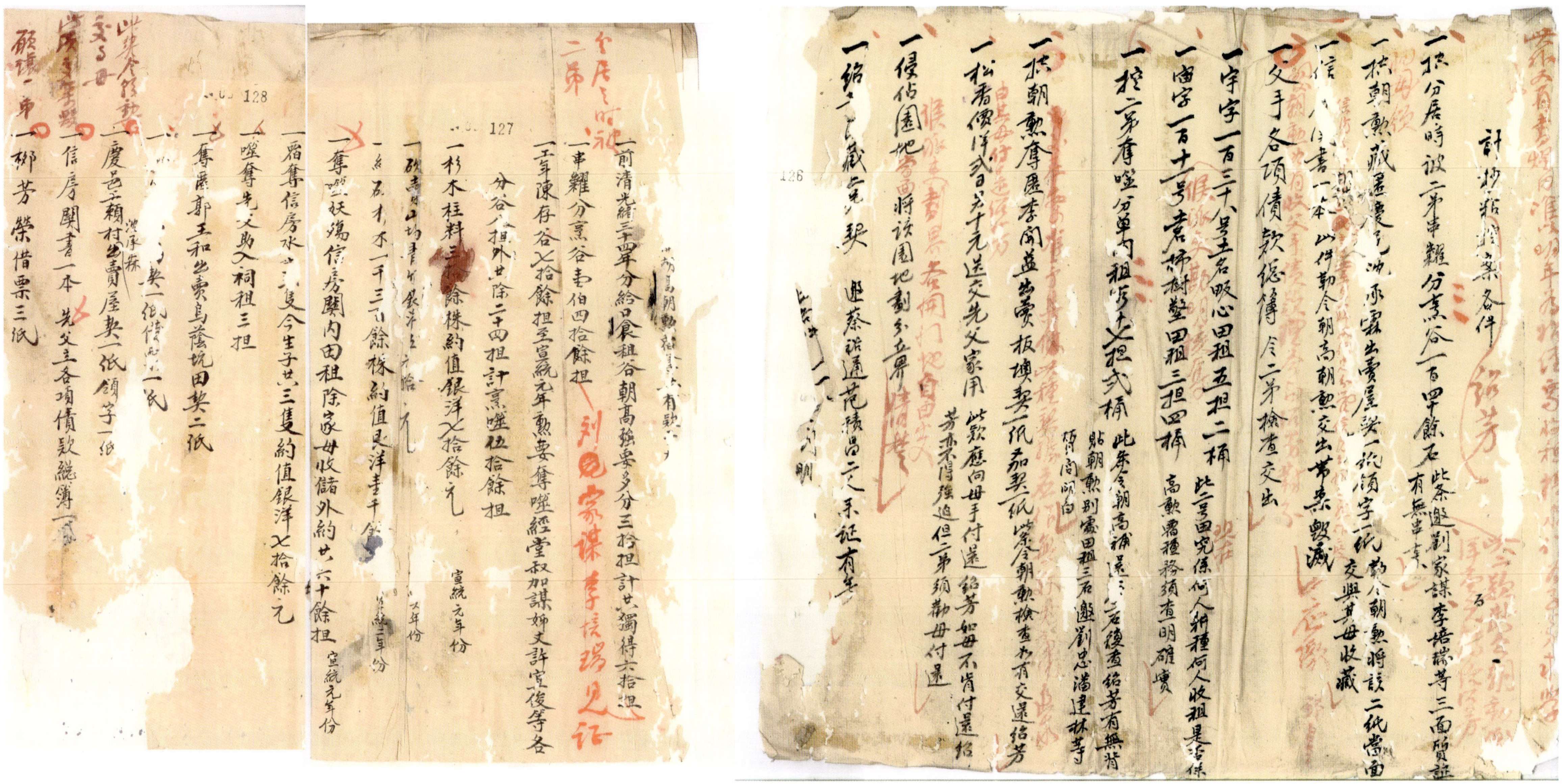

108附1−1.劉紹芳控案各件抄件粘呈　（3361：126）30.6×33.0cm；（3361：127−132）29.3×89.3cm

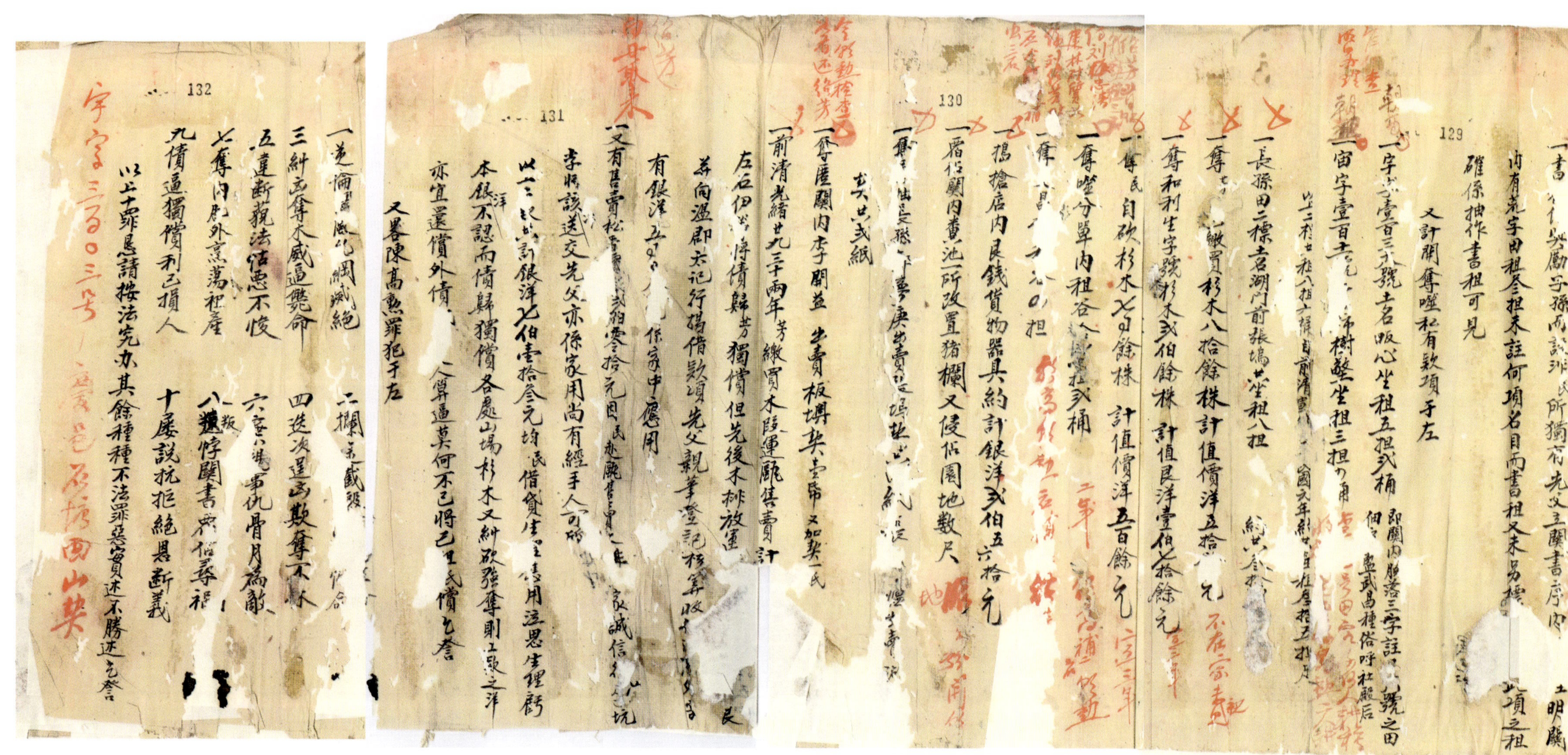

108附1—2.劉紹芳控案各件抄件粘呈

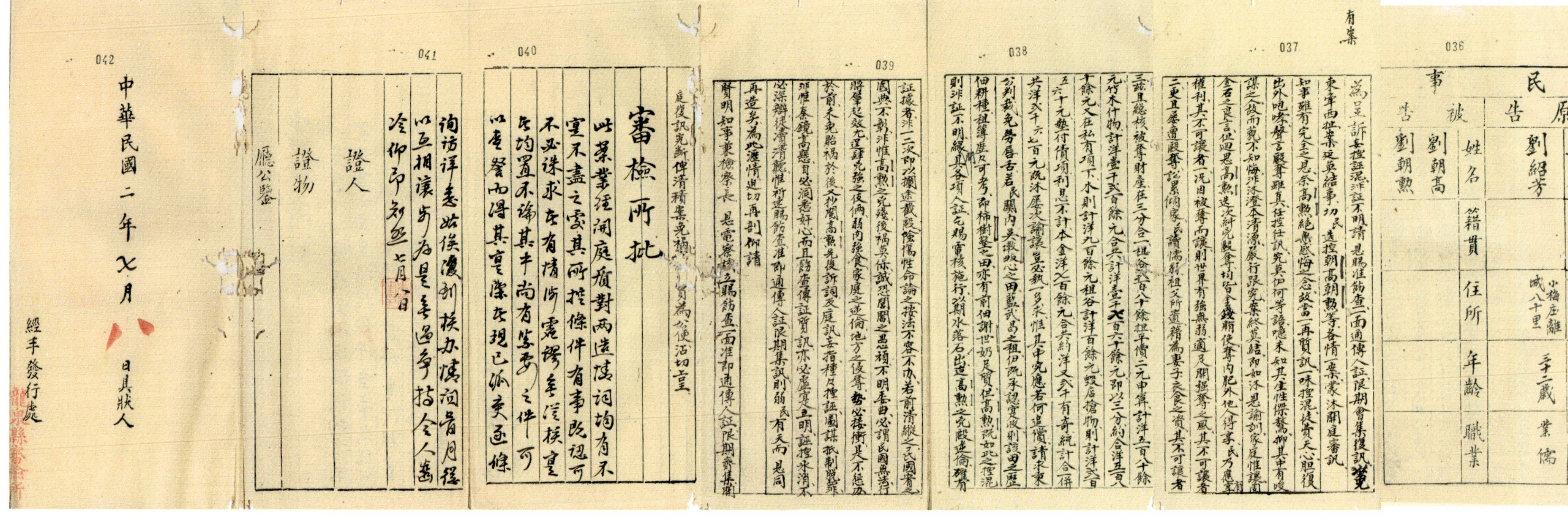

109.民國二年七月八日劉紹芳爲控劉朝高等妄捏誣混罪證不明事民事訴狀

（3361：35）27.9×25.8cm；（3361：36–42）27.1×106.8cm　圖版裁狀面

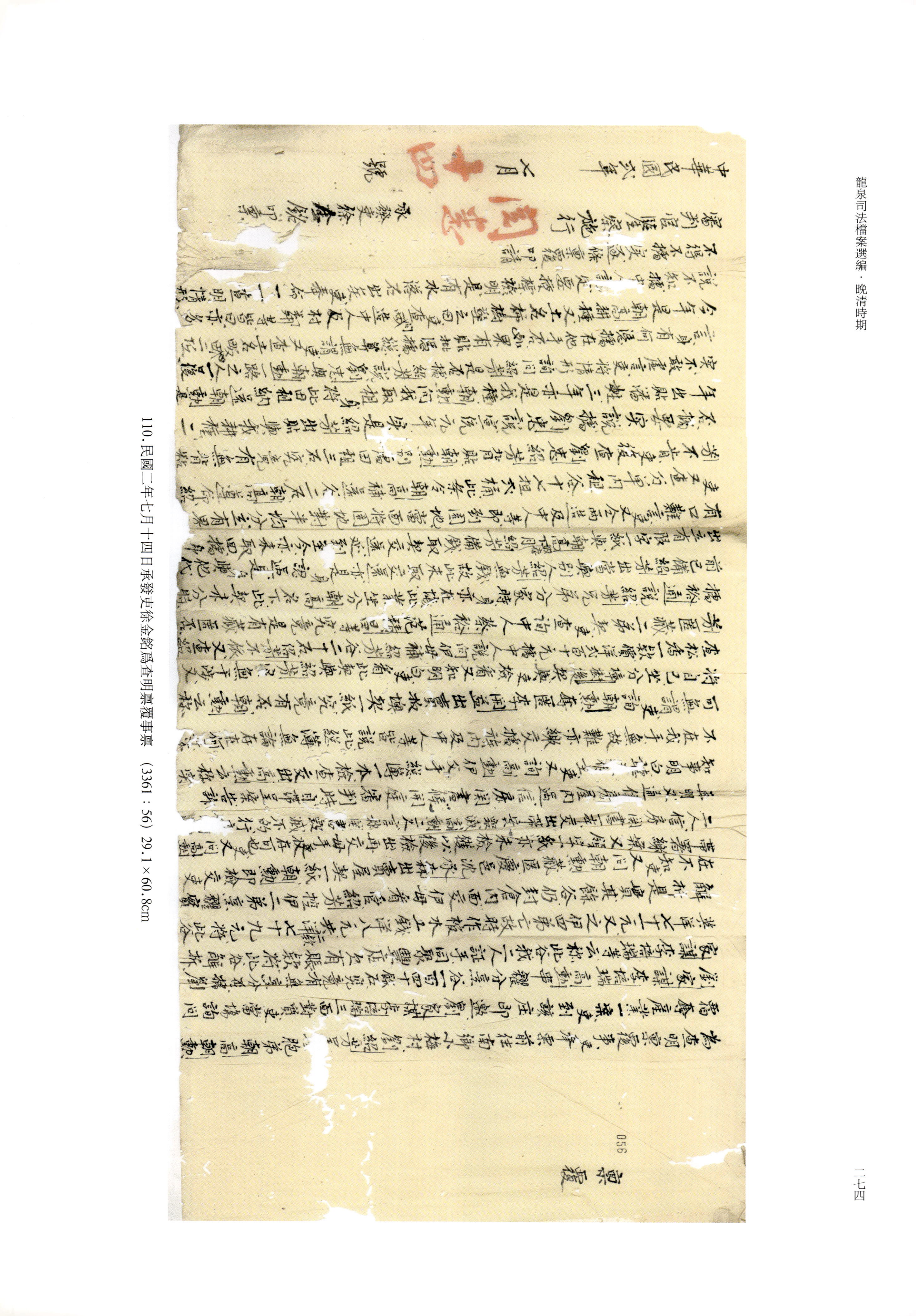

110.民國二年七月十四日承發吏徐金銘爲查明稟覆事稟　（3361：56）29.1×60.8cm

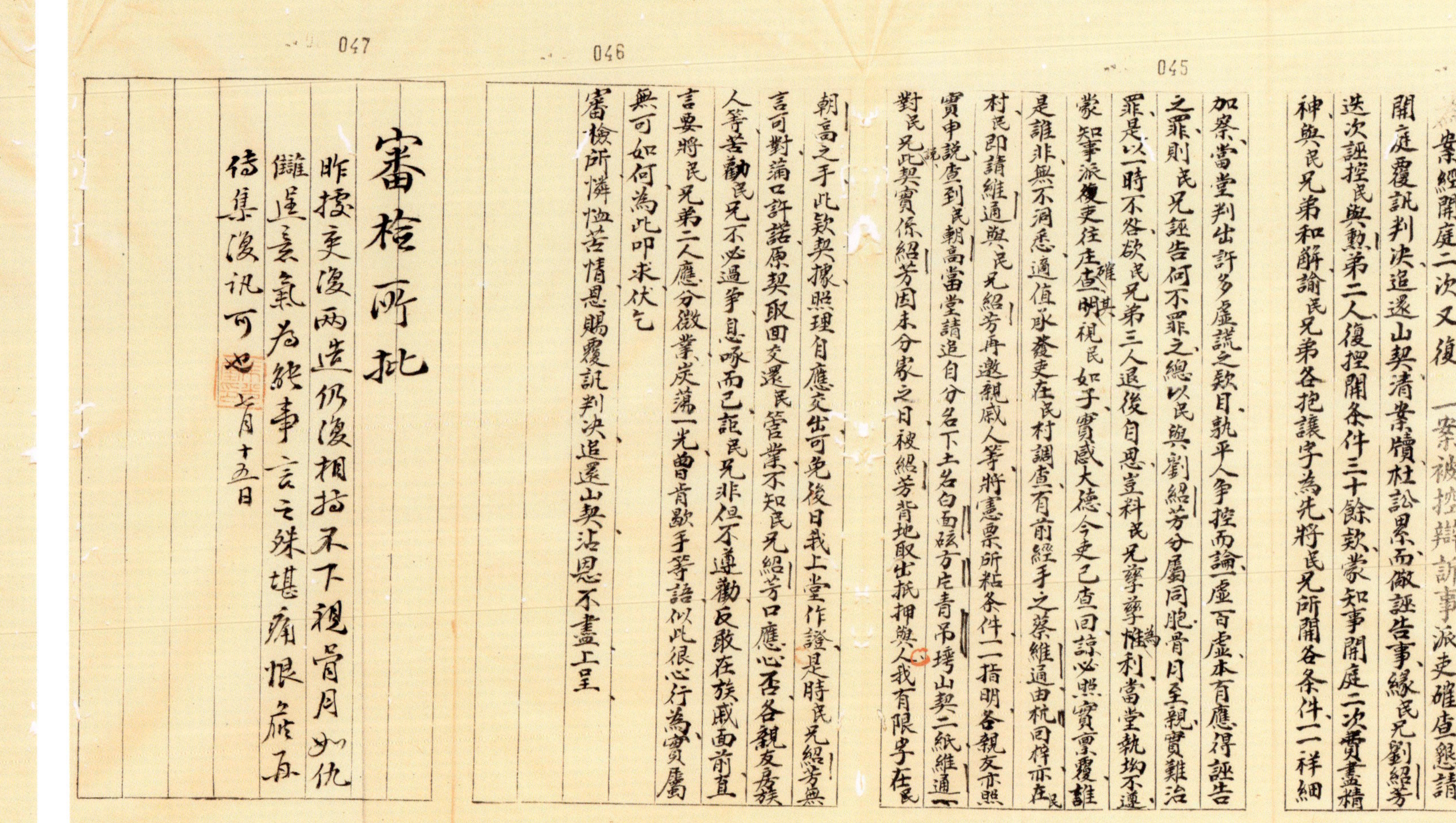

民事辯訴人	姓名	籍貫	住所	年齡	職業
	選民劉朝高		南鄉小梅庄 八十里	二十九	

為案經開庭二次又復　一案被控辯訴事派吏確查懇請
開庭覆訊判決追還山契清業讀杜訟累而儆誣告事緣民兄劉紹芳
迭次誣控民與勳弟二人復捏開條件三十餘款蒙知事開庭二次費盡精
神與民兄弟和解諭民兄弟各抱讓字為先將民兄所開各條件一一詳細
加察當堂判出許多虛謊之款目執平人爭控而論一虛百虛本有應得誣告
之罪則民兄誣告何不罪之總以民與劉紹芳分屬同胞骨月至親實難治
罪是以一時不咎欲民兄弟三人退後自思豈料民兄孳孳為利當堂執拗不遵
蒙知事派復吏往庄查明雖其視民如子實感大德今吏已查回諒必照實稟覆誰
是誰非無不洞悉適值承發吏在民村調查有前經手之蔡維通由杭回梓亦在民
村民即請維通與民兄紹芳再邀親戚人等將憲稟所粘條件一一指明各親友亦照
實申說查到民朝高當堂請追自分名下土名白面磁方庄青吊塆山契二紙維通一一
對民兄此契實係紹芳因未分家之日被紹芳背地取出抵押與人我有限字在民
朝高之手此款契據照理自應交出可免後日我上堂作證是時民兄紹芳無
言可對滿口許諾原契取回交還民管業不知民兄紹芳口應心否各親友房族
人等苦勸民兄不必過爭息詠而已詎民兄非但不遵勸反敢在族戚面前直
言要將民兄弟二人應分微業炭蕩一光曾背歇手等語似此很心行為實屬
無可如何為此叩求伏乞
審檢所憐恤苦情恩賜覆訊判決追還山契沾恩不盡上呈

審檢所批
昨接吏復兩造仍復相持不下視骨月如仇
讎逞意氣為能事言之殊堪痛恨候再
傳集復訊可也　七月十五日

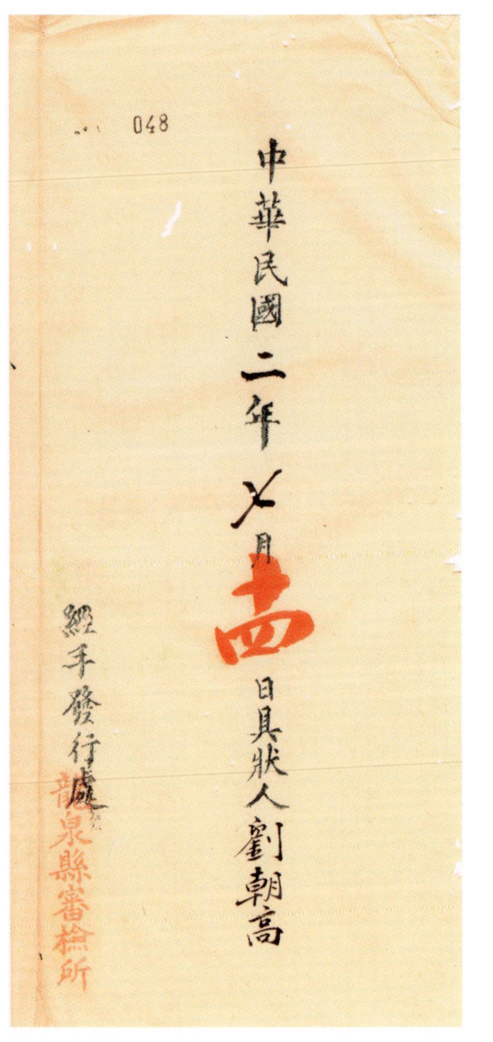

中華民國二年七月十四日具狀人劉朝高

經手發行處
龍泉縣審檢所

111.民國二年七月十四日劉朝高爲控劉紹芳案經開庭二次又復派吏確查事民事辯訴狀
（3361：43）27.2×27.8cm；（3361：44—48）27.3×106.6cm　圖版裁狀面、空白頁

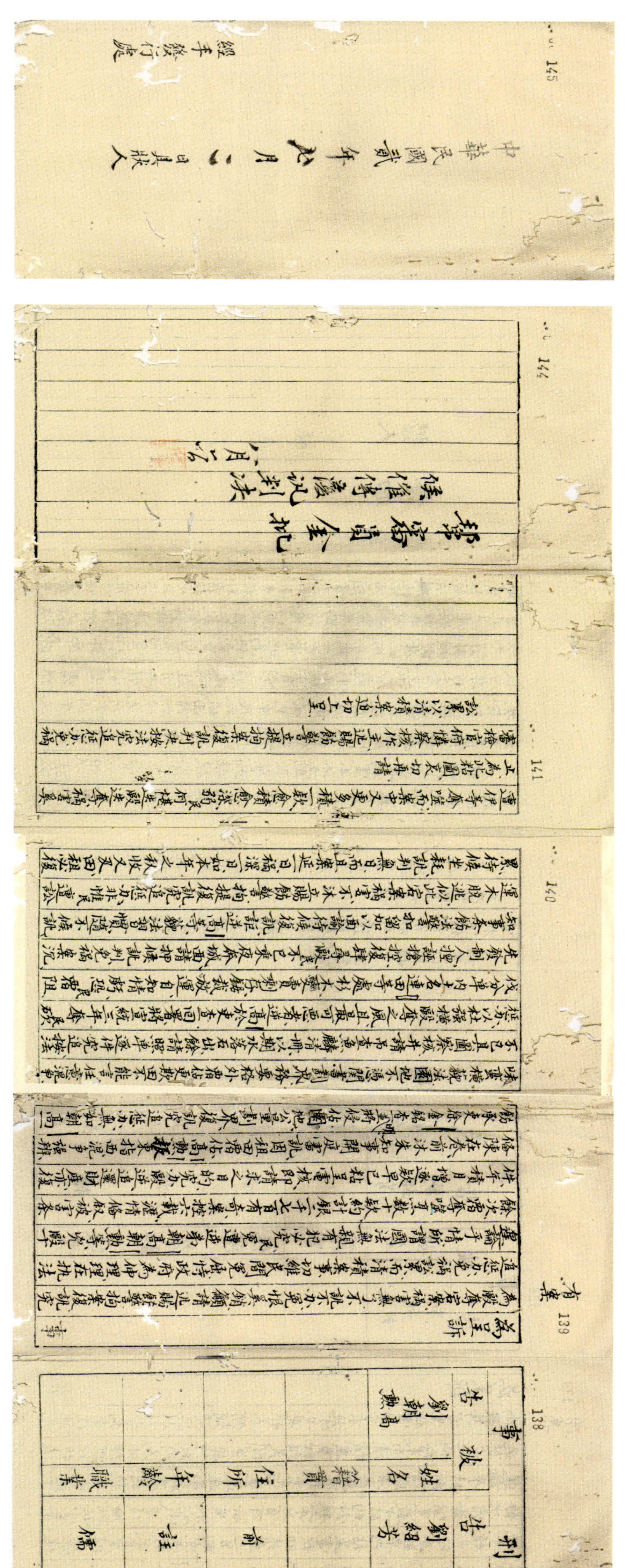

112.民國二年八月二日劉紹芳爲控劉朝富等毆奪宕案禍害無了事刑事訴狀

（3361：138–141）27.0×54.3cm；（3361：144–145）27.0×57.2cm　圖版裁空白頁

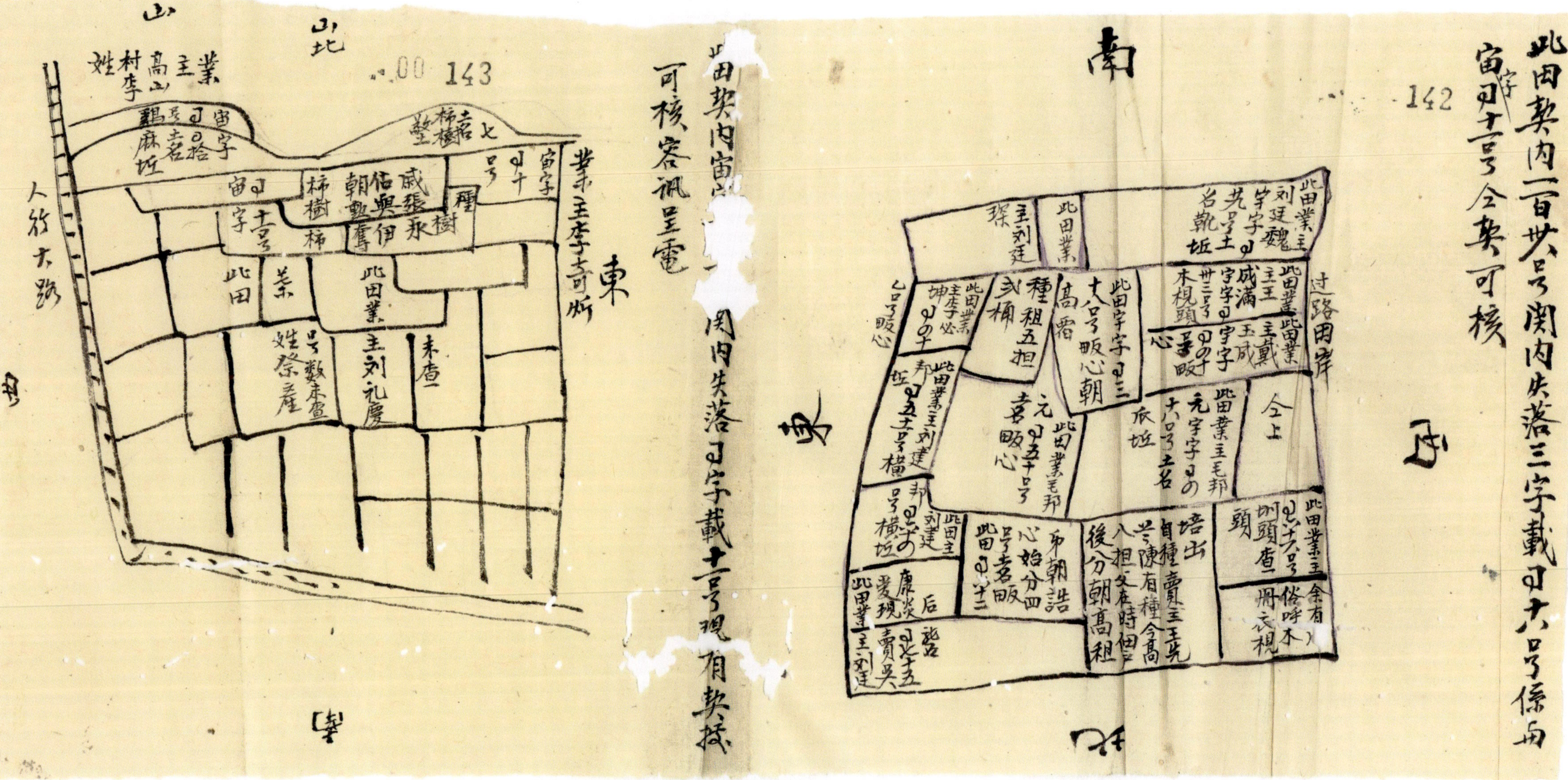

112附1.田業圖粘呈　（3361：142–143）16.2×33.0cm

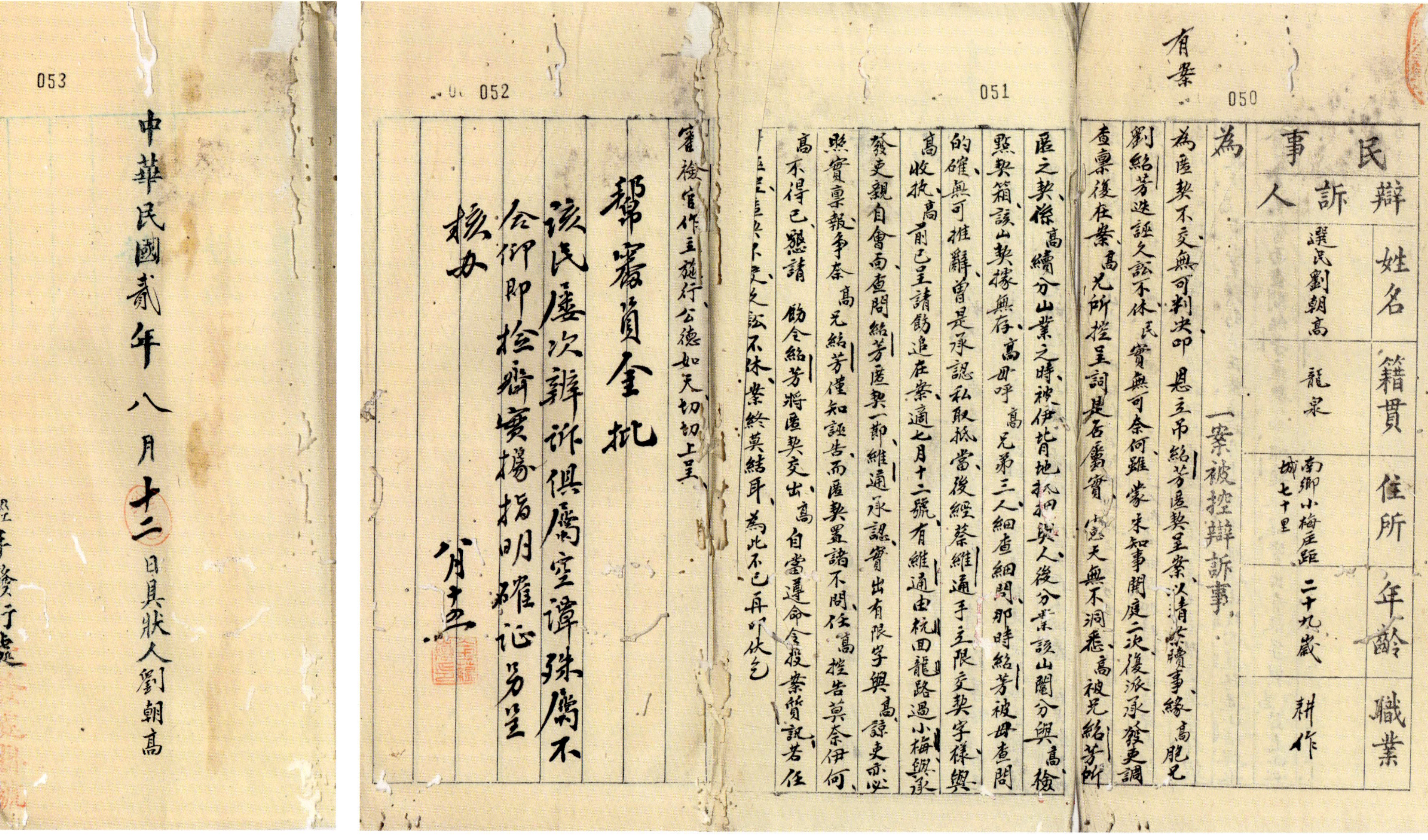

辯訴人	姓名	籍貫	住所	年齡	職業
	選民劉朝高	龍泉	南鄉小梅庄距城七十里	二十九歲	耕作

有案

為一案被控辯訴事

為匿契不交，無可判决，叩懇主吊紹芳匿契呈案，以清訟牘事。緣高胞兄劉紹芳迭誣久訟不休，民實無可奈何，雖蒙朱知事開庭二次，復派承發吏調查稟復在案。高兄所控呈詞是否屬實，遮天無不洞悉。高被兄紹芳所匿之契，係高續分山業之時，被伊背地抵押與人，後分業該山闔分與高，檢點契箱，該山契據無存。高毋呼高兄弟三人細查細問，那時紹芳被毋查問，的確無可推辭，曾是承認私取抵當，後經蔡維通手主限交契字樣與高收執。高前已呈請飭追在案，適七月十二號，有維通由杭田龍路過小梅，與承發吏親自會面查問紹芳匿契一節，維通承認實出有限字與高，諒吏亦必照實稟報。事奈高兄紹芳僅知誣告，而匿契置諸不問，任高控告，莫奈伊何。高不得已，懇請飭令紹芳將匿契交出，高自當遵命令投案質訊。若任其匿契不交，久訟不休，案終莫結耳。為此不已，再叩伏乞
審檢官作主施行，公德如天，切切上呈。

幫審員全批

該民屢次辯訴，俱屬空譚，殊屬不合，仰即檢齊實據，指明確訟，另呈核奪。

八月十三

中華民國貳年八月十二日具狀人劉朝高

經手發行處

113.民國二年八月十二日劉朝高爲控劉紹芳匿契不交無可判決事民事辯訴狀
（3361：49）27.7×25.5cm；（3361：50—53）27.2×79.0cm　圖版裁狀面、空白頁

龍泉縣審檢所傳票

發票官審判員金鴻敏

案據劉紹芳控劉朝高霸業奪產一案所有應行傳喚

計開

後開有名人等仰該吏等按名傳集到庭毋得遲延切切

類別	姓名	籍貫	住所	事由
原告人	劉紹芳			
被告人	劉朝高 劉朝勳		南鄉六都梅村	訊

右仰 控 張雲 張陽 執行

限八月　日繳銷

中華民國二年八月　日

第　號

114.民國二年八月廿七日縣審檢所爲傳喚劉紹芳等傳票 （3361：54）28.7×29.0cm

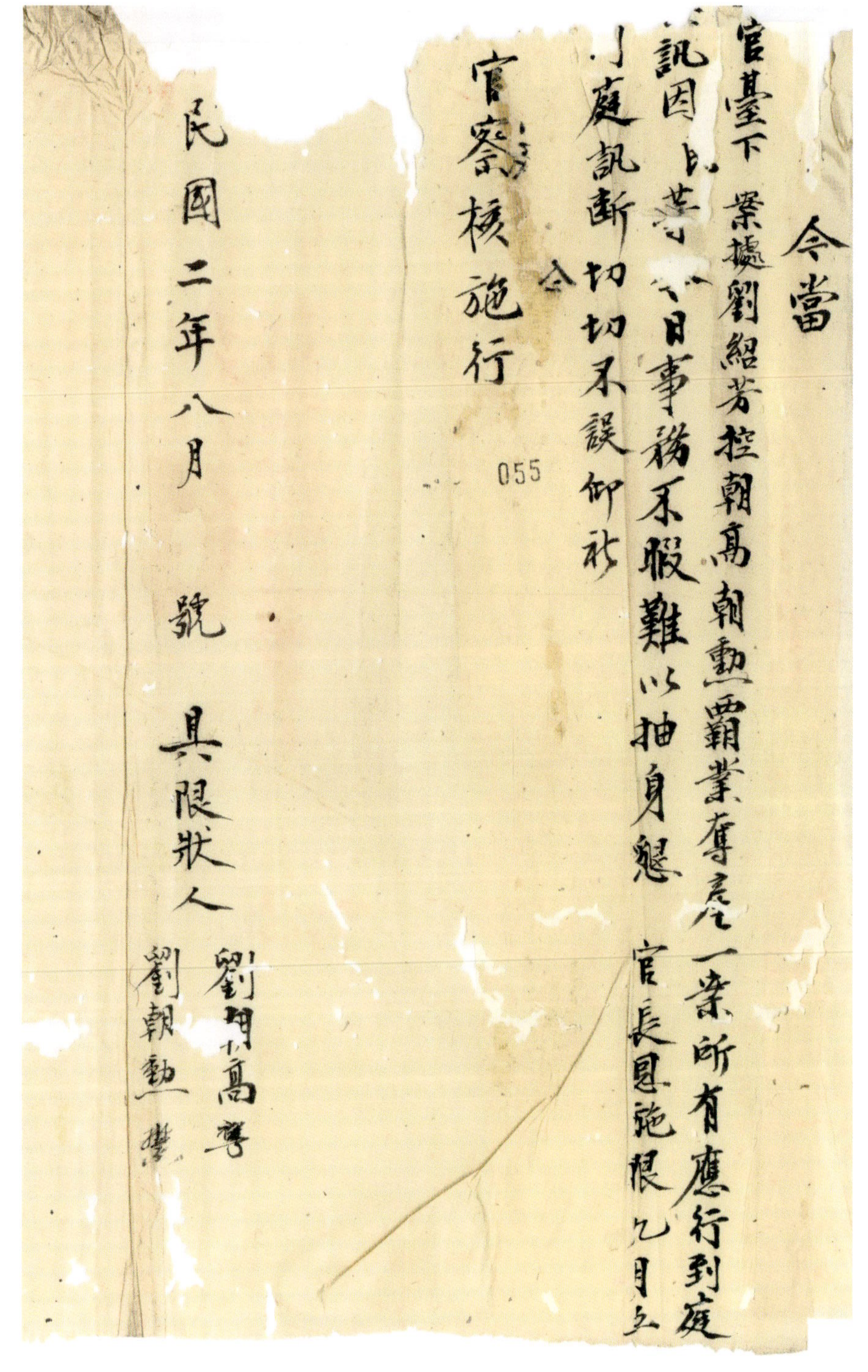

令當

官臺下　案據劉紹芳控朝高朝勳霸業奪產一案所有應行到庭

訊因民等六日事務不暇難以抽身懇

恩庭訊斷切切不誤卯於

官長恩施限九月五

官察核施行

民國二年八月　號

具限狀人　劉朝高等

劉朝勳

115.民國二年八月劉朝高等限狀 （3361：55）29.5×18.6cm

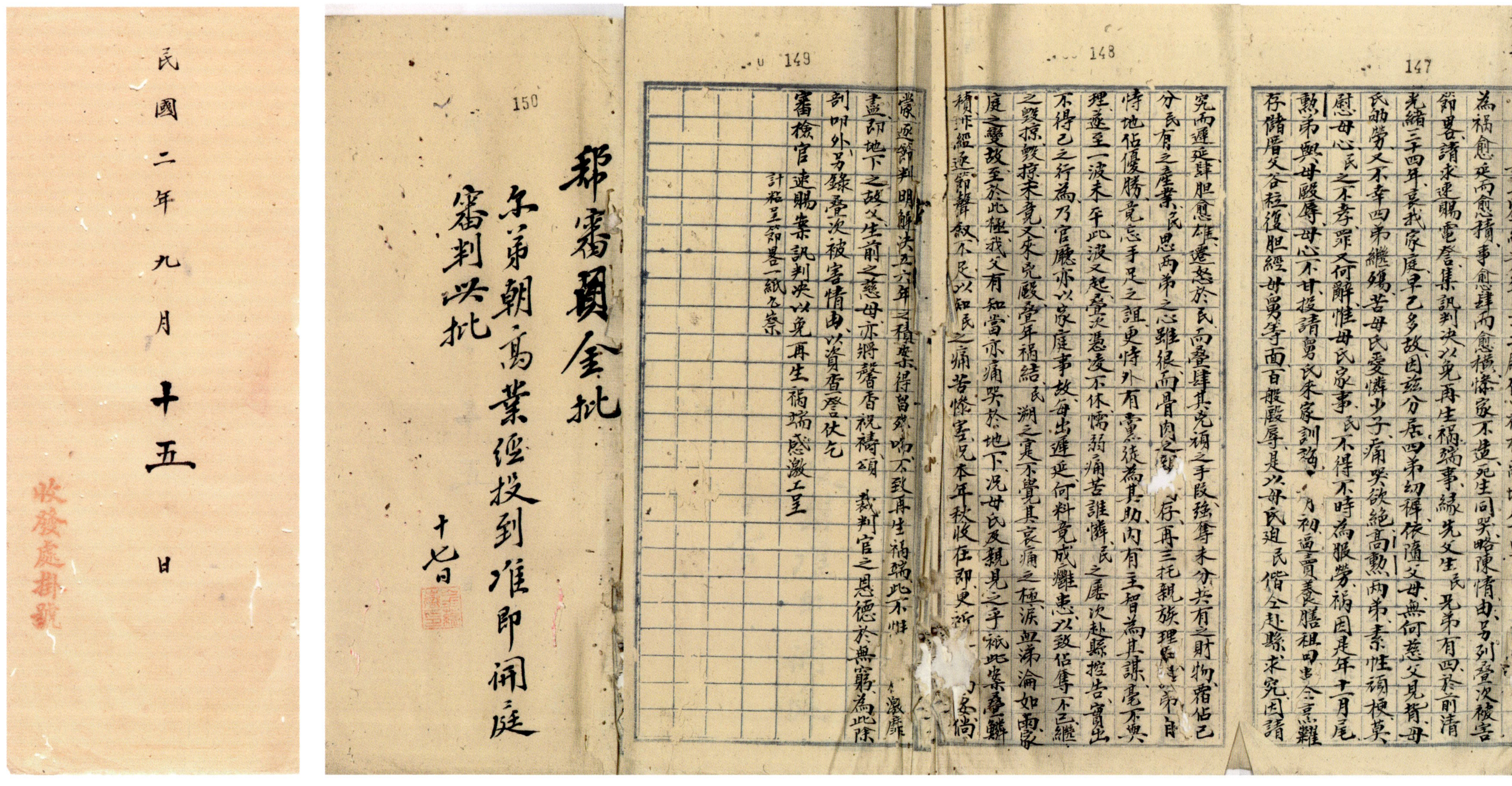

民國二年九月十五日

收發處掛號

郭審員金批

尔弟朝高業經投到，准即開庭審判，此批。

十七日

150

有案

147

具呈劉紹芳，年三十二歲，住小梅村，離城八十里。

為禍愈延而愈積，事愈肆而愈橫，慘家不甚，死生同哭，略陳情由，另列叠次被害節畧，請求迅賜電詧集訊判決，以免再生禍端事。緣先父生民兄弟有四，於前清光緒二十四年，長我家庭早已多故，因兹分居。四弟幼稚，依隨父母，無何慈父見背，母氏劬勞，又不幸四弟繼殞，苦母氏憂憐少子，痛哭欲絕。高勳兩弟素性頑梗，莫慰母心，民之不孝，罪又何辭。惟母氏家事，民不得不時為服勞，禍因是年十一月尾勳弟與母毆辱，母心不甘，投請舅氏來家訓論，乃祖遺貫義膳租田出仝，言難存儲，曆又合社復胆經母舅等面，百般毆辱，是以母氏廹民偕仝赴縣求究，因請

148

究而遲延，肆胆愈雄，遷怒於民，而叠肆其兇頑之手段，強奪未分共有之財物，霸佔已分民有之產業。民思兩弟之心雖狼，而骨肉之[illegible]存，再三托親族理[illegible]弟自恃地佔優勝，竟忘手足之誼，更恃外有[illegible]從為其助，內有主智為其謀，毫不與理，遂至一波未平，此波又起，叠次愚凌，不休懦弱，痛苦誰憐。民之屢次赴縣控告，實出不得已之行為，乃官廳亦以家庭事故，每出遲延，何料竟成釁患，以致佔奪不已，繼之毀掠，毀掠未竟，又來兇毆，當年禍結，民溺之冤，不覺其哀痛之極，淚血涕淪，如喪家庭之變故，至於此極，哉父有知，當亦痛哭於地下，况母氏及親見之乎，祇此案蔓難積，非經迅節辯叙，不足以知民之痛苦慘害，兄本年秋收在即，更祈[illegible]尚

149

賞迅節判，明解决五六年之積案，得留殘喘，不致再生禍端，此不惟盡邱地下之故父生前之慈母亦將馨香祝禱，頌 裁判官之恩德於無窮，為此除剳叩外，另錄叠次被害情由，以資查詧，伏乞

審檢官迅賜集訊判决，以免再生禍端，感激上呈

計粘呈節畧一紙，又案

116.民國二年九月十五日劉紹芳爲控劉朝高等禍愈延而愈積事愈肆而愈横事呈狀　（3361：146–150）28.1×122cm　圖版裁狀面、空白頁

計粘節畧抄摺呈電請賜詧核判斷
一光緒三十四年十二月，朝勳逼責母養膳租田，以償戴玉成之債，并串仝朝高寡責本年收
儲唐文乾谷壹百四拾餘担，有祖簿足質，又經母舅等面，逞肆毆辱，氏受之，母受之，不已，奔仝母
奔城，以先毆案漏各情，控告在案，乞查詧核。
一宣統元年貳月，朝勳持斧劈破大門，強霸書木，弄毁，雖幸氏避逃，不遭毒害，其兇橫強
暴，強取所有，於閏二月初八日具控在案，乞查察核。
一朝語妖殤，閱分產業應歸母有，不然亦宜年均派收，宣統元年冬，朝高朝勳串仝曾廷
佃户強霸奪收，并種母膳租，扣不完納，致九月三十日，在谷壇眾人之前，與母互相鬥詈，百般職辱，
言之痛心，恨氏代母訟控，各持器械揮毆，賴堂叔加泯眾人阻救得免，十月初八日即將各情
控告在案，乞查察核。
在案，乞查詧核。
一宣統二年，母將未分山木𢪛賣，七月廿二日，朝高朝勳先發制人，糾眾強砍，八月初三，母氏各
情控告在案，詎經各親友理處，將四弟妖殤産業，並未分山場，另立分單，析分所砍
之木，仍歸共有，運埠派分，各付價值給母費用等議，此有經分親友可質，詎高勳一味
昧良，欺吞，又將分氏名下之租，種則吞噬，佃則奪收，有分租之名，無享租之實，約共租拾貳担
六桶，氏托經分之劉双南即祖高向取，屢次不還，此藐視約據，違悖眾議，故欺強取，不得
不請求追償，乞查詧核。
一宣統二年，朝高朝勳又串將工年陳存倫莊谷粒七拾餘担，除宣統元年各分給數担外，尚有
五拾餘担，呈控在案，乞查察核。
一宣統二年拾貳月，唐文陰謀禍害，雖事屬冥迷，信未免其存心太毒，更且貪婪無饜，奸計
叢生，買宜寮嗔租谷於不言，反欲藉此而勒派費用，圖謀于中取利，妄捏付用，不從即施其強
暴脅迫之手段，幸兇毆刘祖高力攔撤阻，勸得未遭其揭傷，乞查察究。
一宣統三年，朝高朝勳恃去年砍木山場，續經親友理處，均分伊等，其木訂定運至小梅埠
搭分，各抽出洋壹伯元給價付母，乃復昧良翻異，不遵親友前議，于二月強運過埠一枝
不分，并貪應付與母之價洋，緣氏家母復控訴，求究，旋沐周知縣訊判，斷令砍木，槪歸母
售，高勳青押，又因該木分做長短，家母目沐訊斷，親將短木先運往䟆，長木運溪口河埠，
托林司吳永銓隨後，案放青邑，詎蠻兇朝廉以木歸母寡分不遂，計使朝勳僞造借票，
伊親筆書函，嵩黨羽葉大武隨林赶赴青邑，令惡黨劉廷滔友田串寶森特接潮
先生出而藉票霸奪，其票早呈在案，乞察即明，後被該行詐敲英洋壹伯伍拾元，母始
得木售賣，此奪內肥外串，寬禍害，確可灼見，五月初七日，母氏呈控在案，乞查察核。
一宣統三年四月，乘母在䟆售木，朝廉砌詞捏保釋放，高勳怙惡不悛，復將長木霸奪

116附1–1.節略抄摺粘呈　（3361：156–165）26.1×210.4cm　圖版裁空白頁

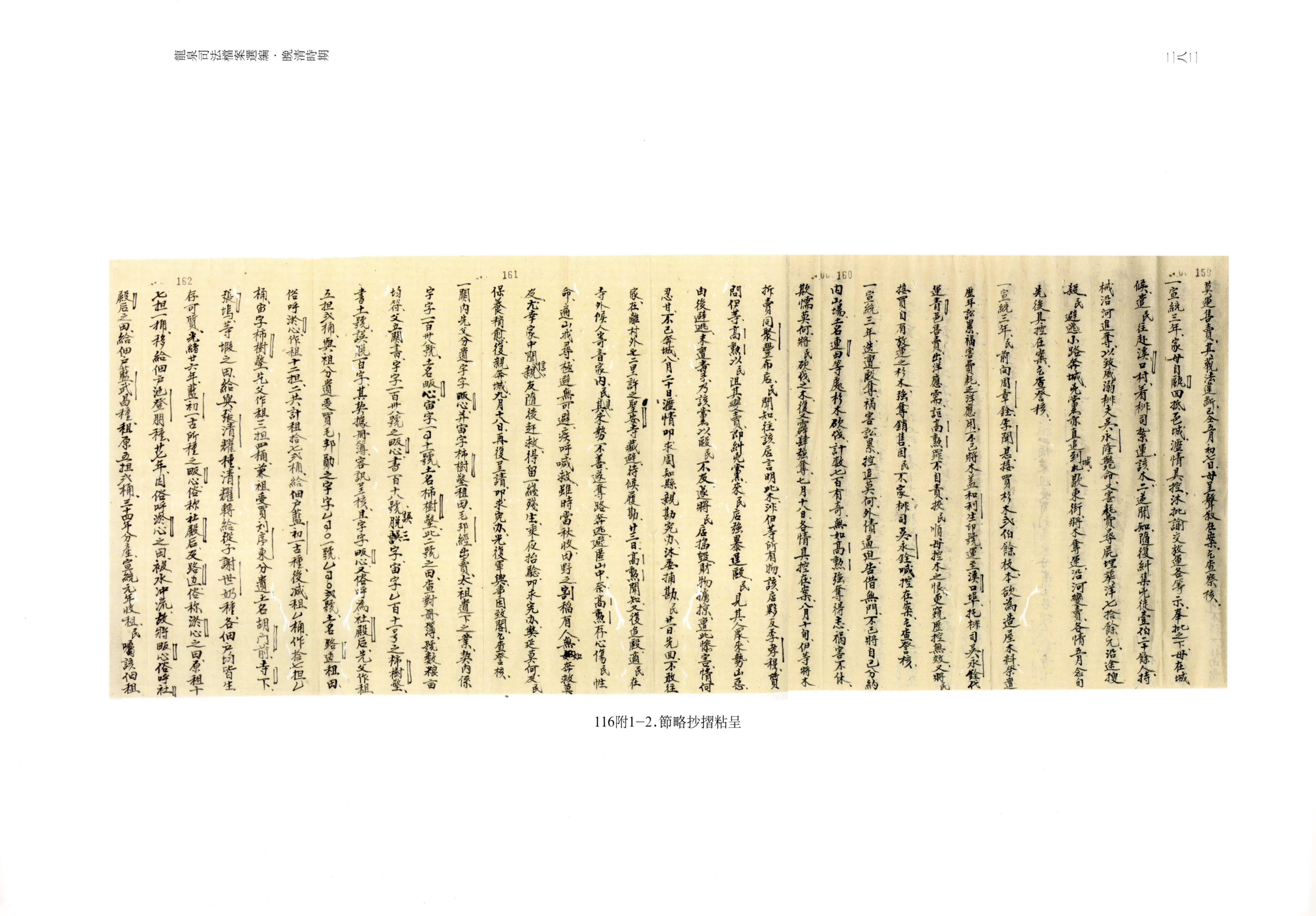

116附1—2.節略抄摺粘呈

完民收奈朝高强要霜收若與爭執勢必遭其兇毒懦弱莫何不得不任由霜
奪控官究追宙字杯樹盤之田三十四年原係自種宣統元年朝勳佔種當初民固
疑其誤迨托人與説始知其欺懦故佔況今伊分該處之田變賣已盡試問伊現與張
永樹所種之田從何而出究何証據前朱知事庭訊高佔民字字壹百卅八號畈
心之田用後分約內壹百六十二號之畈心為抵制查伊後分之畈心係王先培出賣祖八担
先父時兼吉灣后祖四担共祖拾弍担給佃藍陳有種祖簿可考亦有知者可查且民
闗分之畈心在上伊後分之畈心在下中隔毛姓祖田幾數粮亩各異安得以下之畈心影
爭民上之畈心又該田係太祖遺下堂叔加維年長七十亦所素曉前清周令委捕勘店
捕主李隆燆因欲恳和解亦曾托維叔查過屬民闗内之畈心因與高言反怪恨叔
為祖護亦甚可傳質前朱知事派吏赴查當仝踏勘外故復將宇宙二字之田併
繪圖註明四方毘連標號呈案察核仰祈詳察斷究追賠償乞查察核

一朝高霜佔長孫租田八担龍邑習慣長子生子抽租享食次雖有子則無是租時民生
子養育林姓故三十一年先父分産立闗抽遺長孫租田二標原係抽與民子執管不幸
妖殤高以民子妖殤霜佔奪收乞思抽長孫而昭承重故父遺囑已為民房所有業
高係居次習慣上雖有子亦無承重之理何得搶收是租即不然此項抽遺權歸母
收以俟後日未為晚也乞求察斷

一光緒兌年民全居時父命借資生理虧空血本當分居時兩弟以債項要民先償此高勳既債過獨償則家父收入之洋由生理項下應宜各半出償抵
債抵償務乞查察斷（再乞義眾灘如何事方明哲以弟混糊逼勒不思即債可以抵債）

一朝高侵佔園地前經承吏徐金銘面量惟闗内註明准自行抽路而高又強霸不
遵乞求照闗判斷

一朝高霜佔水牛二隻原係妖殤四弟朝諧之物不歸之母亦屬共有伊何得佔為己有
請求原斷歸母任其變賣

一先父置有各債務總簿家父棄世高勳將契箱搶奪以故所有未分抽遺各據墨均
在伊等之手前母氏控追前陳知事任內僅交闗内所載荒字田契與母收執其中有
無隱匿尚未確查餘則原匿未交今民與劉廷璪控結債務亦須此簿查核乞求
追存母家以便眾覽

一朝高强佔民闗内所載之廁所改造猪欄此係先父分遺私有乞求察斷追還

一先父置買有慶邑上賴村房屋此係未分業産前朱知事庭訊契據朝勳承認
執存此契請求着令呈案俾毋錮執

一光緒三十四年分給食谷朝高强分叁拾担民應合拾担乞查察斷

116附1-3.節略抄摺粘呈

117.民國二年九月十五日劉朝高爲控劉紹芳奉傳投到苦訴冤情事民事辯訴狀　（3361：151–155）27.5×123.6cm　圖版裁狀面、空白頁

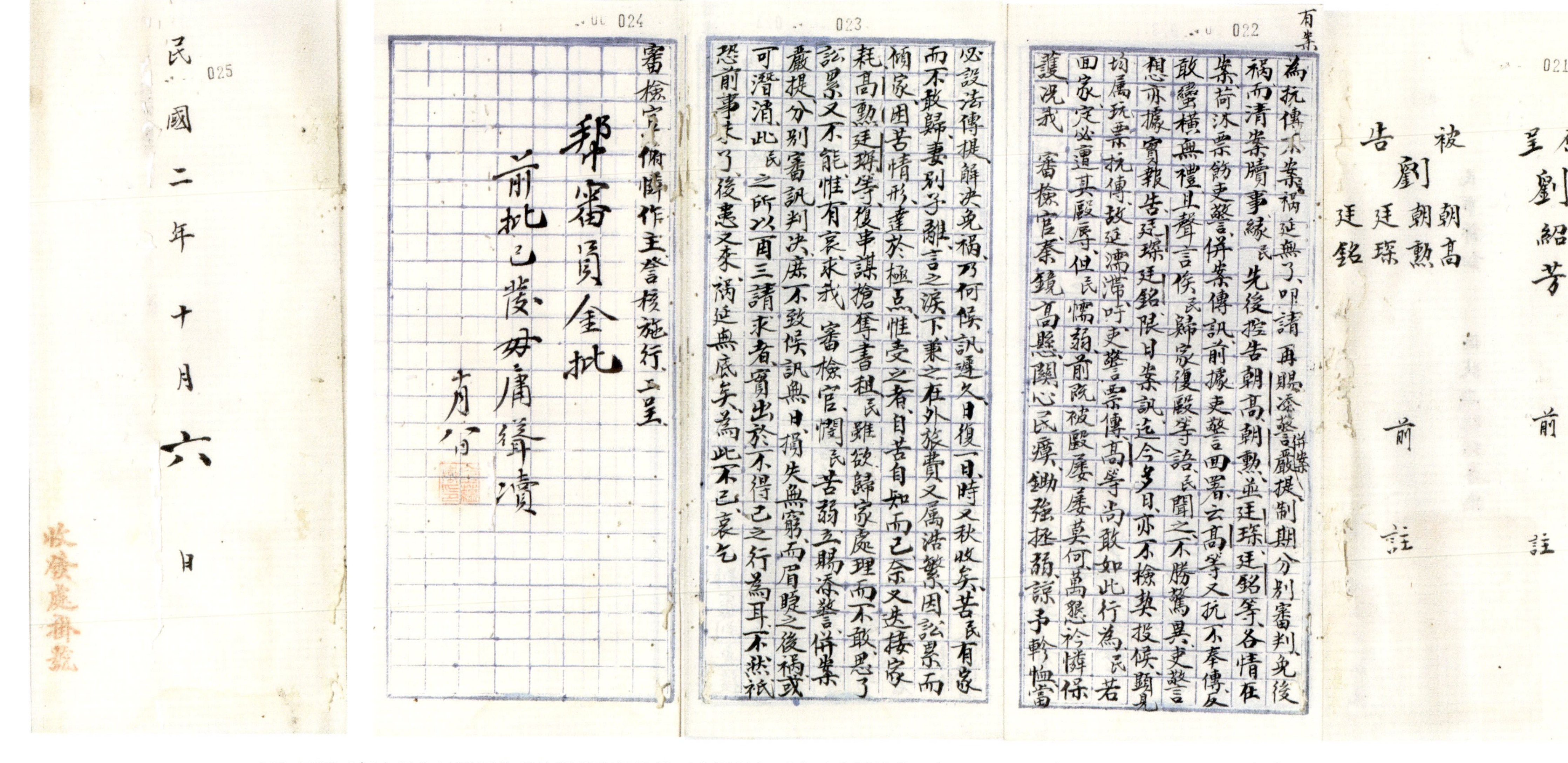
原呈 劉紹芳 前 註

被告 劉朝高 朝勳 廷琛 廷銘 前 註

為抗傳不案，禍延無了，叩請 再賜添警，并案嚴提，剋期分別審判，免後禍而清案牘事。緣民先後控告朝高、朝勳並廷琛、廷銘等各情在案，荷沐票飭吏警，併案傳訊。前據吏警回署云：高等又抗不奉傳，反敢蠻橫無禮，且聲言候民歸家復毆等語。民聞之不勝驚異。吏警想亦據實報告。廷琛、廷銘限日案訊，迄今多日，亦不檢契投候覆鞫。見均屬玩票抗傳，故延濡滯。吁！吏警票傳，高等尚敢如此行為，民若回家，定必遭其毆辱。但民懦弱，前既被毆屢屢，莫何萬懇，衿憐保護。況我 審檢官秦鏡高懸，關心民瘼，鋤強扶弱，諒予軫恤，當必設法傳提，辦決免禍，乃何候訊遲久，日復一日，時又秋收矣。苦民有家而不敢歸，妻別子離，言之淚下，兼之在外旅費又屬浩繁，因訟累而傾家，困苦情形，達於極點，惟受之者自苦自知而已。奈又迭接家耗，高、勳、廷琛等復串謀搶奪書租。民雖欲歸家處理而不敢，思了訟累又不能，惟有哀求我 審檢官憫民苦弱，立賜添警，併案嚴提，分別審訊判決，庶不致候訊無日，損失無窮，而眉睫之後，禍或可潛消。此民之所以再三請求者，實出於不得已之行為耳。不然，祇恐前事未了，後患又來，禍延無底矣。為此不已，哀乞

審檢官俯准作主，批示施行。上呈。

幫審員金批

前批已發，毋庸續瀆。

十月六

民國二年十月六日

收發處掛號

118.民國二年十月六日劉紹芳爲控劉朝高等抗傳不案禍延無了事民事訴訟狀 （3361：20–25）26.0×118.0cm 圖版裁狀面、空白頁

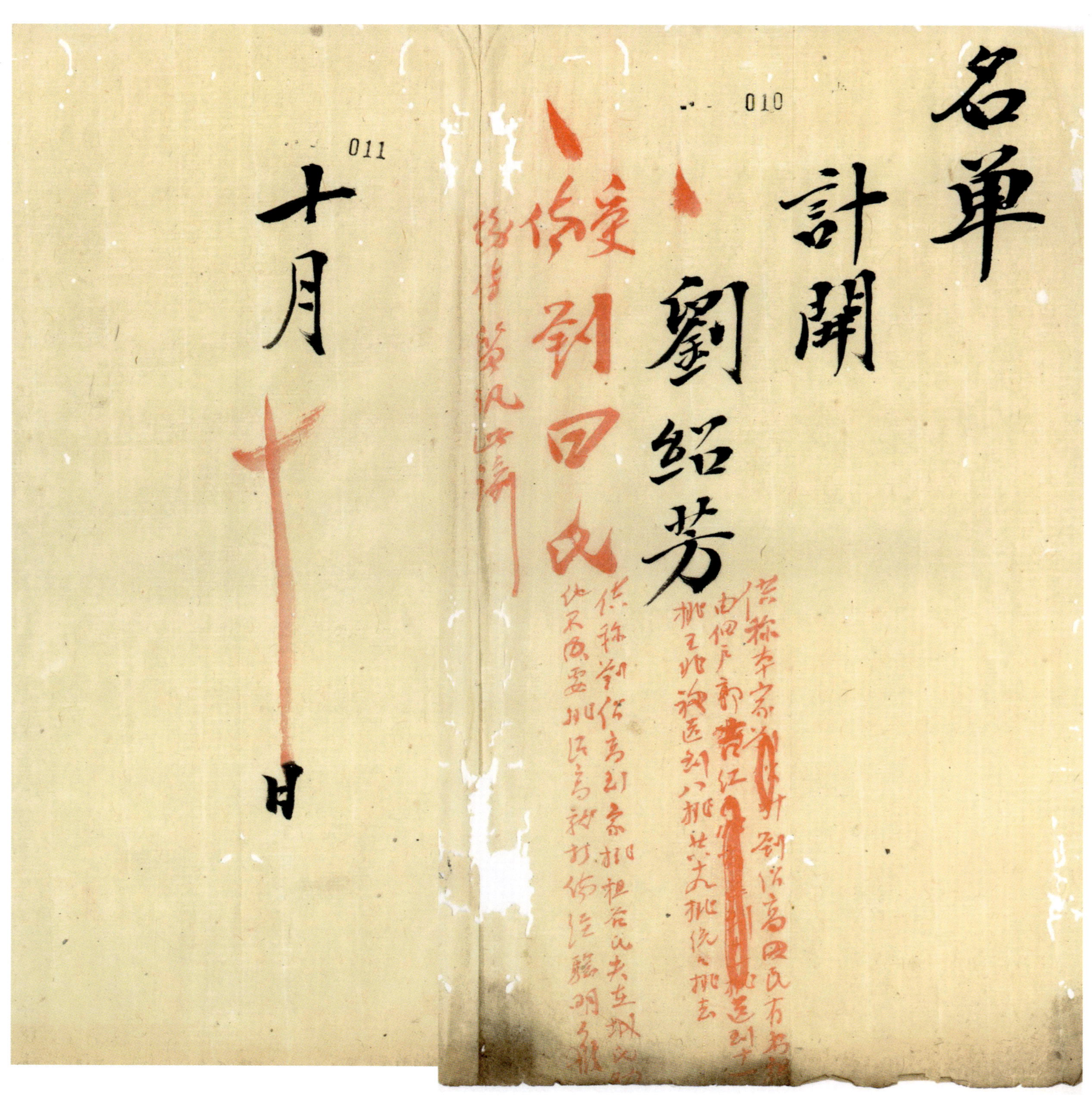

119.(民國二年)十月十日點名單、供詞　(3361：10—11)28.5×30.1cm

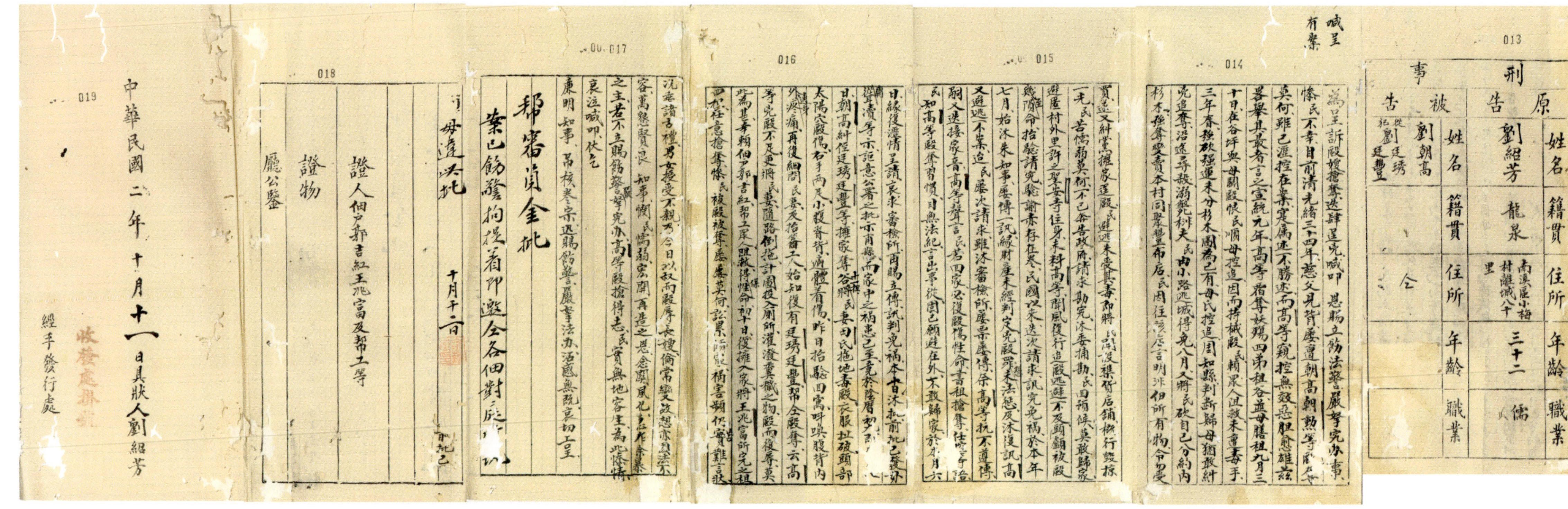

120.民國二年十月十一日劉紹芳爲控劉朝高等毆嫂搶奪疊肆逞兇事刑事訴狀　（3361：12）28.0×27.9cm；（3361：13–19）27.3×104.6cm　圖版裁狀面

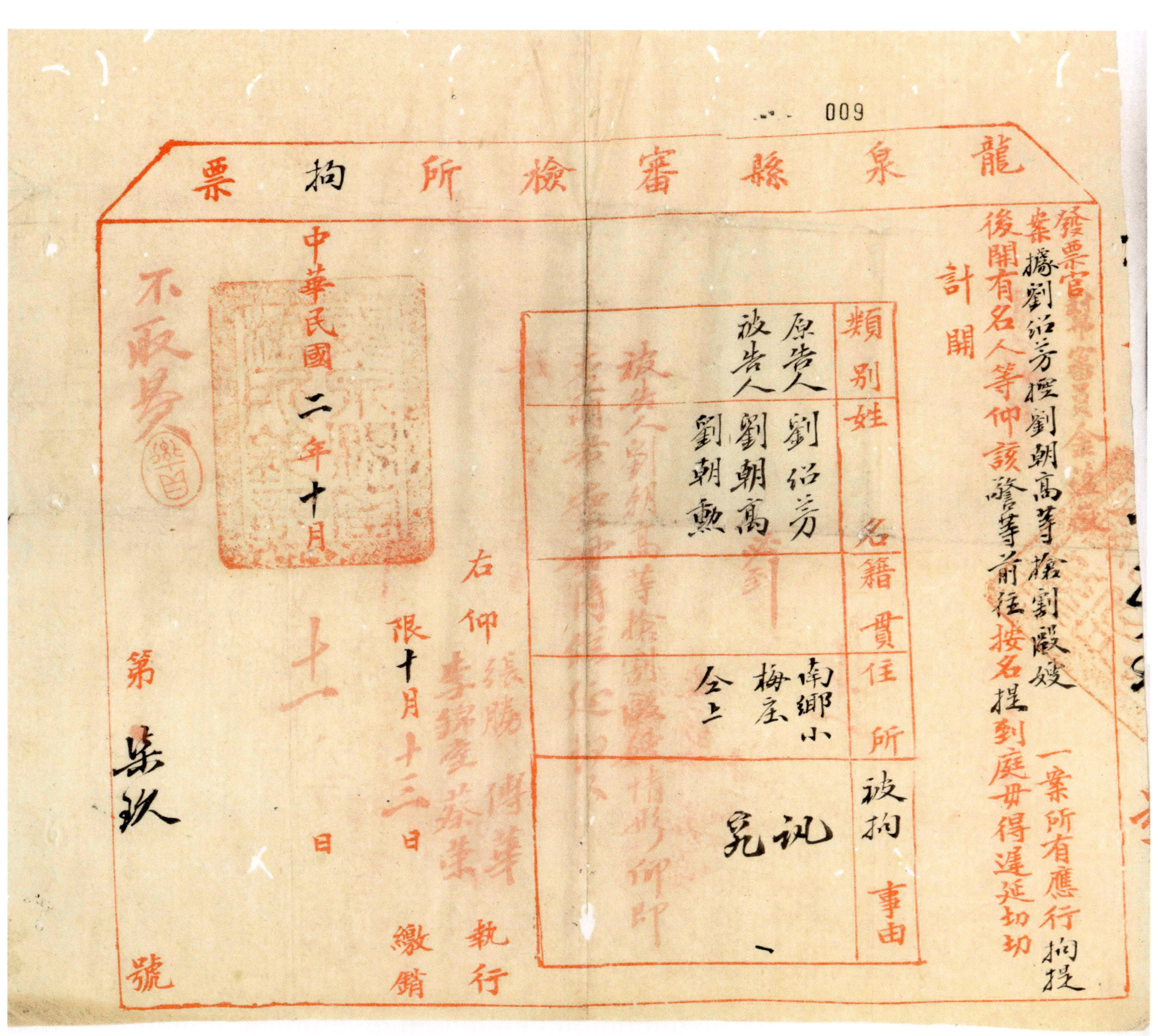

龍泉縣審檢所拘票

發票官

案據劉紹芳控劉朝高等搶劉嚴竣一案所有應行拘提

後開有名人等仰該警等前往按名提到庭毋得遲延切切

計開

類別	姓名	籍貫住所	事由
原告人	劉紹芳	南鄉小梅庄	被拘
被告人	劉朝高		
	劉朝勲	仝上	究訊

右仰張勝、傅華、李錦奎、蔡榮執行

限十月十三日繳銷

中華民國二年十月十一日

第柒玖號

121.民國二年十月十一日縣審檢所爲拘提劉紹芳等拘票　（3361：9）27.2×28.4cm

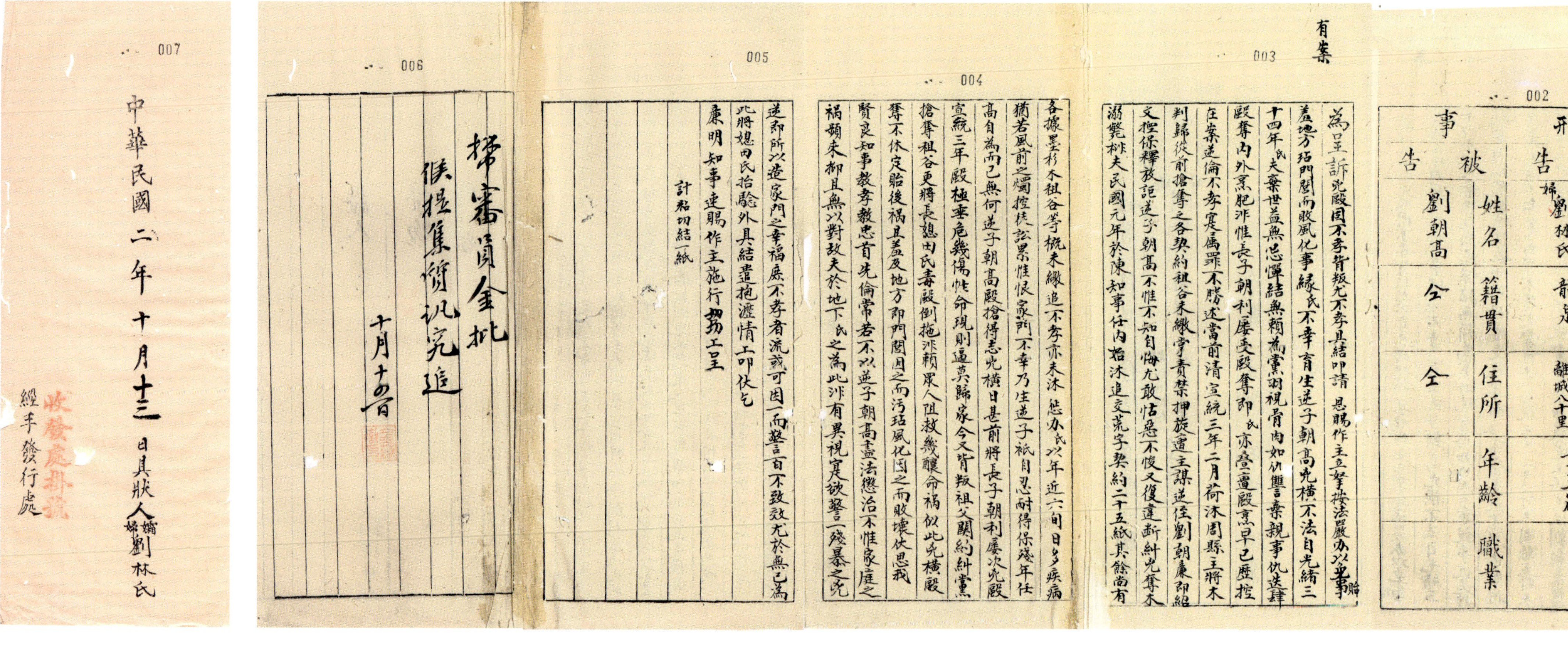

122.民國二年十月十三日劉林氏爲控劉朝高等兇毆固不孝背叛尤不孝事刑事訴狀　(3361：1) 28.0×27.7cm；(3361：2−7) 27.2×89.7cm　圖版裁狀面、空白頁

123.民國二年十月十四日法警張勝等爲奉票報告事稟 （3361：192）28.8×49.3cm

122附1.民國二年十月初十日劉林氏切結狀 （3361：8）62.5×21.8cm

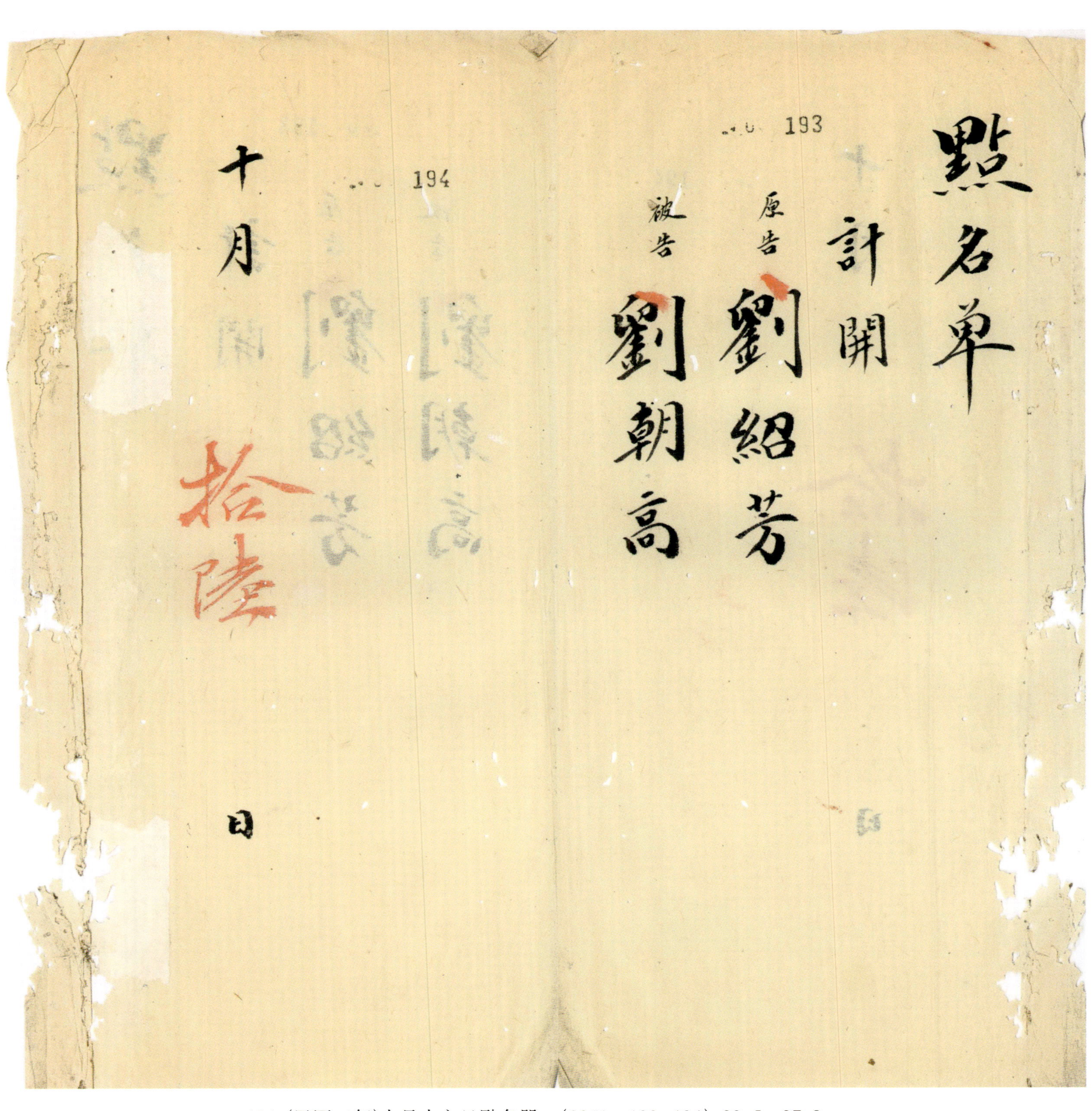

點名單
計開
原告　劉紹芳
被告　劉朝高
十月拾陸日

124.(民國二年)十月十六日點名單　(3361：193－194) 29.5×27.8cm

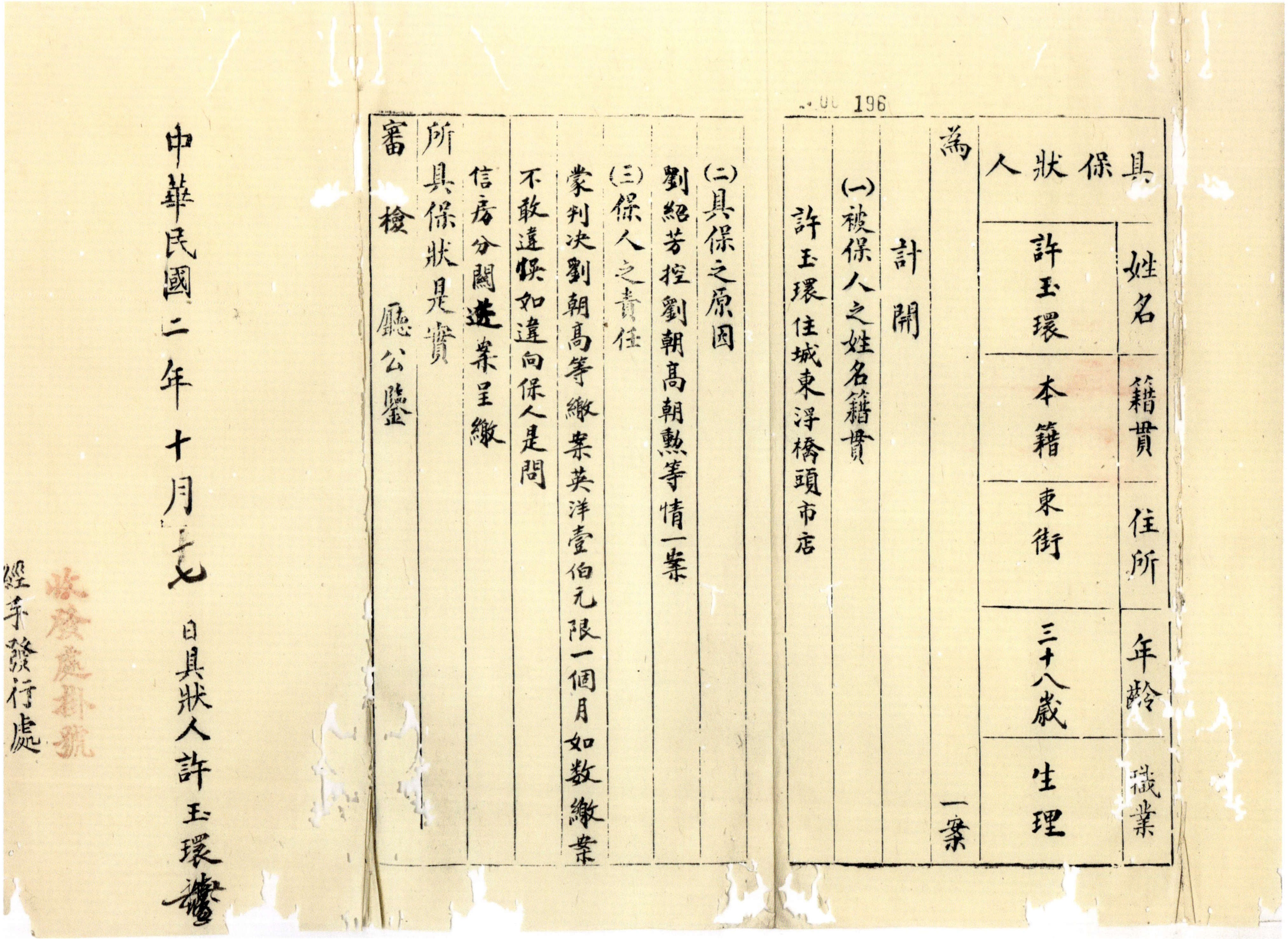

196

具保狀人	姓名	許玉環
	籍貫	本籍
	住所	東街
	年齡	三十八歲
	職業	生理

為一案

計開

(一)被保人之姓名籍貫
許玉環住城東浮橋頭市店

(二)具保之原因
劉紹芳控劉朝高朝勲等情一案

(三)保人之責任
蒙判決劉朝高等繳案英洋壹伯元限一個月如数繳案
不敢違悞如違向保人是問
信房分關送案呈繳
所具保狀是實
審檢廳公鑒

中華民國二年十月十七日具狀人許玉環

收發處掛號

經手發行處

125.民國二年十月十七日許玉環保狀　(3361：195) 27.6×27.6cm；(3361：196) 27.0×56.2cm　圖版裁狀面

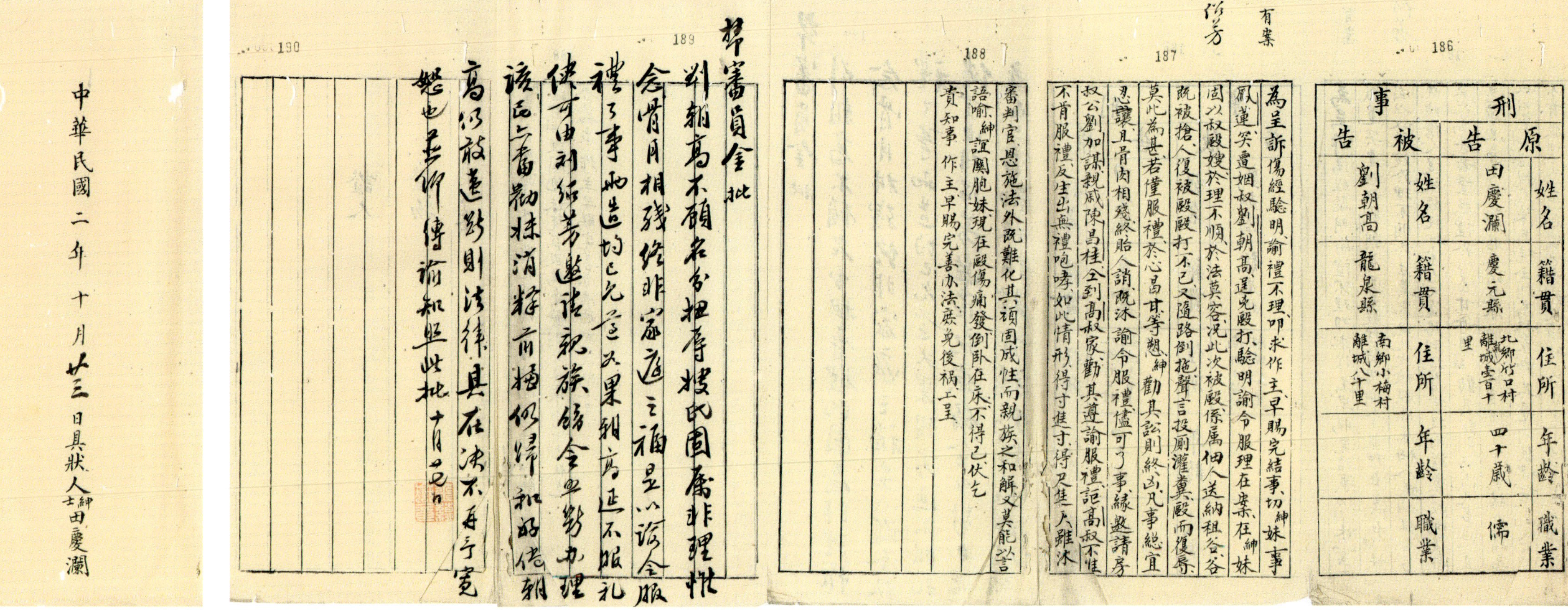

中華民國二年十月廿三日具狀人紳士田慶瀾
經手發行處

刑事

	姓名	籍貫	住所	年齡	職業
原告	田慶瀾	慶元縣	北鄉竹口村離城壹百十里	四十歲	儒
被告	劉朝高	龍泉縣	南鄉小梅村離城八十里		

有案
仍方

爲呈訴傷經驗明，諭禮不理，叩求作主，早賜究結事。切紳妹事劉蓮笑，遺姻叔劉朝高違究毆打，驗明諭令服理在案。在紳妹固以叔毆嫂，於理不順，於法莫容。況此次被毆，係屬佃人送納租谷，谷既被搶，人復被毆，毆打不已，又闖路倒拖，聲言投廁灌糞，毆而復辱，莫此爲甚。若懂服禮，於心昌甘？等懇紳勸其訟則終凶，凡事總宜忍讓，且骨肉相殘，終貽人誚。既沐諭令服禮，儘可了事，緣邀請房叔公劉加謀、親戚陳昌桂全到高叔家，勸其遵諭服禮，詎高叔不惟不肯服禮，反生出無禮咆哮，如此情形，得寸進寸，得尺進尺，雖沐審判官恩施法外，既難化其頑固成性，而親族之和解又莫能語喻。紳誼關胞妹，現在毆傷痛發，倒臥在床，不得已伏乞貴知事作主，早賜究善辦法，庶免後禍。上呈。

幫審員全批

劉朝高不顧名分，扭辱嫂氏，固屬非理。惟念骨肉相殘，終非家庭之福，是以諭令服禮了事，而造物已允，乃又累朝高延不服礼，使可由劉紹芳邀請親族，飭令出勸和理，該氏之備勸妹消釋前嫌，仍歸和好。倘朝高仍敢違抗，則法律具在，決不再予寬縱也。並仰傳諭知照。此批。十月廿三日

126.民國二年十月廿三日田慶瀾爲控劉朝高傷經驗明諭禮不理事刑事訴狀 （3361：185）27.0×26.4cm；（3361：186–191）26.9×105.5cm 圖版裁狀面、空白頁

127.（民國六年）八月十一日(批)劉紹芳領狀　（3361：119–120）28.5×30.9cm

197

具稟劉紹芳年三十六歲住南鄉小梅村離城八十里 業儒

爲奉批申叙、請求 先將案内關書契簿發給事。切民於本月九日具

領前民國二年呈案各件、沐批領狀悉、爾母與弟之契約、可否由爾代

領、候查明核奪等示。但該契約業係共有之産、今母已故、弟亦死亡、是

以請求 恩准領回執管。兹奉批示、候查明核奪云云、理應遵候查明。惟

案内所存文房執管關書、與契簿二件、係民自己呈案、懇請將此關書

契簿二件先行發給、俾便查業執管、爲此稟請

知事暨承審 先生、電賜發給施行。謹稟。

鑒

198

稟悉。爾自繳案之關書契簿二件、准即先行給領。此批。

月十六

199

民國六年八月 日

128.民國六年八月十六日(批)劉紹芳爲請求先將案内關書契簿發給事稟 （3361：197–199）24.5×74.2cm 圖版裁空白頁

129.民國六年八月保元堂保條
（3361：121）29.5×14.9cm

130.民國六年九月十一日(到)劉紹芳爲領狀具案據未發交事稟
（3361：122–123）26.6×76.4cm　圖版裁封套、空白頁

民

具領人（被委任人）

姓名	籍貫	住所	年齡	職業
劉田氏	本邑	南鄉小梅村九十里	三十九歲	
姓名	籍貫	住所	年齡	職業

事

為

及委任之權限開具於後　今於

一案委任　事今將委任　之原因

知事台前與領狀事。為氏故夫劉紹芳前控劉朝高強佔奪產一案。

緣氏故夫劉紹芳於民國二年朱前任內呈有文房關書一本、契簿一本在卷。氏夫已於民國二年九月十日具稟請領，未批稟悉，亦自繳案之關書契簿一併准即先行給領等示。續氏夫因事回家，被劉朝高殺害，氏遭此變故，擱而未領。茲因無穢營業，氏又係身屬女流，不能親自到庭，請領特托胞兄田濟川來庭代領，仰祈檢查前卷，將氏夫所呈關書契簿發交氏兄領回，以便執管，實為

德便。請求

證人

證物

知事

鈞公鑒

中華民國八年七月　日具狀人劉田氏

代領人田濟川（押）

經手發行處

131.民國八年七月劉田氏委任狀(領狀)　(3361：228−229) 26.6×37.9cm

一三　宣統元年劉廷滔控謝河清等冒領契據案

一、内容提要

「宣統元年（一九零九）劉廷滔控謝河清等冒領契據案」相關檔案保存於1545、4630、8583、12160、14368、16316、16365號卷宗，其中包括宣統元年至民國二年（一九一三）訴訟過程中形成的各式狀紙十件、票（稿）三件、結狀一件，此外又有相關案件「光緒三十年（一九零四）劉廷滔訴王同福山場糾葛案」的點名單、供詞堂諭各一件。

光緒三十年案件訊斷之後，劉廷滔不知何故并未將呈案山契一紙、分關一本、帳簿一本等領回。光緒三十二年（一九零六）這些契據被謝河清冒領。宣統元年劉廷滔才在呈控謝河清盗砍杉木的同時要求領回契據，這是一件新詞。第二件呈狀是宣統二年（一九一零）九月二十三日劉廷顔（岩）的辯訴，兩者時間已相隔十四個月。從此後一系列呈狀與信票内容來看，其間劉廷滔曾反復呈控劉廷顔（岩）與謝河清冒領契據，而且曾經越訴至處州府。但現存檔案中，除前述新詞之外，劉廷滔的另外四件呈狀時間晚至宣統三年（一九一一）三月以後，内容不再强調冒領契據之事，只是指控劉廷顔（岩）與謝河清抗票不提、叩請拘押。該案自宣統元年至民國元年反復催呈和提訊，始終未獲審訊，直至民國二年正月劉廷滔仍在催呈。

二、檔案索引

編號	時　間	作　者	内　容	類　型	卷宗號	原卷宗頁碼
1	(光緒三十年)三月初六日		點名單	點名單	16316	7—8
2	光緒三十年三月初六日		供詞、堂諭	供詞、堂諭	16316	9—10
3	宣統元年七月初三日	劉廷滔	爲控謝河清等逞雄横噬憑空殃民事(新詞)	呈狀	4630	2—6
4	宣統二年九月初三日	劉廷顔	爲控劉廷滔等家産各有分關事	呈狀	16365	13—15
5	宣統二年九月廿三日	劉廷顔	爲控劉廷滔沉匿分關婪執領契事	呈狀	16365	1—5
			附1　劉廷滔呈狀抄件	粘呈	16365	6—7
			附2　同治十年十二月初九日劉李氏立賣清契抄件	粘呈	16365	8—9
6	宣統二年十月〔一〕	劉廷顔	甘結狀	結狀	16365	12

〔一〕日期不詳，甘結狀内稱「身豈敢虚誣謊控，如有虚誣謊控，願甘坐誣控之罪」等語，應該是對九月廿三日劉廷顔呈狀内批詞「乃爾冒領盗賣、匿據不呈，一味飾混延訟」的回應，故列其於九月廿三日之後。

7	宣統二年十月初十日	知縣王	爲催提劉廷顔等事	票(稿)	16365	10—11
8	宣統三年二月初三日	劉廷顔	爲控劉廷滔冤沉海底號天憐察事	民事訴訟狀	8583	25、24、23、22、21、20、19
			附1　宣統元年十二月初九日謝漢定立退契抄件	粘呈	8583	18
9	宣統三年二月十八日	知縣周琛	爲催提劉廷顔等事	票(稿)	8583	16—17
10	宣統三年三月十三日	劉廷顔	爲控劉廷滔混争篡産事	民事辯訴狀	8583	11、10、9、8、7
11	宣統三年三月廿三日	劉廷滔	爲控謝河清等土豪勢重計護莫提事	民事辯訴狀	8583	4、3、2、1
12	宣統三年三月〔一〕	劉廷滔	爲控謝河清等土豪勢焰任控莫何事	民事辯訴狀	8583	14、13、12、15
13	宣統三年三月卅日	知縣周琛	爲勒提劉廷顔等事	票(稿)	8583	6、5
14	宣統三年八月初三日	劉廷滔	爲控謝河清等愈催愈疲愈勒愈緩事	民事訴訟狀	12160	38—40
15	民國元年八月廿七日	劉廷岩(顔)	爲控劉廷滔混争篡産事	民事狀	14368	1—5
16	民國二年正月廿五日	劉廷滔	爲控劉廷岩(顔)等奉傳投到據實聲明事	民事狀	1545	1—6

〔一〕日期不詳，内容爲「迅賜勒提究追給領」，故列於三月卅日知縣周琛簽票勒提劉廷滔等事票(稿)前。

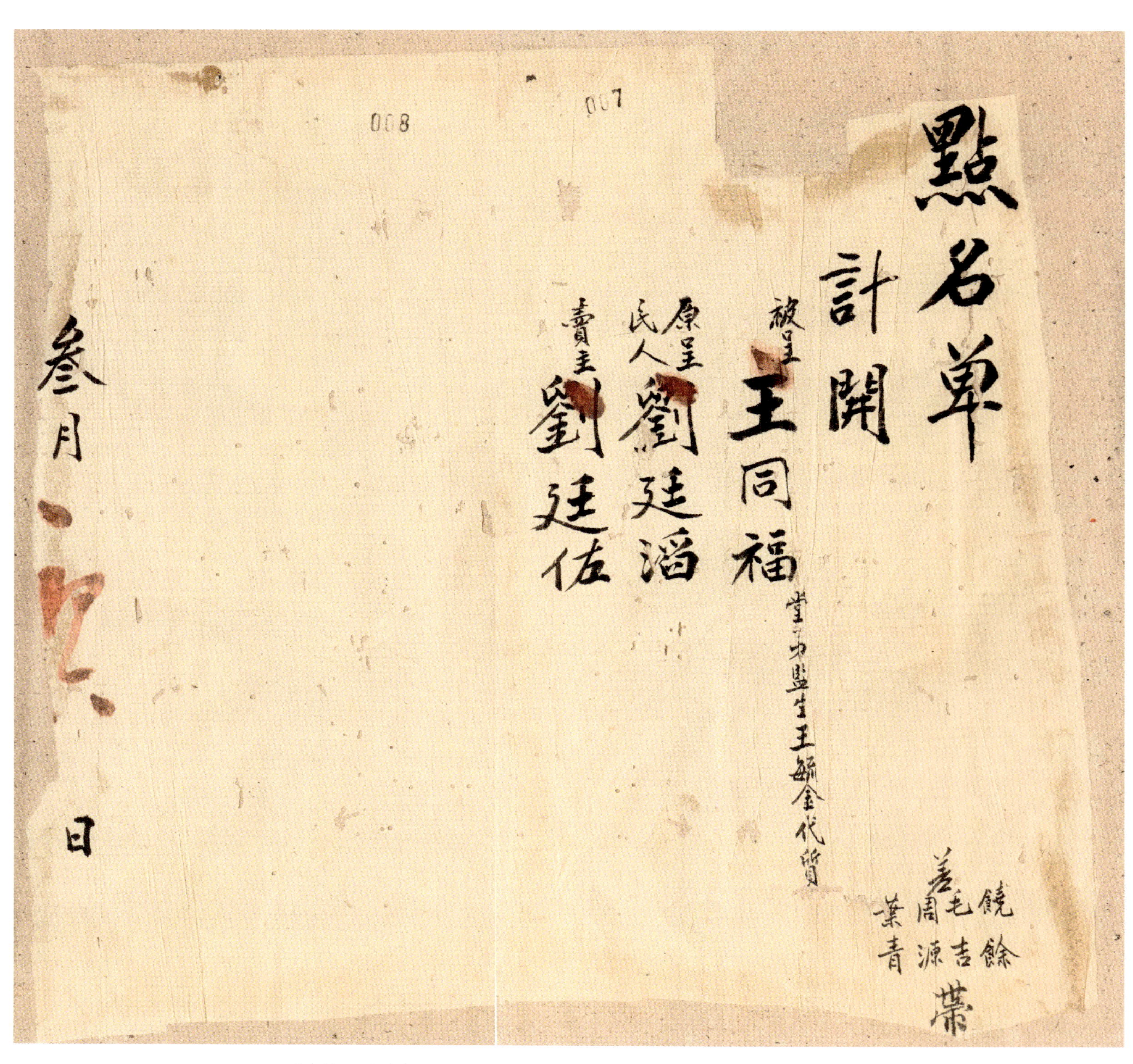

008

007

點名單

計開

被呈 王同福

堂[illegible]監生王毓金代質

原呈民人 劉廷滔

賣主 劉廷佐

差 饒餘 毛吉 周源 葉青 帶

叁月　　日

1.(光緒三十年)三月初六日點名單　(16316：7–8) 24.5×26.2cm

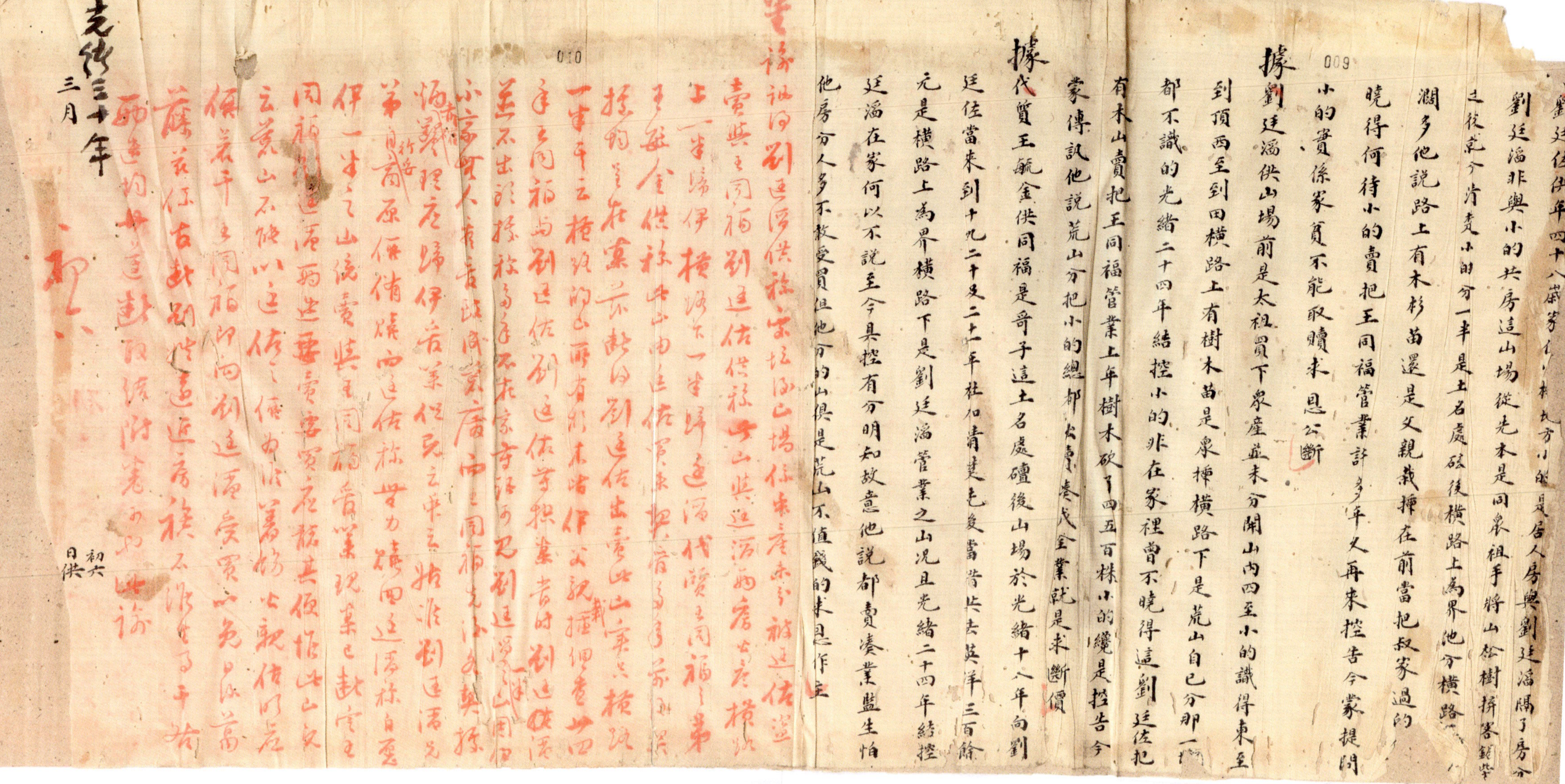
光緒三十年三月初六日供

劉廷佐供年四十八歲家住[illegible]是居人房與劉廷滔隔了房分
劉廷滔非與小的共房這山場從先本是同衆祖手將山[illegible]樹[illegible]
之後就分清了小的分一半是土名處破後橫路上爲界他分橫路[illegible]
潤多他說路上有木杉苗還是父親栽插在前當把叔家過的
曉得何待小的賣把王同福管業許多年又再來控告今蒙提問
小的實係家貧不能取贖求恩公斷

據劉廷滔供山場前是太祖買下衆產並未分開山內四至小的識得東至
到頂西至到田橫路上有樹木苗是衆插橫路下是荒山自己分那一[illegible]
都不識的光緒二十四年結控小的非在家裡曾不曉得這劉廷佐把
有木山賣把王同福管業上年樹木砍了四五百株小的纔是控告今
蒙傳訊他說荒山分把小的總都[illegible]全業就是求斷價

據代質王毓金供同福是哥子這土名處礧後山場於光緒十八年向劉
廷佐當來到十九二十及二十一年[illegible]三百餘
元是橫路上爲界橫路下是劉廷滔管業之山况且光緒二十四年結控
廷滔在家何以不說至今具控有分明知故意他說都責凑業監生怕
他房分人多不敢受買但他分的山俱是荒山不值錢的求恩作主

堂諭[illegible]

2.光緒三十年三月初六日供詞、堂諭　(16316：9–10) 29.5×60.3cm

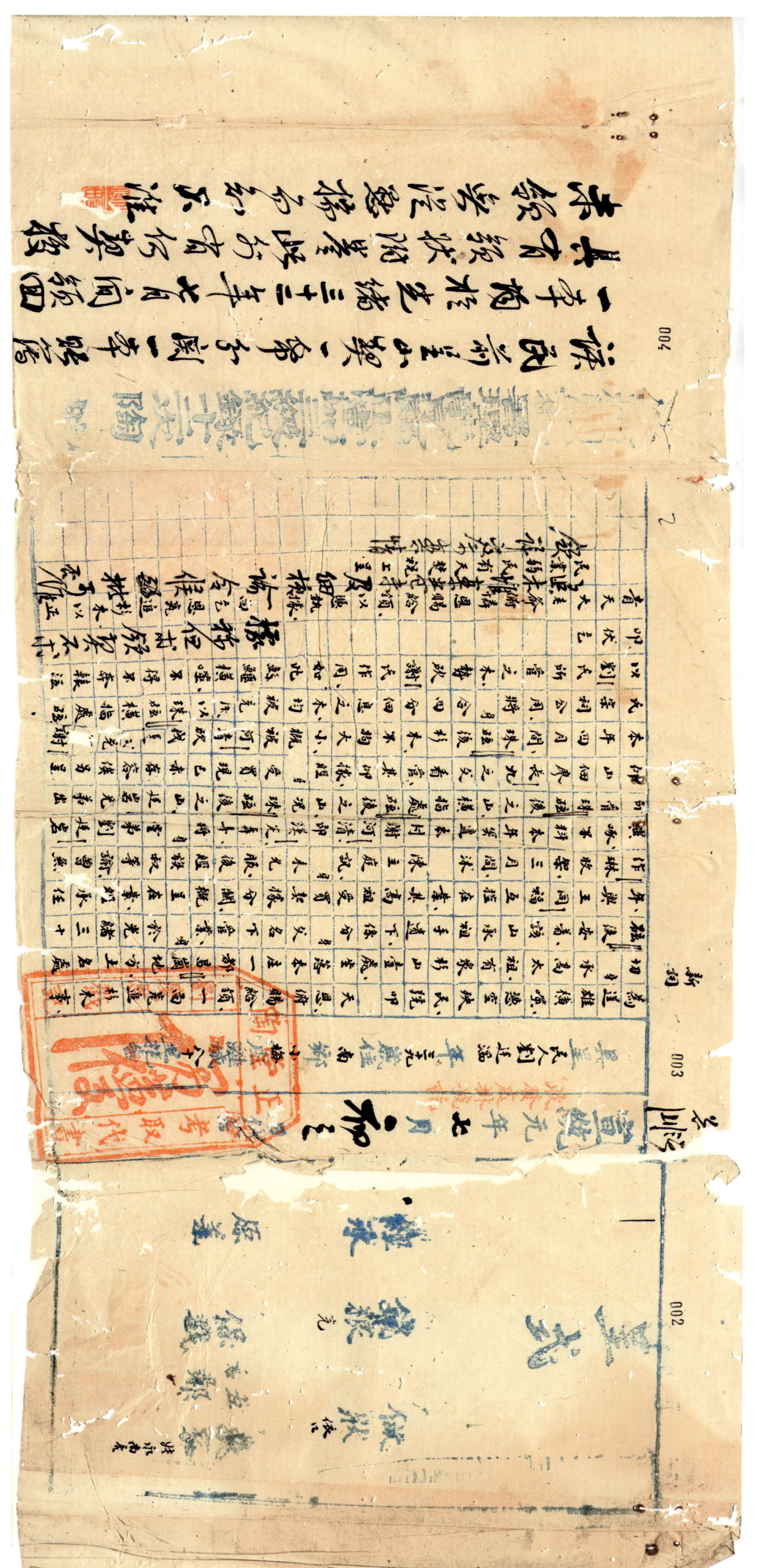

3.宣統元年七月初三日劉廷滔爲控謝河清等逞雄橫噬憑空殃民事(新詞)呈狀

(4630：2–5) 28.1×104.3cm；(4630：6) 28.1×19.7cm　圖版裁狀式條例

縣

告狀民人劉廷顏 年三十七歲 住南鄉小梅庄 離城九十里

正堂

呈

抱告

經承

……

正堂王 批

着先檢送民地字分闗呈驗，再呂劉廷滔天字分闗核對，不得空言延訟。抄粘附。

宣統貳年九月 初三 日

4.宣統二年九月初三日劉廷顏爲控劉廷滔等家産各有分闗事呈狀 （16365：13–15）26.0×64.0cm

5.宣統二年九月廿三日劉廷顏爲控劉廷滔沉匿分關婺執領契事呈狀　(16365：1–4) 26.5×63.0cm；(16365：5) 23.0×11.0cm　圖版裁空白頁

劉廷滔呈
為串賣情弊，申叛歸抵叩恩察核作主研訊澈究虛甘倍坐事。
緣老昌崗處後山場一座，係項東腳西，身等高祖增壽公出價向
紀姓受買，契載東至山頂，南至利坑去，西至田，北至小塘，其大崗
為界，當係壽公遺下四房合管，並將丁手正契歸身曾祖陳淵公長
房收存。日前高砍拚，官無異，不料次房陳鳳公後孫串同
田欺身長房人孺丁少，私將該山立契，背賣同姓不宗劉加孔為業。
明經身故父彩松查出，呈拘壽公遺存正契理論，孔係明理之人，隨
逼朝田遞山，山仍四房眾管，豈期慣買不問產業，王同福重延是
山木，暗成貨，足獲巨利。炊身故父身弱，并於肉，狡串田子廷佐、廷佑、
廷武兄弟，尤將該山陸續背賣，而去膽，憚身太祖有生，即增壽之父
向朱姓受買之偽契，假徼底抵歸。伏查王同福向劉廷祐背買之契，
契尾註明其山上手老契歸上代長房收存，不便交繳，又佐父彩田背
賣劉加孔契載，其上手老契歸上代長房收存，未曾交繳字様。則身曾祖
陳淵與佐曾祖陳鳳，甘係屬上代四房分派，身祖居長，壽公買契自應
收存。該山僅止一契，身前呈電且伊呈朱姓白契，竟不思廷佐父子
前經背賣兩契，既註老契歸上代收存，則伊次房未存老契，何由
今又忽而交繳公堂？試問此契何來，共為串賣情弊。至中
生有捏偽飾偽，既然廷佐曾祖陳鳳公分居次房，鳳生
子加純甘子道光六年，分立天地人三房分閹之本，純居人
所挑分閹，註明昌崗賣後此山四股合一，山內松杉雜木，天地人合
合管。即此一節，欲見該山田房合業，可疑，此特向周姓借呈引
閹簿一本，又被砍挖運杉數簿一本，並抄譜系，伏乞
青天大老爺監察作主研訊澈究，虛甘倍坐，公鄉世代焚祝，上呈。

5附1.劉廷滔呈狀抄件粘呈　(16365：6–7) 25.3×37.6cm

立賣清契山場人劉门李氏火珠承夫手置有山
壹處，坐落昌嵩村，土名霧砍後安着，其山東至
山頂，南至坑，西至田，北至小塆直上大嵩，四至之
內載明。今因缺洋使用，託親說諭，甘將其山茶
梨杉樹等項四股合一，將自己名下一股立契出
賣與劉朝桂侄边為業，三面言訂作價光洋
捌元正，其洋即日親收足訖，並未短少分釐。
自賣之後，其山內之杉樹茶梨等項，听憑
侄边養籙出拚，砍伐管業，賣主不得異言。
所賣所受兩相意允，並未吞買逼掯之理，
亦無返悔之心。恐口難憑，立賣清契山
場永遠為照。

同治拾年十弍月初九日立賣清契山場人刘门李氏火珠
在見房伯 刘元興
見契女壻 王德舜 俱押
代筆 葉求昌

5附2.同治十年十二月初九日劉李氏立賣清契抄件粘呈 （16365：8–9）26.5×36.7cm

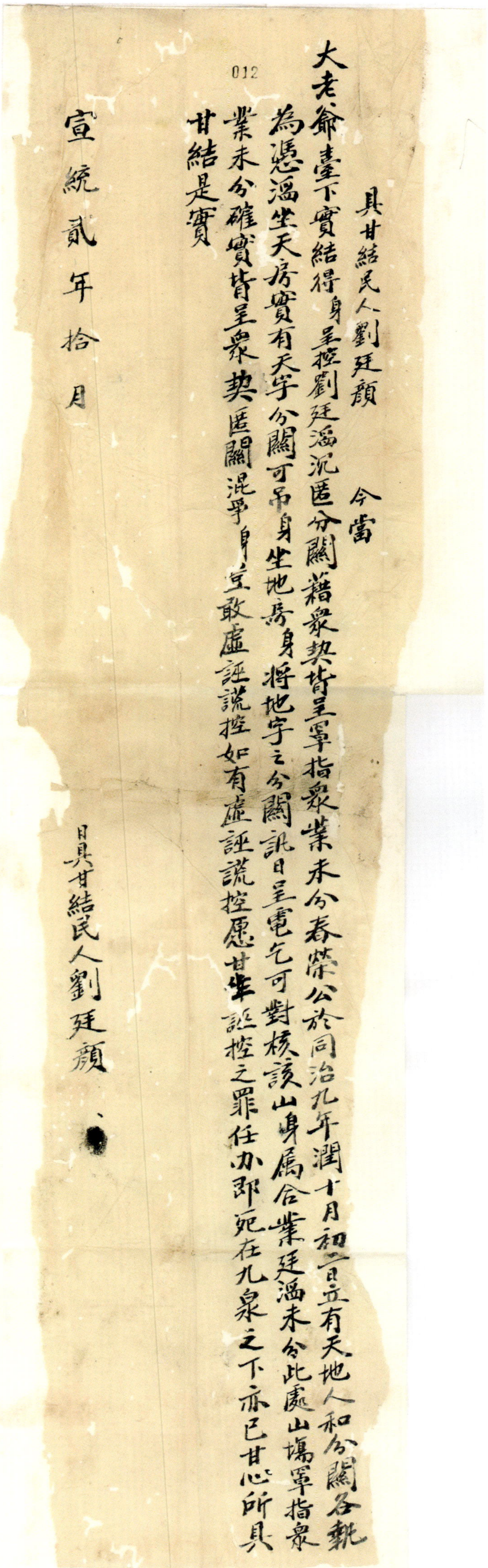

012

具甘結民人劉廷顏　今當

大老爺臺下實結得身呈控劉廷滔沉匿分關藉衆契皆呈單指衆業未分春榮公於同治九年潤十月初二日立有天地人和分關各執為憑滔坐天房實有天字分關可吊身坐地房身將地字之分關訊日呈電乞可對核該山塢屬合業廷滔未分此處山塢單指衆業未分確實皆呈衆契匿關混爭身豈敢虛誣謊控如有虛誣謊控愿甘坐誣控之罪任办即死在九泉之下亦已甘心所具甘結是實

宣統貳年拾月　日具甘結民人劉廷顏

6.宣統二年十月劉廷顏甘結狀　（16365：12）57.5×15.4cm

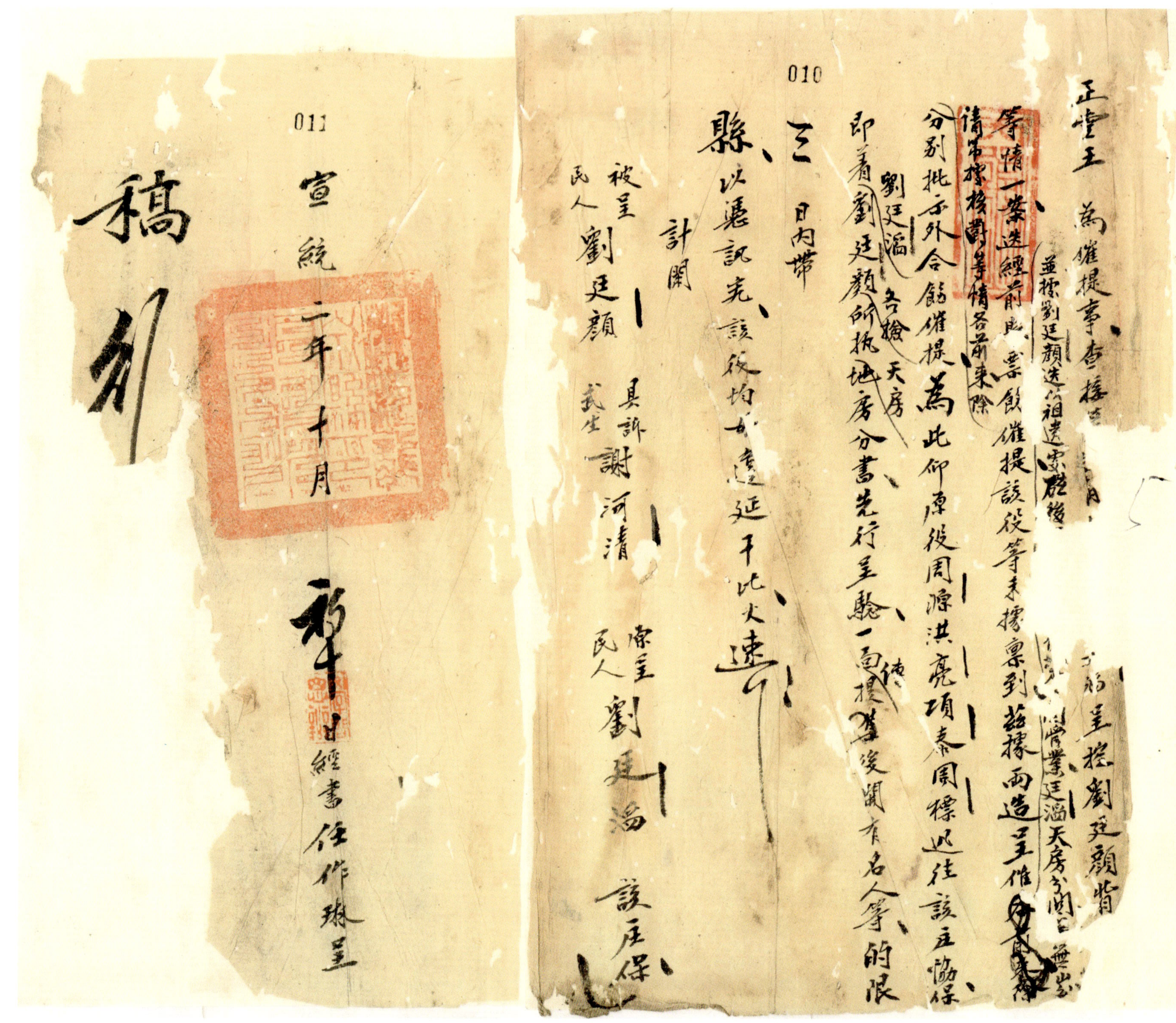

7.宣統二年十月初十日知縣王爲催提劉廷顔等事票(稿)（16365：10）27.0×18.0cm；（16365：11）25.5×13.2cm

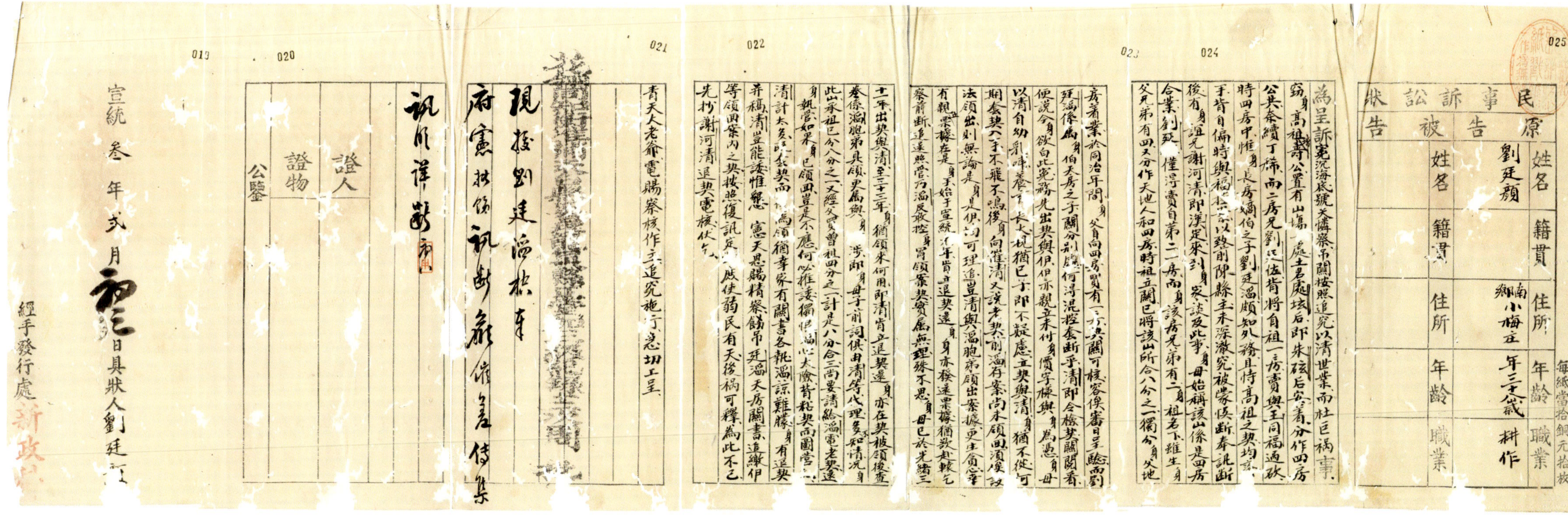

8.宣統三年二月初三日劉廷顏爲控劉廷滔冤沉海底號天憐察事民事訴訟狀

（8583：25、24）26.8×25.2cm；（8583：23、22）26.8×25.0cm；（8583：21、20）26.8×27.0cm；（8583：19）26.8×11.5cm

018

立退契人謝漢定自手受買刘門王氏錫安
出賣杉樹山場一[illegible]，坐落龍泉南鄉
一[illegible]昌山崗村土名[illegible]壇后安着，今因
管業不便，將其山立契退與刘門王氏
原主管業，自退之後，任馮刘王氏遂
出拚管業等情，謝遂不得異言[illegible]悔，
所退所受兩相情愿，恐口难憑，立退
契為據。

宣統元年拾弍月初九日立退契 謝漢定 押

在見 李仿青 押

依口代筆 刘德齋 押

8附1.宣統元年十二月初九日謝漢定立退契抄件粘呈　(8583：18) 20.0×28.5cm

正堂周　為催提事。查接管卷內，案奉

府憲　批發縣民劉廷滔上控謝河清暨弟劉廷顏冒領契據，串娶不繳等情詞。奉

收發處掛號訖

批仰縣催提衷公訊結，具報毋延等因。查此案迭經前縣催提未到，茲據兩造呈催各前來，

據此，除分別示外，合行催提。為此仰原役周源洪、亮項泰、周標，迅往該庄協保，立即催集

後開有名人等，勒限二日內帶

縣，以憑詳審。毋

憲飭。該役毋再玩延干比，速速。

計開

被呈　民人　劉廷顏

武生　謝河清

原呈　民人　劉廷滔

該庄保

宣統叁年貳月　日

行

稿

日經書　任作琳　王履仁　同呈

017

016

9.宣統三年二月十八日知縣周琛爲催提劉廷顏等事票(稿)（8583：16–17）27.5×40.0cm

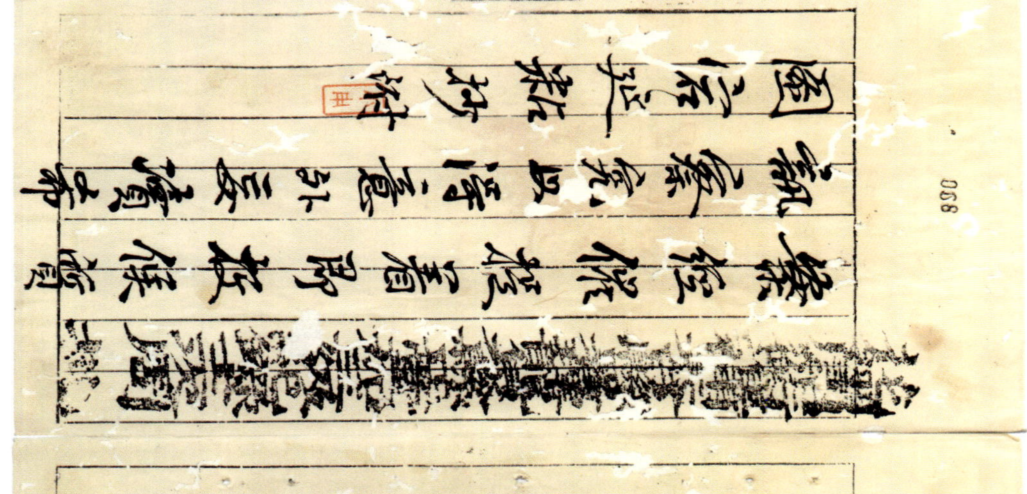

10.宣統三年三月十三日劉廷顏爲控劉廷滔混爭奠產事民事辯訴狀

（8583：11、10）26.8×25.9cm；（8583：9、8）26.8×26.0cm；（8583：7）26.8×23.8cm　圖版裁空白頁

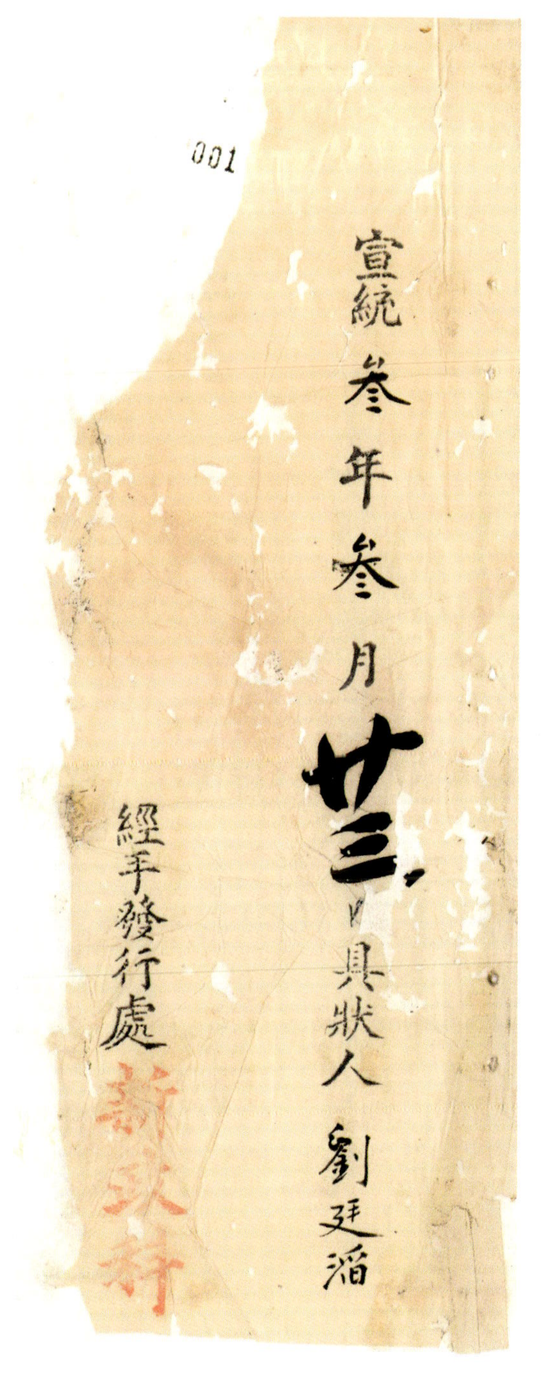

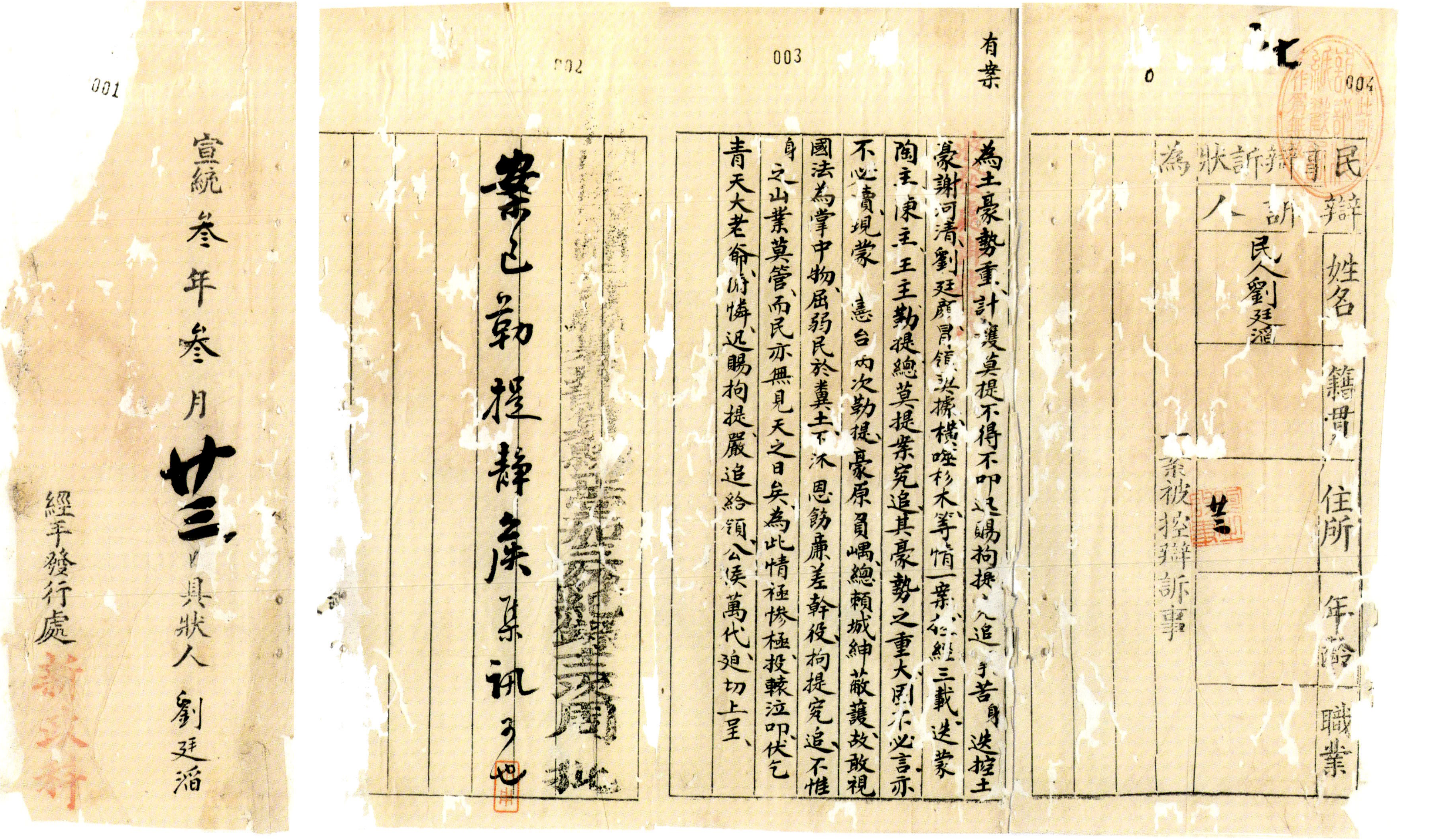

有案

民事辯訴狀

辯訴人	姓名	籍貫	住所	年齡	職業
民人劉廷滔					

為　　一案被控辯訴事

為土豪勢重計護莫提不得不叩迅賜拘提入追事苦身迭控土
豪謝河清劉廷麒冒領掘擄橫蝕杉木等情一案於經三載迭蒙
陶主陳主王主勒提總莫提案究追其豪勢之重大則不必言亦
不必責現蒙
憲台兩次勒提豪原負嵎總賴城紳蔽護故敢視
國法為掌中物屈弱民於糞土下沐恩飭廉差幹役拘提究追不惟
身之山業莫管而民亦無見天之日矣為此情極慘極投轅泣叩伏乞
青天大老爺俯憐迅賜拘提嚴追給領公侯萬代迫切上呈

案已勒提靜候集訊可也

宣統叁年叁月廿三日具狀人劉廷滔

經手發行處

11.宣統三年三月廿三日劉廷滔爲控謝河清等土豪勢重計護莫提事民事辯訴狀
（8583：4、3）27.0×24.5cm；（8583：2、1）27.0×22.5cm　圖版裁空白頁

12.宣統三年三月劉廷滔爲控謝河清等土豪勢焰任控莫何事民事辯訴狀

（8583：14、13）27.0×29.0cm；（8583：12）26.8×26.0cm；（8583：15）26.8×16.0cm　圖版裁空白頁

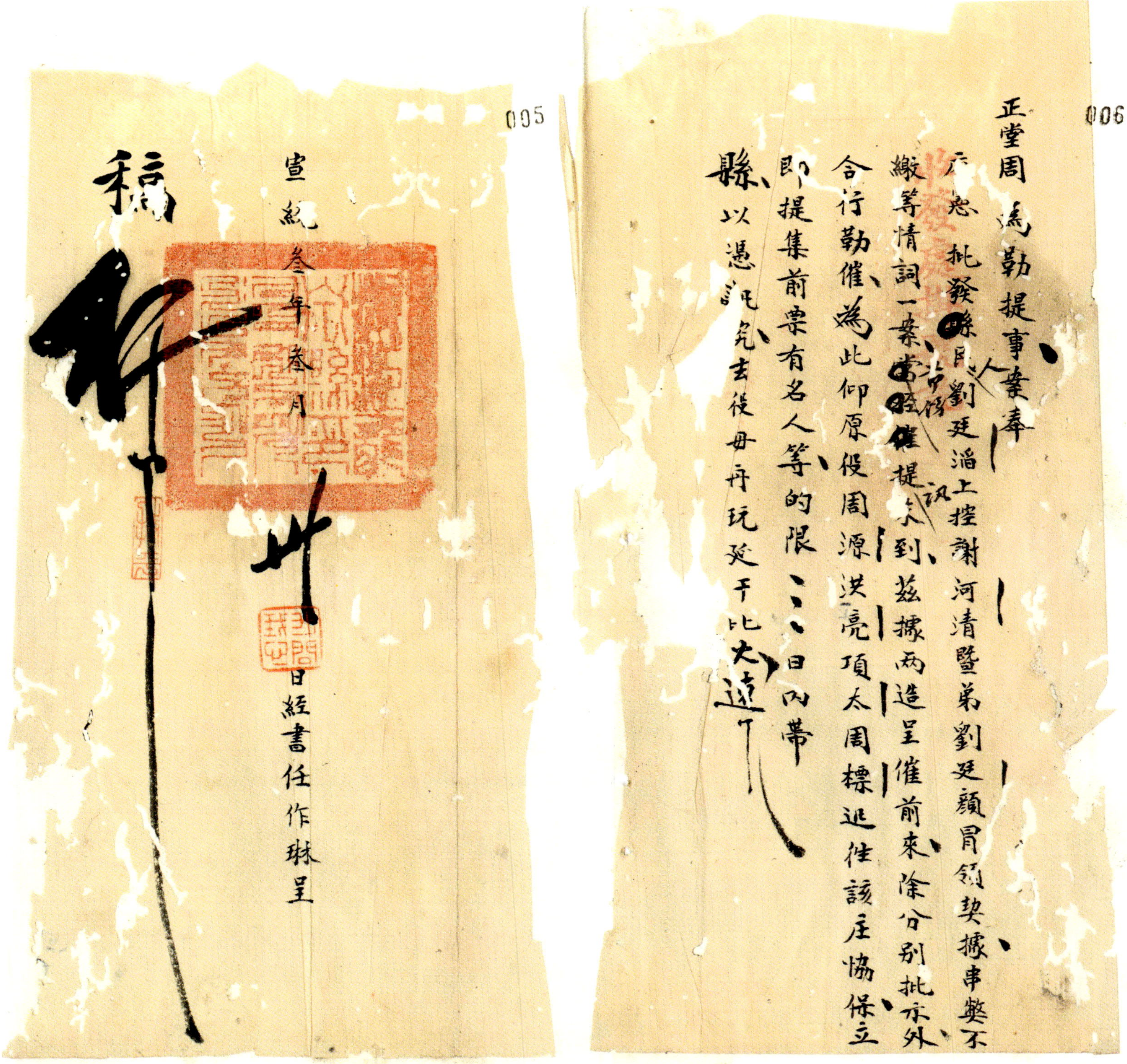

005

稿

宣統叁年叁月卅日經書任作琳呈

行

006

正堂周　爲勒提事。案奉

府憲　批發縣民劉廷滔上控謝河清暨弟劉廷顏冒領契據串嬖不

繳等情詞一案，當經飭役催提訊未到，茲據兩造呈催前來，除分別批示外，

合行勒催。爲此仰原役周源、洪亮、項太、周標，迅往該庄協保立

即提集前票有名人等，的限三日內帶

縣，以憑訊究。去役毋再玩延干比。火速！

13.宣統三年三月卅日知縣周琛爲勒提劉廷滔等事票(稿)　(8583：6) 26.3×13.0cm；(8583：5) 24.6×13.3cm

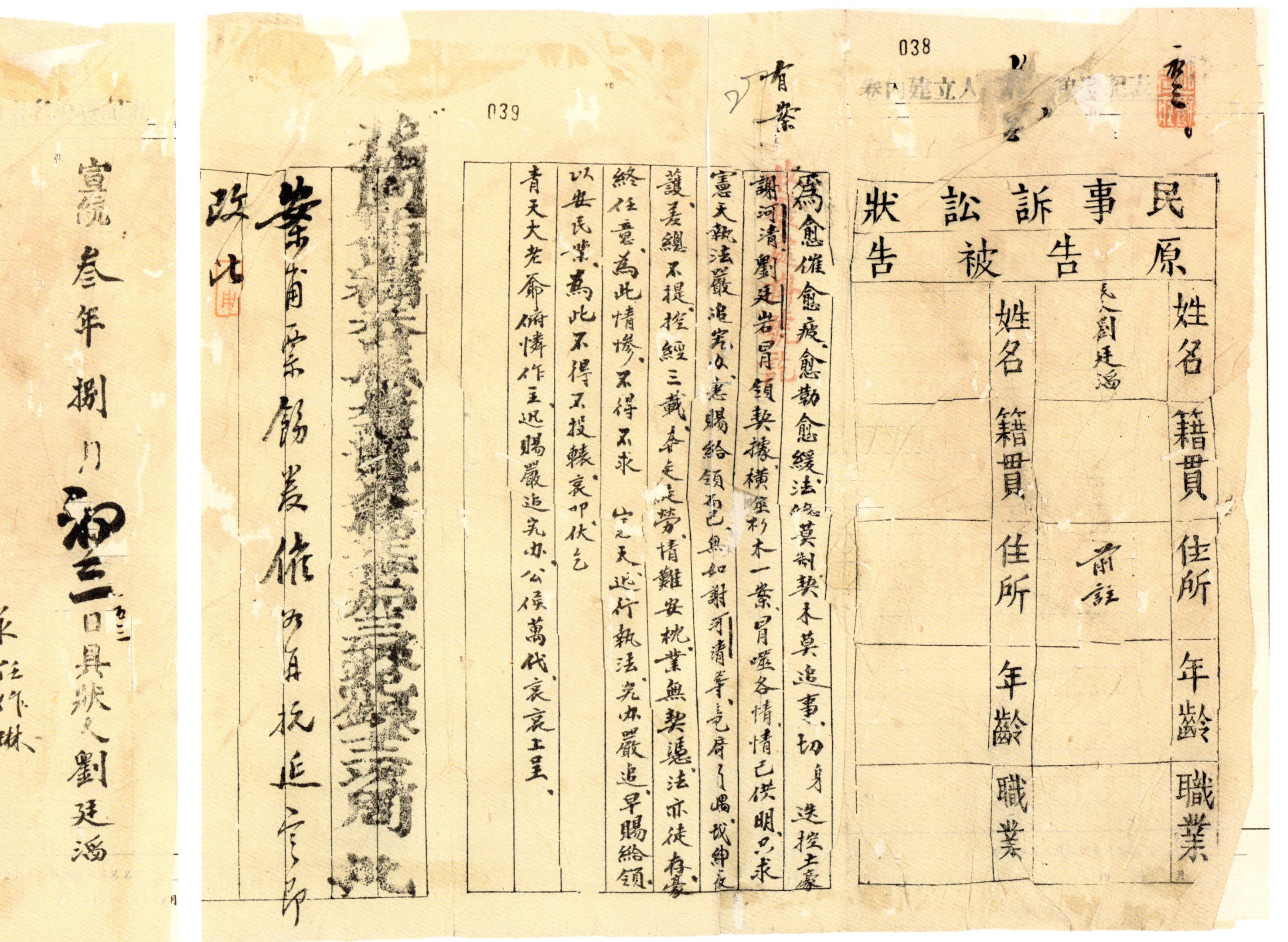

14.宣統三年八月初三日劉廷滔爲控謝河清等愈催愈疲愈勒愈緩事民事訴訟狀　（12160：38–39）27.0×31.5cm；（12160：40）27.0×9.3cm

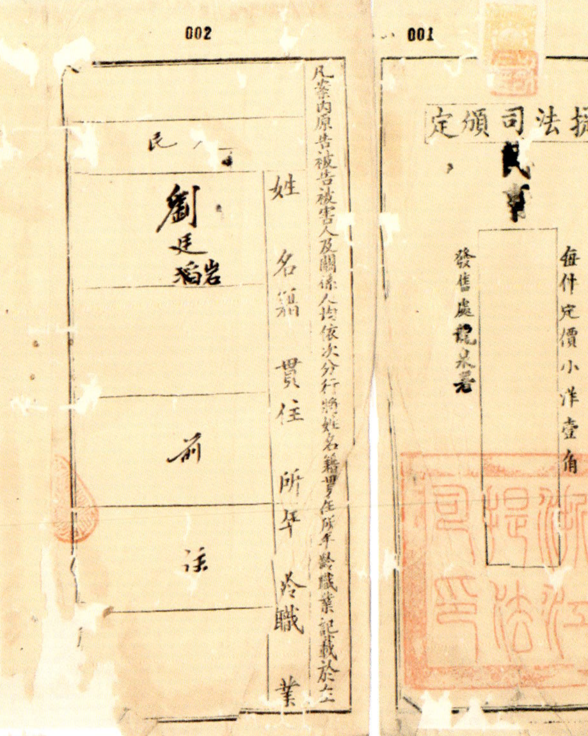

15.民國元年八月廿七日劉廷岩(顏)爲控劉廷滔混争篡産事民事狀　(14368：1–2) 28.0×27.0cm；(14368：3–4) 28.0×35.0cm；(14368：5) 28.0×64.0cm　圖版裁空白頁

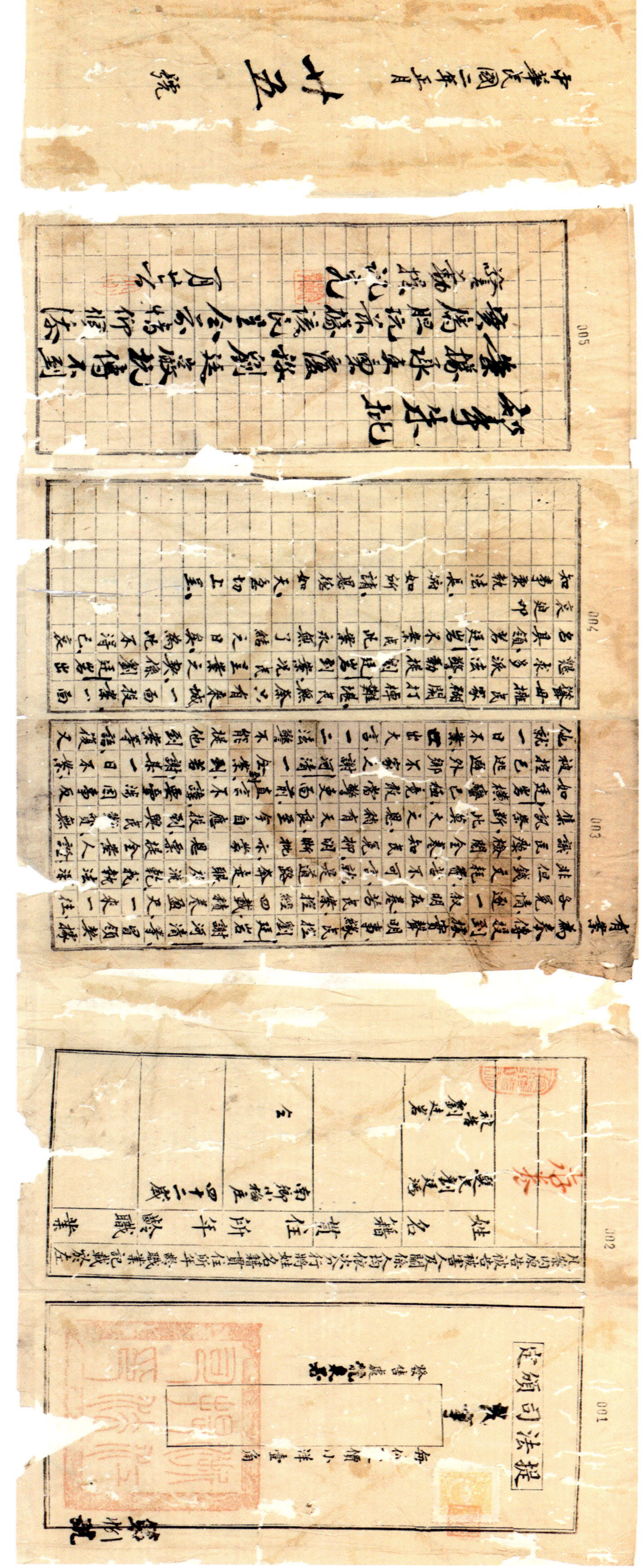

16.民國二年正月廿五日劉廷滔爲控劉廷岩(顏)等奉傳投到據實聲明事民事狀

(1545：1–2) 27.8×30.5cm；(1545：3–4) 27.8×24.0cm；(1545：5) 27.0×12.0cm；(1545：6) 27.3×11.5cm